Für registrierte Leser halten wir zusätzliche Informationsangebote bereit.

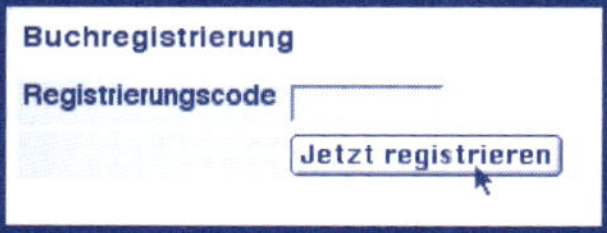

Bitte geben Sie Ihren Code auf der Verlagswebsite ein.

Ihr persönlicher Registrierungscode 03GP39511496

Leseproben · Artikel · Angebote · Newsletter · BuchScanner · Foren · Glossar

Ulla Kirch-Prinz
Peter Prinz

C++
für C-Programmierer

Galileo Computing

Liebe Leserin, lieber Leser,

ich freue mich, dass Sie sich für ein Galileo Computing-Buch entschieden haben. Dieses Werk liegt bereits in der dritten Auflage vor. Es hat also schon eine kleine Computerbuch-Geschichte geschrieben. Die erste Auflage erschien im Verlag Prentice Hall und die zweite schon bei Galileo Computing unter dem einfachen Titel »C++«.

Und natürlich dreht sich auch in der dritten Auflage alles um C++. Doch was ist neu an dieser Ausgabe? Wir haben das Buch noch genauer auf Ihre Bedürfnisse zugeschnitten. Als Leser des Buches bringen Sie bereits gute Programmierkenntnisse mit, bevorzugt in C. Wir möchten Ihnen den Umstieg auf C++ erleichtern, indem wir einen Kompaktkurs zu C im Anhang bieten, der genau das Wissen wiederholt, an dem das Buch in seinen Ausführungen zu C++ anknüpft. Auch hier arbeiten unsere Autoren wieder mit großem didaktischen Geschick und ihrer ausgezeichneten Fachkenntnis. Sie dürften nichts missen.

Dennoch sind wir auf Ihre Rückmeldung angewiesen. Bitte teilen Sie uns Ihre Meinung zu diesem Buch mit. Ihre kritischen und freundlichen Anregungen, Ihre Wünsche und Ideen werden uns weiterhelfen.

Und nun viel Freude beim Lesen!

Judith Stevens-Lemoine
Lektorat Galileo Computing

judith.stevens@galileo-press.de
www.galileocomputing.de

Galileo Press • Gartenstraße 24 • 53229 Bonn

Auf einen Blick

Bibliografische Information Der Deutschen Bibliothek
Die Deutsche Bibliothek verzeichnet diese Publikation in der Deutschen Nationalbibliografie; detaillierte bibliografische Daten sind im Internet über http://dnb.ddb.de abrufbar.

ISBN 3-89842-395-6

3. Auflage 2003

Der Name Galileo Press geht auf den italienischen Mathematiker und Philosophen Galileo Galilei (1564–1642) zurück. Er gilt als Gründungsfigur der neuzeitlichen Wissenschaft und wurde berühmt als Verfechter des modernen, heliozentrischen Weltbilds. Legendär ist sein Ausspruch **Eppur se muove** (Und sie bewegt sich doch). Das Emblem von Galileo Press ist der Jupiter, umkreist von den vier Galileischen Monden. Galilei entdeckte die nach ihm benannten Monde 1610.

Lektorat Judith Stevens-Lemoine
Korrektorat Katrin Fischer, Baden-Baden
Einbandgestaltung Barbara Thoben, Köln
Herstellung Vera Brauner
Satz SatzPro, Krefeld
Druck und Bindung Bercker Graphischer Betrieb, Kevelaer

Galileo Computing

Unseren Kindern
Vivi und Jeany
gewidmet

Inhalt

3 OOP-unabhängige Sprachelemente von C++ 69

4 Klassen 97

5 Verwenden von Objekten 117

8 Überladen von Operatoren 201

9 Typumwandlungen 235

10 Abgeleitete Klassen 251

18 Die Standard-Klasse string 463

19 Type-Casts und Typinformationen 485

20 Streams für die Ein- und Ausgabe 503

Über dieses Buch

Dieses Buch wendet sich an Leser mit Grundkenntnissen in C oder C++, die die objektorientierte Programmierung mit C++ kennenlernen oder vertiefen möchten.

Die C++-Sprachbeschreibung basiert auf dem **ANSI-Standard** X3J16 des *American National Standards Institute*, der 1998 als internationaler Standard (ISO/IEC 14882) verabschiedet wurde. Die Darstellung der Sprache C++ ist damit weitgehend plattformunabhängig. Der ANSI-Standard wird von allen gängigen C++-Compilern unterstützt.

Die **Kapitel** im Buch sind so angeordnet, dass der Leser von grundlegenden Konzepten der objektorientierten Programmierung bis hin zur professionellen Software-Entwicklung geführt wird. Hierbei werden alle objektorientierten Sprachelemente von C++ einschließlich der C-Spracherweiterungen umfassend behandelt.

Jede *Doppelseite* ist wie folgt gegliedert: Auf der rechten Seite sind Konzepte und Sprachelemente beschrieben, welche durch Grafiken und Programmbeispiele auf der linken Seite illustriert werden. Die Programmbeispiele sind so ausgewählt, dass sie eine typische Anwendung für das jeweilige Sprachelement zeigen. Darüber hinaus werden zahlreiche Datenstrukturen und Algorithmen implementiert, die den Leser mit einem breiten Anwendungsspektrum vertraut machen.

Um die objektorientierte Programmierung effektiv einsetzen zu können, ist viel eigene Erfahrung durch selbständiges Entwickeln von Programmen notwendig. Am Ende jedes Kapitels sind deshalb **Übungen** formuliert, zu denen auf den folgenden Seiten **Musterlösungen** angegeben sind. Der Leser kann damit seine erreichten Fähigkeiten testen und das Verständnis vertiefen.

Der **Anhang** beginnt mit einem C-Tutorial. Es ermöglicht dem Leser, seine C-Kenntnisse aufzufrischen und beim Arbeiten mit C++ schnell das eine oder andere Detail der Sprache C nachzuschlagen. Außerdem sind im Anhang die wichtigsten Klassen der Standard Template Library (STL) sowie nützliche Tabellen zusammengestellt. Das Buch soll damit auch den geübten C++-Programmierer begleiten, der ein gut strukturiertes und verständliches Nachschlagewerk zur Hand haben will.

Auf der *CD* zum Buch befinden sich alle Musterlösungen zu den Übungen. Damit der Leser seine Programme direkt testen kann, sind außerdem der **Compiler GNU C++** für Windows und der **Borland C++ Compiler** beigefügt. Hinweise zur Installation der Compiler befinden sich im Anhang »Die CD zum Buch«.

Wir bedanken uns bei allen, die bei der Entstehung des Buches mitgewirkt haben, auch bei unseren Kindern, die uns oft genug in Ruhe gelassen haben, und wünschen Ihnen, lieber Leser: Viel Spaß bei der **objektorientierten Programmierung mit C++!**

Ulla Kirch-Prinz **Peter Prinz**

Kapitel 1: OOP-Paradigma und C++

Dieses Kapitel beschreibt zunächst die allgemeinen Konzepte der objektorientierten Programmierung. Anschließend werden die charakteristischen Eigenschaften von C++ und seine historische Entwicklung vorgestellt.

1.1 Konzepte der OOP

Klassisches prozedurales Konzept

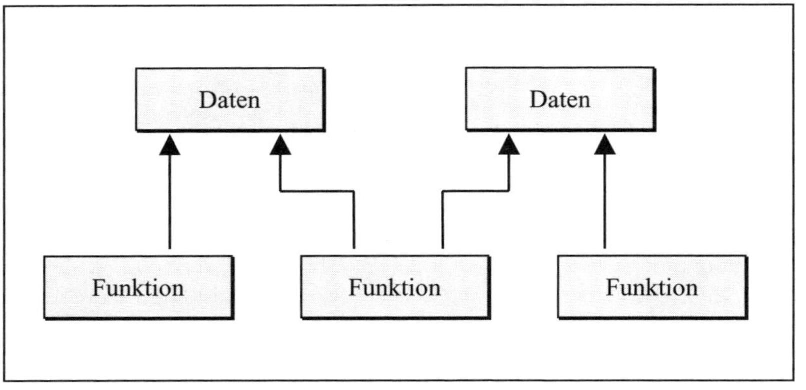

Objektorientiertes Konzept

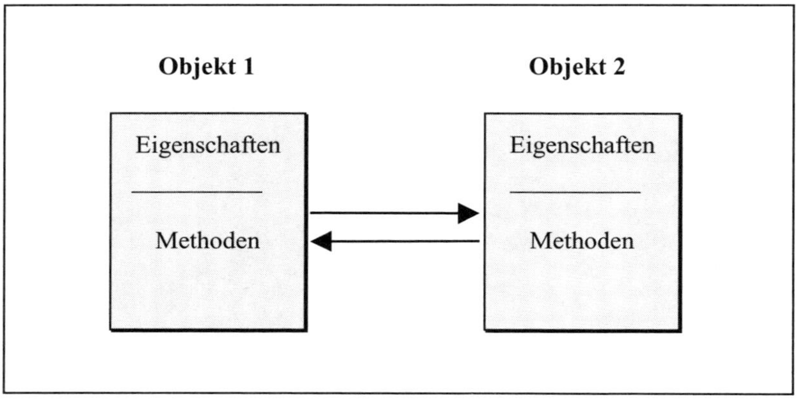

OOP

Die objektorientierte Programmierung (kurz OOP) ist eine grundsätzlich neue Art der Software-Entwicklung. Sie ist geeignet, auf hohem Abstraktionsniveau die Komplexität großer Projekte zu bewältigen.

Die OOP stellt die *Objekte* in den Mittelpunkt, also die Dinge, um die es bei der jeweiligen Problemstellung geht. Beispielsweise arbeitet ein Programm zur Lagerverwaltung mit Artikeln, Bestellungen, Auslieferungen, Rechnungen usw. Ein Objekt, das im Programm einen Artikel repräsentiert, besitzt dann alle *Eigenschaften* und *Fähigkeiten*, die für die Handhabung von Artikeln im Programm wichtig sind.

Für die traditionelle, prozedurale Programmierung ist es charakteristisch, dass Daten und Funktionen, die diese Daten verarbeiten, keine Einheit bilden. Daraus resultiert eine größere Fehleranfälligkeit, z.B. durch fehlerhafte Zugriffe auf die Daten oder Verwendung nichtinitialisierter Daten. Hinzu kommt ein hoher Wartungsaufwand, etwa wenn die Daten an neue Anforderungen angepaßt werden müssen.

Dagegen bilden die Objekte in der OOP eine Einheit aus Daten (= Eigenschaften) und Funktionen (= Methoden, Fähigkeiten). Für die Software-Qualität ergeben sich daraus entscheidende Vorteile:

- Höhere Zuverlässigkeit
- Geringerer Wartungsaufwand
- Bessere Wiederverwendbarkeit

Merkmale der OOP

Eine objektorientierte Programmiersprache ist dadurch gekennzeichnet, dass sie Sprachelemente zur Unterstützung der folgenden *OOP-Paradigmen* besitzt:

Datenabstraktion

Es können abstrakte Datentypen (*Klassen*) definiert werden, welche die Eigenschaften und Fähigkeiten von Objekten beschreiben.

Datenkapselung

Elemente eines Objekts können vor unkontrolliertem Zugriff von außen geschützt werden. Für die Kommunikation mit der Außenwelt, d.h. mit anderen Objekten, besitzt jedes Objekt eine »öffentliche Schnittstelle«.

Vererbung

Neue Objekte lassen sich aus schon vorhandenen Objekten ableiten. Sie »erben« die vorhandenen Eigenschaften und Fähigkeiten, die ergänzt und verändert werden können.

Polymorphie

Die Vererbung erlaubt das Arbeiten mit einer ganzen Familie gleichartiger Objekte. »Polymorphie« (griech. Vielgestaltigkeit) bezeichnet hier die Möglichkeit, dass der Aufruf einer Methode zur Laufzeit verschiedene Wirkungen haben kann, je nach dem genauen Typ des Objekts.

1.2 Datenabstraktion

Klassen und Objekte

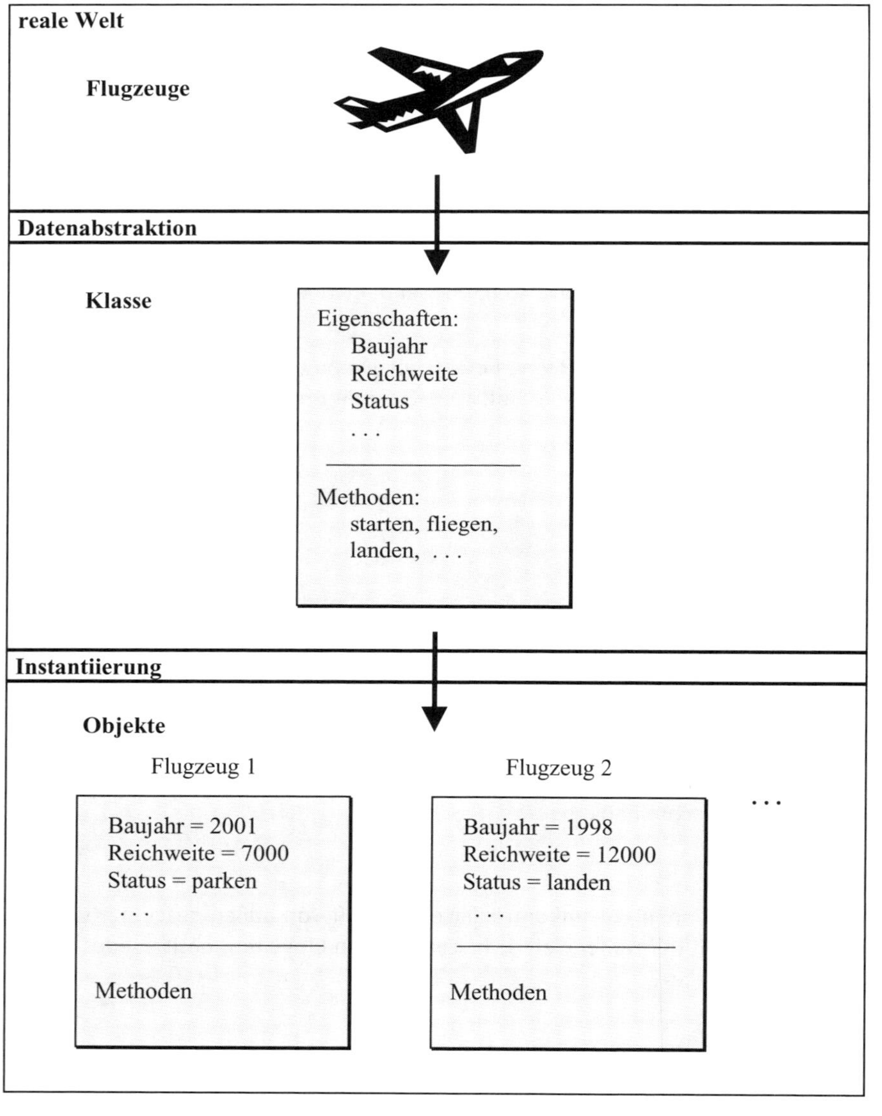

Abstraktion

Eine Möglichkeit, um komplexe Sachverhalte zu handhaben, ist die Abstraktion. Eigenschaften und Vorgänge werden auf das Wesentliche reduziert und mit einem Oberbegriff versehen. Ein Flugzeug ist ein Beispiel für eine in verschiedener Hinsicht durchgeführte Abstraktion:

- Ein Flugzeug ist die Zusammenfassung verschiedener Einzelteile wie Motor, Tragflächen, Räder usw. Darüber hinaus besitzt jedes Flugzeug Eigenschaften wie Reichweite, Höchstgeschwindigkeit und Transportkapazität. Auch der aktuelle Status, wie z. B. »Das Flugzeug ist geparkt«, gehört zu den Eigenschaften.
- Die Fähigkeiten eines Flugzeugs bestehen natürlich in erster Linie aus Starten, Fliegen und Landen. Außerdem muss ein Flugzeug getankt, beladen, entladen und gewartet werden.
- Ein Flugzeug ist auch der Oberbegriff für verschiedene Flugzeugtypen wie Segelflugzeug, Motorflugzeug, Düsenjäger, Transportflugzeug, Passagierflugzeug usw.

Sofern die Details eines Flugzeugs bzw. die Unterschiede zwischen verschiedenen Flugzeugtypen nicht interessieren, wird einfach der abstrakte Begriff »Flugzeug« verwendet. Damit können die für ein Flugzeug typischen Aktionen in den Vordergrund rücken: Ein Flugzeug kann gebaut, gewartet oder demontiert werden. Ein Flugzeug startet, fliegt, z. B. von München nach Köln, oder landet.

Klassen und Objekte

Eine objektorientierte Programmiersprache unterstützt die Datenabstraktion, indem sie Sprachelemente zur Definition von *Klassen* zur Verfügung stellt. Klassen beschreiben die Eigenschaften von *Objekten* und legen mit den Methoden fest, welche Aktionen die Objekte ausführen können. Ein konkretes Objekt wird nach dem »Muster« der Klasse erzeugt und bildet eine *Instanz* der Klasse.

Das nebenstehende Beispiel zeigt dies anhand des Begriffs »Flugzeug«: Die Klasse Flugzeug beschreibt die verschiedenen Aspekte eines Flugzeugs, welche im Programm von Interesse sind. Immer dann, wenn im Programm ein konkretes Flugzeug benötigt wird, wird ein Objekt nach dem Muster der Klasse Flugzeug instantiiert.

Klassen können auch für abstrakte Objekte und Vorgänge definiert werden, wie z. B. »Auftrag«, »Qualität« oder »Volleyballspiel«.

In C++ sind Klassen spezielle, strukturierte Datentypen, die neben Daten (= Eigenschaften) auch Funktionen (= Methoden) enthalten, z. B. zur Manipulation dieser Daten. Die zu einer Klasse gehörenden Funktionen heißen *Elementfunktionen*. Ein *Objekt* ist nichts anderes als eine Variable vom Typ einer bestimmten Klasse.

1.3 Datenkapselung

Kontrollierter Zugriff auf die Daten

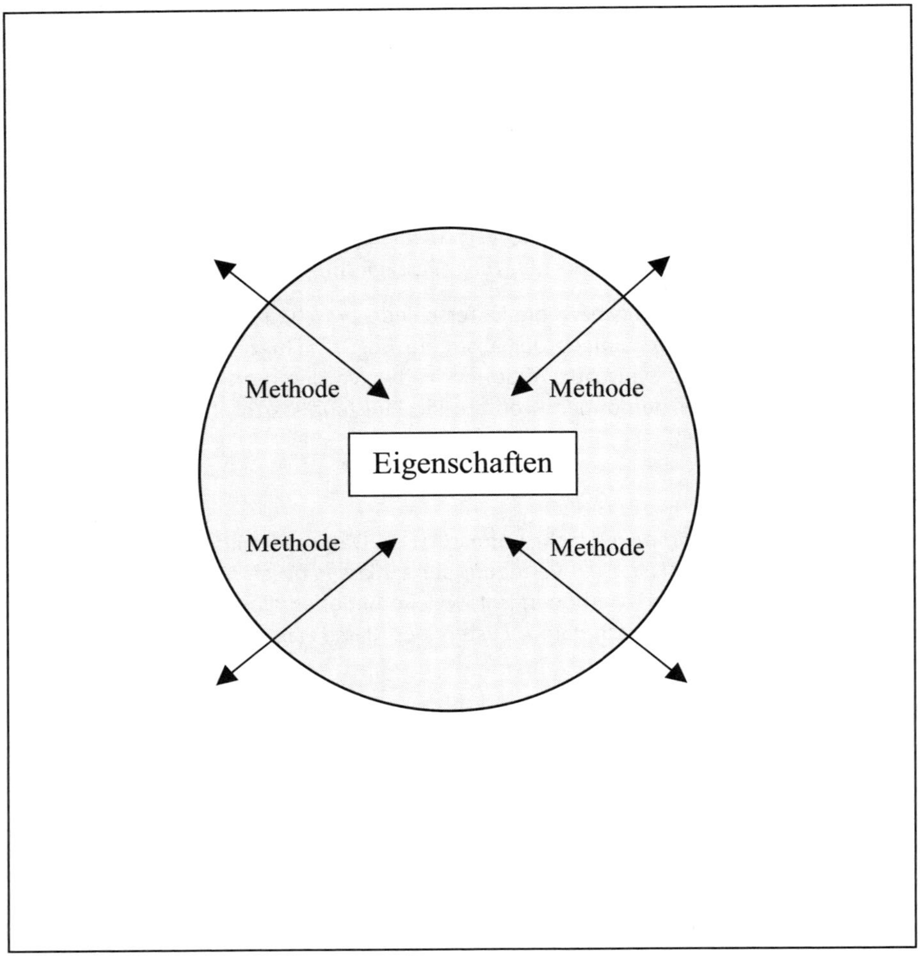

Datenkapselung

Ein Anwendungsprogramm arbeitet mit Objekten, indem es die Methoden aus der öffentlichen Schnittstelle der entsprechenden Klasse aufruft.

Die interne Darstellung der Daten braucht das Anwendungsprogramm nicht zu kennen. Bei Bedarf kann die interne Darstellung der Daten auch geändert werden, ohne dass die Verwendung der Klasse davon betroffen ist, vorausgesetzt, die Schnittstellen der Methoden bleiben dieselben.

Beispiel: Für Objekte einer Klasse, die ein Datum enthalten, soll der Wertebereich des Datums vergrößert werden. Die notwendige Änderung der internen Darstellung und die entsprechenden Anpassungen der Methoden kann so vorgenommen werden, dass sie nur die Klasse selbst betreffen.

Der Zugriff auf die Daten eines Objekts erfolgt im allgemeinen nicht direkt, sondern in kontrollierter Weise über die Methoden. Da eine Klasse auch die Erzeugung und die Zerstörung eines Objekts festlegt, kann so folgendes garantiert werden:

- Nach dem Erzeugen eines Objekts sind die Daten stets mit vernünftigen Anfangswerten versehen.
- Fehlerhafte oder unzulässige Zugriffe werden frühzeitig durch die Methoden abgefangen.
- Sofern ein Objekt im weiteren Programmverlauf nicht mehr benötigt wird, kann es in geordneter Weise »zerstört« werden. Beispielsweise kann es nötig sein, geöffnete Dateien zu schließen, dynamisch reservierten Speicher wieder freizugeben oder Zeiger auf einen Pseudowert zurückzusetzen.

Ein Objekt verwaltet sich also mit Hilfe seiner Methoden selbst und kapselt sein »Innenleben« von der Außenwelt ab. Dadurch ist jederzeit die Integrität der Daten sichergestellt.

Zur Unterstützung der Datenkapselung bieten objektorientierte Programmiersprachen Sprachelemente, die den Zugriff auf Daten und Methoden einschränken bzw. sperren können. Hierzu gehört die Möglichkeit, die Elemente einer Klasse als *private* oder *public* zu deklarieren:

- Auf private-Elemente können nur die Methoden der Klasse zugreifen. Sie sind damit vor dem direkten, unkontrollierten Zugriff von außen geschützt.
- Die public-Elemente bilden die öffentliche Schnittstelle. Auf sie kann uneingeschränkt zugegriffen werden.

1.4 Vererbung

Basisklasse und abgeleitete Klassen

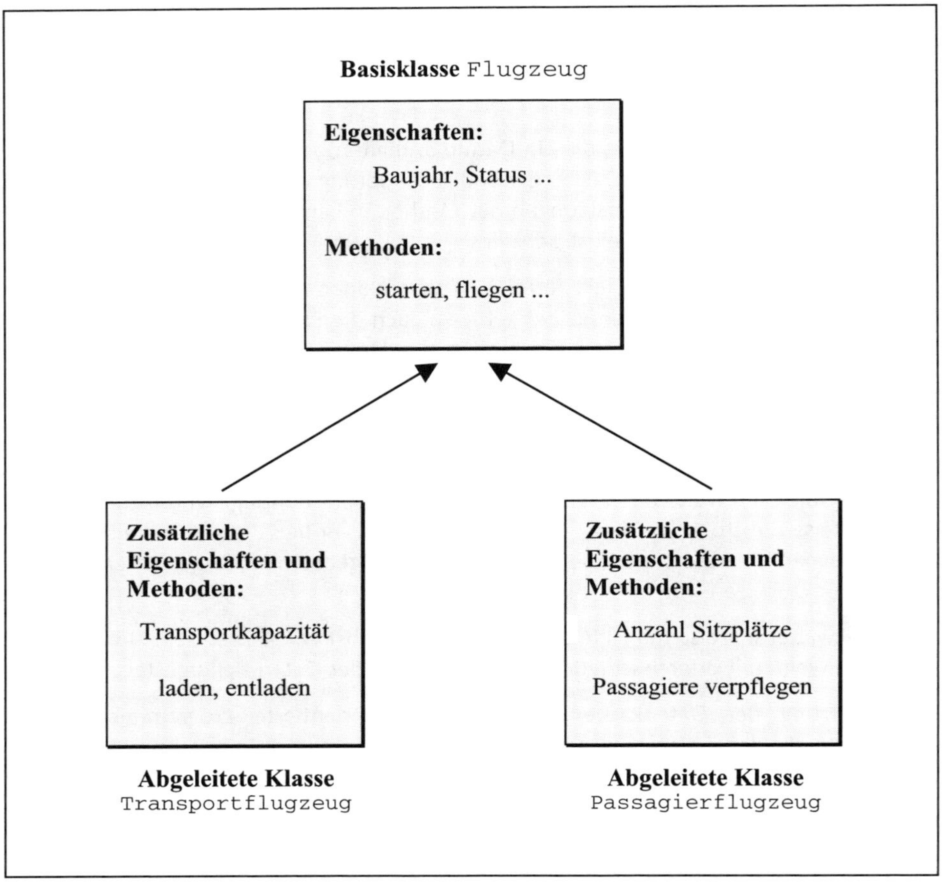

Vererbung

Aus einer bereits existierenden Klasse kann eine neue Klasse gebildet werden, die weitere Eigenschaften und Fähigkeiten besitzt. Diese *abgeleitete Klasse* »erbt« dabei die Daten und Methoden der sogenannten *Basisklasse*.

Benötigt beispielsweise eine Anwendung, die mit einer Klasse Flugzeug arbeitet, die Unterscheidung von Transport- und Passagierflugzeugen, so wird man entsprechende Klassen von der Basisklasse Flugzeug ableiten. In den Programmteilen, wo es auf diese Unterscheidung nicht ankommt, können Transport- oder Passagierflugzeuge wie normale Flugzeuge behandelt werden.

Objekte von abgeleiteten Klassen sind stets »spezielle Objekte« vom Typ der Basisklasse. Die Vererbung ermöglicht es so, hierarchische Beziehungen zwischen Objekten auszudrücken.

Durch Vererbung werden ganze »Familien« von Klassen gebildet. Man spricht auch von »*Klassenhierarchien*«. C++ besitzt sehr effiziente Mechanismen zur Bildung von Klassenhierarchien.

Wiederverwendbarkeit

Die Vererbung ist ein wichtiges Mittel, um bereits entwickelten Programmcode wiederverwendbar zu machen.

Bei der Bildung abgeleiteter Klassen muss nur die öffentliche Schnittstelle der Basisklasse bekannt sein. Die interne Darstellung von Daten sowie die Definition von Elementfunktionen braucht der Programmierer nicht zu kennen. Vorhandene Klassen können daher als leicht erweiterbare »Bausteine« in einem neuen Programm eingesetzt werden. Zahlreiche Klassenbibliotheken unterstützen dieses Konzept.

Polymorphie

In der OOP bezeichnet *Polymorphie* (griech. Vielgestaltigkeit) die Möglichkeit, dass der Aufruf einer Methode zur Laufzeit verschiedene Wirkungen haben kann. Dies hat folgenden Hintergrund:

Eine abgeleitete Klasse muss eine Methode der Basisklasse nicht unverändert übernehmen. Für die Objekte der abgeleiteten Klasse kann die Methode neu definiert werden: Sie wird den neuen Eigenschaften der Klasse angepaßt. Innerhalb einer Klassenhierarchie kann daher der Name einer Methode für verschiedene Implementierungen stehen.

Beispielsweise wird es in einer Klassenhierarchie von geometrischen Figuren immer wieder eine Methode geben, die eine konkrete geometrische Figur zeichnet, z.B. eine Methode `draw()`. Wird nun für ein Objekt `draw()` aufgerufen, so entscheidet der Typ des Objekts, welche konkrete Methode zur Ausführung kommt.

Bei der Erstellung des Programms ist der genaue Typ des Objekts oft noch unbekannt. Dann wird erst zur Laufzeit entschieden, welche Methode zur Ausführung kommt.

1.5 Entwicklung von C++

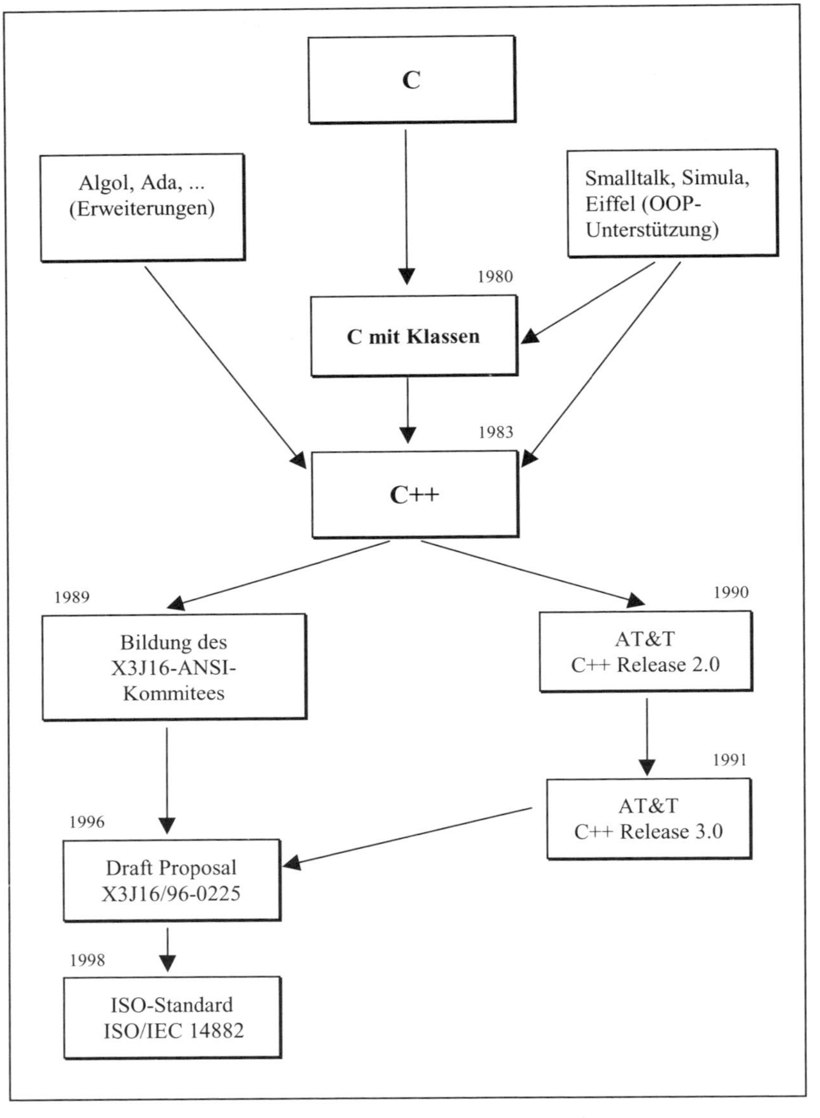

Ursprung

C++ wurde von *Bjarne Stroustrup* in den Bell-Laboratorien (Murray Hill, USA) entwickelt, um Simulationsprojekte mit minimalem Speicherplatz und Zeitbedarf zu realisieren. Frühe Versionen der Sprache, die zunächst als »C mit Klassen« bezeichnet wurde, gibt es seit 1980. Der Name C++ wurde 1983 von Rick Mascitti geprägt. Er weist darauf hin, dass die Programmiersprache C++ evolutionär aus der Programmiersprache C entstanden ist: ++ ist der Inkrementoperator von C.

Einflüsse

C wurde wegen ihrer Effizienz und Portabilität als Grundlage von C++ gewählt. Bei der Weiterentwicklung von C++ wurde stets auf die Kompatibilität zu C geachtet. Somit bleibt die umfangreiche, unter C entwickelte Software auch in C++-Programmen einsatzfähig. Dazu gehören beispielsweise Tools und Bibliotheken für Grafik-Systeme oder Datenbankanwendungen.

Bei der Realisierung objektorientierter Konzepte hatte die Programmiersprache *SIMULA67* maßgeblichen Einfluß, insbesondere bei der Bildung von Klassen, der Vererbung und dem Entwurf virtueller Funktionen. Das Überladen von Operatoren und die Möglichkeit, Deklarationen im Programmtext frei plazieren zu können, wurde der Programmiersprache *ALGOL68* entlehnt. Die Programmiersprachen *Ada* und *Clu* haben die Entwicklung von Templates und die Ausnahmebehandlung beeinflußt.

Schließlich gehen viele Entwicklungen aus den Jahren 1987 bis 1991 auf die direkten Erfahrungen und Probleme von C++-Programmierern zurück. Hierzu gehören beispielsweise die Mehrfachvererbung, das Konzept der rein virtuellen Funktionen und die Nutzung gemeinsamer Speicherbereiche für Objekte.

Standardisierung

Parallel zu diesen Entwicklungen unterstützte die Firma AT&T frühzeitig die Etablierung eines C++-Standards. Hierbei ging es darum, dass möglichst viele Compiler-Bauer und Software-Entwickler sich auf eine einheitliche Sprachbeschreibung einigten, um die Bildung von Dialekten und »Sprachverwirrungen« zu vermeiden.

Im Jahr 1989 konnte auf Initiative von Hewlett-Packard ein ANSI-Kommitee (American National Standards Institute) gebildet werden, das verschiedene Entwürfe (engl. Draft Proposal X3J16) für einen Standard geschaffen hat. Dieser Standard wurde 1998 als ISO-Standard (International Standards Organization, ISO/IEC 14882) verabschiedet.

1.6 Eigenschaften von C++

Die Hybrid-Sprache C++

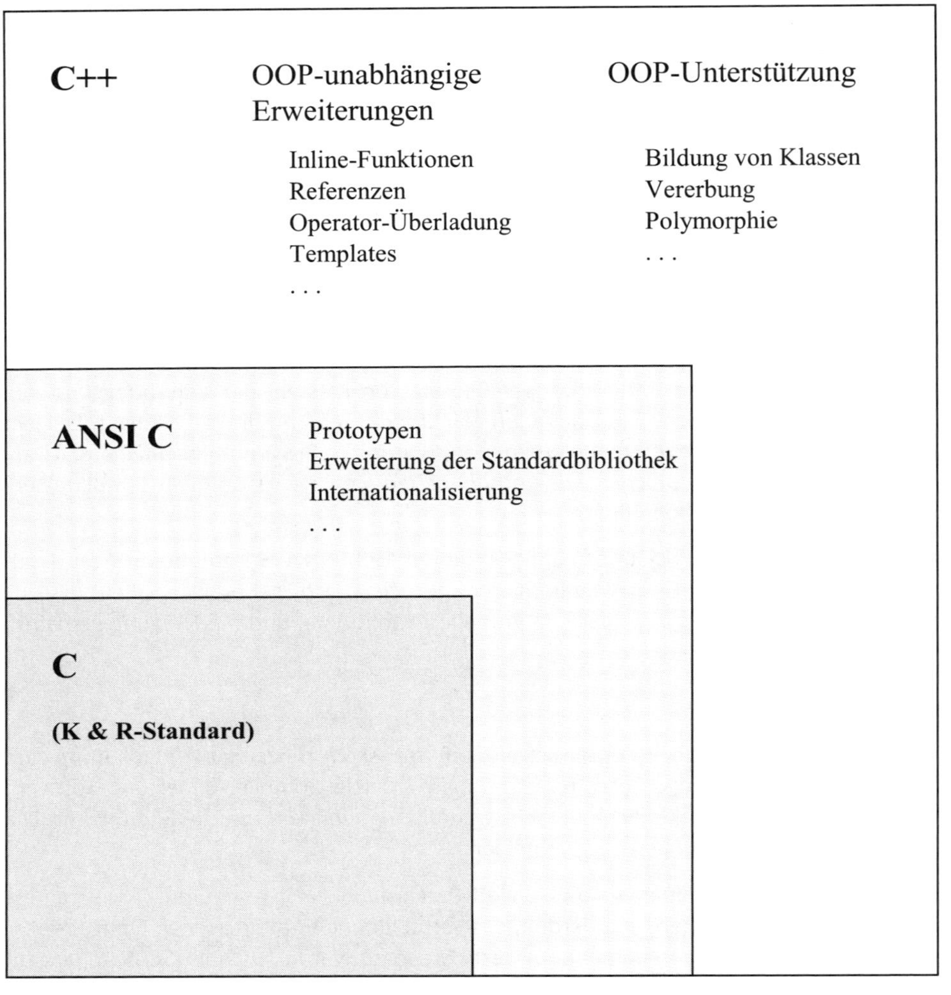

C als Teilmenge von C++

C++ ist keine rein objektorientierte Sprache, wie z. B. Smalltalk oder Eiffel. Bei letzteren wurden die objektorientierten Paradigmen ohne Wenn und Aber realisiert, wobei allerdings langsameres Laufzeitverhalten in Kauf genommen wurde. C++ ist eine Hybrid (griech. »Misch«)-Sprache: Sie enthält die Programmiersprache C als Teilmenge. Damit hat man zunächst in C++ alle Möglichkeiten, die auch C bietet, wie z. B.:

- maschinennahes Programmieren
- Entwickeln von portablen Programmen
- strukturiertes und modulares Programmieren

Darüber hinaus ergeben sich weitere entscheidende Vorteile:

- Die umfangreiche Software, die in C entwickelt worden ist, kann unverändert genutzt werden.
- C-Programmierer brauchen keine komplett neue Sprache zu lernen. Sie haben sich lediglich mit den Erweiterungen von C und den Neuerungen bzgl. der objektorientierten Programmierung auseinanderzusetzen.

Erweiterung von C

Die sprachlichen Möglichkeiten von C wurden innerhalb von C++ erweitert, indem Sprachelemente zur Bildung von

- Inline-Funktionen
- Default-Argumenten
- Referenztypen
- Überladung von Funktionen und Operatoren
- Templates (Schablonen für die Definition von Funktionen und Klassen)
- Exception-Handling (Ausnahmebehandlung)

zur Verfügung gestellt wurden. Auch wenn diese Sprachelemente noch keinen Bezug zur OOP haben, sind sie doch wesentlich für die effiziente Realisierung von C++ als OOP-Sprache.

OOP-Unterstützung

C++ unterstützt die Konzepte der objektorientierten Programmierung durch die Möglichkeiten:

- Klassen zu bilden
- den Zugriff auf Daten und Elementfunktionen durch `public`-, `private`- oder `protected`-Spezifikationen zu steuern
- Klassen (auch mehrfach) zu vererben
- Elementfunktionen als virtuell zu deklarieren und so polymorphe Klassen zu bilden

1.7 Entwicklung eines C++-Programms

Der Weg zum ausführbaren Programm

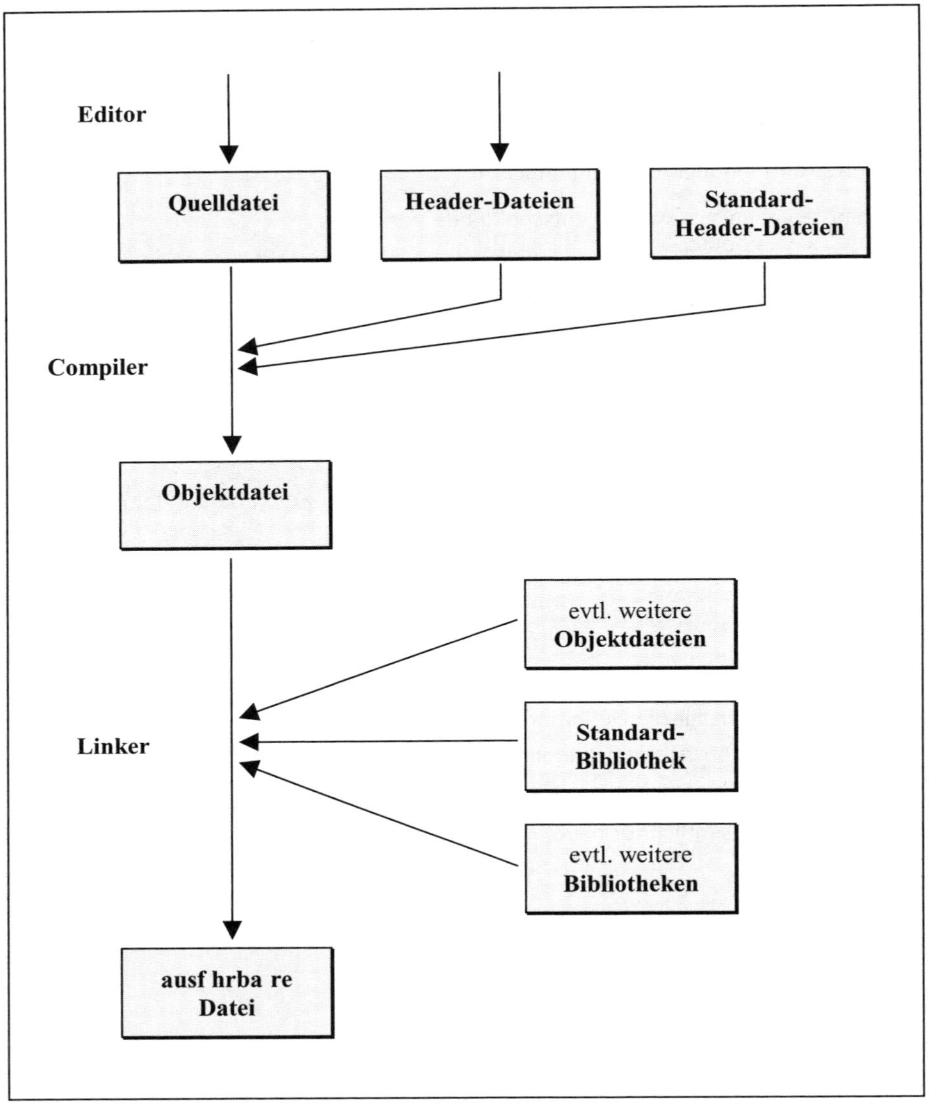

Zur Erstellung und Übersetzung eines C++-Programms sind grundsätzlich die gleichen Schritte wie in C notwendig:

1. Das Programm wird mit einem Editor erstellt.
2. Das Programm wird kompiliert, d.h. in die Maschinensprache des Rechners übersetzt.
3. Der Linker erzeugt schließlich die ausführbare Datei.

Editor

Mit einem Editor werden die Textdateien erstellt, die den C++-Code enthalten. Dabei sind zwei Arten von Dateien zu unterscheiden:

- **Quelldateien**
  Quelldateien, auch Source-Dateien genannt, enthalten die Definitionen von globalen Variablen und Funktionen.

  Jedes C++-Programm besteht aus mindestens einer Quelldatei.
- **Header-Dateien**
  Header-Dateien, auch Include-Dateien genannt, verwalten zentral die Informationen, die in verschiedenen Quelldateien gebraucht werden. Dazu gehören:
  - Typdefinitionen, z.B. Klassendefinitionen
  - Deklarationen von globalen Variablen und Funktionen
  - Definition von Makros und Inline-Funktionen

Bei der Benennung der Dateien muss die richtige Endung (engl. Extension) verwendet werden. Diese variieren jedoch von Compiler zu Compiler: Für Quelldateien sind die gebräuchlichsten Endungen `.cpp` und `.cc`. Die Namen von Header-Dateien enden entweder wie in C mit `.h` oder sie haben keine Endung. Aber auch Endungen wie `.hpp` können vorkommen. Die Header-Dateien der C-Standard-Bibliothek können natürlich weiter benutzt werden. Mehr dazu in Kapitel 13, »Namensbereiche«.

Compiler

Eine Übersetzungseinheit besteht aus einer Quelldatei und den inkludierten Header-Dateien. Der Compiler erzeugt aus jeder Übersetzungseinheit eine *Objektdatei* (auch *Modul* genannt), die den Maschinen-Code enthält.

Neben den Compilern, die direkt den Maschinen-Code erzeugen, gibt es auch C++- nach C-Übersetzungsprogramme, sogenannte »C-Front-Compiler«. Diese übersetzen ein C++-Programm in ein C-Programm. Erst anschließend wird die Objektdatei mit einem Standard-C-Compiler erzeugt.

Linker

Der Linker bindet die Objektdateien zu einer *ausführbaren Datei*. Diese enthält neben den selbsterzeugten Objektdateien auch den Startup-Code und die Module mit den verwendeten Funktionen und Klassen der Standardbibliothek.

1.8 Übungen

Definition der Struktur tm in time.h

```
struct tm
{
   int tm_sec;          // 0 - 59(60)
   int tm_min;          // 0 - 59
   int tm_hour;         // 0 - 23

   int tm_mday;         // Tag im Monat: 1 - 31
   int tm_mon;          // Monat: 0 - 11
   int tm_year;         // Jahre seit 1900

   int tm_wday;         // Wochentag: 0 - 6
   int tm_yday;         // Tag im Jahr: 0 - 365

   int tm_isdst;        // Flag für Sommerzeit
};
```

Beispielaufruf für time( ) und localtime( )

```
#include <time.h>

   struct tm *zeit;
   time_t sec;
    . . .
   time(&sec);
   zeit = localtime(&sec);

   cout << "Heute ist der " << zeit->tm_yday +1
        << ". Tag des Jahres.\n";
    . . .
```

1. Aufgabe

- Deklarieren Sie eine Struktur `Datum` zur Darstellung eines Datums mit ganzzahligen Komponenten für Tag, Monat und Jahr.
- Schreiben Sie eine Funktion `showDate()`, die ein als Argument übergebenes Datum im Format `tag.monat.jahr` ausgibt.
- Schreiben Sie eine Funktion `getDate()`, die ein Datum im Dialog einliest und eine Bereichsüberprüfung vornimmt. Bei einem gültigen Datum wird dieses in die Strukturvariable zurückgeschrieben, deren Adresse als Argument übergeben wird.
  Return-Wert: `1` bei gültiger Eingabe, andernfalls `0`.

> **Hinweis** Für die Bereichsüberprüfung definieren Sie einen Vektor, der die Anzahl der Tage für jeden Monat speichert (z.B. 31 für Januar usw.). Um festzustellen, ob ein Jahr ein Schaltjahr ist, rufen Sie die Funktion `isLeapYear()` auf.

- Erstellen Sie eine Funktion `isLeapYear()`, die überprüft, ob eine als Argument übergebene Jahreszahl ein Schaltjahr ist. Trifft dies zu, so liefert die Funktion `1` zurück, andernfalls `0`.

> **Hinweis** Ein Jahr ist ein Schaltjahr, wenn es durch 4 teilbar ist. Ausgenommen sind die Jahre, die durch 100 teilbar und kein Vielfaches von 400 sind.

- Testen Sie die Funktionen mit einem geeigneten Hauptprogramm.

2. Aufgabe

- Das Programm aus der 1. Aufgabe soll modular aufgebaut werden. Stellen Sie zu diesem Zweck die Definition der Struktur `Datum` und die Prototypen der Funktionen in die Header-Datei `datum.h`.
  Die Implementierung der Funktionen ist in eine separate Quelldatei `datum.cpp` zu kopieren. Das Hauptprogramm, das mit der Struktur `Datum` und den zugehörigen Funktionen arbeitet, steht ebenfalls in einer eigenen Quelldatei.
- Ergänzen Sie das Programm um eine Funktion `actDate()`, die das *aktuelle* Datum in die Strukturvariable zurückschreibt, deren Adresse als Argument übergeben wird.
  Return-Wert: keiner.

> **Hinweis** Verwenden Sie die in `time.h` deklarierten Funktionen
> ```
> time_t  time(time_t *secPtr);
> struct tm *localtime(const time_t *secPtr);
> ```

Die Funktion `time()` liefert die Systemzeit in Form von Anzahl Sekunden und schreibt diese in die durch `secPtr` adressierte Variable. Dieser Wert kann der Funktion `localtime()` übergeben werden, welche die Anzahl der Sekunden in das lokale Datum vom Typ `tm` umwandelt und einen Zeiger auf diese Struktur zurückliefert. Die Definition der Struktur `tm` ist nebenstehend angegeben. Der Datentyp `time_t` ist in `time.h` als `long` definiert.

- Testen Sie das Programm, indem Sie auch die Funktion `actDate()` aufrufen und das aktuelle Datum anzeigen lassen.

1.9 Lösungen

Zur 1. und 2. Aufgabe

```
/*************************************************************
  Datei:  datum.h
  Zweck:  Definition der Struktur Datum und
          Deklaration zugehoeriger Funktionen.
 *************************************************************/

#ifndef _DATUM_              /* Nachfolgender Block nur, falls */
                             /* datum.h noch nicht inkludiert  */
#define _DATUM_

struct Datum { int tag, monat, jahr; };

/* Prototypen: */
void showDate(Datum dat);
int  getDate(Datum *p);
void actDate(Datum *p);
int  isLeapYear(int year);

#endif


/*************************************************************
  Datei:  datum.cpp
  Zweck:  Definition der Funktionen fuer die Struktur Datum
 *************************************************************/

#include <stdio.h>
#include <time.h>
#include "datum.h"

/* ----------------------------------------------------------
   showDate(): Datum anzeigen
 */
void showDate(Datum dat)
{
   printf("%d.%d.%d", dat.tag, dat.monat, dat.jahr);
}
```

```
/* ----------------------------------------------------------
   getDate():    Datum im Dialog einlesen
   Return-Wert: 1 (true), falls Eingabe ok
                0 (false) sonst.
 */
int getDate(Datum *p)
{
   static int tageImMonat[] = { 0, 31, 29, 31, 30, 31, 30,
                                   31, 31, 30, 31, 30, 31 };
   int tag=0, monat=0, jahr=0;

   printf("\nTag:   "); scanf("%d", &tag);
   if(tag < 1 || tag > 31)
     return 0;

   printf("Monat: "); scanf("%d", &monat);
   if(monat < 1 || monat > 12 || tag > tageImMonat[monat])
     return 0;

   printf("Jahr:  "); scanf("%d", &jahr);
   if(jahr < 1 || (!isLeapYear(jahr) && tag == 29) )
     return 0;

   p->tag = tag;
   p->monat = monat;
   p->jahr = jahr;

   return 1;
}

/* ----------------------------------------------------------
   actDate(): das aktuelle Datum holen
 */
void actDate(Datum *p)
{
   struct tm *systime;
   time_t sec;

   time(&sec);
   systime = localtime(&sec);

   p->tag   = systime->tm_mday;
   p->monat = systime->tm_mon + 1;
   p->jahr  = systime->tm_year + 1900;
}
```

1.10 Lösungen (Fortsetzung)

```
/* ------------------------------------------------------------
   isLeapYear(): stellt fest, ob ein Schaltjahr vorliegt.
   Return-Wert:  1 (true), falls ja
                 0 (false) falls nein
 */
int isLeapYear(int year)
{
   return (year%4 == 0 && year%100 != 0)
          || year%400 == 0;
}


/*************************************************************
  Datei:  datum_t.cpp
  Zweck:  Mit Strukturen vom Typ Datum arbeiten und
          modulare Programmiertechnik einsetzen.
  Module: datum_t.cpp  datum.cpp
 *************************************************************/

#include <stdio.h>
#include "datum.h"                /* Struktur Datum und         */
                                  /* Prototypen von Funktionen */
int main()
{
   struct Datum birthday = { 19, 5, 1986 };
   printf("\nMit der Struktur Datum arbeiten\n");

   printf("\nEin Geburtstag: "); showDate( birthday);

   printf("\n\nWann haben Sie Geburtstag?\n");
   if (!getDate( &birthday))
      printf("Fehler bei der Eingabe!\n");
   else
   {
      printf("\nIhr Geburtstag: ");  showDate( birthday);
   }
   actDate( &birthday);
   printf("\n\nDas heutige Datum: ");  showDate( birthday);
   printf("\n\n");

   return 0;
}
```

Kapitel 2: Erste Schritte mit C++

Dieses Kapitel beschreibt Erweiterungen der Programmiersprache C, wie:

- die freie Plazierungsmöglichkeit von Deklarationen
- Inline-Funktionen
- Aufzählungen

Außerdem werden die neuen Streams `cin`, `cout` und `cerr` kurz vorgestellt, damit sie von Beginn an in Beispielprogrammen und Übungen eingesetzt werden können.

2.1 Kommentare

Beispielprogramm

```
/*************************************************************
 * Ein Programm mit vielen Kommentaren, das die Verwendung   *
 * von Strukturen zeigt.                                     *
 * Strukturnamen sind in C++ Typnamen!                       *
 *************************************************************/

#include <stdio.h>              // Fuer den Prototyp von printf()

struct buch                     // Definition der Struktur buch
{
   char  autor[32];
   char  titel[32];
   float preis;
};                              // Semikolon nicht vergessen.

void display( buch *buchptr);   // Prototyp von display()


int main()      // Mit Strukturvariablen vom Typ buch arbeiten.
{
   buch  roman     = { "Al Capone", "Das grosse Spiel", 39.90F},
         gedichte  = { "Winter, Eva", "Traumreise", 79.80F};

   display( &roman);            // Die Adresse der Variablen
   display( &gedichte);         // uebergeben.

   printf("Gesamtpreis: %.2f\n",roman.preis + gedichte.preis);

   return 0;
}

// -------------------------------------------------------------
// Funktion:    display()
// Argument:    Zeiger auf eine Struktur vom Typ buch
// Return-Wert: keiner

void display( buch *buchptr)
{
   printf("\n"
          "Autor:          %s\n"
          "Titel:          %s\n"
          "Verkaufspreis:  %6.2f\n\n",
          buchptr->autor, buchptr->titel, buchptr->preis);
}
```

Kommentare

C++ kennt zwei Formen von Kommentaren:

- Den traditionellen C-Kommentar: `/* Ein Kommentar */`
- Den Einzeilen-Kommentar: `// Ein Kommentar`

Der neue Einzeilen-Kommentar beginnt mit `//` (zwei Schrägstriche). Es werden alle weiteren Zeichen bis zum Zeilenende ignoriert.

Der Einzeilen-Kommentar eignet sich daher besonders für die kurze Kommentierung einzelner Programmzeilen.

```
++zaehler;                      // Index erhöhen
```

Jede Form von Kommentar kann auch dazu verwendet werden, die jeweils andere Form auszukommentieren:

```
/*
++zaehler;                      // zaehler = zaehler + 1;
*/
```

oder umgekehrt:

```
// ++zaehler;                   /* zaehler = zaehler + 1; */
```

Zum Beispielprogramm

Das nebenstehende Beispielprogramm demonstriert die großzügige Verwendung von Kommentaren. Der Quelltext wird so leichter nachvollziehbar, insbesondere auch durch die optische Gliederung mit Hilfe von Kommentaren.

Im Programm wird eine Struktur `buch` definiert und gezeigt, wie mit Variablen dieses Typs gearbeitet wird.

Im Unterschied zu C ist der Strukturname auch bereits der Typname. Das Schlüsselwort `struct` wird nur in der Strukturdefinition benötigt und kann in nachfolgenden Deklarationen weggelassen werden:

```
struct buch  roman;             /* Syntax von C */
buch  roman;                    // erweiterte Syntax von C++
```

In C++ ist weiterhin die »alte« C-Syntax zulässig. Das hier für `struct`-Typen Gesagte gilt analog auch für `union`- und `enum`-Typen.

2.2 Klassen für die Standard-Ein- und Ausgabe

Ein- und Ausgabe-Streams

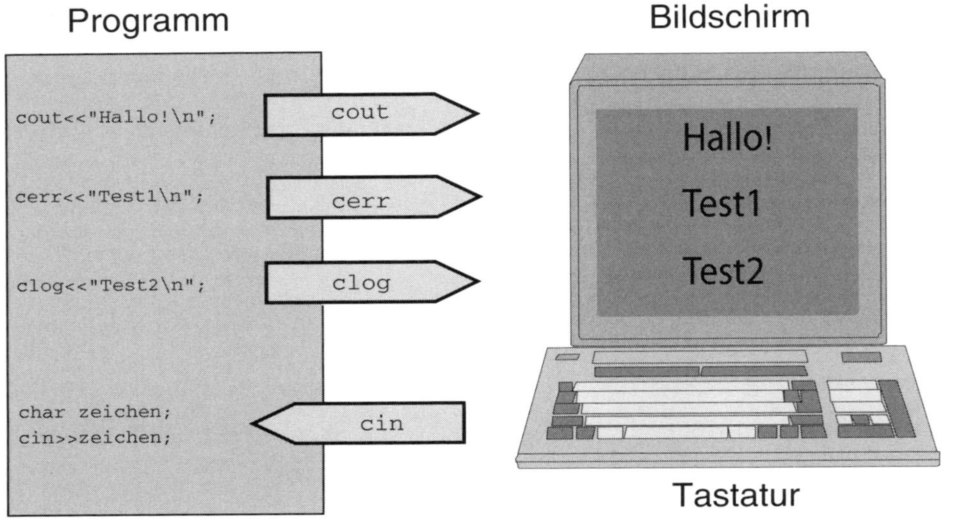

I/O-Streams

Zusätzlich zum Ein- und Ausgabesystem von C verfügt C++ über neue Streams auf der Basis von Klassen. Der Begriff *Stream* (dt. Strom) spiegelt die Situation wider, dass Zeichenfolgen bei der Ein- und Ausgabe als Datenstrom behandelt werden.

Ein wesentlicher Vorteil der neuen Streams ist die *Typsicherheit*:

Bei den klassischen C-Funktionen, wie zum Beispiel `printf()`, kann der Compiler nicht immer den richtigen Aufruf überprüfen. Ein falsches Formatelement oder der falsche Typ eines Arguments führen unweigerlich zu einem Laufzeitfehler.

Beispiel:

```
double x = 1.5;
printf("%d", x);          // Fehler!
                          // Falsches Formatelement.
```

Derartige Fehler sind bei Verwendung der neuen Streams ausgeschlossen: Der Compiler entscheidet anhand des Argumenttyps, welche Eingabe- bzw. Ausgabe-Routine aufzurufen ist.

cin, cout, cerr, clog

Die Klassen für die neuen Streams sind in der Header-Datei `iostream` deklariert, und es gibt folgende Objekte:

`cin`	Standard-Eingabe
`cout`	Standard-Ausgabe
`cerr`	Standard-Fehlerausgabe
`clog`	Standard-Fehlerausgabe

Diese Streams basieren auf den C-Streams `stdin`, `stdout` und `stderr`. Im Unterschied zu `cerr` ist der Stream `clog` gepuffert und wird normalerweise für Protokollausgaben verwendet.

Alte und neue Stream-Funktionen sollten in einem Programm nicht gemischt werden, d.h. wenn beispielsweise für die Eingabe `cin` benutzt wird, sollte an anderer Stelle nicht `scanf()` aufgerufen werden.

Im folgenden wird gezeigt, wie die neuen Streams zu verwenden sind. Dazu sind noch keine Kenntnisse über Klassen notwendig. Erst in einem späteren Kapitel wird auf die Klassenhierarchie der *iostream-Bibliothek* eingegangen und werden weitergehende Fähigkeiten beschrieben.

Alle in der C++-Standard-Bibliothek definierten globalen Bezeichner gehören zum Namensbereich `std`. Im Anschluß an die Direktive

```
using namespace std;
```

können diese Bezeichner direkt angesprochen werden.

2.3 Ausgaben mit cout

Bildschirmausgaben mit printf()

```
#include <stdio.h>

int main()
{
   float zahl = 12.345f;

   printf("Der Wert der Zahl: %f\n", zahl);

   return 0;
}
```

Bildschirmausgaben mit cout

```
#include <iostream>
using namespace std;

int main()
{
   float zahl = 12.345f;

   cout << "Der Wert der Zahl: ";        // Ein String
   cout << zahl;                         // Ein float-Wert
   cout << '\n';                         // Ein Zeichen

// Und nochmal in einer Anweisung:

   cout <<"Der Wert der Zahl: " << zahl << '\n';

   return 0;
}
```

Ausgaben mit cout

Für die Ausgabe mit den Klassen der `iostream`-Bibliothek wurde der Shift-Operator << »überladen«, d.h., er hat für Objekte dieser Klassen eine neue Bedeutung erhalten.

Beispiel:
```
cout  <<  "Hello world!\n";
```

Diese Anweisung bewirkt, dass der String `"Hello world!\n"` zur Standard-Ausgabe (also auf den Bildschirm) »geschoben« wird. Mit seiner Richtung zeigt der Operator << an, wohin geschoben wird.

Ebenso wie Strings können auch Werte mit einem anderen Datentyp ausgeben werden.

Beispiel:
```
int  zaehler = 10;
cout  <<  zaehler;      // Ausgabe:  10
```

Das Objekt `cout` ist »intelligent« genug, den Typ der Daten zu erkennen: Mit `cout` und dem Operator << können außer Strings alle Werte ausgegeben werden, die einen elementaren Datentyp haben. Darüber hinaus kann der Anwendungsbereich des Operators << jederzeit auf andere Datentypen, auch selbstdefinierte Datentypen, ausgedehnt werden. Dazu muss der Operator << überladen werden. Diese Technik wird in einem späteren Kapitel behandelt.

Der Ausdruck `cout << Wert;` repräsentiert selbst wieder das Objekt `cout`. Daher kann der Operator << auch mehrfach hintereinander angewendet werden.

Beispiel:
```
cout << "Dieser String und ein Zeichen: " << 'A';
```

In diesem Beispiel wird die Zeichenkonstante `'A'` benutzt. Hier ist der folgende Unterschied zwischen C und C++ zu beachten:

C: Eine Zeichenkonstante ist vom Typ `int`.
C++: Eine Zeichenkonstante ist vom Typ `char`.

Am Bildschirm wird also wirklich `A` ausgegeben, und nicht etwa der Zeichencode von `'A'`.

Ausgaben mit cerr

Die Standard-Fehlerausgabe `cerr` bietet dieselben Möglichkeiten wie `cout`. Insbesondere sendet auch `cerr` seine Ausgabe normalerweise zum Bildschirm.

Die Unterscheidung zwischen `cout` und `cerr` ist dann wichtig, wenn Ausgaben umgelenkt werden (z. B. in eine Datei). Fehlermeldungen sollten deshalb über `cerr` ausgegeben werden. Nur so ist sichergestellt, dass diese auch dann noch auf dem Bildschirm erscheinen, wenn die Standard-Ausgabe umgeleitet wurde.

2.4 Eingaben mit cin

Beispiel für Stream-I/O mit cin, cout, cerr

```
//----------------------------------------------------------------
// Das Programm liest zwei Zahlen im Dialog ein
// und gibt die groessere Zahl aus.
//----------------------------------------------------------------

#include <iostream>
using namespace std;

int max( int, int);

char prompt[] =
     "Geben Sie zwei verschiedene Ganzzahlen ein: \n";

int main()
{
    int  zahl1, zahl2;

//  -----      ohne Fehlerbehandlung:      -----
    cout << prompt;
    cin >> zahl1 ;   cin >> zahl2;
    cout << "Die groessere Zahl ist: "
         << max(zahl1, zahl2) << "\n";

//  -----    nochmal mit Fehlerbehandlung:   -----
    cout << prompt;
    if( cin >> zahl1  &&  cin >> zahl2)
    {
      cout << "Die groessere Zahl ist: "
           << max( zahl1, zahl2) << "\n";
      return 0;
    }
    else
    {
      cerr << "Fehlerhafte Eingabe! \n";
      return 1;
    }
}


int max( int a, int b)  // Maximum von a und b liefern.
{
    return  (a > b ? a : b);
}
```

Eingaben mit cin

Das Lesen von der Standard-Eingabe (also von der Tastatur) erfolgt mit `cin` und dem Operator `>>`.

Beispiel:
```
float var;
cin  >>  var;              // Gleitpunktzahl in var einlesen
```

Die Daten werden also von `cin` in die Variable `var` »geschoben«. Über den Typ der Variablen legt `cin` selbständig fest, was als Eingabe akzeptiert wird und wie die Konvertierung erfolgt. Auf diese Weise können Werte mit einem elementaren Datentyp und Strings eingelesen werden.

Im Gegensatz zur Eingabe mit `scanf()` können keine leichtsinnigen Fehler durch die Wahl falscher Formatelemente gemacht werden! Das obige Beispiel ist wirkungsgleich mit folgender `scanf`-Anweisung:

```
float var;
scanf("%f", &var);         // Gleitpunktzahl in var einlesen
```

Wie von `scanf()` her bekannt, gelten auch beim Einlesen mit `cin` und dem Operator `>>` folgende Regeln:

- Führende Zwischenraumzeichen werden überlesen.
- Die Verarbeitung der Eingabe bricht ab, wenn ein Zeichen nicht verarbeitet werden kann.

Beispiel:
```
cin  >>  var;              // Gleitpunktzahl in var einlesen
```

Erfolgt hier die Eingabe

```
1.20 DM
```

so wird `1.20` in der Variablen `var` gespeichert, und alle weiteren Zeichen bleiben im Eingabepuffer. Bei der Eingabe von

```
DM 1.20
```

würde kein Wert an `var` zugewiesen, und die Eingabe bleibt unverarbeitet im Puffer.

Fehlerbehandlung

Das Progamm kann feststellen, ob ein Wert eingelesen wurde: Erfolgt die Eingabe nämlich in einer Verzweigungs- oder Laufbedingung, so liefert der Ausdruck »wahr«, wenn die Eingabe erfolgreich war, andernfalls »falsch«.

Beispiel:
```
float  var;
if( ! (cin >> var) )
   cerr << "Fehler: Keine Zahl eingelesen!\n";
```

Auch das nebenstehende Beispiel demonstriert die Behandlung von Eingabefehlern.

2.5 Einlesen von Zeichen und Strings

Beispielprogramm

```
//-----------------------------------------------------------
//    Das Geruest eines Filterprogramms
//    bei Verwendung von cin und cout
//-----------------------------------------------------------

#include <iostream>
using namespace std;

int main()
{
   int c;

   // Solange ein Zeichen eingelesen werden kann:
   while( ( c = cin.get()) != EOF)
   {
      cout << (char)c;      // Zeichen wieder ausgeben.
   }

   return 0;
}
```

Hinweis Beim Lesen von der Tastatur wird das »Dateiende« durch `^Z` (unter DOS/Windows) bzw. `^D` (unter UNIX) erzeugt.

Eingabe von Einzelzeichen

Mit dem Operator >> kann auch ein einzelnes Zeichen eingelesen werden.

Beispiel:
```
char  c;
cin  >>  c;              // Ein Zeichen nach c einlesen.
```

Dabei ist aber zu beachten, dass der Operator >> standardmäßig führende Zwischenraumzeichen überliest! Bei der Eingabe

```
<Eingabetaste> <Tab> <Leertaste> <A> <Eingabetaste>
```

würde `'A'` der Variablen `c` zugewiesen.

Soll jedes Zeichen, also auch ein Zwischenraumzeichen, eingelesen werden, kann dazu die `cin`-Methode `get()` aufgerufen werden.

Beispiel:
```
int  c;
c  =  cin.get();         // Ein Zeichen nach c einlesen.
```

Die Methoden eines Objekts werden wie die Komponenten einer Strukturvariablen angesprochen, also mit dem Punktoperator. Die Anweisung `c = cin.get();` ist wirkungsgleich mit folgender C-Anweisung:

```
c  =  getchar();         // Ein Zeichen nach c einlesen.
```

Insbesondere liefert `cin.get()` den Wert `EOF`, wenn das Dateiende erreicht ist oder ein Fehler auftrat. Das ist auch der Grund, warum hier `c` als `int`-Variable deklariert wurde.

Das nebenstehende Beispiel zeigt, wie das klassische Filtergerüst in C++ aussieht.

Eingabe von Strings

Auch die Eingabe von Strings mit dem Operator >> verhält sich wie die entsprechende `scanf("%s", ... );` -Anweisung: Führende Zwischenraumzeichen werden überlesen, und Zwischenraumzeichen trennen die »Eingabefelder«.

Beispiel:
```
char  name[20];
cin  >>  name;      // Einen String nach name einlesen.
```

Bei der Eingabe von

```
Edith und Uwe
```

wird also nur das Wort `"Edith"` eingelesen. Alle weiteren Zeichen bleiben im Eingabepuffer.

Für das Einlesen einer vollständigen Zeile stellt `cin` die Methode `getline()` zur Verfügung. Beim Aufruf ist außer dem Eingabepuffer auch seine Größe anzugeben.

Beispiel:
```
char name[20]
cin.getline( name, 20); // String in name einlesen
```

Hiermit wird eine Zeile (incl. `'\n'`), aber maximal 19 Zeichen eingelesen. Das Zeilenendezeichen `'\n'` wird nicht im String gespeichert.

2.6 Plazierung von Deklarationen

Deklaration von Variablen direkt vor ihrer Verwendung

```
//-------------------------------------------------------------
// Die Funktion NumSort() sortiert einen Vektor v[]
// mit Gleitpunktzahlen in aufsteigender Reihenfolge
// nach dem Selection-Sort-Algorithmus.
//-------------------------------------------------------------

void NumSort(double v[], int len)
{
  for(int i = 0; i < len -1; i++)
  {
    int mini = i;              // mini: Der Index des bis dahin
                               // kleinsten Vektorelements.
    for( int j = i + 1;  j < len; j++)
      if( v[j] < v[mini])      // Index des kleineren
        mini = j;              // Elements merken.

    double temp = v[i];        // v[i] und v[mini]
           v[i] = v[mini];     // tauschen.
           v[mini] = temp;
  }
}
```

Unterscheidung globaler und lokaler Variablen

```
#include <iostream>
using namespace std;

char  msg[] = "Ich bin der globale String!\n";

int main()
{
   char  msg[] = "Ich bin der lokale String!\n";

   cout  <<  msg;                          // lokal
   cout  <<  ::msg;                        // global

   return 0;
}
```

Freie Plazierung

Bevor eine Variable oder Funktion in einem C++-Programm verwendet werden kann, muss sie deklariert werden.

Die Plazierung von Deklarationen ist in C auf bestimmte Stellen in einem Programm eingeschränkt: entweder außerhalb von Funktionen oder innerhalb von Funktionen unmittelbar hinter einer sich öffnenden geschweiften Klammer, d.h. am Beginn eines Blocks.

Dagegen können Deklarationen in C++ frei plaziert werden: Deklarationen dürfen auch überall dort stehen, wo eine Anweisung erlaubt ist. Dadurch lassen sich Variablen näher bei der Stelle deklarieren, wo sie auch verwendet werden. Sinnvoll eingesetzt, kann diese zusätzliche Freiheit dazu beitragen, die Lesbarkeit von Programmen zu verbessern.

Eine typische Anwendung ist die Deklaration eines Schleifenzählers innerhalb einer `for`-Schleife.

Beispiel:
```
for ( int i = 1; i <= 10; i++)
    cout << i << ". Durchlauf\n";
```

Die Deklaration wird hier im Initialisierungsteil vorgenommen.

Geltungsbereich

Der Geltungsbereich einer Variablen wird durch ihre Speicherklasse bestimmt. Lokale Variablen haben den Geltungsbereich »Block«. Dieser beginnt mit der Deklaration und endet mit der Klammer }, die den Block schließt.

Gemäß dem C++-ANSI-Standard gilt aber für die `for`-Schleife folgende Ausnahme: Der Geltungsbereich einer Variablen, die im Initialisierungsteil der `for`-Anweisung deklariert wird, ist die `for`-Anweisung (und nicht etwa der Block, der die `for`-Anweisung enthält).

Bezogen auf das obige Beispiel bedeutet dies, dass die Variable `i` nach der Schleife nicht mehr zur Verfügung steht.

Der Bereichs-Operator ::

In C++ gibt es den neuen Operator `::`, mit dem Bezug auf bestimmte Bereiche genommen werden kann. Hauptsächlich wird er in Verbindung mit Klassen eingesetzt. Er läßt sich aber auch zur Unterscheidung globaler und lokaler Variablen einsetzen.

Eine innerhalb eines Blocks deklarierte Variable `var` »verdrängt« eine globale Variable gleichen Namens. Im Geltungsbereich der lokalen Variablen kann dennoch mit

```
::var
```

auf die globale Variable zugegriffen werden. Von dieser Möglichkeit sollte natürlich möglichst selten Gebrauch gemacht werden, da die Lesbarkeit des Programms darunter leidet.

2.7 Prototyp von Funktionen

Einsatz von Prototypen

Programm

1. Quelldatei

```
// Definition der Funktion fun()

double fun()
{
    . . .      // Was die Funktion macht.
}
```

2. Quelldatei

```
// Prototyp und Aufruf der Funktion fun()

double fun(void);
void f1()
{
      . . .
   double a = fun();
      . . .
}
```

3. Quelldatei

```
// Prototyp und Aufruf der Funktion fun()

double fun(void);
void f2()
{
      . . .
   double b = fun();
      . . .
}
```

Funktionsprototypen

Funktionsprototypen wurden in C mit dem ANSI-Standard eingeführt. Der Prototyp einer Funktion ist die vollständige Deklaration der Funktion. Diese beschreibt

- den Typ des Return-Werts der Funktion und
- die Anzahl, die Reihenfolge und den Typ der Parameter

Der Compiler kann so bei jedem Aufruf prüfen, ob die Anzahl und der Typ der Argumente richtig angegeben wurde.

Beispiel: `int atoi(const char *str); //Prototyp von atoi()`

Dieser Prototyp besagt,

1. dass die Funktion `atoi()` ein Argument erhält, nämlich einen String, der konstant sein darf, und
2. dass der Return-Wert vom Typ `int` ist.

Hinweis Anders als in C, gibt es in C++ für den Typ einer Funktion keine Standard-Vorgabe. Daher muss (!) jede Funktion vor ihrem ersten Aufruf deklariert werden. Der Prototyp wird entweder direkt in der Quelldatei angegeben oder indirekt durch Inkludieren einer Header-Datei, die den Prototyp enthält.

Die Angabe des Prototyps kann nur dann entfallen, wenn sich die Definition der Funktion in derselben Quelldatei vor ihrem ersten Aufruf befindet. In diesem Fall ist die Definition selbst schon die Deklaration der Funktion.

Unterschied zu C

Eine Funktionsdeklaration mit leeren Klammern

```
typ func();
```

wird in C und C++ unterschiedlich interpretiert:

C:	Keine Information über die Parameter der Funktion
C++:	Die Funktion besitzt keine Parameter

Der Grund hierfür liegt in der Kompatibilität von ANSI-C zum Kernighan&Ritchie-Standard. Um Probleme zu vermeiden, sollte daher eine Funktion ohne Parameter stets wie folgt deklariert werden:

```
typ func(void);
```

2.8 Inline-Funktionen

Inline-Funktionen und Makros

```
//------------------------------------------------------------
// Beispielprogramm zum Vergleich von
// inline-Funktionen und Makros
//------------------------------------------------------------

#include <iostream>
using namespace std;

#define  QUADRAT(x)  ((x) * (x))

inline double quadrat(double x )
{
    return( x * x);
}


int main()
{
   double zahl, erg;

   zahl = 4.0;
   erg = QUADRAT(++zahl);        // Achtung Seiteneffekt!
   cout << "Ergebnis: " << erg << "\n";        // falsch!

   zahl = 4.0;
   erg = quadrat(++zahl);                       // alles ok!
   cout << "Ergebnis: " << erg << "\n";

   return 0;
}
```

Inline-Definition

Beim Aufruf einer Funktion wird die Rücksprungadresse auf dem Stack gesichert und die Programmausführung in der Funktion fortgesetzt. Nach Beendigung der Funktion erfolgt der Rücksprung mit Hilfe der gesicherten Adresse. Dieser »Overhead« kann bei kleinen Funktionen im Vergleich zur eigentlichen Aufgabe der Funktion erheblich sein.

Zur Vermeidung dieses Nachteils kann in C++ eine Funktion als `inline`-Funktion definiert werden. Beim Aufruf einer solchen Funktion fügt der Compiler den Funktionscode direkt an der Stelle ihres Aufrufs ein. Damit wird zur Laufzeit kein Unterprogrammsprung ausgeführt. Die Verwendung von `inline`-Funktionen erhöht so die Ausführgeschwindigkeit eines Programms.

Eine Funktion wird als »inline« definiert, indem das Schlüsselwort `inline` dem Funktionskopf vorangestellt wird:

Beispiel:
```
inline double  min( double x, double y)
{
    return (x < y ? x : y);
}
```

Es ist naheliegend, dass eine `inline`-Funktion nur aus wenigen Anweisungen bestehen sollte. Andernfalls wird der Programmcode bei mehrmaligen Aufrufen der Funktion zu umfangreich.

Der Compiler kann bei zu umfangreichen Funktionen auch auf das Einfügen des Funktionscodes verzichten: Das Schlüsselwort `inline` wird ignoriert und eine entsprechende Warnung ausgegeben. Dies kann schon dann der Fall sein, wenn die Funktion eine Schleife enthält.

Definition in Header-Dateien

Bevor eine `inline`-Funktion aufgerufen werden kann, muss sie zuvor in *derselben* Quelldatei definiert worden sein. Für den Aufruf einer `inline`-Funktion genügt es nicht, ihren Prototyp anzugeben. Der Compiler muss auch den Anweisungsblock der Funktion kennen.

Deshalb wird eine `inline`-Funktion, die in mehreren Quelldateien verfügbar sein soll, üblicherweise in einer Header-Datei definiert. Das ist ein wesentlicher Unterschied zu »normalen« Funktionen, deren Definition immer in einer Quelldatei stehen sollte.

Unterschied zu Makros

Inline-Funktionen sind mit parametrisierten Makros vergleichbar. Beim Aufruf eines Makros nimmt der Präprozessor noch vor dem eigentlichen Kompiliervorgang einen textuellen Ersatz vor. Hierbei findet keine Typüberprüfung von Argumenten statt.

Im Unterschied dazu prüft der Compiler beim Aufruf einer `inline`-Funktion die Korrektheit des Aufrufs, so wie bei jeder anderen Funktion auch. Darüber hinaus können auch keine Seiteneffekte auftreten!

2.9 Aufzählungen

Beispielprogramm

```
//----------------------------------------------------------------
// Definition und Verwendung von Aufzaehlungen
//----------------------------------------------------------------

#include <ctype.h>
#include <iostream>
using namespace std;

enum SpruchTyp { WISSEN = 'W',  LOESUNG = 'L',
                 FAEHIGKEIT = 'F', ENDE = 'Q' };

int main()
{
  SpruchTyp spruch;
  char antwort;

  do{
    cout << "\nWelchen Spruch wuenschen Sie?\n\n"
         << "\t <W> = Wissen\n"
         << "\t <L> = Loesung\n"
         << "\t <F> = Faehigkeit\n"
         << "\t <Q> = Quit (Ende des Programms)\n";

    cin  >> antwort;
    spruch = (SpruchTyp)toupper(antwort);

    switch( spruch)
    {
      case WISSEN:
        cout << "\nWissen ist Macht, \n"
                "nichts wissen macht auch nichts!\n\n";
        break;
      case LOESUNG:
        cout << "\nEine Loesung hatte ich,\n"
                "aber die passte nicht zum Problem!\n\n";
        break;
      case FAEHIGKEIT:
        cout << "\nZu allem faehig, \n"
                "aber zu nichts zu gebrauchen!\n\n";
        break;
     }
   }while( spruch != ENDE);

   return 0;
}
```

Definition von Aufzählungen

Eine Aufzählung (engl. *enumeration*) ist ein selbstdefinierter Datentyp, dessen Wertebereich nur bestimmte ganzzahlige Werte umfasst.

Die Definition einer Aufzählung erfolgt mit dem Schlüsselwort `enum`. Dabei werden in einer Aufzählungsliste die möglichen Werte und gleichzeitig Namen für diese Werte festgelegt.

Beispiel:
```
enum Schalter { AUS, AN };          // Typ und Konstante
Schalter schalter1 = AUS;           // Variable mit Wert AUS
```

Hiermit wird der Aufzählungstyp `Schalter` definiert und außerdem eine Variable `schalter1` vom Typ `Schalter`.

Die in der Aufzählungsliste angegebenen Namen bezeichnen ganzzahlige Konstanten. Sofern keine anderen Werte festgelegt werden, hat die erste Konstante den Wert `0` und jede weitere Konstante einen um eins höheren Wert als der Vorgänger.

Im obigen Beispiel hat also die Konstante `AUS` den Wert `0` und `AN` den Wert `1`. Eine Variable vom Typ `Schalter` kann nur die Werte `AUS` oder `AN` annehmen.

Die Werte der Konstanten können explizit angegeben werden. Dabei ist jeder `int`-Wert zulässig.

Beispiel:
```
enum Grundfarbe { BLAU = 1, GRUEN = 2, ROT = 4 };
```

Die explizite Wertzuweisung kann auch nur für einen Teil der Konstanten erfolgen:

```
enum Schalter { AUS, OFF = 0, AN, ON = 1 };
```

In dem hier definierten Aufzählungstyp `Schalter` haben die Konstanten `AUS` und `OFF` den Wert `0`, die Konstanten `AN` und `ON` den Wert `1`.

Mit einer Aufzählung können bequem symbolische Konstanten definiert werden. Dies stellt eine Alternative zur `#define`-Direktive dar. Sollen nur die Konstanten definiert werden, muss kein Typname für die Aufzählung angegeben werden.

Beispiel:
```
enum { SCHWARZ, BLAU, GRUEN, GELB, ROT, WEISS };
```

Operationen mit Aufzählungen

In C werden Variablen, die einen Aufzählungstyp besitzen, wie `int`-Variablen behandelt. Dagegen sind in C++ Aufzählungen eigenständige Datentypen, für die keine arithmetischen Operatoren definiert sind!

Für Aufzählungen wird jedoch die Ganzzahlerweiterung durchgeführt, d.h., der Wert einer Aufzählungsvariablen kann implizit in einen `int`-Wert umgewandelt werden. Für den umgekehrten Weg ist immer eine explizite Typumwandlung notwendig.

2.10 Der Datentyp bool

Eine Funktion mit dem Ergebnistyp bool

```
//-----------------------------------------------------------
//  Die inline-Funktion testRange() prueft,
//  ob ein int-Wert im Bereich zwischen
//  MIN_VAL und MAX_VAL liegt.
//
//  Return-Wert: true oder false.
//-----------------------------------------------------------

enum { MIN_VAL = 20, MAX_VAL = 500 };


inline bool testRange( int val)
{
   return (val >= MIN_VAL  &&  val <= MAX_VAL);
}
```

Hinweis

Wenn Sie einen Compiler benutzen, der den Datentyp `bool` noch nicht unterstützt, können Sie hilfsweise auch mit der folgenden Definition arbeiten:

```
enum bool {  false,  true };
```

Der Compiler wird aber immer dann ein »Warning« ausgeben, wenn ein Ausdruck vom Typ `int` nach `bool` konvertiert werden muss.

Alternativ kann `bool` auch als Synonym für `int` definiert werden:

```
#define  bool  int
#define  false  0
#define  true   1
```

Datentyp bool

In Verzweigungen oder Schleifen werden Ausdrücke verwendet, die »falsch« oder »wahr« sein können. Für die Darstellung dieser booleschen Werte benutzen C und frühere Versionen von C++ den Typ `int`: Der `int`-Wert `0` bedeutet »falsch«, `1` bzw. jeder Wert ungleich `0` bedeutet »wahr«. Das ist hinreichend, aber keine gute Datenabstraktion.

Deshalb wurden in C++ für boolesche Werte der neue Datentyp `bool` sowie die Literale `false` und `true` eingeführt. Variablen mit dem Typ `bool` können nur zwei Werte annehmen: `false` für falsch und `true` für wahr.

Beispiel:
```
bool merker = true;        // Definition von merker.

if( merker == true )       // merker gesetzt ?
  . . .
```

Die Vergleichsoperatoren, also

```
<    <=    >    >=    ==    !=
```

liefern als Ergebnis den booleschen Wert `true` oder `false`.

Beispiel:
```
float  x = 1.5;
bool   vergleich = x < 2;      // vergleich = true;
```

Boolesche Ausdrücke können mit den booleschen Operatoren

`&&` (UND) `||` (ODER) `!` (NICHT)

verknüpft werden. Sowohl die Operanden als auch das Ergebnis dieser Operanden haben den Typ `bool`.

Beispiel:
```
int   a = 1,   b =20;
while( a < 10  &&  b > 10)
{  . . .  }
```

Der Datentyp `bool` ist eng mit dem Typ `int` verbunden: In beiden Richtungen (also von `int` nach `bool` und von `bool` nach `int`) werden implizite Typumwandlungen vorgenommen.

Beispiel:
```
cout << "Der Wert von false:  " << (int) false
     << "Der Wert von true:   " << (int) true
     << '\n';
```

Hier wird `false` bzw. `true` in `int` umgewandelt und ausgegeben, nämlich als `0` bzw. `1`, wie nicht anders zu erwarten ist. Der Cast wäre hier allerdings nicht nötig gewesen: Standardmäßig gibt `cout` boolesche Werte als `0` bzw. `1` aus.

In der umgekehrten Richtung wird `0` in `false` umgewandelt und jeder andere Wert in `true`.

2.11 Übungen

Beispielaufruf der Funktion sprintf()

```
#include <stdio.h>
#include <iostream>
using namespace std;

float dm = 123.90;
char buf[81];
      . . .
      sprintf( buf,"Ein Beispiel! Betrag: %10.2f\n", dm);
      cout << buf;
```

Manipulatoren für die Ein- und/oder Ausgabe

Manipulator	Bedeutung	für
`oct, dec, hex`	Oktale, dezimale, hexadezimale Ein-/Ausgabe (Standard: `dec`)	`cin, cout`
`setw(n)`	Setzt die Feldbreite `n`. Diese Einstellung gilt nur für die nächste Ein-/Ausgabe!	`cin, cout`
`flush`	Leert den Ausgabepuffer.	`cout`
`endl`	Gibt ein New-Line aus u. leert den Ausgabepuffer.	`cout`
`setfill(c)`	Definiert das Füllsymbol `c` (Standard: Leerzeichen).	`cout`
`setprecision(n)`	Definiert die Genauigkeit `n` zur Ausgabe von Gleitpunktzahlen (Standard: 6 Stellen).	`cout`

Hinweis

1. Mit dem Manipulator `setw(n)` für die Eingabe wird festgelegt, wieviele Zeichen in einen String maximal eingelesen werden, nämlich höchstens `n-1`. Damit kann verhindert werden, dass bei der Eingabe von Strings über das Ende des `char`-Vektors hinaus geschrieben wird.
2. Bei der Ausgabe von Gleitpunktzahlen werden standardmäßig keine abschließenden Nullen nach dem Dezimalpunkt angezeigt. Sollen stets so viele Stellen nach dem Dezimalpunkt angezeigt werden, wie mit der Angabe von `setprecision()` festgelegt wurde, kann das durch die folgende Anweisung erreicht werden:

   ```
   cout.setf(ios::fixed);
   ```

   Damit ist die Ausgabe auf die Dezimalpunkt-Darstellung festgelegt. Ohne diese Anweisung wird bei sehr kleinen bzw. großen Zahlen auf die Exponential-Darstellung umgeschaltet.

1. Aufgabe

In einem C++-Programm, das für die Bildschirm-Ein-/Ausgabe mit den neuen Streams arbeitet, sollte nicht zusätzlich die Funktion `printf()` verwendet werden. Will man auf die Formatierungsmöglichkeiten von `printf()` nicht verzichten, so kann die Formatierung im Speicher erfolgen. Sie ist damit von der eigentlichen Ausgabe getrennt.

Die Formatierung im Speicher erfolgt mit der Standard-Funktion `sprintf()`. Diese arbeitet wie `printf()`, jedoch mit dem Unterschied, dass die Zeichen nicht in die Standard-Ausgabe, sondern in einen String kopiert werden. Dieser ist als erstes Argument von `sprintf()` anzugeben. Die weiteren Argumente entsprechen denen von `printf()`. Der Prototyp von `sprintf()` ist in der Header-Datei `stdio.h` enthalten.

Testen Sie die Formatierungsmöglichkeiten mit `sprintf()`, indem Sie die Tabellenüberschrift:

```
Artikelnummer   Artikelbezeichnung   Preis
--------------------------------------------------
```

sowie drei passende Tabellenzeilen zunächst in einen String kopieren und anschließend mit `cout` ausgeben lassen.

2. Aufgabe

Die Klasse `iostream` bietet verschiedene Formatierungsmöglichkeiten für die Ein-/Ausgabe. Hierzu gehören sogenannte *Manipulatoren*, die als Operanden der Shift-Operatoren den Ein-/Ausgabestrom »manipulieren«. Beispielsweise setzt der Manipulator `setw()` eine Feldbreite:

```
cout << setw(8) << x;
```

Der Wert der Variablen `x` wird dann rechtsbündig in ein Feld der Feldbreite `8` positioniert. Nebenstehend sind mehrere wichtige Manipulatoren zusammengestellt.

Für alle Manipulatoren, die mindestens ein Argument erhalten, muss zusätzlich die Header-Datei `iomanip` inkludiert werden.

Testen Sie die verschiedenen Formatierungsmöglichkeiten mit Hilfe der Manipulatoren, indem Sie:

- Eine Ganzzahl mit `cin` einlesen und ihren Wert dezimal, oktal und hexadezimal ausgeben.
- Eine Ganzzahl oktal und eine zweite Ganzzahl hexadezimal mit `cin` einlesen und anschließend beide in zwei verschiedenen Zeilen dezimal ausgeben.
- Eine Ganzzahl in ein Feld der Feldbreite 20 ausgeben, das mit dem Zeichen `'*'` aufgefüllt wird.
- Einen String in ein Feld vorgegebener Breite setzen.
- Eine Gleitpunktzahl mit der Genauigkeit `12` ausgeben lassen.

3. Aufgabe

- Ändern Sie die Definitionen der Funktionen getDate() und showDate() in der Quelldatei datum.cpp (vgl. 1. Kapitel, 2. Aufgabe), indem Sie die C-Funktionen für die Ein-/Ausgabe durch cin und cout ersetzen.
  Außerdem sind die Funktionen getDate() und isLeapYear() so zu ändern, dass sie den Ergebnistyp bool statt int besitzen.
- Deklarieren Sie in einer Header-Datei person.h eine Struktur Person mit Komponenten für Name, Vorname und Geburtsdatum. Verwenden Sie hierbei die bereits definierte Struktur Datum.
- Schreiben Sie eine Funktion getPerson(), welche die Daten einer Person in eine Strukturvariable vom Typ Person einliest. Verwenden Sie die bereits erstellte Funktion getDate().
- Erstellen Sie eine Funktion showPerson(), welche die Daten einer Person, die ihr als Argument übergeben werden, ausgibt. Verwenden Sie die bereits erstellte Funktion showDate().
- Stellen Sie die Prototypen der Funktionen getPerson() und showPerson() in die Header-Datei person.h. Die Definitionen der Funktionen getPerson() und showPerson() sollen in einer eigenen Quelldatei person.cpp stehen.
- Testen Sie die Funktionen mit einer geeigneten main-Funktion, die Sie ebenfalls in einer eigenen Quelldatei person_t.cpp erstellen.

Die Dateien dieser Aufgabe:

Die Header-Dateien:	date.h	person.h	
Die Quelldateien:	date.cpp	person.cpp	person_t.cpp

2.12 Lösungen

Zur 1. Aufgabe

```
// ------------------------------------------------------------
// Datei: sprintf.cpp
// Zweck: Formatierung im Speicher mit sprintf()
//        und Ausgabe mit cout.
// ------------------------------------------------------------

#include <stdio.h>                    // Prototyp von sprintf().
#include <iostream>                   // Fuer cout.
using namespace std;

struct artikel { int nr; char bez[20]; double preis; };


int main()
{
   artikel artTab[3] = { { 110, "Hose",   98.90 },
                         { 120, "Jacke", 148.00 },
                         { 130, "Bluse",  88.80 } };
   char str[50];

   cout << "\n  Artikelnummer       Bezeichnung         Preis"
        << "\n---------------------------------------------\n";

   for( int i = 0; i < 3; ++i)
   {
      sprintf(str,"  %-20d %-20s %6.2f\n",
              artTab[i].nr, artTab[i].bez, artTab[i].preis);

      cout << str;
   }

   return 0;
}
```

2.13 Lösungen (Fortsetzung)

Zur 2. Aufgabe

```
// ------------------------------------------------------------
//  Datei: cincout.cpp
//  Zweck: Formatierte Ein-/Ausgabe mit cin, cout.
// ------------------------------------------------------------

#include <iostream>
#include <iomanip>          // Fuer Manipulatoren mit Argumenten
using namespace std;

int main()
{
   int x, y, z;

   // Teil a)
   cout << "\nBitte eine Ganzzahl eingeben: ";
   cin  >> dec >> x;

   cout << "dezimal: " << dec << x << endl;
   cout << "oktal:   " << oct << x << endl;
   cout << "hex:     " << hex << x << endl;

   // Teil b)
   cout << endl << "Bitte eine oktale Ganzzahl eingeben: ";
   cin  >> oct >> y;
   cout << endl << "Bitte eine Hex-Zahl eingeben: ";
   cin  >> hex >> z;

   cout << dec;
   cout << "Die erste Zahl dezimal:  " <<  y << endl;
   cout << "Die zweite Zahl dezimal: " <<  z << endl;

   // Teil c)
   cout << endl;
   cout << setw(20) << setfill('*') << 1234 << endl;

   // Teil d)
   cout << endl;
   cout << setw(20) << "Feldbreite: 20" << endl;
   cout << "Ohne Feldbreite" << endl;

   // Teil e)
   cout.setf(ios::fixed);
   cout << endl;
   cout << setprecision(12) << 12.3456789012345 << endl;

   return 0;
}
```

Zur 3. Aufgabe

```
// --------------------------------------------------------------
// Datei:  datum.h
// Zweck:  Definition der Struktur Datum und
//         Deklaration zugehoeriger Funktionen.
// --------------------------------------------------------------

#ifndef _DATUM_
#define _DATUM_

// Falls Typ bool noch nicht definiert:
// #define  bool  int
// #define  false 0
// #define  true  1

struct Datum { int tag, monat, jahr; };

//  Prototypen:
void showDate(Datum dat);
bool getDate(Datum *p);
void actDate(Datum *p);
bool isLeapYear(int year);

#endif

// --------------------------------------------------------------
// Datei:  datum.cpp
// Zweck:  Definition der Funktionen fuer die Struktur Datum.
// --------------------------------------------------------------

#include "datum.h"
#include <time.h>

#include <iostream>
using namespace std;

// --------------------------------------------------------------
// showDate(): Datum anzeigen

void showDate(Datum dat)
{
   cout << dat.tag << '.' << dat.monat << '.' << dat.jahr
        << endl;
}
```

2.14 Lösungen (Fortsetzung)

Zur 3. Aufgabe (Fortsetzung)

```
// ----------------------------------------------------------------
//  getDate():    Datum im Dialog einlesen
//  Return-Wert: true, falls Eingabe ok
//               false sonst.

bool getDate(Datum *p)
{
   static int tageImMonat[] = { 0, 31, 29, 31, 30, 31, 30,
                                   31, 31, 30, 31, 30, 31 };
   int tag=0, monat=0, jahr=0;

   cout << "\nTag:   ";
   cin >> tag;
   if(tag < 1 || tag > 31)
     return false;

   cout << "Monat: ";
   cin >> monat;
   if(monat < 1 || monat > 12 || tag > tageImMonat[monat])
     return false;

   cout << "Jahr: ";
   cin >> jahr;
   if(jahr < 1 || (!isLeapYear(jahr) && monat == 2 && tag == 29) )
     return false;

   p->tag = tag;
   p->monat = monat;
   p->jahr = jahr;

   return true;
}

// ----------------------------------------------------------------
//  actDate(): Das aktuelle Datum holen.

void actDate(Datum *p)
{
   struct tm *systime;
   time_t sec;

   time(&sec);
   systime = localtime(&sec);

   p->tag   = systime->tm_mday;
   p->monat = systime->tm_mon + 1;
   p->jahr  = systime->tm_year + 1900;
}
```

```
// ----------------------------------------------------------
// isLeapYear(): Stellt fest, ob ein Schaltjahr vorliegt.
// Return-Wert:  true,  falls ja
//               false, falls nein

bool isLeapYear(int year)
{
   return  (year%4 == 0 && year%100 != 0) || year%400 == 0;
}
```

```
// ----------------------------------------------------------
//  Header-Datei person.h
//  Modulare Programmiertechnik einsetzen.
// ----------------------------------------------------------

#ifndef _PERSON_
#define _PERSON_

#include "datum.h"

struct Person
{
    char name[32];
    char vorname[24];
    Datum geb;
};

// Die Prototypen:
bool getPerson(Person *p);
void showPerson( Person pers);

#endif
```

2.15 Lösungen (Fortsetzung)

Zur 3. Aufgabe (Fortsetzung)

```
// ------------------------------------------------------------
//  Datei:   person.cpp
//  Zweck:   Definition der Funktionen fuer die Struktur Person
// ------------------------------------------------------------
#include "person.h"
#include <iostream>
#include <iomanip>
using namespace std;

bool getPerson(Person *p)
{
   cout << "\nBitte Daten einer Personen eingeben.\n";

   cout << "\nNachname: ";
   cin  >> setw(31) >> p->name;

   cout << "\nVorname:  ";
   cin  >> setw(23) >> p->vorname;

   cout << "\nGeburtstag: ";
   return getDate(&(p->geb));
}

void showPerson(Person pers)
{
    cout << "\n\n\n"
         << "Die Personen-Daten:" << endl;
    cout << "-------------------" << endl;
    cout << "\tName:        " << pers.name << endl;
    cout << "\tVorname:     " << pers.vorname << endl;
    cout << "\tGeburtstag: ";
    showDate(pers.geb);
}

// ------------------------------------------------------------
//  Datei:   person_t.cpp
//  Zweck:   Mit Strukturen vom Typ Person und Datum arbeiten
//           und modulare Programmiertechnik einsetzen.
//  Module: person_t.cpp  person.cpp  datum.cpp
// ------------------------------------------------------------
#include "person.h"
#include <iostream>
using namespace std;

int main()
{
   Person pers;
   if (!getPerson(&pers))
      cerr << "\nFehler bei der Eingabe!\n";
   else
      showPerson(pers);

   return 0;
}
```

Kapitel 3: OOP-unabhängige Sprachelemente von C++

Dieses Kapitel beschreibt weitere OOP-unabhängige Sprachelemente von C++ wie Default-Argumente von Funktionen, das Überladen von Funktionen, `const`-Deklarationen und Referenzen. Diese Erweiterungen der Sprache C sind grundlegend, um die objektorientierten Sprachelemente von C++ effizient implementieren zu können.

1 2 3 4 5 6 7 8 9 10 11 12 13 14 15 16 17 18 19 20 21

3.1 Default-Argumente

Definition der Funktion summe()

```
//--------------------------------------------------------------
// Die Summe von vier ganzen Zahlen bilden
//--------------------------------------------------------------

long summe(long x1, long x2, long x3, long x4)
{
   return (x1 + x2 + x3 + x4);
}
```

Aufrufmöglichkeiten

```
//--------------------------------------------------------------
// Die Funktion summe() mit zwei Default-Argumenten
//--------------------------------------------------------------

long summe(long x1, long x2, long x3=0, long x4=0);

long ergebnis;

ergebnis = summe( 2, 7, -5, 3);                 // ok.
ergebnis = summe(-1, 7, 3);                     // ok.
ergebnis = summe(-7, -12);                      // ok.

ergebnis = summe( 2);                           // nicht ok.
ergebnis = summe( 3, -7, , 1);                  // nicht ok.
ergebnis = summe( , 3, 15);                     // nicht ok.
```

Hinweis Mit der Deklaration von Default-Argumenten erspart es sich der Programmierer, mehrere Versionen einer Funktion zu schreiben, die mit unterschiedlich vielen Argumenten operieren. Der Umfang des Programmcodes wird so reduziert. Andererseits kann sich die Laufzeit erhöhen, da eine Funktion mit Default-Argumenten stets die maximale Anzahl von Argumenten bearbeitet.

Standardwerte setzen

C++ bietet die Möglichkeit, für die Argumente einer Funktion Standardwerte, sogenannte *Default-Argumente*, vorzugeben. Beim Aufruf der Funktion müssen dann nicht alle Argumente angegeben werden: Für die fehlenden Argumente setzt der Compiler die Default-Argumente ein.

Die Standardwerte werden bei der Deklaration der Funktion den Parametern »zugewiesen«.

Beispiel: `void dot( int x = 1, int y = 5);`

Die Parameternamen können wie üblich auch weggelassen werden:

```
void dot( int  = 1, int  = 5);
```

Hier wird die Funktion `dot` deklariert, die mit keinem, einem oder zwei Argumenten aufgerufen werden kann:

```
dot();          dot(7);          dot(30,40);
```

Die ersten beiden Aufrufe sind äquivalent zu

```
dot(1,5);       dot(7,5);
```

Es ist auch möglich, nur für einen Teil der Parameter Default-Argumente vorzugeben. Im Einzelnen gelten die folgenden Regeln:

- Die Default-Argumente werden im Prototyp bei der Deklaration der Parameter festgelegt. Die Default-Argumente können auch in der Definition der Funktion angegeben werden, wenn diese in derselben Quelldatei vor dem ersten Aufruf erfolgt.
- Wird für einen Parameter ein Default-Argument festgelegt, so müssen auch für alle nachfolgenden Parameter Default-Argumente angegeben werden.
- Die Default-Argumente dürfen im Geltungsbereich des Prototyps nicht neu festgelgt werden.
- In einem anderen Geltungsbereich (z. B. in einer anderen Quelldatei oder in einem neuen Block) können vollständig andere Default-Argumente festgelegt werden.

Aufruf-Konventionen

Beim Aufruf einer Funktion mit Default-Argumenten ist zu beachten:

- Zunächst müssen die Argumente angegeben werden, für die keine Standardwerte vorgegeben sind.
- Anstelle der Default-Argumente können eigene Argumente angegeben werden, welche die Default-Argumente ersetzen.
- Wird ein Argument weggelassen, so müssen auch alle nachfolgenden Argumente weggelassen werden.

3.2 Überladen von Funktionen

Beispielprogramm

```
//--------------------------------------------------------------
//  Ueberladene Funktion strcopy()
//  zum Kopieren von Strings mit und ohne Laengenangabe
//--------------------------------------------------------------

#include <string.h>
#include <iostream>
using namespace std;

inline void strcopy(char *dest, char *src)
{
   strcpy( dest, src);
}

inline void strcopy(char *dest, char *src, int len)
{
   strncpy( dest, src, len);

   if( strlen(src) >= len)
       dest[len] = '\0';
}


int main()
{
   cout << "Ein Test mit ueberladenen Funktionen.\n\n";

   char  stadt[20], meldung[80];

   strcopy( stadt, "Muenchen ist schoen.", 7);
   strcopy( meldung, "Heute scheint die Sonne!\n");

   cout << "Hallo " << stadt << '\n';
   cout << meldung;

   return 0;
}
```

Overloading

Viele Anwendungen erfordern die Definition von Funktionen, die mit unterschiedlichen Argumenten das »gleiche« tun, beispielsweise das Minimum von ganzen Zahlen oder von Gleitpunktzahlen bilden.

In der traditionellen C-Programmierung müssen solche Funktionen mit unterschiedlichen Namen definiert werden, was mit einigem Umstand in Bezug auf Namensgebung, Handhabung und Lesbarkeit verbunden ist.

Beispiel:
```
int    int_min( int x, int y);
double dbl_min( double x, double y);
```

In C++ ist es möglich (und manchmal auch notwendig), verschiedenen Funktionen den gleichen Namen zu geben. Man spricht auch vom *Überladen* (engl. *overloading*).

Beispiel:
```
int    min( int x, int y);
double  min( double x, double y);
```

Signatur einer Funktion

Der Compiler unterscheidet überladene Funktionen anhand ihrer *Signatur*: Das sind die Typen und die Anzahl der Parameter. Beim Aufruf vergleicht der Compiler die Argumenttypen mit den Signaturen der Funktionen und ruft die »passende« Funktion auf. Falls dabei implizite Typumwandlungen notwendig sind, werden diese durchgeführt.

Beispiel:
```
double  zahl = 5.5, ergebnis;
ergebnis = min( zahl, 10.0);          // double-Version
```

Der Ergebnistyp einer Funktion gehört nicht zur Signatur. Eine Unterscheidung über den Ergebnistyp findet also nicht statt.

Beispiel:
```
int   find(char* key)               // Unzulaessig: Beide Fktn.
char* find(char* name);              // haben gleiche Signaturen
```

Mehrdeutigkeiten

Mehrdeutigkeiten bei der Auswahl überladener Funktionen können auftreten, wenn die Argumenttypen nicht genau mit den Typen der Parameter übereinstimmen.

Beispiel:
```
ergebnis = min( zahl, 10);          // Fehler!
```

Hier ist der Compiler nicht in der Lage, eine eindeutige Zuordnung vorzunehmen. Er wird eine Fehlermeldung erzeugen.

Mehrdeutigkeiten können auch dann entstehen, wenn Default-Argumente deklariert werden, beispielsweise in der nebenstehenden zweiten Version der Funktion `strcopy()`:

```
void strcopy(char *dest, char *src, int len = 8);
```

Bei einem Aufruf der Funktion `strcopy()` mit zwei Argumenten ist jetzt nicht mehr eindeutig, welche Version der Funktion gemeint ist.

3.3 const-Deklarationen

Beispielprogramm

```
//-------------------------------------------------------------
// Konstante Objekte
//-------------------------------------------------------------

#include <iostream>
using namespace std;

struct datum { int tag, monat, jahr; };

const char Monat[13][10] = {
   "", "Januar", "Februar", "Maerz", "April",
   "Mai", "Juni", "Juli", "August", "September",
   "Oktober", "November", "Dezember" };


int main()
{
   const datum emil = { 17, 5, 1982 };

   cout << "Der Geburtstag vom Emil: "
        << emil.tag << ". "
        << Monat[emil.monat] << " "
        << emil.jahr << '\n';

   return 0;
}
```

Hinweis Änderungen, wie

```
emil.tag = 20;
strcpy( Monat[5], "Wonnemonat");
```

sind nicht möglich!

Schlüsselwort const

Mit dem Schlüsselwort `const` wird ein Objekt (Variable) als konstant deklariert. Das Objekt kann dann nach der Initialisierung im Programm nicht mehr verändert werden. Es wird zum »Read-only«-Objekt. Beispielsweise bewirkt die Deklaration

```
const double pi = 3.1415927;
```

dass folgende Zuweisung nicht mehr erlaubt ist

```
pi += 2;          // Fehler!
```

Die Möglichkeit, den Zugriff auf Variablen mit einer `const`-Deklaration einzuschränken, wird schon von ANSI-C unterstützt. C++ behandelt darüber hinaus konstante Objekte als konstante Ausdrücke. Das heißt, eine mit `const` deklarierte numerische Variable kann wie eine symbolische Konstante verwendet werden.

Beispiel:
```
const unsigned max = 10;
double v[max];
```

Hier wird ein Vektor `v` mit `10` Gleitpunktzahlen deklariert.

In C wäre dies nicht möglich: Stattdessen ist mit der `#define`-Direktive eine symbolische Konstante zu definieren, die noch vor dem eigentlichen Kompiliervorgang vom Präprozessor durch einen konstanten Wert ersetzt wird.

Vorteile

Die Verwendung von konstanten Objekten statt symbolischer Konstanten hat verschiedene Vorteile:

- Es können Zeiger auf `const`-Objekte gebildet werden, da diese eine Adresse im Hauptspeicher besitzen.
- `const`-Objekte haben einen Geltungsbereich und eine Lebensdauer. Sie können auch lokal vereinbart werden. Zur »Lokalisierung« von symbolischen Konstanten wäre eine `#undef`-Direktive erforderlich.
- Die Werte von `const`-Objekten können mit einem symbolischen Debugger abgefragt werden.

const-Parameter

Häufig werden `const`-Deklarationen in Parameterlisten von Funktionen eingesetzt. Damit kann beispielsweise sichergestellt werden, dass ein Objekt auch dann innerhalb einer Funktion unverändert bleibt, wenn ein Zeiger auf das Objekt übergeben wurde. Dazu mehr in den folgenden Abschnitten.

3.4 const-Deklaration von Zeigern

Der Zeiger ptr1 im Hauptspeicher

ptr1 ⇒

'S'	'o'	'n'	'n'	'e'	'\0'

buffer

`*ptr1 = 'W';`

ptr1 ⇒

'W'	'o'	'n'	'n'	'e'	'\0'

buffer

Der Zeiger ptr2 im Hauptspeicher

ptr2 ⇒

'M'	'o'	'n'	'd'	'\0'

buffer

`ptr2 = str;`

ptr2 ⇒

'S'	't'	'e'	'r'	'n'	'e'	'\0'

str

Verweist ein Zeiger auf ein Objekt, können der Zeiger oder das Objekt oder beide konstant sein. In der Deklaration des Zeigers bestimmt die Plazierung des Schlüsselworts `const`, ob ein konstanter Zeiger oder ein Zeiger auf ein konstantes Objekt vorliegt.

3

Konstante Zeiger

Bei der Deklaration eines konstanten Zeigers muss das Schlüsselwort `const` unmittelbar vor dem Namen des Zeigers stehen.

Beispiel:
```
char buffer[] = "Sonne";      // Ein String.
char * const  ptr1 = buffer;  // Ein konstanter Zeiger
```

Damit ist `ptr1` ein *konstanter Zeiger*, der den Vektor `buffer` adressiert. Da `buffer` selbst nicht konstant ist, kann der in `buffer` gespeicherte String geändert werden:

```
*ptr1 = 'W';                  // Erlaubt!
```

Dagegen kann die im Zeiger `ptr1` gespeicherte Adresse nicht überschrieben werden, d.h., der Zeiger kann nicht versetzt werden:

```
ptr1 = "Sonne";               // Nicht erlaubt.
```

Zeiger auf Konstante

Häufiger als konstante Zeiger werden Zeiger auf konstante Objekte eingesetzt. In der Deklaration steht das Schlüsselwort `const` dann am Anfang, wie das folgende Beispiel zeigt:

```
const char buffer[] = "Mond", *ptr2;
ptr2 = buffer;
```

Hier wird `ptr2` als ein Zeiger deklariert, der auf ein konstantes `char`-Objekt zeigen kann (im Beispiel: `buffer[0]`). Der Zeiger `ptr2` ist ein »Read-only«-Zeiger, d.h., mit `ptr2` kann nur gelesen werden. Das Zeichen `*ptr2` kann also nicht verändert werden:

```
*ptr2  = 'B';                 // Nicht erlaubt.
```

Der Zeiger `ptr2` selbst ist nicht konstant und kann daher versetzt werden. Deshalb muss er in der Deklaration nicht initialisiert werden. Außerdem darf ein »Read-only«-Zeiger auch auf nichtkonstante Objekte zeigen.

```
char str[] = "Sterne";
ptr2 = str;                   // Erlaubt.
```

Konstante Zeiger auf Konstante

Um sowohl den Zeiger als auch den adressierten Speicherbereich auf »Read only« zu setzen, ist das Schlüsselwort `const` zweimal zu verwenden:

```
const  char * const  ptr = "Sommer";
*(prt +1) = 'u';              // Nicht erlaubt.
ptr = "Winter";               // nicht erlaubt.
```

3.5 const-Deklaration von Parametern

Zuweisung von »Read-only«-Zeigern

```
void display(const BigStruct *ptr)
{
   BigStruct *hilf;
   hilf = ptr;                          // Nicht erlaubt.
   .....

}
```

Zeiger auf konstante Objekte als Argumente

```
int strlen( char *str);

// Richtig waere:
// int strlen( const char *str);

const char msg[] = "Ein konstantes Objekt";

int len = strlen( msg);                 // Fehler!
```

const-Parameter

Die Deklaration von Zeigern auf Konstante wird am häufigsten in Parameterlisten vorgenommen, um den »Read-only«-Zugriff auf Argumente zu garantieren.

Der ausschließlich lesende Zugriff auf ein Argument kann auch mit einem »Call by Value« realisiert werden. Hierbei erhält die Funktion eine Kopie des Arguments. Bei der Übergabe größerer Datenmengen ist der Kopiervorgang jedoch zeitaufwendig und speicherintensiv.

Read-only-Zeiger als Parameter

Ist `BigStruct` ein Strukturtyp mit zahlreichen Komponenten, so wird in der Deklaration

```
void display(const BigStruct *ptr);
```

ein »Read-only«-Zeiger `prt` auf eine Strukturvariable vereinbart. Die Funktion `display()` kann dann die Komponenten der übergebenen Struktur nicht verändern. Auch nicht mit dem nebenstehenden »Trick«.

Weitere Anwendungsmöglichkeiten

Die Deklaration von Zeigern auf Konstante in Parameterlisten ist auch in den folgenden Fällen sinnvoll:

- Wenn als Argument ein Vektor erwartet wird, der nicht verändert werden soll. Hier muss als Parameter stets ein Zeiger vom Typ der Vektorelemente vereinbart werden, der ohne `const`-Deklaration Vektorelemente verändern könnte.
- Wenn als Argument ein konstantes Objekt erwartet wird. Die Deklaration eines »normalen« Zeigers als Parameter, der auch schreibend auf ein Argument zugreifen kann, wäre in dem Fall nicht zulässig.

const-Zeiger als Return-Wert

Auch als Return-Wert einer Funktion kann aus Effizienzgründen ein Zeiger verwendet werden. Mit einer `const`-Deklaration wird dann verhindert, dass der Aufrufer mit Hilfe des Zeigers die Daten verändert. Der adressierte Speicherbereich kann von der aufrufenden Funktion nur gelesen werden.

Die Funktion

Beispiel: `const char* retrieve( unsigned i);`

holt einen String aus einem Vektor von Strings hervor. Obwohl die Adresse dieses Strings der aufrufenden Funktion zurückgegeben wird, kann der String anschließend von der aufrufenden Funktion nicht überschrieben werden.

3.6 Definition von Referenzen

Mit Referenzen arbeiten

```
//------------------------------------------------------------
// Definition und Verwendung von Referenzen
//------------------------------------------------------------

#include <string.h>
#include <iostream>
using namespace std;

struct Person { char name[32]; long nr; };


int main()
{
   int i;
   int *pi, &ri = i;     // ri : Referenz auf i.

   ri = 5;               // i bekommt den Wert 5.
   ri += 2;              // 2 zu i hinzuaddieren.
   pi = &ri;             // pi auf i zeigen lassen.

   cout << "  i = " <<  i << '\n'
        << " ri = " << ri << '\n'
        << "*pi = " << *pi << '\n'
        << " pi = " << (void *)pi << '\n';


   int* &rpi = pi;        // rpi : Referenz auf pi.

   *rpi = 0;              // i den Wert 0 zuweisen.
   cout << "  i = " <<  i << '\n';


   Person A = { "Bud Spencer", 1234567L };
   const Person& rA = A;            // rA : konstante
                                    // Referenz auf A.
   cout << "Name .......: " << rA.name  << '\n'
        << "Personal-Nr.: " << rA.nr    << '\n';

   strcpy( rA.name,"Mayer");        // Fehler! Mit rA kann
                                    // A nur gelesen werden.
   return 0;
}
```

Referenzen

Eine Referenz ist ein Ersatzbezeichner (»Aliasname«) für eine bereits deklarierte Variable. Damit steht eine Referenz für die Variable, die sie referenziert. Alle Operationen, die mit einer Referenz ausgeführt werden, werden stets auf der referenzierten Variablen ausgeführt.

Die Deklaration einer Referenz geschieht mit dem Zeichen `&` (kaufmännisches Und). Ist `T` ein Typ, so bedeutet `T&` »Referenz auf `T`«.

Beispiel:
```
double x = 1.5;
double &rx = x;          // oder:  double& rx = x;
```

Dann ist `rx` ein anderer Name für die Variable `x` und hat den Typ »Referenz auf `double`«. Operationen wie

```
rx++                     // aequivalent zu x++

&rx                      // Adresse von x
```

betreffen stets die Variable `x`. Der Adressoperator `&` in diesem Beispiel hat nichts mit einer Referenz zu tun. Das Zeichen `&` für Referenz kommt nur in Deklarationen vor!

Eine Referenz muss initialisiert werden und ist dann nicht mehr veränderbar. Sie kann also nicht dazu benutzt werden, später auf eine andere Variable zu verweisen.

Read-only-Bezeichner

Es ist möglich, eine Referenz auf ein konstantes Objekt zu deklarieren:

```
const double &crx = x;
```

Hier ist `crx` ein Aliasname für `x`. Die Referenz `crx` kann anschließend nur lesend auf die Variable `x` zugreifen. Man spricht in dem Fall auch von einem *Read-only-Bezeichner*.

Ein Read-only-Bezeichner kann im Gegensatz zu einer »normalen« Referenz mit einer Konstanten initialisiert werden:

```
const double &pi = 3.1415927;
```

Da für die Konstante kein Speicherplatz existiert, legt der Compiler eine temporäre Variable an, die referenziert wird.

Vergleich mit Zeigern

Referenzen sind insofern mit Zeigern vergleichbar, als auch Zeiger Variablen referenzieren. Allerdings sind ein Zeiger und das von ihm adressierte Objekt unterscheidbar. Im Gegensatz zu einer Referenz kann der Zeiger selbst manipuliert werden, etwa durch Zuweisung einer neuen Adresse oder Zeigerarithmetik. In Verbindung mit Referenzen kann immer nur auf das referenzierte Objekt und nie auf die Referenz selbst zugegriffen werden.

3.7 Referenzen als Parameter

Beispielprogramm

```
//------------------------------------------------------------
//  Zeiger und Referenzen als Parameter von Funktionen
//------------------------------------------------------------

#include <iostream>
using namespace std;

void swap1( int *, int *);       // Zwei int-Werte
                                 // vertauschen.
void swap2( int &, int &);       // Ebenso.


int main()
{
   int  a = 10, b = 50;

   cout << "Die Zahlen: " << a << " - " << b << '\n';

   swap1( &a, &b);
   cout << "Die Zahlen: " << a << " - " << b << '\n';

   swap2( a, b);
   cout << "Die Zahlen: " << a << " - " << b << '\n';

   return 0;
}


void swap1( int *p1, int *p2)   //  *p1 und *p2
{                               //  vertauschen.
   int hilf;
   hilf = *p1;    *p1 = *p2;    *p2 = hilf;
}


void swap2( int &i1, int &i2)   //  i1 und i2
{                               //  vertauschen.
   int hilf;
   hilf = i1;     i1 = i2;      i2 = hilf;
}
```

Referenzen als Parameter

Referenzen werden hauptsächlich als Funktionsparameter eingesetzt. Damit kann syntaktisch einfacher als mit Zeigern ein »Call by Reference« programmiert werden:

Für einen Parameter, der als Referenz deklariert ist, wird beim Aufruf der Funktion nur eine Variable (mit dem richtigen Typ) angegeben. Der Compiler übergibt dann intern die Adresse des Arguments. Der entsprechende Referenzparameter ist ein Aliasname für das übergebene Argument. Besitzt eine Funktion folgenden Prototyp:

Beispiel: `void test_ref( const int &ref);`

und ist `x` eine Variable vom Typ `int`, so bewirkt der Aufruf

```
test_ref(x);
```

dass innerhalb der Funktion der Parameter `ref` die Variable `x` referenziert. Jeder Zugriff auf die Referenz `ref` operiert auf der übergebenen Variablen `x`. Da aber `ref` als `const` deklariert ist, kann das Argument `x` in der Funktion nicht verändert werden.

Vorteile

Die Deklaration von Referenzen als Parameter hat verschiedene Vorteile:

- Ein Parameter, der das Argument referenziert, ist genauso effizient wie ein Zeiger als Parameter.
- Der Zugriff auf das referenzierte Argument ist genauso einfach wie bei einem »Call by Value«. Es werden weder der Adressoperator `&` beim Funktionsaufruf noch der Operator `*` bzw. `->` beim Zugriff auf das Argument benötigt.

Konventionen

Der Leser eines Programms, der den Prototyp einer Funktion nicht kennt, kann anhand des Funktionsaufrufs nicht unterscheiden, ob die Funktion mit einer Referenz oder mit einer Kopie des Arguments arbeitet. Insbesondere ist es nicht entscheidbar, ob die Funktion mit Hilfe einer Referenz ihr Argument verändert oder nicht.

Aus Gründen der besseren Lesbarkeit eines Programms sollten deshalb folgende Regeln beachtet werden:

- Ändert eine Funktion den Wert ihres Arguments, so sollte ein »Call by Reference« mit Zeigern programmiert werden.
- Ändert eine Funktion den Wert ihres Arguments nicht, und hat das Argument einen elementaren Datentyp, der wenig Speicherplatz belegt, so ist ein »Call by Value« zu programmieren. Die Funktion arbeitet dann mit einer Kopie des Arguments.
- Wenn mit dem Argument größere Datenmengen zu übergeben sind, die nur lesbar gemacht werden sollen, so ist als Parameter eine Referenz auf ein konstantes Objekt zu deklarieren.

3.8 Referenzen als Ergebnistyp

Beispielprogramm

```
//-------------------------------------------------------------
// Das Programm zeigt, wie eine Funktion definiert und
// aufgerufen wird, die eine Referenz als Return-Wert besitzt.
//-------------------------------------------------------------

#include <iostream>
using namespace std;

float& test_ref( void);      // test_ref() liefert eine
                             // Referenz auf die lokale
                             // float-Variable x.


// Die Funktion main() zeigt moegliche Aufrufe
// der Funktion test_ref().

int main()
{
   float y, *p;

   y = test_ref();           // Wert von x an y zuweisen.
   p = &test_ref();          // p auf x zeigen lassen, d.h.
                             // *p ist die Variable x.
   cout << "Wert von y :  "  <<  y << '\n';
   cout << "Wert von x :  "  <<  *p << '\n';

   ++test_ref();             // ++x;
   cout << "Wert von y :  "  <<  y << '\n';
   cout << "Wert von x :  "  <<  *p << '\n';

   test_ref() = 0.07F;        // x = 0.07F;
   cout << "Wert von x :  "  <<  *p << '\n';

   return 0;
}

// Die Funktion test_ref() liefert eine Referenz
// auf eine lokale, statische Variable vom Typ float.

float& test_ref( void)
{
   static float x = 3.3F;
   return x;
}
```

Ausdruck mit Referenztyp

Ein Ausdruck kann vom Typ einer Referenz sein. Ein Beispiel hierfür ist der Operator << für die Ausgabe mit `cout`.
Der Ausdruck

```
cout << "Ein Beispiel"
```

ist eine Referenz auf das Objekt `cout`, d.h., er stellt selbst wieder das Objekt `cout` dar. Deshalb kann auf diesen Ausdruck der Operator << erneut angewendet werden:

```
cout << "Ein Beispiel" <<  '\n'
```

Dieser Ausdruck ist äquivalent zu:

```
(cout << "Ein Beispiel") <<  '\n'
```

Referenz als Return-Wert

Auch der Ergebnistyp einer Funktion kann eine Referenz sein. Der Funktionsaufruf stellt dann ein Objekt dar und kann wie eine Variable verwendet werden.

Besitzt die Funktion `test_ref()` den Prototyp

```
float& test_ref(void);
```

so stellt der Funktionsaufruf

```
test_ref()
```

eine `float`-Variable dar. Daher sind insbesondere folgende Anweisungen zulässig (vgl. auch nebenstehendes Programm):

```
++test_ref();          // Referenzierte Variable
                       // inkrementieren.

test_ref() = 0.07;     // Der referenzierten Variablen
                       // einen neuen Wert zuweisen.
```

Anwendungen

Die eigentliche Anwendung für Referenzen als Ergebnistyp von Funktionen ist die Operator-Überladung, die stets durch eine entsprechende Funktion realisiert wird.

Das obige Beispiel mit dem Operator << für `cout` zeigt eine sinnvolle Anwendung dieser Technik.

Das Überladen von Operatoren wird erst in einem späteren Kapitel detailliert behandelt.

3.9 Übungen

Nützliche Standardfunktionen:

```
    #include <stdlib.h>
    void * malloc(size_t size);

// Die Funktion malloc() reserviert einen Speicherbereich der
// Groesse size. Der Datentyp size_t ist in <stdlib.h> als
// unsigned int definiert.


    #include <string.h>
    size_t strlen(const char *s);

// Die Funktion strlen() bestimmt die Laenge des durch s
// adressierten Strings, d.h. die Anzahl der im String
// vorkommenden Zeichen ohne das String-Endezeichen.


    #include <string.h>
    char *strcpy(char *s1, const char *s2);

// Die Funktion strcpy() kopiert den String s2 in den durch s1
// adressierten char-Vektor. Dieser muss gross genug sein, um
// den String s2 mit dem String-Endezeichen aufzunehmen.


    #include <string.h>
    char *strncpy(char *s1, const char *s2, size_t n);

// Die Funktion strncpy() kopiert die ersten n Zeichen des
// Strings s2 in den durch s1 adressierten char-Vektor. Dieser
// muss mindestens die Laenge n haben. Das String-Endezeichen
// '\0' wird nicht angehaengt. Ist die String-Laenge von s2
// kleiner als n, wird der Rest mit '\0' aufgefuellt.


    #include <string.h>
    char *strcat(char *s1, const char *s2);

// Die Funktion strcat() haengt die im String s2 gespeicherte
// Zeichenkette an das Ende des Strings s1. Hierbei
// ueberschreibt das erste Zeichen von s2 das String-Ende-
// zeichen von s1. Der String s1 muss gross genug sein, um
// zusaetzlich den String s2 aufzunehmen.
```

1. Aufgabe

a) Schreiben Sie eine Funktion

```
char* insStr(const char *s1, const char *s2, int i=0);
```

welche `s1` und `s2` in einen neuen String kopiert, wobei der String `s2` im String `s1` beim Index `i` eingefügt wird.

Falls der Index `i` kleiner als `0` ist, wird `s2` vor `s1` eingefügt. Ist der Index `i` größer als die Länge von `s1` ist, wird `s2` an `s1` gehängt.

Return-Wert: Ein Zeiger auf den neuen String.

Hinweis

- Reservieren Sie den Speicherplatz für den neuen String mit der Funktion `malloc()`.
- Das letzte Zeichen eines Strings `s` hat den Index `strlen(s) - 1`!

b) Überladen Sie die Funktion `insStr()` durch die Funktion

```
char* insStr( const char *s1, char c, int i=0);
```

welche wie zuvor einen neuen String erzeugt, aber nur das Zeichen `c` beim Index `i` in den String `s1` einfügt.

Falls der Index `i` kleiner als `0` ist, wird `c` am Anfang eingefügt. Ist der Index `i` größer als die Länge von `s1` ist, wird `c` am Ende von `s1` angehängt.

c) Testen Sie die beiden überladenen Funktionen, indem Sie im Dialog Testwerte einlesen und nach dem jeweiligen Aufruf von `insStr()` den neuen String auf dem Bildschirm anzeigen lassen.

3.10 Übungen

Formeln zur Flächenberechnung

Fläche `F` eines Rechtecks: `F = a * b`
wobei a die Breite und b die Länge ist.

Fläche `F` eines Kreises: $F = r^2 * \pi$
wobei `r` der Radius und π = 3.1415927... die Kreiskonstante ist.

Fläche `F` eines Dreiecks: $F = s1 * s2 * \sin(\alpha) / 2$
wobei `s1` und `s2` zwei Seiten sind und `a` der eingeschlossene Winkel ist.

Die C-Standard-Funktion `sin()` erhält als Argument `a` den Winkel im Bogenmaß.
Für die Umrechnung eines Winkels α in das Bogenmaß `x` gilt:

$$x = (\alpha / 180) * \pi$$

Die Funktion `sin()` ist in der Header-Datei `math.h` deklariert.

Lösen quadratischer Gleichungen

Die quadratische Gleichung: $a x^2 + b x + c = 0$

besitzt die reellen Lösungen $x_{1/2} = (-b \pm \sqrt{(b^2 - 4ac)}) / 2a$

falls für die Diskriminante gilt: $b^2 - 4ac >= 0$

Ist der Wert von $b^2 - 4ac$ negativ, so gibt es keine reelle Lösung.

Testwerte:

quadratische Gleichung	Lösungen
$x^2 + x - 20 = 0$	$x_1 = -5, \quad x_2 = 4$
$2x^2 - 2x - 1.5 = 0$	$x_1 = 1.5, \quad x_2 = -0.5$
$4x^2 + 28x = 0$	$x_1 = 0, \quad x_2 = -7$
$x^2 + 1 = 0$	keine
$0.5x^2 = 0$	$x_1 = 0, \quad x_2 = 0$

2. Aufgabe

Ein Programm soll die Fläche verschiedener geometrischer Figuren berechnen.

- Definieren Sie einen Aufzählungstyp `Figur` mit den Werten `DREIECK`, `RECHTECK` und `KREIS`.
- Deklarieren Sie eine Struktur `Geo`, welche eine Variable vom Typ `Figur` und drei Variablen vom Typ `double` zur Darstellung der charakteristischen Werte von geometrischen Figuren zur Verfügung stellt.
- Schreiben Sie eine Funktion `getGeo()`, welche zunächst den Typ einer geometrischen Figur Dreieck, Rechteck oder Kreis mit Hilfe eines Auswahlmenüs einliest. Anschließend werden für ein Dreieck zwei Seiten und der eingeschlossene Winkel (> 0 und < 180 Grad), für ein Rechteck die Breite und Länge sowie für einen Kreis der Radius eingelesen. Die Funktion besitzt einen Parameter vom Typ »Zeiger auf `Geo`«.
- Erstellen Sie eine Funktion `flaeche()`, welche die Fläche der geometrischen Figur berechnet, die sie als Argument übergeben bekommt. Deklarieren Sie den Parameter der Funktion als »Referenz auf eine Konstante vom Typ `Geo`«.
- Schreiben Sie eine Funktion `putGeo()`, welche die Art der geometrischen Figur, ihre charakteristischen Werte und die Fläche ausgibt. Deklarieren Sie den Parameter der Funktion als »Referenz auf eine Konstante vom Typ `Geo`«.
- Testen Sie die verschiedenen Funktionen.

3. Aufgabe

Es sollen die Lösungen einer quadratischen Gleichung berechnet werden. Nebenstehend ist die Formel zur Berechnung der Lösungen angegeben. Eine quadratische Gleichung kann keine, eine oder zwei verschiedene Lösungen besitzen.

- Definieren Sie eine Struktur `QuadGleichung`, welche sowohl die Koeffizienten `a`, `b`, `c` der quadratischen Gleichung als auch die Lösungen und die Anzahl der Lösungen speichern kann.
- Erstellen Sie eine Funktion `quadGleich()`, welche die Lösungen einer quadratischen Gleichung berechnet. Als Argumente werden die Koeffizienten `a`, `b`, `c` übergeben, wobei für `b` und `c` der Default-Wert `0` vorzugeben ist. Die Funktion füllt eine statische Struktur vom Typ `QuadGleichung` und liefert eine Referenz auf diese Struktur zurück.
- Schreiben Sie eine Funktion `showQuad()`, welche eine quadratische Gleichung mit ihren Lösungen auf dem Bildschirm ausgibt. Die Funktion erhält als Argument eine Referenz auf eine Konstante vom Typ `QuadGleichung`.
- Testen Sie die Funktionen, indem Sie die Funktion mit den Koeffizienten aus den nebenstehenden quadratischen Gleichungen aufrufen und zusammen mit den Lösungen ausgeben lassen.

3.11 Lösungen

Zur 1. Aufgabe

```
// ------------------------------------------------------------
//  Datei:  insStr.cpp
//  Zweck:  Die Funktion insStr() ueberladen.
// ------------------------------------------------------------
#include <string.h>
#include <stdlib.h>                  // Fuer malloc(), free()

#include <iostream>
using namespace std;
char *insStr(const char *s1, const char *s2, int i=0);
char *insStr(const char *s1, const char c, int i=0);

int main()
{
   char s1[100], s2[100], *neu1, *neu2, c;
   int i;
   cout << "\nEinfuegen von Strings testen!\n\n";
   cout << "\nBitte den ersten String eingeben: ";
   cin.getline(s1, 100);
   cout << "\nBitte den zweiten String eingeben: ";
   cin.getline(s2, 100);
   cout << "\nWo soll der zweite String eingefuegt werden?"
        << "\nIndex (>= 0) : ";
   if( cin  >> i)
      neu1 = insStr(s1, s2, i);
   else
      neu1 = insStr(s1, s2);       // Am Anfang einfuegen.

   cout << "\nDer neue String: " << neu1 << "\n\n";

   while( cin.get() != '\n')     // Eingabepuffer leeren!
     ;                           // Mindestens ein '\n' vorhanden.
   cout << "\nJetzt noch ein Zeichen einfuegen!\n"
        << "Zeichen: ";
   cin.get(c);
   cout << "Index (>= 0) : ";
   if( cin  >> i)
      neu2 = insStr(neu1, c, i);
   else
      neu2 = insStr(neu1, c);      // Am Anfang einfuegen.

   cout << "\nDer neue String: " << neu2 << endl;

   free(neu1);  free(neu2);
   return 0;
}
```

```
char *insStr(const char *s1, const char *s2, int i)
{
  char *neu;

  neu = (char*) malloc(strlen(s1) + strlen(s2) + 1);

  if (neu != NULL)
  {
    if(i < 0)                    // Falls i negativ ist,
      i = 0;                     // s2 am Anfang einfuegen.
    if(i > strlen(s1))           // Falls i zu gross ist,
      i = strlen(s1);            // s2 anhaengen.

    strncpy(neu, s1, i);         // Zuerst i Zeichen von
                                 // s1 nach neu kopieren.
    strcpy(neu+i,s2);            // s2 einfuegen.

    strcat(neu, s1+i);           // Rest von s1 kopieren.
  }
  return neu;
}

char *insStr(const char *s1, const char c, int i)
{
   char s2[2];

   s2[0] = c;  s2[1] = '\0';
   return insStr( s1, s2, i);
}
```

Zur 2. Aufgabe

```
// ----------------------------------------------------------
//  Datei:  geo.cpp
//  Zweck:  Berechnung der Flaeche von geometrischen Figuren.
//          (Verwenden von Referenzen)
// ----------------------------------------------------------

#include <math.h>
#include <iostream>
using namespace std;

const double pi = 3.1415927;

enum Figur { DREIECK, RECHTECK, KREIS };

struct Geo {
              Figur figur;
              double x1, x2, x3;      // Charakteristische Werte
           };
```

3.12 Lösungen (Fortsetzung)

Zur 2. Aufgabe (Fortsetzung)

```
bool   getGeo(Geo *p);
void   putGeo(const Geo &a);
double flaeche( const Geo &a);

int main()
{
   Geo f;

   if( getGeo(&f) )
     putGeo(f);
   else
     cerr << "\nUngueltige Eingabe!\n";

   return 0;
}

double flaeche(const Geo &a)
{
   switch(a.figur)
   {
     case DREIECK:                  // x1, x2 = Seiten,
                                    // x3 = Winkel zwischen x1,x2
          return  0.5 * a.x1 * a.x2 * sin((a.x3*pi)/180.0) ;

     case RECHTECK:                 // x1, x2 = Laenge, Breite
          return  a.x1 * a.x2;

     case KREIS:                    // x1 = Radius
          return  pi * a.x1 * a.x1;
   }
   return 0.0;
}

bool getGeo(Geo *p)
{
   char wahl;

   cout << "\n\nWelche Figur?\n"
        << " 1 = DREIECK\n"
        << " 2 = RECHTECK\n"
        << " 3 = KREIS\n ";

   cin  >> wahl;
```

```
  switch(wahl)
  {
    case '1':  p->figur = DREIECK;
         cout << "\nBitte Werte fuer ein Dreieck eingeben.\n\n";
         cout << "1. Seite:   ";   cin  >> p->x1;
         cout << "2. Seite:   ";   cin  >> p->x2;
         cout << "Eingeschlossener Winkel(> 0 und < 180 Grad): ";
         cin >> p->x3;
         break;
    case '2':  p->figur = RECHTECK;
         cout << "\nBitte Werte fuer ein Rechteck eingeben.\n\n";
         cout << " Länge:  ";  cin >> p->x1;
         cout << " Breite: ";  cin >> p->x2;
         break;
    case '3':  p->figur = KREIS;
         cout << "\nBitte Werte fuer einen Kreis eingeben.\n\n";
         cout << " Radius: ";    cin >> p->x1;
         break;
    default:    wahl = 0;
  }
  return wahl !=  0;
}

void putGeo(const Geo &a)
{
   cout.setf(ios::fixed);
   cout.precision(2);
   switch(a.figur)
   {
     case DREIECK:
          cout << "\nDreieck\n";
          cout << "  1. Seite: " << a.x1 << endl;
          cout << "  2. Seite: " << a.x2 << endl;
          cout << "  Eingeschlossener Winkel: "
               << a.x3 << " Grad" << endl;
          break;
     case RECHTECK:
          cout << "\nRechteck\n";
          cout << "  Laenge:   " <<  a.x1 << endl;
          cout << "  Breite:  " <<  a.x2 << endl;
          break;
     case KREIS:
          cout << "\nKreis\n" << endl;
          cout << "  Radius:  " << a.x1 << endl;
          break;
   }
   cout << "  Flaeche:  " <<  flaeche(a) << endl;
}
```

3.13 Lösungen (Fortsetzung)

Zur 3. Aufgabe

```
// ---------------------------------------------------------------
// Datei:  quadGl.h
// Zweck:  Definition der Struktur QuadGleichung und
//         Deklaration zugehoeriger Funktionen.
// ---------------------------------------------------------------

#ifndef _QUADGL_
#define _QUADGL_

// Struktur fuer eine quadratische Gleichung
//             a*x*x + b*x + c = 0

struct QuadGleichung
{
    double a, b, c;              // Koeffizienten,
    int anz;                     // Anzahl Loesungen,
    double loes1, loes2;         // Loesungen.
};

QuadGleichung& quadGleich( double a, double b = 0, double c = 0);
void showQuad(const QuadGleichung& gl);

#endif


// ---------------------------------------------------------------
//  Datei:  quadGl.cpp
//  Zweck:  Definition der Funktionen
//             quadGleich() und showQuad()
//          fuer die Berechnung und das Anzeigen einer
//          quadratischen Gleichung. (Verwenden von Referenzen)
// ---------------------------------------------------------------

#include "quadGl.h"
#include <math.h>
#include <iostream>
using namespace std;

QuadGleichung& quadGleich( double a, double b, double c)
// Loest die quadratische Gleichung:
//             a*x*x + b*x + c = 0
// Schreibt die Koeffizienten a, b, c und die Loesungen der
// Gleichung in eine statische Struktur vom Typ QuadGleichung.
// Return-Wert: Referenz auf die statische Struktur.
{
    static QuadGleichung erg;
    double hilf;
```

```
    erg.a = a;  erg.b = b; erg.c = c;

    hilf = b*b - 4*a*c;

    if (hilf < 0)                  // Keine Loesung
    {
      erg.anz = 0;
      erg.loes1 = erg.loes2 = 0.0;
    }
    else
    {
      hilf = sqrt( hilf);

      erg.loes1 = (-b + hilf) / (2*a);
      erg.loes2 = (-b - hilf) / (2*a);

      if (hilf == 0)               // Eine Loesung
        erg.anz = 1;
      else                         // Zwei Loesungen
        erg.anz = 2;
    }
    return erg;
}


void showQuad(const QuadGleichung& gl)
{
   cout << "\nDie quadratische Gleichung:\n\t"
        << gl.a << "*x*x + " << gl.b << "*x + " << gl.c << " = 0"
        << "\nbesitzt ";

   if( gl.anz == 0)
      cout << "keine reelle Loesung. " << endl;
   else if( gl.anz == 1)
      cout << "die reelle Loesung x = " << gl.loes1 << endl;
   else
   {
      cout << "die reellen Loesungen:"
           << "\n\t x1 = " << gl.loes1
           << "\n\t x2 = " << gl.loes2 << endl;
   }
   cout << "\nWeiter mit Return. \n\n";
   cin.get();
}
```

3.14 Lösungen (Fortsetzung)

Zur 3. Aufgabe (Fortsetzung)

```
// --------------------------------------------------------------
//  Datei:  quadGl_t.cpp
//  Zweck:  Die Funktionen zur Loesung quadratischer Gleichungen
//          testen.
//  Module: quadGl_t.cpp  quadGl.cpp
// --------------------------------------------------------------

#include "quadGl.h"

int main()
{
   QuadGleichung& gl = quadGleich(1, 1, -20);
   showQuad(gl);

   // oder auch kuerzer:
   showQuad( quadGleich(2, -2, -1.5));

   showQuad( quadGleich(4, 28));

   showQuad( quadGleich(1, 0, 1));

   showQuad( quadGleich(0.5));

   return 0;
}
```

Kapitel 4: Klassen

Dieses Kapitel beschreibt, wie Klassen und Objekte definiert werden. Dazu gehören auch Konstruktoren und Destruktoren zum Auf- bzw. Abbau von Objekten.

4.1 Definition von Klassen

Schema einer Klassendefinition

```
//------------------------------------------------------------
// Definition einer Klasse X
//------------------------------------------------------------

class X                          // oder:  struct X
{
  private:

     // Hier die privaten Daten und Funktionen

  public:

     // Hier die oeffentlichen Daten und Funktionen

};
```

Eine erste Klasse

```
//------------------------------------------------------------
// Definition einer Klasse Artikel
//------------------------------------------------------------

class Artikel                    // oder:  struct Artikel
{
  private:                       // Geschuetzte Elemente
  // private Datenelemente
    char   name[32];
    long   nr;
    double vk;

  public:                        // Oeffentliche Schnittstelle
  // Deklaration der Elementfunktionen:
    void init( const char *, long, double);
    void print( void);
};
```

Klassen und die OOP

Klassen sind selbstdefinierte Datentypen zur Beschreibung von Objekten. Die Klasse in C++ ist das wesentliche Sprachelement, mit dem die Konzepte der objektorientierten Programmierung unterstützt werden. Diese sind

- Datenabstraktion
- Datenkapselung
- Vererbung
- Polymorphie

Eine Klasse legt die Eigenschaften und Fähigkeiten von Objekten fest: In C++ besteht daher eine Klasse aus Datenelementen, welche die Eigenschaften beschreiben, und Elementfunktionen (Methoden), welche die Fähigkeiten der Objekte darstellen.

Definition von Klassen

Eine Klasse wird in C++ als »Struktur« definiert, die außer Daten auch Funktionen enthalten kann. Außerdem werden die Elemente der Klasse aufgeteilt in:

- `private`-Elemente,
  die von außen nicht zugänglich sind (geschützte Elemente)
- `public` -Elemente,
  auf die von außen zugegriffen werden kann (öffentliche Schnittstelle).

Das Schema einer Definition und ein Beispiel sind nebenstehend angegeben.

Statt dem Schlüsselwort `class` kann auch das aus C bekannte Schlüsselwort `struct` verwendet werden. Die Marken `private:` und `public:` können beliebig oft und in beliebiger Reihenfolge verwendet werden. Der mit `private:` markierte Bereich reicht bis zum nächsten `public:` und umgekehrt.

Wird weder eine `private`- noch eine `public`-Marke angegeben, ist die Voreinstellung einer mit `class` definierten Klasse `private`, bei einer mit `struct` definierten Klasse `public`. Das ist der einzige Unterschied zwischen `class` und `struct`. Damit hat das Schlüsselwort `struct` für gewöhnliche Strukturen (Klassen, die nur öffentliche Datenelemente enthalten) seine alte Bedeutung.

Der `private`-Bereich enthält in der Regel die zur Klasse gehörigen Daten. Der Zugriff auf die Daten erfolgt von außen durch Elementfunktionen, die daher im `public`-Bereich deklariert sind. Auf diese Weise wird die Datenkapselung realisiert.

Namensgebung

Für Namen von Klassen und deren Elemente gibt es verschiedene Konventionen. In diesem Buch beginnen Klassennamen im Unterschied zu Elementnamen mit einem Großbuchstaben.

Elemente verschiedener Klassen dürfen den gleichen Namen haben. So kann beispielsweise auch eine andere Klasse ein Datenelement `name` oder eine Methode `print()` besitzen.

4.2 Definition von Elementfunktionen

Die Elementfunktionen der Klasse Artikel

```
// -----------------------------------------------------------
// Datei: artikel.cpp
// Definition der Elementfunktionen init() und print()
// -----------------------------------------------------------

#include "artikel.h"           // Definition der Klasse

#include <string.h>
#include <iostream>
using namespace std;

// -----------------------------------------------------------
// init() kopiert Daten in die privaten Elemente.

void Artikel::init( const char *i_name,
                    long i_nr, double i_vk)
{
   strncpy( name, i_name, 31); name[31] = '\0';
   nr = i_nr;
   vk = (i_vk > 0.0) ? i_vk : 0.0;
}


// -----------------------------------------------------------
// print() zeigt die privaten Daten am Bildschirm an.

void Artikel::print( void)
{
   cout << "-------------------------------------\n"
        << "Artikel-Name:   " << name << '\n'
        << "       -Nummer: " << nr   << '\n'
        << "       -Preis:  " << vk   << '\n'
        << "-------------------------------------\n\n";
}
```

Die in einer Klasse deklarierten Funktionen müssen noch definiert werden. Erst dann ist die Klassendefinition vollständig, und es können Objekte dieser Klasse gebildet werden.

Syntax

Bei der Definition einer Elementfunktion genügt es nicht, den Funktionsnamen allein anzugeben. Es muss der Klassenname mit angegeben werden, der vom Funktionsnamen durch den Bereichsoperator `::` getrennt wird.

```
typ  klassenname :: funktionsname ( Parameterliste)
{
                              . . .
}
```

Dem Compiler wird so mitgeteilt, dass die Funktion eine Methode der entsprechenden Klasse ist. Ohne den Klassennamen würde eine gewöhnliche globale Funktion definiert.

Zugriff auf Elemente

Innerhalb einer Elementfunktion können *alle* Elemente der Klassen direkt angesprochen werden. Hierbei ist kein weiterer Bezug auf die Klasse erforderlich. Insbesondere können Elementfunktionen andere Elementfunktionen derselben Klasse direkt aufrufen.

Wichtig ist, dass nur die Elementfunktionen der Klasse mit den als `private` deklarierten Elementen arbeiten können. Damit stehen die privaten Daten vollständig unter der Kontrolle der Klasse.

Eine Elementfunktion wird später für ein bestimmtes Objekt der Klasse aufgerufen. Es sind die Datenelemente dieses Objektes, mit denen die Elementfunktion arbeitet.

Organisation

Ein kleines Programm kann vollständig in *einer* Quelldatei stehen. Ein größeres Programm wird dagegen in verschiedene Module aufgeteilt.

Bei modularer Programmierung ist es sinnvoll, die Definition von Klassen in Header-Dateien zu stellen, z. B. die Definition der Klasse `Artikel` in die Datei `artikel.h`. Die Module, welche eine Klassendefinition benötigen, inkludieren dann die entsprechende Header-Datei. Um eine mehrfache Inkludierung zu vermeiden, sollte der Inhalt der Header-Datei in einen Block `#ifndef NAME . . . #endif` gestellt werden.

Die Definition der Elementfunktionen ist in jedem Fall in einer Quelldatei vorzunehmen. Gewöhnlich stehen die Elementfunktionen einer Klasse jeweils in einer eigenen Quelldatei, z. B. die Elementfunktionen der Klasse `Artikel` in der Datei `artikel.cpp`.

Der Quellcode des Anwenderprogramms, das mit diesen Klassen arbeitet, ist wiederum in anderen Quelldateien enthalten. Die Definition der Klassen ist so von der Anwendung getrennt, was die Wiederverwendbarkeit der Klassen erleichtert.

4.3 Objekte (1)

Objekte im Speicher

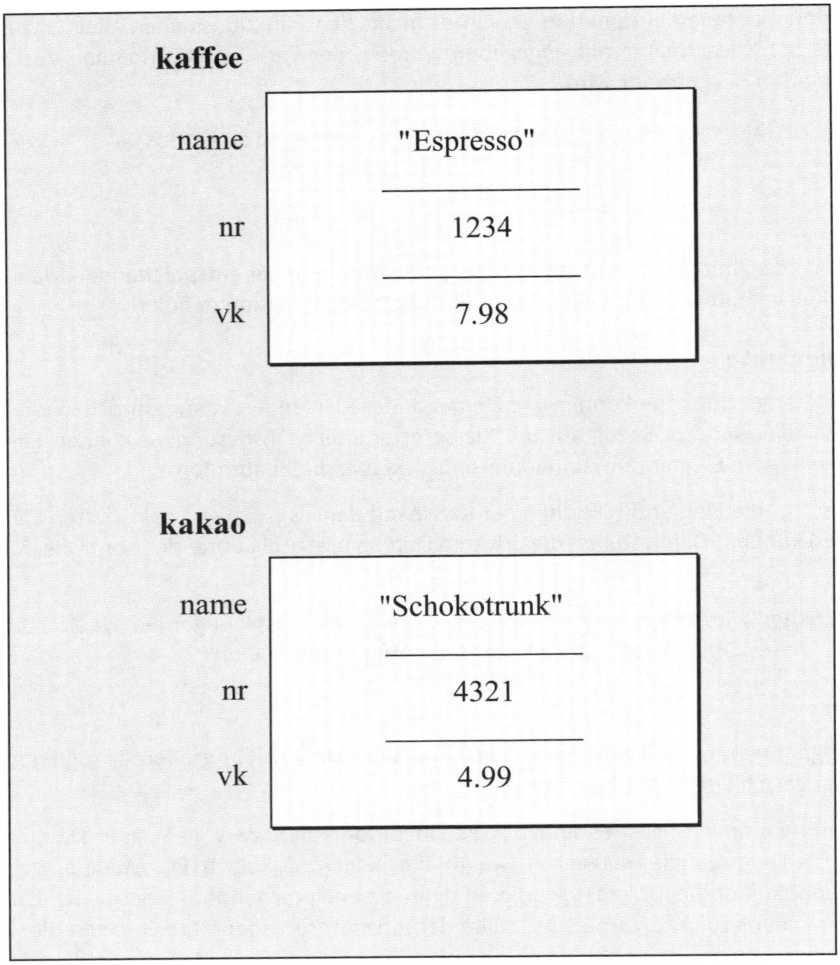

Deklaration von Objekten

Nachdem mit einer Klasse ein neuer Datentyp definiert wurde, können Variablen dieses Typs, also *Objekte*, erzeugt werden. Ein Objekt wird auch als eine *Instanz* der Klasse bezeichnet.

Wie üblich erfolgt die Deklaration von Objekten durch Angabe des Datentyps und der Namen der Objekte:

Syntax: `klassenname objekt1 [, objekt2, ... ];`

Im folgenden Beispiel wird ein Objekt vom Typ `Artikel` erzeugt:

Beispiel: `Artikel kaffee;`

Erst jetzt ist für die Daten des Objekts `kaffee` der entsprechende Speicherplatz reserviert, also Platz für die Datenelemente `name`, `nr` und `vk`.

Initialisierung

Im vorigen Beispiel wurde noch keine Initialisierung vorgenommen: Wie bei anderen Variablen auch ist daher der Inhalt der Datenelemente undefiniert. Wird das Objekt global oder als `static` definiert, so ist der Inhalt `0`.

Für Objekte kann genau festgelegt werden, wie diese »aufgebaut« bzw. »abgebaut« werden, nämlich mit Hilfe von *Konstruktoren* und *Destruktoren*. Damit kann insbesondere die Initialisierung von Objekten gesteuert werden. Doch zuvor noch weitere Grundlagen zu Objekten selbst.

Speicherbelegung von Objekten

Werden zwei Objekte vom Typ derselben Klasse deklariert, wie etwa

```
Artikel  kaffee, kakao;
```

so besitzt jedes Objekt seine eigenen Datenelemente: Auch das Objekt `kakao` besitzt die Datenelemente `name`, `nr` und `vk`, die im Hauptspeicher aber einen anderen Speicherplatz als die Datenelemente von `kaffee` belegen.

Beide Objekte arbeiten jedoch mit denselben Elementfunktionen. Der Code der Elementfunktionen einer Klasse ist nur einmal im Hauptspeicher abgelegt, und zwar unabhängig davon, ob Objekte der Klasse existieren oder nicht.

Eine Elementfunktion kann immer nur über ein Objekt aufgerufen werden. Sie arbeitet dann mit den Datenelementen dieses Objekts.

4.4 Objekte (2)

Beispielprogramm

```
// --------------------------------------------------------
// Mit Objekten der Klasse Artikel arbeiten.
// --------------------------------------------------------

#include "artikel.h"          // Definition der Klasse Artikel

int main()
{
  Artikel artikel1, artikel2;          // Zwei Objekte

  artikel1.init( "CD", 111, 19.98);
  artikel1.print();

//  artikel1.vk = 9.99;       // Fehler! vk ist private

  artikel2 = artikel1;        // Zuweisung von Klassen
                              // moeglich!
  artikel2.print();

  Artikel *art_ptr;           // Ein Zeiger auf Artikel.
  art_ptr = &artikel2;        // Diesen auf das Objekt
                              // artikel2 zeigen lassen.

                              // Neue Werte fuer artikel2:
  art_ptr->init("CD-Player", 777, 249.99);
  art_ptr->print();           // Neue Werte ausgeben.

  Artikel& CD = artikel1;     // Eine Referenz auf
                              // artikel1
  CD.print();

  return 0;
}
```

Zugriff auf Elemente

Ein Programm, das mit Objekten einer Klasse arbeitet, kann nur auf die `public`-Elemente eines Objekts zugreifen. Dies geschieht wie bei Strukturvariablen mit Hilfe des Punkt- oder Pfeiloperators.

Punktoperator

Sobald ein Objekt definiert ist, kann ein `public`-Element mit dem Punktoperator ausgewählt werden.

Beispiel:
```
Artikel kaffee, kakao;
kaffee.init("Espresso", 1234, 7.98);
```

Durch diese Anweisung wird für das Objekt `kaffee` die `public`-Methode `init()` aufgerufen. Dagegen ist der Zugriff auf `private`-Elemente unzulässig! Der Aufruf von `init()` kann also nicht durch direkte Zuweisungen ersetzt werden.

Beispiel:
```
strcpy( kaffee.name, "Espresso");    // Fehler:
kaffee.nr = 1234;                    // name, nr und vk sind
kaffee.vk = 7.98;                    // private-Elemente.
```

Deshalb ist es auch nicht möglich, einzelne Datenelemente am Bildschirm auszugeben.

Beispiel:
```
cout << kaffee.name;     // Fehler!
kaffee.print();          // ok!
```

Mit der Methode `print()` werden alle Datenelemente ausgegeben. Im folgenden Beispiel werden die Daten des Objekts `kakao` am Bildschirm angezeigt.

Beispiel:
```
kakao.print();
```

Eine Elementfunktion wie `print()` kann immer nur für ein bestimmtes Objekt aufgerufen werden. So würde die Anweisung

```
print();     //Fehler! Welche Daten waeren anzuzeigen?
```

zu einer Fehlermeldung führen, da es eine globale Funktion `print()` nicht gibt.

Pfeiloperator

Auch in C++ wird häufig mit Zeigern auf Objekte gearbeitet, beispielsweise bei Verwendung dynamischer Datenstrukturen. Wenn ein Zeiger (Pointer) auf ein Objekt verweist, kann ein `public`-Element mit dem Pfeiloperator `->` ausgewählt werden.

Beispiel:
```
Artikel tee, *art_ptr;
art_ptr = &tee;          // art_ptr zeigt auf tee.
art_ptr->init( "Tee", 3333, 1.95);
art_ptr->print();
art_ptr = &kaffee;       // art_ptr zeigt auf kaffee.
art_ptr->print();
```

4.5 Konstruktoren (1)

Die Klasse Artikel mit Konstruktoren

```
// ----------------------------------------------------------
// Datei: artikel.h
// Definition der Klasse Artikel mit zwei Konstruktoren
// ----------------------------------------------------------
#ifndef _ARTIKEL_
#define _ARTIKEL_

#include <string.h>
#include <iostream>
using namespace std;

class Artikel
{
  private:                          // Private Datenelemente
    char   name[32];
    long   nr;
    double vk;
  public:                           // Oeffentliche Schnittstelle
 // Deklaration der Konstruktoren
    Artikel( const char *, long, double);
    Artikel( const char *);
 // Deklaration weiterer Elementfunktionen:
    void init( const char *, long, double);
    void print( void);
};
#endif         // _ARTIKEL_
```

Die Definition der Konstruktoren

```
// In der Quelldatei artikel.cpp, die auch die Definitionen
// der anderen Elementfunktionen enthaelt.
Artikel::Artikel(const char *k_name, long k_nr, double k_vk)
{
   strncpy( name, k_name, 31); name[31] = '\0';
   nr = k_nr;
   vk = (k_vk > 0.0) ? k_vk : 0.0;
}

Artikel::Artikel( const char * k_name)
{
   strncpy( name, k_name, 31); name[31] = '\0';
   nr = 0L;   vk = 0.0;
}
```

Initialisierung von Objekten

In der traditionellen Programmierung wird mit der Definition einer Variablen nur Speicher für die Variable reserviert. Es bleibt dem Programmierer überlassen, die Variable mit vernünftigen Anfangswerten zu initialisieren.

Auch ein Objekt vom Typ `Artikel` besitzt so lange keine gültigen Werte, solange nicht die Methode `init()` aufgerufen wurde. Nichtinitialisierte Objekte können aber zu schweren Fehlern während der Ausführung des Programms führen.

Damit es zu solchen Fehlern nicht kommt, unterstützen Klassen einen Mechanismus, der dafür sorgt, dass bei der Definition eines Objekts implizit eine Initialisierungsfunktion ausgeführt wird. Damit ist garantiert, dass das Objekt stets mit gültigen Daten arbeitet. Die Initialisierung übernehmen spezielle Methoden, die *Konstruktoren*.

Deklaration

Ein Konstruktor unterscheidet sich von den anderen Elementfunktionen der Klasse durch zwei Besonderheiten:

- Der Name eines Konstruktors ist identisch mit dem Namen der Klasse.
- Ein Konstruktor besitzt keinen Ergebnistyp (auch nicht `void`).

Die Deklaration erfolgt gewöhnlich im `public`-Bereich. Dann steht der Konstruktor zur Erzeugung von Objekten uneingeschränkt zur Verfügung.

Im nebenstehenden Beispiel werden zwei Konstruktoren für die Klasse `Artikel` deklariert. Sie unterscheiden sich durch ihre Parameter.

Definition

Da die Namen der Klasse und eines Konstruktors identisch sind, beginnt die Definition eines Konstruktors stets mit

```
Klassenname :: Klassenname
```

In der Definition werden die übergebenen Argumente hinsichtlich ihrer Gültigkeit überprüft und in die entsprechenden Datenelemente des Objekts kopiert. Ist dann ein Datenelement noch nicht initialisiert, so sollte ihm der Konstruktor einen Standardwert zuweisen.

Auch andere Initialisierungsaufgaben werden von Konstruktoren übernommen. Dazu gehören beispielsweise das Reservieren von Speicherplatz, das Öffnen von Dateien oder das Konfigurieren von Schnittstellen.

Überladen von Konstruktoren

Konstruktoren können wie andere Funktionen überladen werden. Die Konstruktoren einer Klasse müssen sich durch ihre Signatur (d.h. Anzahl, Reihenfolge und Typ der Parameter) unterscheiden. Damit können Objekte auf verschiedene Arten initialisiert werden.

4.6 Konstruktoren (2)

Beispielprogramm

```
//----------------------------------------------------------------
// Mit Konstruktoren der Klasse Artikel arbeiten.
//----------------------------------------------------------------

#include "artikel.h"        // Definition der Klasse Artikel

int main()
{                           // Zwei Objekte erzeugen:
  Artikel artikel1("Radio", 111, 198.98),
          artikel2("Computer");

// Artikel artikel3;        // Nicht mehr moeglich,da kein
                            // Default-Konstruktor definiert.
  artikel1.print();
  artikel2.print();

// Neue Werte fuer artikel2:
  Artikel hilf("Computer Super", 3333, 9999.99);

  artikel2 = hilf;             // Zuweisung von Objekten
                               // moeglich!
  artikel2.print();

// Oder mit der noch vorhandenen Methode init():
  artikel2.init("Computer Super", 3333, 8888.88);
  artikel2.print();

// Zeiger und Referenzen
  Artikel *art_ptr;            // Einen Zeiger auf
  art_ptr = &artikel2;         // artikel2 zeigen lassen,
  art_ptr->print();            // artikel2 anzeigen.

  Artikel& radio = artikel1;   // Eine Referenz auf
                               // artikel1
  radio.print();

  return 0;
}
```

Aufruf eines Konstruktors

Ein Konstruktor kann nicht wie eine andere Methode explizit aufgerufen werden. Deshalb hat ein Konstruktor auch keinen Ergebnistyp. Der Aufruf erfolgt stets implizit bei der Definition eines Objekts.

Die Initialisierung eines Objekts erfolgt, indem hinter dem Namen des Objekts in Klammern die Anfangswerte angegeben werden.

```
klassenname  objekt( Initialisierungsliste);
```

Der Compiler sucht einen Konstruktor, dessen Signatur zur Initialisierungsliste paßt. Dieser Konstruktor erzeugt das Objekt, wobei er als Argumente die Werte aus der Initialisierungsliste erhält.

Beispiel: `Artikel  kaffee( "Noname", 12345, 6.99);      // ok!`

Hier werden dem Konstruktor die Werte `"Noname"`, `12345` und `6.99` übergeben.

Wird kein passender Konstruktor gefunden, wird das Objekt nicht erzeugt, und der Compiler reagiert mit einer Fehlermeldung.

Beispiel: `Artikel  kaffee( "Noname", 12345);          // Fehler!`

Für `Artikel` gibt es keinen Konstruktor mit zwei Parametern.

Falls ein Objekt nur mit *einem* Wert initalisiert wird und ein entsprechender Konstruktor vorhanden ist, kann auch die konventionelle Schreibweise mit dem Zeichen = erfolgen.

Beispiel: `Artikel  kaffee = "Capuccino";`

Diese Deklaration ist wirkungsgleich mit

```
Artikel  kaffee("Capuccino");
```

Die Initialisierung mit Klammern ist nicht auf Klassen beschränkt. Sie kann auch für »normale« vordefinierte Datentypen verwendet werden, wie beispielsweise

```
int i(0);  statt  int i = 0;
```

Default-Konstruktor

Ein Konstruktor, für den keine Parameter deklariert werden, heißt *Default-Konstruktor*. Er wird aufgerufen, wenn bei der Definition eines Objekts keine Initialisierungswerte angegeben werden. Der Default-Konstruktor wird gewöhnlich so geschrieben, dass er alle Datenelemente auf Default-Werte setzt.

Ist für eine Klasse *kein* Konstruktor definiert, so erzeugt der Compiler eine Minimalversion des Default-Konstruktors als `public`-Element, der allerdings keine Anfangswerte setzt.

Ist aber wenigstens ein Konstruktor definiert, so muss auch der Default-Konstruktor explizit definiert werden, wenn er zur Verfügung stehen soll. Für die neue Version der Klasse `Artikel` ist kein Default-Konstruktor definiert worden. Damit muss bei der Definition eines Objekts eine Initialisierungsliste angegeben werden!

4.7 Destruktoren

Beispielprogramm

```
//-------------------------------------------------------------
// Demonstration von Konstruktor- und Destruktoraufrufen.
//-------------------------------------------------------------
#include <string.h>
#include <iostream>
using namespace std;

int anzahl = 0;                    // Globaler Zaehler
class KonDeTor                     // Definition der Klasse
{
  private:
     const char *name;
  public:
     KonDeTor( const char *);      // Konstruktor
     ~KonDeTor( void);             // Destruktor
};

KonDeTor::KonDeTor( const char *str)
{
  ++anzahl;
  name = str;
  cout << "\nHier ist der Konstruktor fuer " << name
       << "\nDas " << anzahl << ". Objekt wird erzeugt!\n";
}

KonDeTor::~KonDeTor()
{
  cout << "\nHier ist der Destruktor für " << name
       << "\nDas " << anzahl << ". Objekt wird zerstört!\n";
  --anzahl;
}

KonDeTor globalObjekt( "Das globale Objekt");
int main()
{
  cout << "\nDie erste Anweisung in main.\n";
  KonDeTor lokalObjekt1( "Das erste lokale Objekt");
  {
    KonDeTor lokalObjekt2( "Das zweite lokale Objekt");
    static KonDeTor staticObjekt1( "Das statische Objekt");
    cout << "\nDie letzte Anweisung im inneren Block.\n";
  }
  cout << "\nDie letzte Anweisung in main.\n";
  return 0;
}
```

Aufgabe von Destruktoren

Objekte, die zu Beginn ihrer Lebensdauer ordnungsgemäß »aufgebaut« wurden, müssen auch wieder »abgebaut« werden, bevor sie aufhören zu existieren. Zu diesen Aufräumarbeiten (engl. *Clean up*) kann z.B. das Freigeben von Speicherplatz gehören, falls dieser durch den Konstruktor dynamisch reserviert wurde.

Das Abbauen eines Objekts übernimmt eine spezielle Methode, der *Destruktor*. Er ist das Gegenstück zum Konstruktor und wird automatisch aufgerufen, wenn das Objekt aufhört zu existieren.

Deklaration

Der Name eines Destruktors besteht aus dem Klassennamen mit vorangestelltem ~ (Tilde). Die Deklaration eines Destruktors erfolgt gewöhnlich als `public`-Element und hat folgende

Syntax: `~klassenname(void);`

Der Destruktor hat wie ein Konstruktor keinen Return-Typ. Außerdem besitzt er keine Parameter. Deshalb ist es auch nicht möglich, Destruktoren zu überladen. Für eine Klasse kann also nur ein Destruktor definiert werden.

Definition

Wird für eine Klasse kein Destruktor definiert, so erzeugt der Compiler implizit die Minimalversion eines Destruktors als `public`-Element.

Ein Destruktor zerstört die einzelnen Datenelemente eines Objekts in umgekehrter Reihenfolge ihrer Erzeugung. Falls ein Datenelement selbst ein Objekt ist, wird dessen Destruktor aufgerufen.

Die explizite Definition eines Destruktors ist immer dann notwendig, wenn spezielle Aktionen des Konstruktors wieder rückgängig gemacht werden müssen.

Der Destruktor der Klasse `Artikel` hat nichts Besonderes zu tun. Die explizite Definition ist daher:

```
Artikel::~Artikel(){ }    // Dieser Destruktor tut nichts
```

Impliziter Aufruf

Ein Destruktor wird implizit aufgerufen, wenn die Lebensdauer des Objekts endet, d.h.

- bei einem lokal deklarierten Objekt, das nicht zur Speicherklasse `static` gehört, am Ende des entsprechenden Blocks,
- bei einem global oder als `static` deklarierten Objekt am Ende des Programms.

Das nebenstehende Beispielprogramm demonstriert die verschiedenen Aufrufe von Konstruktoren und Destruktoren.

4.8 Übungen

Die Klasse Adresse

Private Datenelemente:

	Typ
Stadt	char-Vektor
Strasse	char-Vektor
Telefonnummer	char-Vektor

Öffentliche Methoden:

```
Adresse( const char *stadt, const char *strasse, const char *tel);
~Adresse();
void setAdr( const char *stadt, const char *strasse, const char *tel);
void putAdr();
```

Meldung des Konstruktors

```
Es wird ein Objekt fuer die Stadt . . .  erzeugt.

Dies ist das . . .-te Objekt.
```

Meldung des Destruktors

```
Es wurde der Destruktor fuer die Stadt . . . aufgerufen.

Es verbleiben noch . . . Objekte.
```

Aufgabe

Es soll eine Klasse zur Darstellung einer Adresse entwickelt und getestet werden. Sowohl der Konstruktor als auch der Destruktor geben eine Meldung aus, so dass die Erzeugung und die Zerstörung der Objekte nachvollzogen werden können.

- Definieren Sie zu dem Zweck in einer Header-Datei eine Klasse `Adresse` mit den nebenstehenden Datenelementen und Methoden.
  Der Konstruktor soll mit Default-Werten deklariert werden: der String `"xxxxxx "` für die ersten beiden Parameter und der String `"000000"` für den dritten Parameter. Damit ist auch ein Default-Konstruktor für die Klasse definiert.
- Implementieren Sie dann in einer separaten Quelldatei den Konstruktor, der die übergebenen Argumente in die entsprechenden Datenelemente kopiert. Es dürfen höchstens so viele Zeichen kopiert werden, wie das entsprechende Datenelement speichern kann.
  Der Konstruktor inkrementiert zusätzlich eine globale `int`-Variable, welche die Anzahl der aktuell existierenden Objekte speichert, und gibt eine Meldung aus. Eine Beispielausgabe ist nebenstehend angegeben.
- Definieren Sie nun den Destruktor, der die Meldung ausgibt, welches Objekt zerstört wird und wie viele Objekte noch existieren.
- Implementieren Sie die Methode `setAdr()`, welche die übergebenen Argumente in die Datenelemente kopiert.
- Definieren Sie die Methode `putAdr()`, welche alle Datenelemente formatiert auf dem Bildschirm ausgibt. Nach der Ausgabe einer Adresse wird die Programmausführung angehalten, bis die Return-Taste gedrückt wird. Verwenden Sie hierfür die `cin`-Methode `get()`.
- Zum Testen sollen vier Objekte vom Typ `Adresse` erzeugt werden:
  - Ein globales Objekt und ein lokales Objekt in der Funktion `main()`.
  - Zwei lokale Objekte in einer Funktion, die von `main()` aufgerufen wird. Davon soll ein Objekt als statisch deklariert werden.

Initialisieren Sie die Objekte mit Adressen Ihrer Wahl. Rufen Sie auch die Methoden `putAdr()` und `setAdr()` auf.

- Testen Sie das Programm. Verfolgen Sie, in welcher Reihenfolge die Objekte auf- und abgebaut werden.

4.9 Lösungen

```
// ---------------------------------------------------------------
// Datei:  adresse.h (4. Kapitel)
// Zweck:  Definition der Klasse Adresse
//         mit Konstruktoren und Destruktoren.
// ---------------------------------------------------------------

#ifndef _ADRESSE_
#define _ADRESSE_

#include <string.h>

class Adresse
{
   private:
     char stadt[32];
     char strasse[32];
     char tel[20];

   public:
     Adresse(const char *stadt   = "xxxxxx",
             const char *strasse = "xxxxxx",
             const char *tel     = "000000");
     ~Adresse();

     void setAdr(const char *, const char *, const char *);
     void putAdr();
 };

// Hilfsfunktion zum Kopieren von Strings:

inline void strcpy( char *s1, const char *s2, int n)
{
   strncpy( s1, s2, n);   s1[n] = '\0';
}
#endif


// ---------------------------------------------------------------
//  Datei:  adresse.cpp (4. Kapitel)
//  Zweck:  Definition der Methoden der Klasse Adresse
// ---------------------------------------------------------------

#include "adresse.h"
#include <iostream>
using namespace std;

int anzahlObjekte = 0;
```

```
// Konstruktor:

Adresse::Adresse(const char *stadt, const char *strasse,
                 const char *tel)
{
   setAdr( stadt, strasse, tel);
   ++anzahlObjekte;
   cout << "\nEs wird ein Objekt fuer die Stadt " << stadt
        << " erzeugt.";
   cout << "\nDies ist das " << anzahlObjekte << "-te Objekt."
        << endl;
}

// Destruktor:

Adresse::~Adresse(void)
{
   --anzahlObjekte;
   cout << "\nEs wurde der Destruktor fuer die Stadt " << stadt
        << " aufgerufen.";
   cout << "\nEs verbleiben " <<  anzahlObjekte << " Objekte."
        << endl;
}

// Die Methoden setAdr() und putAdr():

void Adresse::setAdr( const char *sStadt,
                      const char *sStrasse, const char *sTel)
{
   strcpy(stadt, sStadt, sizeof(stadt)-1);
   strcpy(strasse, sStrasse, sizeof(strasse)-1 );
   strcpy(tel, sTel, sizeof(tel)-1);
}

void Adresse::putAdr()
{
   cout << "\n-----------------------------------------------\n";

   cout << "\n  Stadt .........: " << stadt;
   cout << "\n  Strasse .......: " << strasse;
   cout << "\n  Telephon-Nummer: " << tel;

   cout << "\n\n---  Weiter mit der Return-Taste: " ;
   cin.get();
}
```

4.10 Lösungen (Fortsetzung)

```
// ---------------------------------------------------------------
//  Datei:  adress_t.cpp
//  Zweck:  Die Klasse Adresse testen.
//  Module: adress_t.cpp  adresse.cpp
// ---------------------------------------------------------------

#include "adresse.h"
#include <iostream>
using namespace std;

void func();

Adresse freund("12012 Berlin (global)", "Hauptstr. 1", "876543");

int main()
{
   cout << "\nDie erste Anweisung in main()\n";
   freund.putAdr();

   Adresse adr;                        // Default-Konstruktor
   adr.putAdr();
   adr.setAdr( "50111 Koeln (lokal in main)",
               "Eigelsteinstr. 2", "817263");
   adr.putAdr();

   cout << "\nEs folgt der 1. Aufruf der Funktion func()\n";
   func();

   cout << "\nEs folgt der 2. Aufruf der Funktion func()\n";
   func();

   return 0;
}

void func()
{
   static Adresse spezl("54111 Bonn (static in func)",
                        "Altmarkt 3", "192837");
   spezl.putAdr();

   Adresse lokal("80123 Muenchen (lokal in func)",
                 "Am Dom 4", "135642");
   lokal.putAdr();

   cout << "\nVor dem Ende der Funktion func()\n";
}
```

Kapitel 5: Verwenden von Objekten

Dieses Kapitel beschreibt neben dem effizienten Einsatz von Zugriffsmethoden die Verwendung

- von Read-only-Objekten
- des `this`-Zeigers
- von Objekten als Funktionsargumente und als Return-Wert

Außerdem werden Klassen-Arrays vorgestellt, mit denen Objekte gleichen Typs verwaltet werden können.

5.1 Inline-Methoden

Beispielklasse

```
//----------------------------------------------------------------
// Neue Version der Klasse Artikel:
// Konstruktoren und Destruktor sind implizit inline.
//----------------------------------------------------------------
#ifndef _ARTIKEL_
#define _ARTIKEL_

#include <string.h>
#include <iostream>
using namespace std;

class Artikel                         // Definition der Klasse
{
  private:
  // private Datenelemente
    char   name[32];
    long   nr;
    double vk;

  public:
  // Deklaration der Konstruktoren und des Destruktors:
    Artikel( const char * k_name = "",
             long k_nr = 0L,
             double k_vk = 0.0)          // Implizit inline.
    {
      strncpy( name, k_name, 31); name[31] = '\0';
      nr = k_nr;
      vk = (k_vk > 0.0) ? k_vk : 0.0;
    }

    ~Artikel() {}          // Dummy-Destruktor, implizit inline.

  // Deklaration anderer Elementfunktionen:
    void print( void);              // Einen Artikel anzeigen.
};

inline void Artikel::print( void)       // Explizit inline.
{
   cout << "-----------------------------------------\n"
        << "Artikel-Name:   " << name << '\n'
        << "        -Nummer: " << nr   << '\n'
        << "        -Preis:  " << vk   << '\n'
        << "-----------------------------------------\n\n";
}
#endif      // _ARTIKEL_
```

Bedeutung von inline-Methoden

Eine typische Klasse enthält viele »kleine« Elementfunktionen, die das öffentliche Interface der Klasse darstellen. Nur so kann einerseits die Integrität der Daten und andererseits eine ausreichende Funktionalität der Klasse sichergestellt werden.

Der Aufruf einer Elementfunktion stellt aber einen nicht unerheblichen »Overhead« dar, der die Laufzeit eines C++-Programms gegenüber einem konventionellen C-Programm stark erhöhen würde. Daher ist es besonders wichtig, dass auch Elementfunktionen wie »normale« globale Funktionen `inline` definiert werden können. Nur so können die Vorteile einer Klasse ausgenutzt werden, ohne diese mit einem schlechten Laufzeitverhalten bezahlen zu müssen.

Es gibt zwei Möglichkeiten, eine Elementfunktion als `inline` zu definieren.

Explizit inline

Wie bei einer »normalen« globalen Funktion, wird auch eine Elementfunktion zur `inline`-Funktion, indem der Definition das Schlüsselwort `inline` vorangestellt wird.

Beispiel:

```
inline void Artikel::print()
{
        . . .
}
```

Die Definition von `inline`-Methoden sollte nach der Klassendefinition innerhalb derselben (Header-) Datei erfolgen.

Auch bei Elementfunktionen kann das Schlüsselwort `inline` vom Compiler ignoriert werden, wenn die Funktion zu umfangreich ist.

Implizit inline

»Kleine« Elementfunktionen können sofort innerhalb der Klasse definiert werden. Dadurch wird eine Elementfunktion automatisch zur `inline`-Funktion, auch wenn das Schlüsselwort `inline` nicht angegeben ist: Die Elementfunktion ist implizit `inline`.

Zur besseren Lesbarkeit kann auch in diesem Fall das Schlüsselwort `inline` angegeben werden.

inline-Konstruktoren und -Destruktoren

Als spezielle Methoden können auch Konstruktoren und Destruktoren `inline` definiert werden. Dies zeigt die nebenstehende neue Version der Beispielklasse `Artikel`.

Durch die Verwendung von Default-Argumenten ist der Konstruktor vierfach überladen. Insbesondere ist jetzt ein *Default-Konstruktor* definiert.

5.2 Zugriffsmethoden

get- und set-Methoden

```
//-------------------------------------------------------------
// Datei: artikel.h
// Die Klasse Artikel mit Zugriffsmethoden.
//-------------------------------------------------------------
#ifndef _ARTIKEL_
#define _ARTIKEL_

#include <string.h>
#include <iostream>
using namespace std;

class Artikel                       // Definition der Klasse
{
  private:                          // Private Datenelemente:
    char   name[32];
    long   nr;
    double vk;

  public:
  // Deklaration der Konstruktoren und des Destruktors
    Artikel( const char * k_name = "",
             long  k_nr = 0L,
             double k_vk = 0.0)
    {
       set_name(k_name);  set_nr(k_nr);  set_preis(k_vk);
    }

    ~Artikel() {}                // Dummy-Destruktor

  // Deklaration anderer Elementfunktionen:
    void print( void);           // Einen Artikel anzeigen.

    const char *get_name() { return name; }
    long        get_nr()   { return nr; }
    double      get_preis(){ return vk; }

    void set_name( const char *s_name )
         { strncpy( name, s_name, 31); name[31] = '\0'; }
    void set_nr( long s_nr)
         { nr = s_nr; }
    void set_preis( double s_vk)
         { vk = (s_vk > 0.0) ? s_vk : 0.0; }
};
#endif   // _ARTIKEL_
```

Zugriffsmethoden

Die Datenelemente eines Objekts gehören normalerweise zum `private`-Bereich einer Klasse. Sollen die Daten gelesen bzw. überschrieben werden, so kann der Zugriff auf die Daten natürlich dadurch erreicht werden, dass die Datenelemente im `public`-Bereich deklariert werden. So würde aber die Datenkapselung unterlaufen.

Besser ist es, sogenannte *Zugriffsmethoden* bereitzustellen, mit deren Hilfe kontrolliert auf die privaten Daten zugegriffen werden kann. Werden diese Methoden `inline` definiert, so ist der Zugriff genauso effizient wie der direkte Zugriff auf `public`-Elemente.

5

Zugriffsmethoden der Klasse Artikel

Im nebenstehenden Beispiel ist die Klasse `Artikel` so modifiziert, dass Zugriffsmethoden

`get_name()`, `get_nr()` und `get_preis()`

zum Hervorholen von Daten und

`set_name()`, `set_nr()` und `set_preis()`

zum Überschreiben von Daten zur Verfügung gestellt werden. Dann kann z.B. ein neuer Kaffeepreis festgesetzt werden:

Beispiel: `kaffee.set_preis( 8.95);`

Vorteile

Das Bereitstellen von je zwei Zugriffsmethoden für ein privates Datenelement erscheint zunächst mit erheblichem Aufwand verbunden: Viel Tipparbeit, der Quellcode bläht auf und der Programmierer muss sich nicht nur viele Namen von Methoden merken, sondern auch wissen, was die Methoden tun. Es stellt sich deshalb die Frage, welche Vorteile der Einsatz von Zugriffsmethoden bringt. Hier sind zwei Aspekte wichtig:

- Zugriffsmethoden können Bereichsüberprüfungen vornehmen und so fehlerhafte Zugriffe von vornherein abfangen. Damit ist garantiert, dass Objekte stets mit gültigen Werten arbeiten.
- Zugriffsmethoden verstecken implementationsabhängige Details von Klassen vor dem Anwendungsprogramm. Insbesondere ist es jederzeit möglich, die interne Darstellung von Daten zu ändern. Stellt sich beispielsweise nachträglich heraus, dass zur Darstellung von umfangreichen Daten anstelle eines statischen Vektors ein dynamisch angelegter Speicherbereich besser geeignet ist, so kann diese Änderung in einer »neuen Version« der Klasse vorgenommen werden. Die Methoden werden dann neu implementiert. Solange aber die öffentliche Schnittstelle unverändert bleibt, muss keine Zeile des Anwendungsprogramms geändert werden.

Diese Vorteile unterstützen nicht nur die Zuverlässigkeit, sondern auch die einfache Wartbarkeit eines Programms.

5.3 const-Objekte

Die Klasse Artikel mit Read-only-Methoden

```
// ---------------------------------------------------------
// Datei: artikel.h
// Definition der Klasse Artikel mit zwei Read-only Methoden
// ---------------------------------------------------------
#ifndef _ARTIKEL_
#define _ARTIKEL_

#include <string.h>
#include <iostream>
using namespace std;

class Artikel                       // Definition der Klasse
{
  private:                          // Private Datenelemente
    . . . // wie gehabt

  public:
  // Deklaration der Konstruktoren und des Destruktors
    . . . // Artikel() und ~Artikel() wie gehabt.

  // Deklaration anderer Elementfunktionen:
    void print( void) const;         // Einen Artikel anzeigen.

    const char *get_name() const { return name; }
    long        get_nr()   const { return nr; }
    double      get_preis()const { return vk; }

    . . . // Und die set-Methoden wie gehabt.
};


inline void Artikel::print( void) const
{
   cout << "-----------------------------------------\n"
        << "Artikel-Name:   " << name << '\n'
        << "       -Nummer: " << nr   << '\n'
        << "       -Preis:  " << vk   << '\n'
        << "-----------------------------------------\n\n";
}
#endif     // _ARTIKEL_
```

Read-only-Objekte

Ein Objekt kann wie jede andere Variable auch als `const` deklariert werden. Damit wird festgelegt, dass das Objekt nur lesbar ist. Ein solches Objekt muss natürlich initialisiert werden.

Beispiel: `const Artikel  probe("Teebeutel", 1000, 0.0);`

Das Objekt `probe` kann dann nicht mehr verändert werden. Das bedeutet, dass Elementfunktionen, wie etwa `set_name()`, für das Objekt `probe` nicht aufrufbar sind. Aber auch die Methode `get_name()` kann nicht aufgerufen werden, obwohl sie nur lesend auf ein Datenelement zugreift.

Der Compiler kann im allgemeinen ohne zusätzliche Informationen nicht entscheiden, ob eine Methode Daten nur liest oder auch verändert.

Read-only-Methoden

Methoden, die auf Daten *nur lesend* zugreifen, müssen als solche gekennzeichnet werden, damit sie auch für `const`-Objekte aufrufbar sind. Dies geschieht durch Anhängen des Schlüsselworts `const` an den Funktionskopf, und zwar sowohl in der Deklaration als auch in der Definition.

Beispiel: `long  get_nr(void)  const;`

Mit dieser Deklaration wird die Methode `get_nr()` zur Read-only-Methode und damit auch für `const`-Objekte aufrufbar. Im nebenstehenden Beispiel wird die Read-only-Methode `get_nr()` implizit inline definiert. Dagegen ist die Read-only-Methode `print()` außerhalb der Klasse definiert.

Jetzt erlaubt der Compiler die Aufrufe von `get_nr()` und `print()` auch für das konstante Objekt `probe`:

Beispiel:
```
cout << "Artikelnummer:  " << probe.get_nr();
probe.print();
```

Sinnvollerweise dürfen Methoden, die Daten verändern, nicht als Read-only-Methoden deklariert werden. Außerdem dürfen Read-only-Methoden keine anderen Methoden aufrufen, die Daten eines Objekts überschreiben. In beiden Fällen wird der Compiler eine Fehlermeldung ausgeben.

Hinweis

1. Read-only-Methoden können natürlich auch für nichtkonstante Objekte aufgerufen werden.
2. Bei einer Read-only-Methode gehört das Schlüsselwort `const` zur Signatur. Für jede Elementfunktion können daher zwei Versionen implementiert werden: eine Read-only-Version und eine »normale« Version. In dem Fall wird die Read-only-Version für konstante Objekte und die andere Version für nichtkonstante Objekte aufgerufen.

5.4 Der Zeiger this

```
// -----------------------------------------------------------
// Datei: artikel.h
// Die Klasse Artikel mit Elementfunktionen,
// die den this-Zeiger verwenden.
// -----------------------------------------------------------
#ifndef _ARTIKEL_
#define _ARTIKEL_

#include <string.h>
#include <iostream>
using namespace std;

class Artikel                         // Definition der Klasse
{
  private:                            // Private Datenelemente
    . . . // wie gehabt

  public:
  // Deklaration der Konstruktoren und des Destruktors
    . . . // Artikel() und ~Artikel() wie gehabt.

  // Deklaration anderer Elementfunktionen:
    . . . // print und die get-Methoden wie gehabt.

    void set_name( const char *name )
    {
       strncpy( this->name, name, 31);
       this->name[31] = '\0';
    }
    void set_nr( long nr)  { this->nr = nr; }

    void set_preis( double vk)
    {
       this->vk = (vk > 0.0) ? vk : 0.0;
    }
};
#endif      // _ARTIKEL_
```

Der Zeiger this

Die Elementfunktionen einer Klasse können auf die Datenelemente eines Objekts zugreifen, ohne dass dabei eine explizite Angabe des Objekts notwendig ist. Es wird mit dem Objekt gearbeitet, für das die Elementfunktion aufgerufen wurde.

Woher weiß aber die Elementfunktion, mit welchem Objekt sie aktuell arbeiten soll? Die Antwort ist, dass jeder Elementfunktion als »unsichtbares« Argument die Adresse des aktuellen Objekts übergeben wird. Diese Adresse steht der Elementfunktion mit dem konstanten Zeiger `this` zur Verfügung. `this` ist ein Schlüsselwort und besitzt die folgende Deklaration:

```
Klassenname * const  this  =  &aktuellesObjekt;
```

Dabei ist `aktuellesObjekt` das Objekt, für das die Elementfunktion aufgerufen wurde.

Verwendung

Der Zeiger `this` kann vom Programmierer direkt angesprochen werden. Wie Sie später noch sehen werden, ist das manchmal auch notwendig.

Da `this` ein konstanter Zeiger ist, kann er nicht versetzt werden: `this` ermöglicht immer nur den Zugriff auf das aktuelle Objekt, wobei dieses auch verändert werden kann.

this->

Innerhalb einer Elementfunktion erfolgt der explizite Zugriff auf ein beliebiges Element `member` durch folgenden Ausdruck:

```
this->member
```

Der Compiler erzeugt implizit diesen Ausdruck, wenn nur `member` angegeben wird.

Die explizite Verwendung des `this`-Zeigers kann eingesetzt werden, um lokale Variablen der Elementfunktion von Klassenelementen zu unterscheiden, wenn diese den gleichen Namen haben. Dies zeigt das nebenstehende Beispiel.

*this

Eine Elementfunktion kann über `*this` direkt auf das Objekt als Ganzes zugreifen. Beispielsweise müssen bestimmte Methoden das aktuelle Objekt als Kopie oder Referenz zurückgeben. Die Return-Anweisung lautet dann:

```
return *this;
```

In den folgenden Kapiteln werden Sie wichtige Methoden kennenlernen, die diese Anweisung enthalten.

5.5 Objekte als Argumente (1)

Die Klasse Datum

```
// -----------------------------------------------------------
// Datei: datum.h
// Die Klasse Datum stellt ein Datum mit Tag, Monat, Jahr dar
// -----------------------------------------------------------
#ifndef _DATUM_
#define _DATUM_

class Datum
{
  private:
    unsigned char tag, monat;
    int jahr;
  public:
    Datum( int k_tag=1, int k_monat=1, int k_jahr=1)
    {
      if( !setDatum( k_tag, k_monat, k_jahr))
        tag = 1, monat = 1, jahr = 1;
    }
    bool setDatum( int, int, int);
    int getTag()   const { return (int)tag; }
    int getMonat() const { return (int)monat; }
    int getJahr()  const { return jahr; }
    const char *getDatumStr(void) const;
};

// Die globale Funktion isEqual():
inline bool isEqual( const Datum &d1, const Datum &d2)
{   return (    d1.getTag()   == d2.getTag()
             && d1.getMonat() == d2.getMonat()
             && d1.getJahr()  == d2.getJahr() );
}
#endif      // _DATUM_
```

Ein möglicher Aufruf der globalen Funktion isEqual()

```
#include "datum.h"

  Datum datum1(24,12,1997), datum2;
   . . .
  datum2.setDatum(24,12,1997);
  if( isEqual( datum1, datum2) )
     cout << "\n datum1 und datum2 sind gleich.\n";
   . . .
```

call by value

Ein Objekt kann als Argument an eine Funktion übergeben werden. Beim Aufruf der Funktion wird dann eine Kopie des übergebenen Objekts erzeugt, mit der die Funktion arbeitet. Beim Verlassen der Funktion wird die Kopie wieder zerstört. Für das lokale Objekt wird also ein Konstruktor und der Destruktor aufgerufen.

Beispiel: `bool check(Artikel a);`

5

Hier wird als Parameter ein Objekt `a` vom Typ `Artikel` deklariert. Beim Aufruf

```
check(kakao);
```

wird das Objekt `kakao` in das lokale Objekt `a` kopiert. Die Funktion operiert dann mit Hilfe der `public`-Schnittstelle auf den Daten von `a`. Beim Verlassen der Funktion `check()` wird das Objekt `a` wieder abgebaut, also der Destruktor von `a` aufgerufen.

call by reference

Der durch das Erzeugen und Kopieren von Objekten bedingte Overhead führt natürlich zu Einbußen bei der Laufzeit des Programms. Es empfiehlt sich deshalb, statt einem »call by value« einen »call by reference« zu programmieren. Das kann über Referenztypen oder Zeiger erfolgen.

Referenzen auf Objekte

Bei Verwendung einer Referenz ändert sich die Deklaration der globalen Funktion `check()` wie folgt:

Beispiel: `bool check(const Artikel &ra);`

Hier wird `ra` als Referenz auf ein konstantes Objekt deklariert. Die Funktion arbeitet dann nicht mit einer Kopie, sondern mit dem übergebenen Objekt selbst. Aufgrund der `const`-Deklaration kann die Funktion über `ra` nur die Read-only-Methoden des Objekts aufrufen, beispielsweise: `ra.get_name();`

Damit bleiben die Daten des übergebenen Objekts wie bei einem »call by value« geschützt.

Die Klasse Datum

Nebenstehend ist die neue Klasse `Datum` definiert, wobei die Elementfunktionen `setDatum()` und `getDatumStr()` nicht `inline` definiert wurden.

Die Elementfunktion `setDatum()` setzt ein neues Datum und überprüft dabei die Gültigkeit des Datums. Die Elementfunktion `getDatumStr()` liefert das Datum in Form eines Strings. Die Definitionen beider Funktionen sind dem Leser als Übung überlassen.

Die globale Funktion `isEqual()` vergleicht zwei Objekte vom Typ `Datum` auf Gleichheit. Entsprechend sind ihre Parameter vom Typ »konstante Referenzen auf Datum«.

5.6 Objekte als Argumente (2)

Die Klasse Datum

```
// --------------------------------------------------------
// Die Klasse Datum mit isEqual() als Elementfunktion
// --------------------------------------------------------
#ifndef _DATUM_
#define _DATUM_

class Datum
{
  private:
    unsigned char tag, monat;
    int jahr;

  public:
    Datum( int k_tag=1, int k_monat=1, int k_jahr=1)
    {
      if( !setDatum( k_tag, k_monat, k_jahr))
        tag = 1, monat = 1, jahr = 1;
    }
    bool setDatum( int, int, int);
    int  getTag()   const { return (int)tag; }
    int  getMonat() const { return (int)monat; }
    int  getJahr()  const { return jahr; }
    const char *getDatumStr(void) const;

// Die Elementfunktion isEqual():
    bool isEqual( const Datum &d) const
    {
      return ( tag == d.tag  &&  monat == d.monat
                             &&  jahr  == d.jahr );
    }
};
#endif      // _DATUM_
```

Ein möglicher Aufruf der Elementfunktion isEqual()

```
#include "datum.h"

  Datum datum1(24,12,1997), datum2;
   . . .
  datum2.setDatum(24,12,1997);
  if( datum1.isEqual( datum2) )
     cout << "\n datum1 und datum2 sind gleich.\n";
   . . .
```

Methoden mit Objekten als Argumenten

Die Definition einer globalen Funktion, die *ein* Objekt als Argument erwartet, ist wenig sinnvoll, da ein Objekt sich selbst verwalten sollte. Vernünftigerweise wird man stattdessen *innerhalb* der Klasse eine Methode definieren, welche die zu lösende Aufgabe erledigt. Hierbei wird das Objekt nicht als Argument übergeben, denn die Methode arbeitet ja mit den Datenelementen des aktuellen Objekts.

5

Die Situation ist anders, wenn Operationen mit mindestens *zwei* Objekten vom Typ derselben Klasse durchgeführt werden sollen, etwa das Vergleichen oder Kopieren von Objekten.

Eine Elementfunktion, welche die Daten »ihres« Objekts mit denen eines anderen Objekts vergleichen soll, wird dann *einen* Parameter für das zweite Objekt besitzen. Dies demonstriert die nebenstehende Elementfunktion `IsEqual()`. Im Gegensatz zur globalen Version kann jetzt `IsEqual()` auf die privaten Datenelemente direkt zugreifen, auch auf die des übergebenen Objekts!

Zeiger als Parameter

Soll eine Funktion schreibend auf ein übergebenes Objekt zugreifen, so kann das ebenfalls mit einer Referenz ohne das Schlüsselwort `const` erfolgen. In diesem Fall sollte aber mit Zeigern gearbeitet werden, weil beim Aufruf der Funktion dann die Adresse des Objekts angegeben werden muss.

Ist das Argument die Adresse eines Objekts, so wird als Parameter ein entsprechender Zeiger deklariert. Wird die Funktion als Methode der Klasse implementiert, kann sie mit Hilfe des Zeigers auch auf die privaten Elemente des Objekts zugreifen. Anderen Funktionen steht natürlich nur die öffentliche Schnittstelle zur Verfügung.

Beispiel: Für die Klasse `Datum` kann eine neue Methode `exchange()` definiert werden, die das Datum zweier Objekte austauscht.

```
void Datum::exchange( Datum *pd)
{
   Datum temp = *pd;
   *pd = *this;
   *this = temp;
}
```

Mit `*this` wird das aktuelle Objekt als Ganzes angesprochen. Alternativ könnten auch die einzelnen Elemente ausgetauscht werden, also `tag (== this->tag)` mit `pd->tag` usw.

Beim Aufruf der Methode `exchange()` ist die Adresse eines Objekts anzugeben.

```
Datum  work(7,7,1998), holiday(1,8,1998);
holiday.exchange(&work);
```

5.7 Objekte als Return-Wert

Die neue Methode isLess() der Klasse Datum

```
// --------------------------------------------------------
// Die Methode isLess() liefert true zurück, wenn das
// Datum des aktuellen Objekts kleiner (d.h. aelter) ist
// als das des Arguments.
// --------------------------------------------------------

#include "datum.h"

bool Datum::isLess( const Datum& d) const
{
   if( jahr != d.jahr)
     return ( jahr < d.jahr);

   else if( monat != d.monat)
     return ( monat < d.monat);

   else
     return (tag < d.tag);
}
```

Die globale Funktion minDatum()

```
// --------------------------------------------------------
//  Die Funktion minDatum() liefert eine Referenz
//  auf das aeltere Datum zurück.
// --------------------------------------------------------

#include "datum.h"

const Datum& minDatum( const Datum& d1,
                       const Datum& d2)
{
   if( d1.isLess(d2) )
     return d1;
   else
     return d2;
}
```

Eine Funktion hat für die Rückgabe eines Objekts drei Möglichkeiten: Sie kann das Objekt selbst, eine Referenz oder einen Zeiger auf das Objekt zurückgeben.

Rückgabe in Kopie

Die Rückgabe eines Objektes in Kopie ist nur bei »kleinen« Objekten sinnvoll. Das nachfolgende Beispiel ist der Rahmen einer Funktion, die ein Objekt vom Typ `Datum` zurückgibt.

Beispiel:
```
Datum  func(void)
{
   Datum christmas (24, 12, 1997);
     . . .
   return(christmas);
}
```

Beim Verlassen der Funktion wird das lokale Objekt `christmas` zerstört. Deshalb legt der Compiler zuvor eine temporäre Kopie des Objekts an, die dann als Return-Wert der aufrufenden Funktion zur Verfügung steht.

Rückgabe einer Referenz

Effizienter als der Auf- und Abbau einer temporären Kopie ist die Rückgabe einer Referenz auf das Objekt. Hierbei ist zu beachten, dass die Lebensdauer des Objekts, worauf eine Referenz zurückgegeben wird, nicht lokal auf die Funktion beschränkt sein darf. Wenn das Objekt innerhalb der Funktion definiert wird, ist es als `static` zu deklarieren.

Die nebenstehende globale Funktion `minDatum()` liefert eine Referenz auf das Objekt mit dem »älteren« Datum zurück. Welches Objekt das ältere Datum enthält, wird mit der Methode `isLess()` bestimmt.

Für zwei Objekte `birthday1` und `birthday2` der Klasse `Datum` kann der Aufruf der Funktion `minDatum()` wie folgt aussehen:

```
const Datum &before = minDatum( birthday1, birthday2);
```

Damit ist `before` eine Referenz auf `birthday1` oder `birthday2`. Die `const`-Deklaration von `before` ist notwendig, da der Return-Wert von `minDatum()` eine Read-only-Referenz ist.

Die Bildschirmausgabe des Datums bewirkt z.B. folgende Anweisung:

```
cout << "\nDer fruehere Geburtstag: "
     << before.getDatumStr();
```

Die Funktion `minDatum()` kann aber auch ohne eine zusätzliche Referenz oder ein zusätzliches Objekt aufgerufen werden:

```
cout << "\nDer fruehere Geburtstag: "
     << minDatum(birthday1, birthday2).getDatumStr();
```

5.8 Klassen-Arrays

Beispielprogramm

```
// ------------------------------------------------------------
// Eine Tabelle mit Objekten vom Typ Artikel
// ------------------------------------------------------------

#include "artikel.h"

Artikel wecker("Wecker", 99999L, 99.99);

Artikel artikelTab[] =
        {
          Artikel("Schuhe",  11011L,  224.98),
          Artikel("Kleid",   11022L),
          Artikel("Jacke"),
          Artikel(),
          Artikel("Tisch",   22011L, 799.99),
          Artikel("Stuhl",   22022L),
          "Bett",
          wecker
        };

int anzahl = sizeof( artikelTab) / sizeof(Artikel);

int main()
{
  artikelTab[3].set_name("Hose");

  cout << "\nDie Artikel in der Tabelle:\n\n";

  for( int i = 0; i < anzahl;  ++i)
  {
    artikelTab[i].print();

    if( i % 3 == 2 )
    {
      cout << "\n Weiter mit der Return-Taste!\n";
      cin.get();
    }
  }

 return 0;
}
```

Deklaration

Sollen viele Objekte einer Klasse verwaltet werden, so kann der Einsatz von *Vektoren* (engl. *arrays*) sinnvoll sein. Die Deklaration eines Vektors, dessen Elemente Objekte sind, erfolgt gemäß der bekannten C-Syntax. Ohne explizite Initialisierung also gemäß

Syntax: `Klassenname Vektorname[anzahl];`

Wenn ein Anwenderprogramm mit 100 Objekten vom Typ `Datum` arbeitet, kann dafür der folgende Vektor definiert werden:

```
Datum datumTab[100];
```

Da hier keine explizite Initialisierung angegeben wurde, wird für jedes Element der *Default-Konstruktor* aufgerufen. Die Definition eines Vektors ohne Initialisierung ist also nur für Klassen möglich, die einen *Default-Konstruktor* besitzen!

Initialisierung

Die Initialisierung eines Vektors erfolgt über eine *Initialisierungsliste*. In der Liste wird für jedes Element ein Konstruktor mit dessen Argumenten angegeben. So kann jedes Element mit einem anderen Konstruktor erzeugt werden.

Beispiel:

```
Datum datumTab[100] =
          {
            Datum( 24, 7, 1998),
            Datum( 12, 6),
            19,
            birthday
          };
```

Besitzt die Klasse Konstruktoren mit nur einem Parameter, so genügt in der Liste die Angabe des entsprechenden Arguments. Wie das Beispiel auch zeigt, kann ein Vektorelement mit einem zuvor definierten Objekt, hier `birthday`, initialisiert werden.

Wird die Anzahl der Vektorelemente angegeben (im Beispiel: 100), so darf die Liste höchstens so viele Einträge haben. Sind es weniger, so werden die restlichen Vektorelemente mit dem *Default-Konstruktor* erzeugt.

Ohne Angabe der Vektorlänge werden so viele Vektorelemente angelegt, wie die Initialisierungsliste Einträge enthält.

5.9 Übungen

Die Deklaration der neuen Methoden in der Klasse Datum

```
bool          setDatum( int, int, int);

const char    *getDatumStr(void) const;

const Datum& minDatum( const Datum&) const;
```

Der Vektor adrTab mit Objekten vom Typ Adresse

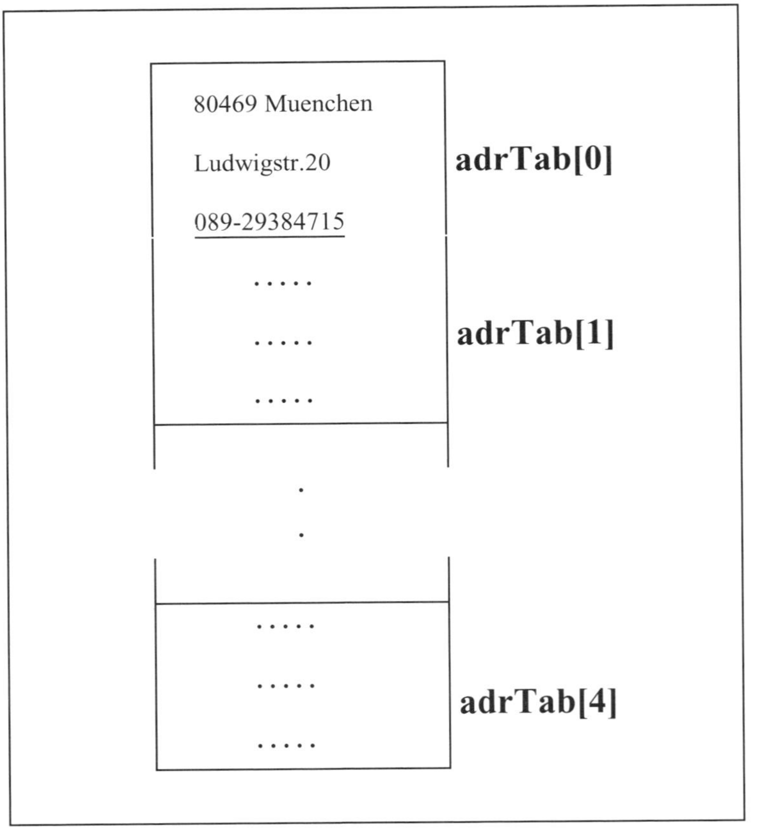

1. Aufgabe

Im Abschnitt »Objekte als Argumente« dieses Kapitels wurde die Klasse `Datum` definiert, wobei die Methoden `setDatum()` und `getDatumStr()` lediglich deklariert wurden.

- Implementieren Sie die Funktion `setDatum()`, welche die übergebenen Argumente zunächst auf ihre Gültigkeit überprüft und korrekte Werte in die Datenelemente kopiert. Bei einem unkorrekten Argument liefert sie den Wert `false`, sonst `true`.
- Schreiben Sie die Funktion `getDatumStr()`, die das Datum als String im Format `tag.monat.jahr` liefert.

Hinweis Definieren Sie in der Funktion einen statischen `char`-Vektor, in den Sie das Datum formatiert mit `sprintf()` kopieren.

- Erweitern Sie die Klasse `Datum` um eine Methode `minDatum()`, welche die globale Funktion `minDatum()` aus diesem Kapitel ersetzt. Die Methode vergleicht das Datum des aktuellen Objekts mit einem zweiten übergebenen Datum. Sie besitzt einen Parameter vom Typ »Referenz auf ein konstantes Datum« und liefert eine Referenz auf das Objekt mit dem kleineren (älteren) Datum zurück.
- Erstellen Sie eine `main`-Funktion, in der Sie zwei Objekte vom Typ `Datum` definieren: ein konstantes Objekt und ein Objekt, für das Sie die Methode `setDatum()` aufrufen. Beide Objekte sind in Form eines Strings auszugeben. Anschließend ist das kleinere Datum zu bestimmen und ebenfalls als String auszugeben.

2. Aufgabe

- Erweitern Sie die Klasse `Adresse` (vgl. die Übung in Kapitel 4, Klassen) um `get`- und `set`-Methoden für die einzelnen Datenelemente. Die `get`-Methoden liefern jeweils einen Read-only-Zeiger auf das entsprechende Datenelement. Entfernen Sie noch die Meldungen im Konstruktor und Destruktor.
- Definieren Sie einen Vektor `adrTab` mit fünf Objekten vom Typ `Adresse` und einer Initialisierungsliste. Verwenden Sie dabei Anfangswerte Ihrer Wahl, so dass alle möglichen Aufrufe des Konstruktors ausgeführt werden. Initialisieren Sie auch ein Vektorelement mit einem zuvor definierten Objekt vom Typ `Adresse`.
- Geben Sie in der `main`-Funktion alle Objekte des Vektors durch Aufruf der Methode `putAdr()` auf dem Bildschirm aus.
- Überschreiben Sie dann einzelne Vektorelemente, indem Sie die Methode `setAdr()` für die Vektorelemente aufrufen. Ändern Sie in einem Vektorelement nur den Straßennamen.
- Definieren Sie ein Objekt vom Typ `Adresse` mit Anfangswerten Ihrer Wahl, und weisen Sie das Objekt einem Vektorelement zu. Lassen Sie anschließend den Vektor wieder ausgeben, diesmal spaltenweise mit Hilfe der `get`-Methoden.

Hinweis Mit dem Manipulator `setw(breite)` kann bei der Ausgabe die Feldbreite festgelegt werden. Der Manipulator `left` bewirkt eine linksbündige Ausgabe.

5.10 Lösungen

Zur 1. Aufgabe

```
// ---------------------------------------------------------------
// Datei:  datum.h (5. Kapitel)
// Zweck:  Definition der Klasse Datum mit den Methoden
//         setDatum(), getDatumStr() und minDatum()
// ---------------------------------------------------------------
#ifndef _DATUM_
#define _DATUM_

// Die Klasse Datum
class Datum
{
  private:
    unsigned char tag, monat;
    short jahr;

  public:
    Datum( int k_tag=1, int k_monat=1, int k_jahr=1)
    {
      if( !setDatum( k_tag, k_monat, k_jahr))
        tag = 1, monat = 1, jahr = 1;
    }

    bool setDatum( int, int, int);
    int getTag()   const { return (int)tag; }
    int getMonat() const { return (int)monat; }
    int getJahr()  const { return (int)jahr; }
    const char *getDatumStr(void) const;
    bool isEqual( const Datum &d) const
    {
      return ( tag == d.tag  &&  monat == d.monat
                             &&  jahr  == d.jahr );
    }

    bool isLess( const Datum& d) const;
    const Datum& minDatum( const Datum& d2) const
    {
      if( isLess(d2) )                  // this->isLess(d2)
        return *this;
      else
        return d2;
    }
    void exchange( Datum *);
};
```

```
inline void Datum::exchange( Datum *pd)
{
    Datum temp = *pd;
           *pd = *this;
         *this = temp;
}
#endif   // _DATUM_


//---------------------------------------------------------------
//  Datei:  datum.cpp (5. Kapitel)
//  Zweck:  Die Methoden setDatum(), getDatumStr() und minDatum()
//          der Klasse Datum definieren.
// ---------------------------------------------------------------

#include "datum.h"
#include <stdio.h>

static int tageImMonat[] = { 0, 31, 28, 31, 30, 31, 30,
                                31, 31, 30, 31, 30, 31 };

bool Datum::setDatum( int s_tag, int s_monat, int s_jahr)
{
   if( s_monat < 1 ||  s_monat > 12)
     return false;

   if( s_tag < 1 ||  s_tag > tageImMonat[s_monat])
     return false;

   tag   = (unsigned char)s_tag;
   monat = (unsigned char)s_monat;
   jahr  = (short)s_jahr;
   return true;
}

const char *Datum::getDatumStr() const
{
   static char datumStr[12];
   sprintf(datumStr,"%d.%d.%d",(int)tag, (int)monat, (int)jahr);
   return datumStr;
}

bool Datum::isLess( const Datum& d) const
{
   if( jahr != d.jahr)
     return ( jahr < d.jahr);
   else if( monat != d.monat)
     return ( monat < d.monat);
   else
     return (tag < d.tag);
}
```

5.11 Lösungen (Fortsetzung)

Zur 1. Aufgabe (Fortsetzung)

```
// ------------------------------------------------------------
//  Datei:  datum_t.cpp
//  Zweck:  Die Methoden setDatum(), getDatumStr() und minDatum()
//          der Klasse Datum testen.
//  Module: datum_t.cpp  datum.cpp
// ------------------------------------------------------------

#include "datum.h"

#include <iostream>
using namespace std;

int main()
{
   Datum  datum1;
   const Datum datum2(17, 5, 1982);

   datum1.setDatum(19,3,1986);

   cout << "\n\nDas 1. Datum: " << datum1.getDatumStr();
   cout << "\n\nDas 2. Datum: " << datum2.getDatumStr();

   const Datum& min = datum1.minDatum( datum2);
   cout << "\n\nDas kleinere Datum: " << min.getDatumStr()
        << endl;
   return 0;
}
```

Zur 2. Aufgabe

```
// ------------------------------------------------------------
// Datei:  adresse.h (5. Kapitel)
// Zweck:  Definition der Klasse Adresse mit Zugriffsmethoden.
// ------------------------------------------------------------

#ifndef _ADRESSE_
#define _ADRESSE_
#include <string.h>
```

```
// Hilfsfunktion zum Kopieren von Strings:
inline void strcpy( char *s1, const char *s2, int n)
{
   strncpy( s1, s2, n);   s1[n] = '\0';
}

class Adresse
{
   private:
     char stadt[32];
     char strasse[32];
     char tel[20];

   public:
     Adresse(const char *stadt   = "xxxxxx",
             const char *strasse = "xxxxxx",
             const char *tel     = "000000");
     ~Adresse() {}

     const char *getCity()   const {  return stadt; }
     const char *getStreet() const {  return strasse; }
     const char *getTel()    const {  return tel; }

     void setCity(const char *city)
     {
        strcpy(stadt, city, sizeof(stadt)-1);
     }
     void setStreet(const char *street)
     {
        strcpy(strasse, street, sizeof(strasse)-1 );
     }
     void setTel(const char *nr)
     {
        strcpy(tel, nr, sizeof(tel)-1);
     }

     void setAdr(const char *, const char *, const char *);
     void putAdr();
};

#endif
```

5.12 Lösungen (Fortsetzung)

Zur 2. Aufgabe (Fortsetzung)

```
//---------------------------------------------------------------
//  Datei:  adresse.cpp (5. Kapitel)
//  Zweck:  Die Methoden der Klasse Adresse definieren.
// --------------------------------------------------------------
#include "adresse.h"
#include <iostream>
using namespace std;

// Konstruktor:
Adresse::Adresse(const char *stadt,
                 const char *strasse, const char *tel)
{
   setAdr( stadt, strasse, tel);
}

// Destruktor:  inline

// Die Methoden setAdr() und putAdr():
void Adresse::setAdr( const char *sStadt,
                      const char *sStrasse, const char *sTel)
{
   strcpy(stadt, sStadt, sizeof(stadt)-1);
   strcpy(strasse, sStrasse, sizeof(strasse)-1 );
   strcpy(tel, sTel, sizeof(tel)-1);
}

void Adresse::putAdr()
{
   cout << "\n---------------------------------------------";

   cout << "\n  Stadt .........: " << stadt;
   cout << "\n  Strasse .......: " << strasse;
   cout << "\n  Telephon-Nummer: " << tel;

   cout << "\n\n---  Weiter mit der Return-Taste: " ;
   cin.get();
}
```

```
// ---------------------------------------------------------------
//  Datei:  adrtab.cpp
//  Zweck:  Klassen-Arrays definieren und testen.
//  Module: adrtab.cpp  adresse.cpp
// ---------------------------------------------------------------
#include "adresse.h"
#include <iostream>
#include <iomanip>
using namespace std;

Adresse adr1("70234 Freiburg");
Adresse adrTab[5] =
        {
           Adresse(),
           Adresse("10123 Berlin"),
           Adresse("20987 Hamburg", "Hafenstr. 1"),
           Adresse("80654 Muenchen", "Zugspitzstr. 7", "122334"),
           adr1
        };

int main()
{
   // Tabelle ausgeben
   for( int i = 0;  i < 5 ; ++i)
     adrTab[i].putAdr();

   // Adressen ändern
   adrTab->setAdr("50007 Koeln", "Domplatz 5", "102030");
   adrTab[4].setAdr("70321 Stuttgart", "Neckarstr. 3", "010203");

   // Nur die Strasse ändern:
   adrTab[1].setStreet("Preussenweg 17");

   Adresse adr2("04103 Leipzig", "Hauptmarkt", "060301");
   adrTab[2] = adr2;

   cout << "\n\nUnd jetzt nochmal die geaenderte Tabelle:\n";
   // Diesmal spaltenweise mit Hilfe der get-Methoden
   cout << "\n---------------------------------------------\n";
// cout << left;
// Falls der Manipulator left noch nicht vefuegbar ist:
   cout.setf( ios::left, ios::adjustfield);

   for( Adresse *aPtr = adrTab;  aPtr < adrTab+5 ; ++aPtr)
   {
     cout << setw(20) << aPtr->getCity()
          << setw(20) << aPtr->getStreet()
                      << aPtr->getTel() << endl;
   }
   return 0;
}
```

Kapitel 6: Dynamische Speicherverwaltung

Dieses Kapitel beschreibt die Operatoren `new` und `delete`, mit denen dynamisch Speicher reserviert und freigegeben wird. Außerdem wird im Detail eingegangen auf:

- die Implementierung von Klassen mit dynamischen Elementen
- die Fehlerbehandlung mit New-Handlern

6.1 Die neuen Operatoren new und delete

Beispielaufruf der Funktion malloc()

```
#include <stdlib.h>

long *ptr;

ptr = (long *)malloc( sizeof(long));

if( ptr == NULL)
{
   // Fehler: Nicht genug Speicher verfuegbar.
}
```

Beispielaufruf des Operators new

```
long *ptr;

ptr = new long;    // Falls nicht genug Speicherplatz vorhanden
                   // ist, wird ein New-Handler aufgerufen, der
                   // die Fehlersituation zentral behandelt.
                   // Der standardmaessig installierte New-Handler
                   // loest eine Exception aus.
```

Hinweis

1. Eine Exception zeigt eine Fehlersituation an. Zur Behandlung des Fehlers kann die Exception vom Programm aufgefangen werden. Eine nicht aufgefangene Exception bewirkt, dass das Programm beendet wird. Mehr dazu in Kapitel 16, »Exception-Handling«.
2. Ältere Compiler setzen bei der dynamischen Speicherverwaltung kein Exception-Handling ein. Im Fehlerfall liefert dann `new` den NULL-Zeiger zurück.

Speicherverwaltung mit new und delete

Mit der dynamischen Speicherverwaltung können Programme auf einen großen freien Speicherbereich zugreifen, den sogenannten *Heap* oder *Freispeicher*. Je nach Betriebssystem und dessen Konfigurierung, kann die Größe des Freispeichers durch Auslagerung (engl. *swapping*) die Größe des freien Speichers auf der Festplatte annehmen.

Der von einem Programm dynamisch reservierte Speicher läßt sich ständig dem aktuellen Bedarf anpassen. Das bringt ein hohes Maß an Flexibilität mit sich, weshalb die dynamische Speicherverwaltung oft eingesetzt wird.

In C erfolgt die dynamische Speicherverwaltung mit Hilfe der Funktionen `malloc()`, `free()` und anderen. Zwar sind diese Funktionen weiterhin verfügbar, doch genügt es in C++ nicht, nur Speicherplatz zu reservieren und wieder freizugeben. Für Objekte müssen auch die entsprechenden Konstruktoren und Destruktoren aufgerufen werden. Damit das möglich ist, wurden die Operatoren `new` und `delete` eingeführt.

Die nebenstehenden Beispielaufrufe zeigen, wie im Unterschied zur traditionellen Speicherreservierung mit `malloc()` dieselbe Aufgabe mit `new` gelöst wird.

Vorteile

Aus der Tatsache, dass `new` und `delete` Operatoren sind, ergeben sich verschiedene Vorteile:

- Dem Operator `new` kann als Operand direkt der Typ des anzulegenden Objekts angegeben werden. Damit ist keine `sizeof`-Angabe notwendig.
- Da der Compiler den angegebenen Typ kennt, wird das Objekt korrekt über einen Konstruktor erzeugt. Insbesondere kann auch ein dynamisch erzeugtes Objekt initialisiert werden.
- `new` liefert immer einen Zeiger mit dem richtigen Typ zurück. Somit ist keine `cast`-Konstruktion notwendig.
- Der Operator `delete` ruft für Objekte den Destruktor auf. Objekte werden also wieder »ordnungsgemäß« zerstört.
- Falls nicht genug Speicherplatz vorhanden ist, wird ein »New-Handler« aufgerufen. Das ist eine Funktion, welche die Fehlersituation zentral behandelt. Damit entfällt die Notwendigkeit, bei jedem Reservieren vo Speicher einen Rückgabewert abzufragen.

Es kann auch ein eigener New-Handler installiert werden.

- Da `new` und `delete` Operatoren sind, können sie überladen werden. So ist für eigene Klassen eine Optimierung der Speicherverwaltung möglich.

Mit dem Einsatz von `new` und `delete` ist die dynamische Speicherreservierung flexibler handhabbar und sicherer geworden.

6.2 Speicherreservierung für Standard-Datentypen

Beispielaufrufe von new

```
// -----------------------------------------------------------
// Neue Objekte vom Typ int und float
// -----------------------------------------------------------

   int *ptrInt;
   ptrInt = new int;              // Ohne Initialisierung.
   *ptrInt = 7;                   // Wert 7 zuweisen.

   float *ptrFloat, x = 10.5;
   ptrFloat = new float(x);       // Mit Initialisierung.

   ptrFloat = new int(10);        // Fehler!
                                  // Compiler passt auf.


// Neues Objekt vom Typ int* (Zeiger auf int)

   int **ptrPtrInt, intVar;
   ptrPtrInt = new int *;         // Auch moeglich: new (int *)
                                  // ohne Initialisierung.
   *ptrPtrInt = &intVar;          // Eine Adresse zuweisen.
   **ptrPtrInt = 77;              // intVar = 77;


// Referenzen sind keine Objekte, koennen also auch
// nicht mit new erzeugt werden.
// Aber Referenzen auf ein mit new erzeugtes Objekt
// sind moeglich.

   int& refInt = *(new int);      // refInt ist der Name
                                  // der neuen int-Variablen.
   refInt = 5;
```

Der Operator new

Der Operator new reserviert dynamisch Speicherplatz für Objekte beliebigen Typs, insbesondere auch für Objekte mit einem elementaren Datentyp, wie z.B. char oder double. Diese Situation wollen wir zunächst betrachten.

new ist ein unärer Operator, der einen Datentyp als Operand erwartet. Im einfachsten Fall hat ein Aufruf von new die folgende Form:

Syntax: `Zeiger_auf_Typ = new Typ;`

Der Operator new legt ein Objekt des angegebenen Typs an und liefert seine Adresse. Diese wird gewöhnlich einer passenden Zeigervariablen (hier Zeiger_auf_Typ) zugewiesen.

Beispiel:

```
double *px;
px = new double;
```

Hier wird Speicherplatz für ein Objekt vom Typ double reserviert (also 8 Byte) und seine Adresse dem Zeiger px zugewiesen. Somit ist *px das neue double-Objekt.

Initialisierung

Für Datentypen, die keine Klassen sind, ist der neue Speicherplatz nach dem obigen Aufruf von new nicht initialisiert. Zur Initialisierung kann aber zusätzlich zum Typ ein Anfangswert in Klammern angegeben werden.

Beispiel: `px = new double(0.07);`

Hier erhält das neue double-Objekt *px den Anfangswert 0.07.

Der Operator new [ ]

Mit dem Operator new[] wird Speicherplatz für Vektoren dynamisch reserviert. Neben dem Typ der Vektorelemente ist auch die Anzahl der Vektorelemente anzugeben.

Syntax: `Zeiger_auf_Typ = new Typ[anzahl];`

Zeiger_auf_Typ adressiert dann das erste von insgesamt anzahl Vektorelementen. Die Angabe von Initialisierungswerten ist nicht möglich.

Beispiel:

```
int *pv, anzahl = 100;
pv = new int[anzahl];
```

Mit dieser Anweisung wird der Speicherplatz für 100 Vektorelemente vom Typ int reserviert, nämlich:

```
pv[0] ≡ *pv,   pv[1] ≡ *(pv+1), . . . ,   pv[99] ≡ *(pv+99)
```

6.3 Speicher freigeben

Beispielprogramm

```
// ------------------------------------------------------
//  Mit dynamisch reserviertem Speicherplatz arbeiten.
// ------------------------------------------------------

#include <iostream>
using namespace std;

int main()
{
    double x, *zahl;
    unsigned int max, anzahl = 0;

    cout << "Wieviele Zahlen wollen Sie maximal eingeben:  ";
    cin  >> max;

    // ----  Speicher reservieren:
    zahl = new double[max];

    // ----  Mit dem dynamischen Vektor arbeiten:
    cout << "Zahlen eingeben: (Ende mit einem Buchstaben)\n";
    int i;                  // Bis zu max Zahlen einlesen:
    for( i = 0; i < max  &&  cin >> x; ++i )
      zahl[i] = x;
    anzahl = i;

    // und etwas damit tun, z.B.
    cout << "Die eingelesenen Zahlen:  \n";
    for( i = 0; i < anzahl; ++i )   // Zahlen wieder ausgeben:
    {
       cout.width(10);              // mit Feldbreite 10
       cout << zahl[i];
    }

    // Speicher wieder freigeben:
    delete [] zahl;

    return 0;
}
```

Der Operator delete

Sobald dynamisch reservierter Speicher nicht mehr benutzt wird, sollte er wieder freigegeben werden. Dann steht er späteren Aufrufen von `new` wieder zur Verfügung. Wird der Speicherplatz nicht explizit freigegeben, so bleibt er bis zum Programmende reserviert.

Die Freigabe eines mit `new` reservierten Speicherplatzes geschieht mit dem unären Operator `delete`. Ein Aufruf von `delete` für Objekte, die keine Vektoren sind, hat folgende Form:

Syntax:
```
delete Zeiger_auf_Typ;
```

6

Der Operand `Zeiger_auf_Typ` ist ein Zeiger auf das Objekt, das zuvor mit `new` dynamisch erzeugt wurde! Ein `delete`-Ausdruck hat den Typ `void`.

Beispiel:
```
double *px = new double(2.3);
. . .
delete px;
```

Der Operator delete [ ]

Ein Zeiger, der von `new` zurückgegeben wurde, kann auf ein einzelnes Objekt zeigen oder auf das erste Element eines Vektors. Der Programmierer muss selbst auf die richtige Verwendung des Zeigers achten. Das gilt auch für die Freigabe des Speichers.

Wurde mit dem Operator `new[]` Speicherplatz für einen Vektor reserviert, so ist zur Freigabe des Speichers der Operator `delete[]` aufzurufen. Hierbei wird durch die Angabe der Vektorklammern dem Compiler mitgeteilt, dass nicht nur ein einzelnes Objekt, sondern ein ganzer Vektor freigegeben werden soll.

Beispiel:
```
int *pv = new int[100];
. . .
delete [ ] pv;          // pv zeigt auf einen Vektor.
```

Die Unterscheidung zwischen `delete` und `delete[]` ist wichtig, wenn Speicherplatz für Objekte einer Klasse freigegeben wird: Bei Vektoren muss für jedes Vektorelement der Destruktor aufgerufen werden.

Richtiger Aufruf

Die falsche Verwendung von `delete` bzw. `delete[]` kann fatale Folgen haben. Es ist folgendes zu beachten:

- `delete` darf nicht zur Freigabe von statisch reserviertem Speicher verwendet werden.
- `delete` darf nicht zur Freigabe von Speicher aufgerufen werden, der mit `malloc()` reserviert wurde.
- `delete` darf nicht zweimal für dasselbe Objekt aufgerufen werden.

Es ist aber erlaubt und sicher, wenn `delete` mit dem NULL-Zeiger aufgerufen wird. In dem Fall kehrt `delete` sofort zurück. Beim »Aufräumen« muss dann nicht extra getestet werden, ob ein NULL-Zeiger vorliegt.

6.4 Speicherverwaltung für Klassen

Beispielprogramm

```
// ------------------------------------------------
// new und delete fuer Objekte vom Typ Artikel
// ------------------------------------------------

#include "artikel.h"

#include <iostream>
using namespace std;

int main()
{
  // Dynamisch ein Artikel-Objekt anlegen
  Artikel *einArtikel;
  einArtikel = new Artikel("Radio", 1234L, 198.98);
  einArtikel->print();

  // Dynamisch einen Vektor mit 3 Artikel-Objekten
  // anlegen. Default-Konstruktor ist notwendig.
  const int anzahl = 3;
  Artikel *elektroTab = new Artikel[anzahl];

  elektroTab[0] = *einArtikel;
  delete einArtikel;         // Wird nicht mehr benoetigt

  elektroTab[1] = Artikel("CD-Player", 2345L, 333.33);
  elektroTab[2] = Artikel("Fernseher", 3456L);

  elektroTab[2].setPreis(2222.22);

  cout << "\nDie Artikel in der Tabelle:\n\n";
  for( int i = 0; i < anzahl;  ++i)
  {
    elektroTab[i].print();
  }

  delete [] elektroTab;

  return 0;
}
```

Wie schon erwähnt, sind die Operatoren `new` und `delete` entwickelt worden, um auch Instanzen einer Klasse dynamisch zu erzeugen. Dazu genügt es nämlich nicht nur, den notwendigen Speicherplatz zu reservieren. Es muss auch ein geeigneter Konstruktor ausgeführt werden. Vor der Freigabe des Speicherplatzes sind darüber hinaus »Aufräumarbeiten« mit Hilfe des Destruktors vorzunehmen. Dies ist bei den Operatoren `new` und `delete` sichergestellt.

new für Klassen

Ein Aufruf von `new` für Klassen hat im Prinzip dieselbe Syntax wie ein Aufruf für Standard-Typen, also

```
new Typ
```

oder

```
new Typ( Initialisierungsliste )
```

`Typ` ist jetzt die Klasse, für die ein Objekt erzeugt wird.

Im ersten Fall wird für das neue Objekt der Default-Konstruktor aufgerufen. Im zweiten Fall sind in der Initialisierungsliste Werte anzugeben, die einem entsprechenden Konstruktor als Argumente übergeben werden können. Findet der Compiler keinen passenden Konstruktor, so quittiert er dies mit einer Fehlermeldung.

Beispiel: `new Datum`

Mit diesem Ausdruck wird der Speicherplatz für ein Objekt der Klasse `Datum` angefordert. Sofern der Speicherplatz verfügbar ist, wird der Default-Konstruktor von `Datum` aufgerufen und ein Zeiger auf das neue Objekt zurückgegeben. Mit der Anweisung

Beispiel: `Datum *ptrDate = new Datum(1,1,2000);`

erhält der Zeiger `ptrDate` die Adresse eines Objekts der Klasse `Datum`. Das Objekt `*ptrDate` wird zugleich mit den angegebenen Werten initialisiert. Über `ptrDate->` können dann alle `public`-Elemente von `Datum` angesprochen werden.

Der Speicher für einen Vektor von Objekten wird mit dem Operator `new[]` reserviert. Für jedes einzelne Vektorelement wird dann der Default-Konstruktor ausgeführt. Die Angabe einer Initialisierungsliste ist nicht möglich.

Speicher freigeben

Bei der Freigabe des Speicherplatzes sorgt der Operator `delete` dafür, dass das Objekt »ordnungsgemäß« zerstört wird. Das heißt, er ruft implizit den Destruktor des Objekts auf.

Beispiel: `delete ptrDate;            // Objekt *ptrDate entfernen`

Wurde für einen Vektor Speicherplatz dynamisch reserviert, so ist dieser mit dem Operator `delete[]` freizugeben. Für jedes Vektorelement wird dann der Destruktor aufgerufen.

Beispiel: `delete[] elektroTab;     // Vektor elektroTab entfernen`

6.5 Fehlerbehandlung

Beispielprogramm

```
// ---------------------------------------------------------
// Installation eines eigenen New-Handlers.
// ---------------------------------------------------------

#include <stdlib.h>                    // Fuer exit()
#include <iostream>
#include <new>                         // Fuer den New-Handler
using namespace std;

void my_new_handler(void);             // Prototyp

int main()
{
   // Eigenen New-Handler installieren
   set_new_handler( my_new_handler);

   // Immer wieder Speicherplatz anfordern
   unsigned int block = 10000;
   char *p;
   for( long i = 1;  ; ++i)            // "Endlosschleife"
   {
     p = new char[block];
     cout << "Neue Speicheradresse: " << (void*)p
          << "\nBisher belegter Speicher: " << i * block
          << " Bytes" << endl;
   }
   cerr << "Diese Meldung sollten Sie nicht sehen!\n";
   return 0;
}

void my_new_handler(void)             // Eigener New-Handler
{
   // Meldung ueber Standard-Fehlerkanal ausgeben
   cerr << "\nNicht genug freier Speicher vorhanden!!"
           "\nProgramm wird beendet!!\n";

   // Programm mit Exit-Status != 0 beenden
   exit(1);
}
```

Hinweis New-Handler gemäß dem ANSI-Standard werden noch nicht von allen Compilern unterstützt. Im Fehlerfall liefert dann `new` den Wert NULL.

Aktionen im Fehlerfall

Ein Programm, das dynamisch Speicher reserviert, muss damit rechnen, dass irgendwann nicht mehr genug Freispeicher zur Verfügung steht. In einem C-Programm wird diese Situation abgefangen, indem bei *jeder* Speicheranforderung der Return-Wert auf NULL getestet wird. Falls nicht genug Speicher vorhanden ist, muss eine geeignete Aktion ausgeführt werden, wie z. B.:

- Senden einer Fehlermeldung an die Standard-Fehlerausgabe
- Sichern von Daten und/oder das frühzeitige Beenden des Programms
- Freigeben von nicht mehr benötigtem Speicher und ein erneuter Versuch, den erforderlichen Speicher zu reservieren

6

New-Handler

C++ bietet einen bequemen Mechanismus, Aktionen festzulegen, die nach einem erfolglosen Aufruf von new ausgeführt werden sollen. Dies geschieht durch die Definition einer Funktion, dem sogenannten *New-Handler*. Kann der Operator new den angeforderten Speicherplatz nicht reservieren, so wird automatisch der New-Handler aufgerufen.

Der standardmäßig installierte New-Handler löst eine Exception aus. Wird diese nicht aufgefangen, so endet das Programm.

Der New-Handler kann als globale Funktion selbst definiert werden. Diese Funktion besitzt keinen Parameter und auch keinen Return-Wert. Vor dem ersten Aufruf von new muss der New-Handler mit der Funktion set_new_handler() installiert werden.

Die Funktion set_new_handler() ist in der Header-Datei new.h deklariert und erwartet als Argument die Adresse des New-Handlers, d.h. den Funktionsnamen.

Beispiel: `set_new_handler(my_handler);`

Damit ersetzt die selbstdefinierte Funktion my_handler den Default-New-Handler.

Temporäre New-Handler

Die Funktion set_new_handler() liefert die Adresse eines zuvor installierten New-Handlers. Dies kann dazu benutzt werden, in bestimmten Programmabschnitten verschiedene New-Handler zu installieren.

```
void (*ex_handler)();   // Zeiger auf alten New-Handler
ex_handler = set_new_handler(my_handler);
. . .                   // Mit my_handler() arbeiten,
. . .                   // anschliessend wieder
                        // ex_handler()installieren:
set_new_handler(ex_handler);
```

6.6 Dynamische Elemente (1)

Die Datenelemente der Klasse String

```
// ----------------------------------------------
//  Eine String-Klasse (Version 1)
// ----------------------------------------------

class String
{
  private:
    // private Datenelemente
    char *buf;
    int len;

public:
    // Hier folgen die Deklarationen der
    // oeffentlichen Methoden
    . . .
};
```

Ein Objekt der Klasse String im Speicher

```
String str("Hallo");
```

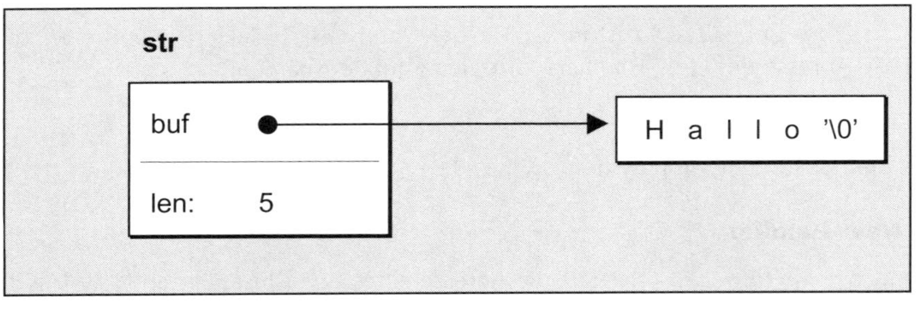

Die Flexibilität der dynamischen Speicherverwaltung kann auch für Klassen genutzt werden, um Datenelemente »variabler Länge« zu bilden: Die Klasse besitzt dann einen Zeiger auf dynamisch reservierten Speicher, der die eigentlichen Daten enthält. Solche Datenelemente heißen auch *dynamische Elemente*.

Mit der Verwendung dynamischer Elemente sind jedoch einige Besonderheiten verbunden, die anhand des Beispiels einer Klasse `String` erläutert werden sollen.

6

C-Strings

In C gibt es keinen elementaren Datentyp für Strings. Vielmehr werden Strings wie Zeichenfolgen behandelt, die in `char`-Vektoren gespeichert sind. Ein C-String ist daher ein Zeiger auf das erste Element eines `char`-Vektors.

Bei einer Zuweisung oder einem Vergleich von C-Strings werden nur die beteiligten Zeiger, nicht die Zeichen zugewiesen oder verglichen. Deshalb müssen spezielle Funktionen wie etwa `strcpy()` und `strcmp()` aufgerufen werden, die Strings zeichenweise verarbeiten.

Beispiel:
```
char str[20];
strcpy(str, "Ein Beispiel");
```

Hierbei muss der Programmierer sicherstellen, dass der Zielvektor groß genug ist.

Anforderungen an eine Klasse String

Das Ziel beim Entwurf einer Klasse `String` ist es, Strings so einfach wie elementare Datentypen handhaben zu können. Es sollte beispielsweise anstelle eines Aufrufs der Standard-Funktion `strcpy()` eine einfache Zuweisung möglich sein:

Beispiel:
```
String str;
str = "Ein Beispiel";
```

Nicht der Programmierer, sondern das Objekt selbst sollte garantieren, dass der durch den Zeiger `str` adressierte Speicherbereich genügend groß ist, um den Quellstring aufzunehmen.

Datenelemente der Klasse String

Jedes Objekt der Klasse `String` stellt eine Zeichenfolge dar. Da Strings unterschiedlich lang sein können, wäre es nicht effizient, Zeichenfolgen fester Länge zu verwenden. Deshalb enthält ein Objekt ein dynamisches Element, also einen Zeiger auf die eigentliche Zeichenfolge. Diese ist ein gewöhnlicher `'\0'`-terminierter C-String. Der dafür tatsächlich benötigte Speicherplatz wird dynamisch mit `new` und `delete` verwaltet. Außerdem wird noch ein Datenelement für die oft benötigte Länge des Strings bereitgestellt.

Die Standard-Bibliothek stellt eine wesentlich komplexere Klasse `string` zur Darstellung von Strings zur Verfügung. Die hier schrittweise entwickelte Klasse `String` zeigt das prinzipielle Vorgehen bei der Implementierung einer solchen Klasse.

6.7 Dynamische Elemente (2)

Definition der Klasse String

```
// ---------------------------------------------------
//  Datei: string1.h
//  Eine String-Klasse (Version 1)
// ---------------------------------------------------
#ifndef _STRING_
#define _STRING_

class String
{
  private:
    // private Datenelemente

    char *buf;
    int len;

  public:
    // oeffentliche Methoden

    String(const char *s = "");        // Konstruktoren
    String(char c, int nChar);

    ~String();                         // Destruktor

                                       // Weitere Methoden:
    int         length() const  { return len; }
    const char *cStr()  const  { return buf; }

    void setAt(int i, char newchar);
    char getAt(int i) const;

    void getline(void);
};
#endif        // _STRING_
```

Methoden der String-Klasse

Die nächste Frage beim Entwurf einer String-Klasse ist: Welche Methoden sind notwendig und wünschenswert? Die Klasse `String` wird dann schrittweise verbessert, indem weitere Methoden hinzugefügt werden. Aber erst mit zusätzlichen Techniken, wie der Operator-Überladung, kann die Implementierung der Klasse zufriedenstellend abgeschlossen werden.

Die erste Version der Klasse `String` besitzt einige wenige Methoden, die hier vorgestellt werden. Auf ihre Definitionen wird auf den folgenden Seiten eingegangen.

6

Konstruktoren

Ein Objekt der Klasse `String` soll mit einem gewöhnlichen C-String initialisiert werden können. Deshalb wird ein `char*`-Konstruktor deklariert:

```
String(const char *s = "");
```

Als Default-Argument ist hier der leere String angegeben. Damit ist dann auch schon der Default-Konstruktor definiert.

Ein weiterer Konstruktor

```
String(char c, int n);
```

ermöglicht die Definition eines Strings der Länge `n`, der mit einem Zeichen aufgefüllt wird.

Weitere Methoden

Die Methoden `length()` und `cStr()` erlauben es, direkt auf die Länge bzw. den gespeicherten C-String zuzugreifen.

Mit `getAt()` und `setAt()` kann ein Zeichen des Strings gelesen bzw. gesetzt werden. Schließlich erlaubt die Methode `getline()`, eine Zeile von der Standard-Eingabe in einen String einzulesen.

Beispiel:

```
#include "string1.h"
#include <iostream>
using namespace std;
int main()

{
   String name("Otto");
   cout << "\nIch bin der " << name.cStr();
   cout << "Und wer bist Du?\n";

   name.getline();
   cout << "\nHallo " << name.cStr();
   cout << "\nDein Name ist " << name.length()
        << "Zeichen lang.\n";
   return 0;
}
```

6.8 Dynamische Elemente (3)

Wirkung der Anweisung String str("Hallo");

Zunächst wird der Speicherplatz für den Zeiger `buf` und die `int`-Variable `len` angelegt:

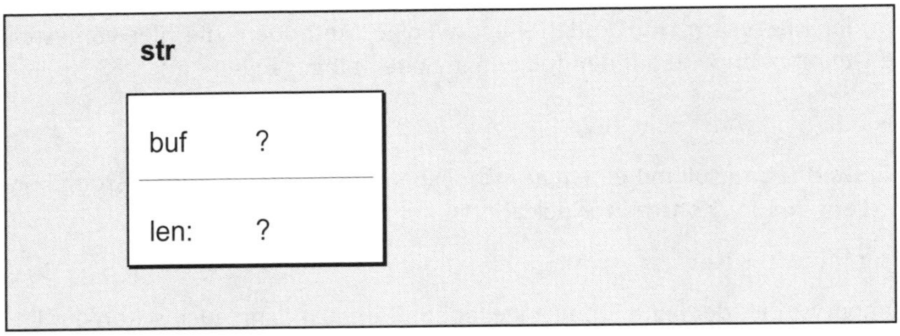


```
len = strlen(s);
buf = new char[len+1];
```

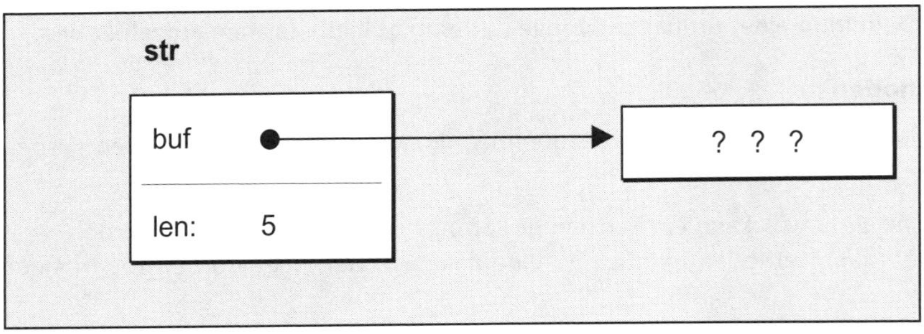


```
strcpy( buf, s);
```

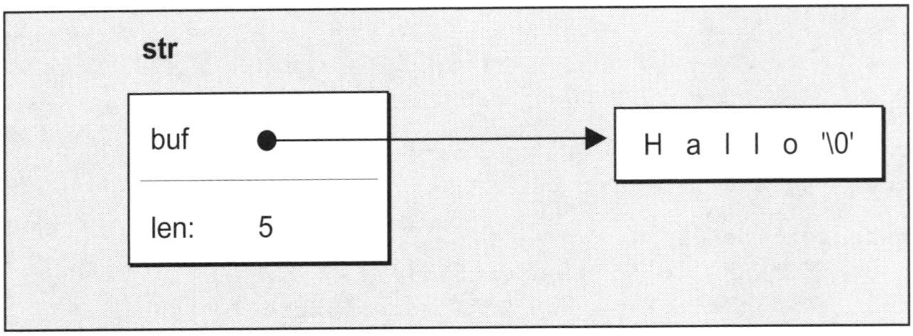

Konstruktoren der Klasse String

Der Speicherplatz für die Zeichenfolge gehört nicht zum Objekt selbst, sondern muss durch den Konstruktor dynamisch angelegt werden. Bei späteren Änderungen ist dieser Speicherplatz gegebenenfalls dynamisch anzupassen. Schließlich ist er bei der Zerstörung des Objekts wieder freizugeben.

Definition der Konstruktoren

Der in der Klasse `String` deklarierte Konstruktor, der als Argument einen gewöhnlichen C-String erhält, hat die folgende Definition:

```
String::String(const char *s)
{
   len = strlen(s);
   buf = new char[len+1];
   strcpy( buf, s);
}
```

Dieser Konstruktor wird beispielsweise bei folgender Deklaration aufgerufen:

```
String str("Hallo");      // Ein Objekt str
```

Nebenstehend ist dargestellt, wie nacheinander die Speicherreservierung und Initialisierung für das Objekt `str` erfolgt. Der zweite Konstruktor füllt den String mit einem bestimmten Zeichen. Dazu wird die Standard-Funktion `memset()` verwendet.

```
String::String( char c, int n)
{
   len = n;
   buf = new char[len+1];
   memset( buf, c, n);
   buf[len] = '\0';
}
```

Definition des Destruktors

Der von einem Konstruktor dynamisch reservierte Speicher kann nachfolgend von einer Elementfunktion, z. B. `getline()`, neuen Anforderungen angepaßt werden. In jedem Fall muss der Speicher bei der Zerstörung des Objekts wieder freigegeben werden. Daher ist bei Klassen mit dynamischen Elementen immer die Definition eines Destruktors notwendig, der diese Aufgabe übernimmt.

In der Klasse `String` ist das dynamische Element ein Vektor. Deshalb muss der Speicher mit dem Operator `delete[]` freigegeben werden.

```
String::~String()           // Mit new dynamisch angelegten
{                           // Vektor wieder freigeben.
   delete [] buf;
}
```

6.9 Kopierkonstruktor

Wirkung des Standard-Kopierkonstruktors

`String str1("Hallo");   String str2 = str1;`

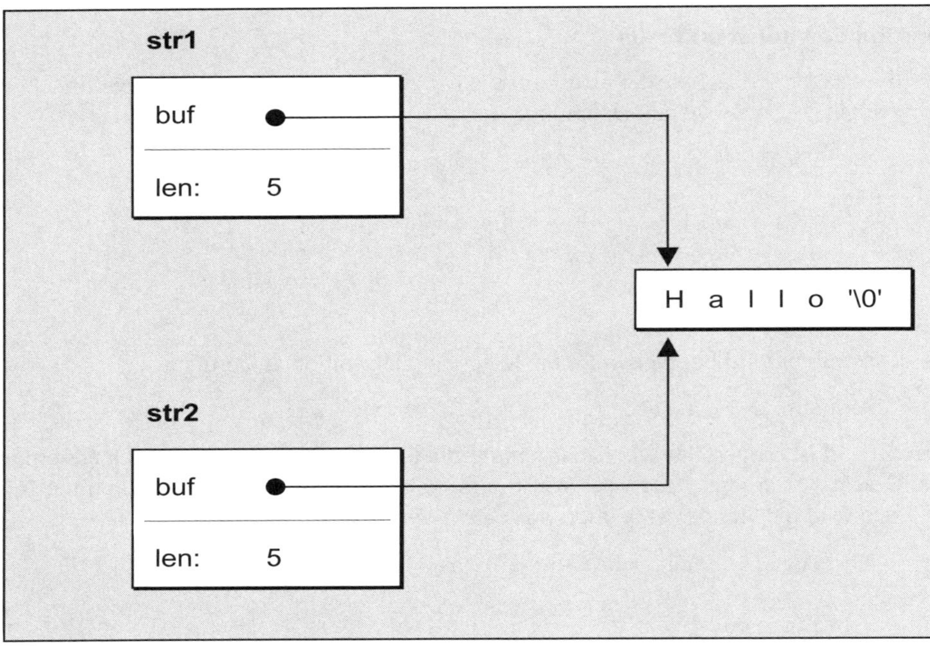

Der selbstdefinierte Kopierkonstruktor für die Klasse String

```
// ----------------------------------------------------
// Definition des Kopierkonstruktors für die Klasse String
// ----------------------------------------------------

#include <string.h>               // Fuer strcpy()
#include "string1.h"

String::String(const String & src)
{
   len = src.len;
   buf = new char[len+1];
   strcpy( buf, src.buf);
}
```

Der Kopierkonstruktor

Der Kopierkonstruktor ermöglicht die Initialisierung eines neuen Objekts mit einem bereits definierten Objekt. Eine häufige Anwendung ist die Übergabe eines Objekts an eine Funktion bei einem »call by value«: Der Parameter der Funktion wird mit dem Argument initialisiert.

Der Kopierkonstruktor besitzt als Parameter eine konstante Referenz auf das übergebene Objekt. Er hat damit folgenden Prototyp:

```
Klassenname( const Klassenname & );
```

Für die Klasse `Datum` ist der Kopierkonstruktor also wie folgt deklariert:

```
Datum( const Datum&);
```

Standard-Kopierkonstruktor

Wenn für eine Klasse kein Kopierkonstruktor definiert ist, erzeugt der Compiler eine Minimalversion des Kopierkonstruktors, den sogenannten *Standard-Kopierkonstruktor.* Dieser kopiert einfach nur die Daten des übergebenen Objekts in das neue Objekt. Dies erfolgt durch Zuweisung der einzelnen Datenelemente.

Der Standard-Kopierkonstruktor ist in der Regel hinreichend, beispielsweise für alle bisher definierten Klassen.

```
Datum date1( 24, 7, 1998);
Datum date2(date1);   // oder: Datum date2 = date1;
```

Hier wird das Objekt `date2` durch einen Aufruf des Standard-Kopierkonstruktors mit dem Inhalt von `date1` initialisiert.

Kopierkonstruktor und dynamische Elemente

Die einfache Kopie der Daten ist für Objekte, die dynamische Elemente enthalten, nicht hinreichend: Die Folge wäre, dass Zeiger verschiedener Objekte denselben Speicherbereich adressieren. Dies ist in der nebenstehenden Grafik für Objekte der Klasse `String` dargestellt.

Damit sind Fehler jedoch vorprogrammiert, beispielsweise wenn ein Objekt den Speicher freigibt. Diese Situation tritt ein, wenn

- ein Objekt den reservierten Speicher vergrößert bzw. verkleinert,
- ein Objekt zerstört wird.

Deshalb muss der Kopierkonstruktor für Klassen mit dynamischen Elementen selbst definiert werden, und zwar so, dass nicht die Zeiger, sondern die Daten kopiert werden.

Das nebenstehende Beispiel zeigt die Definition des Kopierkonstruktors für die Klasse `String`. Dabei wird mit `new` ein neuer Speicherbereich reserviert und die Zeichenfolge des referenzierten Objekts dorthin kopiert.

6.10 Zuweisungsoperator

Die neuen Deklarationen in der Klasse String

```
// ---------------------------------------------------------
//  Datei: string1.h
//  Klasse String mit Kopierkonstruktor und Zuweisungsoperator
// ---------------------------------------------------------
#ifndef _STRING_
#define _STRING_

class String
{
  private:                          // private Datenelemente:
    . . . // wie gehabt

  public:                           // oeffentliche Methoden:
    . . . // wie gehabt und außerdem
    String( const String& );            // Kopierkonstruktor

    String& operator=( const String& );  // Zuweisung
};
#endif         // _STRING_
```

Der Zuweisungsoperator

```
// ---------------------------------------------------------
// Definition der Zuweisung fuer die Klasse String
// ---------------------------------------------------------
#include <string.h>
#include "string1.h"

String& String::operator=( const String& src)
{
  if( this != &src)     // Falls keine Selbstzuweisung:
  {
    len = src.len;
    delete[] buf;
    buf = new char[len+1];
    strcpy( buf, src.buf);
  }
  return *this;
}
```

Standard-Zuweisung

Für jede Klasse sind vier Standard-Methoden implizit definiert, die durch eigene Definitionen ersetzt werden können. Dazu gehören der Default-Konstruktor, der Kopierkonstruktor und der Destruktor. Die vierte Standard-Methode ist die Zuweisung.

Im Gegensatz zur Initialisierung, die bei der Definition eines Objekts vorgenommen wird, erfolgt eine Zuweisung stets an ein bereits existierendes Objekt. Sie verändert das Objekt und kann mehrmals ausgeführt werden.

Beispiel:
```
String str1, str2("Achtung!");
str1 = str2;              // moeglich, aber ok?
```

6

Wie der Kopierkonstruktor kopiert die Standard-Zuweisung lediglich die Datenelemente. Das ist wiederum nicht hinreichend, wenn eine Klasse dynamische Elemente enthält. Die Situation ist die gleiche wie bei einem Kopierkonstruktor.

Deshalb muss auch in diesem Fall die Standard-Zuweisung durch eine selbstdefinierte Zuweisung ersetzt werden, d. h., der Zuweisungsoperator muss für die eigene Klasse überladen werden.

Überladen der Zuweisung

Im Vorgriff auf ein späteres Kapitel soll hier die Überladung des Operators = für die Klasse `String` behandelt werden. Nur so ist die Klasse `String` vollständig und korrekt definiert.

Die Aktionen, die bei der Zuweisung ausgeführt werden sollen, sind durch eine Methode mit dem Namen `operator=()` festgelegt. Eine Zuweisung

```
str1 = str2;
```

ist dann nichts anderes als der Aufruf der Methode `operator=()`:

```
str1.operator=(str2);
```

Der Parameter von `operator=()` ist eine Referenz auf das Objekt, das auf der rechten Seite der Zuweisung steht.

Eine Zuweisung repräsentiert immer den zugewiesenen Wert. Deshalb ist auch der Return-Wert von `operator=()` eine Referenz, und zwar eine Referenz auf das aktuelle Objekt. Damit hat `operator=()` den folgenden Prototyp:

```
Klassenname& operator=( const Klassenname& );
```

Da eine Zuweisung von Objekten eine Referenz zurückgibt, ist es wie bei elementaren Typen möglich, Mehrfachzuweisungen vorzunehmen.

```
str1 = str2 = str3;
```

Zuerst wird `str3` an `str2`, dann `str2` an `str1` zugewiesen.

6.11 Übungen

Ein Objekt vom Typ Adresse im Speicher

```
Adresse adr("Koeln","Parkstr.7","0221-41527","Zaun streichen!");
```

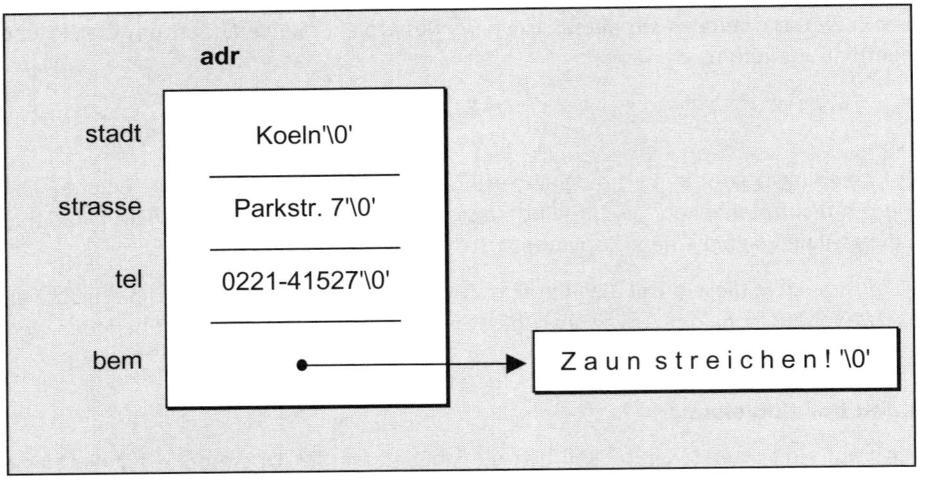

1. Aufgabe

Die Klasse `Adresse` soll später für Personen bzw. Firmen eingesetzt werden. Um den Einsatz der Klasse flexibel zu gestalten, ist ein weiteres Datenelement für Bemerkungen bereitzustellen. Da Bemerkungen unterschiedlich lang sein können, wird der Speicherplatz für eine Bemerkung dynamisch reserviert.

d) Ergänzen Sie die Definition der Klasse `Adresse` um einen Zeiger auf `char` als weiteres Datenelement. Erweitern Sie die Deklaration des Konstruktors und der Methode `setAdr()` um einen Parameter, damit auch eine Bemerkung übergeben werden kann. Als Default-Wert wird der NULL-Zeiger eingesetzt.

Für das neue Datenelement sind außerdem die zwei Zugriffsmethoden `setRem()` und `getRem()` zu deklarieren. Da die Klasse `Adresse` jetzt eine dynamische Komponente enthält, ist die Definition eines Kopierkonstruktors und eines Zuweisungsoperators notwendig. Deklarieren Sie auch diese in der Klasse `Adresse`.

e) Implementieren Sie die Ergänzungen bzw. neuen Methoden. Der Konstruktor reserviert den Speicherplatz für eine als Argument übergebene Bemerkung. Anschließend wird die Bemerkung dorthin kopiert. Wird keine Bemerkung übergeben, d.h., ist das Argument der NULL-Zeiger, so soll auch kein Speicherplatz reserviert werden. Der Destruktor gibt den für eine Bemerkung reservierten Speicherplatz wieder frei.

Die Methode `putAdr()` ist so zu ergänzen, dass auch die Bemerkung auf dem Bildschirm ausgegeben wird. Die Methode `setRem()` gibt zunächst den Speicherplatz für die »alte« Bemerkung frei. Anschließend wird der Speicher für die »neue« Bemerkung reserviert und diese dorthin kopiert. Die Methode `setAdr()` ist entsprechend zu ergänzen.

Der Kopierkonstruktor muss die Daten so übertragen, dass auch die Bemerkung, sofern vorhanden, in einen dafür neu reservierten Speicher kopiert wird. Überladen Sie dann den Zuweisungsoperator, der zunächst den Speicherplatz für die »alte« Bemerkung freigibt.

f) Testen Sie die erweiterte Klasse, indem Sie den Speicherplatz für ein Objekt und für einen Vektor von Objekten vom Typ `Adresse` dynamisch reservieren und geeignet initialisieren. Lassen Sie in einer Schleife alle Vektorelemente auf dem Bildschirm ausgeben. Geben Sie anschließend den gesamten, dynamisch reservierten Speicher wieder frei.

Verfolgen Sie durch Ausgaben im Konstruktor und Destrukor, wie Objekte erzeugt und wieder abgebaut werden.

6.12 Übungen

Einen eigenen New-Handler installieren

```
#include <new>                          // Fuer den New-Handler.
using namespace std;

void my_new_handler(void);              // Prototyp

int init_new_handler()
{
    . . .

   // Eigenen New-Handler installieren:
   set_new_handler( my_new_handler);

   . . .
}


void my_new_handler(void)               // Eigener New-Handler
{

   . . .

}
```

2. Aufgabe

Es soll ein Programm mit einem eigenen New-Handler geschrieben werden, der bei Speicherplatzmangel einen zusätzlichen Reservespeicher zur Verfügung stellen kann.

a) Schreiben Sie eine Funktion `init_new_handler()`, die einen Reservespeicher von 50000 Byte dynamisch reserviert und mit `set_new_handler()` einen eigenen New-Handler installiert.

   Der Zeiger für den dynamisch reservierten Bereich wird global (oder modulglobal) definiert.

   Return-Wert: `1`, falls der Reservespeicher angelegt werden konnte, sonst `0`.

b) Definieren Sie den eigenen New-Handler, der

   - beim ersten Aufruf den Reservespeicher freigibt und eine entsprechende Meldung ausgibt;
   - beim zweiten Aufruf eine Meldung ausgibt, dass kein Speicher mehr verfügbar ist und das Programm beendet.

c) Schreiben Sie eine `main`-Funktion, in welcher die Funktion `init_new_handler()` aufgerufen wird und anschließend Speicherblöcke à 20000 Byte in einer Endlosschleife reserviert werden. Es soll jeweils angezeigt werden, wieviel Speicher insgesamt reserviert wurde.

6

6.13 Lösungen

Zur 1. Aufgabe

```
// ------------------------------------------------------------
// Datei:  adresse.h (6. Kapitel)
// Zweck:  Klasse Adresse mit einer dynamischen Komponente.
// ------------------------------------------------------------

#ifndef _ADRESSE_
#define _ADRESSE_

#include <string.h>

// Hilfsfunktion zum Kopieren von Strings:
inline void strcpy( char *s1, const char *s2, int n)
{
   strncpy( s1, s2, n);   s1[n] = '\0';
}

class Adresse
{
   private:
     char stadt[32];
     char strasse[32];
     char tel[20];
     char *bem;

   public:
     Adresse(const char *stadt   = "xxxxxx",
             const char *strasse = "xxxxxx",
             const char *tel     = "000000",
             const char *bem     = NULL);

     Adresse( const Adresse&);              // Kopierkonstruktor

     ~Adresse();                            // Destruktor

     const Adresse& operator=( const Adresse& a)  // Zuweisung
     {
       setAdr( a.stadt, a.strasse, a.tel, a.bem);
       return a;
     }
```

```
    const char *getCity()   const {  return stadt; }
    const char *getStreet() const {  return strasse; }
    const char *getTel()    const {  return tel; }
    const char *getRem()    const {  return bem; }

    void setCity(const char *city)
    {
      strcpy(stadt, city, sizeof(stadt)-1);
    }

    void setStreet(const char *street)
    {
      strcpy(strasse, street, sizeof(strasse)-1 );
    }

    void setTel(const char *nr)
    {
      strcpy(tel, nr, sizeof(tel)-1);
    }

    void setRem(const char *rem)
    {
      delete[] bem;

      if( rem != NULL)
      {
        int len = strlen( rem);
        bem = new char[len+1];
        strcpy(bem, rem);
      }
      else
        bem = NULL;
    }

    void setAdr(const char *, const char *,
                const char *, const char* =NULL);

    void putAdr();
};

#endif
```

6.14 Lösungen (Fortsetzung)

Zur 1. Aufgabe (Fortsetzung)

```
//-------------------------------------------------------------
//  Datei:  adresse.cpp (6. Kapitel)
//  Zweck:  Die Methoden der Klasse Adresse definieren.
// -------------------------------------------------------------

#include "adresse.h"

#include <iostream>
using namespace std;

int anzahlObjekte = 0;

// Hilfsfunktion fuer die Ausgabe im Konstruktor:
inline void constructMsg( const char *street)
{
   cout << "\nEs wird ein Objekt fuer die Stadt " << street
        << " erzeugt.";

   cout << "\nDies ist das " << anzahlObjekte
        << ". Objekt." << endl;
}

// Konstruktoren:

Adresse::Adresse(const char *stadt, const char *strasse,
                 const char *tel, const char *bem)
{
   this->bem = NULL;            // Wegen delete[] bem; in setRem
   setAdr( stadt, strasse, tel, bem);

   ++anzahlObjekte;
   constructMsg( stadt);
}

Adresse::Adresse( const Adresse& a)       // Kopierkonstruktor
{
   bem = NULL;                            // Wegen delete[] bem;
   setAdr( a.stadt, a.strasse, a.tel, a.bem);

   ++anzahlObjekte;
   constructMsg( stadt);
}
```

```
// Destruktor:

Adresse::~Adresse(void)
{
   delete[] bem;
   --anzahlObjekte;

   cout << "\nEs wurde der Destruktor fuer die Stadt "
        << stadt << " aufgerufen.";

   cout << "\nEs verbleiben " <<  anzahlObjekte
        << " Objekte." << endl;
}

// Die Methoden setAdr() und putAdr():

void Adresse::setAdr( const char *sStadt, const char *sStrasse,
                      const char *sTel, const char *sBem)
{
   strcpy(stadt, sStadt, sizeof(stadt)-1);
   strcpy(strasse, sStrasse, sizeof(strasse)-1 );
   strcpy(tel, sTel, sizeof(tel)-1);
   setRem(sBem);
}

void Adresse::putAdr()
{
   cout << "\n---------------------------------------------\n";
   cout << "\n  Stadt .........: " << stadt;
   cout << "\n  Strasse .......: " << strasse;
   cout << "\n  Telefonnummer: " << tel;

   if( bem != NULL)
     cout << "\n  Bemerkung .....: " << bem;

   cout << "\n\n---  Weiter mit der Return-Taste: " ;
   cin.get();
}
```

6.15 Lösungen (Fortsetzung)

Zur 1. Aufgabe (Fortsetzung)

```
// ------------------------------------------------------------
//  Datei:  adrdyn.cpp
//  Zweck:  Klasse Adresse mit dynamischem Element testen,
//          und dynamisch Speicher fuer Objekte reservieren
//  Module: adrdyn.cpp  adresse.cpp
// ------------------------------------------------------------

#include "adresse.h"

#include <iostream>
using namespace std;

#define TABLEN  3

int main()
{
   Adresse *aPtr;

   aPtr = new Adresse( "50123 Koeln", "Domplatz", "10000",
                                             "Besichtigung!");
   aPtr->putAdr();

   aPtr->setStreet("Domplatz 1");
   aPtr->setTel("051-10001");
   aPtr->setRem(NULL);                     // Bemerkung loeschen.

   cout << "\nUnd nach einigen Änderungen:\n";
   aPtr->putAdr();                         // Nochmal anzeigen.

    // Dynamisch eine Tabelle erzeugen:

   cout << "\n\nEs wird dynamisch eine Tabelle mit "
        << TABLEN << " Elementen erzeugt\n";

   Adresse *adrTab, *p;
   adrTab = new Adresse[TABLEN];       // Default-Konstruktor fuer
                                       // jedes Element der Tabelle.

   cout << "\n\n . . . und Daten fuer die Elemente der Tabelle\n";

   adrTab[0] = *aPtr;
   adrTab[1] = Adresse("80111 Muenchen", "Blumenstr.7", "77777");
   adrTab[2].setAdr("70707 Freiburg", "Schwarzwaldstr. 3",
                                          "3333", "Rasen maehen");

   adrTab[0].setRem("Blumen nicht vergessen!"); // Neue Bemerkung
```

```
   cout << "\n\nInhalt der Tabelle nach den Zuweisungen:\n";
   for( p = adrTab;  p < adrTab+TABLEN ; ++p)
     p->putAdr();
   delete aPtr;
   delete[] adrTab;
   cout << "\n\nJetzt gibt es keine \"Adressen\" mehr!\n";
   return 0;
}
```

Zur 2. Aufgabe

```
// ---------------------------------------------------------------
//  Datei:   new_hndl.cpp
//  Zweck:   Eigenen new-Handler installieren, der einen
//           Reservespeicher freigibt!
//  Dieses Programm sollte nur ausgefuehrt werden, wenn
//           die Groesse der Auslagerungsdatei beschraenkt ist.
//           (Windows 95/98/2000: virtueller Arbeitsspeicher in
//            Systemsteuerung->System->Leistungsmerkmale.)
// ---------------------------------------------------------------
#include <iostream>
#include <iomanip>
using namespace std;

bool init_new_handler();

int main()
{
   unsigned long frei = 0;
   unsigned int block = 20000;
   char *p;

   // Reservespeicher anlegen und new-Handler installieren:
   if( !init_new_handler())
      cerr << "\nFehler! "
              "new-Handler wurde nicht installiert." << endl;

   for(long i = 1;  ;i++)
   {
     p = new char[block];
     if(p)
     {
       frei += block;
       cout << "\nReservierter Speicher: " << setw(10) << frei;
     }
   }
   cerr << "\nDiese Meldung sollten Sie nicht sehen!"
           "\nUeberpruefen Sie Ihr Programm!\n";
   return 0;
}
```

6.16 Lösungen (Fortsetzung)

Zur 2. Aufgabe (Fortsetzung)

```
// -------------------------------------------------------------
// Die Funktionen my_new_handler() und init_new_handler()

#include <stdlib.h>
#include <new>
using namespace std;

static char *reserve = NULL;

void my_new_handler();

bool init_new_handler()
{
   reserve = (char*)malloc(50000);

   if( reserve == NULL)
     return false;
   else
   {
     set_new_handler(my_new_handler);
     return true;
   }
}

void my_new_handler(void)
{
   if( reserve != NULL)
   {
     free( reserve);
     reserve = NULL;

     cerr << "\n--------------------------------------"
             "\n  Reservespeicher freigegeben!"
             "\n--------------------------------------\n" ;
   }
   else
   {
     cerr << "\n\nNicht genug Speicher vorhanden!"
             "\nDas Programm wird beendet!\n";
     exit(1);
   }
}
```

Kapitel 7: Mehr über Klassen

Dieses Kapitel beschreibt weitergehende Möglichkeiten für die Implementierung von Klassen. Dazu gehören:

- Objekte als Elemente von Klassen
- konstante Elemente
- statische Datenelemente und Methoden
- `friend`-Funktionen und `friend`-Klassen sowie
- Elementzeiger

7.1 Objekte als Klassenelemente

Eine Klasse mit Objekten als Elementen

```
// -------------------------------------------------
// person.h : Definition der Klasse Person
// -------------------------------------------------
#ifndef _PERSON_H
#define _PERSON_H

#include "string1.h"                    // Klasse String
#include "datum.h"                      // Klasse Datum

class Person
{
  private:
    String name;                        // Nach- und Vorname,
    Datum  geb;                         // Geburtsdatum.

  public:
    //  Konstruktoren
    Person() {}                         // Default-Konstruktor.
    Person( const String& n,
            int tag=1, int monat=1, int jahr=1);

    // Weitere Elementfunktionen
    const String& getName() const { return name; }
    const Datum& getDatum() const { return geb; }
    void anzeigen() const;
    bool einlesen(void);
};
#endif   // _PERSON_H
```

Ein Konstruktor, der noch verbessert werden kann

```
#include "person.h"

Person::Person( const String& n,
                int tag, int monat, int jahr)
{
    name = n;
    geb = Datum( tag, monat, jahr);
}
```

Objekte als Elemente anderer Klassen

In den bisherigen Beispielen hatten die Datenelemente einer Klasse einen vordefinierten Datentyp wie `int` oder `char[]`. Klassen können aber auch Datenelemente enthalten, die den Typ einer Klasse besitzen.

Beispielsweise kann die Klasse `String` wieder in einer neuen Klasse verwendet werden. Die neue Klasse arbeitet dann mit Objekten vom Typ `String`. Man sagt auch, dass die Klassen in einer »Hat-Beziehung« zueinander stehen.

Die nebenstehende Klasse `Person` enthält außer einem Namen vom Typ `String` auch das Geburtsdatum einer Person vom Typ der Klasse `Datum`.

7

Konstruktion verschachtelter Klassen

Bei der Initialisierung von Objekten, die andere Objekte enthalten, sind mehrere Konstruktoren auszuführen. Außer dem Konstruktor für das Gesamtobjekt sind auch die Konstruktoren der Teilobjekte aufzurufen.

Hierbei ist die Reihenfolge der Konstruktor-Aufrufe wesentlich: Zuerst müssen die Teilobjekte erzeugt werden, bevor das Gesamtobjekt aufgebaut werden kann. Ohne weitere Angaben wird für jedes Teilobjekt automatisch der Default-Konstruktor ausgeführt.

Die Konstruktoren der Klasse Person

Der Default-Konstruktor der Klasse `Person` ist implizit inline definiert und »tut nichts«. Trotzdem findet eine Initialisierung statt: Bei der Erzeugung eines Objekts werden zuerst die Teilobjekte erzeugt und damit deren Default-Konstruktor aufgerufen.

Beispiel: `Person nobody;`

Das Objekt `nobody` wird also durch die Default-Konstruktoren für `String` und `Datum` initialisiert: Damit enthält

`name`	den leeren String
`geb`	das Datum `1. 1. 1`

Der zweite Konstruktor der Klasse `Person` erhält Anfangswerte für die beiden Datenfelder, so dass ein Objekt explizit initialisiert werden kann.

Beispiel: `Person chef("Spencer, Max", 5, 1, 1980 );`

Auch hier werden zuerst die Teilobjekte aufgebaut. Da der Compiler keine Information darüber besitzt, welche Argumente in der Initialisierungsliste zu welchem Teilobjekt gehören, ruft er zunächst die Default-Konstruktoren der Teilobjekte auf.

Erst dann werden die Anweisungen des Konstruktors für die Klasse `Person` ausgeführt. Dabei erhalten die Teilobjekte ihre Werte aus der Initialisierungsliste durch Zuweisung.

7.2 Initialisierung von Teilobjekten

Die neue Version des Konstruktors

```
#include "person.h"

Person::Person( const String& n,
                int tag, int monat, int jahr)
       : name(n), geb( tag, monat, jahr)
{
     // Hier koennen weitere Anweisungen stehen.
     // Fuer Person ist nichts mehr zu tun.
}
```

Ein Beispielprogramm mit der Klasse Person

```
// ---------------------------------------------------------
// Die Klasse Person testen.
// ---------------------------------------------------------

#include "person.h"

Person pers0("Lustig, Sabine", 17,5,1982);

int main()
{
    Person pers1, pers2;          // Default-Konstruktor
    Person pers3(pers0);          // Kopierkonstruktor

    if( !pers2.einlesen() )
       cout << "\nUngueltige Eingabe!\n";

    pers1 = pers2;                // Zuweisung ok

    pers0.anzeigen();
    pers1.anzeigen();
    pers2.anzeigen();
    pers3.anzeigen();

    return 0;
}
```

Nachteile

Die Tatsache, dass bei der Erzeugung der Teilobjekte deren Default-Konstruktor aufgerufen wird, hat verschiedene Nachteile:

- Nur Klassen, die einen Default-Konstruktor besitzen, können als Elemente anderer Klassen verwendet werden.
- Die Teilobjekte werden zunächst mit Default-Werten angelegt. Erst danach erhalten sie in einer Zuweisung den richtigen Wert. Das führt zu unnötigen Aktionen, die nur Laufzeit kosten. Beispielsweise wird in der Klasse `Person` unnötigerweise Speicherplatz angefordert, wieder freigegeben, um schließlich mit einer erneuten Speicheranforderung den passenden Speicher zu belegen.
- Als Datenelemente können keine konstanten Objekte oder Referenzen deklariert werden, da eine anschließende Zuweisung nicht möglich ist.

7

Elementinitialisierer

Um diese Nachteile nicht in Kauf nehmen zu müssen, wird eine Syntax benötigt, die es ermöglicht, Teilobjekte einer Klasse explizit zu initialisieren. Zu dem Zweck wurde in C++ eine zusätzliche Initialisierungsliste eingeführt. Diese besteht aus den sogenannten *Elementinitialisierern*, welche bei der Definition eines Konstruktors angegeben werden können. Die Deklaration des Konstruktors ändert sich nicht!

Die Liste der Elementinitialisierer enthält die Namen der Datenelemente mit ihren Anfangswerten. Für diese Datenelemente wird dann der passende Konstruktor anstatt des Default-Konstruktors aufgerufen.

Wie die neue Version des Konstruktors für die Klasse `Person` zeigt, werden die Elementinitialisierer hinter dem Funktionskopf durch einen Doppelpunkt getrennt angegeben. Je zwei Elementinitialisierer werden durch Komma getrennt.

Zum Beispielprogramm

Im nebenstehenden Beispiel, das die Klasse `Person` testet, werden die Methoden `anzeigen()` und `einlesen()` aufgerufen. Sie dienen der Ein-/Ausgabe am Bildschirm. Ihre Definition ist hier nicht angegeben.

Die Klasse `Person` enthält mit der String-Komponente indirekt ein dynamisches Element. Die zusätzlichen Aufgaben, die sich im Zusammenhang mit dynamischen Elementen ergeben, sind aber bereits in der Klasse `String` erledigt worden. `String` kann wie ein elementarer Datentyp verwendet werden. Insbesondere kann für die Klasse `Person` der Standard-Kopierkonstruktor und die Standard-Zuweisung benutzt werden.

Beispiel: `pers1 = pers2;            // Standard-Zuweisung`

Hier wird beim Kopieren des Datenelements `name` die Zuweisung ausgeführt, die in der Klasse `String` definiert wurde.

7.3 Konstante Datenelemente

Neue Version der Klasse Person

```
// -------------------------------------------------
// Datei: person.h
// Definition der Klasse Person mit
// konstantem Datenelement geb .
// -------------------------------------------------

#ifndef _PERSON_H
#define _PERSON_H

#include "string1.h"                // Klasse String
#include "datum.h"                  // Klasse Datum

class Person
{
  private:
    String name;                    // Nach- und Vorname,
    const Datum geb;                // Geburtsdatum.

  public:
    //  Konstruktor (Kein Default-Konstruktor!)
    //  Geburtstag geb muss initialisiert werden.
    Person( const String& n,
            int tag, int monat, int jahr)
    : name(n), geb( tag, monat, jahr)
    {}

    // Weitere Elementfunktionen
     . . . // wie gehabt

};
#endif   // _PERSON_H
```

Deklaration und Initialisierung

Enthält eine Klasse Datenelemente, die nicht verändert werden sollen, so können diese als `const` deklariert werden.

Bei der Initialisierung eines konstanten Datenelements ist darauf zu achten, dass gleich der richtige Konstruktor aufgerufen wird, da spätere Zuweisungen nicht mehr möglich sind. Das heißt, bei der Definition des Konstruktors der Klasse *muss* für jedes `const`-Datenelement ein Elementinitialisierer angegeben werden!

Die Klasse Person mit konstantem Datenelement

Da sich der Geburtstag einer Person nicht ändert, liegt es nahe, das Teilobjekt `geb` der Klasse `Person` als `const` zu deklarieren. In diesem Fall ist die erste Version des Konstruktors der Klasse `Person` nicht mehr zulässig. Diese enthält nämlich die Anweisung

```
geb = Datum(tag, monat, jahr);          // Fehler!
```

welche jetzt eine Fehlermeldung verursacht.

Die bereits vorgestellte zweite Version des Konstruktors ist dagegen in Ordnung. Der Elementinitialisierer für `Datum` sorgt dafür, dass das Teilobjekt `geb` schon bei der Erzeugung die richtigen Anfangswerte erhält.

Die neue Version der Klasse Person enthält auch keinen Default-Konstruktor mehr, da ein Default-Wert für einen Geburtstag nicht sinnvoll ist.

Elementinitialisierer für Standard-Typen

In diesem Zusammenhang ist es wichtig zu wissen, dass Elementinitialisierer für alle Datentypen eingesetzt werden können. So ist es auch möglich, Datenelemente als konstant zu deklarieren, die einen elementaren Datentyp haben.

Beispiel: Die folgende Klasse `AClass` enthält eine `int`-Konstante `id` zur eindeutigen Identifikation von Objekten.

```
class AClass
{
  private:
    const int id;
     . . .                 //  Weitere Datenelemente
  public:
    AClass( int k_id,  ...  ) : id( k_id)
    {
        . . .
    }
    . . .                  // Weitere Elementfunktionen
};
```

7.4 Statische Datenelemente

Die Beispielklasse Kunde

```
// ------------------------------------------------------
// Datei: kunde.h :
// Definition der Klasse Kunde
// ------------------------------------------------------
#ifndef _KUNDE_H
#define _KUNDE_H

#include "string1.h"

class Kunde
{
  private:
    String name;
    long nr;
    static int anzahl;              // Deklaration einer
                                    // Klassenvariablen
  public:
    // Konstruktoren (kein Default-Konstruktor)
    Kunde( const String& k_name, long k_nr = 0)
    :name(k_name), nr(k_nr)
    {
      ++anzahl;
    }

    Kunde(const Kunde& einKunde)    // Kopierkonstruktor
    :name(einKunde.name), nr(einKunde.nr)
    {
      ++anzahl;
    }
    // Destruktor
    ~Kunde() {--anzahl; }
    // Hier folgen weitere Elementfunktionen.
};
#endif
```

Definition des statischen Datenelements

```
// Datei: kunde.cpp
#include "kunde.h"
// Definition und Initialisierung der Variablen anzahl
int Kunde::anzahl = 0;
```

Klassenvariablen

Objekte einer Klasse sollten nicht nur ihre eigenen Daten verwalten, sondern auch Daten innerhalb derselben Klasse gemeinsam benutzen können. Solche Daten repräsentieren gemeinsame Eigenschaften aller Objekte einer Klasse. Sie werden in *Klassenvariablen* gespeichert. Das sind Variablen, die für alle Objekte einer Klasse nur einmal im Speicher vorhanden sind.

Einsatzmöglichkeiten für Klassenvariablen sind beispielsweise:

- Statusinformationen, die alle Objekte einer Klasse betreffen (wie etwa die Anzahl der Objekte einer Klasse oder bestimmte von Objekten erreichte Extremwerte)
- Kennzahlen, die zu einem Zeitpunkt für alle Objekte den gleichen Wert haben (wie etwa Zinsraten, Rabattsätze oder Umrechnungskurse)
- Zwischenspeicher für temporäre Daten (wie etwa Pipes, Task-Listen oder Priority Queues)

Deklaration

In C++ erfolgt die Deklaration einer Klassenvariablen innerhalb der Klasse mit dem Schlüsselwort `static`. Deshalb werden sie auch *statische Datenelemente* genannt.

Im nebenstehenden Beispiel wird mit

```
static int anzahl;
```

die Variable `anzahl` als statisches Element der Klasse `Kunde` deklariert. Sie speichert die Kundenzahl, d.h. die Anzahl der bereits existierenden Objekte vom Typ `Kunde`.

Definition

Statische Datenelemente einer Klasse belegen Speicherplatz, auch wenn noch kein Objekt der Klasse existiert. Sie müssen daher wie die Elementfunktionen außerhalb der Klasse in einer Quelldatei definiert und initialisiert werden. Dabei wird der Klassenbezug durch den Bereichsoperator `::` hergestellt.

Beispiel: `int Kunde::anzahl = 0;   // Noch kein Objekt vorhanden`

Die Definition wird in derselben Quelldatei vorgenommen, die auch die Definition der Methoden der Klasse enthält. Dabei wird `static` nicht mehr angegeben.

Jeder Konstruktor der Klasse `Kunde` inkrementiert die Variable `anzahl`. Deshalb muss auch für den Kopierkonstruktor eine eigene Definition angegeben werden. Im Gegenzug dekrementiert der Destruktor die Variable `anzahl`, da ja nach dem Aufruf des Destruktors ein Objekt weniger existiert.

Hinweis Ein konstantes statisches Datenelement, das einen ganzzahligen elementaren Datentyp besitzt, kann auch direkt bei der Deklaration in der Klasse initialisiert werden.

7.5 Statische Methoden

Die Klasse Kunde mit einer statischen Methode

```
// --------------------------------------------------------
// Datei kunde.h
// Die Klasse Kunde mit der statischen Methode getAnzahl()
// --------------------------------------------------------
#ifndef _KUNDE_H
#define _KUNDE_H

#include "stringl.h"

class Kunde
{
  private:
    String name;
    long nr;
    static int anzahl;     // Klassenvariable.
  public: . . .            // Konstruktoren, Destruktor und
          . . .            // Elementfunktionen: wie gehabt.
    // statische Elementfunktion (impizit inline):
    static int getAnzahl() { return anzahl; }
};
#endif
```

Ein Beispielprogramm mit der Klasse Kunde

```
#include "kunde.h"
#include <iostream>
using namespace std;

Kunde stammKunde("Miller", 1);

int main()
{
    cout << "\nAnzahl existierender Objekte: "
         << Kunde::getAnzahl()  << "\n\n";
    Kunde treu = stammKunde;            // Kopierkonstruktor!
    {                                   // Neuer Block
       Kunde laufKunde("Mayer", 2);
       cout << "\nAnzahl existierender Objekte: "
            << Kunde::getAnzahl()  << "\n\n";
    }
    cout << "\nAnzahl existierender Objekte: "
         << Kunde::getAnzahl()  << "\n\n";
    return 0;
}
```

Zugriff auf statische Elemente

Für statische Datenelemente gelten die üblichen Regeln bzgl. der Zugriffsrechte: Ein statisches Datenelement, das im `public`-Bereich der Klasse deklariert ist, kann direkt angesprochen werden, und zwar über ein beliebiges Objekt der Klasse.

Im folgenden Beispiel wird vorausgesetzt, dass das Datenelement `anzahl` im `public`-Bereich der Klasse `Kunde` definiert ist.

Beispiel:
```
Kunde einKunde( . . .);
cout << "Aktuelle Kundenzahl: " << einKunde.anzahl;
```

Aber auch die Verwendung des Bereichsoperators ist möglich:

```
cout << "Aktuelle Kundenzahl: " << Kunde::anzahl;
```

7

Die zuletzt angegebene Schreibweise reflektiert mehr die Tatsache, dass statische Datenelemente unabhängig von Objekten existieren.

Definition statischer Methoden

Der Zugriff auf statische Elemente im `private`-Bereich ist natürlich nur über Methoden möglich. Da statische Datenelemente unabhängig von Objekten existieren, ist es sinnvoll, Methoden zur Verfügung zu stellen, die ohne Bindung an ein Objekt aufrufbar sind. Diese Möglichkeit bieten *statische Methoden*, die mit dem Schlüsselwort `static` deklariert werden.

Die nebenstehend definierte Klasse `Kunde` enthält im `private`-Bereich das statische Datenelement `anzahl` sowie eine `inline`-Definition der statischen Methode `getAnzahl()`. Diese liefert den Wert von `anzahl` zurück.

Bei der Definition einer statischen Methode außerhalb der Klasse wird das Schlüsselwort `static` nur bei der Deklaration angegeben.

Beispiel:
```
static int getAnzahl();   // Deklaration in der Klasse
```

Bei der Definition wird `static` nicht nochmal wiederholt.

```
// Definition außerhalb der Klasse
 int Kunde::getAnzahl()  {  return  anzahl;  }
```

Die Methode kann über jedes Objekt aufgerufen werden. Der direkte Aufruf über die Klasse ist jedoch, wie beim direkten Zugriff auf Klassenvariablen, adäquater:

```
cout << "\nAnzahl:  "  <<  Kunde::getAnzahl();
```

Regeln

Die Tatsache, dass statische Methoden keine Bindung an Objekte der Klasse besitzen, hat zur Folge, dass ihnen der Zeiger `this` nicht zur Verfügung steht. Daher können statische Methoden

- nur statische Datenelemente der Klasse ansprechen,
- keine Methoden der Klasse aufrufen, die nicht statisch sind.

7.6 friend-Funktionen

Zugriffsrechte von friend-Funktionen

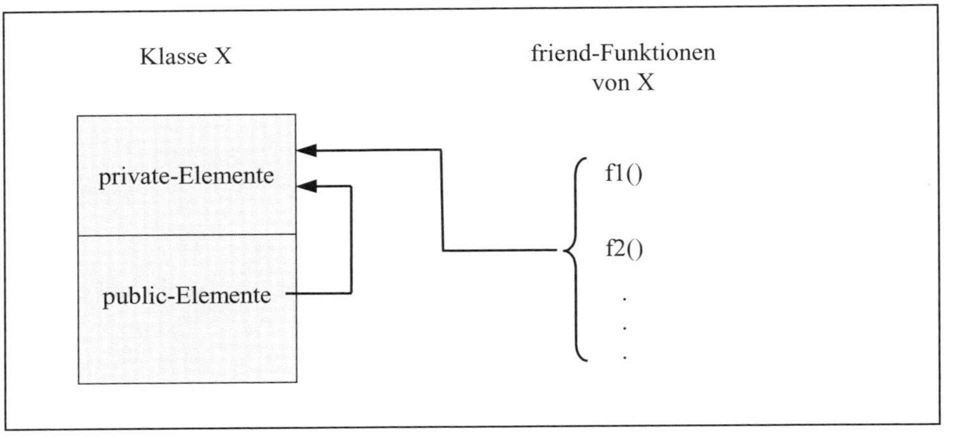

Deklaration von friend-Funktionen

```
// -----------------------------------------------------------
// Die Klasse MyClass.
// Die Klasse YourClass ist schon definiert.
// -----------------------------------------------------------

class MyClass
{
  private:
    double schatz;

  public:
    MyClass( double startWert) { schatz = startWert; }
     . . .
    friend void globalFunc( MyClass *objPtr);
    friend int  YourClass::elementFunc( MyClass& obj);
};

void globalFunc(MyClass *objPtr)
{
    ++objPtr->schatz;            // Ein wirklicher Freund!
}
```

Einsatzmöglichkeiten

Ein Anwendungsprogramm arbeitet normalerweise mit Objekten verschiedener Klassen. Dabei kommt es immer wieder vor, dass Klassen mit einzelnen Funktionen oder anderen Klassen eng zusammenarbeiten. Das strenge Konzept der Datenkapselung kann in solchen Fällen nicht nur hinderlich sein, sondern auch zu Einbußen bei der Laufzeit führen.

Beispiel: Ein 3D-Grafikprogramm arbeitet mit Vektoren verschiedener Dimensionen, die als Objekte von Klassen definiert sind. Benötigt wird z.B. eine Funktion, welche die Multiplikation von ein- und zweidimensionalen Vektoren durchführt. Hierbei sind zahlreiche Zugriffe auf einzelne Vektorelemente notwendig. Erfolgt der Zugriff über Methoden, welche Bereichsüberprüfungen vornehmen, so verlangsamt sich die Ausführgeschwindigkeit des Programms erheblich.

7

Friend-Deklaration

Deshalb ist es wünschenswert, dass eine Klasse bestimmten globalen Funktionen oder auch Methoden anderer Klassen das Recht für den Zugriff auf ihre privaten Elemente erteilen kann. Dies wird mit einer `friend`-Deklaration ermöglicht.

Eine Funktion wird zum »Freund« der Klasse, indem die Funktion innerhalb der Klasse mit dem Schlüsselwort `friend` deklariert wird.

Dabei spielt es keine Rolle, ob die Deklaration im `public`- oder `private`-Bereich steht. Da aber die `friend`-Deklaration im Grunde eine Erweiterung der öffentlichen Schnittstelle darstellt, sollte sie im `public`-Bereich der Klasse erfolgen.

Im nebenstehenden Beispiel werden die Funktion `globalFunc()` und die Methode `elementFunc()` zu Freunden der Klasse `MyClass` deklariert. Sie haben damit dieselben Zugriffsrechte wie die Methoden von `MyClass` und können daher direkt mit den privaten Elementen eines Objekts dieser Klasse arbeiten.

Hinweis Wichtig in diesem Zusammenhang ist:

- Jede Klasse bestimmt selbst, wer ihr Freund ist. Die Klasse `YourClass` hat also keinen Einfluß darauf, dass »ihre« Methode `elementFunc()` ein freundschaftliches Verhältnis zur Klasse `MyClass` eingeht. Andernfalls könnte jede Datenkapselung beliebig unterlaufen werden.
- Da eine `friend`-Funktion keine Methode der Klasse ist, steht ihr auch kein `this`-Zeiger zur Verfügung. In der Regel ist deshalb mindestens ein Parameter der `friend`-Funktion eine Referenz bzw. ein Zeiger auf das zu bearbeitende Objekt.

7.7 friend-Klassen

Zugriffsrechte von friend-Klassen

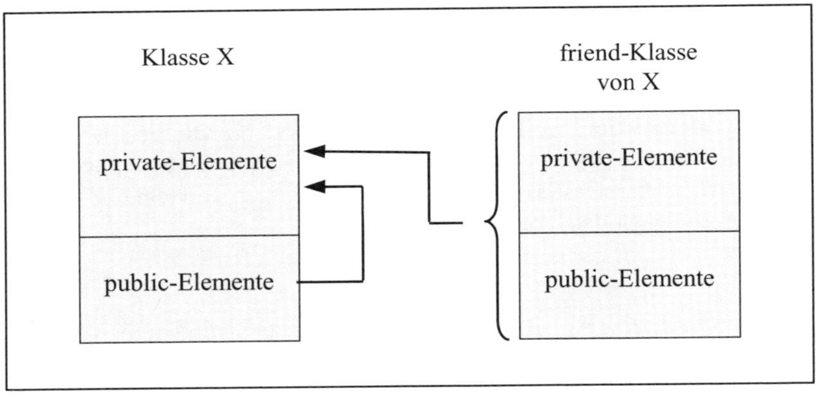

Deklaration einer friend-Klasse

```
// ----------------------------------------------------------
// Die Klasse Lager als Freund der Klasse Artikel erklaeren
// ----------------------------------------------------------

#include "lager.h"           // Definition der Klasse Lager

class Artikel                // Definition der Klasse Artikel
{
  private:
  // private Datenelemente
    . . .  // wie gehabt

  public:
  // Deklaration der Konstruktoren und anderer Methoden

    friend class Lager;    // Alle Methoden der Klasse Lager
                           // sind Freunde.
};
```

Bedeutung

Arbeiten zwei Klassen so eng zusammen, dass alle Methoden der einen Klasse Zugriff auf die privaten Elemente der anderen Klasse haben sollen, so kann dies mit einer einfachen `friend`-Deklaration erreicht werden. Ist eine Klasse als `friend` einer anderen Klasse deklariert, so sind alle ihre Methoden `friend`-Funktionen der anderen Klasse.

Beispiel: Ein Programm zur Verwaltung einer Lagerhalle arbeitet mit Objekten vom Typ `Artikel`. Die Methoden einer Klasse `Lager` benötigen immer wieder die Daten einzelner Artikel. Deshalb wird innerhalb der Klasse `Artikel` die Klasse `Lager` als `friend` deklariert.

```
friend class Lager;
```

Damit werden alle Methoden von `Lager` zu `friend`-Funktionen von `Artikel`. Das bedeutet, dass für alle Operationen, die in der Klasse `Lager` ausgeführt werden, der direkte Zugriff auf die privaten Elemente von Artikel-Objekten möglich ist. Hierzu gehören beispielsweise das Bestellen von Artikeln für ein Lager, das Ausliefern von Artikeln aus dem Lager oder das Erstellen einer Lagerstatistik.

friend-Beziehungen

Wie bei `friend`-Funktionen gilt auch für `friend`-Klassen, dass freundschaftliche Verhältnisse immer einseitig eingegangen werden. Erklärt eine Klasse eine andere Klasse zum »Freund«, so erteilt sie der anderen Klasse die genannten Zugriffsrechte, ohne selbst ein »Freund« dieser Klasse zu werden.

Außerdem sind »Freunde« der anderen Klasse nicht notwendig ihre »Freunde«. Frei nach dem Motto: »Du bist mein Freund, aber Deine Freunde sind nicht meine Freunde.«

Effizienz kontra Datenkapselung

Die Verwendung der `friend`-Technik hilft, effiziente Programme zu erstellen und globale Funktionen dort einzusetzen, wo Elementfunktionen nicht geeignet sind. Konkrete Beispiele dazu werden Sie im nächsten Kapitel »Überladen von Operatoren« kennenlernen.

Die Verwendung von `friend`-Funktionen bzw. `friend`-Klassen weicht das OOP-Konzept der Datenkapselung auf. Die Manipulation privater Daten durch »fremde« Funktionen kann leicht zu Inkonsistenzen führen, insbesondere bei späteren Änderungen oder Erweiterungen der Klasse. Deshalb sollte die `friend`-Technik nur sparsam eingesetzt werden.

7.8 Elementzeiger

Beispielprogramm

```
// --------------------------------------------------------
// Demonstriert die Verwendung eines Elementzeigers
// --------------------------------------------------------
#include <iostream>
using namespace std;

class Demo
{
  private:
    int x, y;
  public:
    Demo( int a, int b) { x = a; y = b; }     //Konstruktor
    // Summe ueber das x- bzw. y-Element der Objekte bilden
    friend int summe( Demo objTab[], int anz, char welches);
};

int summe( Demo objTab[], int anz, char welches)
{                                // welches = 'x' oder 'y'
    int sum = 0;
    int Demo::*xyPtr;            // xyPtr kann auf int-Elemente
                                 // der Klasse Demo zeigen.
    if( welches == 'x')
      xyPtr = &Demo::x;
    else if( welches == 'y')
      xyPtr = &Demo::y;
    else
      return 0;

    for( int i=0 ; i < anz; ++i)
      sum += objTab[i].*xyPtr;   // Element x bzw. y
                                 // im Objekt objTab[i]
    return sum;
}

Demo objTab[3] = { Demo(1,10), Demo(2,20), Demo(3,30) };

int main()
{
  int sumx = summe( objTab, 3, 'x');
  int sumy = summe( objTab, 3, 'y');
  cout << "\nSumme der x-Elemente:  " << sumx
       << "\nSumme der y-Elemente:  " << sumy << '\n';
  return 0;
}
```

Elementzeiger sind Zeiger, die Elemente einer bestimmten Klasse adressieren können. Ein `int`-Zeiger, der an eine Klasse gebunden ist, kann also auf `int`-Elemente innerhalb dieser Klasse zeigen.

Elementzeiger werden sowohl für Datenelemente als auch für Methoden eingesetzt. Hier wird die Verwendung von Zeigern auf Datenelemente vorgestellt. Mit einem solchen Zeiger kann z.B. ein bestimmtes Datenelement ausgewählt werden, um anschließend eine Operation für mehrere oder alle Objekte einer Klasse auszuführen.

Zeiger auf Datenelemente

In der Deklaration eines Elementzeigers muss zusätzlich ein Bezug auf die Klasse des Datenelements hergestellt werden. Die allgemeine Syntax hat folgende Form:

Syntax: `typ Klassenname::*elPtr;`

Hier ist `typ` der Typ der Datenelemente, auf die `elPtr` zeigen kann.

Beispiel: `int Demo::*xyPtr;`

Nach dieser Deklaration kann der Elementzeiger `xyPtr` auf ein Datenelement der Klasse `Demo` mit dem Typ `int` gesetzt werden:

```
xyPtr = &Demo::x;          // xyPtr auf x zeigen lassen
```

Der Zugiff auf das entsprechende Datenelement muss natürlich erlaubt sein. Für `private`-Elemente ist also der direkte Zugriff nur innerhalb von Element- oder `friend`-Funktionen möglich.

Operatoren .* und ->*

Ein Elementzeiger kann immer nur für ein konkretes Objekt verwendet werden. Der Bezug zu einem Objekt wird mit den neuen Operatoren `.*` oder `->*` hergestellt.

Beispiel: Der Zeiger `xyPtr` wurde auf das Element `x` gesetzt. In jedem Objekt verweist der Zeiger somit auf das Datenelement `x`.

```
Demo obj1(1,10), obj2(2,20);
obj1.*xyPtr              // Element x in obj1
obj2.*xyPtr              // Element x in obj2
```

Der linke Operand des Operators `.*` ist stets ein Objekt der Klasse, der rechte Operand ein Elementzeiger.

Der Operator `->*` wird eingesetzt, wenn der linke Operand ein Zeiger auf ein Objekt ist.

```
Demo *objPtr = &obj1;
objPtr ->*xyPtr;         // Element x in obj1
objPtr = &obj2;
objPtr ->*xyPtr;         // Element x in obj2
```

Im nebenstehenden Beispiel werden mit Hilfe eines Elementzeigers einmal die x-Komponenten und einmal die y-Komponenten aller Objekte aufsummiert.

7.9 Übungen

Die Klasse Firma:

Private Datenelemente: Typ

```
     Firmenname           String
     Firmentyp            enum
     Adresse              Adresse
     Stadt
     Strasse
     Telefonnummer
     Bemerkung
```

Öffentliche Methoden:

```
   void  setFirmenTyp( FirmenTyp t);
   void  setName(const char *name);
   void  setAdr(const char *stadt, const char *strasse,
                const char *tel, const char *bem=NULL);
   void  putFirma();
```

Die Klasse Konto:

Private Datenelemente: Typ

```
Kontonummer                 long
Kontobetrag                 double
```

Private statische Datenelemente: Typ

```
Gebuehr                     double
Zinsfuss                    double
```

Öffentliche Methoden:

```
void   setBetrag( double bet);
double getBetrag() const;
void   putKonto();
```

Öffentliche statische Methoden:

```
void   setGebuehr(double g);
double getGebuehr();
void   setZinsfuss(double z);
double getZinsfuss();
```

1. Aufgabe

- Deklarieren Sie eine Klasse `Firma` mit den nebenstehend angegebenen Datenelementen. Der Firmentyp (OHG, GmbH, AG o.ä.) ist als Aufzählungstyp zu definieren.
  Deklarieren Sie ferner die nebenstehend angegebenen Zugriffsmethoden sowie eine Methode `putFirma()` für die Ausgabe auf dem Bildschirm. Der Konstruktor soll für jedes Datenelement, auch für die Datenelemente der Adresse, einen Parameter zur Verfügung stellen. Für jeden Parameter ist als Default-Argument `""` bzw. `0` vorzusehen.
- Implementieren Sie die Methoden. Die Zugriffsmethoden sollen sicherstellen, dass nur korrekte Werte übernommen werden. Der Konstruktor ist mit einem Elementinitialisierer für das Teilobjekt vom Typ `Adresse` zu definieren.
- Testen Sie die neue Klasse, indem Sie ein Objekt vom Typ `Firma` mit Anfangswerten Ihrer Wahl vereinbaren. Definieren Sie ein zweites Objekt, das mit dem ersten Objekt initialisiert wird. Erzeugen Sie dann dynamisch ein drittes Objekt.

Lassen Sie sich jeweils zur Kontrolle den Inhalt der Objekte anzeigen.

2. Aufgabe

Ein Programm zur Verwaltung von Konten soll am Monatsende für jedes Konto Kontoführungsgebühren und, falls ein Konto einen negativen Kontostand hat, Zinsen abbuchen. Die Konten werden in einem Vektor gespeichert.

- Deklarieren Sie zunächst eine Klasse `Konto` mit den nebenstehend angegebenen Datenelementen und Methoden. Der Konstruktor ist mit je einem Parameter für die Kontonummer und den Kontobetrag zu deklarieren.
- Ergänzen Sie die Klasse `Konto` um eine `private`-Methode `zins()`, welche die anfallenden Zinsen am Monatsende (= Kontobetrag * Zinssatz / 1200) berechnet und zurückgibt. Der Einfachheit halber wird für die Zinsberechnung der Kontobetrag am Ende des Monats zugrundegelegt. Zinsen fallen nur an, wenn der Kontostand negativ ist.
- Deklarieren und definieren Sie dann eine `friend`-Funktion `aktualisieren()`, welche alle Kontobeträge eines Vektors von Konten aktualisiert, indem sie die Kontoführungsgebühr und die anfallenden Zinsen abzieht. Die Funktion erhält als Argumente einen Vektor mit den Konten und die Anzahl der Konten. Sie besitzt keinen Return-Wert.
- Schreiben Sie eine `main`-Funktion, welche die Klasse `Konto` und die Funktion `aktualisieren()` testet:
  Definieren und initialisieren Sie einen Vektor mit Konten. Vergessen Sie nicht, Werte für die Kontogebühren und den Zinsfuß zu setzen. Lassen Sie die Konten vor und nach dem Aufruf der Funktion `aktualisieren()` ausgeben.

7

7.10 Lösungen

Zur 1. Aufgabe

Die Klasse `Adresse` kann aus Kapitel 6, "Dynamische Speicherverwaltung", übernommen werden.

Dateien: `adresse.h` und `adresse.cpp`

Die Kontrollausgaben in den Konstruktoren und im Destruktor sollten entfernt werden.

```
// -------------------------------------------------------------
//  Datei: firma.h
//  Klasse Firma mit der Klasse Adresse als Komponente
// -------------------------------------------------------------

#ifndef _FIRMA_
#define _FIRMA_

#include "adresse.h"

enum FirmenTyp { keiner, OHG, GmbH, AG };

class Firma
{
  private:
    char name[32];
    FirmenTyp typ;
    Adresse adr;

  public:
    Firma( const char *n ="",  FirmenTyp t =keiner,
           const char *stadt ="",  const char *strasse ="",
           const char *tel ="000000",  const char *bem =NULL)
    : adr( stadt, strasse, tel, bem)
    {
      strcpy( name, n, sizeof(name)-1);
      setFirmenTyp(t);
    }

    void setFirmenTyp( FirmenTyp t)
    {
      if( t >= keiner && t <= AG)
        typ = t;
      else
        typ = keiner;
    }

    void setName( const char *n)
    {
      strcpy( name, n, sizeof(name)-1);
    }
```

```
    void setAdr(const char *stadt, const char *strasse,
                const char *tel, const char *bem =NULL)
    {
      adr.setAdr( stadt, strasse, tel, bem);
    }
    void putFirma();
};

#endif

// ---------------------------------------------------------
//  Datei: firma.cpp
//  Zweck: Definition der Methoden der Klasse Firma, die
//         nicht inline definiert sind.
// ---------------------------------------------------------

#include "firma.h"
#include <iostream>
using namespace std;

void Firma::putFirma()
{
  cout << "\n-----------------------------------------\n";

  cout << "\nFirma:  " << name;
  switch(typ)
  {
    case OHG:    cout << "  OHG";
                 break;
    case GmbH:   cout << "  GmbH";
                 break;
    case AG:     cout << "  AG";
                 break;
  }
  cout << "\nAdresse:";
  cout << "\n  Stadt .........: " << adr.getCity();
  cout << "\n  Strasse .......: " << adr.getStreet();
  cout << "\n  Telephon-Nummer: " << adr.getTel();
  if( adr.getRem() != NULL)
   cout << "\nBemerkung:  " << adr.getRem();

  cout << "\n\n---  Weiter mit der Return-Taste: " ;
  cin.get();
}
```

7.11 Lösungen (Fortsetzung)

Zur 1. Aufgabe (Fortsetzung)

```
//-----------------------------------------------------------
//  Datei:  firma_t.cpp
//  Zweck:  Die Klasse Firma testen.
//  Module: firma_t.cpp  firma.cpp  adresse.cpp
// ----------------------------------------------------------
#include "firma.h"
#include <iostream>
using namespace std;

int main()
{
   Firma firma1("Holiday", GmbH, "80123 Muenchen", "Sonnenstr. 2",
                "089-2340", "Sommerreise buchen");
   firma1.putFirma();

   Firma firma2 = firma1;
   cout << "\n\nEs wurde eine Kopie der 1. Firma erzeugt: \n";
   firma2.putFirma();

   Firma *fPtr;
   fPtr = new Firma( "DynTech", AG, "10987 Berlin","Rennweg 1");
   fPtr->putFirma();

   delete fPtr;

   return 0;
}
```

Zur 2. Aufgabe

```
// ----------------------------------------------------------
// Datei:  konto.h
// Zweck:  Definition der Klasse Konto mit statischen Komponenten
//         und einer friend-Funktion.
// ----------------------------------------------------------
#ifndef _KONTO_
#define _KONTO_

class Konto
{
   private:
     long nr;
     double betrag;
     static double gebuehr, zinsfuss;
     double zins();        // Private Methode zur Zinsberechnung
```

```
  public:
    Konto( long n, double bet = 0.0)
    {
      if( n < 0) n = -n;
      nr = n;

      betrag = bet;
    }

    double getBetrag()  const   { return betrag; }
    void   setBetrag(double bet) { betrag = bet; }
    void   putKonto();

    friend void aktualisieren( Konto tab[], int anz);

    // ---- statische Methoden ----

    static double getGebuehr()  { return gebuehr; }
    static double getZinsfuss() { return zinsfuss; }

    static void setGebuehr( double g)
    {
       if( g < 0.0)  gebuehr = 0.0;
       else          gebuehr = g;
    }
    static void setZinsfuss( double z)
    {
       if( z < 0.0)  zinsfuss = 0.0;
       else          zinsfuss = z;
    }
};

inline double Konto::zins()
{
    if( betrag < 0.0)
    {
      return (-betrag * zinsfuss / (100.0 * 12.0));
    }
    else
      return 0.0;
}

#endif
```

7.12 Lösungen (Fortsetzung)

Zur 2. Aufgabe (Fortsetzung)

```
// ------------------------------------------------------------
//  Datei: konto.cpp
//  Zweck: Methoden der Klasse Konto, die nicht inline sind.
//         Definition der friend-Funktion aktualisieren()
// ------------------------------------------------------------

#include "konto.h"

#include <iostream>
using namespace std;

double Konto::gebuehr  = 20.0;
double Konto::zinsfuss = 10.0;

// Konstruktor:    inline


// Die Methode putKonto():

void Konto::putKonto()
{
   cout.setf(ios::fixed);
   cout.precision(2);

   cout << "\n-------------------------------------------------";
   cout << "\n  Kontonummer  ..... : " << nr << "     "
        << "    Kontostand: " << betrag;
   cout << "\n  Kontofuehrungsgebuehr: " << gebuehr;
   cout << "\n  Zinsfuss ..........: " << zinsfuss;
   cout << "\n-----------------------------------------------\n";

  cin.get();
}


// Globale friend-Funktion

void aktualisieren( Konto tab[], int anz)
{
   for( Konto *p = tab; p < tab+anz;  ++p)
   {
     p->betrag -= p->zins();
     p->betrag -= p->gebuehr;
   }
}
```

```
// ----------------------------------------------------------
// Datei:  konto_t.cpp
// Zweck:  Die Klasse Konto mit statischen Elementen und
//         friend-Funktionen testen.
// Module: konto_t.cpp  konto.cpp
// ----------------------------------------------------------

#include "konto.h"

#include <iostream>
using namespace std;

Konto KontoTab[] = {  Konto( 11111L,  1000.0),
                      Konto( 22222L, -2000.0),
                      Konto( 33333L)
                   };

int main()
{
   int anz = sizeof(KontoTab) / sizeof(Konto);
   Konto *p;

   Konto::setGebuehr( 20.77);
   Konto::setZinsfuss( 12.0);

   KontoTab[2].setBetrag(-4000.0);

   cout << "\n\nDie Konten vor der Aktualisierung:\n";
   for( p = KontoTab; p < KontoTab+anz;  ++p)
     p->putKonto();

   aktualisieren( KontoTab, anz);

   cout << "\n\nDie Konten nach der Aktualisierung:\n";
   for( p = KontoTab; p < KontoTab+anz;  ++p)
     p->putKonto();

   return 0;
}
```

Kapitel 8: Überladen von Operatoren

Die Technik der Operator-Überladung ermöglicht es, die vorhandenen Operatoren auch für selbstdefinierte Klassen einzusetzen. So können wie mit elementaren Datentypen Ausdrücke gebildet werden.

In diesem Kapitel werden die verschiedenen Möglichkeiten beschrieben, wie Operatoren überladen werden können. Als Anwendung wird die Überladung der arithmetischen Operatoren, der Shift-Operatoren, des Indexoperators sowie der Operatoren `new` und `delete` vorgestellt.

8.1 Grundlagen

Operatoren, die nicht überladbar sind

Operator	Bedeutung
sizeof	sizeof-Operator (Größe von Objekten)
.	Zugriffsoperator (Strukturen, Unions, Klassen)
.*	Zugriffsoperator für Elementzeiger
::	Bereichsoperator
?:	Auswahloperator (bedingte Bewertung)

Operatoren, die überladbar sind

<table>
<tr><th>Operatoren</th><th>Bedeutung</th></tr>
<tr><td>+ -
* / %
- (unär) ++ --</td><td>Arithmetische Operatoren</td></tr>
<tr><td>== !=
< <= > >=</td><td>Vergleichsoperatoren</td></tr>
<tr><td>&& || !</td><td>Logische Operatoren</td></tr>
<tr><td>=
op=</td><td>Zuweisungsoperatoren
(op ist ein binärer arithmetischer oder ein binärer Bit-Operator)</td></tr>
<tr><td>& | ^ ~
>> <<</td><td>Bit-Operatoren</td></tr>
<tr><td>() [] &
* -> ->* ,
new delete</td><td>Sonstige Operatoren</td></tr>
</table>

Operator-Überladung

Ein Operator ist überladen, wenn er je nach Typ der Operanden eine unterschiedliche Bedeutung hat. Auch für Standard-Datentypen in C und C++ sind die meisten Operatoren schon überladen.

Beispiel: `a * b`

Trifft der Compiler auf diesen Ausdruck, so entscheidet der Typ der Operanden, welcher Code für die Multiplikation vom Compiler erzeugt wird:

Sind `a` und `b` vom Typ `int`, so kann direkt ein entsprechender Maschinenbefehl der CPU eingesetzt werden, der die `int`-Multiplikation ausführt. Sind dagegen `a` und `b` vom Typ `double`, so wird die Multiplikation entweder vom Coprozessor ausgeführt, oder der Compiler setzt eine Routine ein, welche die Gleitpunktarithmetik emuliert, d.h. mit Hilfe von ganzzahligen Operationen löst. Der Typ der Operanden bestimmt also, welcher Maschinencode vom Compiler generiert wird.

8

Überladen für Klassen

Neu in C++ ist, dass die meisten Operatoren vom Programmierer für eigene Klassen überladen werden können. Das heißt, ein Operator kann für eine selbstdefinierte Klasse eine neue Bedeutung bekommen, wie etwa der Operator += für die Klasse `String`:

```
String str1("strudel"), str2("Apfel");
str2 += str1;                    // Strings verketten.
```

Regeln

Es können bis auf wenige Ausnahmen alle Operatoren überladen werden. Ausgenommen sind nur diejenigen Operatoren, die links in der Tabelle aufgeführt sind. Hierbei sind einige Regeln zu beachten:

- Es können nur bereits existierende Operatoren überladen werden, d.h., es können keine »neuen Operatoren« erfunden werden.
- Die Überladung eines Operators findet immer im Zusammenhang mit einer Klasse statt. Insbesondere läßt sich die Bedeutung der Operatoren für Standard-Typen nicht umdefinieren.
- Die Anzahl der Operanden eines Operators kann nicht geändert werden, d.h., ein unärer (binärer) Operator bleibt unär (binär).
- Die Priorität von Operatoren bleibt erhalten, d.h., ein Operator mit hoher bzw. niedriger Priorität kann nicht so überladen werden, dass er anschließend eine niedrigere bzw. höhere Priorität hat.
- Die Reihenfolge der Zusammenfassung (von links oder von rechts) bei Operatoren mit gleicher Priorität bleibt erhalten.

8.2 Operatorfunktionen

Beispielprogramm

```
// ----------------------------------------------------------
//  Operator-Ueberladung mit globaler Operatorfunktion
// ----------------------------------------------------------

#include <iostream>
using namespace std;

// Eine komplexe Zahl:
class Complex                         // Oder struct Complex
{
   public:  double re, im;
};

Complex operator+( Complex z1, Complex z2)    // z1 + z2
{
   Complex z;
   z.re = z1.re + z2.re;   z.im = z1.im + z2.im;
   return z;
}

void putComplex( Complex z)                   // Ausgabe z.B.:
{                                             // 5.5 + 2.2i
   cout << z.re << " + " << z.im << "i";
}

int main()                         // Operatorfunktion aufrufen.
{
   Complex  zahl1 = {1.2, 3.4};
   Complex  zahl2 = zahl1, summe;
   cout << "\nEinige Testausgaben:\n";
   cout << "\nZahl1:  ";  putComplex( zahl1);
   cout << "\nZahl2:  ";  putComplex( zahl2);
   summe = zahl1 + zahl2;
   cout << "\nSumme:  ";  putComplex( summe);
   cout << "\n\n";
   return 0;
}
```

Schlüsselwort operator@

Die Anweisungen, die ein Operator für eine selbstdefinierte Klasse ausführen soll, werden in einer *Operatorfunktion* festgelegt. Der Name der Operatorfunktion wird aus dem Schlüsselwort `operator` und dem zu überladenden Operator gebildet, also

```
operator@
```

wobei @ der Operator ist, welcher natürlich überladbar sein muss.

Eine Operatorfunktion kann als globale Funktion oder als Methode der Klasse definiert werden.

Globale Operatorfunktionen

Wird die Operatorfunktion als globale Funktion definiert, ist für jeden Operanden des Operators ein entsprechender Parameter zu deklarieren. Die Operatorfunktion für einen unären Operator hat also einen Parameter. Für einen binären Operator sind zwei Parameter zu deklarieren.

Für die nebenstehend definierte Struktur `Complex` wird der Operator für die Addition überladen. Die Operatorfunktion besitzt also zwei Parameter:

```
Complex operator+(Complex z1, Complex z2);
```

Die *komplexen Zahlen* sind eine Erweiterung der reellen Zahlen. Innerhalb der komplexen Zahlen sind Gleichungen wie z. B.

$x^2 = -1$ // Für reelle Zahlen nicht lösbar

lösbar. Sie werden im technischen Bereich, z. B. bei der Berechnung elektronischer Schaltungen eingesetzt. Jede komplexe Zahl besitzt einen Realteil, der eine reelle Zahl ist, und einen Imaginärteil, der ein reelles Vielfaches von $i = \sqrt{-1}$ ist. So wie jede reelle Zahl als Punkt auf einem Zahlenstrahl darstellbar ist, wird eine komplexe Zahl durch einen Punkt in der Zahlenebene repräsentiert.

Aufruf einer Operatorfunktion

Im nebenstehenden Programm werden drei komplexe Zahlen `zahl1`, `zahl2` und `summe` deklariert. Die Anweisung

```
summe = zahl1 + zahl2;
```

bewirkt den Aufruf der Operatorfunktion `operator+()`. Die Anweisung ist daher gleichbedeutend mit

```
summe = operator+(zahl1, zahl2);
```

Hier zeigt sich, dass die Lesbarkeit eines Programms durch Operator-Überladung verbessert werden kann. Dabei ist jedoch wichtig, dass die Operatorfunktion eine gleichartige Operation wie der Operator für Standard-Typen ausführt. Andernfalls geht die Lesbarkeit wieder verloren.

8.3 Operator-Überladung mit friend-Funktionen

Eine Klasse für komplexe Zahlen

```
// -------------------------------------------------------
//  Operator-Ueberladung mit friend-Funktionen
// -------------------------------------------------------

#include <iostream>
using namespace std;

// Eine Klasse für komplexe Zahlen:
class Complex
{
  private:
    double re, im;
  public:
    // Konstruktor:
    Complex( double r=0.0, double i=0.0) { re = r;  im = i; }
    // Ausgabe:
    void put() { cout << re << " + " << im << "i"; }
    // Operatoren +, - (binaer), -(unaer):
    friend Complex operator+( const Complex& z1,
                              const Complex& z2);
    friend Complex operator-( const Complex& z1,
                              const Complex& z2);
    friend Complex operator-( Complex z);
};

Complex operator+( const Complex& z1, const Complex& z2)
{
    Complex z;
    z.re = z1.re + z2.re;   z.im = z1.im + z2.im;
    return z;
}

Complex operator-( const Complex& z1, const Complex& z2)
{
    Complex z;
    z.re = z1.re - z2.re;   z.im = z1.im - z2.im;
    return z;
}

Complex operator-( Complex z)
{
    z.re = -z.re;   z.im = -z.im;
    return z;
}
```

Operatorfunktion als friend-Funktion

Die Datenelemente einer Klasse sind gewöhnlich als `private` deklariert. Damit eine globale Operatorfunktion trotzdem direkt auf diese Elemente zugreifen und effizient arbeiten kann, wird sie als `friend`-Funktion deklariert.

Nebenstehend werden für die numerische Klasse `Complex` die binären Operatoren + und - sowie der unäre Operator - überladen, und zwar mit Hilfe von `friend`-Funktionen.

Im Unterschied zur früheren Definition von `operator+()` sind jetzt die Parameter als konstante Referenzen deklariert. Das ist effizienter, weil keine lokalen Kopien von Objekten erzeugt werden müssen. Es wird nur dann ein lokales Objekt erzeugt, wenn beispielsweise ein Ausdruck als Argument übergeben wird.

Aufruf der Operatorfunktionen

Mit den jetzt definierten Operatoren können folgende Ausdrücke gebildet werden:

```
Complex erg , zahl1(1.1, -2.2), zahl2(0.0, 4.4);
erg = zahl1 + zahl2;
erg = zahl1 - zahl2;
erg = -zahl1;
zahl1 = zahl1 + Complex(1.0 , 0.2);
```

Die Tatsache, dass die normalen reellen Zahlen Teil der komplexen Zahlen sind, spiegelt sich in der Definition des Konstruktors wider: Dieser ermöglicht es, aus einem `double`-Wert eine komplexe Zahl zu erzeugen:

```
Complex zahl = 1.1;      // re = 1.1 , im = 0.0
```

Damit kann einer Funktion, die als Argument eine komplexe Zahl erwartet, auch ein `double`-Wert übergeben werden.

Symmetrie der Argumente

Da die Operatorfunktion `operator+()` als globale `friend`-Funktion definiert ist, sind die beiden Operanden »gleichberechtigt«. Für beide Operanden kann ein `double`-Wert angegeben werden:

```
Complex ergebnis, zahl(1.1 , -2.2);
ergebnis = 3.0 + zahl;
```

Die letzte Anweisung ist äquivalent zu:

```
ergebnis = operator+(3.0, zahl);
```

Hier wird zunächst das Argument `3.0` in ein temporäres Objekt `Complex(3.0)` konvertiert und dann die Operatorfunktion aufgerufen.

Die Symmetrie in den Parametern binärer Operatorfunktionen geht verloren, wenn die Operatorfunktion als Methode der Klasse implementiert wird. Es ist aber nicht für jeden Operator sinnvoll oder zulässig, die Operatorfunktion als `friend`-Funktion zu definieren. Dazu mehr auf den folgenden Seiten.

8.4 Operator-Überladung mit Elementfunktionen

Eine Klasse für komplexe Zahlen

```
// --------------------------------------------------------
//  Operator-Ueberladung mit friend-Funktionen und Methoden
// --------------------------------------------------------

#include <iostream>
using namespace std;

class Complex
{
  private:
    double re, im;

  public:
    // Konstruktor:
    Complex( double r=0.0, double i=0.0) { re = r;  im = i; }
    // Ausgabe:
    void put() { cout << re << " + " << im << "i"; }
    // Die Operatoren +, - (binaer) als friend-Funktionen:
     . . .  // wie gehabt.
    // Operatoren -(unär) und += als inline Methoden:
    Complex operator- () const
    {
      return Complex( -re, -im);
    }
    Complex& operator+= (const Complex& z)
    {
      re += z.re;   im += z.im;         // this->re += z.re;
      return *this;
    }
};

int main()
{
   Complex  zahl1(1.1, -2.2), zahl2 = 3.3;
   zahl1 += zahl2;                //  zahl1.operator+=(zahl2);
   cout << "\nSumme:   ";  zahl1.put();
                                  // Und noch etwas rechnen:
   zahl2 = -(zahl2 + Complex(0.0, -4.4));
   cout << "\nZahl2:   ";  zahl2.put();
   cout << endl;
   return 0;
}
```

Einsatzmöglichkeiten

Für bestimmte binäre Operatoren, wie z. B. die zusammengesetzten Zuweisungen

+= , -= , *= , /= , %= , <<= , >>=

ist es günstiger, die Operatorfunktion als Methode zu definieren, denn die Operatoren sind nicht symmetrisch und benötigen als linken Operanden stets ein Objekt (einen L-Wert).

Darüber hinaus gibt es einige Operatoren, die nur mit Methoden überladen werden können:

=	Zuweisung
[]	Indizierung (Subskript) von Vektoren
( )	Funktionsaufruf
->	Elementzugriff für Zeiger

Die beiden letzten Operatoren werden selten überladen. Durch Überladen des Operators ( ) lassen sich Operationen mit Objekten wie Funktionsaufrufe realisieren. Der Operator -> erlaubt, Objekte wie Zeiger zu verwenden.

Überladen unärer Operatoren

Wird die Operatorfunktion eines unären Operators als Methode definiert, so muss der Operand ein *Objekt* der Klasse sein. Für dieses Objekt wird dann die Operatorfunktion aufgerufen. Da sie wie jede andere Methode implizit einen `this`-Zeiger auf das aktuelle Objekt erhält, wird sie *ohne* Parameter definiert.

In der nebenstehenden Klasse `Complex` ist der Vorzeichen-Operator jetzt als Methode definiert. Für eine komplexe Zahl `a` führt daher der Ausdruck

`-a` zum Aufruf von `a.operator-()`

Als Operand ist auch ein Ausdruck vom Typ der Klasse zulässig.

```
-(a + b)        // a und b sind komplexe Zahlen
```

Hier wird die Operatorfunktion für das temporäre Objekt `(a+b)` aufgerufen.

Überladen binärer Operatoren

Die Operatorfunktion eines binären Operators wird mit *einem* Parameter definiert. Dieser Parameter wird für den zweiten (rechten) Operanden benötigt. Der erste (linke) Operand muss ein Objekt der Klasse sein. Dieses Objekt wird wieder implizit über den `this`-Zeiger angesprochen.

Für die Klasse `Complex` ist auch der binäre Operator += überladen. Für zwei komplexe Zahlen `z1` und `z2` ist somit die Anweisung

`z1 += z2;` äquivalent mit `z1.operator+=(z2);`

8.5 Überladen der Shift-Operatoren

Die Shift-Operatoren für die Ein-/Ausgabe komplexer Zahlen

```
// ---------------------------------------------------------
//  Operator-Ueberladung für << und >>
// ---------------------------------------------------------

#include <iostream>
using namespace std;

class Complex
{
  private:
    double re, im;

  public:
   // Konstruktoren und Operatoren wie gehabt.

   // Zusaetzliche Operatoren für die Ein- und Ausgabe:
   friend ostream& operator<< (ostream& os, const Complex& z);
   friend istream& operator>> (istream& is, Complex& z);
};

ostream& operator<< ( ostream& os, const Complex& z)
{
   os << z.re << " + " << z.im << "i";
   return os;
}

istream& operator>> ( istream& is, Complex& z)
{
   cout << "\n     Real-Teil: ";   is >> z.re;
   cout << "\nImaginaer-Teil: ";   is >> z.im;
   return is;
}

int main()
{
   Complex  zahl1(1.1, -2.2), zahl2;

   cout << "\nEine komplexe Zahl eingeben";
   cin  >> zahl2;
   cout << "\nZahl1:      " <<  zahl1;
   cout << "\nZahl2:      " <<  zahl2;
   cout << "\nSumme:      " <<  zahl1 + zahl2 << endl;

   return 0;
}
```

Ausgabe mit cout

Der Versuch, eine komplexe Zahl `z` mit der Anweisung

```
cout << z;
```

auszugeben, würde vom Compiler zunächst mit einer Fehlermeldung quittiert. Denn `cout` kann nur dann einen Wert ausgeben, wenn `cout` den *Typ* des Werts kennt, d.h. wenn für diesen Typ eine Ausgabefunktion existiert. Für einen selbstdefinierten Typ ist das natürlich nicht der Fall.

Die obige Anweisung macht eine Operator-Überladung erforderlich. Der Compiler kann die Anweisung nur übersetzen, wenn er eine passende Operatorfunktion `operator<<()` findet. Es muss also eine entsprechende Funktion definiert werden.

Die Operatorfunktion

Der linke Operand von `cout` ist ein Objekt der Klasse `ostream`, die in `iostream` definiert ist. Der erste Parameter der zu definierenden Operatorfunktion ist deshalb eine Referenz auf die Klasse `ostream`. Der rechte Operand ist ein Objekt der Klasse `Complex`, der entsprechende Parameter also eine Referenz auf die Klasse `Complex`.

```
ostream& operator<< ( ostream& os, Complex& z);
```

Der Return-Wert ist eine Referenz auf `ostream`. Dies ermöglicht es, den Operator wie gewohnt mehrfach hintereinander aufzurufen.

Nebenstehend ist die Operatorfunktion `operator<<()` als `friend`-Funktion in der Klasse `Complex` deklariert. Sie kann also direkt auf die privaten Datenelemente `re` und `im` der Klasse `Complex` zugreifen.

Die Definition von `operator<<()` als globale Funktion ist hier notwendig, da der erste Operand kein Objekt der Klasse `Complex` ist.

Einlesen mit cin

Im nebenstehenden Programm wird anschließend der Operator `>>` überladen, so dass auch komplexe Zahlen über die Tastatur eingelesen werden können:

```
cin >> z;
```

Diese Anweisung ist äquivalent zum Aufruf:

```
operator>>(cin, z);
```

`cin` ist ein Objekt der Klasse `istream`. Der erste Parameter der Operatorfunktion `operator>>()` wird deshalb als Referenz auf `istream` deklariert.

Die Klasse `istream` ist ebenfalls in der Header-Datei `iostream` definiert.

8.6 Operatoren für Arrays überladen

Eine Array-Klasse

```
// -------------------------------------------------------
//  Eine Array-Klasse mit Index-Ueberpruefung
// -------------------------------------------------------

#include <stdlib.h>
#include <iostream>
using namespace std;

class Array
{
    int *arr;
    int arr_size;

  public:
    Array( int s)
    { arr_size = 0;
      if( s > 0 )
        { arr = new int[s];  arr_size = s; }
    }
    ~Array() { delete[] arr; }
    int size() { return arr_size; }
    int& operator[] (int index);
};
int& Array::operator[] (int i)
{
    if( i < 0  ||  i >= arr_size)
    {
      cerr << "\n Array: Out of range!\n";   exit(1);
    }
    return arr[i];
}

int main()
{
    Array vek(100); int i;
    for( i = 0; i < vek.size(); ++i)
       vek[i] = rand();               // Zufallszahlen
    cout << "\nBitte Indizes zwischen 0 - 99 eingeben!"
         << "\n(Abbruch mit ungueltiger Eingabe.)\n" ;
    while( cout << "Index:   "  &&   cin >> i )
    {
      cout << i << ". Vektorelement: " << vek[i] << endl;
    }
    return 0;
}
```

Indexoperator

Der Indexoperator [] dient normalerweise dem Zugriff auf Vektorelemente. Er ist ein binärer Operator, hat also zwei Operanden. Wird der Indexoperator für gewöhnliche Vektoren eingesetzt, so gelten folgende Einschränkungen:

- Ein Operand muss ein Zeiger sein. (Auch ein Vektorname ist ein Zeiger, nämlich ein konstanter Zeiger auf das erste Vektorelement.)
- Der andere Operand ist der Index und muss ein ganzzahliger Ausdruck sein.

Überladung

Diese Einschränkungen gelten nicht, wenn der Indexoperator für eine eigene Klasse überladen wird. Dabei sind aber folgende Punkte zu beachten:

- Die Operatorfunktion muss als Methode der Klasse definiert werden. Der linke Operand ist also immer ein Objekt der Klasse.
- Der rechte Operand wird als Argument an die Operatorfunktion übergeben. Sie besitzt deshalb genau einen Parameter.
- Der Typ des rechten Operanden darf ein beliebiger Datentyp sein.
- Der Ergebnistyp ist nicht festgelegt.

Auch wenn die Überladung des Indexoperators erhebliche Freiheiten zuläßt, sollte sie immer so implementiert werden, dass sie der üblichen Verwendung bei Vektoren entspricht. Insbesondere sollte der Ergebnistyp eine Referenz auf ein Objekt sein.

Vektoren mit Index-Überprüfung

Beim Zugriff auf Vektorelemente gibt es keine Bereichsüberprüfung für den Index. Sind jedoch Sicherheitsanforderungen höher zu bewerten als Einbußen in der Laufzeit, so kann die Bereichsüberprüfung durch Definition einer eigenen Vektorklasse erfolgen.

Nebenstehend ist eine einfache Vektorklasse für `int`-Werte angegeben. Für diese Klasse wird der Indexoperator überladen, der bei jedem Zugriff die Gültigkeit des Index überprüft. Beim Versuch, einen Index außerhalb des zulässigen Bereichs anzusprechen, wird das Programm mit einer Fehlermeldung beendet.

Einsatzmöglichkeiten

Die Überladung des Indexoperators eröffnet viele Anwendungsmöglichkeiten. Da der Index einen beliebigen Datentyp haben kann, sind z. B. auch Strings als Indizes zulässig. Damit können *assoziative Arrays* gebildet werden, d. h., die Vektorelemente werden über Strings angesprochen. Ein Beispiel wird anhand einer Übung vorgestellt.

Die interne Darstellung der Daten ist dabei nicht an Vektoren gebunden. Der Platz für jedes »Vektor«-Element kann beispielsweise auch dynamisch allokiert und in einer Liste verwaltet werden.

8.7 Überladen von new und delete

Programmablaufplan (PAP) für die Standard-Operatorfunktion new

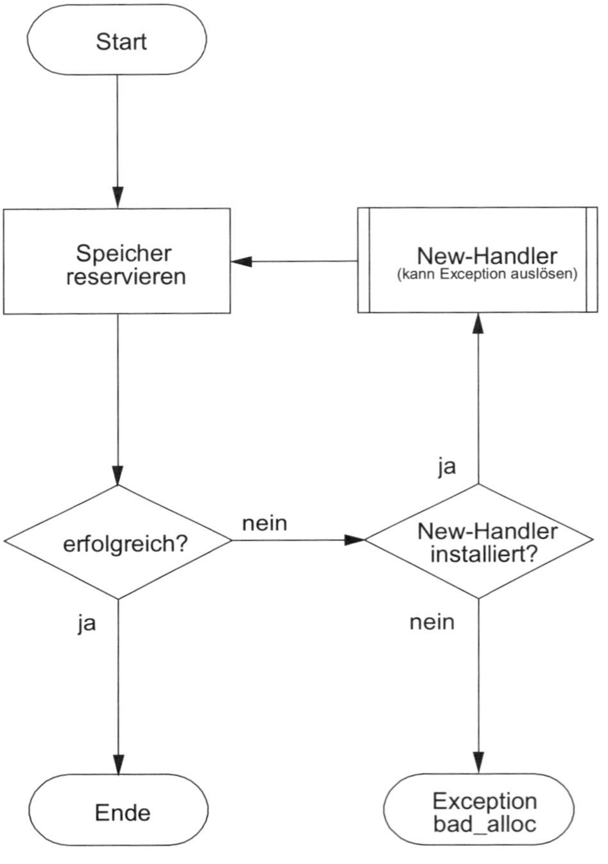

Einsatzmöglichkeiten

Durch Überladen der Operatoren `new` und `delete` kann die dynamische Speicherverwaltung den spezifischen Anforderungen eines Programms angepaßt werden:

- Es kann ein eigenes, schnelles Speichermanagement implementiert werden, das z.B. die speziellen Möglichkeiten der Systemplattform nutzt.
- Klassenspezifische `new`-Operatoren können besonders effizient arbeiten. Hier sind spezielle Algorithmen für die Speicherverwaltung einsetzbar, da z.B. die Größe der Objekte bekannt ist.
- Der Eingriff in die Speicherverwaltung ermöglicht neue Strategien zu Kontrollzwecken und bei der Fehlersuche.

Global oder klassenspezifisch

Die Speicherplatz-Operatoren `new` und `delete` bzw. `new[]` und `delete[]` können global oder nur für spezielle Klassen überladen werden. Im ersten Fall wird die Speicherverwaltung durch globale Operatorfunktionen für alle Objekte selbst definiert. Sollen die Operatoren nur für bestimmte Klassen überladen werden, so sind die Operatorfunktionen als Methoden der entsprechenden Klasse zu implementieren.

Die Operatorfunktion new()

Bei der Ausführung einer `new`-Anweisung wird zunächst die Operatorfunktion `operator new()` aufgerufen. Diese versucht, den notwendigen Speicherplatz für ein Objekt zu reservieren. Gelingt dies, so liefert die Funktion einen typenlosen Zeiger auf den reservierten Bereich. Damit hat die Operatorfunktion ihre Aufgabe erfüllt. Erst wenn der Speicher erfolgreich reserviert werden konnte, wird der Konstruktor für das Objekt aufgerufen.

Fehlerbehandlung durch die Standard-Version

Falls nicht genügend Speicher vorhanden ist, ruft die Operatorfunktion defaultmäßig den aktuell installierten New-Handler auf. Dieser kann z.B. zusätzlichen Speicher zur Verfügung stellen, eine Exception auslösen oder das Programm beenden.

Falls der New-Handler zurückkehrt, versucht die Operatorfunktion erneut, den notwendigen Speicher zu reservieren. Mißlingt dies, so ruft sie wieder den New-Handler auf. Dieser Ablauf wird so lange wiederholt, bis der angeforderte Speicher reserviert werden kann oder die Programmausführung aus dem Aufruf des New-Handlers nicht zurückkehrt.

Die Standard-Version des New-Handlers löst eine Exception vom Typ `bad_alloc` aus. Wurde der New-Handler durch einen Aufruf von `set_new_handler(0);` deaktiviert, so löst die Operatorfunktion selbst eine Exception vom Typ `bad_alloc` aus.

Wenn eine Exception nicht aufgefangen wird, so endet das Programm. Mehr hierzu in Kapitel 16, »Exception-Handling«.

8.8 Globale Überladung

Beispielprogramm

```
// ---------------------------------------------------------
//  Selbstdefinierte Operatorfunktion fuer new und delete
// ---------------------------------------------------------
#include <cstdio>
#include <cstring>
#include <new>                  // Deklaration der Operator-
using namespace std;            // Funktionen new, delete

struct Test
{
   char name[32];
   Test(const char *str)
   { strncpy( name, str, 32); name[31] = '\0';
     printf("\nKonstruktor fuer %s aufgerufen!\n", name);
   }
   ~Test()
   { printf("Destruktor fuer %s aufgerufen!\n", name);
   }
};

int main()                      // new und delete testen.
{
   Test *ptr = new Test("Test-Objekt");
   delete ptr;
   return 0;
}
// ----------------------------------------------------------
#include <cstdlib>
void *operator new( size_t size)
{
   printf("\nSpeicher fuer new: %d", size);
   void *ptr = malloc( size);
   if( ptr == NULL)
   {
     printf("\nNicht genug freier Speicher vorhanden!!"
            "\nDas Programm wird beendet!!\n");
     exit(1);    // Programm mit Exit-Status != 0 beenden
   }
   return ptr;
}
void operator delete( void *ptr)
{
   if( ptr != NULL) free(ptr);
   printf("\nSpeicher ( %p ) freigegeben!\n", ptr);
}
```

Hinweis Hier wird die Funktion `printf()` verwendet, um sicherzustellen, dass der Operator `new` nur innerhalb von `main()` aufgerufen wird.

Überladen von new

Der Operator `new` wird überladen, indem für die Operatorfunktion `operator new()` eine eigene Version definiert wird. Diese muss den angeforderten Speicher reservieren und einen typenlosen Zeiger darauf zurückgeben.

Beim Aufruf der Operatorfunktion wird die Größe (Anzahl Bytes) des zu reservierenden Speicherbereichs als erstes Argument übergeben. Deshalb besitzt jede Operatorfunktion von `new` mindestens einen Parameter vom Typ `size_t`, der als `unsigned int` definiert ist. Im einfachsten Fall hat die Operatorfunktion dann folgenden Prototyp:

```
void* operator new(size_t size);
```

Überladen von new mit zusätzlichem Parameter

Eine erweiterte Syntax für den `new`-Operator erlaubt es, beim Aufruf von `new` zusätzliche Argumente zu übergeben, die an die Operatorfunktion weitergegeben werden. Die entsprechende Operatorfunktion muss im allgemeinen selbst definiert werden.

8

Als Spezialfall wird im folgenden die `nothrow`-Version von `new` vorgestellt. Diese Version ist nützlich, wenn Fehler bei der Speicherreservierung über den NULL-Zeiger angezeigt und keine Exceptions ausgelöst werden sollen.

Beispiel: `Test* ptr = new(nothrow()) Test("Test-Objekt");`

Hier erhält der Operator `new` als Argument ein Objekt vom Typ `nothrow`, das mit dem Default-Konstruktor erzeugt wird. Der Typ `nothrow` ist eine Struktur, die in der Header-Datei `new` definiert ist und keine Datenelemente besitzt. Ein Objekt dieses Typs zeigt lediglich an, dass keine Exception ausgelöst werden soll.

Mit Ausführung des `new`-Ausdrucks wird eine Version der Operatorfunktion `operator new()` aufgerufen, die zusätzlich zur Größe des Speicherbereichs eine Referenz auf ein Objekt vom Typ `nothrow` erhält.

```
void* operator new(size_t size, const nothrow&);
```

Für diese Operatorfunktion gibt es eine vordefinierte Version, welche prinzipiell die gleichen Aktionen ausführt wie die Standard-Operatorfunktion mit einem Parameter. Insbesondere wird auch der New-Handler aufgerufen. Der einzige Unterschied besteht darin, dass im Fehlerfall der NULL-Zeiger zurückgegeben wird. Eine eventuell durch den New-Handler ausgelöste Exception wird abgefangen. Beim Überladen dieser Operatorfunktion ist im Fehlerfall natürlich auch ein NULL-Zeiger zurückzugeben.

Überladen von delete

Mit dem Operator `new` ist auch der Operator `delete` zu überladen. Die Operatorfunktion von `delete` erwartet als Argument einen Zeiger auf den zuvor mit `new` allokierten Bereich, der wieder freizugeben ist. Ihr Parameter hat deshalb den Datentyp `void*`. Einen Return-Wert besitzt sie nicht:

```
void operator delete(void*);
```

Wie bei der Standard-Version sollte als Argument auch der NULL-Zeiger zulässig sein.

8.9 Klassenspezifische Überladung

Beispielprogramm

```
#include <string.h>
#include <iostream>
using namespace std;

class Demo
{
  private:
    char name[32];
  public:
    Demo( const char *str = "")
    {
      strncpy( name, str, 32); name[31] = '\0';
    }
    void *operator new( size_t size);
    void  operator delete( void *ptr);
    friend ostream& operator<<( ostream&, Demo&);
};

void *Demo::operator new( size_t size)
{
    cerr << "new fuer Demo aufgerufen!\n";
    void *ptr = ::new char[size];  // Globales new aufrufen
    return ptr;
}
void Demo::operator delete( void *ptr)
{
    cerr << "delete fuer Demo aufgerufen!\n";
    ::delete[] ptr;               // Globales delete aufrufen
}
ostream& operator<<( ostream& os, Demo& d)
{
   os << d.name;   return os;
}

Demo demo1("Globales Objekt");

int main()
{
   Demo *dPtr = new Demo("Dynamisches Objekt");
   cout << "demo1: " << demo1 << '\n';
   cout << "*dPtr: " << *dPtr << '\n';
   delete dPtr;
   return 0;
}
```

Interner Ablauf

Bei der dynamischen Speicherreservierung mit `new` wird zunächst der angeforderte Speicher durch eine Operatorfunktion von `new` allokiert. Anschließend wird der Konstruktor des entsprechenden Objekts aufgerufen. Bei der Freigabe des Speichers mit `delete` hingegen wird zuerst der Destruktor des entsprechenden Objekts aufgerufen. Erst dann wird mit dem Aufruf der Operatorfunktion der Speicherbereich freigegeben.

Dieser Ablauf bleibt gleich, wenn die Operatoren `new` und `delete` für spezielle Klassen überladen werden. Im Gegensatz zur globalen Überladung kann die klassenspezifische Überladung von `new` und `delete` spezielle Eigenschaften einer Klasse berücksichtigen und so zu mehr Effizienz führen.

Operatorfunktionen als Methoden

Sollen die Operatoren `new` und `delete` für eine Klasse überladen werden, so sind die entsprechenden Operatorfunktionen als *Methoden* der Klasse zu definieren. Erhält dann der Operator `new` diese Klasse als Operanden, so wird zur Allokierung des Speicherbereichs die entsprechende Methode aufgerufen.

Der globale `new`-Operator steht weiterhin zur Verfügung. Er wird mit Hilfe des Bereichsoperators angesprochen:

```
::new Typ;
```

Von dieser Möglichkeit kann insbesondere bei der Definition der klassenspezifischen Überladung von `new` Gebrauch gemacht werden.

Die klassenspezifischen Operatorfunktionen von `new` und `delete` sind *statische* Methoden. Sie können deshalb nur auf die statischen Elemente der Klasse zugreifen und erhalten keinen `this`-Zeiger auf ein aktuelles Objekt. Dies ist auch sinnvoll: Eine Operatorfunktion von `new` wird aufgerufen, bevor das Objekt zu existieren beginnt.

new und delete für Vektoren

Für das Reservieren und Freigeben von Speicherplatz für Vektoren werden die Operatoren `new[]` und `delete[]` verwendet. Die Überladung erfolgt in gleicher Weise wie bei `new` und `delete` und kann wieder global oder klassenspezifisch vorgenommen werden. Die Prototypen der Operatorfunktionen sind:

```
void* operator new[] (size_t size);

void  operator delete[] (void *ptr);
```

Mit der Überladung von `new` und `delete` für einzelne Objekte ist im allgemeinen die Überladung der Vektorversion erforderlich. Nur dann wird bei dynamisch erzeugten Vektoren die selbst definierte Speicherverwaltung eingesetzt.

Für die Operatorfunktion von `new[]` gibt es auch eine `nothrow`-Version, die im Fehlerfall keine Exception auslöst und den `NULL`-Zeiger zurückgibt.

8.10 Übungen

Rechenregeln für Brüche

```
                      a     c     a*d + c*b
Addition:             -  +  -  =  _________
                      b     d        b*d

                      a     c     a*d - c*b
Subtraktion:          -  -  -  =  _________
                      b     d        b*d

                      a     c       a * c
Multiplikation:       -  *  -  =  _________
                      b     d       b * d

                      a     c       a * d
Division:             -  /  -  =  _________
                      b     d       b * c
```

Die Liste mit Telefonnummern

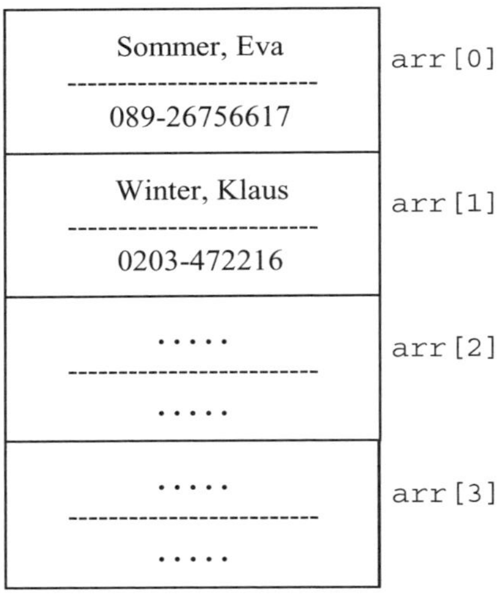

1. Aufgabe

Es soll eine Klasse zur Darstellung von Brüchen gebildet werden, so dass arithmetische Operationen und Ein-/Ausgaben wie bei elementaren Datentypen ausgeführt werden können.

- Deklarieren Sie zu dem Zweck eine Klasse `Bruch` mit einem Zähler und einem Nenner vom Typ `long` und einem Konstruktor mit zwei Parametern vom Typ `long`. Der erste Parameter (Zähler) erhält den Default-Wert `0`, der zweite Parameter (Nenner) den Default-Wert `1`. Deklarieren Sie ferner die Operatoren `-`, `+=` und `-=` als Elementfunktionen der Klasse `Bruch`. Die binären Operatoren + , - , * , / sowie >> , << für die Ein-/Ausgabe sollen als `friend`-Funktionen deklariert werden. Definieren Sie die Parameter der überladenen Operatoren als Referenzen auf konstante Objekte, soweit dies möglich ist.
- Implementieren Sie den Konstruktor so, dass der Wert des Nenners stets positiv ist. Falls der Wert des Nenners `0` ist, wird eine Fehlermeldung an die Standard-Fehlerausgabe geschickt und das Programm mit einem Aufruf von `exit()` beendet.
  Die Operatorfunktionen für die arithmetischen Operatoren liefern einen Bruch als Return-Wert. Nebenstehend sind die Formeln für die verschiedenen arithmetischen Operationen angegeben. Implementieren Sie dann die Operatorfunktionen zur Überladung der Operatoren << und >> für die Ein-/Ausgabe.
- Testen Sie die Klasse `Bruch`, so dass alle überladenen Operatoren aufgerufen werden.

2. Aufgabe

Es soll eine Array-Klasse zur Darstellung von Telefonlisten entwickelt werden. Auf jeden Eintrag in einer Telefonliste soll nicht nur über einen Index, sondern auch über einen Namen zugegriffen werden können (*assoziativer Array*).

- Definieren Sie zu dem Zweck eine Klasse `Person` mit zwei Datenelementen zur Darstellung eines Namens und einer Telefonnummer (`char`-Vektoren) sowie einer `friend`-Deklaration für die Klasse `PersonArray`. Definieren Sie ferner einen Konstruktor und zwei Methoden, die einen Namen und eine Telefonnummer im Dialog einlesen bzw. auf dem Bildschirm ausgeben.
- Zur Darstellung einer Telefonliste definieren Sie die Klasse `PersonArray`, die einen Zeiger auf ein Objekt vom Typ `Person` für den Vektor sowie eine `int`-Variable für die Anzahl der Vektorelemente besitzt. Der Konstruktor erhält eine Ganzzahl als Argument und reserviert den Speicherplatz für die entsprechende Anzahl Objekte dynamisch. Der Destruktor gibt den dynamisch reservierten Speicherplatz wieder frei. Eine Zugriffsmethode `size()` liefert die Anzahl der Vektorelemente.

8.11 Übungen

Die Vektoren heap[ ] und freeList[ ]

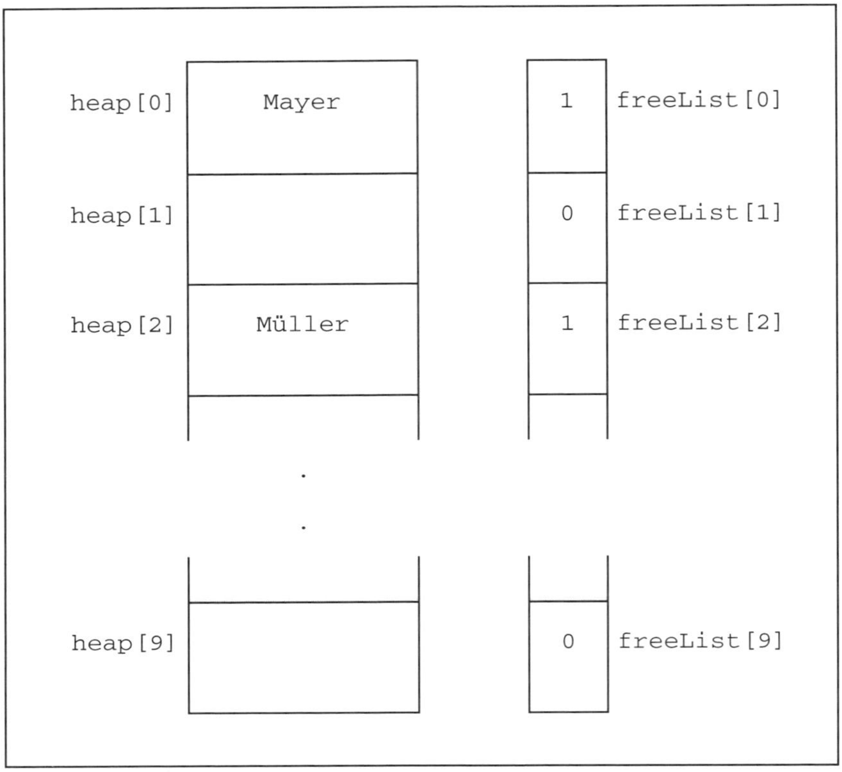

2. Aufgabe (Fortsetzung)

- Die Operatorfunktion für `[]` wird als Elementfunktion definiert und zweimal überladen: Einmal erhält sie einen `int`-Wert als Argument und liefert eine Referenz auf das entsprechende Vektorelement zurück. Das andere Mal erhält sie als Argument einen String mit dem Suchnamen. Wird der Name im Vektor gefunden, so liefert sie die entsprechende Telefonnummer zurück, andernfalls den `NULL`-Zeiger.
- Testen Sie die Telefonliste, indem Sie die Elemente mit Anfangswerten versehen und ausgeben. Dann wird ein Name eingelesen und die entsprechende Telefonnummer ermittelt und ausgegeben.

3. Aufgabe

Zur dynamischen Verwaltung von Objekten einer Klasse soll ein einfaches Speichermanagement-System entwickelt werden. Zu diesem Zweck wird eine Klasse `Demo` definiert, für die `new` und `delete` überladen werden. Außerdem wird eine weitere Klasse `Free` definiert, welche den Freispeicher verwaltet.

- Definieren Sie die Klasse `Demo` mit einem Namensfeld als Datenelement, einem Konstruktor und den passenden Zugriffsmethoden.

  Definieren Sie eine Klasse `Free` mit einem Vektor `heap` für 10 Elemente vom Typ `Demo`. Dieser stellt den Freispeicher dar. Die Klasse `Free` enthält ferner einen Vektor `freeList[]` mit 10 Elementen vom Typ `char`. Eine `0` in diesem Vektor bedeutet, dass das entsprechende Element im Vektor `heap` frei ist, eine `1` bedeutet belegt. Neben einem Default-Konstruktor, der alle Elemente im Vektor `freeList[]` auf `0` (`0` = frei) setzt, sollen folgende Methoden zur Verfügung gestellt werden:

```
int   firstFit();        // private Methode
Demo* getFromFree(size_t size);
void  addToFree(Demo*)
```

  Die Methode `firstFit()` sucht im Vektor `freeList` sequenziell nach dem ersten Element mit dem Wert `0`. Die Methode liefert den Index des gefundenen Elements zurück bzw. `-1`, falls kein Platz frei ist.

  Die Methode `getFromFree()` erhält die zu reservierende Bytezahl als Argument. Ist dieser Wert zulässig und kann `firstFit()` einen freien Platz im Vektor `heap` finden, so gibt `getFromFree()` einen Zeiger auf den freien Platz zurück. Sonst wird eine Meldung an die Fehlerausgabe geschickt und das Programm beendet.

  Die Methode `addToFree()` gibt den durch ihr Argument adressierten Speicherplatz frei, indem sie das entsprechende Element im Vektor `freeList` auf `0` setzt.
- Ergänzen Sie die Klasse `Demo` um ein statisches Datenelement vom Typ `Free` und um die Operatorfunktionen zur Überladung von `new` und `delete`. Diese rufen die Methoden `getFromFree()` bzw. `addToFree()` auf.

> **Hinweis** Da die Klasse `Free` vor ihrer Definition in `Demo` verwendet wird, muss sie vor `Demo` deklariert werden: `class Free;`

- Testen Sie die überladenen Operatoren `new` und `delete`.

8

8.12 Lösungen

Zur 1. Aufgabe

```
// ------------------------------------------------------------
// Datei: bruch.h
// Zweck: Eine numerische Klasse zur Darstellung von Bruechen.
// ------------------------------------------------------------

#ifndef _BRUCH_
#define _BRUCH_

#include <stdlib.h>
#include <iostream>
using namespace std;

class Bruch
{
  private:
   long zaehler, nenner;

  public:
   Bruch(long z = 0, long n = 1);
   Bruch operator-() const
   {
      return Bruch(-zaehler, nenner);
   }
   Bruch operator+=(const Bruch& a)
   {
      zaehler = a.zaehler * nenner + zaehler * a.nenner;
      nenner *= a.nenner;
      return *this;
   }
   Bruch operator-=(const Bruch& a)
   {
      *this += (-a);
      return *this;
   }

   friend Bruch operator+ (const Bruch&, const Bruch& );
   friend Bruch operator- (const Bruch&, const Bruch& );
   friend Bruch operator* (const Bruch&, const Bruch&);
   friend Bruch operator/ (const Bruch&, const Bruch&);

   friend ostream& operator<< (ostream& os, const Bruch& a);
   friend istream& operator>> (istream& is, Bruch& a);
};

#endif
```

```
// ---------------------------------------------------------------
// Datei:  bruch.cpp
// Zweck:  Definition der Methoden und friend-Funktionen
//         der Klasse Bruch.
// ---------------------------------------------------------------

#include "bruch.h"
#include <stdlib.h>
#include <iostream>
using namespace std;

// Konstruktor:
Bruch::Bruch(long z, long n)
{
   if(n != 0)
   {
     if( n < 0 ) z = -z, n = -n;
     zaehler = z;
     nenner  = n;
   }
   else
   {
     cerr << "\nFehler: Division durch Null!\n";
     exit(1);
   }
}

Bruch operator+(const Bruch& a, const Bruch& b )
{
   Bruch temp;
   temp.nenner = a.nenner * b.nenner;
   temp.zaehler = a.zaehler*b.nenner + b.zaehler * a.nenner;
   return temp;
}

Bruch operator-(const Bruch& a, const Bruch& b )
{
   Bruch temp = a;
   temp += (-b);
   return temp;
}

Bruch operator*(const Bruch& a, const Bruch& b )
{
   Bruch temp;
   temp.zaehler = a.zaehler * b.zaehler;
   temp.nenner  = a.nenner  * b.nenner;
   return temp;
}
```

8

8.13 Lösungen (Fortsetzung)

Zur 1. Aufgabe (Fortsetzung)

```
Bruch operator/(const Bruch& a, const Bruch& b )
{
   if( b.zaehler == 0)
   {
     cerr << "\nFehler: Division durch Null!\n";
     exit(1);
   }
   Bruch temp;        // a mit dem Kehrwert von b multiplizieren.
   temp.zaehler = a.zaehler * b.nenner;
   temp.nenner  = a.nenner  * b.zaehler;
   if( temp.nenner < 0 )
     temp.zaehler = -temp.zaehler,
     temp.nenner  = -temp.nenner;
   return temp;
}

ostream& operator<<(ostream& os, const Bruch& a)
{
   os << a.zaehler << "/" << a.nenner;
   return os;
}

istream& operator>>(istream& is, Bruch& a)
{
   cout << "\nBruch eingeben:\n"
           "  Zaehler:      ";   is >> a.zaehler;
   cout << "  Nenner != 0:  ";   is >> a.nenner;
   if( a.nenner == 0)
   {
      cout << "\nFehler: Der Nenner ist 0\n"
              "  Neuer Nenner != 0: ";   is >> a.nenner;
      if( a.nenner == 0)
      {
        cerr << "\nFehler: Division durch Null!\n";
        exit(1);
      }
   }
   if( a.nenner < 0 )
      a.zaehler = -a.zaehler,
      a.nenner  = -a.nenner;
   return is;
}
```

```
// -------------------------------------------------------------
//  Datei:   bruch_t.cpp
//  Zweck:   Die Klasse Bruch testen.
//  Module: bruch_t.cpp  bruch.cpp
// -------------------------------------------------------------

#include "bruch.h"
#include <iostream>
using namespace std;

int main()
{
   Bruch a(1,2), b(6);

   cout << "\nEinige Testausgaben:\n\n";

   cout << " a = " << a << endl;
   cout << " b = " << b << endl;

   cout << " a + b = " << (a + b) << endl;
   cout << " a - b = " << (a - b) << endl;
   cout << " a * b = " << (a * b) << endl;
   cout << " a / b = " << (a / b) << endl;

   a += Bruch(1,2);
   cout << " a+= 1/2;  a = " << a << endl;

   a -= Bruch(1,2);
   cout << " a-= 1/2;  a = " << a << endl;

   cout << "-b = " << -b << endl;

   cout << "\nUnd jetzt eine Eingabe\n";
   cin  >> a;
   cout << "\nIhre Eingabe: " << a << endl;

   return 0;
}
```

8.14 Lösungen (Fortsetzung)

Zur 2. Aufgabe

```
// ------------------------------------------------------------
// Datei:  persAr.h
// Zweck:  Definition einer Array-Klasse (assoziativer Array).
// ------------------------------------------------------------
#ifndef _PERSON_ARR_
#define _PERSON_ARR_

#include <stdlib.h>
#include <string.h>
#include <iostream>
using namespace std;

// Hilfsfunktion zum Kopieren von Strings

inline void strcpy( char *s1, const char *s2, int n)
{
  strncpy( s1, s2, n);   s1[n] = '\0';
}

class Person                          // Typ der Vektorelemente
{
    char name[32];
    char tel[20];

  public:
    friend class PersonArray;

    Person( const char *n = "", const char *nr = "")
    {
        strcpy(name, n, sizeof(name)-1);
        strcpy(tel, nr, sizeof(tel)-1);
    }

    void putPerson()
    {
       cout << "\n--------------------------------------------";
       cout << "\n  Name ......: " << name;
       cout << "\n  Telefon-Nr.: " << tel << endl;
    }

    void getPerson()
    {
       cout << "\n--------------------------------------------";
       cout << "\n  Name ...... : ";
       cin.getline( name, sizeof(name));
       cout << "\n  Telefon-Nr.: ";
       cin.getline( tel, sizeof(tel));
    }
};
```

```
class PersonArray                         // Der assoziative Array
{
    Person *arr;
    int arrSize;

  public:
    PersonArray( int s)
    {
        arrSize = 0;
        if( s > 0 && (arr = new Person[s]) != NULL)
          arrSize = s;
    }

    ~PersonArray()
    {
      delete[] arr;
    }

    int size() { return arrSize; }

    Person& operator[] (int index);                  // Operator []
    const char *operator[] (const char *n);
};

#endif

// -------------------------------------------------------------
//  Datei:  persAr.cpp
//  Zweck:  Definition der Operatorfunktionen für die Klasse
//          PersonArray
// -------------------------------------------------------------
#include "persAr.h"

// Zu einem Index das Vektorelement liefern:
Person& PersonArray::operator[] (int i)
{
    if( i < 0  ||  i >= arrSize)
    {
      cerr << "\nARRAY: Out of range!\n";  exit(1);
    }
    return arr[i];
}

// Zu einem Namen die Telefonnummer liefern:
const char *PersonArray::operator[] (const char *suchName)
{
    for( int i=0; i < arrSize; ++i)
      if( strcmp( arr[i].name, suchName) == 0)
        return arr[i].tel;
    return NULL;
}
```

8.15 Lösungen (Fortsetzung)

Zur 2. Aufgabe (Fortsetzung)

```
// --------------------------------------------------------------
//  Datei:   persAr_t.cpp
//  Zweck:   Die Klasse PersonArray testen (assoziativer Array).
//  Module: persAr_t.cpp  persAr.cpp
// --------------------------------------------------------------

#include "persAr.h"
#include <iostream>
using namespace std;
int main()
{
   PersonArray vek(4);          // Vektor mit 4 Elementen anlegen
   int i;

   if( vek.size() == 0)
   {
     cerr <<"\nPersonen-Tabelle konnte nicht angelegt werden!\n";
     exit(1);
   }

   vek[0] = Person("Sommer, Eva", "123456");

   cout << "\nBitte Namen und Telefonnummern eingeben:\n";
   for( i = 1; i < vek.size(); ++i)
      vek[i].getPerson();

   cout << "\nDer gesamte Inhalt des Vektors :\n";
   for( i = 0; i < vek.size(); ++i)
       vek[i].putPerson();

   cout << "\nVon wem suchen Sie die Telefonnummer? "
           "\nVollstaendiger Name:  ";
   char suchname[32];
   for(;;)
   {
     cin.getline( suchname, sizeof(suchname));
     if(suchname[0] == '\0')
        break;

     const char *nrStr = vek[suchname];
     if( nrStr == NULL)
       cout << "\nName nicht gefunden!\n";
     else
       cout << "\nDie gesuchte Telefonnummer: " << nrStr << endl;

     cout << "\nSuche beenden: Nur Eingabetaste"
          << "\nNaechster Name: ";
   }
   return 0;
}
```

Zur 3. Aufgabe

```
// ------------------------------------------------------------
//  Datei:  newDemo.h
//  Zweck:  new und delete klassenspezifisch ueberladen.
//          Definition der Klasse Demo mit einem
//          eigenen Speichermanagement.
// ------------------------------------------------------------

#include <stdlib.h>
#include <string.h>
#include <iostream>
using namespace std;

class Free;          // Deklaration, da schon in Demo verwendet

// Die Klasse Demo
class Demo
{
   private:
     char name[32];

     static Free store;       // Deklaration des Freispeichers

   public:
     Demo( const char *name="") { setName(name); }

     void setName( const char *n)
     {
        strncpy( name, n, sizeof(name)-1);
        name[sizeof(name)-1] = '\0';
     }

     const char *getName() const { return name; }

     void *operator new( size_t size);
     void operator delete(void *ptr);
};

// Die Klasse Free
class Free
{
   private:
     Demo heap[10];
     char freeList[10];

     int firstFit();       // Private Hilfsfunktion

   public:
     Free();
     Demo* getFromFree(size_t size);
     void addToFree(Demo* );
};
```

8.16 Lösungen (Fortsetzung)

Zur 3. Aufgabe (Fortsetzung)

```
// ----------------------------------------------------------
//  Datei:  newDemo.cpp
//  Zweck:  Die Methoden und statischen Elemente der Klassen
//          Demo und Free definieren.
// ----------------------------------------------------------

#include "newDemo.h"

// --- Die Methoden und der Freispeicher der Klasse Demo

Free Demo::store;                            // Definition

void *Demo::operator new(size_t size)
{
   cout << "\nEs werden " << size
        << " Bytes Speicher reserviert.\n";

   return (void*)store.getFromFree( size);
}

void Demo::operator delete(void *ptr)
{
   store.addToFree((Demo*) ptr);
}

// --- Die Methoden der Klasse Free

Free::Free()
{
   for(int i=0; i < 10; i++)
     freeList[i] = 0;
}

int Free::firstFit(void)
{
   int i = 0;
   while( i < 10 &&  freeList[i] == 1)
      i++;

   if (i == 10)  i = -1;          // Kein freier Speicher!

   return i;
}
```

```
Demo* Free::getFromFree(size_t size)
{
   int i;
   if ( size > sizeof(Demo)  ||  (i = firstFit()) < 0)
   {
     cerr << "Fehler: Kein Speicher! ";     exit(1);
   }

   freeList[i] = 1;                // Speicher belegen!
   return  (heap + i);
}

void Free::addToFree(Demo *p)
{
   int i = p - heap;       // Index im Vektor heap[] bestimmen.

   freeList[i] = 0;
}

// ---------------------------------------------------------------
//  Datei:  new_t.cpp
//  Zweck:  Klasse Demo mit einer eigenen Speicherverwaltung:
//          new und delete sind klassenspezifisch ueberladen.
// ---------------------------------------------------------------
#include "newDemo.h"
#include <iostream>
using namespace std;

void showDemo( const Demo * p);

int main()
{
   Demo *p1, *p2;

   p1 = new Demo("Objekt1");
   showDemo( p1);

   p2 = new Demo("Objekt2");
   showDemo( p2);

   delete p1;

   p1 = new Demo("Objekt3");
   showDemo( p1);

   delete p1;
   delete p2;

   return 0;
}

void showDemo( const Demo * p)
{
   cout << "\nAdresse: " << (void *)p
        << "\nInhalt:  " << p->getName() << endl;
}
```

Kapitel 9: Typumwandlungen

In diesem Kapitel wird beschrieben, wie Typumwandlungen zwischen verschiedenen Klassen bzw. zwischen einer Klasse und einem Standard-Datentyp definiert werden. Die Umwandlung geschieht mit Hilfe von Konvertierungskonstruktoren und Konvertierungsfunktionen.

Konvertierungen innerhalb von Klassenhierarchien werden in Kapitel 19, »Type-Casts und Typinformationen«, dargestellt.

9.1 Typumwandlungen

Hierarchie der Datentypen

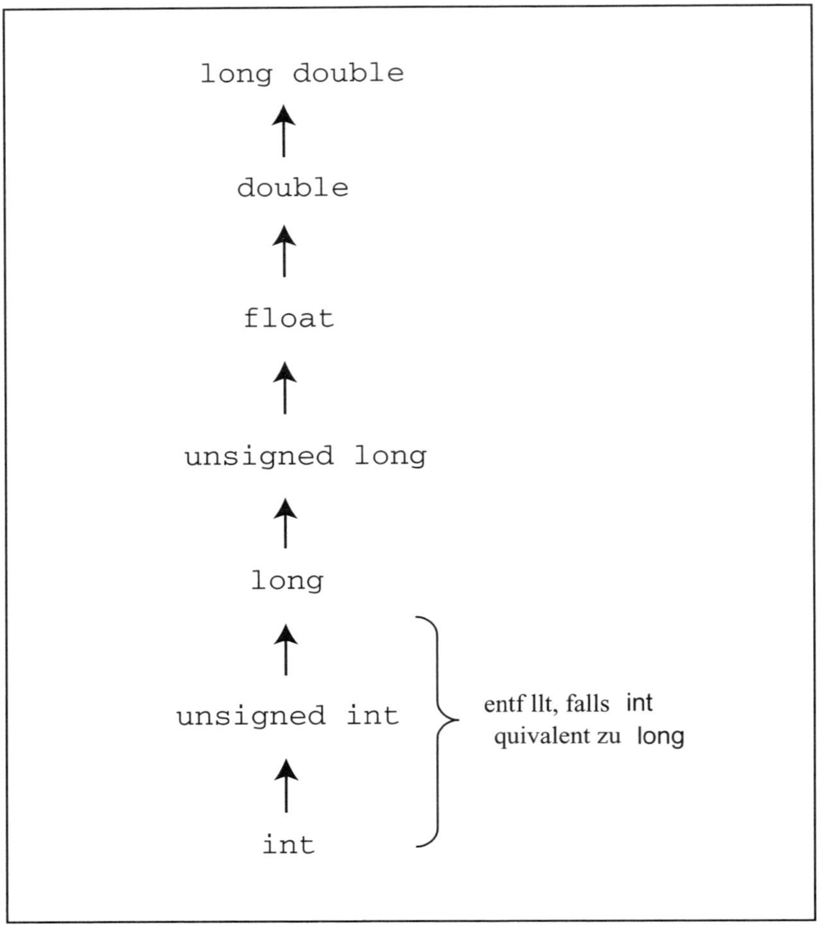

Explizite und implizite Typumwandlungen

Typumwandlungen sind ein wichtiger Bestandteil von C++-Programmen. Sie können implizit durch den Compiler erfolgen oder explizit durch einen entsprechenden Cast-Ausdruck (engl. *Type-Cast*).

Neben dem von C her bekannten Cast-Operator `(typ)` stellt C++ vier neue Operatoren für explizite Typumwandlungen zur Verfügung. Der wichtigste davon ist der Operator `dynamic_cast< >`, der Konvertierungen innerhalb von Klassenhierarchien vornimmt. Diese Operatoren werden deshalb erst nach den Themen »Vererbung« und »Polymorphie« behandelt.

Eine implizite Typkonvertierung nimmt der Compiler immer dann vor, wenn beim Aufruf einer Funktion bzw. eines Operators keine exakte Typentsprechung vorliegt, aber durch Anwendung einer Typumwandlung der Aufruf erfolgen kann.

Standard-Typumwandlungen

9

Die aus C bekannten impliziten Typumwandlungen für elementare Datentypen werden auch in C++ durchgeführt. Diese Standard-Typumwandlungen erfolgen am häufigsten in folgenden Fällen:

- Arithmetische Ausdrücke und Vergleiche
  Haben zwei Operanden verschiedene Datentypen, so wird stets der »kleinere« Typ in den »größeren« Typ umgewandelt, z. B. `char` in `int` oder `long` in `double`.
- Zuweisungen
  Der Wert auf der rechten Seite der Zuweisung wird in den Typ der Variablen auf der linken Seite konvertiert, z. B. ein Wert vom Typ `long` in `int`.
- Funktionsaufrufe
  Die Argumente werden wie bei der Zuweisung in den Typ der Parameter konvertiert. So wird ein `int`-Argument in `double` umgewandelt, wenn die Funktion einen `double`-Wert erwartet.

Typumwandlungen für Klassen

Darüber hinaus werden in C++ auch für Klassen implizite und explizite Typumwandlungen vorgenommen. Wie der Compiler die Umwandlungen für eine Klasse durchführt, das legt der Programmierer selbst in der Klasse fest. Dabei können Typumwandlungen zwischen verschiedenen Klassen sowie zwischen Klassen und Standard-Typen definiert werden.

Die Typumwandlung wird durch die Definition von Konvertierungskonstruktoren oder Konvertierungsfunktionen festgelegt. Für die Umwandlung eines anderen Typs in die aktuelle Klasse wird ein Konvertierungskonstruktor aufgerufen. Die Konvertierungsfunktion nimmt eine Umwandlung in umgekehrter Richtung vor.

9.2 Konvertierungskonstruktoren

Ein Konvertierungskonstruktor für die Klasse String

```
// -------------------------------------------------------
// Die Klasse String (5. Kapitel) besitzt einen
// char * -Konstruktor:

String::String(const char* );     // Erzeugt aus einem C-String
                                  // ein Objekt der Klasse String
```

Aufruf des Konvertierungskonstruktors

```
// -------------------------------------------------------

String s1,                        // Default-Konstruktor.
       s2("Hallo");               // Konvertierungskonstruktor
                                  // char *  --> String
s1 = s2;                          // Keine Konvertierung.

s1 = "Hallo";                     // Implizite Konvertierung
                                  // char *  --> String

s1 = String("Hallo");             // Explizite Konvertierung
                                  // (Konstruktorschreibweise).

s1 = (String)"Hallo";             // Explizite Konvertierung
                                  // (Cast-Schreibweise).
```

Hinweis Bei jeder Typumwandlung mit Hilfe eines Konvertierungskonstruktors wird ein temporäres Objekt erzeugt, das dann in der Anweisung verwendet wird. Anschließend wird das temporäre Objekt wieder zerstört.

Begriff

Ein Konstruktor mit einem Parameter ist nichts anderes als die Vorschrift, wie aus dem übergebenen Argument ein neues Objekt der Klasse erzeugt wird. Deshalb heißt jeder Konstruktor mit einem Parameter *Konvertierungskonstruktor*. Davon ausgenommen ist der Kopierkonstruktor: Er erzeugt aus einem bereits existierenden Objekt ein neues Objekt derselben Klasse und nimmt damit keine Konvertierung vor.

In einigen Beispielen wurden bereits Konvertierungskonstruktoren eingesetzt. Mit dem Konstruktor für die Klasse `Complex`

Beispiel: `Complex::Complex(double);`

werden Zahlen vom Typ `double` in komplexe Zahlen konvertiert. So können `double`-Werte als spezielle komplexe Zahlen angesehen werden. Folgende Deklarationen führen dann zum selben Ergebnis:

Beispiele:
```
Complex z(1.7);              // double Konstruktor
Complex z = 1.7;             // double Konstruktor
Complex z = Complex(1.7);    // u. Kopierkonstruktor
```

In der letzten Deklaration wird mit dem Konstruktoraufruf `Complex(1.7)` zunächst ein temporäres Objekt erzeugt, das dann mit Hilfe des Kopierkonstruktors zur Initialisierung von `z` benutzt wird.

Aufruf eines Konvertierungskonstruktors

Die Konvertierungskonstruktoren werden vom Compiler für explizite und implizite Typumwandlungen herangezogen.

Beispiel:
```
Complex z1, z2(1.1, 2.2);
z1 = z2 + (Complex)3.0; // explizit
z1 = z2 + 3.0;          // implizit
```

Im Ausdruck `z2 + 3.0` liegt zunächst ein »Type mismatch« vor. Es gibt nämlich keine Operatorfunktion für +, die eine komplexe Zahl und einen `double`-Wert addiert. Der Compiler sucht daher nach einer Konvertierungsmöglichkeit, um den Ausdruck dennoch übersetzen zu können. In dem Fall aktiviert er den Konvertierungskonstruktor, um aus `3.0` ein temporäres Objekt vom Typ `Complex` zu erzeugen. `z2` und das temporäre Objekt `Complex(3.0)` werden dann addiert. Anschließend wird das temporäre Objekt wieder zerstört.

Standard-Konvertierungen

Zusätzlich zu einer selbstdefinierten Konvertierung werden nach wie vor Standard-Konvertierungen vorgenommen. So können im obigen Beispiel statt eines `double`-Werts auch andere numerische Standard-Typen eingesetzt werden.

Beispiel:
```
z1 = z2 + 3;            // int -> double -> Complex.
```

9.3 Konvertierungsfunktionen

Die Funktion operator double()

```
// -------------------------------------------------------
// Die Klasse Complex mit einer Konvertierungsfunktion
// fuer die Umwandlung von Complex nach double
// -------------------------------------------------------
#include <iostream>
using namespace std;

class Complex
{
  private:
    double re, im;
  public:
    // Konstruktor:
    Complex( double r=0, double i=0) { re = r;  im = i; }
    // Zur Konvertierung von Complex nach double
    operator double() const { return re; }
    // weitere Methoden und friend-Deklarationen
    . . .  // wie gehabt
};


int main()                          // Konvertierungen testen.
{
   Complex  zahl(1.2, 3.4);
   double x;
   int i;

   x = zahl;                        // Implizite Typkonvertierung
   x = (double)zahl;                // Explizite Typkonvertierung
   x = zahl.operator double();      // Auch moeglich!
   // Auch fuer Standard-Typen darf die Konstruktor-
   // Schreibweise verwendet werden:
   x = double(zahl);
   // Zusaetzliche Standard-Konvertierungen werden ausgefuehrt:
   i = zahl;                        // Complex -> double -> int

   cout  <<  "\nKomplexe Zahl:  "  <<  zahl;
   cout  <<  "\n  double-Zahl:  "  <<  x;
   cout  <<  "\n     int-Zahl:  "  <<  i  <<  '\n';

   return 0;
}
```

Begriff

Ein Konstruktor mit einem Parameter definiert stets eine Typumwandlung, wobei der Zieltyp die eigene Klasse ist. Es gibt aber auch die Möglichkeit, eine Typumwandlung in umgekehrter Richtung zu definieren: Ein Objekt der aktuellen Klasse kann in einen beliebigen anderen Datentyp konvertiert werden.

Zu dem Zweck muss eine *Konvertierungsfunktion* geschrieben werden. Das ist eine Elementfunktion, die festlegt, wie die Konvertierung erfolgen soll. Der Name einer Konvertierungsfunktion besteht aus dem Schlüsselwort `operator` und dem Zieltyp, also z.B. `operator int()`, wenn der Zieltyp `int` ist.

Konvertierung von Complex in double

Wird eine Gleitpunktzahl einer ganzzahligen Variablen zugewiesen, so wird der gebrochene Anteil abgeschnitten. Das heißt, die Nach-»Komma«-Stellen gehen verloren. In ähnlicher Weise soll eine komplexe Zahl einer Variablen vom Typ `double` zugewiesen werden können, wobei der Imaginärteil (= zweite Komponente) verlorengeht. Dazu muss eine Konvertierungsfunktion für die Umwandlung `Complex` → `double` geschrieben werden. Sie besitzt folgende Deklaration:

```
operator double(void) const;
```

Auffällig ist, dass kein Ergebnistyp angegeben wird. Dieser ist automatisch durch den Zieltyp festgelegt. Die Definition und der Einsatz dieser Funktion ist nebenstehend angegeben.

Regeln

Es gelten die folgenden Regeln:

- Eine Konvertierungsfunktion wird immer als Methode ohne Parameter definiert.
- Der Name der Funktion ist `operator Zieltyp()`. Der Ergebnistyp wird nicht angegeben, sondern ist durch den Namen implizit festgelegt: nämlich `Zieltyp`.
- Die Funktion muss so geschrieben sein, dass sie aus dem aktuellen Objekt, also `*this`, ein Objekt vom Typ `Zieltyp` erzeugt und dieses als Ergebnis zurückgibt.

Der Zieltyp kann auch aus mehreren Schlüsselworten und Symbolen bestehen, z.B. `unsigned int` oder `const char*`.

Außerdem kann der Zieltyp auch wieder eine Klasse sein. In diesem Fall muss entschieden werden, ob es nicht besser ist, einen entsprechenden Konvertierungskonstruktor in der Zielklasse zu definieren.

Konvertierungsfunktionen sind aber immer dann vorzuziehen, wenn die Zielklasse nicht geändert werden soll, z.B. wenn sie eine vordefinierte Standard-Klasse ist oder eine Klasse aus einer Klassenbibliothek (»Toolbox«).

9.4 Mehrdeutigkeiten

Explizite Typumwandlungen für die Klasse Complex

```
// ----------------------------------------------------------
// Die Klasse Complex mit einem als explicit deklarierten
// Konstruktor und der Methode asDouble()
// ----------------------------------------------------------

class Complex
{
  private:
    double re, im;

  public:
    // Konstruktor:
    explicit Complex( double r=0, double i=0)
    { re = r;  im = i; }
    // asDouble() : Zur Konvertierung nach double
    // (ersetzt die Konvertierungsfunktion operator double())
    double asDouble() { return re; }
    // Weitere Methoden und friend-Deklarationen
    . . .  // wie gehabt
};


int main()                         // Konvertierungen testen
{
   Complex  zahl(1.1, -2.2);
   double x;

   x = zahl;                       // Fehler! Es gibt keine
                                   // Methode operator double()
   x = zahl.asDouble();            // ok
   zahl = x;                       // Fehler! Der Konstruktor
                                   // ist explicit.
   zahl = Complex(x);              // ok
   zahl = (Complex)x;              // ok
   zahl += x;                      // Fehler!
   zahl += Complex(x);             // ok;

   return 0;
}
```

Verschiedene Umwandlungsmöglichkeiten

Der Compiler kann nur dann eine Typkonvertierung problemlos vornehmen, wenn sie eindeutig ist. Gibt es zwei Möglichkeiten der Konvertierung, so erzeugt der Compiler eine entsprechende Fehlermeldung.

So kann die bloße Definition einer weiteren Konvertierungsfunktion dazu führen, dass ein ansonsten unverändertes Programm plötzlich nicht mehr übersetzt wird.

Beispiel: Für die Klasse `Complex` wurde die Konvertierungsfunktion

```
operator double()
```

definiert. Damit kann dann folgende Anweisung

```
zahl2 = zahl1 + 2.5;        // zahl1, zahl2 vom Typ Complex
```

nicht mehr übersetzt werden. Der Fehler liegt bei der Interpretation der Addition: Da sowohl die Konvertierung `double` → `Complex` als auch `Complex` → `double` definiert wurde, gibt es zwei Umwandlungsmöglichkeiten:

```
zahl1 + Complex(2.5);       // Komplexe Zahlen addieren
```

oder

```
(double)zahl1 + 2.5;       // double-Werte addieren
```

Beide Möglichkeiten sind für den Compiler gleichwertig.

Mehrdeutigkeit verhindern

Mehrdeutigkeiten können ausgeschaltet werden, wenn der Programmierer explizit die gewünschte Konvertierung angibt:

```
zahl2 = zahl1 + Complex(2.5);          // ok
```

In jedem Fall ist es guter Programmierstil, implizite Typumwandlungen möglichst zu vermeiden. Denn eine explizite Typumwandlung hat Vorteile:

- Anhand der Anweisungen im Quellcode wird deutlich, was beabsichtigt ist.
- Durch spätere Erweiterungen kann es nicht zu einer unerwünschten Konvertierung kommen.

Um explizite Typumwandlungen zu erzwingen, kann es sinnvoll sein, statt einer Konvertierungsfunktion eine entsprechend benannte Methode zu definieren, beispielsweise eine Methode `asTyp()`. Dies demonstriert das nebenstehende Beispiel.

Um auch implizite Typumwandlungen durch einen Konvertierungskonstruktor zu verhindern, kann dieser als `explicit` deklariert werden. Dann sind nur noch explizite Konstruktoraufrufe möglich, wie ebenfalls das nebenstehende Beispiel zeigt. Diese Möglichkeit wurde aber erst mit dem neuen ANSI-Standard eingeführt und steht noch nicht bei jedem Compiler zur Verfügung.

9.5 Übungen

Hilfsfunktion zur Aufgabe

```
// ---------------------------------------------------------
// Groesster gemeinsamer Teiler (ggT) zweier ganzer Zahlen.
// Berechnung mit einem Algorithmus nach Euklid.
// ---------------------------------------------------------

long ggt( long a, long b)
{
   if( a < 0)
       a = -a;

   if( b < 0)
       b = -b;

   if( a == 0 || b == 0)
       return 1;

   long hilf;
   while( b != 0)
   {
     hilf = a % b;  a = b;   b = hilf;
   }

   return a;
}
```

Aufgabe

Die Klasse `Bruch` aus dem vorigen Kapitel soll so ergänzt werden, dass eine Zahl vom Typ `double` in einen Bruch konvertiert werden kann und umgekehrt. Außerdem soll ein Bruch nach einer arithmetischen Operation automatisch gekürzt werden.

a) Der vorhandene Konstruktor der Klasse `Bruch` ermöglicht implizite Typumwandlungen von `int`, `long` und `double` in einen Bruch. Bei der Konvertierung von `double` in `Bruch` wird allerdings der gebrochene Anteil des `double`-Werts abgeschnitten, da er zunächst in `long` konvertiert wird.

   Es soll deshalb ein Konvertierungskonstruktor erstellt werden, der aus einem `double`-Wert einen Bruch bildet.

   Beispiel: `Bruch b(0.25);          // Ergibt den Bruch 1/4`

   Da bei der Umwandlung eines `double`-Werts in einen Bruch große Werte in Zähler und Nenner entstehen können, ist es vernünftig, beide Werte durch ihren größten gemeinsamen Teiler zu kürzen.

   - Übernehmen Sie die nebenstehende globale Funktion `ggt()` in Ihren Quellcode.
   - Ergänzen Sie dann die Klasse `Bruch` um die `inline`-Definition einer privaten Methode `kuerzen()`. Sie erhält kein Argument und hat den Typ `void`.
   - Die Methode `kuerzen()` bestimmt zunächst den größten gemeinsamen Teiler von Zähler und Nenner. Danach werden Zähler und Nenner durch den größten gemeinsamen Teiler dividiert.
   - Deklarieren Sie ferner einen Konstruktor, der einen Parameter vom Typ `double` besitzt, sowie einen Konstruktor, der einen Parameter vom Typ `int` besitzt (damit nach wie vor `int`-Werte in Brüche umgewandelt werden können).
   - Schreiben Sie den Konstruktor, der einen `double`-Wert auf mindestens drei Stellen genau in einen Bruch umwandelt. Dazu wird der `double`-Wert mit `1000` multipliziert und `0.5` hinzuaddiert (zum Runden). Das Ergebnis wird dem Zähler zugewiesen. Der Nenner erhält den Wert `1000`. Abschließend wird der Bruch gekürzt.
   - Ergänzen Sie alle Methoden und `friend`-Funktionen, für die es sinnvoll ist, durch einen geeigneten Aufruf der Methode `kuerzen()`.
   - Testen Sie in `main()` die impliziten Typumwandlungen von `double` nach `Bruch`, insbesondere in Zuweisungen und arithmetischen Ausdrücken.

a) Die Klasse `Bruch` wird jetzt so erweitert, dass ein Bruch in eine Zahl vom Typ `double` konvertiert werden kann.

   - Definieren Sie die entsprechende Operatorfunktion als `inline`-Methode.
   - Testen Sie die verschiedenen impliziten Typumwandlungen. Bilden Sie dabei auch die Summe von einem Bruch und einer Gleitpunktzahl. Die Zahlen sollen einmal als Brüche und einmal als `double`-Werte addiert werden.

   Die Operanden und das jeweilige Ergebnis sind auf dem Bildschirm anzuzeigen.

9.6 Lösungen

```
// -------------------------------------------------------------
// Datei:  bruch.h (9. Kapitel)
// Zweck:  Eine numerische Klasse zur Darstellung von Bruechen
//         mit Typkonvertierungen
//                 double -> Bruch und Bruch -> double
//         und der Methode kuerzen().
// -------------------------------------------------------------
#ifndef _BRUCH_
#define _BRUCH_

#include <stdlib.h>
#include <iostream>
using namespace std;

// Groesster gemeinsamer Teiler (ggt) von zwei ganzen Zahlen.
long ggt( long a, long b);

class Bruch
{
  private:
   long zaehler, nenner;
   void kuerzen()
   {
     long teiler = ggt( zaehler, nenner);
     zaehler /= teiler;  nenner /= teiler;
   }

  public:
   // Konstruktoren (Konvertierung nach Bruch)
   Bruch(long z, long n);
   Bruch(int z);
   Bruch(long z = 0);
   Bruch(double x);

   // Konvertierung von Bruch nach double:
   operator double()
   {
     return (double)zaehler / (double)nenner;
   }

   Bruch operator-() const
   {
      return Bruch(-zaehler, nenner);
   }
```

```
   Bruch operator+=(const Bruch& a)
   {
      zaehler = a.zaehler * nenner + zaehler * a.nenner;
      nenner *= a.nenner;
      kuerzen();

      return *this;
   }

   Bruch operator-=(const Bruch& a)
   {
      *this += (-a);
      return *this;
   }

   friend Bruch operator+ (const Bruch&, const Bruch& );
   friend Bruch operator- (const Bruch&, const Bruch& );
   friend Bruch operator* (const Bruch&, const Bruch&);
   friend Bruch operator/ (const Bruch&, const Bruch&);

   friend ostream& operator<< (ostream& os, const Bruch& a);
   friend istream& operator>> (istream& is, Bruch& a);
};
#endif

// ---------------------------------------------------------------
//  Datei:  bruch.cpp
//  Zweck:  Definition der globalen Funktion ggt().
//          Methoden und friend-Funktionen der Klasse Bruch
// ---------------------------------------------------------------
#include "bruch.h"
#include <stdlib.h>
#include <iostream>
using namespace std;

// Größter gemeinsamer Teiler (ggT) von zwei ganzen Zahlen.
long ggt( long a, long b)        // Liefert ggT von a und b
{
   // Hier steht der Code, wie er in der Aufgabenstellung
   // angegeben wurde.
}

// ---  Methoden der Klasse Bruch  ---

// Konstruktoren:

// Bruch::Bruch(long z, long n)
{
   // unveraendert, wie im 8. Kapitel
}
```

9.7 Lösungen (Fortsetzung)

```
// Die neu deklarierten Konstruktoren:
Bruch::Bruch(int z)
{
   zaehler = z;
   nenner  = 1;
}

Bruch::Bruch(long z)
{
   zaehler = z;
   nenner  = 1;
}

Bruch::Bruch(double x)
{
   zaehler = (long)((x * 1000.0) + 0.5);  // Die 4. Stelle runden
   nenner  = 1000;
   kuerzen();
}

// ---  friend-Funktionen  ---

Bruch operator+(const Bruch& a, const Bruch& b )
{
   Bruch temp;

   temp.nenner = a.nenner * b.nenner;
   temp.zaehler = a.zaehler*b.nenner + b.zaehler * a.nenner;
   temp.kuerzen();
   return temp;
}

// Die Funktionen
//   operator-()  und  operator<<()
// werden unveraendert uebernommen.

// Die Funktionen
//   operator*(), operator/()  und  operator>>()
// werden wie in der vorstehenden Funktion operator+()
// um einen Aufruf der Methode kuerzen() ergaenzt.
```

```
// ---------------------------------------------------------------
//  Datei:  bruch_t.cpp (9. Kapitel)
//  Zweck:  Die Klasse Bruch mit Typkonvertierungen testen.
//  Module: bruch_t.cpp  bruch.cpp
// ---------------------------------------------------------------
#include "bruch.h"
#include <iostream>
using namespace std;

int main()
{
   Bruch  a, b(5), c(0.125);
   long   n;
   double x;

   cout << "\nEinige Testausgaben:\n\n";
   cout << " a = " << a << endl;
   cout << " b = " << b << endl;
   cout << " c = " << c << endl;

   cout << "\nBitte einen Bruch eingeben:";
   cin  >> a;

   cout << "\nBitte eine ganze Zahl eingeben: ";
   cin  >> n;

   b = n;

   cout << "\nBitte eine Gleitpunkt-Zahl eingeben: ";
   cin >> x;

   c = x;

   cout << "\nDie eingegebenen Werte als Brueche:\n\n";
   cout << " a = " << a << endl;
   cout << " b = " << b << endl;
   cout << " c = " << c << endl;

   cout << "\nDie eingegebenen Werte als double:\n\n";
   cout << " a = " << (double)a << endl;
   cout << " b = " << (double)b << endl;
   cout << " c = " << (double)c << endl;

   cout << "\nUnd etwas Arithmetik:\n\n";
   cout << " a + b = " << (a + b) << endl;
   cout << " a - b = " << (a - b) << endl;
   cout << " a * b = " << (a * b) << endl;
   cout << " a / b = " << (a / b) << endl;
```

```
    a += Bruch(1,2);
    cout << " a+= 1/2;  a = " << a << endl;

    a -= Bruch(1,2);
    cout << " a-= 1/2;  a = " << a << endl;

    cout << "-b = " << -b << endl;

    while( cin.get() !='\n')
      ;
    cout << "\nWeiter mit <Return>\n";  cin.get();

    cout << "\nEinige Testausgaben:\n";
    cout << " a = " << a << endl;
    cout << " x = " << x << endl;

    // Nicht moeglich, da zweideutig:
    // a = b + x;
    // n = a + 10;
    // ok:
    c = a + Bruch(x);       // double -> Bruch
    x = (double)a + x;      // Bruch -> double

    cout << " a + x  als Bruch :  " << c << endl;
    cout << " a + x  als double:  " << x << endl;

    c = a + Bruch(10);    // int -> Bruch
    n = (long)a + 10;     // Bruch -> double -> long

    cout << " a + 10 als Bruch :  " << c << endl;
    cout << " a + 10 als long  :  " << n << endl;

    n = a + Bruch(10);    // int -> Bruch, dann
                          // Bruch -> double -> long
    cout << " a + Bruch(10) als long:  " << n << endl;

    return 0;
}
```

Kapitel 10: Abgeleitete Klassen

Dieses Kapitel beschreibt, wie aus bereits existierenden Klassen durch Vererbung neue Klassen gebildet werden können. Außer der Definition und der Verwendung von abgeleiteten Klassen werden auch die verschiedenen Möglichkeiten des Zugriffsschutzes vorgestellt.

10.1 Vererbung

Ist-Beziehung

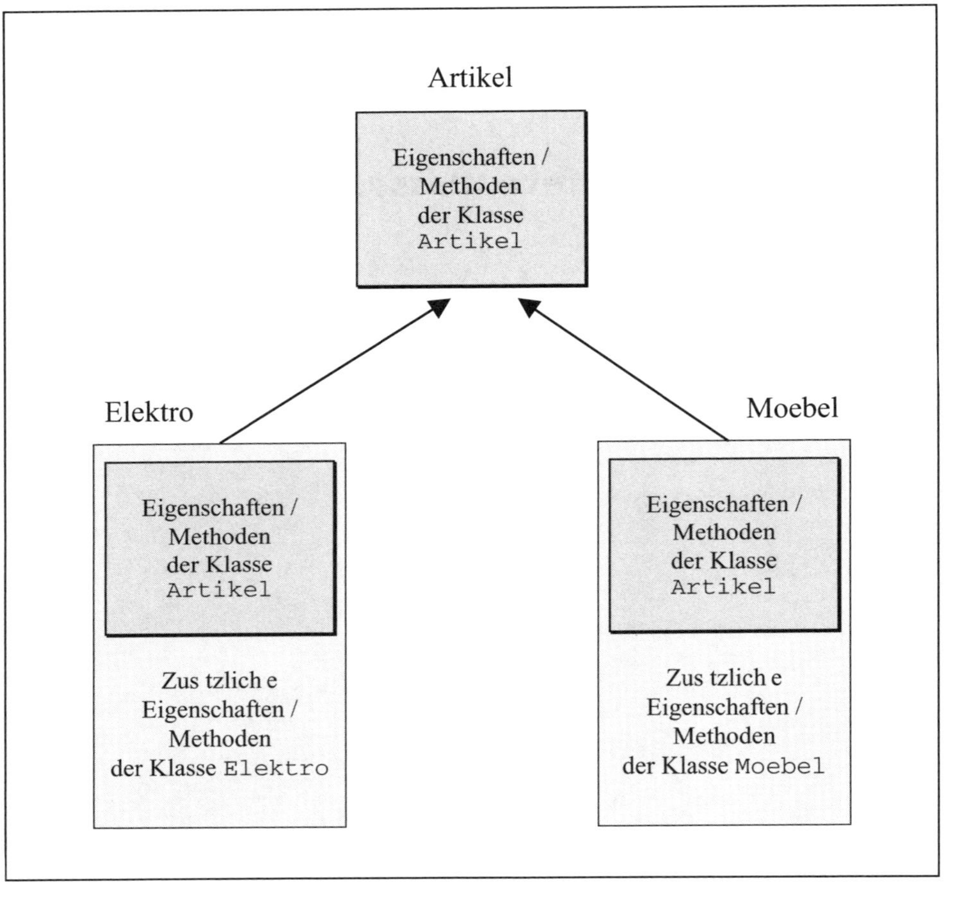

Bedeutung

Die Vererbung ist ein einfacher und effizienter Mechanismus, mit dem aus bereits existierenden Klassen neue Klassen gebildet werden können. Die neue, *abgeleitete Klasse* (engl. *derived class*) »erbt« die Daten und Elementfunktionen der sogenannten *Basisklasse* (engl. *base class*). Zusätzlich wird die abgeleitete Klasse um weitere Eigenschaften und Fähigkeiten ergänzt.

Anwendungsbeispiel

Ein Programm zur Lagerverwaltung einer Firma arbeitet mit verschiedenen Arten von Artikeln: Radios, Fernsehgeräten, HiFi-Anlagen, aber auch mit TV-Schränken, Regalen usw. Allen Artikeln gemeinsam sind die Artikelnummer, die Artikelbezeichnung und die vorhandene Stückzahl sowie die Operationen »Artikel aus dem Lager holen«, »Artikel ins Lager einfügen« o.ä.

Zur Unterscheidung verschiedener Artikelarten werden von der Basisklasse `Artikel` weitere Klassen abgeleitet: etwa eine Klasse zur Darstellung von Elektroartikeln, für die zusätzliche Eigenschaften wie »Arbeitsspannung« und »Verbrauch« sowie weitere Operationen spezifiziert werden.

Ist- und Hat-Beziehung

10

Ein Objekt vom Typ einer abgeleiteten Klasse ist ein spezielles Objekt vom Typ der Basisklasse: Ein Radio *ist* ein spezieller Artikel. Man sagt auch, dass die abgeleitete Klasse zur Basisklasse in einer *Ist-Beziehung* steht.

Von dieser engen »verwandtschaftlichen« Beziehung zu unterscheiden ist die Hat-Beziehung zwischen zwei beliebigen Klassen. Zwei Klassen stehen in einer *Hat-Beziehung*, wenn eine Klasse ein Objekt der anderen Klasse als Element besitzt.

Die bereits früher definierte Klasse `Person` etwa besitzt ein Element vom Typ der Klasse `Datum` zur Darstellung des Geburtsdatums einer Person. Die Beziehung zwischen beiden Klassen ist eine Hat-Beziehung: Eine Person *hat* ein Geburtsdatum.

Vorteile

Die Möglichkeit, Klassen zu vererben, hat zwei entscheidende Vorteile:

- *Datenabstraktion:* Eigenschaften und Vorgänge können mit Oberbegriffen versehen werden (»Basisklassen«) und durch Spezialisierungen (»abgeleitete Klassen«) in hierarchischen Beziehungen geordnet werden. Komplexe Sachverhalte und Zusammenhänge werden dadurch einfacher handhabbar.
- *Wiederverwendbarkeit:* Bereits erstellte und ausgetestete Klassen können weiterhin verwendet und an neue Aufgaben angepaßt werden. Dazu braucht dem Programmierer nur die öffentliche Schnittstelle der Basisklasse bekannt zu sein.

10.2 Definition abgeleiteter Klassen (1)

Basisklasse und abgeleitete Klasse

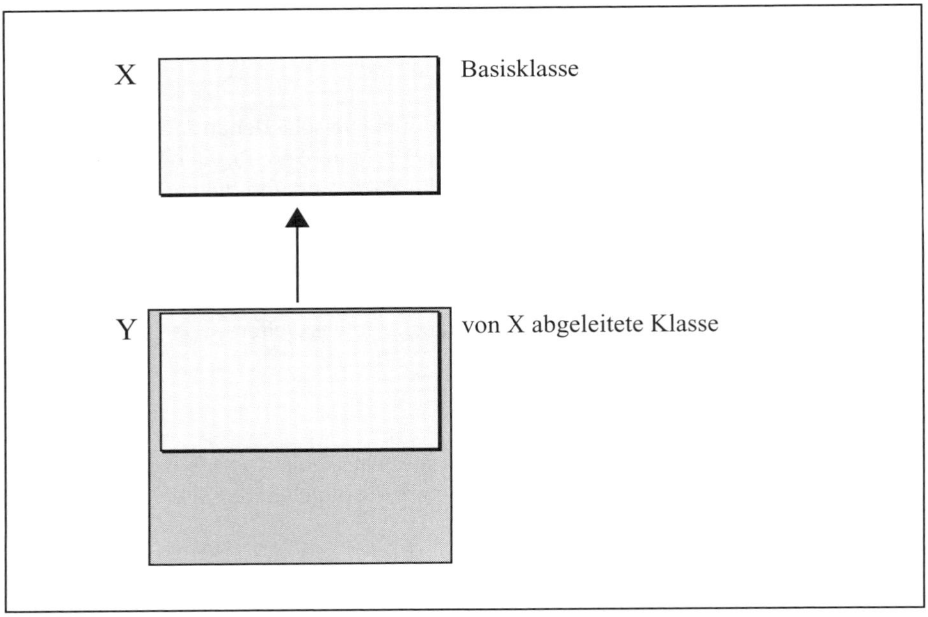

Schema der Definition einer abgeleiteten Klasse

```
// Definition einer Klasse Y, die
// von der Klasse X abgeleitet wird.

class Y : public X
{
  private:

     // Hier die zusaetzlichen privaten
     // Daten und Methoden

  public:

     // Hier die zusaetzlichen oeffentlichen
     // Daten und Methoden

};
```

Syntax

Bei der Definition einer abgeleiteten Klasse wird folgendes festgelegt:

- Die *Basisklasse*, deren Eigenschaften und Fähigkeiten geerbt werden
- Die *Zugriffsrechte* auf Elemente der Basisklasse
- Die zusätzlichen *Datenelemente*, welche die erweiterten Eigenschaften darstellen
- Die zusätzlichen *Methoden*, welche die weiteren Fähigkeiten der Objekte beschreiben

In der nebenstehenden Abbildung bedeutet der Pfeil ↑ »direkt abgeleitet von«. Die Klasse `Y` ist also eine *direkte Ableitung* von `X`. Jedes Objekt der abgeleiteten Klasse `Y` enthält ein Objekt der Klasse `X` als *Teilobjekt*.

Das Schema für die Definition einer abgeleiteten Klasse ist anschließend angegeben.

public-Vererbung

Durch das Schlüsselwort `public` vor dem Namen der Basisklasse wird eine *public-Vererbung* definiert. Sie bewirkt, dass alle `public`-Elemente der Basisklasse auch in der abgeleiteten Klasse öffentlich verfügbar sind. Somit können auch für Objekte vom Typ der abgeleiteten Klasse die `public`-Elemente der Basisklasse angesprochen werden.

Durch eine `public`-Vererbung wird also die öffentliche Schnittstelle der Basisklasse von der abgeleiteten Klasse übernommen und im allgemeinen noch erweitert. Diese Art der Vererbung ist der »Normalfall«. In wenigen Fällen kann es sinnvoll sein, den Zugriff auf die Elemente der Basisklasse zu sperren. Diese `private`- bzw. `protected`-Vererbung wird später behandelt.

Die `private`-Elemente der Basisklasse bleiben jedoch weiterhin geschützt. Auch eine Methode der abgeleiteten Klasse kann nicht auf die privaten Elemente der Basisklasse zugreifen. Andernfalls könnte die Datenkapselung einfach unterlaufen werden: Durch Ableitung würde es möglich, die privaten Elemente einer Klasse zu manipulieren.

Klassenhierarchie

Die im nebenstehenden Definitionsschema angegebene Basisklasse `X` kann selbst eine abgeleitete Klasse sein. Auf diese Weise können *Klassenhierarchien* gebildet werden. Dabei heißt eine Basisklasse von `X` *indirekte Basisklasse* von `Y`, wenn `Y` von `X` abgeleitet ist.

Neben der hier beschriebenen *einfachen Vererbung* unterstützt C++ die Möglichkeit, dass eine Klasse auch von mehreren Basisklassen abgeleitet werden kann. Diese sogenannte *Mehrfachvererbung* wird später im Detail beschrieben.

10.3 Definition abgeleiteter Klassen (2)

Eine erste abgeleitete Klasse

```
// -----------------------------------------------------------
// Datei: elektro.h
// Definition der abgeleiteten Klasse Elektro
// -----------------------------------------------------------
#ifndef _ELEKTRO_
#define _ELEKTRO_

class Artikel                               // Basisklasse
{
  private:
    char name[32];
    long nr;
    int  anz;

  public:                                   // Konstruktor:
    Artikel( const char * name = "", long nr = 0L,
             int anz = 0);
                                            // Zugriffsmethoden:
    long getNr(void) const  {return nr; }
    void setNr(long new_nr) { nr = new_nr; }
    // usw.

    void print( void) const;                // Artikel anzeigen.
};

class Elektro : public Artikel              // Abgeleitete Klasse
{
  private:
    float volt;                             // Arbeitsspannung
    float watt;                             // Verbrauch

  public:                                   // Konstruktor:
    Elektro(const char *name, long nr , int anz=0,
            float v=0.0, float w=0.0);
                                            // Zugriffsmethoden:
    float getVolt(void) const;
    void  setVolt(float v);
    float getWatt(void) const;
    void  setWatt(float w);

    void print( void) const;                // Elektro anzeigen.
};
#endif
```

Nebenstehend sind eine Klasse `Artikel` und eine davon abgeleitete Klasse `Elektro` definiert. Anhand dieses Beispiels wollen wir die Einzelheiten bei der Definition abgeleiteter Klassen darstellen.

Datenelemente

Die Basisklasse `Artikel` besitzt drei Datenelemente zur Darstellung der Artikelnummer, der Artikelbezeichnung und der im Lager vorhandenen Stückzahl. Die abgeleitete Klasse `Elektro` erbt diese Datenelemente. Das heißt, ein Objekt vom Typ `Elektro` besitzt auch die Elemente `nr`, `name` und `anz`.

Bei der Definition der Klasse `Elektro` werden außerdem zwei Datenelemente `volt` und `watt` zur Darstellung der Arbeitsspannung und des Verbrauchs deklariert. Damit hat ein Objekt vom Typ `Elektro` insgesamt fünf Datenelemente.

Elementfunktionen

Die Klasse `Artikel` besitzt neben dem Konstruktor die Zugriffsmethoden `getNr()`, `setNr()` usw. sowie eine Methode `print()` für die Ausgabe auf dem Bildschirm. Diese werden ebenfalls an die Klasse `Elektro` vererbt.

Zusätzlich sind in der Klasse `Elektro` ein Konstruktor, weitere Zugriffsmethoden und ebenfalls eine Ausgabefunktion `print()` deklariert.

Redefinition

Bemerkenswert ist, dass die Klasse `Elektro` die Methode `print()` von `Artikel` erbt und selbst eine Methode gleichen Namens deklariert. In dem Fall sagt man, die Methode `print()` wird in der Klasse `Elektro` *redefiniert*.

Jedes Element der Basisklasse, auch ein Datenelement, kann in der abgeleiteten Klasse redefiniert werden. Damit bekommt dieses Element für die abgeleitete Klasse eine neue Bedeutung. Das von der Basisklasse geerbte Element gleichen Namens steht ebenfalls noch zur Verfügung und behält seine alte Bedeutung. Auf damit zusammenhängende Fragen wird später eingegangen.

public-Interface

Durch die `public`-Vererbung stehen sämtliche `public`-Elemente der Klasse `Artikel` auch in der Klasse `Elektro` zur Verfügung. Für ein Objekt `radio` der Klasse `Elektro` kann beispielsweise die Methode `getNr()` aufgerufen werden:

```
cout  <<  "\nArtikelnummer: "  <<  radio.getNr();
```

Das `public`-Interface einer abgeleiteten Klasse besteht also aus den `public`-Elementen der Basisklasse und den neu definierten `public`-Elementen.

10.4 Methoden abgeleiteter Klassen

Die Methoden der Klasse Elektro

```
// ---------------------------------------------------
// Datei: elektro.cpp
// Definition der Methoden der Klasse Elektro
// ---------------------------------------------------
#include "elektro.h"
#include <iostream>
using namespace std;

// Konstruktor: wird spaeter definiert.

// Zusaetzliche Zugriffsmethoden:
float Elektro::getVolt(void) const { return volt; }

void  Elektro::setVolt(float v)
{
   volt = (v > 0.0)? v : 0.0F;
}

float Elektro::getWatt(void) const { return watt; }

void  Elektro::setWatt(float w)
{
   watt = (w > 0.0)? w : 0.0F;
}


// Erste Version der Methode print():

void Elektro::print(void) const           // Einen Elektro-
{                                         // Artikel anzeigen.
  cout << "------------------------------------\n"
       << "Artikel-Name:    " << getName() << '\n'
       << "       -Nummer:  " << getNr()   << '\n'
       << "       -Anzahl:  " << getAnzahl() << "\n\n";

  cout << "Spannung (Volt): " << volt << '\n'
       << "Verbrauch(Watt): " << watt << "\n\n";
}
```

Zugriff auf private Elemente

Elementfunktionen einer abgeleiteten Klasse können wie gewohnt auf alle Elemente zugreifen, die in derselben Klasse deklariert sind. In der Definition

```
float Elektro::getVolt(void)  {  return volt;  }
```

wird das private Datenelement `volt` der Klasse `Elektro` direkt angesprochen.

Zugriff auf Elemente der Basisklasse

Ein privates Element der Basisklasse ist nicht direkt zugänglich. Eine Definition wie

```
void Elektro::print(void)
{                                          // Fehler:
   cout << "\nArtikelbezeichnung: " << name << endl;

   // hier weitere Ausgaben

}
```

würde der Compiler mit einer Fehlermeldung quittieren, da das Element `name` in der Basisklasse als `private` deklariert ist.

10

Der Zugriff auf die privaten Datenelemente der Basisklasse ist nur indirekt möglich, beispielsweise über die Zugriffsmethoden, die zur öffentlichen Schnittstelle der Basisklasse gehören. Nebenstehend ist eine Version der Methode `print()` angegeben, welche die lesenden Zugriffsmethoden der Basisklasse `Artikel` benutzt.

Namensuche

Zu beachten ist, dass beim Aufruf der Zugriffsmethoden kein Bezug auf die Basisklasse angegeben werden muss. Beispielsweise ist der nebenstehende Aufruf von `getNr()` äquivalent mit

```
this->getNr()
```

Der Compiler sucht den Namen (engl. *name look up*) einer aufzurufenden Methode zunächst in der abgeleiteten Klasse. Findet er ihn dort nicht, so geht er in der Klassenhierarchie eine Stufe höher und sucht dort nach einer passenden öffentlichen Methode.

Im obigen Beispiel wird also die Methode `getNr()` der Basisklasse `Artikel` verwendet, da die Methode `getNr()` in der Klasse `Elektro` nicht definiert ist.

10.5 Redefinition von Klassenelementen

Zweite Version der Methode print()

```
// -----------------------------------------------------------
// Datei: elektro.cpp
// Definition der Methoden der Klasse Elektro
// -----------------------------------------------------------
#include "elektro.h"

#include <iostream>
using namespace std;

// Eine Version der Methode print(), welche die
// redefinierte Methode der Basisklasse aufruft

void Elektro::print(void) const           // Einen Elektro-
{                                         // Artikel anzeigen:
   Artikel::print();

   cout << "Spannung (Volt): " << volt << '\n'
        << "Verbrauch(Watt): " << watt << "\n\n";
}


// Definition der übrigen Methoden: wie gehabt.
```

Redefinition

Für die Definition eines Datenelements oder einer Methode in der abgeleiteten Klasse gibt es zwei Möglichkeiten:

1. Die Definition eines neuen Elements, das in der Basisklasse noch nicht vorhanden ist.
2. Die *Redefinition* eines Elements, d.h. die erneute Definition eines Elements, das in der Basisklasse schon vorhanden ist.

Durch die Ableitung einer Klasse wird die Basisklasse nicht verändert. Das gilt auch bei der Redefinition von Elementen.

Zusätzlich zum neu definierten Element ist das entsprechende Element der Basisklasse noch vorhanden, ohne verändert worden zu sein. Die Art und Weise, wie der Compiler nach Namen sucht, führt allerdings dazu, dass ein redefiniertes Element in der abgeleiteten Klasse das entsprechende Basiselement »verdeckt«.

Dies ist eine analoge Situation, wie sie auch bei lokalen und globalen Variablen vorliegt: Eine neu definierte lokale Variable verdeckt eine globale Variable gleichen Namens.

Redefinition von Methoden

10

Die Redefinition wird vorwiegend für Methoden eingesetzt, um diese an die neuen Möglichkeiten der abgeleiteten Klasse anzupassen. Dabei dürfen sowohl der Ergebnistyp als auch die Signatur beider Methoden verschieden sein.

Die Definition einer Methode in der abgeleiteten Klasse verdeckt also immer eine gleichnamige Methode der Basisklasse. Eine Überladung von Funktionen findet hier *nicht* statt, da die neue Klasse auch einen neuen Geltungsbereich darstellt.

In derselben Klasse ist natürlich die Überladung von Methoden möglich. Eine Methode der Basisklasse kann deshalb in einer abgeleiteten Klasse auch mehrfach redefiniert werden.

Da die entsprechende Methode der Basisklasse immer noch vorhanden ist, kann sie auch bei der Redefinition verwendet werden. Der Zugriff auf die Methode der Basisklasse erfolgt mit Hilfe des Bereichsoperators `::`.

Redefinition der Methode print()

Die Methode `print()` der Basisklasse `Artikel` wird in der abgeleiteten Klasse `Elektro` *redefiniert*. Zur Ausgabe der Datenelemente der Basisklasse soll die bereits definierte Methode der Basisklasse aufgerufen werden.

Hierbei genügt allerdings nicht die Angabe des Methodennamens allein. Es würde die Methode der abgeleiteten Klasse aufgerufen, was zur Endlosrekursion und zum »Hängen« des Rechners führt. Um dies zu vermeiden, muss der Bereichsoperator `::` mit dem Namen der Basisklasse angegeben werden. Die nebenstehende zweite Version der Methode `print()` macht von dieser Möglichkeit Gebrauch.

10.6 Konstruktoren

Eine erste Version des Konstruktors

```
// ---------------------------------------------------------
// Datei: elektro.cpp
// Definition der Methoden der Klasse Elektro
// ---------------------------------------------------------

#include "elektro.h"
#include <iostream>
using namespace std;

Elektro::Elektro( const char *name, long nr, int anz,
                  float v, float w)
{
   // Die Basiselemente initialisieren:
   setName(name);
   setNr(nr);
   setAnzahl(anz);

   // Die neuen Elemente initialisieren:
   volt = v;
   watt = w;
}


// Definition der uebrigen Methoden:
// . . .
```

Auf-/Abbau abgeleiteter Klassen

Der Aufbau eines Objekts erfolgt stets »von innen nach außen«. Wird also ein Objekt vom Typ einer abgeleiteten Klasse definiert, so wird zuerst der Konstruktor der Basisklasse ausgeführt. Erst dann werden die Anweisungen des Konstruktors für die abgeleitete Klasse ausgeführt.

Der Abbau eines Objekts geschieht in umgekehrter Reihenfolge: Zunächst wird der Destruktor der abgeleiteten Klasse und anschließend der Destruktor der Basisklasse ausgeführt.

Verwendung des Default-Konstruktors

Die Datenelemente einer abgeleiteten Klasse müssen initialisiert werden. Hierfür ist der Konstruktor der abgeleiteten Klasse zuständig. Da die abgeleitete Klasse alle Datenelemente der Basisklasse enthält, sind auch diese zu initialisieren. Dazu wird ein Konstruktor der Basisklasse aufgerufen. Ohne weitere Angaben ist dies der Default-Konstruktor.

Nebenstehend ist eine erste Version des Konstruktors der abgeleiteten Klasse `Elektro` angegeben. Hier wird implizit der Default-Konstruktor der Basisklasse aufgerufen. Das heißt, die Datenelemente der Basisklasse werden mit einem leeren String bzw. `0` initialisiert. Erst anschließend bekommen diese Elemente die richtigen Anfangswerte, und zwar durch Aufruf der entsprechenden Zugriffsmethoden. Danach werden die in `Elektro` deklarierten Elemente `volt` und `watt` initialisiert.

Nachteile

Die Verwendung des Default-Konstruktors bewirkt, dass die Elemente der Basisklasse zunächst »falsch« initialisiert werden und erst danach ihre endgültigen Werte zugewiesen bekommen. Diese Vorgehensweise hat folgende Nachteile:

- Es entstehen Einbußen bei der Laufzeit
- Für die Basisklasse muss ein Default-Konstruktor vorhanden sein

Der Aufruf der `set`-Methoden ist auch dann fragwürdig, wenn `const`-Objekte vom Typ `Elektro` erzeugt werden sollen. Hier wird nämlich das mit dem Default-Konstruktor erzeugte, »fertige« Teilobjekt nachträglich verändert.

10.7 Basisinitialisierer

Konstruktor mit Basisinitialisierer

```
// --------------------------------------------------------
// Konstruktor der Klasse Elektro
// --------------------------------------------------------

Elektro::Elektro( const char *name, long nr, int anz,
                  float v, float w)
        :Artikel( name, nr, anz)
{
   // Die neuen Elemente initialisieren:
   volt = v;
   watt = w;
}
```

Konstruktor mit Basis- und Elementinitialisierer

```
// --------------------------------------------------------
// Konstruktor der Klasse Elektro
// --------------------------------------------------------

Elektro::Elektro( const char *name, long nr, int anz,
                  float v, float w)
        :Artikel( name, nr, anz), volt(v), watt(w)
{
   // Hier ist nichts mehr zu tun.
}
```

Basisinitialisierer

Besitzt die Basisklasse einen Konstruktor, der nicht der Default-Konstruktor ist, so ist es sinnvoll, diesen auch aufzurufen. Dadurch werden die Datenelemente der Basisklasse sofort richtig initialisiert.

Zu diesem Zweck gibt es in C++ den *Basisinitialisierer*. Er wird bei der *Definition* eines Konstruktors der abgeleiteten Klasse angegeben, und zwar hinter dem Funktionskopf, getrennt durch einen Doppelpunkt.

Ein Basisinitialisierer ist der »Aufruf« eines Konstruktors der Basisklasse. Er besteht also aus

- dem Namen der Basisklasse und
- einer Argumentliste, mit deren Werten die Datenelemente der Basisklasse initialisiert werden.

Nebenstehend ist der Konstruktor der abgeleiteten Klasse `Elektro` in einer zweiten Version definiert. In der Argumentliste des Basisinitialisierers

```
Artikel( name, nr, anz)
```

werden die Parameternamen des Konstruktors wiederholt, welche für die Initialisierung der Datenelemente aus der Basisklasse vorgesehen sind.

10

Elementinitialisierer

Bei der Definition des Konstruktors können zur Initialisierung der Datenelemente, die in der abgeleiteten Klasse deklariert sind, auch *Elementinitialisierer* angegeben werden. Diese wurden bereits in Kapitel 7, »Mehr über Klassen«, vorgestellt.

Die Syntax für Basisinitialisierer entspricht der für Elementinitialisierer. In beiden Fällen handelt es sich um die Initialisierung von Teilobjekten. Deshalb können Basis- und Elementinitialisierer durch Komma getrennt in einer Liste angegeben werden.

Nebenstehend ist eine alternative Version eines Konstruktors angegeben, die von dieser Möglichkeit Gebrauch macht.

Destruktor

Eine eigene Definition des Destruktors für die abgeleitete Klasse ist dann erforderlich, wenn Aktionen des Konstruktors rückgängig gemacht werden müssen. Das ist z. B. dann der Fall, wenn die abgeleitete Klasse zusätzlich dynamische Elemente besitzt. Die Aufgabe des Destruktors ist es dann, den dynamisch reservierten Speicher wieder freizugeben.

Der Destruktor der Basisklasse ist dabei nicht explizit aufzurufen, da er stets automatisch ausgeführt wird.

10.8 Verwendung abgeleiteter Klassen

Beispielprogramm

```
// -----------------------------------------------------------
// Mit Objekten der Klasse Elektro arbeiten.
// -----------------------------------------------------------

#include "elektro.h"
#include <iostream>
using namespace std;

int main()
{
  // Zwei Objekte vom Typ Elektro:
  Elektro elektro1("CD-Player", 1111);
  const Elektro elektro2("Radio", 1222, 1, 220.0, 38.5);

  elektro1.print();
  elektro2.print();

  elektro1.setAnzahl(10);
  elektro1.setVolt(12.0F);
  elektro1.setWatt(2.8F);
  elektro1.print();

  cout << "\n Artikel               Lagerbestand\n ";
  cout << elektro1.getName();
  cout.width(20);
  cout << elektro1.getAnzahl() << endl;

  // Ein Objekt vom Typ Artikel (Basisklasse) :
  Artikel artikel1( "CD: Dreams", 111, 66);
  artikel1.print();

  // Ein dynamisch erzeugtes Objekt vom Typ Elektro:
  Elektro *elektroPtr;
  elektroPtr = new Elektro("Stehlampe", 2111, 15, 220, 300);
  elektroPtr->print();

  // Eine Referenz auf elektro1:
  Elektro& CD_Player = elektro1;
  CD_Player.print();

  delete elektroPtr;

  return 0;
}
```

Objekte abgeleiteter Klassen

Das nebenstehende Programm demonstriert, wie Objekte einer abgeleiteten Klasse verwendet werden können. Zunächst werden zwei Objekte `elektro1` und `elektro2` vom Typ der abgeleiteten Klasse `Elektro` definiert. Beide Objekte müssen initialisiert werden, da die Klasse `Elektro` keinen Default-Konstruktor besitzt. Allerdings genügt die Angabe einer Artikelbezeichnung und einer Artikelnummer. Für die übrigen Datenelemente gibt es Standard-Werte.

Das Objekt `elektro2` wird als `const` vereinbart, um zu zeigen, dass die `get`-Methoden und die Methode `print()` auch für ein konstantes Objekt aufgerufen werden können. Diese wurden nämlich als Read-only-Methoden deklariert.

Dagegen ist folgender Aufruf unzulässig:

```
elektro2.setNr( 1221);   // Fehler
```

Aufruf redefinierter Methoden

Eine redefinierte Methode existiert mindestens zweimal: Sowohl die Basisklasse als auch die abgeleitete Klasse besitzen jeweils eine eigene Version der Methode. Der Typ eines Objekts entscheidet, welche Methode ausgeführt wird.

10

In der Klasse `Elektro` wurde die Methode `print()` redefiniert. Mit der Anweisung

```
elektro1.print();
```

wird also auch der Inhalt der neuen Datenelemente `volt` und `watt` angezeigt. Dagegen wird mit

```
artikel1.print();
```

die Methode der Basisklasse aufgerufen.

Der Typ ist auch dann maßgeblich, wenn Zeiger oder Referenzen verwendet werden. So wird im nebenstehenden Programm mit

```
elektroPtr->print();
CD_Player.print();
```

jeweils die Methode der Klasse `Elektro` aufgerufen.

Verwendung des Bereichsoperators ::

Der Programmierer kann mit Hilfe des Bereichsoperators `::` festlegen, dass auch für ein Objekt der abgeleiteten Klasse eine Methode der Basisklasse aufgerufen wird.

Sollen beispielsweise nur die Basisdaten des Objekts `elektro1` angezeigt werden, so wird dies mit folgender Anweisung erreicht:

```
elektro1.Artikel::print();
```

Der Klassenname wird also direkt der Methode vorangestellt.

10.9 protected-Elemente

Die Verwendung von protected-Elementen

```
// ---------------------------------------------------------
// Die Klassen Basis und Abgeleitet
// mit nicht geheimen, geheimen und sehr geheimen Elementen.
// ---------------------------------------------------------

#include <iostream>
using namespace std;

class Basis                               // Basisklasse
{
  private:
    int sehr_geheim;
  protected:
    int geheim;
  public:
    int nicht_geheim;
    Basis()
    {
      sehr_geheim = 1;  geheim = 2;  nicht_geheim = 3;
    }
    void anzeigen() const
    {
    cout << sehr_geheim  << "  "
         << geheim       << "  "
         << nicht_geheim << endl;
    }
};

class Abgeleitet : public Basis           // Abgeleitete Klasse
{
  public:
    Abgeleitet()
    {
  //  sehr_geheim = 10;                   // Fehler, da private
      geheim = 20;                        // ok, da protected
      nicht_geheim = 30;
    }

    void test()
    {
  //  sehr_geheim = 100;                  // Fehler, da private
      geheim = 200;                       // ok, da protected
      nicht_geheim = 300;
    }
};
```

Zugriff auf geschützte Elemente

Der Zugriff auf die privaten Elemente einer Basisklasse ist nicht nur für Objekte vom Typ einer abgeleiteten Klasse gesperrt, sondern auch für Element- und friend-Funktionen, die in der abgeleiteten Klasse definiert werden.

Beim Aufbau einer Klassenhierarchie kann es jedoch wünschenswert sein, dass Element- und friend-Funktionen der Zugriff auf die geschützten Elemente der Basisklasse erlaubt wird. Dies kann beispielsweise dann der Fall sein, wenn eine Klasse Elemente definiert, die als Bausteine für abgeleitete Klassen, aber nicht für den allgemeinen Gebrauch bestimmt sind.

Um den Zugriff der abgeleiteten Klasse auf geschützte Elemente der Basisklasse zu erlauben, ist es notwendig, die Zugriffskontrolle um eine Stufe zu erweitern, die zwischen private und public liegt. Diese Möglichkeit der Zugriffskontrolle wird durch das Konzept der protected-Elemente unterstützt.

protected-Deklaration

Elemente einer Klasse können außer private oder public auch *protected* sein. Ein als protected deklariertes Element ist wie ein private-Element durch den Zugriff von außen geschützt. Im Gegensatz zu einem private-Element ist aber die Datenkapselung gelockert. Dieser Unterschied ist bei der Ableitung von Bedeutung:

- *private-Elemente*
  Nur die Element- und friend-Funktionen derselben Klasse haben direkten Zugriff.
- *protected-Elemente*
  Auch die Element- und friend-Funktionen einer abgeleiteten Klasse können direkt auf diese Elemente zugreifen.
- *public-Elemente*
  Der Zugriff auf diese Elemente ist in allen Funktionen möglich.

Eine abgeleitete Klasse erbt also uneingeschränkt die protected-Elemente der Basisklasse. Trotzdem sollten protected-Elemente mit Vorsicht verwendet werden: Wird die Deklaration eines protected-Elements verändert, müssen alle von dieser Klasse abgeleiteten Klassen auf notwendige Änderungen hin überprüft werden.

Die nebenstehend definierten Klassen zeigen, dass die protected-Elemente der Basisklasse in einer abgeleiteten Klasse direkt angesprochen werden können. Dagegen sind protected-Elemente vor Zugriffen durch den Anwender der Klassen geschützt:

Beispiel:
```
Basis b;                  // Ein Objekt der Basisklasse.
Abgeleitet a;             // Objekt der abgeleiteten Klasse
b.geheim = 0;             // Fehler, da protected.
a.geheim = 0;             // Ebenso falsch.
a.nicht_geheim = 0;       // ok.
```

10

10.10 protected- und private-Vererbung

Arten der Vererbung

Die Art der Vererbung legt die Zugriffsrechte auf Elemente fest, die von der Basisklasse geerbt werden.

Der Zugriff auf `private`-Elemente der Basisklasse ist stets gesperrt. Für `protected`- und `public`-Elemente gilt folgendes:

private-Vererbung `class Y : private X`

- Die `public`-Elemente der Basisklasse werden in der abgeleiteten Klasse als `private`-Elemente übernommen.
- Die `protected`-Elemente der Basisklasse werden in der abgeleiteten Klasse zu `private`-Elementen.

protected-Vererbung `class Y : protected X`

- Die `public`-Elemente der Basisklasse werden in der abgeleiteten Klasse als `protected`-Elemente übernommen.
- Die `protected`-Elemente der Basisklasse bleiben in der abgeleiteten Klasse `protected`.

public-Vererbung `class Y : public X`

- Die `public`-Elemente der Basisklasse werden in der abgeleiteten Klasse als `public`-Elemente übernommen.
- Die `protected`-Elemente der Basisklasse bleiben in der abgeleiteten Klasse `protected`.

Zugriff auf die Basisklasse

Bei der Definition einer abgeleiteten Klasse werden Zugriffsrechte auf die Basisklasse festgelegt. Durch die bereits bekannte `public`-Vererbung wird der Zugriff auf die Basisklasse nicht eingeschränkt. Das heißt, sowohl die öffentliche als auch die `protected`-Schnittstelle der Basisklasse werden als solche übernommen und zusätzlich erweitert. So wird ein Objekt vom Typ der abgeleiteten Klasse ein spezielles Objekt vom Typ der Basisklasse.

In selteneren Fällen ist es sinnvoll, die Zugriffsrechte auf die Basisklasse einzuschränken. Bei der `protected`- oder `private`-Vererbung werden die `public`-Elemente der Basisklasse zu `protected`- bzw. `private`-Elementen in der neuen Klasse.

In beiden Fällen ist es notwendig, in der abgeleiteten Klasse eine völlig neue `public`-Schnittstelle zu definieren. Zur Implementierung der neuen Operationen kann jedoch bereits vorhandener Code aus der Basisklasse verwendet werden.

Ein Objekt vom Typ der abgeleiteten Klasse ist damit kein spezielles Objekt der Basisklasse mehr. Es kann durchaus andersartig sein und bei der Vererbung »alte« Eigenschaften verlieren. Die Ist-Beziehung, wie sie bei der `public`-Vererbung besteht, geht also verloren.

10

Zugriffsdeklarationen

Bei der `protected`- und `private`-Vererbung steht dem Anwender der abgeleiteten Klasse die öffentliche Schnittstelle der Basisklasse nicht mehr zur Verfügung. Bei der Definition der abgeleiteten Klasse ist es aber wünschenswert, ausgewählte Teile davon in die neue öffentliche Schnittstelle übernehmen zu können.

Dies wird durch eine sogenannte *Zugriffsdeklaration* (engl. *access declaration*) möglich. Sie hat die Form

```
Basisklasse::Basiselement;
```

und steht normalerweise im `public`-Bereich der abgeleiteten Klasse.

Die Zugriffsdeklaration kann auch für `protected`-Elemente benutzt werden. Dann steht die Deklaration im `protected`-Bereich der abgeleiteten Klasse.

Beispiel:
```
class Y : private X        // private-Ableitung von X.
{   . . .
   protected:
      X::a;                // Das protected-Element a aus X
      . . .                // ist auch in Y protected.
   public:
      X::b;                // Das public-Element b aus X
      . . .                // ist auch in Y public.
};
```

Hierbei können `a` und `b` Datenelemente oder Elementfunktionen der Basisklasse `X` sein.

10.11 Übungen

Klassen für die Mitarbeiter einer Firma

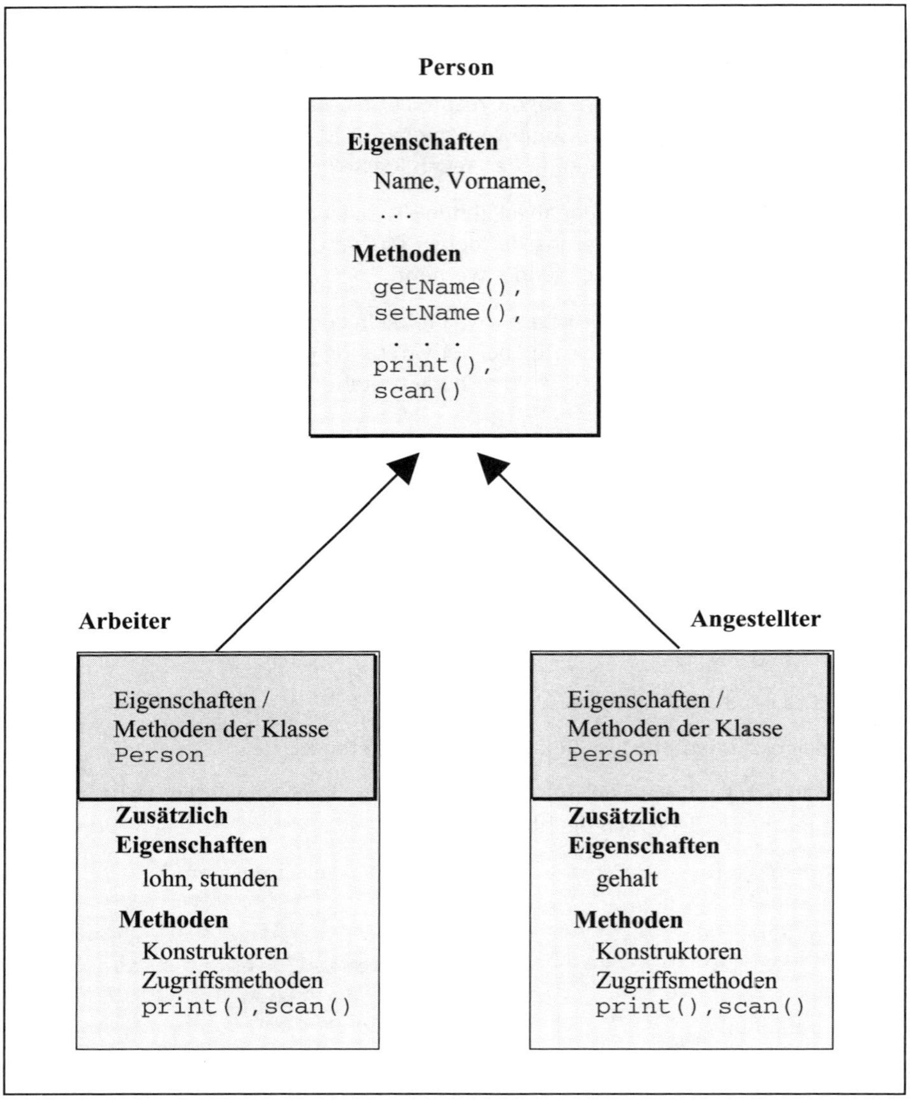

Aufgabe

Es soll ein menügesteuertes Programm erstellt werden, das die Daten der Mitarbeiter einer Firma verwaltet. Das Programm ist modular aufzubauen, d.h, die Definition der Methoden und das Anwenderprogramm stehen in separaten Quelldateien. Diese inkludieren die Header-Datei(en) mit den Klassendefinitionen.

- Zunächst werden die Klassen für die Mitarbeiter entwickelt und getestet. Diese sind hierarchisch organisiert. Als gemeinsame Basisklasse dient eine Klasse `Person`, welche die allgemeinen Daten einer Person (Name, Vorname, evtl. Adresse und Telefonnummer) enthält.

  Die Klasse soll einen Default-Konstruktor, einen Konstruktor mit Parametern für alle Datenelemente und – falls erforderlich – einen Destruktor besitzen.

  Neben Zugriffsmethoden wie `getName()`, `setName()` usw. sollen auch die Methoden `print()` und `scan()` zur Verfügung gestellt werden. Diese geben die Daten einer Person auf den Bildschirm aus bzw. lesen die Daten einer Person im Dialog ein. Bei der Eingabe soll mindestens der Nachname angegeben werden: Wird hier nur die Eingabetaste gedrückt, also für Nachname nur ein leerer String angegeben, soll die Methode `scan()` den booleschen Wert `false` zurückgeben, andernfalls `true`. Testen Sie die Klasse `Person`, indem Sie Objekte mit den verschiedenen Konstruktoren erzeugen und für diese Objekte die Methoden aufrufen.

- Im nächsten Schritt werden die Spezialisierungen der Klasse `Person` entwickelt und getestet. Definieren Sie zwei von der Klasse `Person` abgeleitete Klassen `Angestellter` und `Arbeiter`. Zusätzlich zu den Daten einer Person soll die Klasse `Angestellter` ein Monatsgehalt und die Klasse `Arbeiter` einen Stundenlohn sowie eine Stundenzahl als Datenelemente besitzen.

  Als Methoden sind in jeder Klasse ein Default-Konstruktor und ein Konstruktor mit Parametern für alle Datenelemente zu definieren. Dabei sind Basisinitialisierer und Default-Werte für die neuen Datenelemente zu verwenden.

  Ergänzen Sie die abgeleiteten Klassen noch um Zugriffsmethoden für die neuen Datenelemente. Außerdem sind die Methoden `print()` und `scan()` so zu redefinieren, dass auch die neuen Datenelemente berücksichtigt werden.

- Erstellen Sie nun ein Anwenderprogramm, in dem zur Speicherung der Daten von Angestellten und Arbeitern jeweils ein Vektor mit drei Elementen definiert wird. Dabei soll das erste Element beider Vektoren schon initialisiert werden.

  Entwickeln Sie eine Funktion `menue()`, welche die Einstellung von Mitarbeitern, Angestellten oder Arbeitern und das Auflisten aller Mitarbeiter vorsieht. Außerdem soll das Programm beendet werden können.

  In der Funktion `main()` wird die Funktion `menue()` in einer Schleife aufgerufen und die jeweilige Aktion ausgeführt. Wenn kein Angestellter oder Arbeiter mehr eingestellt werden kann, weil der jeweilige Vektor voll ist, soll eine entsprechende Meldung ausgegeben werden.

10.12 Lösungen

```
// ------------------------------------------------------------
// Datei: mitarb.h
// Zweck: Definition der Klassen fuer die Mitarbeiter einer
//        Firma: Person, Angestellter, Arbeiter
// ------------------------------------------------------------

#ifndef _MITARBEITER_
#define _MITARBEITER_

#include <string.h>

// ----  Hilfsfunktion strncp:    String kopieren
inline void strcpy( char *ziel, const char *quelle, int size)
{
    strncpy( ziel, quelle, size-1 );   ziel[size-1] = '\0';
}

// ---- Die Hilfsklasse Adresse ------------------------------

class Adresse
{
   private:
     char stadt[32];
     char strasse[32];
     char tel[20];

   public:
     Adresse(const char *stadt = "", const char *strasse = "",
             const char *tel = "000000")
     {
        setAdr( stadt, strasse, tel);
     }
     const char *getCity()   const {  return stadt; }
     const char *getStreet() const {  return strasse; }
     const char *getTel()    const {  return tel; }

     void setCity(const char *city)
     {
       strcpy(stadt, city, sizeof(stadt));
     }

     void setStreet(const char *street)
     {
       strcpy(strasse, street, sizeof(strasse));
     }

     void setTel(const char *nr)
     {
       strcpy(tel, nr, sizeof(tel));
     }
```

```
    void setAdr(const char *city,
                const char *street, const char* nr)
    {
       setCity( city); setStreet( street); setTel(nr);
    }
};

// ---- Die Klasse Person ----------------------------------

class Person
{
  private:
    char  nachname[32];
    char  vorname[20];
    Adresse adr;

  public:
    // Konstruktoren implizit inline
    Person(void)                          // Default-Konstruktor
    {
       nachname[0] = '\0';   vorname[0] = '\0';
    }
    Person( const char *nn, const char *vn)
    {
       setName(nn); setVorname(vn);
    }
    Person( const char *nn, const char *vn, const char *stadt,
            const char *strasse, const char* tel)
    :adr( stadt, strasse, tel)
    {
       setName(nn); setVorname(vn);
    }
    const char    *getName()    const { return nachname; }
    const char    *getVorname() const { return vorname; }
    const Adresse *getAdresse() const { return &adr; }
    void setName( const char *n)
    {
       strcpy( nachname, n, sizeof(nachname));
    }
    void setVorname( const char *v)
    {
       strcpy( vorname, v, sizeof(vorname));
    }
    void setAdresse( const char *stadt, const char *strasse,
                     const char* tel)
    {
      adr.setAdr( stadt, strasse, tel);
    }
    void print();
    bool scan();
};
```

```
// ---- Die Klasse Angestellter ------------------------------

class Angestellter : public Person
{
  private:
    double gehalt;

  public:
    Angestellter() : gehalt(0.0) {}       // Default-Konstruktor

    Angestellter( const char *nn,    const char *vn,
                  const char *stadt, const char *strasse,
                  const char* tel,   double g = 0.0)
    :Person( nn, vn, stadt, strasse, tel), gehalt( g)
    { }

    double getGehalt()  const { return gehalt; }
    bool   setGehalt(double g)
    {
      if( g >= 0)
      {
       gehalt = g; return true;
      }
      else return false;
    }

    void print(void);
    bool scan(void);
};

// ---- Die Klasse Arbeiter -----------------------------------

class Arbeiter : public Person
{
  private:
    double lohn;                         // Stundenlohn
    double stunden;                      // Anzahl Stunden

  public:
    Arbeiter() : lohn(0.0), stunden(0.0)  // Default-Konstruktor
    {}
    Arbeiter( const char *nn,    const char *vn,
              const char *stadt, const char *strasse,
              const char* tel,  double lo = 0.0, double st = 0.0)
    :Person( nn, vn, stadt, strasse, tel), lohn(lo), stunden( st)
    { }

    double getLohn()    const { return lohn; }
    double getStunden() const { return stunden; }
```

```
    bool setLohn(double lo)
    {
      if( lo >= 0 )
      {
        lohn = lo; return true;
      }
      else  return false;
    }
    bool setStunden(double st)
    {
      if( st >= 0 && st <= 500)
      {
         stunden = st; return true;
      }
      else return false;
    }
    void print(void);
    bool scan(void);
};

#endif     // _MITARBEITER_


// ------------------------------------------------------------
// Datei:  mitarb.cpp
// Zweck:  Methoden der in mitarb.h definierten Klassen,
//         die nicht inline definiert sind.
// ------------------------------------------------------------

#include "mitarb.h"
#include <stdlib.h>         // Für atof()
#include <iostream>
using namespace std;

// ------------------------------------------------------------
// Methoden der Klasse Person
// ------------------------------------------------------------

// ---- Konstruktoren : inline

// ---- Ausgabe der Daten einer Person
void Person::print()
{
  cout << "\n----------------------------------------------\n";
  cout << "\nNachname  .......: " << nachname;
  cout << "\nVorname  ........: " << vorname;
  cout << "\nAdresse:";
  cout << "\n  Stadt .........: " << adr.getCity();
  cout << "\n  Strasse .......: " << adr.getStreet();
  cout << "\n  Telefonnummer:   " << adr.getTel();
}
```

```
   // ---- Einlesen der Daten einer Person
bool Person::scan()
{
   char buf[50];

   cout << "\nBitte die Personendaten eingeben:"
           "\nMindestens den Nachnamen eingeben.\n\n";
   cout << "Nachname   .......: ";
   cin.getline( buf, sizeof(nachname));

   if( buf[0] == '\0') return false;
   else                strcpy( nachname, buf);

   cout << "Vorname  ........: ";
   cin.getline( vorname, sizeof(vorname));

   cout << "Adresse:\n";
   cout << "  Stadt .........: ";
   cin.getline( buf, sizeof(buf));  adr.setCity( buf);

   cout << "  Strasse .......: ";
   cin.getline( buf, sizeof(buf));  adr.setStreet( buf);

   cout << "  Telefonnummer:   ";
   cin.getline( buf, sizeof(buf));  adr.setTel( buf);

   return true;
}

// -------------------------------------------------------------
// Methoden der Klasse Angestellter
// -------------------------------------------------------------

// ---- Konstruktoren : inline

// ---- Ausgabe der Daten eines Angestellten
// Verwendet die get-Methoden der Klasse Person
void Angestellter::print()
{
   cout << "\n-----------------------------------------------\n";
   cout << "\nNachname  .......: " << getName();
   cout << "\nVorname  ........: " << getVorname();
   cout << "\nAdresse:";
   cout << "\n  Stadt .........: " << getAdresse()->getCity();
   cout << "\n  Strasse .......: " << getAdresse()->getStreet();
   cout << "\n  Telefonnummer:   " << getAdresse()->getTel();

   cout.precision(2); cout.setf(ios::fixed, ios::floatfield);
   cout << "\nGehalt (Euro) .....: " << gehalt << endl;
}
```

```
// ---- Einlesen der Daten eines Angestellten
// Verwendet die set-Methoden der Klasse Person

bool Angestellter::scan()
{
   char buf[50];

   cout << "\nBitte die Personendaten eingeben:"
           "\nMindestens den Nachnamen eingeben.\n\n";
   cout << "Nachname  .......: ";
   cin.getline( buf, sizeof(buf));

   if( buf[0] == '\0') return false;
   else                setName(buf);

   cout << "Vorname  ........: ";
   cin.getline( buf, sizeof(buf)); setVorname(buf);

   cout << "Adresse:\n";
   cout << "  Stadt .........: ";
   char stadt[50]; cin.getline( stadt, sizeof(stadt));

   cout << "  Strasse .......: ";
   char strasse[50]; cin.getline( strasse, sizeof(strasse));

   cout << "  Telefonnummer: ";
   char tel[50]; cin.getline( tel, sizeof(tel));

   setAdresse( stadt, strasse, tel);

   cout << "Gehalt  .........: ";
   cin.getline( buf, sizeof(buf));
   if( ! setGehalt(atof(buf)) )  return false;

  return true;
}

// -------------------------------------------------------------
// Methoden der Klasse Arbeiter
// -------------------------------------------------------------

// ---- Konstruktoren : inline

// ---- Ausgabe der Daten eines Arbeiters
// Verwendet die Methode print() der Klasse Person
void Arbeiter::print()
{
  Person::print();

  cout.setf(ios::fixed, ios::floatfield);
  cout.precision(2);
  cout << "\nStundenlohn (Euro) : " << lohn;
  cout.precision(1);
  cout << "\nAnzahl Stunden ..: " << stunden << endl;
}
```

10.15 Lösungen (Fortsetzung)

```
// ---- Einlesen der Daten eines Angestellten.
// Verwendet die Methode scan() der Klasse Person.

bool Arbeiter::scan()
{
  if( !Person::scan() ) return false;

  char buf[50];
  cout << "\nStundenlohn ..........: ";
  cin.getline( buf, sizeof(buf));
  if( ! setLohn(atof(buf)) ) return false;

  cout <<  "Anzahl Stunden im Monat: ";
  cin.getline( buf, sizeof(buf));
  if( ! setStunden(atof(buf)) ) return false;

  return true;
}

// ------------------------------------------------------------
//  Datei:  mitarb_t.cpp
//  Zweck:  Die Klassen für die Mitarbeiter einer Firma testen.
// ------------------------------------------------------------

#include "mitarb.h"
#include <ctype.h>
#include <iostream>
using namespace std;

int menue(void);

inline void header()
{
   cout << "\n\n\n"
        << "       ---  Mitarbeiter-Verwaltung  ---" << endl;
}
void taste()
{
   cout << "\n\n --- Weiter mit der Return-Taste --- " ;
   while( cin.get() != '\n')
     ;
}

#define MAX_ANG 3
#define MAX_ARB 3

Angestellter angestellte[MAX_ANG] =
{  Angestellter("Boss", "Eva",
             "80001 Muenchen", "Bossweg 1", "123456") };
int anzahlAng = 1;
```

```
Arbeiter arbeiter[MAX_ARB] =
{ Arbeiter("Emsig", "Hans",
           "10123 Berlin", "Hans-Str. 7", "654321", 37.90, 240) };
int anzahlArb = 1;


int main()
{
   bool ende = false;
   int  i, wahl;

   angestellte[0].setGehalt( 8798.10);

   do
   {
     wahl = menue();
     header();
     switch( wahl )
     {
       case 'N':                        // Angestellter
        if( anzahlAng == MAXANG)
        {
          cout << "\nKeine neuen Einstellungen!\n";
          taste();
        }
        else
        {
          cout << "\nEinstellung eines Angestellten:\n";

          if( ! angestellte[anzahlAng].scan())
            cout << "\nUngueltige Eingabe!", taste();
          else
            ++anzahlAng;
        }
        break;

      case 'R':                        // Arbeiter
        if( anzahlArb == MAXARB)
        {
          cout << "\n Keine neuen Einstellungen!\n";
          taste();
        }
        else
        {
          cout << "\nEinstellung eines Arbeiters:\n";

          if( ! arbeiter[anzahlArb].scan() )
            cout << "\nUngueltige Eingabe!", taste();
          else
            ++anzahlArb;
        }
        break;
```

```
      case 'L':                          // Auflisten
        cout << "\n-------------------------------------------"
             << "\nListe der Angestellten: \n";
        for( i=0; i < anzahlAng; ++i)
          angestellte[i].print(), taste();

        cout << "\n-------------------------------------------"
             << "\nListe der Arbeiter: \n";
        for( i=0; i < anzahlArb; ++i)
          arbeiter[i].print(), taste();
        break;

      case 'B':                          // Programm beenden.
        ende = true;
        break;
      }
   }while( !ende);

   return 0;
}


int menue()
{
   header();
   cout << "\n\n\n"
           "          Mitarbeiter einstellen:\n"
           "          <N> = Angestellter\n"
           "          <R> = Arbeiter\n"
           "         ---------------------------\n"
           "          <L> = Mitarbeiter auflisten\n"
           "          <B> = Programm beenden\n"
           "Ihre Wahl: ";

   int wahl;
   do
   {
     wahl = cin.get();
     wahl = toupper(wahl);            // Nur Grossbuchstaben
   }
   while(   wahl != 'N' && wahl != 'R'
         && wahl != 'L' && wahl != 'B');

   while( cin.get() != '\n')        // Rest der Zeile
     ;

   return wahl;
}
```

Kapitel 11: Polymorphie

Dieses Kapitel beschreibt zunächst, wie Typumwandlungen zwischen Basis- und abgeleiteten Klassen definiert sind. Anschließend wird gezeigt, wie das OOP-Paradigma Polymorphie mit Hilfe von virtuellen Funktionen und abstrakten Klassen implementiert werden kann.

1 2 3 4 5 6 7 8 9 10 11 12 13 14 15 16 17 18 19 20 21

11.1 Konvertierung abgeleiteter Klassen (1)

Konvertierung bei Zuweisungen

```
#include "elektro.h"

   . . .
   Artikel  einArtikel;
   Elektro  radio( "Radio", 1234L, 10, 220.0, 37.5);

   einArtikel = radio;              // Zuweisung an ein Objekt
                                    // der Basisklasse ist ok.

   radio = einArtikel;              // Fehler!
                                    // Umgekehrte Zuweisung ist
                                    // nicht zulaessig.
```

Wirkung der Zuweisung

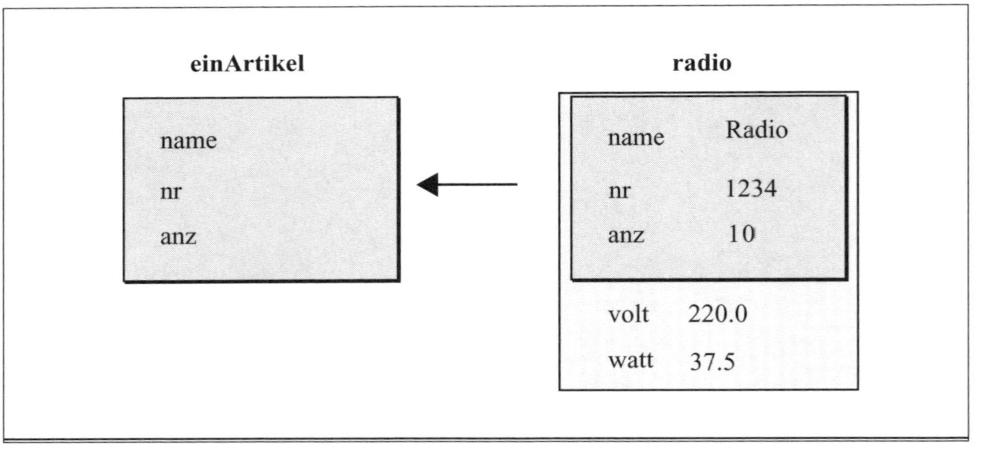

Implizite Typumwandlung

Bei einer gewöhnlichen `public`-Vererbung übernimmt die abgeleitete Klasse die Eigenschaften und Fähigkeiten der Basisklasse. Somit können dann auch Objekte vom Typ der abgeleiteten Klasse als spezielle Objekte der Basisklasse angesehen werden. Diese »Ist-Beziehung« kann beim Arbeiten mit Objekten genutzt werden.

In Anweisungen, die ein Objekt der Basisklasse erwarten, kann stets ein Objekt der abgeleiteten Klasse eingesetzt werden. Es erfolgt eine *implizite Typumwandlung* in den Typ der Basisklasse.

Auf diese Weise wird die Basisklasse zum gemeinsamen »Oberbegriff« für verschiedenartige Spezialisierungen. Wurden beispielsweise die Klassen `Elektro` und `Moebel` von der Klasse `Artikel` abgeleitet, so können Objekte vom Typ `Elektro` oder `Moebel` stets auch als Objekte vom Typ `Artikel` behandelt werden.

Die Notwendigkeit der Typumwandlung ergibt sich insbesondere bei:

- Zuweisungen an ein Objekt der Basisklasse
- Verwendung von Zeigern und Referenzen

Beim Aufruf von Funktionen werden entsprechende implizite Typumwandlungen auch für die Argumente durchgeführt.

11

Zuweisung

Ein Objekt einer abgeleiteten Klasse kann einem Objekt der Basisklasse zugewiesen werden.

Beispiel:
```
Artikel  einArtikel;
Elektro  radio( "Radio", 1234L, 10, 220.0, 37.5);

einArtikel = radio;
```

Ein Objekt der abgeleiteten Klassse enthält alle Datenelemente der Basisklasse. Diese werden komponentenweise an das Basisobjekt zugewiesen. Die übrigen Komponenten bleiben unberücksichtigt.

Mit dem folgenden Aufruf werden dann die kopierten Elemente angezeigt:

```
einArtikel.print();      // Methode print() von Artikel.
```

Die umgekehrte Zuweisung

```
radio = einArtikel;      // Fehler.
```

ist nicht möglich! Welche Werte sollen auch den zusätzlichen Datenelementen `watt` und `volt` zugewiesen werden?

Allerdings ist die umgekehrte Zuweisung dann zulässig, wenn für die abgeleitete Klasse eine entsprechende Zuweisung definiert wurde. Es genügt auch ein Konstruktor, dessen Parameter eine Referenz auf ein Basisobjekt ist. Der Konstruktor nimmt dann die erforderliche Typanpassung vor.

11.2 Konvertierung abgeleiteter Klassen (2)

Verwendung eines Basisklassenzeigers

```
#include "elektro.h"

. . . . . .
   Elektro   radio( "Radio", 1234L, 10, 220.0, 37.5),
             *elPtr;

   Artikel   *artPtr;

   artPtr = &radio;                  // Ok!
   artPtr->print();                  // Aufruf der Methode
                                     // Artikel::print

   artPtr->setVolt(240.0);           // Fehler!  Es gibt keine
                                     // Methode Artikel::setVolt


   elPtr = &radio;
   elPtr->print();                   // Aufruf der Methode
                                     // Elektro::print
```

Wirkung der Anweisung artPtr = &radio;

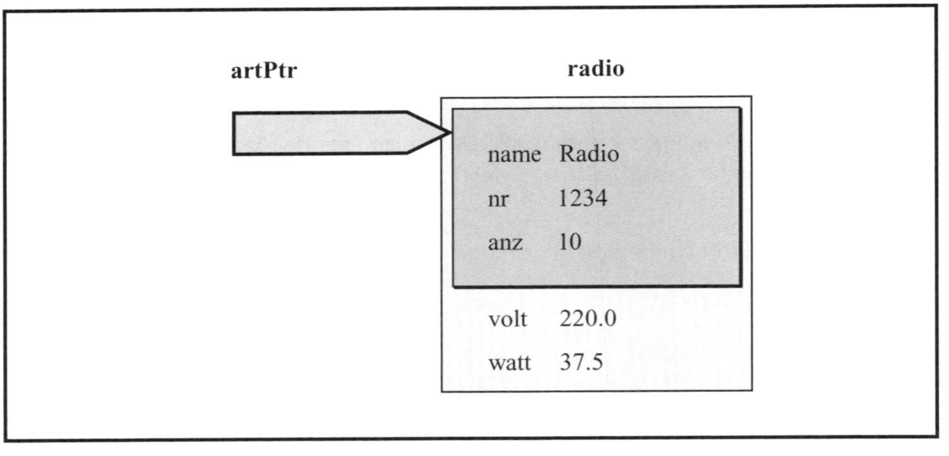

Zeiger auf Basisobjekte

Die Ist-Beziehung zwischen abgeleiteter Klasse und Basisklasse wird auch bei der Verwendung von Zeigern und Referenzen unterstützt. Zeiger, die den Typ »Zeiger: auf Basisklasse« besitzen (kurz: *Basisklassenzeiger*), können auf Objekte einer abgeleiteten Klasse gesetzt werden.

Beispiel:
```
Artikel *artPtr = &radio;   //artPtr auf radio setzen
```

Mit einem Basisklassenzeiger kann allerdings immer nur die öffentliche Schnittstelle der Basisklasse angesprochen werden. So wird mit

Beispiel:
```
artPtr->print();   // Basiselemente von radio anzeigen
```

die Methode `print()` der Basisklasse aufgerufen. Obwohl `artPtr` hier auf ein Objekt der Klasse `Elektro` zeigt, können über den Basisklassenzeiger `artPtr` keine Methoden aufgerufen werden, die in der abgeleiteten Klasse neu definiert wurden.

Beispiel:
```
artPtr->setVolt(240.0); // Fehler!
```

Die Klasse `Artikel` besitzt nämlich keine Methode `setVolt()`! Das Objekt `*artPtr` besitzt den Typ `Artikel` und repräsentiert nur den Basisanteil von `radio`. Daher ist auch die folgende Zuweisung unzulässig:

Beispiel:
```
Elektro radio2;
radio2 = *artPtr;          // Fehler!
```

Referenzen auf Basisobjekte

Beim Arbeiten mit Referenzen ist eine zu den Zeigern analoge Situation gegeben: Eine mit der Basisklasse typisierte Referenz kann auf ein Objekt einer abgeleiteten Klasse verweisen. Die Referenz repräsentiert dann nur den Basisanteil des Objekts.

Beispiel:
```
Artikel&  artRef = radio;
artRef.print();          // Basiselemente anzeigen
artRef.setVolt(240.0);   // Fehler!
Elektro radio2;
radio2 = artRef;         // Fehler!
```

Explizite Typumwandlung

Eine Typumwandlung in Richtung einer abgeleiteten Klasse kann nur explizit mit einem Cast erfolgen.

Beispiel:
```
Artikel *artPtr = & radio;
((Elektro *)artPtr)->print(); //Radio-Daten anzeigen
```

Aufgrund der expliziten Typumwandlung wird hier die Methode `print()` der Klasse `Elektro` aufgerufen. Solche Typumwandlungen müssen aber mit großer Sorgfalt erfolgen. Zeigt nämlich `artPtr` nicht wirklich auf ein `Elektro`-Objekt, so würden von der Methode `print()` Speicherstellen angesprochen, die nicht zum Objekt gehören.

11.3 Virtuelle Funktionen (1)

Deklaration und Aufruf einer virtuellen Funktion

```
// ----------------------------------------------------------
// Die virtuelle Methode print()
// der Klassen Artikel und Radio testen.
// ----------------------------------------------------------

#include <iostream>
using namespace std;

class Artikel                        // Basisklasse
{
  private:                           // Datenelemente und
    . . .                            // nicht virtuelle Methoden
  public:                            // wie gehabt.
    . . .
    virtual void print( void) const;     // Virtuelle
};                                       // Methode


class Elektro : public Artikel       // Abgeleitete Klasse
{
  private:                           // Datenelemente und nicht-
    . . .                            // virtuelle Methoden
  public:                            // wie gehabt.
    . . .
    void print( void) const;         // Implizit virtuell
};

void test( Artikel *artPtr)
{                                    // Aufruf der virtuellen
   artPtr->print();                  // Methoden Artikel::print()
}                                    // bzw. Elektro::print()

int main()
{
  // Zwei Objekte vom Typ Artikel bzw. Elektro:
   Artikel einArtikel( "Regal", 1234L, 10);
   Elektro einElektro("TV", 2468L, 5, 220.0, 45.5);

   test( &einArtikel);               // Alle Daten von einArtikel
   test( &einElektro);               // bzw. einElektro anzeigen.

   return 0;
}
```

Ziel

Basisklassen als Oberbegriff für verschiedenartige Objekte werden immer dann eingesetzt, wenn es auf die speziellen Möglichkeiten der Objekte nicht ankommt. Das ist beispielsweise der Fall, wenn neue Objekte in einer vorhandenen Datenstruktur (z. B. einer verketteten Liste) eingefügt oder gelöscht werden müssen.

In diesen Fällen ist es von Vorteil, wenn Basisklassenzeiger verwendet werden können, und zwar unabhängig vom speziellen Typ der Objekte. Dagegen besteht der Nachteil, dass nur die gemeinsamen Basiselemente dieser Objekte genutzt werden können.

Es ist wünschenswert, dass die besonderen Fähigkeiten eines Objekts auch dann aktiviert werden können, wenn das Objekt über einen Basisklassenzeiger angesprochen wird, und der genaue Typ des Objekts erst zur Laufzeit feststeht.

Zeigt beispielsweise der Artikelzeiger `artPtr` auf ein Objekt der abgeleiteten Klasse `Elektro`, so sollten mit der Anweisung

```
artPtr->print();
```

alle Datenelemente des Objekts angezeigt werden.

Traditionell wurde dieses Problem gelöst, indem man die Basisklasse um ein »Typfeld« erweitert, also um ein Datenelement, das sich den Typ des Objekts merkt. Eine Funktion, die Objekte über einen Basisklassenzeiger verwaltet, kann so den Objekttyp in einer `switch`-Anweisung abfragen und die entsprechende Methode aufrufen. Das hat allerdings den Nachteil, dass bei späteren Ableitungen der bereits erstellte Quellcode um eine `case`-Marke erweitert und neu kompiliert werden muss.

In der objektorientierten Programmierung ist die Lösung dieses Problems die sogenannte *Polymorphie*. Diese wird in C++ mit Hilfe virtueller Elementfunktionen realisiert.

Deklaration

Die Deklaration einer virtuellen Elementfunktion erfolgt in der Basisklasse mit dem Schlüsselwort `virtual`.

Beispiel: `virtual void print() const;`

Die Definition virtueller Funktionen unterscheidet sich nicht von der Definition anderer Elementfunktionen. Konstruktoren können nicht als `virtual` deklariert werden.

Einsatz virtueller Funktionen

Elementfunktionen werden dann als virtuell deklariert, wenn abgeleitete Klassen typischerweise ihre eigene Version definieren. Dadurch wird der Compiler veranlaßt, die Aufrufe der Funktionen so zu gestalten, dass *immer* die zu einem Objekt gehörige Version zur Ausführung gelangt. Wichtig ist, dass dies auch dann geschieht, wenn das Objekt über einen Zeiger bzw. eine Referenz auf die Basisklasse angesprochen wird. Dies ist der Unterschied zu einer gewöhnlichen Methode!

11.4 Virtuelle Funktionen (2)

Redefinition virtueller Funktionen

```
// ----------------------------------------------------------
// Redefinition mit gleicher und verschiedener Signatur.
// ----------------------------------------------------------

#include <iostream>
using namespace std;

class Basis
{
  public:
            void f1() { cout << "Basis::f1()\n"; }
    virtual void f2() { cout << "Basis::f2()\n"; }
    virtual void f3() { cout << "Basis::f3()\n"; }
};

class Abgeleitet : public Basis
{
  public:
    void f1()                               // Nicht virtuell
    { cout << "Abgeleitet::f1()\n"; }
    void f2()                               // Virtuell
    { cout << "Abgeleitet::f2()\n"; }
    void f3(int x)                          // Nicht virtuell,
    {                                       // verdeckt Basis::f3()
      cout << x << " Abgeleitet::f3()\n";
    }
};


int main()
{
  Abgeleitet aObj;
  Basis *bPtr = &aObj;

  bPtr->f1();                     // Aufruf von Basis::f1()
  bPtr->f2();                     // Aufruf von Abgeleitet::f2()
  bPtr->f3();                     // Aufruf von Basis::f3()
//  aObj.f3();                    // Fehler! Abgeleitet::f3(int)
                                  // verdeckt Basis::f3()
  aObj.Basis::f3();               // ok
  aObj.f3(123);                   // ok, Aufruf von
                                  // Abgeleitet::f3(int)

  return 0;
}
```

Redefinition virtueller Funktionen

Eine virtuelle Methode einer Basisklasse muss in der abgeleiteten Klasse nicht redefiniert werden. In diesem Fall erbt die abgeleitete Klasse die virtuelle Methode.

Typischerweise wird eine abgeleitete Klasse jedoch ihre eigene Version einer virtuellen Methode definieren. Dabei bedeutet »eigene Version«, dass gegenüber einer normalen Redefinition folgendes zu beachten ist:

Die Redefinition in der abgeleiteten Klasse muss

1. dieselbe Signatur und
2. den gleichen Ergebnistyp

wie die virtuelle Funktion der Basisklasse besitzen.

Es gilt die Regel »virtuell bleibt virtuell«, d.h., die neue Version einer virtuellen Funktion ist automatisch auch wieder virtuell. In der Deklaration kann das Schlüsselwort `virtual` angegeben werden, muss es aber nicht.

Umgekehrt wird natürlich eine Methode der Basisklasse nicht nachträglich dadurch virtuell, dass in einer abgeleiteten Klasse eine Version dieser Methode als virtuell deklariert wird.

Redefinition mit neuer Signatur

Im Zusammenhang mit der Redefinition virtueller Funktionen ist noch folgendes zu beachten:

- Besitzt die Redefinition einer virtuellen Methode eine andere Signatur, so wird lediglich eine neue Methode mit gleichem Namen definiert. Diese ist nicht virtuell!
- Durch die Redefinition mit einer anderen Signatur ist die virtuelle Methode der Basisklasse zunächst verdeckt. Wird in der abgeleiteten Klasse keine eigene Version der virtuellen Methode benötigt, so kann die virtuelle Methode der Basisklasse durch eine `using`-Deklaration sichtbar gemacht werden.

Beispiel:
```
using Basis::f3;          // Im public-Bereich der
                          // Klasse Abgeleitet
```

Mit dieser zusätzlichen Deklaration würde in der nebenstehenden Klasse `Abgeleitet` die Funktion `f3` zweifach überladen. Dann gibt es die Methode `void f3()` und `void f3(int)`, wobei die erste virtuell ist.

Die `using`-Deklaration wird in Kapitel 13, »Namensbereiche«, behandelt.

11.5 Virtuelle Funktionen (3)

Beispielprogramm

```
// --------------------------------------------------------
// Zugriff auf virtuelle Funktionen
// --------------------------------------------------------

#include <iostream>
using namespace std;

class Basis
{
  public:
    virtual void f1() { cout << "Basis::f1()\n"; }
    virtual Basis& f2()
    {
      cout << "Basis::f2()\n";
      return *this;
    }
};

class Abgeleitet : public Basis
{
  private:
    void f1()                      // virtuell
    { cout << "Abgeleitet::f1(), private!\n"; }

  public:
    Abgeleitet& f2()               // Virtuell, eigene Version
    {                              // von  Basis& Basis::f2()
      cout << "Abgeleitet::f2()\n";
      return *this;
    }
};

int main()
{
  Abgeleitet aObj;
  Basis *bPtr = &aObj;

  aObj.f1();                   // Fehler! f1() ist private.
  bPtr->f1();                  // Aufruf von Abgeleitet::f1()!
  Basis& bRef = bPtr->f2();    // Aufruf von
                               // Abgeleitet::f2()
  bRef.f1();                   // Aufruf von Abgeleitet::f1()
  return 0;
}
```

Ergebnistyp

Wie schon gesagt, muss der Ergebnistyp der verschiedenen Versionen einer virtuellen Funktion identisch sein. Das ist auch deshalb notwendig, da erst zur Laufzeit feststeht, welche Version zur Ausführung kommt.

Dennoch gibt es eine Ausnahme von dieser Regel, die in der Praxis wichtig und auch so im ANSI-Standard festgeschrieben ist:

Liefert die virtuelle Funktion der Basisklasse einen Zeiger oder eine Referenz auf eine Klasse `X` zurück, so darf eine neue Version der virtuellen Funktion einen Zeiger bzw. eine Referenz auf eine von `X` abgeleitete Klasse zurückgeben.

Bei einem Aufruf der virtuellen Funktion über einen Zeiger oder eine Referenz auf die Basisklasse wird dann der Return-Wert in den Typ konvertiert, den die Funktion in der Basisklasse hat.

Zugriffskontrolle

Eine virtuelle Funktion wird wie alle anderen Klassenelemente auch in der `private`-, `protected`- oder `public`-Schnittstelle einer Klasse deklariert. Nun ist es beispielsweise möglich, dass eine virtuelle Funktion in der Basisklasse `public` und in der abgeleiteten Klasse `private` ist.

Für ein Objekt vom Typ der abgeleiteten Klasse ist dann die private virtuelle Funktion nicht ansprechbar.

Beim Zugriff über einen Zeiger oder eine Referenz auf die Basisklasse sind jedoch die Zugriffsrechte durch das »Basisklassen-Interface« festgelegt. So kann über einen Basisklassenzeiger die private virtuelle Methode der abgeleiteten Klasse aufgerufen werden.

Zum Beispielprogramm

Im nebenstehenden Programm besitzt die Methode `Abgeleitet::f2()` den Ergebnistyp `Abgeleitet&`. Trotzdem ist die folgende Anweisung nicht möglich:

```
Abgeleitet&  aRef = bPtr->f2();// Fehler!
```

Hier wird zwar die virtuelle Methode `f2()` der Klasse `Abgeleitet` aufgerufen, aber über einen Basisklassenzeiger. Deshalb besitzt der Ausdruck

```
bPtr->f2()
```

den Typ `Basis&`, und eine Konvertierung in Richtung der abgeleiteten Klasse findet nicht statt.

11.6 Statische und dynamische Bindung

Beispielprogramm

```
// ----------------------------------------------------------
// Objekte vom Typ Artikel bzw. Elektro dynamisch anlegen
// und anzeigen. Anschliessend die Adresse des Objekts
// vom Typ der Basisklasse und die Adresse seiner ersten
// Komponente ausgeben.
// ----------------------------------------------------------

#include "elektro.h"
#include <iostream>
using namespace std;

int main()
{
  Artikel *artPtr[3];
  artPtr[0] = new Artikel("CD: Dreams", 1515L, 66);
  artPtr[1] = new Elektro("Stehlampe", 2112L, 8, 220);
  artPtr[2] = new Elektro("TV", 2468L, 15, 220, 75.5);

  int i;
  for(i = 0; i < 3; ++i)
  {                                  // Aufruf der virtuellen
    artPtr[i]->print();              // Methode Artikel::print
    cin.get();                       // bzw. Elektro::print
  }

  cout << "\nEin Artikel-Objekt im Hauptspeicher:"
       << "\n Groesse:    " << sizeof(Artikel)
       << "\n Adresse:  " << (void *)artPtr[0]
       << "\n Adresse der ersten Komponente: "
       << (void *)artPtr[0]->getName() << endl;

  for( i = 0; i < 3; ++i)
    delete artPtr[i];

  return 0;
}
```

Statische Bindung

Beim Aufruf einer nicht virtuellen Funktion steht bereits zum Zeitpunkt der Übersetzung die Adresse der Funktion fest. Daher wird die Adresse auch direkt im Maschinencode des Funktionsaufrufs verwendet. Da diese feste Zuordnung schon zur Übersetzungszeit getroffen wird, spricht man von *statischer* oder auch *früher Bindung*.

Die statische Bindung wird auch für virtuelle Funktionen verwendet, die über ein Objekt aufgerufen werden. In diesem Fall ist auch schon zur Übersetzungszeit bekannt, welche Version der virtuellen Funktion gemeint ist.

Beispiel:
```
Elektro einElektro("TV", 2468L);

einElektro.setAnzahl( 10);// Statische Bindung.

einElektro.print();        // Statische Bindung einer
                           // virtuellen Methode.
```

Dynamische Bindung

Beim Aufruf einer virtuellen Methode über einen Zeiger oder eine Referenz steht dagegen zur Übersetzungszeit noch nicht fest, welche Funktion zur Laufzeit ausgeführt wird. Mit einer Anweisung wie

```
artPtr->print();
```

können verschiedene Versionen der virtuellen Methode `print()` gemeint sein, je nachdem, welches Objekt der Zeiger adressiert.

Der Compiler muss also Code erzeugen, bei dem erst zur Laufzeit eine Zuordnung zu einer bestimmten Funktion stattfindet. Diese Technik nennt man *dynamische* oder *späte Bindung*.

Verwendung bei Klassenbibliotheken

Die dynamische Bindung ermöglicht es, bereits übersetzten Code nachträglich zu erweitern, ohne dass der Quellcode vorliegen muss. Diese Eigenschaft ist z. B. wichtig beim Einsatz kommerzieller Klassenbibliotheken, die gewöhnlich nur mit den Header-Dateien und den kompilierten Modulen ausgeliefert werden.

Der Anwender solcher Klassen kann eigene Klassen ableiten und dafür neue Versionen virtueller Funktionen definieren. Aufgrund der dynamischen Bindung werden dann von den Funktionen der Klassenbibliothek auch die neuen Funktionen aufgerufen.

11.7 Implementierung dynamischer Bindung

Virtuelle Methodentabelle

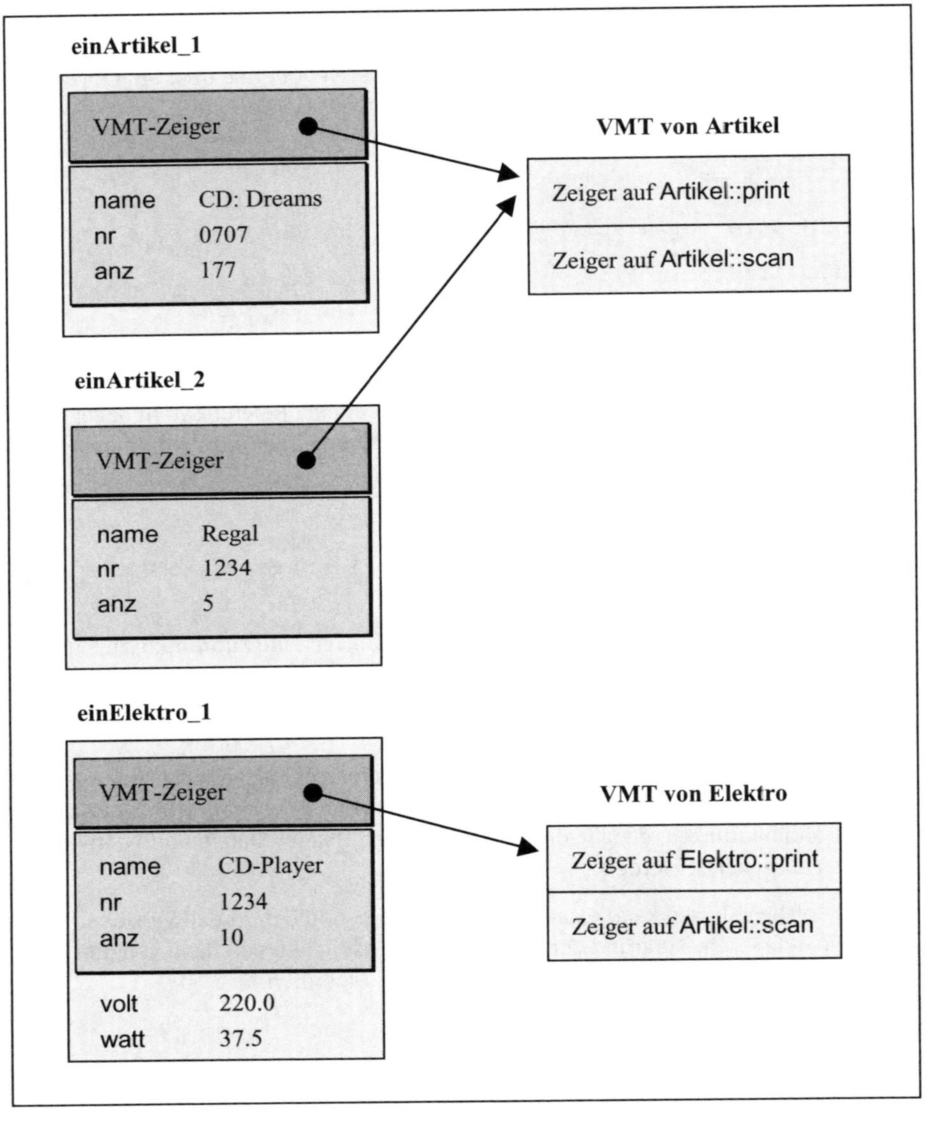

Virtuelle Methodentabelle

Es stellt sich die Frage, auf welche Weise die dynamische Bindung intern realisiert wird. Wie nicht anders zu erwarten, geschieht dies mit Hilfe von Zeigern auf Funktionen.
Der Compiler legt für jede Klasse, die mindestens eine virtuelle Funktion besitzt, eine sogenannte *virtuelle Methodentabelle* an (engl. *Virtual Method Table*, kurz *VMT*). Die VMT ist ein Vektor von Funktionszeigern, welche die virtuellen Methoden der Klasse adressieren.

Für jede virtuelle Funktion der Klasse enthält die VMT einen Eintrag mit ihrer Adresse. Dabei besitzen die Versionen einer virtuellen Funktion in den VMTs von Basis- und abgeleiteten Klassen immer den gleichen Index.

Die VTM einer abgeleiteten Klasse ist dann länger als die der Basisklasse, wenn in der abgeleiteten Klasse eine virtuelle Funktion deklariert wird, die noch nicht in der Basisklasse vorhanden ist.

VMT-Zeiger

Jedes Objekt besitzt einen *VMT-Zeiger*, das ist ein versteckter Zeiger auf die virtuelle Methodentabelle seiner Klasse. Bei dynamischer Bindung erfolgt dann der Aufruf einer virtuellen Funktion in zwei Schritten:

- Zunächst wird im referenzierten Objekt der Zeiger auf die VMT ausgewertet.
- Dann wird der VMT die Adresse der virtuellen Methode entnommen.

Die nebenstehende Abbildung zeigt die VMTs der Klassen `Artikel` und `Elektro`. Dabei wird folgendes angenommen: Zusätzlich zur virtuellen Funktion `print()` ist noch eine virtuelle Funktion `scan()` in der Klasse `Artikel` definiert. Die abgeleitete Klasse `Elektro` besitzt aber keine eigene Version von `scan()`.

Somit besitzen die VMTs der Klassen `Artikel` und `Elektro` jeweils zwei Einträge, wobei die Einträge für `scan()` auf dieselbe Funktion zeigen.

Overhead

Im Vergleich zur statischen Bindung gibt es zwei Nachteile:

- Höhere Laufzeit, da statt einer direkten Adressierung zwei Zeiger dereferenziert werden müssen.
- Höherer Speicherbedarf, da die VMTs Platz belegen und jedes Objekt einen zusätzlichen Zeiger enthält.

Dieser Preis für die Realisierung der Polymorphie ist jedoch vergleichsweise gering. Das gilt insbesondere für die Laufzeit, denn die Dereferenzierung zweier Zeiger ist immer noch sehr viel schneller als die Ausführung einer `switch`-Anweisung.

11.8 Virtuelle Destruktoren

Beispielprogramm

```
// ----------------------------------------------------
// Die Klassen Basis und Abgeleitet mit
// virtuellem Destruktor.
// ----------------------------------------------------
#include <string.h>
#include <iostream>
using namespace std;

class Basis
{
  public:
   Basis()
   {  cout << "Konstruktor der Klasse Basis\n"; }
   virtual ~Basis()
   {  cout << "Destruktor der Klasse Basis\n"; }
};

class Abgeleitet : public Basis
{
  private:
    char *name;

  public:
    Abgeleitet( const char *n)
    {
      cout << "Konstruktor der Klasse Abgeleitet\n";
      name = new char[strlen(n)+1];
      strcpy(name, n);
    }
    ~Abgeleitet()
// implizit virtuell
    {
      cout << "Destruktor der Klasse Abgeleitet\n"
           << "Objekt: " << name << endl;
      delete [] name;
    }
};

int main()
{
  Basis *bPtr = new Abgeleitet("TEST");

  cout << "Aufruf des virtuellen Destruktors!\n";
  delete bPtr;
  return 0;
}
```

Destruktoren abgeleiteter Klassen

Endet die Lebensdauer eines Objekts, so wird sein Destruktor aufgerufen. Waren bei der Erzeugung des Objekts mehrere Konstruktoren beteiligt, so werden die entsprechenden Destruktoren in umgekehrter Reihenfolge aufgerufen.

Für ein Objekt einer abgeleiteten Klasse heißt das: Es wird zuerst der Destruktor der abgeleiteten Klasse und dann der Destruktor der Basisklasse aufgerufen.

Der Compiler sorgt dafür, dass Objekte ordnungsgemäß abgebaut werden. Allerdings benötigt er dafür den genauen Typ des Objekts. Dieser ist jedoch nicht immer bekannt, etwa wenn Objekte dynamisch erzeugt werden.

Zerstörung dynamischer Objekte

Bei der Verwaltung verschiedenartiger Objekte über eine gemeinsame Basisklasse kommt es häufig vor, dass Objekte dynamisch erzeugt werden. Hierbei verweisen Basisklassenzeiger auf die neuen Objekte. Wird ein solches Objekt nicht mehr benötigt, muss es explizit mit einer `delete`-Anweisung zerstört werden.

Beispiel:
```
Artikel *artPtr;
artPtr = new Elektro("TV", 3456L);
  . . .
delete artPtr;
```

Das Problem ist hier, dass der Compiler den Typ des durch `artPtr` adressierten Objekts nicht kennt. Da `artPtr` ein Basisklassenzeiger ist, wird der Destruktor der Basisklasse aufgerufen. In diesem Beispiel hat das keine Konsequenzen, da der Destruktor der Klasse `Elektro` »nichts tut«.

Ist aber ein Destruktor für die abgeleitete Klasse definiert worden, so kann es fatale Folgen haben, wenn dieser nicht aufgerufen wird.

Deklaration

Das Problem wird dadurch gelöst, dass Destruktoren auch als virtuell deklariert werden. Für die Klasse `Artikel` lautet die Deklaration

Beispiel: `virtual  ~Artikel() ;`

Wie bei einer normalen virtuellen Funktion wird dann die »richtige« Version des Destruktors aufgerufen. Anschließend werden die Destruktoren der direkten und indirekten Basisklassen ausgeführt.

Allgemein gilt:

- ▶ Eine Klasse, die als Basisklasse für andere Klassen dient, sollte immer einen virtuellen Destruktor besitzen.

Auch wenn die Basisklasse gar keinen eigenen Destruktor benötigt, so ist zumindest ein Dummy-Destruktor als virtuell zu deklarieren.

11.9 Rein virtuelle Funktionen

Die Klasse Konto

```
// ----------------------------------------------------
// Datei:  konto.h
// Enthaelt die abstrakte Klasse Konto.
// ----------------------------------------------------

#ifndef _KONTO_H
#define _KONTO_H

class Konto
{
  protected:
    char    *name;
    long    nr;
    double  stand;

  public:
    Konto( const char *name, long nr);
    Konto( const Konto& );

    virtual ~Konto(){ delete [] name; }

    const char *getName() const { return name; }
    void setName ( const char *n);

    long getNr() const { return nr; }
    void setNr( long n){ nr = n; }

    virtual void anzeigen() const;
    virtual bool buchen( double betrag) =0;
    virtual void monatsAbschluss() =0;

    virtual Konto& operator= (const Konto& );
};

#endif
```

Motivation

Virtuelle Funktionen müssen in der Basisklasse deklariert werden, damit sie über das Basisklassen-Interface in allen abgeleiteten Klassen zur Verfügung stehen. Oft gibt es für sie in der Basisklasse aber noch keine sinnvolle Aufgabe.

Der Programmierer kann natürlich eine Dummy-Funktion definieren, deren Adresse dann in die VMT der Basisklasse eingetragen wird.

Damit wird jedoch eine Funktion definiert, die nie aufgerufen werden sollte. Eine bessere Lösung wäre es, wenn eine solche Funktion erst gar nicht definiert werden muss. C++ bietet hierfür die Möglichkeit, *rein virtuelle Funktionen* zu deklarieren.

Deklaration

Eine rein virtuelle Funktion wird in der Deklaration durch Anhängen des Ausdrucks `= 0` gekennzeichnet.

Beispiel:

```
class X
{
   public:
      virtual void func() = 0;      // rein virtuell
};
```

Der Compiler erhält damit die Information, dass in der Klasse `X` keine Definition der Funktion vorhanden sein muss. In der VMT der Klasse wird für eine rein virtuelle Funktion der NULL-Zeiger eingetragen. Davon ist auch die Syntax der Deklaration abgeleitet.

Rein virtuelle Funktionen in der Klasse Konto

Nebenstehend ist die Klasse `Konto` definiert, die ein Bankkonto darstellt. Sie dient als Basisklasse für andere Konten, wie z. B. Girokonten oder Sparkonten. Um die Ableitung zu erleichtern, sind die Datenelemente als `protected` deklariert.

Der Name des Kontoinhabers ist als dynamisches Element definiert. Damit wird auch die Deklaration eines Kopierkonstruktors und eines Zuweisungsoperators notwendig.

Erst wenn Überziehungslimit und Soll- bzw. Haben-Zinssatz feststehen, können die Methoden `buchen()` und `monatsAbrechnung()` definiert werden. Deshalb sind diese Methoden als rein virtuelle Funktionen deklariert.

Der Einfachheit halber sind keine Datenelemente für die Speicherung von Buchungen vorgesehen. Eine Ein- oder Auszahlung verändert also nur den Kontostand. (Eine mögliche Implementierung wäre ein Zeiger auf eine verkettete Liste, deren Elemente das Datum, den Betrag und den Verwendungszweck einer Buchung enthalten.)

11.10 Abstrakte Klassen

Die abgeleitete Klasse GiroKonto

```
// --------------------------------------------------------
// Datei konto.h (Fortsetzung)
// Enthaelt die von Konto abgeleitete Klasse GiroKonto
// --------------------------------------------------------

class GiroKonto : public Konto
{
  protected:
    double sollZinssatz;
    double limit;                  // <= 0.0 (z.B. -5000.0 )

  public:
    GiroKonto( const char *name = "", long nr = 0L)
    : Konto( name, nr)
    {
      sollZinssatz = limit = 0.0;
    }

    double getSollZinssatz() const { return sollZinssatz; }
    void setSollZinssatz( double zinssatz);

    double getLimit() const { return limit; }
    void setLimit( double neuLimit);

    void anzeigen() const;         // Virtuelle Methoden
    bool buchen( double betrag);
    void monatsAbschluss();

    GiroKonto& operator=(const Konto&);      // Auch virtuell
    GiroKonto& operator=(const GiroKonto&);  // Nicht virtuell
};
```

Erzeugung von Objekten

Von Klassen, die rein virtuelle Funktionen enthalten, können keine Objekte erzeugt werden.

Beispiel:
```
Konto  einKonto;            // Fehler!
```

Sonst könnte für ein solches Objekt eine Elementfunktion aufgerufen werden, die es gar nicht gibt.

Klassen, von denen keine Objekte erzeugt werden können, heißen *abstrakte Klassen*. Eine Klasse mit rein virtuellen Funktionen ist deshalb eine abstrakte Klasse. Im Gegensatz dazu werden Klassen, von denen Objekte erzeugt werden können, auch als *konkrete Klassen* bezeichnet.

Die Ableitung von einer abstrakten Klasse erbt alle rein virtuellen Funktionen. Die abgeleitete Klasse ist also nur dann eine konkrete Klasse, wenn für jede rein virtuelle Funktion eine Definition angegeben wird.

Beispielsweise ist es notwendig, für die nebenstehende Klasse `GiroKonto` die Methoden `buchen()` und `monatsAbschluss()` zu implementieren. Erst dann können Objekte dieses Typs erzeugt werden.

Umgekehrt ist es zulässig, in einer Klasse, die von einer konkreten Klasse abgeleitet wird, rein virtuelle Funktionen zu deklarieren. Die Ableitung von einer konkreten Klasse kann also durchaus abstrakt sein.

Zeiger und Referenzen

Auch wenn es keine Objekte einer abstrakten Klasse gibt, so können doch entsprechende Zeiger und Referenzen definiert werden.

Beispiel:
```
Konto *ptr;                 // ok
```

Dieser Zeiger kann dann auf Objekte von abgeleiteten Klassen zeigen. Entsprechendes gilt für Referenzen.

Zeiger und Referenzen auf Basisklassen werden besonders häufig als Parameter von Funktionen eingesetzt. Der Kopierkonstruktor und die Zuweisung der Klasse `Konto` sind Beispiele dafür.

Beispiel:
```
Konto( const Konto& );
virtual Konto& operator= (const Konto& );
```

In beiden Fällen wird stets ein Objekt einer abgeleiteten Klasse als Argument übergeben, da `Konto` eine abstrakte Klasse ist.

Polymorphes Interface

Abstrakte Klassen stellen ein polymorphes Interface für abgeleitete Klassen dar. Allgemeine Operationen können im Form von (rein) virtuellen Funktionen implementiert werden, die über Zeiger oder Referenzen auf die abstrakte Klasse aufgerufen werden. Definiert dann eine abgeleitete Klasse ihre Version einer virtuellen Funktion, so kommt diese auch zur Ausführung.

11.11 Vererbung dynamischer Komponenten

Die Methoden der Klasse Konto

```
#include "konto.h"
#include <string.h>
#include <iostream>
using namespace std;

Konto::Konto( const char *n, long num)
{
   name = NULL; setName( n);
   nr = num;
   stand = 0.0;
}

Konto::Konto( const Konto& k)
{
   name = NULL; setName( k.name);
   nr = k.nr;
   stand = k.stand;
}

void Konto::setName( const char *n)
{
  delete [] name;
// delete[] NULL; ist ok
  name = new char[strlen(n)+1];
  strcpy(name, n);
}

Konto& Konto::operator= (const Konto& k)
{
   if( this != &k)
   {
     setName( k.name);   nr = k.nr;   stand = k.stand;
   }
   return *this;
}

void Konto::anzeigen() const
{
   cout.precision(2); cout.setf(ios::fixed);
   cout << "\n----------------------------------";
   cout << "\nName:            "  << name
        << "\nKontonummer:     "  << nr
        << "\nKontostand:      "  << stand << endl;
}
```

Konstruktoren und Zuweisungsoperator abstrakter Klassen

Auch wenn keine Objekte einer abstrakten Klasse erzeugt werden können, so sind dennoch Konstruktoren notwendig. Wird nämlich ein Objekt einer abgeleiteten Klasse erzeugt, so wird auch ein Konstruktor der Basisklasse ausgeführt. Dieser ist für die Initialisierung der Basiselemente zuständig.

Besitzt eine abstrakte Klasse ein dynamisches Element, so sind auch ein Kopierkonstruktor und eine Zuweisung zu definieren. Diese werden automatisch vom Standard-Kopierkonstruktor bzw. von der Standard-Zuweisung einer abgeleiteten Klasse aufgerufen.

Die Klassen Konto und GiroKonto

Nebenstehend sind die Definitionen der Methoden für die Klasse `Konto` angegeben. Da `Konto` ein dynamisches Element besitzt, werden auch ein Kopierkonstruktor und eine Operatorfunktion für die Zuweisung definiert.

Für die abgeleitete Klasse `GiroKonto` wurde dagegen kein eigener Kopierkonstruktor definiert. Deshalb wird bei Bedarf der Standard-Kopierkonstruktor ausgeführt, der wiederum den Kopierkonstruktor der Basisklasse `Konto` aufruft.

Kopierkonstruktor und Zuweisung abgeleiteter Klassen

Es ist also nicht immer notwendig, für eine abgeleitete Klasse einen eigenen Kopierkonstruktor zu definieren. Erforderlich wird dies erst dann, wenn die abgeleitete Klasse zusätzliche dynamische Elemente definiert.

Dasselbe gilt für die Zuweisung. Allerdings wird eine eigene Definition der Zuweisung dann notwendig, wenn sie virtuell implementiert werden soll. Dies wird im folgenden anhand der Klasse `GiroKonto` demonstriert.

11.12 Virtuelle Operatorfunktionen

Zuweisungen für die Klasse GiroKonto

```
// ---------------------------------------------------------
// Die virtuelle Zuweisung:
// ---------------------------------------------------------

GiroKonto& GiroKonto::operator= (const Konto& k)
{
  if( this != &k)                    // Keine Selbstzuweisung
  {
    Konto::operator= (k);
    limit = sollZinssatz = 0.0;
  }
  return *this;
}


// Die Standard-Zuweisung (nicht virtual):

GiroKonto& GiroKonto::operator= (const GiroKonto& g)
{
  if( this != &g)                    // Keine Selbstzuweisung
  {
    Konto::operator=(g);
    limit = g.limit;
    sollZinssatz = g.sollZinssatz;
  }

  return *this;
}
```

Virtuelle Zuweisung

Operatorfunktionen, die nicht als `friend`-Funktionen implementiert werden, sind »normale« Elementfunktionen, die auch virtuell sein dürfen. Nur so kann sichergestellt werden, dass die richtige Version der Operatorfunktion ausgeführt wird, wenn ein Objekt einer abgeleiteten Klasse über die Basisklasse angesprochen wird.

Im allgemeinen ist es sinnvoll, die Operatorfunktion für die Zuweisung als `virtual` zu deklarieren. Falls dies nicht geschieht und etwa ein Basisklassenzeiger schreibend auf das Objekt zugreift, so wird nur der Basisanteil des Objekts überschrieben. Die übrigen Datenelemente bleiben dann unverändert.

Versionen virtueller Operatorfunktionen

In der Klasse `Konto` wurde die Operatorfunktion für die Zuweisung als `virtual` deklariert. Außerdem definiert die abgeleitete Klasse `GiroKonto` ihre eigene Version. Somit wird in der folgenden Funktion `func()` die Zuweisung der Klasse `GiroKonto` ausgeführt, wenn als erstes Argument ein Objekt dieser Klasse angegeben wird.

Beispiel:
```
void func( Konto& konto1,  Konto& konto2)
{          . . .
   konto1 = konto2;      // Zuweisung an ein GiroKonto,
   . . .                 // wenn konto1 auf ein GiroKonto
                         // verweist.
}
```

11

Das funktioniert mit allen abgeleiteten Klassen, die ihre eigene Version der Zuweisung definieren, ohne dass die Funktion `func()` geändert werden müßte.

Signatur virtueller Operatorfunktionen

»Eigene Version« bedeutet immer, dass die Redefinition der virtuellen Funktion mit derselben Signatur erfolgen muss. Das hat für die Zuweisung folgende Konsequenzen:

- Die Standard-Zuweisung einer abgeleiteten Klasse ist keine virtuelle Funktion, da sie eine andere Signatur hat (im Beispiel: `GiroKonto&` statt `Konto&`). Sie überdeckt die virtuelle Funktion der Basisklasse.
  Solange also in der abgeleiteten Klasse keine eigene Zuweisung definiert wird, steht die virtuelle Zuweisung nur in der Basisklasse zur Verfügung.
- Die virtuelle Operatorfunktion für die Zuweisung muss deshalb stets selbst definiert werden. Damit dann noch die Standard-Zuweisung zur Verfügung steht, muss auch für diese eine eigene Definition angegeben werden.

11.13 Übungen

Die Klasse Firma

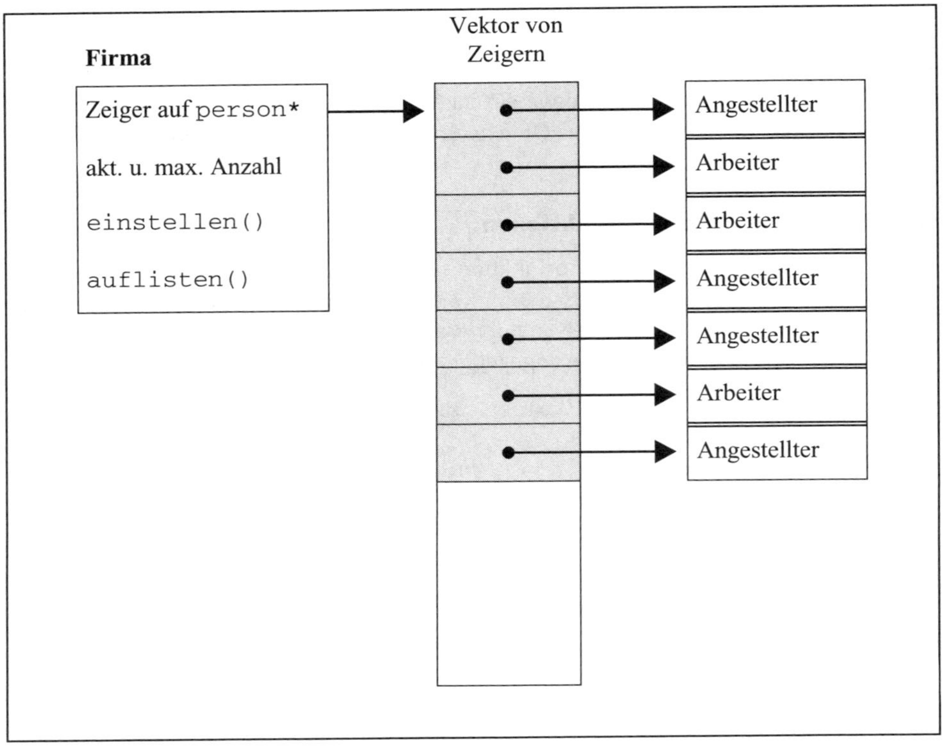

Hinweis Das Programm kann um die Möglichkeit, die Mitarbeiter der Firma nach Nachnamen zu sortieren, ergänzt werden. Hierfür ist in der Klasse `Firma` eine Methode `sortieren()` einzufügen, die den Vektor mit den Personenzeigern entsprechend sortiert. Ferner ist das Menü um den Punkt »Mitarbeiter sortieren« zu erweitern.

1. Aufgabe

In der Übung zum letzten Kapitel wurde ein Programm zur Verwaltung von Mitarbeitern einer Firma entwickelt. Dieses Programm soll so erweitert werden, dass die Daten aller Mitarbeiter in einer gemeinsamen Tabelle verarbeitet werden können.

Zunächst soll eine Klasse `Firma` definiert werden, die einen Vektor von Zeigern auf Objekte der Klasse `Person` verwaltet. Aufgrund der impliziten Typumwandlung können dann auch Zeiger auf Objekte der abgeleiteten Klassen `Arbeiter` und `Angestellter` gespeichert werden. Die Objekte selbst werden nach Bedarf dynamisch erzeugt.

- Definieren Sie die Klasse `Firma` mit einem Zeiger auf einen Vektor von `Person`-Zeigern (also einen Zeiger auf einen Zeiger auf `Person`) und je einer `int`-Variablen für die aktuelle und die maximale Anzahl von Vektorelementen.
  Der Konstruktor besitzt eine Ganzzahl als Parameter. Das ist die Größe des Zeigervektors, der dynamisch erzeugt wird. Als Default-Wert ist der Wert 100 vorzusehen.

  Der Destruktor der Klasse `Firma` ist so zu implementieren, dass er sowohl die referenzierten Objekte als auch den Vektor selbst entfernt.

Hinweis Zusätzlich ist der Destruktor der Klasse `Person` als virtuell zu deklarieren (auch wenn er nichts tut), da die Objekte über einen Basisklassenzeiger angesprochen werden.

11

  Die Methode `einstellen()` ist in zwei Versionen zu erstellen, einmal ohne Parameter und einmal mit einem Zeiger auf `Person` als Parameter. Ein Aufruf ohne Argument soll lediglich überprüfen, ob noch ein Mitarbeiter eingestellt werden kann, also ob nicht schon die maximale Anzahl von Mitarbeitern erreicht ist.

  In der zweiten Version erhält die Methode `einstellen()` einen Zeiger auf ein Objekt vom Typ `Person` (bzw. `Arbeiter` oder `Angestellter`). Dieser Zeiger wird in den Vektor eingefügt, und der Zähler wird aktualisiert. Die Methode liefert `false` zurück, wenn kein Mitarbeiter mehr eingestellt werden kann, andernfalls `true`.

  Die Methode `auflisten()` besitzt keinen Parameter und keinen Return-Wert. Sie zeigt die Daten aller Personen auf dem Bildschirm an und ruft zu dem Zweck für jedes Objekt die bereits erstellte Methode `print()` auf.

- Testen Sie das Programm. Erzeugen Sie ein Objekt vom Typ `Firma` dynamisch sowie je ein Objekt vom Typ `Angestellter` und `Arbeiter`. Diese sollen von Beginn an Mitarbeiter der Firma sein.
  Wird im Menü der Punkt »Angestellter einstellen« oder »Arbeiter einstellen« ausgewählt, wird ein entsprechendes Objekt dynamisch erzeugt. Nach dem Einlesen der Daten ist der Zeiger an die Methode `einstellen()` zu übergeben.

  Welche Daten von Angestellten bzw. Arbeitern werden jetzt ausgegeben? Deklarieren Sie nun die Methoden `print()` und `scan()` in der Basisklasse `Person` als virtuell. Starten Sie das Programm erneut.

11.14 Übungen

Einfach verkettete Listen

Eine *einfach verkettete Liste* besteht aus einzelnen Listenelementen, die durch folgende Eigenschaften charakterisiert sind:

- Jedes Listenelement besteht aus einem Datenteil und einem Zeiger auf das nachfolgende Listenelement.
- Jedes Listenelement besitzt abgesehen vom ersten und letzten Listenelement genau einen Vorgänger und einen Nachfolger. Das erste Listenelement besitzt keinen Vorgänger. Das letzte Listenelement besitzt keinen Nachfolger.

Im Unterschied zu einem Vektor brauchen die Elemente einer Liste nicht in einem zusammenhängenden Speicherbereich abgelegt zu sein.

Eine einfach verkettete Liste mit Messwerten

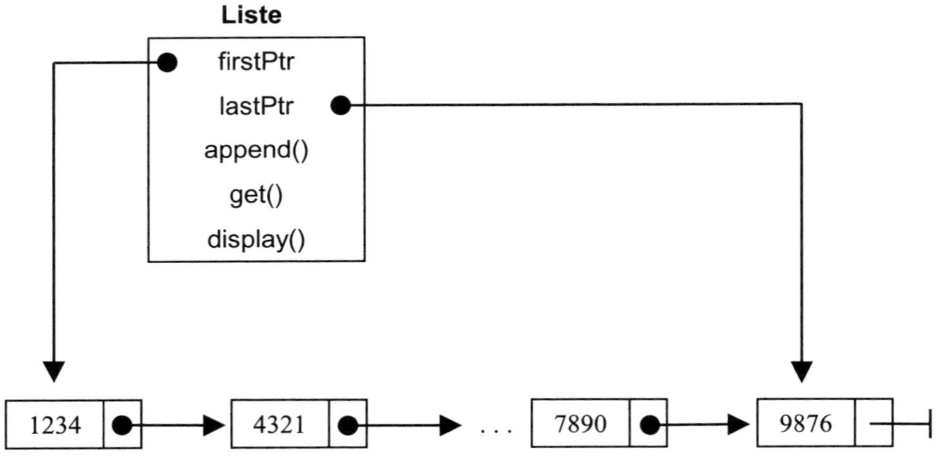

2. Aufgabe

Es soll ein Programm zur Verwaltung einer einfach verketteten Liste entwickelt werden.

- Definieren Sie zunächst eine Klasse `Cell`, die als gemeinsame Basisklasse für die Elemente einer Liste fungiert. Als Datenelement besitzt die Klasse einen Zeiger vom Typ `Cell*` für die Verkettung der Elemente.
  Von der Klasse `Cell` sollen keine Objekte erzeugt werden. Sowohl der Zeiger als auch der Default-Konstruktor sind daher als `protected` zu deklarieren.

  Im `public`-Teil wird eine rein virtuelle Funktion `print()` zur Verfügung gestellt. Die noch zu definierende Klasse `Liste` ist ein `friend` der Klasse.
- Definieren Sie dann eine Klasse `Liste`, die zwei Zeiger vom Typ `Cell*` besitzt. Ein Zeiger soll das erste Listenelement, der andere Zeiger das letzte Listenelement adressieren. Außerdem ist ein Default-Konstruktor zu deklarieren, der beide Zeiger auf `NULL` setzt.

  Die Methode `append()` hängt ein Element als letztes in die Liste ein. Als Argument erhält `append()` einen Zeiger vom Typ `Cell*` auf das einzuhängende Element.

  Die Methode `get()` entnimmt das erste Element der Liste. Sie liefert einen `Cell`-Zeiger auf das entnommene Element bzw. den `Null`-Zeiger, wenn die Liste leer ist.

  Die Methode `display()` zeigt mit Hilfe der virtuellen Methode `print()` alle Elemente der Liste am Bildschirm an.
- Die abgeleitete Klasse `Messwert` soll aus der Klasse `Cell` durch `public`-Vererbung entstehen. Sie besitzt als Datenelement einen Meßwert vom Typ `long`. Neben einem Konstruktor, dem ein Meßwert als Argument übergeben wird, ist die Methode `print()` zu definieren, die den gespeicherten Meßwert ausgibt.
- Testen Sie die Klasse `Liste`, indem Sie »Meßwerte« von der Tastatur einlesen lassen. Für jeden Meßwert wird dynamisch ein Objekt vom Typ `Messwert` erzeugt und mit der Methode `append()` in eine Liste eingefügt. Anschließend lassen Sie die gesamte Liste anzeigen.
  Entnehmen Sie dann mit `get()` alle Elemente der Liste, wobei das entnommene Element angezeigt wird. Hierbei muss der Return-Wert von `get()` gecastet werden!

11.15 Lösungen

Zur 1. Aufgabe

```
// ------------------------------------------------------------
// Dateien: mitarb.h und mitarb.cpp
// Zweck: Definition und Implementierung der Klassen
//        Person, Angestellter und Arbeiter.
// ------------------------------------------------------------

// Diese Dateien werden unveraendert aus dem vorhergehenden
// Kapitel uebernommen.
// Die Methoden print() und scan() werden als virtual deklariert.
// Ausserdem erhaelt die Klasse Person einen virtuellen Dummy-
// Destruktor.


// ------------------------------------------------------------
// Datei: firma.h
// Zweck: Klasse Firma zur Verwaltung von Mitarbeitern
// ------------------------------------------------------------

#ifndef _FIRMA_
#define _FIRMA_

#include "mitarb.h"

void taste(void);            // Weiter mit der Return-Taste

// ---- Die Klasse Firma --------------------------------------

class Firma
{
  private:
    Person **personTab;          // Tabelle der Mitarbeiter
    int    max, act;             // maximale, aktuelle Anzahl

 public:
    Firma( int size = 100)
    {
       personTab = new Person *[size];
       max = size;
       act = 0;
    }

    ~Firma(void);

    bool einstellen() const
    {
       return (act < max) ? true : false;
    }
```

```
    bool einstellen( Person* pPtr)
    {
       if( act < max)
       {
          personTab[act] = pPtr;  act++;
          return true;
       }
       else
          return false;
    }
    void auflisten(void);
    void sortieren(void);
};
#endif

// ------------------------------------------------------------
//  Datei:  firma.cpp
//  Zweck:  Methoden der in firma.h definierten Klassen,
//          die nicht inline definiert sind
// ------------------------------------------------------------

#include "firma.h"
#include <iostream>
using namespace std;

void taste()
{
   cout << "\n\n --- Weiter mit der Return-Taste --- " ;
   while( cin.get() != '\n')
    ;
}

// ------------------------------------------------------------
// Methoden der Klasse Firma
// ------------------------------------------------------------

// ---- Konstruktoren : inline

Firma::~Firma(void)                            // Destruktor
{
    for( int i = 0; i < act; ++i)
      delete personTab[i];
    delete [] personTab;
}

// ---- Ausgabe aller Personen-Daten

void Firma::auflisten()
{
     for( int i = 0;  i < act;  ++i)
     {
       personTab[i]->print();
       taste();
     }
}
```

11.16 Lösungen (Fortsetzung)

Zur 1. Aufgabe (Fortsetzung)

```
void Firma::sortieren()              // Nach Nachnamen sortieren.
{
   int i,j, mini;
   Person *temp;

   for( i = 0; i < act-1; ++i)
   {
      mini = i;
      for( j = i+1; j < act; ++j)
        if( strcmp( personTab[j]->getName(),
                    personTab[mini]->getName()) < 0)
          mini = j;

// Oder falls der Operator < überladen wurde:
//      if( *personTab[j] < *personTab[mini])   mini = j;

      temp = personTab[i];
      personTab[i] = personTab[mini];
      personTab[mini] = temp;
   }
}

// -------------------------------------------------------------
//  Datei:  firma_t.cpp
//  Zweck:  Die Mitarbeiter einer Firma verwalten.
//          Die Klasse Firma testen (Demo fuer Polymorphie).
// -------------------------------------------------------------

#include "firma.h"
#include <ctype.h>
#include <iostream>
using namespace std;

int menue(void);

inline void header()
{
   cout << "\n\n\n"
        << "        ---  Firma:  Mitarbeiter-Verwaltung  ---\n";
}


int main()
{
   Firma HiTec(10);
   Person *pPtr;
   bool ende = false;
   int  wahl;
```

```
pPtr = new Angestellter("Boss", "Eva", "80001 Muenchen",
                        "Bossweg 1", "123456", 7898.10);
HiTec.einstellen( pPtr);

pPtr = new Arbeiter("Emsig", "Hans", "80123 Muenchen",
                    "Hans-Str. 7", "654321", 37.90, 240);
HiTec.einstellen( pPtr);

do
{
  wahl = menue();
  header();
  switch( wahl )
  {
     case 'N':                       // Angestellter
       if( !HiTec.einstellen())
       {
         cout << "\nKeine neuen Einstellungen!\n";  taste();
       }
       else
       {
         Angestellter *angPtr = new Angestellter;
         cout << "\nEinstellung eines Angestellten:\n";

         if( ! angPtr->scan())
         {
           cout << "\nUngueltige Eingabe!", taste();
           delete angPtr;
         }
         else
           HiTec.einstellen( angPtr);
       }
       break;

     case 'R':                       // Arbeiter
       if( !HiTec.einstellen())
       {
         cout << "\nKeine neuen Einstellungen!\n";  taste();
       }
       else
       {
         Arbeiter *arbPtr = new Arbeiter;
         cout << "\nEinstellung eines Arbeiters:\n";

         if( ! arbPtr->scan())
         {
           cout << "\nUngueltige Eingabe!", taste();
           delete arbPtr;
         }
         else
           HiTec.einstellen( arbPtr);
       }
       break;
```

11.17 Lösungen (Fortsetzung)

Zur 1. Aufgabe (Fortsetzung)

```
        case 'L':                          // Auflisten
          cout << "\n----------------------------------------"
               << "\nListe der Mitarbeiter: \n";
          HiTec.auflisten();
          break;

        case 'S':                          // Sortieren
          HiTec.sortieren();
          break;

        case 'B':                          // Programm beenden
          ende = true;
          break;
      }
   }while( !ende);
   return 0;
}

int menue()
{
   header();
   cout << "\n\n\n"
           "          Mitarbeiter einstellen:\n"
           "          <N> = Angestellter\n"
           "          <R> = Arbeiter\n"
           "         ----------------------------\n"
           "          <L> = Mitarbeiter auflisten\n"
           "          <S> = Nach Nachname sortieren\n"
           "          <B> = Programm beenden\n"
           "Ihre Wahl: ";

   int wahl;
   do
   {
     wahl = cin.get();
     wahl = toupper(wahl);              // Nur Grossbuchstaben
   }
   while( wahl != 'N' && wahl != 'R' &&
          wahl != 'L' && wahl != 'S' && wahl != 'B');

   while( cin.get() != '\n')           // Rest der Zeile
     ;
   return wahl;
}
```

Zur 2. Aufgabe

```
// ---------------------------------------------------------------
//  Datei:  liste.h
//  Zweck:  Definition der Klassen Liste, Cell und Messwerte
// ---------------------------------------------------------------

#ifndef _LISTE_
#define _LISTE_

#include <iostream>
using namespace std;

// ---- Die Klassen Cell und Liste -----------------------------

class Cell            // Abstrakte Basisklasse für Listenelemente
{
  protected:
    Cell *next;
    Cell() { next = NULL; }
  public:
    friend class Liste;
    virtual void print() const = 0;      // Rein virtell
};

class Liste
{
  private:
    Cell *firstPtr;
    Cell *lastPtr;
  public:
    Liste() { firstPtr = lastPtr = NULL; }
    void append( Cell *ptr);        // Am Ende anhaengen.
    Cell *get();                    // Erstes Element entnehmen.
    void display();                 // Liste anzeigen.
};

// ---- Die Klasse Messwert  Liste -----------------------------

class Messwert : public Cell        // Listenelemente werden von
{                                   // der Klasse Cell abgeleitet.
  private:
    long wert;

  public:
    Messwert( long w=0) : wert(w) {}    // Konstruktor
    void print() const                  // implizit virtuell
    {
      cout.width(10);
      cout << wert;
    }
};
#endif
```

11.18 Lösungen (Fortsetzung)

Zur 2. Aufgabe (Fortsetzung)

```
// ------------------------------------------------------------
//  Datei:  liste.cpp
//  Zweck:  Methoden der in liste.h definierten Klassen,
//          die nicht inline definiert sind.
// ------------------------------------------------------------

#include "liste.h"
#include <iostream>
using namespace std;

// ------------------------------------------------------------
// Methoden der Klasse Liste
// ------------------------------------------------------------

// ---- Konstruktoren : inline

void Liste::append( Cell *ptr)          // Am Ende anhaengen.
{
   if( lastPtr == NULL)
   {
      firstPtr = lastPtr = ptr;
   }
   else
   {
      lastPtr->next = ptr;
      lastPtr = ptr;
   }
}

Cell *Liste::get()          // Erstes Element der Liste entnehmen.
{
   Cell *ptr = NULL;

   if( firstPtr != NULL)
   {
      ptr = firstPtr;
      if( firstPtr != lastPtr)
        firstPtr = firstPtr->next;
      else
        firstPtr = lastPtr = NULL;
   }
   return ptr;
}
```

```
void Liste::display()             // Alle Listenelemente anzeigen.
{
   Cell *ptr = firstPtr;
   if( ptr == NULL)
      cout << "\nDie Liste ist leer!\n";
   else
      while( ptr != NULL)
      {
        ptr->print();
        ptr = ptr->next;
      }
}

// ------------------------------------------------------------
//  Datei:  liste_t.cpp
//  Zweck:  Die Klassen Liste und Messwert testen.
// ------------------------------------------------------------

#include "liste.h"
#include <iostream>
using namespace std;

int main()
{
   Liste MListe;                   // Liste mit Messwerten
   Messwert *MPtr;
   long wert;

   MListe.display();               // Noch leer

   cout << "Ganzzahlige Werte eingeben (Ende mit 0):\n";
   do
   {
     cin >> wert;
     if( wert != 0 )
      MListe.append( new Messwert(wert));
   }while( wert != 0);

   cout << "\nInhalt der Liste:\n";
   MListe.display();

   cout << "\nDie Werte werden der Liste entnommen:\n";
   int i = 1;
   while( (MPtr = (Messwert *)MListe.get()) != NULL )
   {
      cout << i++ << ". Wert = "; MPtr->print();
      cout << endl;
      delete MPtr;
   }

   return 0;
}
```

11

Kapitel 12: Mehrfachvererbung

Die Mehrfachvererbung ist ein effizientes Sprachmittel, um komplexe Datenstrukturen darzustellen.

Dieses Kapitel beschreibt, wie aus mehreren bereits existierenden Klassen durch Mehrfachvererbung neue Klassen gebildet werden können. Die dabei auftretende Problematik von Mehrdeutigkeiten wird zusammen mit Lösungsmöglichkeiten, wie z. B. virtuellen Basisklassen, vorgestellt.

1 2 3 4 5 6 7 8 9 10 11 12 13 14 15 16 17 18 19 20 21

12.1 Definition mehrfacher Ableitungen

Vererbungsdiagramm: Boot, Haus, Hausboot

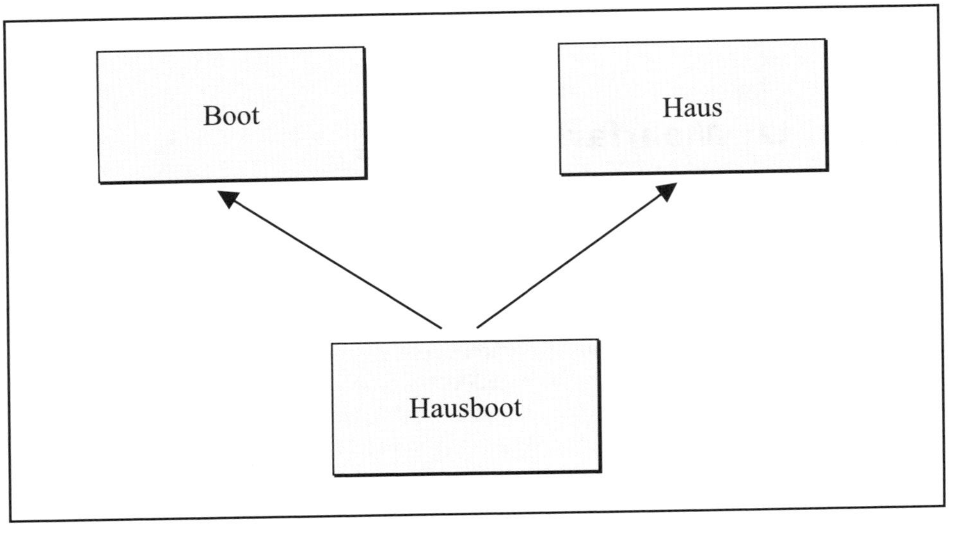

Mehrere Basisklassen

Neu zu definierende Klassen können Eigenschaften und Fähigkeiten von mehreren bereits existierenden Klassen übernehmen. Zu dem Zweck wird eine Klasse von mehreren verschiedenen Basisklassen abgeleitet. Man spricht in diesem Fall auch von *Mehrfachvererbung* (engl. *multiple inheritance*).

Eine mehrfach abgeleitete Klasse

Angenommen, es wurden bereits eine Klasse `Boot` und eine Klasse `Haus` definiert. Dann kann von beiden Klassen eine neue Klasse `HausBoot` abgeleitet werden:

Beispiel:
```
class HausBoot : public Boot, public Haus
{

    // Hier zusaetzliche Datenelemente und Methoden

};
```

Ein Objekt vom Typ `HausBoot` besitzt dann sowohl die Datenelemente von `Boot` als auch die von `Haus`.

Vererbungsarten

Wie bei der einfachen Vererbung gibt es drei Vererbungsarten:

- die `public`-Vererbung
- die `protected`-Vererbung
- die `private`-Vererbung

Die Art der Vererbung wird durch die Schlüsselworte `public`, `protected` oder `private` festgelegt. Dies geschieht für jede Basisklasse separat. Wird kein Schlüsselwort angegeben, so ist das gleichbedeutend mit `private`.

Auch bei der Mehrfachvererbung repräsentiert jede `public`-Vererbung eine »Ist-Beziehung«.

Im obigen Beispiel liegt sowohl für `Boot` als auch für `Haus` eine `public`-Vererbung vor. Deshalb stehen für alle Objekte der Klasse `HausBoot` die öffentlichen Schnittstellen beider Basisklassen zur Verfügung. Ein Hausboot ist damit sowohl ein spezielles Haus als auch ein spezielles Boot.

Dagegen wird bei der folgenden Ableitung

Beispiel:
```
class HausBoot : public Boot, Haus
{    . . .    };
```

die Klasse `Haus` als `private` vererbt. Damit wird nur die öffentliche Schnittstelle der Klasse `Boot` in die öffentliche Schnittstelle der abgeleiteten Klasse übernommen. Hier ist also Hausboot nur ein spezielles Boot, aber kein Haus.

12.2 Mehrdeutigkeiten

Vererbungsdiagramm: mehrfache indirekte Basisklasse

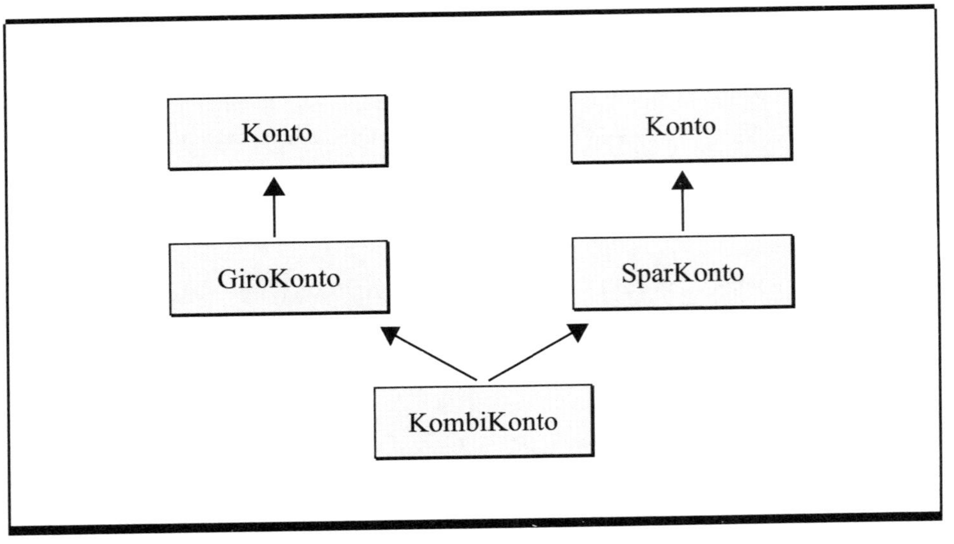

Ein Objekt der Klasse KombiKonto im Speicher

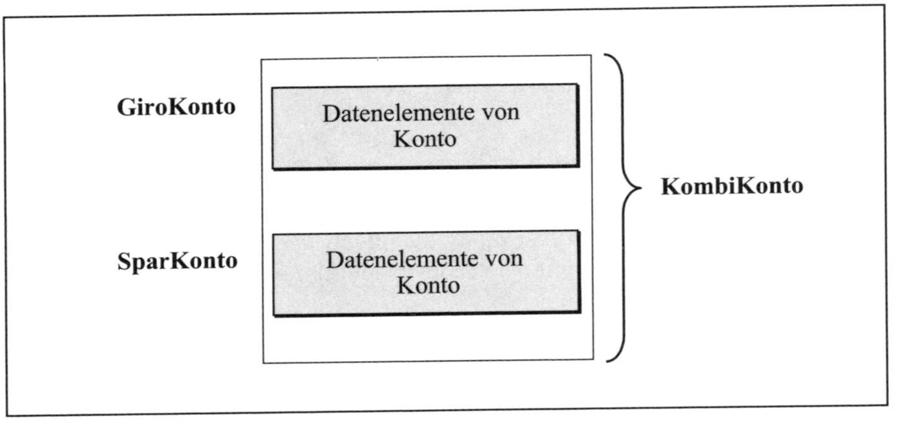

Gleichnamige Elemente

Probleme bei der Mehrfachvererbung treten hauptsächlich durch Mehrdeutigkeiten auf. Beispielsweise kann es vorkommen, dass zwei Basisklassen Elemente gleichen Namens enthalten. Der Zugriff auf solche Elemente ist dann über den Namen allein nicht mehr eindeutig auflösbar.

Besitzen etwa die Klasse `Haus` und die Klasse `Boot` eine Methode `getLength()`, so kann für ein Objekt der Klasse `HausBoot` die richtige Methode nicht eindeutig identifiziert werden.

Beispiel:
```
HausBoot myFlower(...);
laenge = myFlower.getLength();    //Fehler: mehrdeutig
```

In diesem Fall muss mit Hilfe des Bereichsoperators die Basisklasse festgelegt werden, deren Methode aufgerufen werden soll.

Beispiel:
```
hausLaenge = myFlower.Haus::getLength();
bootLaenge  = myFlower.Boot::getLength();
```

Indirekte Basisklassen

Eine Klasse kann bei einer Ableitung nicht mehrfach als direkte Basisklasse eingesetzt werden. Eine Definition wie

```
class Y : public X, public X        // Fehler
{  . . . .  };
```

ist unzulässig. Dagegen ist es möglich, eine Klasse von verschiedenen Klassen abzuleiten, die ihrerseits dieselbe Basisklasse besitzen. Man spricht hier auch von einer *mehrfachen indirekten Basisklasse*.

Nebenstehend ist eine Klasse `KombiKonto` von einer Klasse `GiroKonto` und einer Klasse `SparKonto` abgeleitet. Diese wiederum sind von der Klasse `Konto` abgeleitet. Die Klasse `Konto` ist also eine mehrfache indirekte Basisklasse von `KombiKonto`.

Ein Objekt `kto` vom Typ `KombiKonto` besitzt dann die Elemente der Klasse `Konto` *zweifach*. Damit führt der Zugriff auf Methoden der indirekten Basisklasse `Konto` zwangsläufig zu Mehrdeutigkeiten. Beim Aufruf

```
kto.getNr()              // Fehler: mehrdeutig
```

kann nicht eindeutig identifiziert werden, ob die Methode `getNr()` von `GiroKonto` oder von `SparKonto` gemeint ist. Auch hier kann die Mehrdeutigkeit mit Hilfe des Bereichsoperators aufgelöst werden:

```
kto.GiroKonto::getNr()  // okay
kto.SparKonto::getNr()  // okay
```

12

12.3 Virtuelle Basisklassen

Vererbungsdiagramm mit virtueller Basisklasse Konto

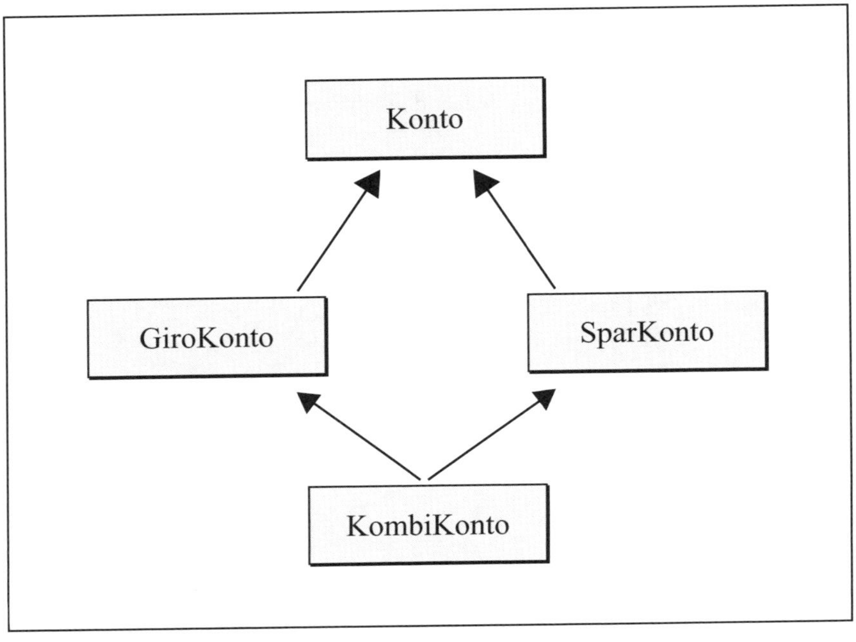

Motivation

Die Situation, dass eine Klasse eine indirekte Basisklasse mehrfach enthält, ist normalerweise nicht wünschenswert. Warum sollten für ein Kombi-Konto ein Name, eine Kontonummer und ein Kontostand doppelt gespeichert werden? Oft ist es sinnvoller, wenn die indirekte Basisklasse nur *einmal* in der mehrfach abgeleiteten Klasse vorkommt. Dies kann mit Hilfe *virtueller Basisklassen* erreicht werden.

Deklaration virtueller Basisklassen

Ob eine Basisklasse virtuell ist oder nicht, wird bei der Definition einer abgeleiteten Klasse festgelegt. Die Deklaration erfolgt wieder mit dem Schlüsselwort `virtual`, das vor den Namen der Basisklasse gesetzt wird:

Beispiel:
```
class GiroKonto : public virtual Konto
{ . . . . };

class SparKonto : public virtual Konto
{ . . . . };
```

Eine als virtuell deklarierte Basisklasse bleibt auch bei weiteren Ableitungen virtuell. So besitzt eine von `GiroKonto` oder `SparKonto` abgeleitete Klasse die Klasse `Konto` wieder als virtuelle Basisklasse.

Die Virtualität einer Klasse wirkt sich allerdings erst bei einer Mehrfachvererbung aus: Eine abgeleitete Klasse enthält eine virtuelle Basisklasse stets nur einmal.

Beispiel:
```
class KombiKonto : public GiroKonto, public SparKonto
{ . . . . };

KombiKonto  kto(...);
cout << "\nKonto-Nummer:  " << kto.getNr();
```

Die Klasse `KombiKonto` enthält die virtuelle Klasse `Konto` nur einmal. Deshalb belegen die von `Konto` geerbten Datenelemente im Objekt `kto` nur einmal Speicherplatz. Außerdem kann jetzt der Aufruf

```
kto.getNr()
```

eindeutig aufgelöst werden, ohne dass der Bereichsoperator angegeben werden muss.

Designfragen

Bereits bei der direkten Ableitung wird festgelegt, ob eine Basisklasse virtuell ist oder nicht. Deshalb ist es nicht möglich, eine indirekte Basisklasse nachträglich als virtuell zu deklarieren.

Bereits im Stadium des Designs einer Klassenhierarchie muss also klar sein, welche Basisklassen als virtuell festgelegt werden sollen. Spätere Änderungen ziehen zwangsläufig Anpassungen in allen abgeleiteten Klassen nach sich.

12.4 Initialisierung

Die Klasse KombiKonto

```
// ------------------------------------------------------
// Die Klassen GiroKonto und SparKonto besitzen
// die Klasse Konto als virtuelle Basisklasse.
// ------------------------------------------------------

class KombiKonto : public GiroKonto, public SparKonto
{
  public:
    KombiKonto( const char *name, long nr)
    : Konto( name, nr)
    {
      // Sonst ist nichts zu tun.
    }

    void anzeigen() const
    {
      GiroKonto::anzeigen();
      cout << "\nHaben-Zinssatz: "
           << habenZinssatz << " %\n";
    }

    bool buchen( double betrag)
    {
      return GiroKonto::buchen(betrag);
    }

    void monatsAbschluss();
};
```

Erzeugung von Objekten

Bei der Erzeugung eines Objekts einer abgeleiteten Klasse werden zunächst die Teilobjekte erzeugt, die von einer Basisklasse geerbt wurden. Dies gilt für jede Ebene einer Klassenhierarchie. Zuerst werden also die Teilobjekte erzeugt, deren Klassen im Vererbungsdiagramm am weitesten oben stehen.

Daraus resultiert die Aktivierungsreihenfolge der Konstruktoren, d.h., die Konstruktoren werden »von oben nach unten« aufgerufen. Diese von der einfachen Vererbung her bekannte Reihenfolge wird für die Mehrfachvererbung und für virtuelle Basisklassen verallgemeinert.

Hierbei ist das *Vererbungsdiagramm* maßgebend, das mit den Definitionen der abgeleiteten Klassen festgelegt wird: Im Vererbungsdiagramm werden bei einer Mehrfachvererbung die Basisklassen von links nach rechts in der Reihenfolge eingetragen, wie sie bei der Definition der Klasse angegeben wurden.

Aktivierungsreihenfolge

Für die Aktivierungsreihenfolge der Konstruktoren gilt folgendes:

- Zuerst werden die Konstruktoren virtueller Basisklassen ausgeführt, und zwar im Vererbungsdiagramm von oben nach unten und in jeder Verzweigungsebene von links nach rechts.
- Danach werden die Konstruktoren der nicht virtuellen, direkten Basisklassen von links nach rechts aufgerufen. (Diese wiederum rufen die Konstruktoren ihrer direkten, nicht virtuellen Basisklassen auf.)
- Schließlich werden die Anweisungen im Funktionsblock des Konstruktors der eigenen Klasse ausgeführt.

Der Konstruktor einer virtuellen Basisklasse wird mit den Argumenten aufgerufen, die im Basisinitialisierer der zuletzt abgeleiteten Klasse angegeben sind. Ist hier für eine virtuelle Basisklasse kein Basisinitialisierer angegeben, so wird der Default-Konstruktor der virtuellen Basisklasse ausgeführt. In diesem Fall muss also ein Default-Konstruktor vorhanden sein.

Basisinitialisierer für virtuelle Basisklassen, die im Konstruktor einer darüberliegenden Klasse stehen, werden ignoriert.

Zum nebenstehenden Beispielprogramm

Nebenstehend ist die Klasse `KombiKonto` definiert, die `Konto` als virtuelle Basisklasse enthält. Im Konstruktor ist für die Klasse `Konto` ein Basisinitialisierer angegeben, da `Konto` keinen Default-Konstruktor besitzt.

Bei der Erzeugung eines Objekts der Klasse `KombiKonto` wird zunächst der Konstruktor der virtuellen Basisklasse `Konto` ausgeführt. Anschließend werden die Default-Konstruktoren der direkten Basisklassen `GiroKonto` und `SparKonto` aufgerufen.

12.5 Übungen

Die abstrakte Klasse Airplane und die davon abgeleiteten Klassen

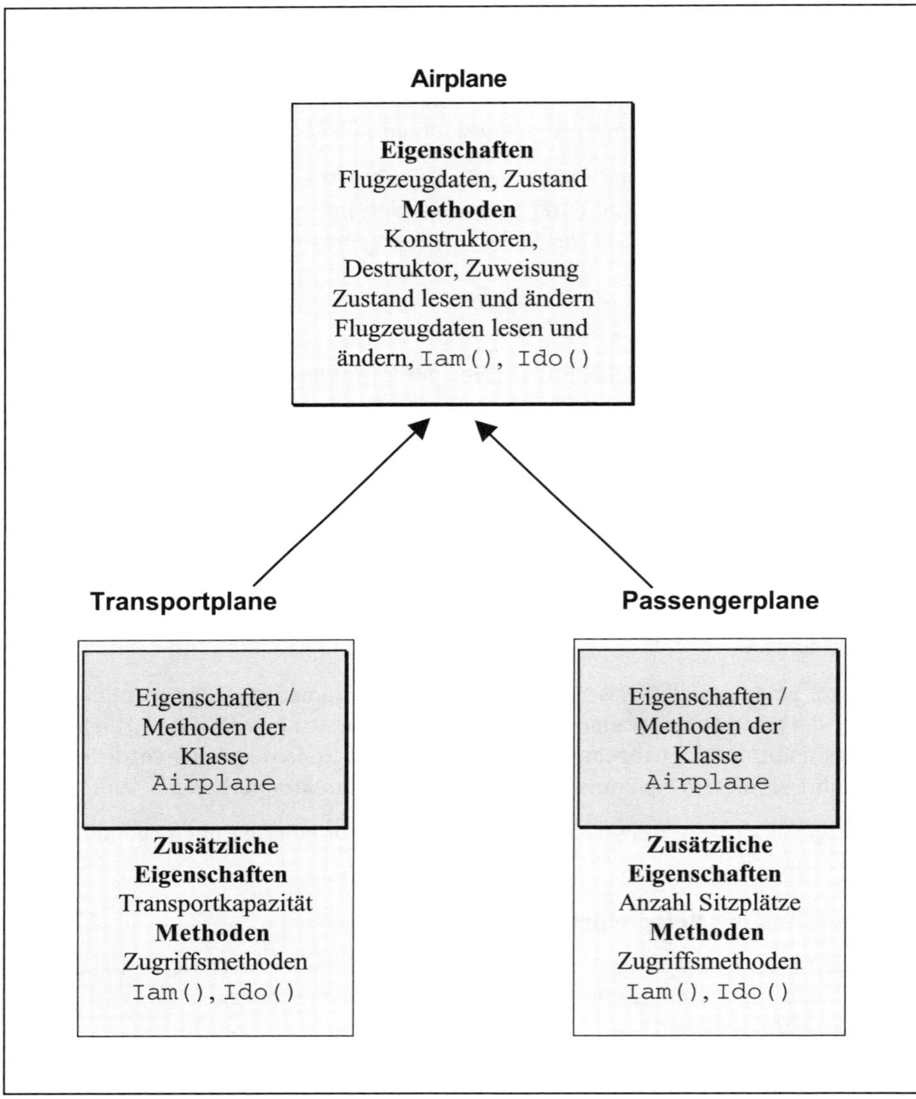

1. Aufgabe

Es ist ein Programm zu entwickeln, das die verschiedenen Zustände einer Gruppe von Flugzeugen erfaßt. Zustände, in denen sich ein Flugzeug befinden kann, sind z. B. Starten, Fliegen, Landen, Parken, Beladen, Entladen, in Wartung ...

- Definieren Sie zunächst einen Aufzählungstyp zur Darstellung der verschiedenen Zustände eines Flugzeugs.
- Entwerfen Sie dann eine abstrakte Klasse `Airplane`, die eine dynamische Komponente zum Speichern von Flugzeugdaten (»Transportflugzeug Transall, Nr. ... «, »Passagierflugzeug Boeing 747, Nr .... « o.ä.) und ein Datenelement zur Darstellung des Zustands eines Flugzeugs besitzt.
  Die Klasse stellt Zugriffsmethoden zur Verfügung, mit denen der Zustand bzw. die Flugzeugdaten gelesen und geändert werden können. Ferner besitzt sie eine virtuelle Methode `Iam()`, welche die Flugzeugdaten am Bildschirm anzeigt, und eine rein virtuelle Funktion `Ido()`. Neben Konstruktoren und einem virtuellen Destruktor ist ein Kopierkonstruktor zu definieren und der Zuweisungsoperator zu überladen.
- Definieren Sie eine von `Airplane` abgeleitete Klasse `Transportplane` zur Darstellung eines Transportflugzeugs. Die Klasse enthält ein neues Datenelement zur Speicherung der Transportkapazität und entsprechende Zugriffsmethoden, z. B. `getCapacity()` und `setCapacity()`.
  Die virtuelle Methode `Iam()` wird jetzt redefiniert: Die Ausgabe beginnt mit dem Satz »Ich bin ein Transportflugzeug«. Dann werden die Flugzeugdaten und die Transportkapazität angezeigt. Außerdem ist die virtuelle Methode `Ido()` zu implementieren. Die Methode `Ido()` fragt den Wert der Zustandsvariablen ab und gibt z. B. den Satz »Ich werde beladen« oder »Ich fliege« aus.
- Definieren Sie eine von `Airplane` abgeleitete Klasse `Passengerplane` zur Darstellung eines Passagierflugzeugs. Die Klasse `Passengerplane` enthält ein Datenelement zum Speichern der Anzahl von Sitzplätzen und entsprechende Zugriffsmethoden.
  Die virtuellen Methoden `Iam()` und `Ido()` werden auch hier redefiniert. `Iam()` gibt den Satz »Ich bin ein Passagierflugzeug«, die Flugzeugdaten und auch die Anzahl der Sitzplätze aus. Die Methode `Ido()` gibt gemäß dem Wert der Zustandsvariablen z. B. die Meldung »Meine Passagiere gehen an Bord« oder »Ich lande« aus.
- Schreiben Sie ein Testprogramm, in dem mehrere Objekte vom Typ `Transportplane` und `Passengerplane` angelegt werden. Rufen Sie für diese Objekte die Methoden `Iam()` und `Ido()` auf. Testen Sie auch die Funktionsfähigkeit des Kopierkonstruktors sowie des Zuweisungsoperators.
  Außerdem sollen in einer Schleife die verschiedenen Zustände eines Flugzeugs simuliert werden. In jedem Schleifendurchlauf wird der Zustand eines Flugzeugs neu gesetzt und mit Hilfe der Methode `Ido()` die aktuelle Situation angezeigt.

12.6 Übungen

Die virtuelle Basisklasse Airplane

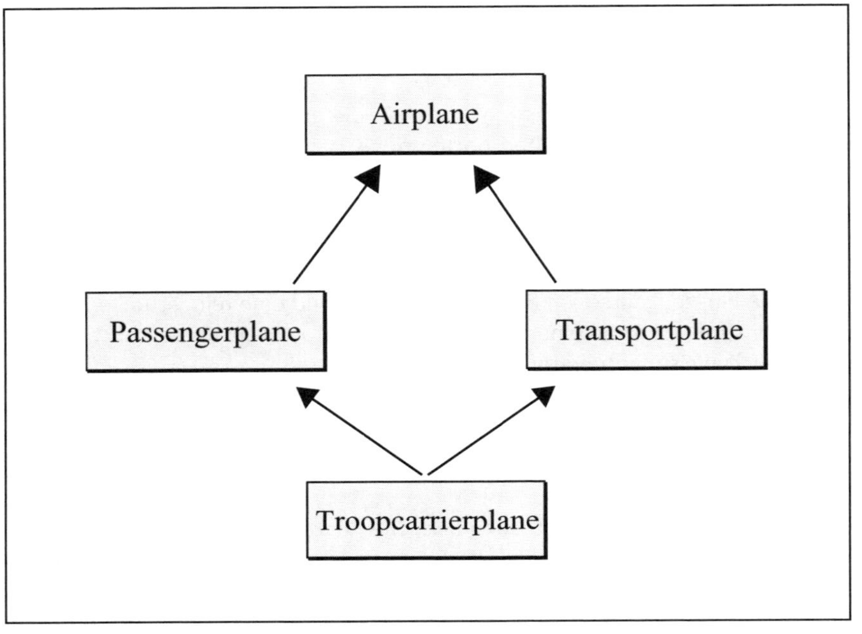

2. Aufgabe

Im Programm, welches verschiedene Zustände von Flugzeugen erfaßt, soll ein neuer Flugzeugtyp zur Verfügung gestellt werden. Dieser soll durch Mehrfachvererbung aus den Klassen `Transportplane` und `Passengerplane` entstehen.

- Zu diesem Zweck machen Sie zunächst `Airplane` zur *virtuellen* Basisklasse von `Transportplane` und von `Passengerplane`.
- Definieren Sie dann eine von `Transportplane` und `Passengerplane` abgeleitete Klasse `Troopcarrierplane` zur Darstellung eines Truppentransportflugzeugs. Die neue Klasse besitzt keine zusätzlichen Datenelemente.
  Ein Konstruktor stellt Parameter für alle geerbten Datenelemente bereit, wobei für die Transportkapazität und die Anzahl der Sitzplätze Default-Werte vorzusehen sind. Die virtuelle Basisklasse soll mit Hilfe eines Basisinitialisierers initialisiert werden.

  Die Methode `Iam()` muss jetzt überladen werden. Sie gibt den Satz »Ich bin ein Truppentransportflugzeug« und die weiteren Flugzeugdaten am Bildschirm aus.
- Schreiben Sie ein Testprogramm, in dem zunächst eine Tabelle mit drei Zeigern auf `Airplane` definiert wird. Die Zeiger adressieren je ein dynamisch angelegtes Objekt vom Typ `Transportplane`, `Passengerplane` und `Troopcarrierplane`. Anschließend wird für jedes Objekt ein neuer Zustand gesetzt und dann für jedes Objekt die Methoden `Iam()` und `Ido()` aufgerufen.
  Vor der Beendigung des Programms ist der dynamisch reservierte Speicherplatz wieder freizugeben.

12

Hinweis Die Klasse `Troopcarrierplane` besitzt ebenso wie die Klasse `Transportplane` eine Methode `setCapacity()`, um die Transportkapazität neu zu setzen. Welche Fehlermeldung erhalten Sie, wenn Sie versuchen, diese Methode über den Basisklassenzeiger aufzurufen?

Da `Airplane` eine virtuelle Klasse ist, kann hier nicht ein gewöhnlicher Cast benutzt werden, um den Basisklassenzeiger in den wirklich vorliegenden Typ zu konvertieren. Zu diesem Zweck stellt C++ den *dynamischen Cast* zur Verfügung.

Mehr dazu erfahren Sie in Kapitel 19, »Type-Casts und Typinformationen«. In den dortigen Übungen werden die »Flugzeugklassen« noch einmal aufgegriffen.

12.7 Lösungen

Zur 1. Aufgabe

```
// ---------------------------------------------------------------
//  Datei: airplane.h (1. Version)
//  Zweck: Die Klassen Airplane, Transportplane, Passengerplane
// ---------------------------------------------------------------

#ifndef _AIRPLANE_
#define _AIRPLANE_

#include <string.h>
#include <iostream>
using namespace std;

// ---- Die abstrakte Klasse Airplane ---------------------------

class Airplane
{
  public:
    enum State { parken, starten, fliegen,
                 landen, beladen, entladen };

  protected:
    char *plane;
    State state;

  public:
    // Konstruktoren implizit inline
    Airplane( const char *p = "", State s = parken)
    : state(s)
    {
       plane = NULL;  setPlane(p);
    }

    Airplane( const Airplane& a)          // Kopierkonstruktor
    : state( a.state)
    {
       plane = NULL;  setPlane(a.plane);
    }

    virtual ~Airplane()
    {
      delete [] plane;
    }

    Airplane& operator=(const Airplane& a)      // Zuweisung
    {
       setPlane(a.plane);
       state = a.state;
       return *this;
    }
```

```
    const char *getPlane() const { return plane; }
    State       getState() const { return state; }

    void setPlane( const char *p)
    {
       delete [] plane;          // delete [] NULL;  ist ok
       plane = new char[strlen(p)+1];
       strcpy( plane, p);
    }

    void setState( State s) { state = s; }

    virtual void Iam()
    {
      cout << "\n----------------------------------------\n";
      cout << "Flugzeug:\n  " << plane << endl;
    }
    virtual void Ido() = 0;
};


// ---- Die Klasse Transportplane ----------------------------

class Transportplane : public Airplane
{
  private:
    long capacity;                        // Kapazitaet in kg

  public:
    // Konstruktor implizit inline
    Transportplane(const char *plane = "",
                   State s = parken, long c = 0L)
    : Airplane( plane, s), capacity(c)
    {}

    long getCapacity() const { return capacity; }

    void setCapacity( long c)
    {
      if( c >= 0 )  capacity = c;
    }

    void Iam()                            // Implizit virtuell
    {
      cout << "\nIch bin ein Transportflugzeug.\n  " << plane;
      cout << "\n  Kapazität:  " << capacity << endl;
    }

    void Ido();                           // Implizit virtuell
};
```

12.8 Lösungen (Fortsetzung)

Zur 1. Aufgabe (Fortsetzung)

```
// ---- Die Klasse Passengerplane ----------------------------

class Passengerplane : public Airplane
{
  private:
    int seats;                       // Anzahl Sitzplaetze

  public:
    // Konstruktor implizit inline
    Passengerplane(const char *plane = "",
                   State st = parken, int s = 0)
    : Airplane( plane, st), seats(s)
    {}

    int  getSeats() const { return seats; }

    void setSeats( int s)
    {
      if( s >= 0 )  seats = s;
    }

    void Iam()                           // Implizit virtuell
    {
      cout << "\nIch bin ein Passagierflugzeug.\n  " << plane;
      cout << "\n  Anzahl Sitze:  " << getSeats() << endl;
    }

    void Ido();                          // Implizit virtuell
};
#endif


// --------------------------------------------------------------
//  Datei:  airplane.cpp
//  Zweck:  Methoden der in airplane.h definierten Klassen,
//          die nicht inline sind.
// --------------------------------------------------------------

#include "airplane.h"
#include <iostream>
using namespace std;

// --------------------------------------------------------------
// Methoden der Klasse Airplane
// --------------------------------------------------------------

// ---- alle Methoden inline oder rein virtuell
```

```
// ------------------------------------------------------------
// Methode Ido() der Klasse Transportplane
// ------------------------------------------------------------

void Transportplane::Ido()
{
    cout << '\n' << plane << ":\n ";
    switch( state)
    {
      case parken:
          cout << "Ich stehe untaetig rum!\n";
          break;
      case starten:
          cout << "Ich starte gerade!\n";
          break;
      case fliegen:
          cout << "Ich bin hoch ueber den Wolken!\n";
          break;
      case landen:
          cout << "Ich bin im Landeanflug!\n";
          break;
      case beladen:
          cout << "Ich werde beladen!\n";
          break;
      case entladen:
          cout << "Ich werde entladen!\n";
          break;
      default:                    // Liste nicht vollstaendig
          cout << "Status: " << (int)state << endl;
    }
}

// ------------------------------------------------------------
// Methode Ido() der Klasse Passengerplane
// ------------------------------------------------------------
// Eine Alternative zum switch:
static char *statusMsg[] =
{  "Ich stehe untaetig rum!",                  // parken
   "Ich starte gerade!",                       // starten
   "Ich bin hoch ueber den Wolken!",           // fliegen
   "Ich bin im Landeanflug!",                  // landen
   "Meine Passagiere gehen an Bord!",          // beladen
   "Die Passagiere verlassen das Flugzeug!"    // entladen
};

void Passengerplane::Ido()
{
    cout << '\n' << plane << ":\n";
    if( state < 0 || state > entladen)    // Status ohne Meldung?
      cout << "Status: " << (int)state << endl;
    else
      cout << statusMsg[state] << endl;
}
```

12

12.9 Lösungen (Fortsetzung)

Zur 1. Aufgabe (Fortsetzung)

```
// ------------------------------------------------------------
//  Datei: airpl_t1.cpp
//  Zweck: Die Klassen Airplane, Transportplane, Passengerplane
//         fuer die Verwaltung von Flugzeugen testen.
// ------------------------------------------------------------

#include "airplane.h"
#include <iostream>
using namespace std;

// mögliche Zustaende von Flugzeugen in einer Tabelle:
const Airplane::State  stateTab[] =
     { Airplane::parken, Airplane::starten, Airplane::fliegen,
       Airplane::landen, Airplane::beladen, Airplane::entladen };

const int stateTabLen = sizeof( stateTab) / sizeof(stateTab[0]);

void taste()
{
   cout << "\n\n --- Weiter mit der Return-Taste --- " ;
   while( cin.get() != '\n')
     ;
}


int main()
{
   Transportplane trans1,
                  trans2("MacDonald Douglas Nr. 23456"),
                  trans3("Transall Nr. 372819",
                         Airplane::parken, 50000L);

   Passengerplane speedy("Boeing 747, Nr. 747474",
                         Airplane::beladen, 320);

   cout << "\n         ---  Flugzeuge  ---\n";

   trans1.Iam();
   trans2.Iam();
   trans3.Iam();

   speedy.Iam();
   speedy.Ido();
   taste();

   trans2.setCapacity( 37000L);
   trans2.Iam();
   trans2.setState( Airplane::starten);
   trans2.Ido();
```

```
    cout << "\nEin neues Flugzeug als Kopie: \n";
    Transportplane trans4( trans2);     // Kopierkonstruktor
    trans4.Iam();
    trans4.Ido();

    trans1 = trans3;                    // Zuweisung
    trans1.Iam();
    trans1.Ido();
    taste();

    for( int i = 0; i < stateTabLen; ++i)
    {
      trans1.setState(stateTab[i]);
      trans1.Ido();
    }

    return 0;
}
```

Zur 2. Aufgabe

```
// ------------------------------------------------------------
//  Datei: airplane.h (2. Version)
//  Zweck: Die Klassen Airplane, Transportplane, Passengerplane
//         und Troopcarrierplane definieren.
// ------------------------------------------------------------

//  Die Klassen Airplane, Transportplane und Passengerplane
//  werden unveraendert von der 1. Version uebernommen.
//  Nur die Ableitung erfolgt jetzt virtuell. Dadurch wird
//  Airplane zur virtuellen, abstrakten Basisklasse.


class Airplane
{
   // wie gehabt
};


class Transportplane : public virtual Airplane
{
   // wie gehabt
};


class Passengerplane : public virtual Airplane
{
   // wie gehabt
};
```

12

12.10 Lösungen (Fortsetzung)

Zur 2. Aufgabe (Fortsetzung)

```
// ---- Die Klasse Troopcarrierplane --------------------------

// ---- Alle Methoden sind inline

class Troopcarrierplane                     // Mehrfachvererbung
      : public Transportplane, public Passengerplane
{
  public:
    // Konstruktoren implizit inline
    Troopcarrierplane(const char *plane = "",
                      State st = parken, long c = 0L, int s = 0)
    :Airplane(plane, st)
    {
      setCapacity(c);  setSeats(s);
    }

    void Iam()                              // Implizit virtuell
    {
      cout << "\nIch bin ein Truppentransportflugzeug.\n  "
           << plane;

      cout << "\n  Kapazitaet  :  " << getCapacity();
      cout << "\n  Anzahl Sitze:  " << getSeats() << endl;
    }

    void Ido()
    {
      Passengerplane::Ido();
    }
};

#endif
```

```
// ----------------------------------------------------------------
// Datei:  airpl_t2.cpp
// Zweck:  Mehrfachvererbung und virtuelle Basisklassen
//         einsetzen. Die Klasse Troopcarrierplane testen.
// ----------------------------------------------------------------

#include "airplane.h"
#include <iostream>
using namespace std;

int main()
{
   int i;
   Airplane *planeTab[3];

   planeTab[0] = new Transportplane("Transall, Nr. 27389",
                                     Airplane::parken, 50000L);
   planeTab[1] = new Passengerplane("Boeing 747, Nr. 747474",
                                     Airplane::beladen, 320);
   planeTab[2] = new Troopcarrierplane("XY200, Nr. 007007",
                                 Airplane::parken, 30000L, 100);

   planeTab[0]->setState(Airplane::beladen);
   planeTab[1]->setState(Airplane::starten);
   planeTab[2]->setState(Airplane::fliegen);

   cout << "\n          ---  Flugzeuge  ---\n";

   for( i = 0; i < 3 ; ++i)
   {
      planeTab[i]->Iam();
      planeTab[i]->Ido();
    }

   for( i = 0; i < 3 ; ++i)
     delete planeTab[i];

   return 0;
}
```

Kapitel 13: Namensbereiche

In diesem Kapitel wird beschrieben, wie Namensbereiche gebildet werden. Dadurch können Namenskonflikte ausgeschlossen werden, die beispielsweise bei der Verwendung verschiedener Bibliotheken entstehen können.

Außerdem wird dargestellt, wie C-Funktionen in einem C++-Programm aufrufbar sind. Damit stehen jedem C++-Programm auch die in C geschriebenen Bibliotheken zur Verfügung, ohne dass deren Quellcode neu kompiliert werden muss.

13.1 Namensbereiche

Definition von Namensbereichen

```
namespace A                    // Namensbereich A
{
    int i;
    void f();                  // Deklaration von A::f()
    double g();                // Deklaration von A::g()
    struct X {
                int j;
                double z;
              };
}

namespace B                    // Namensbereich B
{
    int i;
                               // Definition von B::g()
    void g() { i++; }          // innerhalb des Namensbereichs B.
}

namespace A                    // Wieder im Namensbereich A
{
    void f()                   // Definition von A::f()
    {                          // innerhalb des Namensbereichs A.
       return i;
    }
}

double A::g()                  // Definition von A::g()
{                              // ausserhalb des Namensbereichs A.
    X x;                       // Strukturvariable x
    return x.z;
}
```

Bildung von Namensbereichen

Ein umfangreiches Programm arbeitet normalerweise mit mehreren bereits erstellten Modulen, verschiedenen Tools und Klassenbibliotheken. Hierbei kann es zu Konflikten bei der Vergabe von Namen kommen. Werden beispielsweise zwei verschiedene Klassen mit gleichem Namen definiert, so können diese Klassen nicht zusammen eingesetzt werden.

Der ANSI-C++-Standard sieht die Bildung von Namensbereichen (engl. *namespaces*) vor, um Namenskonflikte bei globalen Bezeichnern auszuschalten. In einem Namensbereich können Bezeichner verwendet werden, ohne Rücksicht darauf, ob sie bereits außerhalb definiert wurden. Der globale Geltungsbereich wird so in Teilbereiche unterteilt.

Ein neuer *Namensbereich* kann global oder innerhalb eines bereits definierten Namensbereichs eingeführt werden. Er hat selbst einen Namen, dem das Schlüsselwort `namespace` vorangestellt wird. Anschließend werden sämtliche Deklarationen, die zum selben Namensbereich gehören sollen, innerhalb von geschweiften Klammern `{ . . . . }` angegeben.

Beispiel:
```
namespace myScope
{
  int flag;
  class Person   { . . . };
  void test();          // Deklaration von test()
   . . . .
}
```

Hier werden die `int`-Variable `flag`, die Klasse `Person` und die Funktion `test()` als Elemente (engl. *member*) des Namensbereichs `myScope` deklariert.

Erweiterung eines Namensbereichs

Namensbereiche müssen nicht zusammenhängend definiert werden. Ein bereits eingeführter Namensbereich kann jederzeit wieder geöffnet und erweitert werden.

Beispiel:
```
namespace myScope
{
     double xyz;
     void test() { . . . }   // Definition von test()
}
```

Hier wird der Namensbereich `myscope` um eine neue Variable `xyz` erweitert. Außerdem ist die Definition der Funktion `test()` angegeben, die zuvor im selben Namensbereich nur deklariert wurde.

Ein Element, das bereits innerhalb eines Namensbereichs deklariert wurde, kann auch außerhalb des Namensbereichs definiert werden. Hierbei ist der Namensbereich mit dem Bereichsoperator anzugeben:

Beispiel:
```
void myScope::test(){ . . . } // Definition von test()
```

13.2 using-Deklaration und -Direktive

Zugriff auf Elemente von Namensbereichen

```
// -----------------------------------------------------
// Demo fuer die using-Deklaration
// -----------------------------------------------------
#include <iostream>
using namespace std;

namespace myScope
{
   int flag = 0;
   class Person{ /* ... */ };
   void test();              // Deklaration von myScope::test()
}
void test()                  // Funktion ::test() im globalen
{                            // Geltungsbereich.
   cout << "Funktion ::test()\n";
}

namespace yourScope
{
   int flag = 1;
   class Person{ /* ... */ };
   void test()          // Definition von yourScope:: test()
   {    cout << "Funktion  yourScope::test()\n";       }
}

void myScope::test()    // Definition von myScope::test()
{   cout << "Funktion  myScope::test()\n";    }

int main()
{
   using myScope::flag;
   using yourScope::test;         // Ohne Klammern!

   cout << "\nFlag von myScope:   " << flag;
   cout << "\nFlag von yourScope: " << yourScope::flag;

   cout << "\nAufruf von test() aus myScope:   ";
   myScope::test();

   cout << "\nAufruf von test() aus yourScope: ";
   test();

   cout << "\nAufruf der globalen Funktion test(): ";
   ::test();
   return 0;
}
```

Zugriff

Bezeichner, die in einem Namensbereich deklariert sind, können *innerhalb* dieses Bereichs unmittelbar angesprochen werden:

```
Person freund;            // innerhalb von myScope
```

Bei der Verwendung von Bezeichnern *außerhalb* ihres Namensbereichs wird der Namensbereich mit dem Bereichsoperator angegeben:

```
myScope::Person  bekannter;
myScope::test();
```

Handelt es sich um einen außerhalb aller Namensbereiche global definierten Bezeichner, so wird nur der Bereichsoperator angegeben:

```
::test();                 // Aufruf einer global
                          // definierten Funktion
```

using-Deklaration

Wenn in einem Programm mehrere Namensbereiche definiert sind, so wird das Programm phasenweise bevorzugt mit bestimmten Elementen von Namensbereichen arbeiten. Damit hierbei nicht ständig der Namensbereich angegeben werden muss, können `using`-Deklarationen vorgenommen werden.

Die `using`-Deklaration führt einen Bezeichner aus einem anderen Namensbereich in den aktuellen Geltungsbereich ein.

Beispiel: `using myScope::Person;`

Hier wird für die Klasse `Person` der Namensbereich `myScope` zur Standard-Vorgabe. Die anschließende Definition

```
Person spezl("Witzig, Max");
```

legt dann ein Objekt der Klasse `Person` aus dem Namensbereich `myScope` an.

using-Direktive

Mit einer `using`-Direktive können alle Bezeichner eines bestimmten Namensbereichs sichtbar gemacht werden.

Beispiel: `using namespace myScope;`

Anschließend sind alle Bezeichner, die im Namensbereich `myScope` deklariert wurden, unmittelbar ansprechbar. Zur Auflösung von Mehrdeutigkeiten kann es trotzdem notwendig sein, den Bereichsoperator anzugeben.

Eine `using`-Direktive allein führt noch nicht zu Namenskonflikten, auch wenn im aktuellen und im importierten Namensbereich gleiche Bezeichner vorhanden sind. Erst wenn ein Bezeichner angesprochen wird, kann es zu Mehrdeutigkeiten kommen.

Enthält ein Namensbereich, der mit einer `using`-Direktive importiert wird, selbst eine `using`-Direktive, so wird auch der zweite Namensbereich importiert.

13.3 Verschachteln von Namensbereichen

Beispiel für verschachtelte Namensbereiche

```
namespace Aussen
{
    int i, k;
    namespace Mitten
    {
        int i;
        namespace Innen
        {
            int k;
            void f() { i=1; };          // Mitten::i
            int i;
            void g() { i=2; }           // Innen::i
        }
        void f() { k=3; }               // Aussen::k
        void h() { i=4; }               // Mitten::i
    }
    void g() { k=5; }                   // Aussen::k
}

int main()
{
    i = 0;                          // Fehler! Kein i deklariert.
    Aussen::i = 0;                  // ok!

    using namespace Aussen::Mitten;
    i = 10;                         // ok! Mitten::i
    k = 20;                         // Fehler! Kein k dekl.
    f();                            // ok! Mitten::f()

    using namespace Innen;          // Aussen::Mitten::Innen
    k = 30;                         // ok! Innen::k
    i = 40;                         // Fehler! Mitten::i oder
                                    //         Innen::i ?
    f();                            // Fehler! Mitten::f()oder
                                    //         Innen::f() ?

    // . . .
    return 0;
}
```

Namensbereiche können verschachtelt werden. Das heißt, innerhalb eines Namensbereichs können ein oder mehrere andere Namensbereiche deklariert werden. Im nebenstehenden Beispiel sind die drei Namensbereiche `Aussen`, `Mitten` und `Innen` geschachtelt.

Zugriffsregeln

Für den Zugriff auf Namen im inneren bzw. äußeren Bereich gelten folgende Regeln:

- Ein Name im inneren Namensbereich verdeckt gleiche Namen aus äußeren Bereichen.
- Im inneren Namensbereich kann jeder Name unmittelbar angesprochen werden, der nur im äußeren Bereich definiert ist.
- Für den äußeren Namensbereich sind die Namen des inneren Namensbereichs nicht sichtbar, d.h., sie können nicht unmittelbar angesprochen werden.

Wird ein Namensbereich mit der `using`-Direktive importiert, so sind nur die Elemente sichtbar, die in dem Namensbereich selbst deklariert sind.

Beispiel: `using namespace Aussen;`

Elemente aus den Namensbereichen `Mitte` und `Innen` sind damit noch nicht verfügbar.

Namensuche und using-Direktiven

Eine `using`-Direktive fügt keine neuen Deklarationen im aktuellen Geltungsbereich ein. Sie wird erst wirksam, wenn der Compiler nach einem bestimmten Namen sucht:

Nach einer `using`-Direktive

```
using namespace A
```

erscheinen die Elemente von `A` so, als ob sie im nächsten umgebenden Namensbereich deklariert wären, der sowohl die `using`-Direktive als auch den Namensbereich `A` enthält.

Im Zusammenhang mit Namenskonflikten sind deshalb zwei Fälle zu unterscheiden:

1. Der Namensbereich `A` ist *nicht* im aktuellen Namensbereich definiert:

   Dann erfolgt die Deklaration der importierten Bezeichner quasi in einem gemeinsamen äußeren Block. Somit verdeckt ein Bezeichner des aktuellen Geltungsbereichs einen gleichnamigen Bezeichner aus `A`.
2. Der Namensbereich `A` ist im aktuellen Namensbereich definiert:

   Dann erfolgt die Deklaration der Bezeichner aus `A` quasi im aktuellen Namensbereich selbst. In diesem Fall können Namenskonflikte auftreten. Der wichtigste Spezialfall hierbei ist, wenn die `using`-Direktive selbst im globalen Geltungsbereich steht.

Die globalen Bezeichner der C++-Standard-Bibliothek gehören zum Namensbereich `std`.

Beispiel: `using namespace std;     //Ausserhalb jedes Namensbereichs`

Anschließend führt die Definition einer globalen Variablen mit einem Standard-Namen, wie z.B. `hex` oder `cout`, zum Namenskonflikt.

13.4 Aliasnamen, Anonyme Namensbereiche

Beispiel für anonyme Namensbereiche

Datei: using.h

```
#include <iostream>
using namespace std;
int func(void);
namespace A {  extern int a;    void fA(void); }
```

1. Modul

```
#include "using.h"
namespace { int x = 10; }                  // unique1::x
void xOut() { cout << x << endl; }         // unique1::x
namespace A
{
    namespace { int x = 20; }              // A::unique1::x
    void xOut() { cout << x << endl; } // A::unique1::x
}                                          // verdeckt unique1::x
int main()
{
   xOut();  ++x;   xOut();               // unique1::x
   A::xOut();                            // gibt A::unique1::x aus
   int x = func();                       // globale Funktion
   cout << x  << endl;                   // lokales x verdeckt
                                         // unique1::x
   A::fA();
   cout << A::a  << endl;
   return 0;
}
```

2. Modul

```
namespace                                // unique2
{
   int x = 100;                          // x und f() sind nur in
   void f()                              // diesem Modul bekannt.
   {  cout << "f() ist lokal im 2. Modul!\n"; }
}
int func() {  f();  return x; }          // Globale Fkt. func()
namespace A
{
   int a = 1000;
   void fA() {  cout << "Funktion im Namensbereich A\n"; }
}
```

Aliasnamen für Namensbereiche

Für einen bereits definierten Namensbereich darf ein neuer Name vergeben werden.

Syntax: `namespace neuname = altname;`

Die Elemente des Namensbereichs `altname` sind dann auch über den sogenannten *Aliasnamen* `neuname` ansprechbar.

Mit Hilfe von Aliasnamen kann der Zugriff auf Elemente geschachtelter Namensbereiche vereinfacht werden. Nach der Definition

Beispiel: `namespace Kern = Aussen::Mitten::Innen;`

wird mit `Kern::i` die Variable `i` im innersten Namensbereich angesprochen.

Anonyme Namensbereiche

Ein Namensbereich kann auch ohne die Angabe eines Namens festgelegt werden. Man spricht auch von einem *unbenannten* oder *anonymen* Namensbereich.

Der Compiler vergibt intern *einen* eindeutigen Namen für alle unbenannten Namensbereiche der Übersetzungseinheit. Im Anschluß an die Definition eines unbenannten Namensbereichs erzeugt er implizit eine `using`-Direktive mit diesem Namen. Somit können die Bezeichner eines unbenannten Namensbereichs im aktuellen Geltungsbereich direkt angesprochen werden.

Außerhalb des aktuellen Geltungsbereichs oder in anderen Übersetzungseinheiten können Bezeichner eines unbenannten Namensbereichs nicht angesprochen werden. Es ist nämlich keine `using`-Direktive möglich, weil der Namensbereich keinen Namen besitzt.

Anonyme Namensbereiche sind also sinnvoll, um Bezeichner innerhalb eines Namensbereichs oder in der aktuellen Übersetzungseinheit zu verbergen. Sie bieten damit eine Alternative zur `static`-Deklaration.

Im nebenstehenden Beispiel wird angenommen, dass der Compiler den unbenannten Namensbereichen intern den Namen `unique1` bzw. `unique2` gibt.

Namensbereiche und Header-Dateien

Bei der Entwicklung umfangreicher Programme werden Namensbereiche auch in Header-Dateien definiert. Dann gelten für die Elemente von Namensbereichen die üblichen Regeln: In der Header-Datei werden nur Deklarationen und Typdefinitionen angegeben. Die Definition der Elemente erfolgt wie immer in separaten Quelldateien.

Für jede C-Standard-Header-Datei `name.h` gibt es in C++ eine Header-Datei `cname`, welche dieselben Deklarationen im Namensbereich `std` vornimmt. Wird in einem C++-Programm eine C-Header-Datei inkludiert, z.B. `string.h`, so kopiert der Präprozessor die entsprechende C++-Header-Datei in das Programm, also z.B. `cstring`. Anschließend werden mit der Direktive `using namespace std;` alle Bezeichner im globalen Geltungsbereich des Programms verfügbar gemacht.

13.5 Verwenden von C-Modulen

Bedingte C- bzw. C++-Kompilierung

```
#if defined __cplusplus
extern "C"{
#endif
    void srand(unsigned n);
    int  rand(void);
   . . .
#if defined __cplusplus
}
#endif
```

C-Funktionen in einem C++-Programm

```
// --------------------------------------------------------
// Das Programm verwendet die C-Standard-Funktionen qsort()
// und bsearch() sowie eine selbsterstellte C-Funktion.
// --------------------------------------------------------
#include <iostream>
#include <cstring>
#include <cstdlib>       // Prototypen:  bsearch() , qsort()
using namespace std;

static char *farben[] = {"weiss","gelb","rot","blau","gruen"};
static char *key = "pink";

                        // Prototyp der Vergleichsfunktion:
extern "C" int scmp(const void *s1, const void *s2);

int main()
{
    qsort(farben, 5, sizeof(char*), scmp);    // Sortieren.
                                              // Suchen:
    if( bsearch(&key, farben, 5, sizeof(char*), scmp) == NULL)
       cout << "Farbe " << key << " nicht gefunden.\n";
      . . .
}

extern "C"
{
  int scmp( const void *s1, const void *s2)
  {
    return strcmp( *(const char**)s1, *(const char**)s2 );
  }
}
```

Bindungsinformationen

In einem C++-Programm können C-Funktionen aus C-Bibliotheken aufgerufen werden. Damit stehen auch die in C geschriebenen Bibliotheken zur Verfügung, ohne dass deren Quellcode neu kompiliert werden muss.

Allerdings werden Funktionsaufrufe vom C++-Compiler generell anders übersetzt als vom C-Compiler. Der Grund hierfür sind Spracherweiterungen, wie z. B. die Überladung von Funktionen.

Soll in einem C++-Programm eine Funktion aus einem C-Modul aufgerufen werden, das mit einem C-Compiler übersetzt wurde, so sind zusätzliche Bindungsinformationen erforderlich. Dies geschieht mit einer `extern "C"`-Deklaration.

Beispiel:
```
extern "C"  void srand(unsigned n);
```

Der C++-Compiler erhält hiermit die Information, dass die Funktion `srand()` mit einem C-Compiler kompiliert wurde.

Wenn mehrere C-Funktionen zu deklarieren sind, werden ihre Prototypen nach `extern "C"` in geschweiften Klammern eingeschlossen. Sind die C-Funktionen bereits in einer Header-Datei deklariert, so muss nur die Header-Datei in einem `extern "C"`-Block inkludiert werden.

Beispiel:
```
extern "C"
{
    #include "tool.h"
}
```

Bedingte C- bzw. C++-Kompilierung

13

Es ist üblich, C-Header-Dateien gleichzeitig für C- und C++-Programme verfügbar zu machen. Zu dem Zweck wird die erforderliche `extern "C"`-Deklaration bereits in der C-Header-Datei selbst vorgenommen.

Diese Technik demonstriert das nebenstehende Beispiel. Die vordefinierte symbolische Konstante `__cplusplus` wird ausgewertet, um festzustellen, ob der C- oder der C++-Compiler aktiv ist. Falls es sich um den C++-Compiler handelt, wird die `extern "C"`-Deklaration mit den geschweiften Klammern eingeblendet.

C-Funktionen in C++-Programmen

In einem C++-Programm können auch C-Funktionen neu erstellt werden. Dies ist beispielsweise dann notwendig, wenn eine C-Funktion aufgerufen werden soll, die als Argument die Adresse einer selbsterstellten C-Routine erwartet.

Die Angabe `extern "C"` vor der *Definition* einer Funktion weist den C++-Compiler an, die entsprechende Funktion als C-Funktion zu kompilieren. Im nebenstehenden Beispiel wird die Funktion `scmp()` als C-Funktion definiert. Sie ist eine Vergleichsfunktion, die den beiden C-Funktionen `bsearch()` für die binäre Suche und `qsort()` für den Quick-Sort-Algorithmus übergeben wird.

13.6 Übungen

Die Klassen Tool1::PKW, Tool2::PKW und Auto

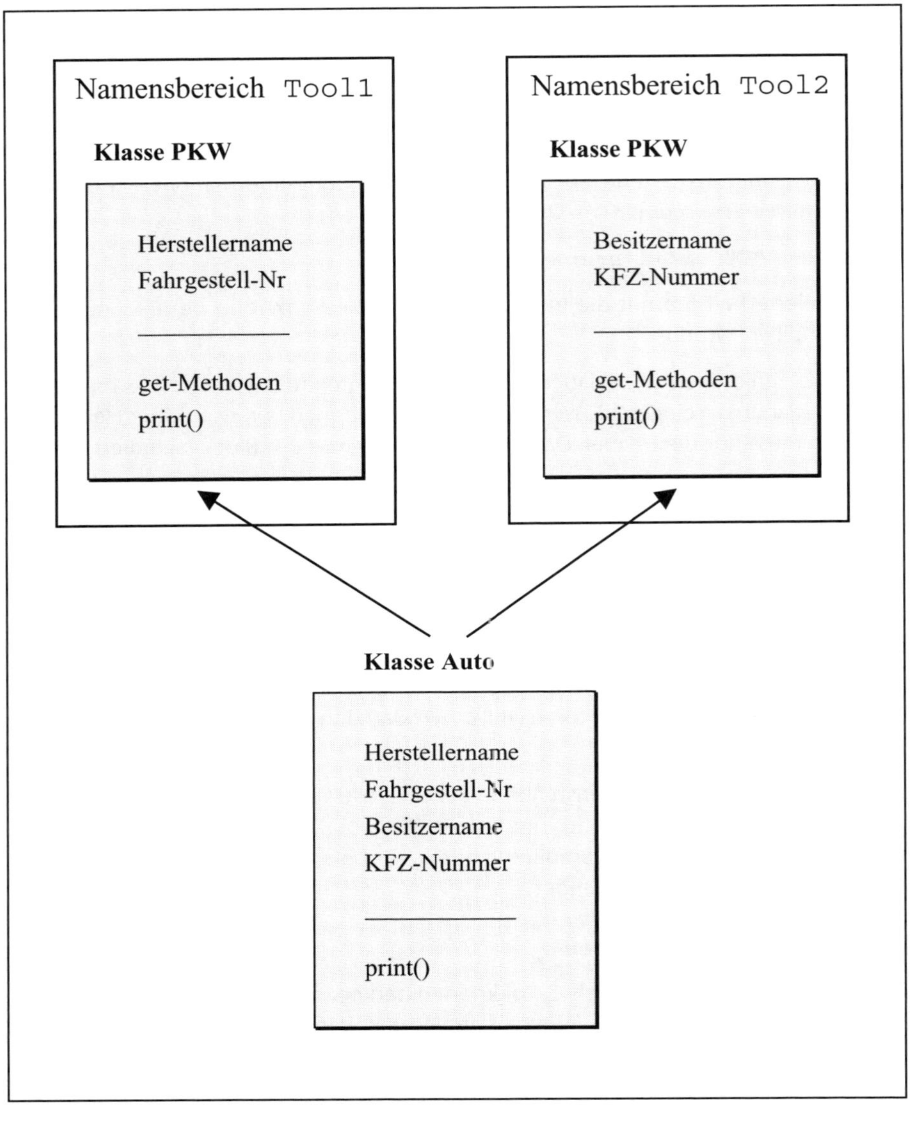

1. Aufgabe

Verwendet ein Programm mehrere Tools, so kann es vorkommen, dass Klassen in verschiedenen Tools mit dem gleichen Namen definiert wurden. Um trotzdem mit diesen Tools arbeiten zu können, müssen Namensbereiche eingeführt werden. Diese Situation soll hier simuliert werden.

- Definieren Sie zwei Klassen mit dem Namen `PKW` jeweils in verschiedenen Header- und Quelldateien. Die erste Klasse soll als Datenelemente den Namen des Herstellers und eine Nummer für die Fahrzeugidentifikation enthalten. Die andere Klasse soll den Namen des Besitzers und die KFZ-Nummer enthalten.
  Beide Klassen enthalten außerdem mindestens einen Konstruktor für die Initialisierung der Datenelemente, `get`-Methoden für jedes Datenelement und eine Methode `print()` für die Bildschirmausgabe.
- Definieren Sie in einer dritten Quelldatei, die auch die Funktion `main()` enthält, Objekte vom Typ beider Klassen, und zeigen Sie diese mit Hilfe der Methode `print()` an. Zur Auflösung des Namenskonflikts führen Sie die Namensbereiche `Tool1` und `Tool2` ein, in denen jeweils die entsprechende Header-Datei inkludiert wird.
- Bilden Sie dann eine neue Klasse `Auto`, die durch Mehrfachvererbung aus den Klassen `Tool1::PKW` und `Tool2::PKW` entsteht. Der Konstruktor verwendet Basisinitialisierer für alle Datenelemente. Definieren Sie auch für die neue Klasse eine Methode `print()`, welche die Daten mit Hilfe der `get`-Methoden ausgibt.
- Erzeugen Sie ein Objekt der Klasse `Auto`, und lassen Sie sich den Inhalt anzeigen. Bilden Sie dann Referenzen auf die Teilobjekte, und rufen Sie deren Methode `print()` auf.

13.7 Übungen

Die Standard-Funktionen qsort() und bsearch()

```
#include <cstdlib>
using namespace std;
void qsort( void *array, size_t n, size_t size,
            int (*compare)(const void*, const void*));
```

Die Funktion `qsort()` sortiert den Vektor `array` in aufsteigender Reihenfolge nach dem Quick-Sort-Algorithmus. Der Vektor besitzt `n` Elemente der Größe `size`. Der Datentyp `size_t` ist in der Header-Datei `stdlib.h` als `unsigned int` definiert. Das letzte Argument `compare` ist ein Zeiger auf eine Funktion, die zwei Vektorelemente vergleicht. `qsort()` übergibt an diese Funktion zwei Zeiger auf die beiden Vektorelemente.

```
#include <cstdlib>
using namespace std;
void *bsearch(const void* key,
              void *array, size_t n, size_t size,
              int (*compare)(const void*, const void*));
```

Die Funktion `bsearch()` verwendet das binäre Suchverfahren, um in einem *sortierten* Vektor `array` nach dem durch `key` adressierten Schlüssel zu suchen. `key` zeigt auf ein Objekt vom Typ der Vektorelemente.
Die weiteren Parameter entsprechen denen von `qsort()`.
Die Funktion liefert die Adresse des ersten gefundenen Vektorelements. Wird kein passendes Vektorelement gefunden, so wird der `NULL`-Zeiger zurückgegeben.

```
int compare( const void*, const void*);
```

Die Vergleichsfunktion `compare()` muss in der Regel gesondert definiert werden. Die Funktion wird von `qsort()` bzw. `bsearch()` mit zwei Zeigern auf Vektorelemente aufgerufen, um die zwei Vektorelemente zu vergleichen. Die Parameter werden als typenlose Zeiger deklariert.
Der Return-Wert ist kleiner als `0`, gleich `0` oder größer als `0`, je nachdem, ob das erste Vektorelement kleiner, gleich oder größer als das zweite Element ist.

2. Aufgabe

Mit dem »Quick-Sort-Algorithmus« können Vektoren sortiert werden. Dieser Algorithmus hat normalerweise ein sehr gutes Laufzeitverhalten und ist damit den bereits verwendeten Sortier-Algorithmen, wie Bubble-Sort und Selection-Sort, überlegen.

Die C-Standard-Funktion `qsort()` sortiert Vektoren mit dem Quick-Sort-Algorithmus. Diese Funktion soll nun eingesetzt werden, um ein Klassen-Array zu sortieren.

- Erstellen Sie eine Klasse `Person` mit zwei Datenelementen zur Darstellung eines Namens und einer Telefonnummer. Für die Ein-/Ausgabe sind die Methoden `getPerson()` und `putPerson()` zu definieren. Außerdem sind die zwei Zugriffsmethoden `getName()` und `getTel()` hinzuzufügen.

Hinweis Eine Klasse `Person` wurde bereits in Kapitel 8, 2. Aufgabe, entwickelt und kann weitgehend kopiert werden.

- Definieren Sie einen globalen Vektor mit Elementen vom Typ `Person` und initialisieren Sie die beiden ersten Vektorelemente.
- Schreiben Sie eine Vergleichsfunktion `personCmp()`, welche zwei Objekte vom Typ `Person` gemäß ihrem Namen vergleicht.

Hinweis Die Vergleichsfunktion muss als C-Funktion deklariert und definiert werden.

- Erstellen Sie die `main`-Funktion, die zunächst mit Hilfe der Methode `getPerson()` weitere Personen in den Vektor einliest. Dabei ist die Eingabe zu beenden, wenn für den Namen nur <Return>, also ein leerer String eingegeben wird.
  Anschließend wird der Vektor mit `qsort()` sortiert und der sortierte Vektor ausgegeben.
- Schließlich liest das Programm im Dialog einen Namen ein und durchsucht den Vektor mit der Standard-Funktion `bsearch()` nach dem entsprechenden Namen. Falls der Name vorhanden ist, wird die zugehörige Telefonnummer ausgegeben.

13.8 Lösungen

Zur 1. Aufgabe

```
// ------------------------------------------------------------
// Datei:  tool1.h
// Zweck:  Die 1. Version der Testklassen PKW definieren.
// ------------------------------------------------------------

#ifndef _TOOL1_
#define _TOOL1_

#include <iostream>
#include <cstring>
using namespace std;

// ---- Hilfsfunktion strcpy:    String kopieren
inline void strcpy( char *ziel, const char *quelle, int size)
{
    strncpy( ziel, quelle, size-1 );   ziel[size-1] = '\0';
}


class PKW                                // 1. Version.
{
  private:
    char hersteller[32];
    char fahrgestNr[32];

  public:
    PKW( const char* h, const char* f)
    {
       strcpy( hersteller, h, sizeof(hersteller) );
       strcpy( fahrgestNr, f, sizeof(fahrgestNr) );
    }

    const char* getHersteller() { return hersteller; }

    const char* getFahrgestNr() { return fahrgestNr; }

    void print()
    {
       cout << "\n--------------------------------------";
       cout << "\n  Hersteller:          " << hersteller
            << "\n  Fahrgestellnummer: " << fahrgestNr << endl;
    }
};

#endif
```

```
// --------------------------------------------------------------
// Datei:  tool2.h
// Zweck:  Die 2. Version der Testklasse PKW definieren.
// --------------------------------------------------------------

#ifndef _TOOL2_
#define _TOOL2_

#include <iostream>
#include <cstring>
using namespace std;

// ----  Hilfsfunktion strcpy:    String kopieren.

inline void strcpy( char *ziel, const char *quelle, int size)
{
    strncpy( ziel, quelle, size-1 );   ziel[size-1] = '\0';
}

class PKW                        // 2. Version.
{
  private:
    char halter[32];
    char KFZ_Nr[32];             // Amtliches Kennzeichen.

  public:
    PKW( const char* h, const char* n)
    {
       strcpy( halter, h, sizeof(halter) );
       strcpy( KFZ_Nr, n, sizeof(KFZ_Nr) );
    }

    const char* getHalter() { return halter; }

    void setHalter(const char* h)
    {
       strcpy( halter, h, sizeof(halter) );
    }

    const char* getKFZ_Nr() { return KFZ_Nr; }

    void print()
    {
       cout << "\n/////////////////////////////////////////";
       cout << "\n  Halter:             " << halter
            << "\n  Amtl. Kennzeichen: " << KFZ_Nr << endl;
    }
};

#endif
```

13.9 Lösungen (Fortsetzung)

Zur 1. Aufgabe (Fortsetzung)

```
// ----------------------------------------------------------------
// Datei: tool_t.cpp
// Zweck: Die Klassen PKW aus Tool1.h und Tool2.h anwenden.
//        Namespaces einsetzen.
// ----------------------------------------------------------------

#include <iostream>
#include <cstring>
using namespace std;

namespace Tool1
{
 #include "tool1.h"                    // Klasse Tool1::PKW
}

namespace Tool2
{
 #include "tool2.h"                    // Klasse Tool2::PKW
}

// Eine neue Klasse Auto:
class Auto : public Tool1::PKW, public Tool2::PKW
{
  public:
     Auto( const char* hersteller, const char* fahrgestellNr,
           const char* halter,     const char* KFZ_Nr)
     : Tool1::PKW(hersteller, fahrgestellNr),
       Tool2::PKW(halter, KFZ_Nr)
     {}
     void print();
};
void Auto::print()
{
   cout << "\n----------------------------------------"
        << "\nDaten dieses Autos:";
   cout << "\n  Hersteller:         " << getHersteller();
   cout << "\n  Fahrgestellnummer: " << getFahrgestNr();
   cout << "\n  Halter:             " << getHalter();
   cout << "\n  Amtl. Kennzeichen: " << getKFZ_Nr() << endl;
}
Tool1::PKW smarty( "Daimler", "XY-1111-1111");
Tool2::PKW ente( "Otto", "H - XX 0000");

int main()
{
   cout << "\nEinige Testausgaben:\n";
   smarty.print();
   ente.print();
```

```
   // Und jetzt die Klasse Auto testen:

   Auto rolls( "Royce", "RR/007", "Schicki", "M - MM 1111");

   rolls.print();

   Tool1::PKW& rPKW1 = rolls;
   rPKW1.print();

   Tool2::PKW& rPKW2 = rolls;
   rPKW2.print();

   return 0;
}
```

Zur 2. Aufgabe

```
// -------------------------------------------------------------
//  Datei:  person.h
//  Zweck:  Definition einer einfachen Klasse Person.
// -------------------------------------------------------------

#ifndef _PERSON_
#define _PERSON_

#include <iostream>
#include <cstdlib>
#include <cstring>
using namespace std;

// Hilfsfunktion zum Kopieren von Strings

inline void strcpy( char *s1, const char *s2, int n)
{
   strncpy( s1, s2, n);   s1[n] = '\0';
}

class Person                        // Typ der Vektorelemente
{
    char name[32];
    char tel[20];

  public:

    Person( const char *n = "", const char *nr = "")
    {
        strcpy(name, n, sizeof(name)-1);
        strcpy(tel, nr, sizeof(tel)-1);
    }

    const char* getName() const {  return name; }
    const char* getTel()  const {  return tel;  }
```

13.10 Lösungen (Fortsetzung)

Zur 2. Aufgabe (Fortsetzung)

```
    void putPerson()
    {
       cout << "\n---------------------------------------------";
       cout << "\n  Name ...... : " << name;
       cout << "\n  Telefon-Nr.: " << tel << endl;
    }

    bool getPerson()
    {
       cout << "\n---------------------------------------------";
       cout << "\n  Name (Nachname, Vorname): ";
       cin.getline( name, sizeof(name));
       if( name[0] == '\0')
          return false;

       cout << "\n  Telefon-Nr. ..........: ";
       cin.getline( tel, sizeof(tel));

       return true;
    }
};

#endif

// --------------------------------------------------------------
// Datei:  externC.cpp
// Zweck:  Ein Klassen-Array mit der C-Funktion qsort()
//         (Quick-Sort) sortieren. Es wird ein Vektor mit
//         Objekten der Klasse Person verwendet.
// --------------------------------------------------------------

#include "person.h"
#include <iostream>
#include <cstdlib>
#include <cstring>
using namespace std;

extern "C"
int personCmp( const void *p1, const void* p2);  // Fuer qsort().

Person PersTab[20] = { Person("Winter, Uwe", "123456"),
                       Person("Sommer, Eva", "654321")
                     };

int main()
{
   int i, anz = 2, size = sizeof(PersTab)/sizeof(Person);
```

```
    cout <<"\n\n"
           "Bitte Namen und Telefonnummern von Personen eingeben."
           "\nEnde: Nur <Return> eingeben.\n";
    for( i = anz; i < size; ++i)
    {
       if( !PersTab[i].getPerson())
         break;
    }
    anz = i;

    qsort( PersTab, anz, sizeof(Person), personCmp);

    cout << "\nDer Inhalt des Vektors sortiert: \n";
    for( i = 0; i < anz;  )
    {
       PersTab[i].putPerson();

       if( ++i % 5 == 0  &&  i < anz)
       {
          cout << "\n\n---  Weiter mit der Return-Taste: " ;
          cin.get();
       }
    }

     cout << "\nVon wem suchen Sie die Telefonnummer? "
             "\nVollstaendiger Name:  ";
     char suchname[32];
     cin.getline( suchname, sizeof(suchname));

     Person key( suchname), *ptr;
     ptr = (Person *)bsearch( &key, PersTab, anz, sizeof(Person),
                              personCmp);

     if( ptr == NULL)
       cout << "\nName nicht gefunden!\n";
     else
       cout << "\nDie gesuchte Telefonnummer: " << ptr->getTel()
            << endl;

     return 0;
}

extern "C"
{
 int personCmp( const void *p1, const void* p2)   // Fuer qsort()
 {                                                 // u. bsearch()
    return strcmp( ((Person*)p1)->getName(),
                   ((Person*)p2)->getName() );
 }
}
```

Kapitel 14: Funktions-Templates

Funktions-Templates sind ein mächtiges Werkzeug, mit dem die Erstellung von Funktions-Code automatisiert werden kann.

Dieses Kapitel beschreibt, wie Funktions-Templates definiert und instantiiert werden. Darüber hinaus wird die Möglichkeit vorgestellt, Spezialisierungen zu definieren.

14.1 Konzept

Mehrfache Implementierung von Funktionen

```
int* suche(int wert, int vek[],
           int anz)
{

 // . . .

}
```

```
float* suche(float wert ,
             float vek[], int anz)
{

 // . . .

}
```

Implementierung eines Funktions-Templates

```
template<class T>
T* suche( T wert, T vek[ ], int anz)
{

 // . . .

}
```

Mehrfache Implementierungen

In typgebundenen Programmiersprachen kommt es häufig vor, dass »gleiche« Funktionen mehrfach implementiert werden müssen, da sie verschiedenen Typen zur Verfügung stehen sollen.

Beispielsweise muss ein Sortier- oder Such-Algorithmus für Vektoren mit `int`-Werten und für Vektoren mit `float`-Werten jeweils separat definiert werden. Die verschiedenen Implementierungen unterscheiden sich dabei nur um einen Datentyp, wie z.B. `int` oder `float`.

Funktionsfamilien

C++ bietet die Möglichkeit, mit Hilfe von *Templates* (dt. *Schablonen*) eine parametrisierte Familie verwandter Funktionen zu definieren. Ein Funktions-Template legt die Anweisungen einer Funktion fest, wobei statt eines konkreten Typs ein Parameter verwendet werden kann.

So stellt etwa ein Funktions-Template `sort()` eine allgemeine Definition bereit, um Vektoren verschiedenen Typs zu sortieren.

Erst beim Aufruf von `sort()` mit bestimmten Argumenten wird dann eine einzelne Funktion anhand des Templates erzeugt.

Vorteile

Mit Funktions-Templates wird dem Programmierer ein mächtiges Werkzeug zur Verfügung gestellt:

- Ein Funktions-Template muss nur einmal codiert werden, d.h., die Lösung einer bestimmten Aufgabe wird für verschiedene Typen zur Verfügung gestellt.
- Einzelne Funktionen werden anhand des Templates automatisch erzeugt, sobald sie benötigt werden.
- Es gibt eine einheitliche Lösung, wobei typunabhängige Bestandteile (z.B. die Logik) ausgetestet werden können.

  Dadurch werden Fehler vermieden, die durch Mehrfach-Codierung gleichartiger Funktionen auftreten können.
- Es besteht die Möglichkeit, für bestimmte Typen spezielle Lösungen anzugeben, wenn die »allgemeine Lösung« in diesen Fällen nicht das Gewünschte leistet bzw. noch optimiert werden kann.

14.2 Definition von Funktions-Templates

Das Funktions-Template suche

```
// ----------------------------------------------------------
// Einen bestimmten Wert in einem Vektor suchen.
// Return-Wert: Zeiger auf das erste gefundene Element
//              bzw. NULL, falls nicht gefunden.
// ----------------------------------------------------------

template <class T>
T *suche( T wert, T vek[], int anz)
{
   T* ptr = vek;

   while( --anz >= 0)
     if( *ptr == wert)
        return ptr;
     else
        ++ptr;

   return NULL;
}
```

Definition

Einem Funktions-Template wird das Präfix

```
template <class T>
```

vorangestellt. Dabei ist der Parameter T ein Typname, der in der folgenden Definition benutzt wird.

Obwohl das Schlüsselwort `class` anzugeben ist, steht T für einen beliebigen Typnamen, also beispielsweise auch für einen elementaren Datentyp wie `int`.

Beispiel:

```
template<class T>
void mySwap( T& a, T& b)
{
    T temp(a);    a = b;    b = temp;
}
```

Hiermit wird ein Funktions-Template `mySwap()` definiert, das die Inhalte von zwei Variablen tauscht. Der Parameter T bezeichnet den noch festzulegenden Typ der Variablen.

Template-Parameter

In der Definition eines Funktions-Templates wird der Parametername T wie ein normaler Typname verwendet. Die Wahl des Namens T ist üblich, aber nicht zwingend. Stattdessen könnte auch ein »sprechender« Name eingesetzt werden.

Nebenstehend ist ein weiteres Beispiel für ein Funktions-Template angegeben.

Mit der Definition eines Funktions-Templates wird noch keine konkrete Funktion erzeugt. Der Maschinencode einer einzelnen Funktion wird erst dann erzeugt, wenn die Funktion für einen bestimmten Typ zum ersten Mal benötigt wird.

14

Verschiedene Parameter

Ein Funktions-Template kann auch mit mehreren Typparametern definiert werden. Beispielsweise besitzt folgendes Funktions-Template `func()`

```
template<class U, class V>
void  func(U x, V y)
{
  /*  . . .   */
}
```

die beiden Parameter U und V. In der Definition des Templates werden U und V dann wie normale Typnamen verwendet.

14.3 Generierung von Template-Funktionen

Beispielprogramm

```
// ---------------------------------------------------------
// Der Selection-Sort-Algorithmus
// ---------------------------------------------------------

#include <iostream>
using namespace std;

template <class T>
inline void mySwap( T& a, T& b)      // a und b tauschen
{
   T temp(a);   a = b;   b = temp;
}

template <class T>
void sort( T arr[], int len)         // Vektor arr[] mit der
{                                    // Laenge len sortieren
   for( int i = 0; i < len-1; ++i)
   {
     for( int mini = i, j = i+1;  j < len; ++j)
       if( arr[j] < arr[mini])
         mini = j;
     mySwap( arr[i], arr[mini]);     // Elemente tauschen
   }
}

int    iArr[] = { -1, 2, -3, 4, -5, 6, -7, 8 };
double dArr[] = { 99.9, -11.1, 88.8, 0.0, 77.7, 11.1};
int i, iLen = sizeof(iArr) / sizeof(int),
       dLen = sizeof(dArr) / sizeof(double);

int main()
{
  sort( iArr, iLen);            // Funktion sort fuer int-Vektor
                                // erzeugen und aufrufen.
  for( i = 0; i < iLen; ++i)
    cout << "  " << iArr[i];
  cout << endl;

  sort( dArr, dLen);            // Funktion sort fuer double-
                                // Vektor erzeugen u. aufrufen.
  for( i = 0; i < dLen; ++i)
    cout << "  " << dArr[i];
  cout << endl;

  return 0;
}
```

Instantiierung

Ein Funktions-Template ist eine Schablone, aus der konkrete Funktionen, die sogenannten *Template-Funktionen*, generiert werden können. Eine einzelne Template-Funktion wird *instantiiert*, d.h. für einen bestimmten Typ generiert, wenn sie zum ersten Mal aufgerufen wird. Dabei ermittelt der Compiler den Typ für den Parameter `T` anhand der Funktions-argumente.

Beispiel:
```
float x = 1.1, y = 3.3;
mySwap( x, y);            // Inhalt von x und y tauschen
```

Diese Anweisung veranlaßt den Compiler, zunächst die Template-Funktion `mySwap()` für den Datentyp `float` zu generieren. Erst dann kann die Funktion aufgerufen werden.

Wird die Funktion im Programm später nochmals für Variablen vom Typ `float` benötigt, so wird die schon generierte Funktion aufgerufen.

Generierung von Maschinencode

Bei der Erzeugung des Maschinencodes der Template-Funktion `mySwap()` wird im obigen Beispiel der Parameter `T` durch das Template-Argument `float` ersetzt. Auf diese Weise kann eine Funktion `mySwap()` für jeden Datentyp erzeugt werden, für den sie gebraucht wird:

Sind `i1` und `i2` Variablen vom Datentyp `int`, so wird mit dem Aufruf

```
mySwap(i1, i2);
```

eine zweite Template-Funktion `mySwap()` für den Datentyp `int` erzeugt.

inline-Funktionen

Bei der Definition eines Templates kann auch festgelegt werden, dass die Template-Funktionen als `inline`-Funktionen generiert werden. Hierbei wird das Schlüsselwort `inline` wie gewohnt dem Funktionskopf vorangestellt.

Das nebenstehende Funktions-Template `mySwap()` macht von dieser Möglichkeit Gebrauch.

Verschachteln von Funktions-Templates

Das nebenstehende Beispiel zeigt auch, dass Funktions-Templates geschachtelt werden dürfen: Im Template `sort()` werden die Vektorelemente nicht direkt getauscht, sondern das zuvor definierte Template `mySwap()` wird aufgerufen.

Funktions-Templates dürfen also wieder in Funktions-Templates verwendet werden!

14.4 Typanpassungen

Beispielprogramm

```
// ----------------------------------------------------------
// Das Funktions-Template max()
// ----------------------------------------------------------

#include <iostream>
using namespace std;

template <class T>
T max( T a, T b)                         // Maximum von a und b
{
   return (a > b) ? a : b;
}


int main()
{
   long x = 5L, erg = 0L;

   erg = max( x, 10);                    // Fehler!

   long max( long, long );               // Deklaration

   erg = max( x, 10);                    // Jetzt ok!
                                         // int --> long
   cout << "\nMaximum: " << erg << endl;

   return 0;
}
```

Typübereinstimmung

Beim Aufruf einer Template-Funktion werden die Typen für die Parameter des Templates (also z.B für `T`) aus den Typen der Funktionsargumente abgeleitet.

Hierbei ist folgendes zu beachten:

- Die neue Template-Funktion muss so generiert werden können, dass die Typen der Parameter exakt mit den entsprechenden Typen der Argumente übereinstimmen.

Im Fall der Template-Funktion `mySwap()` bedeutet dies, dass beide Argumente denselben Datentyp haben müssen. Der Aufruf

Beispiel:
```
int a = 1, long b = 8;
mySwap( a, b);              // Fehler!
```

würde mit einer Fehlermeldung quittiert, da die Template-Funktion mit dem Prototyp

```
void mySwap(int&, long& );
```

nicht erzeugt werden kann.

Beim Aufruf einer Template-Funktion wird nicht einmal eine elementare, implizite Typanpassung wie »von `int` nach `long`« vorgenommen. Der Compiler nimmt erst dann eine Typanpassung vor, wenn ihm der Prototyp einer Template-Funktion bekannt ist.

So kann im nebenstehenden Programm erst nach der Deklaration

```
long max(long, long);   // max() für den Typ long
```

das Maximum von einem `int`- und einem `long`-Wert gebildet werden. Der Aufruf

```
erg = max ( x, 10 );    // jetzt ok
```

ist dann zulässig und gleichbedeutend mit

```
erg = max( x, (long)10 );
```

Templates und Module

Bei der Erzeugung einer Template-Funktion muss das entsprechende Template für den Compiler sichtbar sein. Sollen Template-Funktionen in verschiedenen Modulen generiert werden, so ist es zweckmäßig, die Definition des Templates in eine Header-Datei zu stellen. Damit steht das Template in allen Modulen zur Verfügung, in denen die Header-Datei inkludiert wird.

Eine Template-Funktion, die nicht als `inline` definiert wurde, ist eine gewöhnliche globale Funktion. Sie kann daher auch in verschiedenen Modulen aufgerufen werden.

Wird nun eine Template-Funktion für denselben Typ in verschiedenen Modulen generiert, so muss der Linker bis auf eine Funktion alle weiteren Instanzen eliminieren. Das geschieht gewöhnlich automatisch bzw. kann vom Programmierer durch Setzen bzw. Löschen von Compiler-Schaltern gesteuert werden.

14.5 Spezialisierungen von Template-Funktionen

Spezialisierung von max()

```
#include <iostream>
using namespace std;
template <class T>
T max( T a, T b)                        // Maximum von a und b
{
   return (a > b) ? a : b;
}

// Deklaration der Spezialisierung:
const char *max( const char *s1, const char *s2);

int main()
{
   char *name1 = "Anton", *name2 = "Brigitte";
   const char *maxStr;

   // Aufruf der Template-Funktion:
   maxStr = max( name1, name2);         // Liefert nur die
                                        // groessere Adresse.
   cout << "\nUnter der \"groesseren\" Adresse "
        << "steht der String: " << maxStr << endl;

   const char* ptr1 = name1, *ptr2 = name2;
   // Aufruf der Spezialisierung:
   maxStr = max( ptr1, ptr2);           // Liefert den
                                        // groesseren String.
   cout << "\n-------------------\n";
   cout << "Der \"groessere\" Name: " << maxStr << endl;
   return 0;
}
```

```
// ---------------------------------------------------------
// Definition der Spezialisierung:
// ---------------------------------------------------------

#include <cstring>
using namespace std;

const char *max( const char *s1, const char *s2)
{
   if( strcmp( s1, s2) > 0 )  return s1;
   else                       return s2;
}
```

Anweisungen in Funktions-Templates

Die Generierung einer Template-Funktion ist nur möglich, wenn alle im Funktions-Template angegebenen Anweisungen auch ausgeführt werden können. Wird beispielsweise die Template-Funktion `mySwap()` mit zwei Objekten einer Klasse aufgerufen, so müssen für diese Klasse der Kopierkonstruktor und die Zuweisung verfügbar sein.

Insbesondere müssen alle verwendeten Operatoren für den jeweiligen Argumenttyp definiert sein. So kann etwa die Template-Funktion `max()` nur für Objekte aufgerufen werden, für die der Vergleich `a > b` definiert ist.

Spezialisierung

Aus folgenden Gründen ist ein Funktions-Template nicht für jeden Typ einsetzbar:

- Das Funktions-Template enthält Anweisungen, die für einen bestimmten Typ nicht ausgeführt werden können.
- Die allgemeine Lösung, die das Template bereitstellt, liefert für spezielle Typen kein sinnvolles Ergebnis.
- Für bestimmte Typen gibt es bessere Lösungen.

So liefert der Aufruf

Beispiel: `maxStr = max( "anton", "Anton");`

lediglich die größere der beiden Adressen, unter denen die Strings gespeichert sind.

In solchen Fällen besteht die Möglichkeit, eine *Spezialisierung* zu definieren, d.h. die Template-Funktion durch eine separat definierte Funktion zu überladen. Dies wird nebenstehend anhand des Templates `max()` mit dem Datentyp `const char *` gezeigt.

Versions-Suche

Wird eine Template-Funktion durch eine separat definierte Funktion ersetzt, so ist es wichtig, dass bei einem Aufruf die richtige Version ausgeführt wird.

Die Reihenfolge, in welcher der Compiler nach der passenden Funktion sucht, garantiert dies. Ist nämlich außer dem Template auch eine Spezialisierung mit dem passenden Typ deklariert, so wird stets die Spezialisierung aufgerufen.

Diese einfache Lösung führt bei modularer Programmierung zu Problemen: Ist nämlich die Spezialisierung in einem anderen Modul definiert, so kann der Compiler nicht unterscheiden, ob die Deklaration einer Template-Instanz oder einer Spezialisierung vorliegt. Daher wurde im ANSI-Standard eine neue Syntax für Spezialisierungen eingeführt, die im folgenden beschrieben wird.

14.6 Spezialisierung (ANSI)

Spezialisierung gemäß ANSI

```
// --------------------------------------------------------
// Spezialisierung von max() fuer C-Strings
// --------------------------------------------------------

#include <string>
using namespace std;

template <class T>
T max( T a, T b)                    // Maximum von a und b
{
   return (a > b) ? a : b;
}

                                    // Spezialisierung fuer char*
template<>
const char *max( const char *s1, const char *s1)
{
   if( strcmp( s1, s2) > 0 )
     return s1;
   else
     return s2;
}
```

ANSI-Standard

Im ANSI-Standard werden »normale« Funktionen und Template-Funktionen nicht unterschieden. Die Definition eines Funktions-Templates und einer gleichnamigen Funktion, die auch aus dem Template erzeugt werden könnte, würde daher zu einer Fehlermeldung führen, wie etwa:

```
"duplicate definition of max()"
```

Diese Situation demonstriert das folgende

Beispiel:
```
#include <cctype>
using namespace std;

// Funktions-Template isLess:
template <class T>
bool isLess( T a, T b)  {  return a < b; }

// Fuer Typ char eine eigene Definition:
bool isLess( char c1, char c2)  // Nach ANSI noch
{                               // keine Spezialisierung
   return  toupper(c1) < toupper(c2);
}

// Aufruf:
int func( char c)
{

   if( isLess( c, 'H')) // Fehler! Template-Funktion?
       . . .
}
```

ANSI-Syntax

Stattdessen gibt es eine eigene Syntax, um eine Spezialisierung zu definieren. Diese wird allerdings erst von den neueren Compilern unterstützt.

Eine Spezialisierung beginnt mit dem Präfix

```
template<>
```

Im obigen Beispiel muss die Spezialisierung von `isLess()` wie folgt lauten:

```
template <>
bool isLess(char c1, char c2)
{
   return  toupper(c1) < toupper(c2);
}
```

Die Template-Funktion `max()` kann für Strings wie nebenstehend spezialisiert werden.

14.7 Explizite Argumente für Funktions-Templates

Das Funktions-Template convert()

```
// ---------------------------------------------------------
// Konvertierung vom Typ U in den Typ T
// ---------------------------------------------------------

template< class T, class U>
T convert( U uObj)
{
   T tObj(uObj);    return tObj;
}


#include "bruch.h"              // Definition einer Klasse Bruch
                                // fuer Brueche a/b

void func( double x)
{
   long  n = convert<long, double>(x);
   Bruch b = convert<Bruch, double>(x);

   // . . .

}
```

Hinweis

Da der zweite Typ für den Parameter `U` aus dem Funktionsargument abgeleitet werden kann, sind auch folgende Aufrufe zulässig:

```
long  n = convert<long>(x);

Bruch b = convert<Bruch>(x);
```

Implizite Template-Argumente

Eine einzelne Template-Funktion wird mit einem bestimmten Typ instantiiert, wenn sie zum ersten Mal aufgerufen wird. In den bisherigen Beispielen ermittelte der Compiler den Typ für den Parameter T *implizit* anhand der Funktionsargumente.

Beispiel:

```
template <class T>
T max( T a, T b) {   return (a > b) ? a : b; }

float x = 1.1, y = 3.3, erg;
erg = max( x, y);          // Maximum von x und y
```

Hier generiert der Compiler die Template-Funktion `max( )` für den Datentyp `float`.

Explizite Template-Argumente

Zusätzlich zu der impliziten Ableitung der Template-Argumente sieht der ANSI-Standard auch die Möglichkeit vor, Template-Argumente *explizit* anzugeben: Wie bei Klassen-Templates werden die Template-Argumente in spitzen Klammern hinter dem Template-Namen eingesetzt.

Beispiel:

```
erg = max<float>( x, y);// Maximum von x und y
```

Hier wird in jedem Fall die Template-Funktion `max()` für den Datentyp `float` generiert, auch wenn `x` oder `y` einen anderen Typ haben sollten.

Anwendungsbereiche

Die Möglichkeit, Template-Argumente auch explizit angeben zu können, erweitert den Anwendungsbereich von Funktions-Templates:

- Funktions-Templates können mit Typen parametrisiert werden, die nicht aus den Argumenten abgeleitet werden können. Insbesondere ist es möglich, auch Funktions-Templates ohne Funktionsparameter zu definieren.
- Wie Klassen-Templates können auch Funktions-Templates mit Parametern definiert werden, die keine Typparameter sind.

Der letzte Punkt hat nur für Klassen eine größere Bedeutung und wird deshalb im nächsten Kapitel behandelt.

Verfügbarkeit

Die erweiterte Syntax für Funktions-Templates wird noch nicht von allen C++-Compilern unterstützt.

14.8 Übungen

Das binäre Suchverfahren

Voraussetzung:	Die Vektorelemente sind in aufsteigender Reihenfolge sortiert.
Methode:	Der gesuchte Wert wird mit dem mittleren Element im Vektor verglichen. Ist der gesuchte Wert kleiner als das mittlere Element, so wird in der linken Vektorhälfte weitergesucht. Andernfalls wird in der rechten Vektorhälfte weitergesucht. Das Verfahren wird wiederholt, solange die untersuchte Vektorhälfte mehr als ein Element besitzt.

Das Bubble-Sort-Verfahren

Methode:	In einer Schleife werden benachbarte Vektorelemente verglichen. Falls das Element mit dem niedrigeren Index größer als sein Nachbar mit dem höheren Index ist, werden beide Elemente getauscht. Auf diese Weise »blubbert« das jeweils größte Element an seinen endgültigen Platz im rechten Teil des Vektors. Der Vektor wird so in einen bereits sortierten rechten und einen noch unsortierten linken Teil zerlegt. Das Verfahren wird für den noch unsortierten Teil im Vektor wiederholt, solange in einem Schleifendurchlauf mindestens einmal getauscht wurde und der unsortierte Teil des Vektors noch mehr als ein Element besitzt.

Aufgabe

- Es soll ein Funktions-Template `binarySearch()` definiert werden, das einen bestimmten Wert in einem Vektor sucht. Die Vektorelemente besitzen den Typ des Template-Parameters `T`. Als Algorithmus ist das binäre Suchverfahren einzusetzen.
  Die Funktion `binarySearch()` besitzt drei Parameter: den zu suchenden Wert vom Typ `T`, einen Zeiger auf das erste Vektorelement und die Anzahl der Vektorelemente. Der Return-Wert ist ein Zeiger auf das erste gefundene Element bzw. `0`, falls der gesuchte Wert im Vektor nicht vorhanden ist.

  Implementieren Sie das Funktions-Template. Der Algorithmus des binären Suchverfahrens ist nebenstehend beschrieben. Stellen Sie die Definition des Funktions-Templates in eine Header-Datei `search.h`.
- Es soll ein Funktions-Template `bubbleSort()` definiert werden, das einen Vektor in aufsteigender Reihenfolge sortiert. Die Vektorelemente besitzen den Typ des Template-Parameters `T`. Als Algorithmus ist das Bubble-Sort-Verfahren einzusetzen.
  Die Funktion `bubbleSort()` besitzt zwei Parameter: einen Zeiger auf das erste Vektorelement und die Anzahl der Vektorelemente. Es gibt keinen Return-Wert.

  Implementieren Sie das Funktions-Template. Der Algorithmus des Bubble-Sort-Verfahrens ist nebenstehend beschrieben. Stellen Sie die Definition des Funktions-Templates in eine Header-Datei `sort.h`.
- Aus den Funktions-Templates `binarySearch()` und `bubbleSort()` sollen Template-Funktionen für den Typ `int` und `double` erzeugt werden. Definieren Sie zu diesem Zweck jeweils einen Vektor mit zehn Werten Ihrer Wahl.
  Schreiben Sie eine `main`-Funktion, in der eine Template-Funktion `bubbleSort()` sowohl für einen `int`-Vektor als auch für einen `double`-Vektor erzeugt und aufgerufen wird. Lassen Sie anschließend den sortierten Vektor anzeigen.

  Ergänzen Sie die `main`-Funktion, indem Sie eine Template-Funktion `binarySearch()` für einen `int`- und einen `double`-Vektor je zweimal aufrufen: einmal mit einem Wert, der im Vektor vorhanden ist, und ein anderes Mal mit einem nicht vorhandenen Wert.
- Die Template-Funktionen sollen jetzt auch für eine Klasse eingesetzt werden. Definieren Sie eine einfache Klasse `Datum`, die als Datenelemente drei `short`-Variablen zur Darstellung eines Tages, eines Monats und einer Jahreszahl besitzt.
  Die von `binarySearch()` und `bubbleSort()` verwendeten Operatoren <, >, == und != sind für die Klasse `Datum` zu überladen. Außerdem ist für die Bildschirmausgabe eine Methode `print()` bereitzustellen.

  Definieren Sie dann einen Vektor mit einigen Objekten vom Typ `Datum`, die mit Datumsangaben Ihrer Wahl initialisiert werden. Lassen Sie wie zuvor die Template-Funktionen `bubbleSort()` und `binarySearch()` für einen Vektor mit Elementen vom Typ `Datum` erzeugen und aufrufen.

14.9 Lösungen

```
// --------------------------------------------------------------
// Datei:  search.h
// Zweck:  Definition des Funktions-Templates binarySearch
// --------------------------------------------------------------

#ifndef _SEARCH_
#define _SEARCH_

template <class T>
const T *binarySearch( const T wert, const T arr[], int len)
{
   int first = 0, last = len-1, mid;

   while( last-first > 0 )
   {
     mid = (first + last +1) / 2;
     if( wert < arr[mid])
       last = mid -1;
     else
       first = mid;
   }

   if( arr[first] == wert)
     return arr+first;
   else
     return (T *)0;
}
#endif

// --------------------------------------------------------------
// Datei:  sort.h
// Zweck:  Definition des Funktions-Templates bubbleSort
// --------------------------------------------------------------

#ifndef _BUBBLE_SORT_
#define _BUBBLE_SORT_

template <class T>
inline void mySwap( T& a, T& b)          // a und b tauschen
{
  T temp(a);                             // Inhalt von a merken
  a = b;   b = temp;
}

template <class T>
void bubbleSort( T arr[], int len)
{
   bool sortiert = false;
```

```
  while( !sortiert)                // Solange in einem Durchlauf
  {                                // noch getauscht wurde.
    sortiert = true;
    for( int i = 1; i < len; ++i)
    {
      if( arr[i-1] > arr[i])
      {
        mySwap( arr[i-1], arr[i]);
        sortiert = false;
      }
    }
    --len;
  }
}
#endif

// ------------------------------------------------------------
// Datei:  datum.h
// Zweck:  Klasse Datum mit den Operatoren <, >, ==, !=
// ------------------------------------------------------------

#ifndef _DATUM_
#define _DATUM_

#include <iostream>
using namespace std;

// Die Klasse Datum

class Datum
{
  private:
    short tag, monat, jahr;

  public:
    Datum( int t=1, int m=1, int j=1)
    {
      if( !setDatum( t, m, j))
        tag = 1, monat = 1, jahr = 1;
    }

    bool setDatum( int, int, int);

    int getTag()   const { return (int)tag; }
    int getMonat() const { return (int)monat; }
    int getJahr()  const { return (int)jahr; }

    void print(void) const
    {
      cout << tag << '.' << monat << '.' << jahr;
    }
```

```
    // Die Operatorfunktionen:

    bool operator==(const Datum &d) const
    {
      return ( tag == d.tag  &&  monat == d.monat
               &&  jahr  == d.jahr );
    }

    bool operator!=(const Datum &d) const
    {
      return !(*this == d);
    }

    bool operator<( const Datum& d) const;
    bool operator>( const Datum& d) const
    {
      return d < *this;
    }
};
#endif   // _DATUM_

// -------------------------------------------------------------
//  Datei:  datum.cpp
//  Zweck:  Die Methoden setDatum() und operator<()
// -------------------------------------------------------------

#include "datum.h"

static int tageImMonat[] = { 0, 31, 28, 31, 30, 31, 30,
                                31, 31, 30, 31, 30, 31 };

bool Datum::setDatum( int s_tag, int s_monat, int s_jahr)
{
   if( s_monat < 1 ||  s_monat > 12)
     return false;
   if( s_tag < 1 ||  s_tag > tageImMonat[s_monat])
     return false;
   tag   = (short)s_tag;
   monat = (short)s_monat;
   jahr  = (short)s_jahr;
   return true;
}

bool Datum::operator<( const Datum& d) const
{
   if( jahr != d.jahr)          return ( jahr < d.jahr);
   else if( monat != d.monat)   return ( monat < d.monat);
   else                         return ( tag < d.tag);
}
```

```
// --------------------------------------------------------------
//  Datei:   funcTmpl.cpp
//  Zweck:   Die Funktions-Templates binarySearch und bubbleSort
//           mit den Datentypen int, double und Datum testen.
//  Module: funcTmpl.cpp, Datum.cpp
// --------------------------------------------------------------

#include "search.h"
#include "sort.h"
#include "datum.h"
#include <iostream>
using namespace std;

// Die Vektoren zum Testen:

int iArr[] = { 12, -44 , 0, 99, -7 };
int iArrLen = sizeof(iArr) / sizeof(int);

double dArr[] = { 99.9, -11.1, 88.8, 0.0, 77.7, 11.1 };
int dArrLen = sizeof(dArr) / sizeof(double);

Datum datArr[] = { Datum(19,3,1986), Datum(7,7,1957),
                   Datum(5,11,1949), Datum(17,5,1982) };

int datArrLen = sizeof(datArr) / sizeof(Datum);


int main()
{
   int i;

   cout << "\n         ---  Funktions-Templates testen  ---\n";

   cout << "\nDie Zahlen unsortiert:\n";
   for( i = 0; i < iArrLen; ++i)
   {
     cout.width(10);   cout << iArr[i];
   }
   cout << endl;

   bubbleSort( iArr, iArrLen);          // Sortieren

   cout << "\nDie Zahlen sortiert:\n";
   for( i = 0; i < iArrLen; ++i)
   {
     cout.width(10);   cout << iArr[i];
   }
   cout << endl;
```


14

14.11 Lösungen (Fortsetzung)

```
cout << "\nWelche Zahl soll gesucht werden?\n";
int iZahl;
const int *iPtr;

while( cin >> iZahl)            // Solange eine Zahl einlesen,
{                               // bis diese gefunden wird.
  iPtr =  binarySearch( iZahl, iArr, iArrLen);
  if( iPtr != NULL)
  {
    cout << *iPtr << " Gefunden!\n";    break;
  }
  else
    cout << iZahl << " Nicht gefunden!\n";
}
cin.clear();
while( cin.get() != '\n' )           // cin-Puffer leeren
 ;

// --- Nochmal für Gleitpunktzahlen  ---
cout << "\nDie Zahlen unsortiert:\n";
for( i = 0; i < dArrLen; ++i)
{
  cout.width(10);   cout << dArr[i];
}
cout << endl;
bubbleSort( dArr, dArrLen);          // Sortieren
cout << "\nDie Zahlen sortiert:\n";
for( i = 0; i < dArrLen; ++i)
{
  cout.width(10);   cout << dArr[i];
}
cout << endl;

cout << "\nWelche Zahl soll gesucht werden?\n";
double dZahl;
const double *dPtr;
while( cin >> dZahl)            // Und wieder Zahlen suchen
{
  dPtr =  binarySearch( dZahl, dArr, dArrLen);
  if( dPtr != NULL)
  {  cout << *dPtr << " Gefunden!\n";    break;
  }
  else cout << dZahl << " Nicht gefunden!\n";
}

while( cin.get() != '\n' )           // cin-Puffer leeren
  ;
```

```
    // --- Und jetzt für Objekte vom Typ Datum  ---

    cout << "\nDie Zeiten unsortiert:\n";
    for( i = 0; i < datArrLen; ++i)
    {
      datArr[i].print();  cout << "    ";
    }
    cout << endl;

    bubbleSort( datArr, datArrLen);      // Sortieren

    cout << "\nDie Zeiten sortiert:\n";
    for( i = 0; i < datArrLen; ++i)
    {
      datArr[i].print();  cout << "    ";
    }
    cout << endl;

    const Datum *datPtr, suchDatum1(1,1,1990),
                         suchDatum2(17,5,1982);

    cout << "\nDatum suchen:\n";
    datPtr =  binarySearch( suchDatum1, datArr, datArrLen);

    if( datPtr != NULL)
    {
      datPtr->print();  cout << " Gefunden!\n";
    }
    else
    {
      suchDatum1.print();  cout << " Nicht gefunden!\n";
    }

    datPtr =  binarySearch( suchDatum2, datArr, datArrLen);

    if( datPtr != NULL)
    {
      datPtr->print(); cout << " Gefunden!\n";
    }
    else
    {
      suchDatum2.print(); cout << " Nicht gefunden!\n";
    }

    return 0;
}
```

Kapitel 15: Klassen-Templates

Mit Hilfe von Klassen-Templates können Klassen in Abhängigkeit von einem noch festzulegenden Typ konstruiert werden. Auf diese Weise entfällt die Notwendigkeit, ähnliche Klassen mehrfach implementieren zu müssen.

Dieses Kapitel beschreibt, wie Klassen-Templates definiert und eingesetzt werden können. Auch spezielle Features, wie Default-Argumente und explizite Instantiierung, werden vorgestellt.

15.1 Konzept

Template-Klasse und Instantiierung

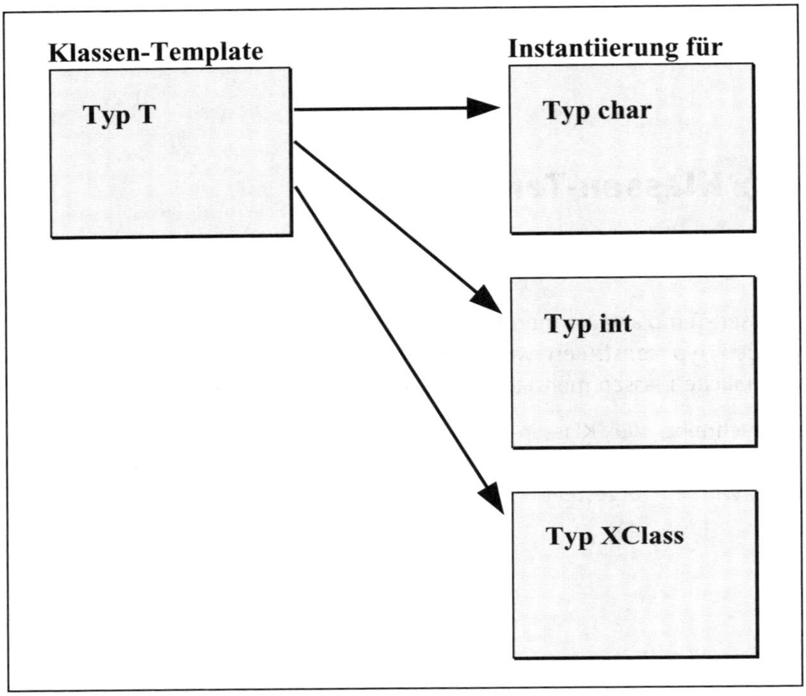

Familien von Klassen

Außer Funktions-Templates bietet C++ auch die Möglichkeit, Klassen-Templates zu definieren. So wie es möglich ist, eine parametrisierte Familie verwandter Funktionen zu definieren, können auch Klassen in Abhängigkeit von einem noch festzulegenden Typ konstruiert werden.

In der Praxis werden Klassen-Templates häufig bei der Erstellung von Klassenbibliotheken eingesetzt.

Container-Klassen

Das ist besonders nützlich bei Klassen, die Objekte anderer Klassen verwalten. Solche Klassen heißen *Container-Klassen*. Sie stellen allgemeine Operationen zur Verfügung, wie beispielsweise das Einfügen, Löschen und Suchen von Objekten oder das Abspeichern und Laden ganzer Datenstrukturen.

Obwohl erst der Anwender solcher Klassen den Typ der verwalteten Objekte festlegt, stehen ihm die Operationen für die eigenen Klassen zu Verfügung. Die zeitraubende und fehleranfällige Neuprogrammierung entfällt.

Stream-Klassen

Ein weiteres Anwendungsbeispiel sind die Stream-Klassen für die Ein-/Ausgabe. Sie sind in C++ standardmäßig als Templates definiert.

Die bereits bekannte Klasse `istream` für das Einlesen von der Tastatur und die Klasse `ostream` für die Ausgabe auf den Bildschirm werden aus entsprechenden Templates für den Typ `char` erzeugt.

Daneben gibt es die Stream-Klassen `ifstream`, `ofstream` und `fstream` für die Datei-Ein-/Ausgabe sowie `istringstream`, `ostringstream` und `stringstream` für die Verarbeitung von Strings. Auch diese Klassen werden aus entsprechenden Klassen-Templates für den Typ `char` generiert.

Der Einsatz von Template-Klassen bietet in dem Zusammenhang den Vorteil, die Funktionalität der Stream-Klassen auch für erweiterte Zeichensätze zur Verfügung zu stellen. In der Standard-Bibliothek sind bereits Instantiierungen für den Typ `wchar_t` (Wide:character type) vorgenommen. Dies sind die sogenannten *Wide-Stream-Objekte*.

15.2 Definition von Klassen-Templates

Das Queue-Template

```
// --------------------------------------------------------
// Datei:  queue.h
// Enthaelt das Klassen-Template Queue
// zur Darstellung einer Warteschlange.
// --------------------------------------------------------

#ifndef _QUEUE_
#define -QUEUE_

#include <cstdlib>
#include <iostream>
using namespace std;

template<class T>
class Queue
{
  private:
    T *vekPtr;              // Zeiger auf Vektor.
    int max;                // Maximale Anzahl Elemente.
    int tip, tail;          // Anfang, Ende der Queue.
    bool empty;

  public:
    Queue(int n);           // Konstruktor: erzeugt
                            // Queue mit n Elementen.
    Queue( const Queue<T> & );   // Kopierkonstruktor.

    ~Queue();                    // Destruktor
                                 // Zuweisung:
    const Queue<T>& operator=( const Queue<T>& );

    bool isEmpty() const { return empty; }

    bool enqueue(const T&);      // Am Ende einfuegen.

    T dequeue();                 // Am Anfang entnehmen.
};

// Fortsetzung folgt.
```

Definition

Ein Klassen-Template beginnt mit dem Präfix template<class T>, dem eine Klassendefinition folgt:

Syntax:

```
template<class T>
class X
{
   . . .                     // Definition der Klasse X<T>
};
```

Hier wird ein Template für Klassen mit dem Namen X<T> definiert. Dabei steht der Parameter T wieder für einen beliebigen Typ. Sowohl T als auch X<T> werden in der Klassendefinition wie normale Datentypen verwendet.

Beispiel: Warteschlange

Nebenstehend ist ein Klassen-Template zur Darstellung einer *Warteschlange* (engl. *queue*) definiert. Warteschlangen sind temporäre Zwischenspeicher, wie z. B. Dateipuffer, Pipes, Drucker- oder Message-Queues. Diese werden nach dem FIFO (First-In-First-Out)-Prinzip verwaltet, d. h., das zuerst in die Warteschlange eingefügte Element wird als erstes wieder entnommen.

Mit dem Klassen-Template wird der Datentyp Queue<T> definiert. Der Parameter T ist hier der Typ der Objekte, die in der Warteschlange gespeichert werden können.

Template- und Typnamen

Innerhalb des Geltungsbereichs eines Klassen-Template X kann statt des Datentyps X<T> auch nur der Template-Name X angegeben werden. Üblich ist dies allerdings nur für die Benennung der Konstruktoren und des Destruktors.

So ist im nebenstehenden Beispiel der Name Queue eines Konstruktors gleichbedeutend mit Queue<T>.

Mehrere Parameter

Ein Klassen-Template kann wie ein Funktions-Template auch mit mehreren Typparametern definiert werden. Beispielsweise besitzt folgendes Klassen-Template die beiden Parameter T1 und T2:

```
template<class T1, class T2>
class X
{
   . . .                     // Definition der Klasse X<T1,T2>
};
```

Hier wird für jedes Paar von Typen T1, T2 eine Klasse X<T1,T2> definiert.

15.3 Methoden von Klassen-Templates

Methoden des Queue-Templates

```
// ---------------------------------------------------------
// Fortsetzung der Datei queue.h
// ---------------------------------------------------------

template<class T>
Queue<T>::Queue(int n)          // Konstruktor: Speicherplatz
{                               // für n Elemente vom Typ T.
   vekPtr = new T[n];
   max = n;    tip = tail = 0;    empty = true;
}

template<class T>
Queue<T>::~Queue()              // Der Destruktor gibt den
{                               // Speicherplatz wieder frei.
   delete [] vekPtr;
}

template<class T>               // Ein Element am Ende einfuegen:
bool Queue<T>::enqueue(const T& a)
{
    if( tip != tail || empty )     // Falls noch Platz:
    {
      vekPtr[tail] = a;
      tail = ++tail % max;
      empty = false;
      return true;
    }
    else
      return false;
}

template<class T>
T Queue<T>::dequeue()           // Ein Element am Anfang
{                               // der Queue entnehmen.
   if( empty) {
     cerr << "Queue leer!" << endl;   exit(1);
   }
   int i = tip;

   tip = ++tip % max;

   if( tip == tail)
     empty = true;

   return vekPtr[i];
}
#endif         // _QUEUE_
```

Definition von Elementfunktionen

Die Elementfunktionen eines Klassen-Templates mit dem Parameter `T` sind wie die Klasse selbst über den Typ `T` parametrisiert. Die Definition einer Elementfunktion stellt deshalb ein Funktions-Template dar.

Erfolgt die Definition außerhalb des Klassen-Templates, so wird die übliche Syntax von Funktions-Templates verwendet.

Beispiel:
```
template<class T>
  bool Queue<T>::enqueue( const T& )
  {  /* . . .  */  }
```

Hiermit wird die Methode `enqueue()` der Klasse `Queue<T>` definiert.

Implementierung des Queue-Templates

Im Queue-Template wird die Warteschlange mit Hilfe eines Vektors implementiert, dessen Speicherplatz dynamisch reserviert wird. Da das Template ein dynamisches Element enthält, sind auch ein Kopierkonstruktor und die Zuweisung selbst zu definieren. Aus Platzgründen sind ihre Definitionen nebenstehend nicht angegeben.

Mit den Methoden `enqueue()` und `dequeue()` können Objekte vom Typ `T` in die Warteschlange gestellt bzw. aus der Warteschlange entnommen werden.

Die Variable `tail` markiert das Ende der Warteschlange. Das ist die Stelle im Vektor, bei der ein neues Element als nächstes eingefügt wird. Die Entnahme eines Elements geschieht stets beim Index `tip` am Anfang der Warteschlange.

Bei wiederholtem Einfügen und Löschen wandert die Warteschlange also im Vektor nach »hinten«. Um einen Überlauf am Ende des Vektors zu verhindern, wird der zugrundeliegende Vektor als Ring dargestellt. Das bedeutet, sobald die Variablen `tip` und `tail` den Wert `max-1` erreicht haben, wird die Indizierung bei `0` fortgesetzt.

Fehlerbehandlung

Vor der Entnahme eines Elements sollte mit der Methode `isEmpty()` geprüft werden, ob noch ein Element vorhanden ist. Beim Versuch, einer leeren Warteschlange ein Element zu entnehmen, wird das Programm mit einer Fehlermeldung beendet.

Diese einfache Fehlerbehandlung sollte noch verbessert werden, z.B. mittels »Exception-Handling«, das im nächsten Kapitel behandelt wird.

15.4 Generierung von Template-Klassen

Verwendung des Queue-Templates

```
// ----------------------------------------------------------
// Zwei Queues anlegen, einlesen und ausgeben.
// ----------------------------------------------------------

#include "queue.h"
#include <iostream>
using namespace std;

Queue<int> intQueue1(100);             // Queue fuer maximal
                                       // 100 int-Elemente.

void einlesen( Queue<int>& q);
void auslesen( Queue<int>& q);

int main(void)
{
  einlesen( intQueue1);
  Queue<int> intQueue2( intQueue1);   // Kopierkonstruktor!
  auslesen( intQueue1);
  cout << "\nUnd die Kopie der 1. Warteschlange:\n";
  auslesen( intQueue2);
  return 0;
}

void einlesen( Queue<int>& q)
{
  int data;
  cout << "\nBitte ganze Zahlen != 0 eingeben:\n";
  while( cin >> data  &&  data != 0)
     if( !q.enqueue(data) )
     {  cerr << "\nWarteschlange voll!" << endl;   break;
     }
}

void auslesen( Queue<int>& q)
{
  if( q.isEmpty())
    cout << "\nDie Warteschlange ist leer!\n";
  else
  { cout << "\nDie Warteschlange wird ausgelesen!"
            "\nDie Werte: \n";
    while( !q.isEmpty())          // Jeweils das erste Element
    {                             // entnehmen und anzeigen.
      cout.width(8);  cout << q.dequeue();
    }
    cout << endl;
  }
}
```

Instantiierung

Ein Klassen-Template ist eine Schablone, aus der Klassen für einen noch festzulegenden Typ konstruiert werden können. Erst wenn dieser Typ dem Template als Argument übergeben wird, wird eine einzelne Klasse generiert. Man sagt dann, dass eine *Template-Klasse* instantiiert wird.

Die Instantiierung einer einzelnen Template-Klasse erfolgt *implizit*, wenn diese zum ersten Mal benötigt wird, etwa bei der ersten Deklaration eines Objekts vom Typ einer Template-Klasse.

Beispiel: `Queue<double>  doubleBuf(100); // implizit`

Hier wird zunächst die Template-Klasse `Queue<double>` generiert und anschließend ein Objekt dieses Typs angelegt.

Auch mit schon definierten Klassen, wie etwa einer Klasse `String` oder `Artikel`, können Warteschlangen gebildet werden:

Beispiel:
```
Queue<String>  stringQueue(500);
Queue<Artikel> artikelQueue(10);
```

Erzeugung von Maschinencode

Bei der Generierung einer Template-Klasse wird der Maschinencode für die Methoden mit Hilfe der entsprechenden Funktions-Templates erzeugt. Dabei wird jedes Auftreten des Parameters `T` durch das spezielle Template-Argument ersetzt.

Die Methoden der Klasse `Queue<int>` besitzen deshalb einen anderen Maschinencode als die Methoden der Klasse `Queue<double>`.

Die Entwicklung von Klassen-Templates ermöglicht von daher nicht die Reduzierung des Maschinencodes in einem Programm. Sie erspart dem Programmierer lediglich, ähnliche Klassen mehrfach implementieren zu müssen.

Fehler-Check

Klassen-Templates werden vom Compiler zweimal auf Fehler hin überprüft: Einmal beim Kompilieren der Definition des Klassen-Templates und einmal bei der Instantiierung einer bestimmten Template-Klasse.

Im ersten Fall können Syntaxfehler und solche Fehler diagnostiziert werden, die unabhängig von der Parametrisierung des Templates sind. Erst bei der Erzeugung einer Template-Klasse können solche Fehler erkannt werden, die von der Parametrisierung abhängen. So kann es z. B. vorkommen, dass ein Operator für den Argument-Typ des Templates nicht definiert ist.

15.5 Template-Parameter

Eine neue Definition des Queue-Templates

```
// ---------------------------------------------------------
// Datei:  queue2.h
// Das Klassen-Template Queue mit einem zweiten
// Parameter fuer die Groesse.
// ---------------------------------------------------------

#ifndef _QUEUE2_
#define _QUEUE2_

#include <cstdlib>
#include <iostream>
using namespace std;

template<class T, int n>
class Queue                          // Warteschlange fuer
{                                    // n Elemente vom Typ T.
  private:
    int tip, tail;                   // Anfang, Ende der Queue
    bool empty;
    T vek[n];                        // Der Vektor

  public:
    Queue()                          // Konstruktor
    {
      tip = tail = 0;
      empty = true;
    }

    bool isEmpty() const { return empty; }

    bool enqueue(const T& a);        // Einfuegen

    T dequeue();                     // Entnehmen
};

// Fortsetzung folgt.
```

Weitere Template-Parameter

Ein Klassen-Template kann, wie schon gesagt, mit mehreren Parametern definiert werden. Ein Template-Parameter muss aber nicht unbedingt ein Typname sein. Es sind auch gewöhnliche »Funktionsparameter« erlaubt, insbesondere Zeiger und Referenzen.

Mit dem nebenstehenden Template

```
template<class T, int n>
class Queue {  /* . . .  */  };
```

werden Klassen vom Typ `Queue<T, n>` definiert. Die Klasse `Queue` ist also mit dem Typ `T` und der ganzen Zahl `n` parametrisiert.

Der Template-Parameter `n` wird dazu benutzt, die Größe des Vektors zur Darstellung der Warteschlange festzulegen. Damit ist bereits zum Zeitpunkt der Generierung einer Template-Klasse die Anzahl der Vektorelemente bekannt. Objekte können dann ohne Rückgriff auf den dynamischen Speicher erzeugt werden. Das vereinfacht die Definition der Klasse. Insbesondere entfällt die Notwendigkeit, den Kopierkonstruktor, die Zuweisung und den Destruktor zu definieren.

Regeln

Beim Einsatz von Template-Parametern, die keine Typparameter sind, müssen folgende Regeln beachtet werden:

- Ein Template-Parameter darf nicht verändert werden. In der nebenstehenden Template-Definition wäre also ein Ausdruck wie

  ```
  ++n;
  ```

  unzulässig.

- Ein Template-Parameter darf keinen Gleitpunkt-Typ besitzen.

  ```
  template <double d> class X { /* . . . */ };    //Fehler
  ```

  Zeiger oder Referenzen sind jedoch erlaubt:

  ```
  template <double& rd> class X { /* . . . */ }; // ok
  ```

15

Methoden der Klasse Queue<T,n>

```
// -----------------------------------------------------------
// Fortsetzung der Header-Datei queue2.h
// -----------------------------------------------------------

template<class T, int n>
bool Queue<T,n>::enqueue(const T& a)
// Fuegt ein Element am Ende in die Queue ein.
{
    if( empty || tip != tail )      // Falls noch Platz:
    {
      vek[tail] = a;
      tail = ++tail % n;
      empty = false;
      return true;
    }
    else
      return false;
}

template<class T, int n>
T Queue<T,n>::dequeue()
// Entnimmt ein Element am Anfang der Queue.
{
   if( empty)
   {
      cerr << "Queue leer!" << endl;
      exit(1);
   }

   int i = tip;
   tip = ++tip % n;

   if(tip == tail)
      empty = true;

   return vek[i];
}
#endif          // _QUEUE2_
```

Bei der Instantiierung ist für jeden Template-Parameter ein entsprechendes Argument anzugeben.

Beispiel: `Queue<double,100>  doubleQueue;`

Hier wird zunächst die Klasse `Queue<double,100>` generiert, sofern dies noch nicht geschehen ist. Anschließend wird ein Objekt dieser Klasse erzeugt, also eine Queue für 100 `double`-Werte.

Zulässige Argumente

Für Argumente von Templates, die keine Typnamen sind, gibt es bestimmte Einschränkungen:

- Für einen Parameter, der keine Referenz ist, darf als Argument nur ein *konstanter Ausdruck* angegeben werden.
- Ist der Parameter ein Zeiger, darf das Argument nur die Adresse eines Objekts oder einer Funktion mit *globalem* Geltungsbereich sein.
- Ist der Parameter eine Referenz, so muss als Argument ein Objekt angegeben werden, das global oder als `static` definiert wurde.

Beispiel:
```
int size = 100;
Queue<double,size>  doubleQueue;     // Fehler
```

Als zweiter Parameter ist hier nur eine `int`-Konstante erlaubt.

Strings als Argumente

Aus dem zweiten Punkt ergibt sich, dass String-Konstanten wie `"Achtung"` nicht als Template-Argumente erlaubt sind. Der Geltungsbereich einer String-Konstanten ist nämlich *nicht global*, sondern statisch: Wenn in einem anderen Modul ebenfalls der String `"Achtung"` verwendet wird, so ist das ein neuer String.

Beispiel:
```
template <class T, char *id>
class X
{  /*  . . .  */  };

X< int, "Demo"> x1;      // Fehler!  String-Konstante ist
                         // char-Zeiger auf static-Objekt.
```

Wird aber ein globaler String definiert, so kann dieser als Template-Argument eingesetzt werden.

```
char name[] = "Demo";    // Globale Definition

X< int, name> x1;        // ok!  name ist ein char-Zeiger
                         // auf ein globales Objekt.
```

15.7 Default-Argumente von Templates

Ein Array-Template

```
// ---------------------------------------------------
//  Ein einfaches Array-Template mit Index-Pruefung
// ---------------------------------------------------

#include <iostream>
#include <cstdlib>
using namespace std;

template< class T = char, int arr_size = 512>
class Array
{
  private:
    T arr[arr_size];

  public:
    int size() { return arr_size; }
    T& operator[] (int index);          // Operator []
};

template< class T, int arr_size>
T& Array<T,arr_size>::operator[] (int i)
{
    if( i < 0  ||  i >= arr_size)
    {
      cerr << "\nARRAY: Out of range!\n";  exit(1);
    }

    return arr[i];
}


int main()
{
    Array<> text;              // char-Array mit 512 Elementen

    cout << "\nBitte eine Zeile Text eingeben:\n\n";
    cin.getline( &text[0], text.size());

    cout << "\nDer eingegebene Text diagonal:\n";
    for( int i = 0; text[i] != '\0';  ++i)
    {
      cout.width(2*i+1); cout << text[i] << endl;
    }

    return 0;
}
```

Deklaration

Wie die Parameter von Funktionen können auch Template-Parameter mit Default-Argumenten versehen werden. Dies geschieht entweder bei der Definition eines Templates oder bei der ersten Deklaration eines Templates in einem Modul.

Zur Instantiierung einer einzelnen Template-Klasse oder einer Template-Funktion kann dann das entsprechende Argument weggelassen werden. In diesem Fall wird die Klasse bzw. Funktion mit dem Default-Argument generiert.

Das Queue-Template könnte beispielsweise wie folgt mit einem Default-Argument definiert werden:

Beispiel:
```
template<class T, int n = 255>
class Queue{ /* . . */ };
```

Mit der Deklaration

```
Queue<char> charQueue;
```

wird dann eine Warteschlange mit maximal 255 `char`-Werten erzeugt.

Regeln

Für die Default-Argumente von Templates gelten die gleichen Regeln wie für die Default-Argumente von Funktionen:

- Wird mindestens ein Template-Parameter mit einem Default-Argument deklariert, so müssen alle nachfolgenden Template-Parameter auch mit Default-Argumenten versehen werden.
- Wird bei der Instantiierung eines Templates ein Argument weggelassen, für das ein Default-Argument existiert, so müssen auch alle nachfolgenden Argumente weggelassen werden.

Leere Argument-Liste

Besitzen alle Template-Parameter einen Default-Wert, so ist es möglich, dass eine einzelne Template-Klasse auch ohne Template-Argument deklariert wird.

Das nebenstehende Klassen-Template `Array` besitzt sowohl für den Typ der Vektorelemente als auch für die Größe je ein Default-Argument. Eine einzelne Template-Klasse kann also ohne Angabe von Argumenten mit dem Default-Typ `char` und der Größe `512` generiert werden. Dabei müssen leere spitze Klammern hinter dem Namen des Templates angegeben werden:

Beispiel:
```
Array<> text;
```

Das Weglassen der spitzen Klammern, wie etwa

```
Array text;                // Fehler !
```

würde eine Fehlermeldung verursachen, da es den Typ `Array` nicht gibt.

15.8 Explizite Instantiierung

Beispiel für das Funktions-Template sort

```
// ----------------------------------------------------------
// Funktions-Template sort():
// Vektor arr[] mit der Laenge len sortieren.
// ----------------------------------------------------------

template <class T>
void sort( T arr[], int len)
{
    /*  . . .  */
}


// Explizite Instantiierung fuer float:

template void sort( float arr[], int len);
```

Beispiele für das Klassen-Template Queue

```
// ----------------------------------------------------------
// Warteschlangen fuer int- und double-Werte
// explizit instantiieren.
// ----------------------------------------------------------

#include "queue.h"        // Definition des Klassen-Templates

template class Queue<int>;

template class Queue<double>;
```

Syntax

Neben der impliziten Instantiierung eines Templates, z. B. bei der Definition eines Objekts, ist es auch möglich, eine Template-Funktion oder -Klasse *explizit* zu instantiieren. Dies geschieht durch folgende Syntax:

Syntax: `template Deklaration`

wobei die `Deklaration` den Template-Namen mit den Template-Argumenten enthält.

Im Geltungsbereich des Funktion-Templates `sort()` ist also folgende, explizite Instantiierung möglich:

```
template void sort( float arr[], int len);
```

Hier wird die Template-Funktion `sort()` für den Datentyp `float` instantiiert, wobei der Typ `float` aus dem ersten Argument abgeleitet wird. Wichtig ist, dass die Instantiierung unabhängig davon erfolgt, ob die Funktion in dieser Übersetzungseinheit aufgerufen wird oder nicht.

Nach der Definition des Klassen-Template `Queue` wird mit der Anweisung

```
template class Queue<int>;
```

die Klasse `Queue<int>` explizit instantiiert. Dazu gehört auch die Instantiierung aller Methoden für den Typ `int`.

Anwendung

Eine explizite Instantiierung ist dann nötig, wenn Template-Funktionen bzw. -Klassen lediglich für andere Übersetzungseinheiten zur Verfügung gestellt werden. Das ist beispielsweise bei der Erstellung einer Bibliothek der Fall.

Wenn eine Template-Funktion oder -Klasse explizit instantiiert wurde, so genügt in anderen Übersetzungseinheiten eine gewöhnliche Deklaration, um die Funktion aufrufen zu können. Diese Deklaration wird üblicherweise in eine Header-Datei gestellt.

Dieses Vorgehen hat folgende Vorteile:

- Der Implementierungsteil einer Template-Klasse, also die Definition von Methoden und statischen Elementen, braucht nur in dem Modul zur Verfügung zu stehen, in dem Instanzen der Klasse generiert werden.
- Es kann vermieden werden, dass einzelne Template-Klassen bzw. Template-Funktionen in verschiedenen Modulen mehrfach generiert werden, wobei die Duplikate später vom Linker wieder entfernt werden müssen.

15.9 Übungen

Das Klassen-Template Stack

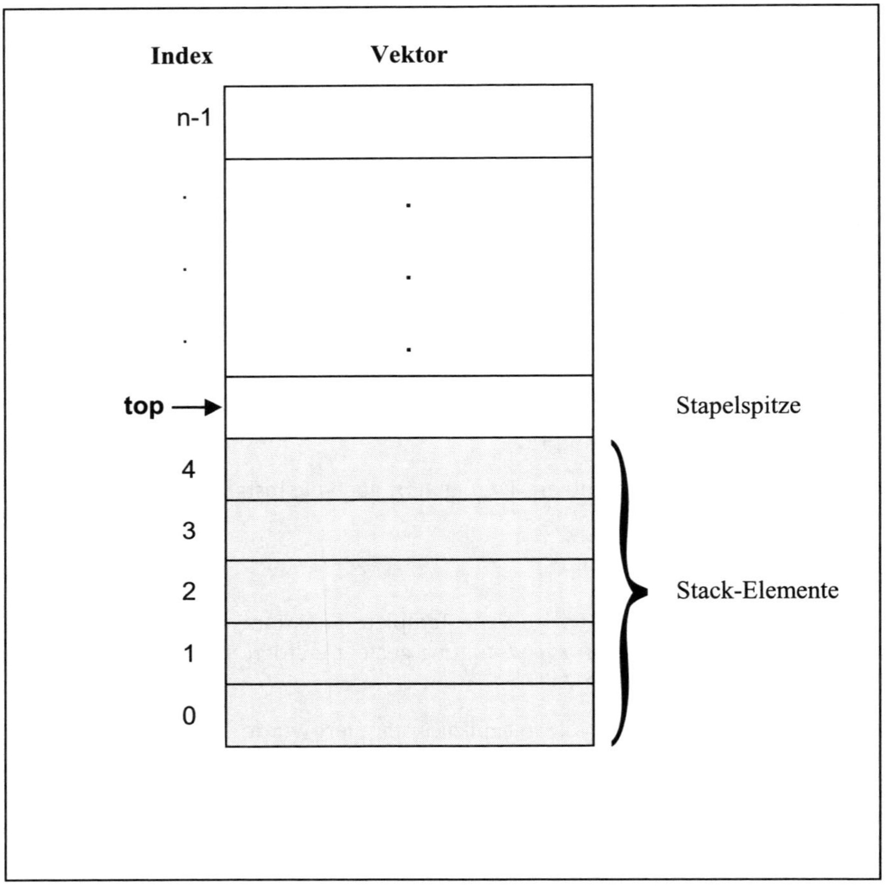

1. Aufgabe

Ein *Stack* ist eine Datenstruktur, die nach dem LIFO-Prinzip (**L**ast-**I**n-**F**irst-**O**ut) verwaltet wird: Das zuletzt eingefügte Element des Stacks wird als erstes wieder entnommen.

Stacks werden häufig als temporäre Zwischenspeicher benutzt. Beispielsweise benutzt ein Programm einen Stack, um lokale Variablen, Argumente von Funktionen und Rücksprungadressen zu speichern.

- Es soll ein Klassen-Template `Stack<T,n>` zur Darstellung eines Stacks mit Platz für `n` Elemente vom Typ `T` definiert werden. Der Stack ist vektoriell darzustellen. Als Datenelemente sollen ein Vektor mit `n` Elementen vom Typ `T` und ein Zeiger `top` auf die Stack-Spitze bereitgestellt werden. Die Stack-Spitze ist das nächste freie Element im Stack. Wenn der Stack leer ist, zeigt `top` auf das Vektorelement mit dem Index `0`.
  Neben dem Default-Konstruktor, der den Zeiger `top` initialisiert, sind folgende Methoden zur Verfügung zu stellen:

  ```
  bool push( const T&);
  bool pop( T&);
  ```

  Die Methode `push()` legt das übergebene Element vom Typ `T` auf den Stack und liefert `false` zurück, falls der Stack voll ist, andernfalls `true`.

  Die Methode `pop()` entnimmt dem Stack das zuletzt gepushte Element und kopiert es in den Parameter. Return-Wert: `false`, falls der Stack leer ist, andernfalls `true`.

  Stellen Sie die Definition des Klassen-Template in eine Header-Datei `stack.h`. Als Default-Wert für die Anzahl der Stack-Elemente ist der Wert `256` vorzusehen. Definieren Sie alle Methoden `inline`.
- Das Klassen-Template `Stack<T,n>` soll zunächst für den Typ `char` getestet werden. Definieren Sie zu diesem Zweck einen Stack für char-Elemente. Verwenden Sie für die Größe den Default-Wert des Stack-Templates.
  Erstellen Sie dann eine globale Funktion `einlesen()`, die eine Referenz auf die Stack-Klasse als Parameter besitzt. In einer Schleife werden so lange Zeichen von der Tastatur eingelesen und auf den Stack gepusht, bis die Return-Taste gedrückt wird bzw. bis der Stack voll ist.

  Schreiben Sie jetzt eine Funktion `ausgeben()` mit einer Referenz auf die Stack-Klasse als Parameter. Die Funktion holt alle Elemente vom Stack und gibt sie aus.
- Erweitern Sie das Programm, indem Sie auch einen Stack für Objekte einer Klasse erzeugen. Sie können dazu die Klasse `Datum` verwenden, die in der Aufgabe des letzten Kapitels entwickelt wurde.
  Testen Sie das Stack-Template, indem Sie einen Stack für zehn Objekte der Klasse `Datum` definieren und einige Objekte pushen. Holen Sie dann alle Datumelemente wieder vom Stack, und zeigen Sie diese mit der Methode `print()` der Klasse `Datum` auf dem Bildschirm an.

15.10 Übungen

Einfügen eines neuen Listenelements

Am Anfang einfügen:

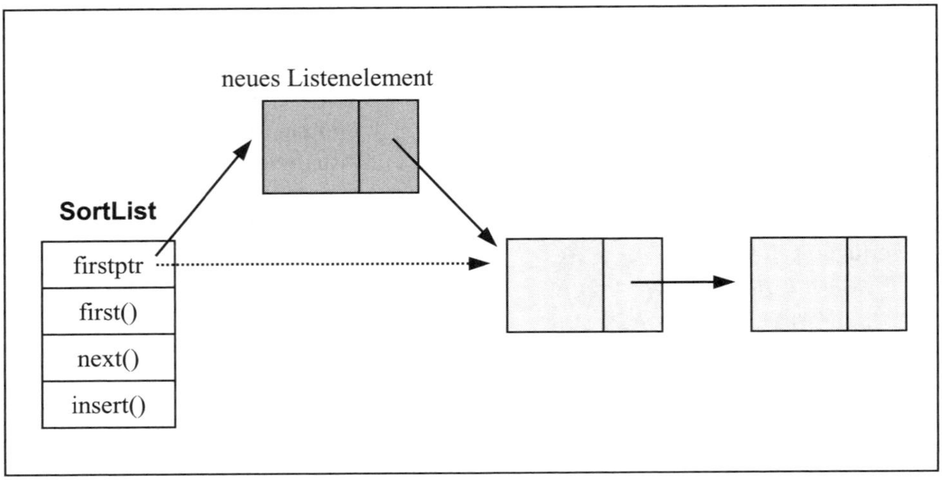

In der Mitte oder am Ende einfügen:

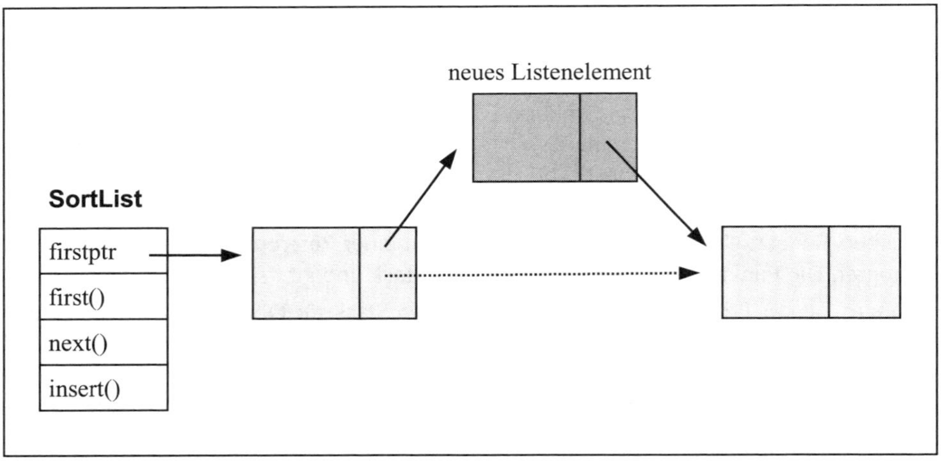

2. Aufgabe

Es soll ein Klassen-Template für einfach verkettete, sortierte Listen entwickelt werden. Eine einfach verkettete Liste ist *sortiert*, wenn die zu speichernden Informationen in sortierter Reihenfolge in den Listenelementen abgelegt sind.

- Definieren Sie für die Elemente der Liste ein Klassen-Template `ListEl<T>`, das ein Datenelement vom Typ `T` und einen Zeiger vom Typ `ListEl*` besitzt.
  Der Konstruktor besitzt zwei Parameter vom Typ der beiden Datenelemente. Für den Zeiger ist der Default-Wert `NULL` vorzusehen.

  Die Zugriffsmethode `getData()` liefert das Datenelement vom Typ `T` zurück.
  Die noch zu definierende Klasse `SortList` ist ein `friend` der Klasse.
- Definieren Sie dann ein Klassen-Template `SortList<T>`, das als Datenelement einen Zeiger vom Typ `ListEl<T>*` besitzt. Der Zeiger soll das erste Listenelement adressieren. Außerdem sind folgende Methoden zu deklarieren:

  Ein Default-Konstruktor setzt den Zeiger auf `NULL`.

  Der Destruktor gibt den Speicherplatz der Listenelemente, die sich noch in der Liste befinden, wieder frei.

  Die Methode `first()` liefert die Adresse des ersten Elements.

  Die Methode `next()` erhält als Argument die Adresse eines Listenelements und liefert die Adresse des Nachfolgers.

  Die Methode `insert()` erzeugt ein neues Listenelement dynamisch und fügt es so in die Liste ein, dass die Liste sortiert bleibt. Als Parameter besitzt `insert()` eine Referenz auf `T`.
- Testen Sie das Klassen-Template `SortList` zunächst für den Datentyp `int` und dann für den Datentyp `Datum` aus der Aufgabe des vorhergehenden Kapitels. Lassen Sie sich in beiden Fällen die in der Liste gespeicherten Informationen auf dem Bildschirm ausgeben. Die Liste kann mit Hilfe der Methoden `first()` und `next()` durchlaufen werden.

Hinweis Zum Einfügen muss die Liste vom Beginn an nach der Einfügeposition durchsucht werden, d.h., es muss das Element bestimmt werden, hinter dem das neue Listenelement einzufügen ist. Hierbei ist der Fall, dass die Liste leer ist oder das neue Element vor allen anderen Listenelementen eingefügt wird, gesondert zu behandeln (vgl. die nebenstehende Grafik).

Die Liste kann vervollständigt werden, indem weitere Methoden, wie der Kopierkonstruktor, die Zuweisung und eine Methode zum Löschen eines Listenelements, hinzugefügt werden.

15.11 Lösungen

Zur 1. Aufgabe

```
// ------------------------------------------------------------
//  Datei:  stack.h
//  Zweck:  Das Klassen-Template Stack<T,n>
// ------------------------------------------------------------

#ifndef _STACK_
#define _STACK_

template<class T, int n=256>
class Stack
{
  private:
    T vek[n];                   // Der Vektor.
    T *top;                     // Stapelspitze

  public:
    // Der Konstruktor: Stack fuer n Elemente vom Typ T.
    Stack():top(vek) {}

    bool push(const T& a);      // a auf den Stack legen.
    bool pop(T& a);             // Element vom Stack holen
                                // und in a kopieren.
};

template<class T, int n>
inline bool Stack<T,n>::push(const T& a)
{
   if( top < vek+(n) )
   {
     *top++ = a;
     return true;
   }
   else
     return false;
}

template<class T, int n>
inline bool Stack<T,n>::pop(T& a)
{
   if( top > vek )
   {
     a = *--top;
     return true;
   }
   else
     return false;
}
#endif
```

```
// ------------------------------------------------------------
//  Die Dateien datum.h und datum.cpp werden aus
//  dem vorhergehenden Kapitel 14 uebernommen.
// ------------------------------------------------------------

// ------------------------------------------------------------
//  Datei:  stack_t.cpp
//  Zweck:  Das Klassen-Template Stack<T,n> testen.
//  Module: stack_t.cpp,  datum.cpp
// ------------------------------------------------------------

#include "datum.h"
#include "stack.h"
#include <iostream>
using namespace std;

void einlesen( Stack<char,10>& st);
void ausgeben( Stack<char,10>& st);


int main()
{
   cout << "\n        ---  Klassen-Template Stack testen  ---\n";

   // Stack für 10 Zeichen:
   Stack<char,10> cStack;
   einlesen( cStack);
   ausgeben( cStack);

   // Stack für 3 Objekte vom Typ Datum:

   Stack<Datum,3> DatumStack;

   cout << "\nJetzt werden Objekte vom Typ Datum gepusht\n";

   DatumStack.push( Datum(19,3,1986));
   DatumStack.push( Datum(27,7,1970));
   DatumStack.push( Datum(17,5,1982));

   cout << "\n ... und wieder gepopt!\n";
   Datum dat;
   while( DatumStack.pop( dat))
   {
     dat.print();  cout << endl;
   }

   return 0;
}
```

15

15.12 Lösungen (Fortsetzung)

Zur 1. Aufgabe (Fortsetzung)

```
void einlesen( Stack<char,10>& st)
{
   char c;
   cout << "\nDie eingegebenen Zeichen werden gepusht\n"
           "Ihre Eingabe:\n";
   while( cin.get(c) && c != '\n')
     if( !st.push(c))
     {
       cerr << "\nStackueberlauf!\n";   break;
     }
}

void ausgeben( Stack<char,10>& st)
{
   cout <<"\nZeichen wieder poppen und ausgeben:\n";
   char c;
   while( st.pop(c) )
     cout << c;
   cout << endl;
}
```

Zur 2. Aufgabe

```
// -------------------------------------------------------------
//  Datei:  sortlist.h
//  Zweck:  Definition der Klassen-Templates SortList und ListEl
// -------------------------------------------------------------
#ifndef _SORTLIST_
#define _SORTLIST_

template<class T> class sortList;

// ---- Die Klasse ListEl --------------------------------------
template<class T>
class ListEl
{
  private:
    T data;                        // Die Daten.
    ListEl *next;                  // Zeiger auf den Nachfolger.
  public:
    // Der Konstruktor: Ein Element mit Daten vom Typ T.
    ListEl( const T& d, ListEl<T> *n = 0 )
    : data(d), next(n)
    {}
    const T& getData() { return data; }
    friend class SortList<T>;
};
```

```
template<class T>
class SortList
{
  private:
    ListEl<T> *firstPtr;

    SortList(const SortList& sl);       // Kein Kopierkonstruktor!
    SortList& operator=(const SortList& sl);  // Keine Zuweisung!

  public:
    SortList() { firstPtr = 0; }        // Konstruktor
    ~SortList();                        // Destruktor
    ListEl<T> *first() { return firstPtr; }
    ListEl<T> *next(const ListEl<T> *p) { return p->next; }
    ListEl<T> *search(const T&);        // In der Liste suchen.
    void insert(const T&);              // In die Liste einfuegen.
};

template<class T>
ListEl<T> *SortList<T>::search(const T& d)
{
    ListEl<T> *elPtr = firstPtr;
    for( ; elPtr != 0; elPtr = elPtr->next)
      if( elPtr->data == d)      // gefunden?
        break;

    return elPtr;                // NULL, falls nicht gefunden.
}

template<class T>
void SortList<T>::insert(const T& d)   // In die Liste einfuegen.
{
    ListEl<T> *newPtr = new ListEl<T>(d);
    if( firstPtr == 0 || d < firstPtr->data)
    {                                   // Am Anfang einfuegen.
       newPtr->next = firstPtr;
       firstPtr = newPtr;
    }
    else
    {                                   // Vorgaenger suchen.
      ListEl<T> *elPtr = firstPtr;

      for(  ; elPtr->next != 0; elPtr = elPtr->next)
        if( d < elPtr->next->data)
          break;

      newPtr->next = elPtr->next;       // Nach *elPtr einfuegen.
      elPtr->next  = newPtr;
    }
}
```

15

15.13 Lösungen (Fortsetzung)

Zur 2. Aufgabe (Fortsetzung)

```
template<class T>
SortList<T>::~SortList()                    // Destruktor
{
    ListEl<T> *elPtr, *nextPtr;

    for( elPtr = firstPtr ; elPtr != 0; elPtr = nextPtr)
    {
       nextPtr = elPtr->next;
       delete elPtr;
    }
}

#endif      // _SORTLIST_

// -------------------------------------------------------------
//  Die Dateien datum.h und datum.cpp werden aus
//  dem vorhergehenden Kapitel 14 uebernommen.
// -------------------------------------------------------------

// -------------------------------------------------------------
//  Datei:  sortli_t.cpp
//  Zweck:  Das Klassen-Template SortList testen
//  Module: sortli_t.cpp,  datum.cpp
// -------------------------------------------------------------

#include "sortlist.h"
#include "datum.h"
#include <iostream>
using namespace std;

int main()
{
   SortList<int> intList;
   int wert;

   cout << "Ganzzahlige Werte eingeben (Ende mit 0):\n";

   while(true)
   {
     if(cin >> wert && wert != 0 )
       intList.insert(wert);
     else
       break;
   }
```

```
    cout << "\nInhalt der Liste:\n";
    ListEl<int> *p = intList.first();

    for(  ; p != NULL; p = intList.next(p) )
    {
       cout.width(8); cout << p->getData();
    }
    cout << endl;

    if( intList.first() != NULL)     // Falls nicht leer
    {
      cout << "\nWelcher Wert soll gesucht werden?\n";

      while( cin >> wert)           // Solange eine Zahl einlesen,
      {                             // bis diese gefunden wird.
        p = intList.search( wert);

        if( p != NULL)
        {
          cout << p->getData() << " Gefunden!\n";
          break;
        }
        else
          cout << wert << " Nicht gefunden!\n";
      }
    }


    cout << "\nEine Liste mit Objekten vom Typ Datum.\n";

    SortList<Datum> datumList;
    datumList.insert( Datum(19,3,1986));
    datumList.insert( Datum(27,1,1927));
    datumList.insert( Datum(17,5,1982));

    cout << "Inhalt der Liste:\n";
    ListEl<Datum> *elPtr = datumList.first();

    for(  ; elPtr != NULL;  elPtr = datumList.next(elPtr) )
    {
       elPtr->getData().print();  cout << "     ";
    }
    cout << endl;

    return 0;
}
```

Kapitel 16: Exception-Handling

Dieses Kapitel beschreibt, wie mit Hilfe des Exception-Handlings Fehlersituationen in einem C++-Programm behandelt werden können. Im Einzelnen werden vorgestellt:

- Auslösen und Auffangen von Exceptions
- Exception-Handler
- klassenspezifische Exceptions

16.1 Konzept des Exception-Handlings

Exception-Handling

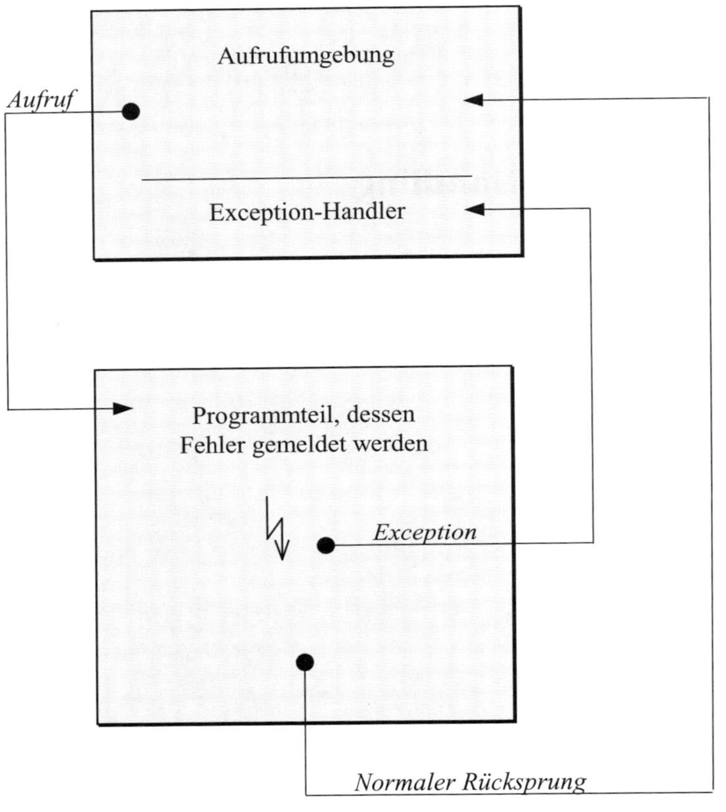

Fehlersituationen

In jedem Programm können Fehlersituationen auftreten, so dass der normale Ablauf des Programms gestört wird. Beispiele dafür sind:

- Fehler beim Zugriff auf Dateien
- Zu wenig Speicherplatz
- Fehler bei der Kommunikation mit dem System oder mit anderen Prozessen
- Über- oder Unterläufe bei Berechnungen, Division durch Null
- Fehler in der Software, z. B. ungültige Adressen
- Falsche Eingaben des Anwenders

Eine wichtige und zugleich schwierige Aufgabe der Programmierung besteht darin, mögliche Fehlersituationen im voraus zu erkennen und entsprechend zu verarbeiten.

Nachteile konventioneller Fehlerbehandlung

Ohne die Unterstützung durch ein »Exception-Handling« muss die Fehlerbehandlung mit normalen Sprachmitteln erfolgen. So werden bei einem Funktionsaufruf Fehler gewöhnlich durch spezielle Rückgabewerte angezeigt. Das hat aber folgende Nachteile:

- Es gibt keine klare Trennung zwischen Datenfluß und Fehlerbehandlung.
- Bei jedem Funktionsaufruf müssen mögliche Fehlersituationen erneut behandelt werden. Wenn die Fehlerbehandlung entfällt (nach dem Motto: »Es wird schon alles gut gehen«), kann das fatale Folgen haben.
- Eine konventionelle Behandlung von Fehlern, die bei der Ausführung von Konstruktoren auftreten, ist nicht oder nur schwer möglich: Konstruktoren besitzen keinen Return-Wert.

Exception-Konzept

Mit dem *Exception-Handling* (dt. *Ausnahme-Behandlung*) wird ein neues Konzept zur Behandlung von Fehlern realisiert. Es beruht auf der Trennung des normalen Programmablaufs und der Behandlung von Fehlersituationen:

- Für einen beliebigen Programmteil wird festgelegt, wie das Programm auf bestimmte Fehler reagiert, die in diesem Programmteil auftreten.

Auf diese Weise können Fehler zentral behandelt werden. Ein Fehler, der an einer beliebigen Stelle im festgelegten Programmteil auftritt, wird an die jeweilige Aufrufumgebung gemeldet. Dabei ist es auch möglich, Informationen über die Fehlerursache weiterzugeben, die dann in der Behandlungsroutine der Aufrufumgebung ausgewertet werden können.

16.2 Auslösen von Exceptions

Beispielfunktion mit throw-Anweisungen

```
// -------------------------------------------------------
// Datei: help.cpp
// -------------------------------------------------------

#include <iostream>
using namespace std;

// Eine Fehlerklasse
class Help
{
  /* Info ueber Fehlerursache. Hier leer. */
};


// Funktion, die Exceptions vom Typ Help und char *
// ausloesen kann.
void func( char c)
{
   cout << "Funktion func() fuer das Zeichen " << c
        << " aufgerufen!\n";

   switch( c)
   {
     case 'q':
     case 'Q':
               throw "Ende!";
                                 // break;  unnoetig
     case 'h':
     case 'H':
               Help helpObj;
               throw helpObj;
   }

   // . . .

   cout << "Funktion func() normal beendet\n";
}
```

Schlüsselwort throw

Wird an einer Stelle im Programm ein Fehler entdeckt, so kann dieser Fehler mittels einer *throw-Anweisung* der Aufrufumgebung gemeldet werden. Man sagt auch, dass eine Exception *ausgelöst* und ein Fehlerobjekt zur Aufrufumgebung *geworfen* wird.

Syntax: `throw fehlerObjekt;`

Dabei darf `fehlerObjekt` ein Ausdruck mit einem beliebigen Datentyp sein. Ausgenommen ist nur der Typ `void`.

Beispiel: `throw "Katastrophe";`

Hier ist das Fehlerobjekt ein String, also ein `char`-Zeiger, der zur Aufrufumgebung geworfen wird. Bei Zeigern ist generell darauf zu achten, dass diese auf statische oder globale Objekte verweisen.

Fehlerklassen

Typischerweise werden jedoch für jeden möglichen Fehler, der behandelt werden soll, eigene Fehlerklassen definiert. Mit einer `throw`-Anweisung wird dann ein Objekt einer bestimmten Fehlerklasse ausgeworfen.

Eine Fehlerklasse braucht keine Komponenten zu besitzen, also weder Datenelemente noch Methoden. Wichtig ist zunächst nur der Typ, welcher der Aufrufumgebung anzeigt, um welchen Fehler es sich handelt. Die nebenstehende zweite `throw`-Anweisung benutzt eine solche leere Fehlerklasse.

Im allgemeinen enthält eine Fehlerklasse jedoch Komponenten, die zur Behandlung des Fehlers genauere Informationen über die Fehlerursache zur Verfügung stellen.

Fehlerobjekte

Im nebenstehenden Beispiel wird in der zweiten `throw`-Anweisung ein Fehlerobjekt `helpObj` vom Typ `Help` geworfen, das zuvor definiert wurde. Es würde aber auch genügen, das Objekt direkt in der `throw`-Anweisung zu erzeugen:

Beispiel: `throw Help();`

Hier wird zunächst der Default-Konstruktor von `Help` aufgerufen. Wie wir später sehen werden, wirft die `throw`-Anweisung stets eine Kopie des angegebenen Ausdrucks. Deshalb wird anschließend noch der Kopierkonstruktor aufgerufen.

16.3 Auffangen von Exceptions (1)

Syntax für try und catch

```
try                                 // try-Block
{

   // Exceptions in diesem Programmteil werden durch die
   // nachfolgend definierten Handler aufgefangen.


}

catch( ExceptionTyp1 e1)            // Exception-Handler
{

   // Handler fuer Fehler vom Typ ExceptionTyp1

}

[ catch( ExceptionTyp2 e2)          // Exception-Handler
  {

     // Handler fuer Fehler vom Typ ExceptionTyp2

  }

        . . .                       // Evtl. weitere
                                    // Exception-Handler
]
```

Exception-Handler

Der Programmteil in der Aufrufumgebung, welcher einen Fehler behandelt, wird auch *Exception-Handler* genannt. Der Exception-Handler *fängt* das ausgeworfene Fehlerobjekt und führt die Fehlerbehandlung durch. Hierbei bestimmt der Typ des Fehlerobjekts, welcher Handler es auffängt und zur Ausführung kommt.

Fehlt zu einer Exception der entsprechende Handler, so stürzt das Programm nicht in einen undefinierten Zustand, sondern wird durch einen Aufruf der Standard-Funktion `terminate()` geordnet abgebrochen.

Die Implementierung von Handlern wird im folgenden dargestellt.

Schlüsselworte try und catch

Für die Behandlung von Exceptions müssen zwei Dinge festgelegt werden:

Der Programmteil, dessen Exceptions behandelt werden sollen.

Die Handler für die Behandlung der verschiedenen Typen von Exceptions.

Zu diesem Zweck gibt es die zwei neuen Schlüsselworte `try` und `catch`.

Wie die nebenstehende Syntax zeigt, wird zunächst ein *try-Block* festgelegt. Das ist der Programmteil, dessen Exceptions aufgefangen werden können. Aufgefangen werden solche Exceptions, für deren Typ anschließend ein Exception-Handler definiert wird.

Jede der nachfolgenden `catch`-Anweisung definiert einen Exception-Handler. Die `catch`-Anweisungen stehen unmittelbar hinter dem `try`-Block, und es muss mindestens eine `catch`-Anweisung vorhanden sein.

Beispiel:

```
try
{
    // Code, der eine Exception vom Typ Help
    // ausloesen kann.
}

catch( Help& h)    // Exception-Handler fuer Typ Help
{

  cout << "Handler fuer Exception Help aufgerufen\n";
  //   . . .
}
```

Da das Help-Objekt `h` nicht benötigt wird, genügt auch die Deklaration `catch(Help&)` statt `catch(Help& h)`.

16.4 Auffangen von Exceptions (2)

Fortsetzung des Programmbeispiels

```
// --------------------------------------------------------
// Datei: help.cpp (Fortsetzung)
// Eine Klasse X zur Demonstration der
// "Stack-Abwicklung" (stack unwinding)
// --------------------------------------------------------

class X
{  public:
   X() { cout << "Konstruktor fuer Objekt "
              << "vom Typ X aufgerufen.\n"; }
   ~X(){ cout << "Destruktor fuer Objekt "
              << "vom Typ X aufgerufen.\n"; }
};

// Funktion func() aufrufen und Handler fuer
// die Exceptions vom Typ Help und char * installieren:
int main()
{
   X x1;    char c;    int fehler = 0;

   try                                  // try-Block
   {
     X x2;
     cout << "Ein Zeichen eingeben: ";
     cin >> c;
     func(c);
     cout << "Keine Exception aufgetreten\n";
   }
   catch( const char * str)             // Exception-Handler
   {                                    // fuer Typ const char*
     cout << "Handler fuer Exception const char * aufgerufen!"
          << endl << str << endl;
     fehler = 1;
   }
   catch( Help& )                       // Exception-Handler
   {                                    // fuer Typ Help
     cout << "Handler fuer Exception Help aufgerufen!\n";
     fehler = 1;
   }
   catch( ... )
   {
     cout << "Handler fuer alle uebrigen Exceptions!\n";
   }
   cout << "Ende von main()\n";
   return fehler;
}
```

catch(...)

Im Normalfall werden Handler für einige ausgewählte Typen von Exceptions definiert und *ein* Handler für alle übrigen Exceptions. Dies ermöglicht eine spezielle Syntax der `catch`-Anweisung, wobei statt einer Exception-Deklaration nur drei Punkte angegeben werden.

Syntax:
```
catch( ... )
{
     // Handler für jede Art von Exceptions
}
```

Reihenfolge

Der generelle Exception-Handler `catch( ... ) { /*     */ }` muss unbedingt als letzter Handler angegeben werden. Der Typ einer im `try`-Block ausgelösten Exception wird nämlich mit dem Typ der Exception-Handler verglichen, und zwar in der Reihenfolge ihrer Definition. Der erste passende Handler wird dann aufgerufen.

Da `catch( ... )` auf jeden Typ paßt, würde ein anschließend definierter Exception-Handler nie aufgerufen.

Stack-Unwinding

Beim Auslösen einer Exception mit `throw` wird der aktuelle `try`-Block verlassen. Damit findet allerdings kein unmittelbarer Sprung zum nächsten, passenden `catch`-Block statt, sondern es wird ein geordneter Rückzug vorgenommen:

- Die Veränderungen des Stacks, die seit dem Eintritt in den `try`-Block stattgefunden haben, werden rückgängig gemacht.
  Insbesondere werden alle lokalen, nicht statischen Objekte des `try`-Blocks durch Aufruf ihrer Destruktoren zerstört.

Der Abbau des Stacks bis zum Eintritt in den `try`-Block wird auch *Stack-Unwinding* (dt. »Stack-Abwicklung«) genannt.

Anhand des nebenstehenden Programms kann der beschriebene Vorgang nachvollzogen werden. Bei der Eingabe des Zeichens `H` wird eine Exception vom Typ `Help` ausgelöst. Das Programm erzeugt dann folgende Bildschirmausgabe:

```
Konstruktor fuer Objekt vom Typ X aufgerufen.
Konstruktor fuer Objekt vom Typ X aufgerufen.
Ein Zeichen eingeben: H
Funktion func() fuer das Zeichen H aufgerufen!
Destruktor fuer Objekt vom Typ X aufgerufen.
Handler fuer Exception Help aufgerufen!
Ende von main()
Destruktor fuer Objekt vom Typ X aufgerufen.
```

16.5 Handler-Suche

Beispiel für Referenzen und Zeiger auf Exceptions

```
class Ex1 {};                          // Basisklasse.

class Ex2 : public Ex1 {};             // Abgeleitete Klasse.

try
{
     // Hier koennen Exceptions vom Typ Ex1 und Ex2,
     // und Zeiger darauf, ausgeloest werden.
}

catch( Ex2 &e2)                        // Ex2-Handler
{
     // Handler fuer Exceptions vom Typ Ex2
}

catch( Ex1 e1)                         // Ex1-Handler
{
     // Handler fuer Exceptions vom Typ Ex1 und Ex2
}

catch( Ex1 *e1Ptr)                     // Ex1*-Handler
{
     // Handler fuer Exceptions vom Typ Ex1* und Ex2*
}
```

```
// --------------------------------------------------------
// Nachfolgend ist jeweils angegeben, welcher Handler zur
// Ausfuehrung kommt, wenn im try-Block eine Exception
// geworfen wird.
// --------------------------------------------------------

     static Ex2 aEx2obj;      // Ein statisches Ex2-Objekt
//   Geworfene Exception         Aufgerufener Handler
       throw Ex1();         →      Ex1-Handler
       throw aEx2Obj;       →      Ex2-Handler
       throw &aEx2Obj;      →      Ex1*-Handler
```

Erzeugen des Fehlerobjekts

Mit Ausführung der `throw`-Anweisung wird zunächst ein Fehlerobjekt angelegt. Das heißt, es wird ein temporäres Objekt mit dem Typ und dem Inhalt des `throw`-Ausdrucks erzeugt. Wenn der Typ eine Klasse ist, wird also der Kopierkonstruktor ausgeführt.

Anschließend wird das Fehlerobjekt ausgeworfen.

Exception matching

Dann wird ein »passender« Handler gesucht, und zwar beginnend mit der ersten `catch`-Anweisung. Die Exception-Deklaration des jeweiligen Handlers entscheidet hierbei, ob der Handler zur Ausführung kommt oder nicht:

Es wird der erste Handler aufgerufen, dem das ausgeworfene Fehlerobjekt wie bei einem gewöhnlichen Funktionsaufruf übergeben werden kann. Das bedeutet folgendes:

Ist der Typ in der Exception-Deklaration des Handlers von der Form

`T`, `const T`, `T&` oder `const T&`

so wird der Handler aufgerufen, wenn der Typ `T`

- identisch ist mit dem Typ des ausgeworfenen Fehlerobjekts oder
- eine Basisklasse der Klasse des ausgeworfenen Fehlerobjekts ist oder
- ein Zeiger auf eine Klasse ist und das ausgeworfene Fehlerobjekt ein Zeiger auf eine abgeleitete Klasse.

Fortsetzung des Programms

Nach der Ausführung eines Handlers wird das Programm mit der ersten Anweisung fortgesetzt, die den `catch`-Blöcken folgt. Es sei denn, der Handler wirft erneut eine Exception oder beendet das Programm.

Das ausgeworfene Fehlerobjekt bleibt so lange bestehen, bis die Fehlerbehandlung abgeschlossen ist.

Handler-Suche im nebenstehenden Beispiel

Das nebenstehende Beispiel demonstriert die »Handler-Suche«. Das Fehlerobjekt `aEx2Obj` wird vom ersten Handler aufgefangen, da sein Parameter vom Typ »Referenz auf `Ex2`« ist.

Hier ist wieder die Reihenfolge der Handler zu beachten: Da `Ex1` die Basisklasse von `Ex2` ist, muss der `Ex2`-Handler vor dem `Ex1`-Handler definiert werden. Sonst würde der `Ex2`-Handler nie aufgerufen!

Der Zeiger `&aEx2Obj` wird vom dritten Handler aufgefangen, da sein Parameter ein Basisklassenzeiger ist.

16.6 Verschachteln von try-Blöcken

Beispielanordnung

```
try                                     // Aeusserer try-Block
{
   // Alle Exceptions in diesem Programmteil werden durch die
   // unten definierten Handler aufgefangen.

   try                                  // Innerer try-Block
   {
      // Exceptions vom Typ ExceptionTyp1 in diesem Programm-
      // teil erhalten eine Spezialbehandlung durch den
      // nachfolgenden Handler.

   }

   catch( ExceptionTyp1 e1)             // Handler fuer Fehler
   {                                    // vom Typ ExceptionTyp1
     //  ...
     throw;       // Nur, falls Exception an den aeusseren
                  // Handler weitergeben werden soll.
   }
   // Hier gilt wieder das Exception-Handling des aeusseren
   // try-Blocks.

}
catch( ExceptionTyp1 e1)                // Handler fuer Fehler
{                                       // vom Typ ExceptionTyp1

}

catch( ExceptionTyp2 e2)                // Handler fuer Fehler
{                                       // vom Typ ExceptionTyp2

}

catch( ... )                            // Exception-Handler fuer
{                                       // alle anderen Fehler

}
```

Anordnung von try-Blöcken

In einem Programm können mehrere `try`-Blöcke mit entsprechenden Exception-Handlern eingesetzt werden. Die sequenzielle Anordnung mehrerer `try`-Blöcke ermöglicht unterschiedliche Fehlerbehandlungen in verschiedenen Programmteilen.

Innerhalb eines `try`-Blocks können aber auch weitere `try`-Blöcke angegeben sein. Das Verschachteln von `try`-Blöcken erlaubt eine flexible Fehlerbehandlung:

- Spezielle Fehler können separat behandelt werden, während die Handler des umgebenden `try`-Blocks weiterhin jeden anderen Fehler auffangen.
- Handler eines inneren `try`-Blocks können einen dort auftretenden Fehler vorbehandeln und von einem Handler des umgebenden `try`-Blocks nachbehandeln lassen.

Im zweiten Fall muss natürlich eine Exception, die in einem inneren `try`-Block ausgelöst wurde, an die Handler des umgebenden `try`-Blocks weitergereicht werden können.

Weitergabe von Exceptions

Dies wird durch eine `throw`-Anweisung erreicht, in der kein Fehlerobjekt angegeben ist:

```
throw;
```

Diese Anweisung ist nur innerhalb eines `catch`-Blocks sinnvoll. Die momentan bearbeitete Exception wird nochmals ausgeworfen, um dann von einem Handler eines umgebenden `try`-Blocks weiterbehandelt zu werden.

Erst wenn die Bearbeitung des letzten Handlers beendet ist, wird auch das ursprünglich mit der ersten `throw`-Anweisung erzeugte und ausgeworfene Fehlerobjekt zerstört.

Falls bei Ausführung der Anweisung `throw;` keine Exception in Bearbeitung ist, wird die Funktion `terminate()` aufgerufen.

Nicht behandelte Exceptions

Wird für eine Exception, die in einem inneren `try`-Block ausgelöst wurde, dort kein passender Handler gefunden, so werden die Handler des direkt umgebenden `try`-Blocks inspiziert. Dieses Verfahren wird fortgesetzt, bis ein passender Handler gefunden ist, der dann zur Ausführung kommt.

Kann im Programm kein Handler gefunden werden, so wird das Programm durch den Aufruf von `terminate()` beendet.

Beim Übergang in einen umschließenden `try`-Block wird die Stack-Abwicklung fortgesetzt, d.h., auch für die lokalen Objekte dieses `try`-Blocks werden die Destruktoren aufgerufen.

16.7 Fehlerklassen

Exception-Handling für ein Array-Template

```
// ----------------------------------------------------------
// Fehlerklasse fuer einen ungueltigen Index:
// ----------------------------------------------------------
class OutOfRange
{ public:
    int index;                          // Datenelement
    OutOfRange( int i) : index(i)       // Konstruktor
    { }
};

template< class T, int arr_size>
class Array
{
    T arr[arr_size];
  public:
    int size() { return arr_size; }
    T& operator[] (int i)               // Operator []
    { if( i < 0 || i >= arr_size)
        throw OutOfRange(i);            // Indexfehler
      return arr[i];
    }
};

#include <iostream>
using namespace std;

int main()
{
    Array<float,10> fArr;      // float-Array mit 10 Elementen
    int fehler = 0;
    try
    { // Eine Exception durch falschen Index erzeugen:
      fArr[10] = 0.07F;
      //  . . .
    }
    catch( OutOfRange& err)
    {
      cerr << "\nARRAY: Fehlerhafter Index = "
           << err.index << endl;
      fehler = 1;
    }
    // evtl. weitere Exception-Handler
    // Und weiter im Programm
    if( !fehler)
    //  . . .
}
```

Fehlerklassen mit Komponenten

Bis jetzt waren Fehlerklassen nur insofern von Bedeutung, als ihr Typ entscheidet, welcher Handler zur Ausführung kommt. Deshalb besaßen die im Beispiel betrachteten Fehlerklassen auch keine Komponenten.

Eine Fehlerklasse ist jedoch keine spezielle Art von Klasse. Sie verdient ihren Namen nur dadurch, dass sie der Typ eines Objekts ist, das in einer Fehlersituation erzeugt wird. Von daher kann eine Fehlerklasse auch Datenelemente und Methoden besitzen. Die Komponenten werden typischerweise benutzt, um Informationen über die Fehlerursache zu sichern.

Initialisierung von Fehlerobjekten

Aufgrund des Stack-Unwindings werden beim Auslösen einer Exception die lokal definierten Objekte, die nicht `static` sind, zerstört. Ein Handler kann deshalb auf diese Objekte nicht mehr zugreifen.

Es besteht jedoch die Möglichkeit, das Fehlerobjekt mit solchen Daten aus der fehlerverursachenden Situation zu initialisieren, die für die Fehlerbehandlung wichtig sind. Auf diese Weise können Daten in die Komponenten des Fehlerobjekts »gerettet« werden.

Zum Beispielprogramm

Nebenstehend wird zunächst die Fehlerklasse `OutOfRange` definiert. Eine entsprechende Exception wird geworfen, wenn bei der Bereichsprüfung in der Klasse `Array` ein Indexfehler entdeckt wird.

Mit der Anweisung

Beispiel:
```
throw OutOfRange(i);                    // Indexfehler
```

wird zunächst ein Fehlerobjekt vom Typ `OutOfRange` erzeugt und dabei mit dem fehlerhaften Index initialisiert.

Ein Handler für diesen Exception-Typ kann direkt auf das Datenelement `index` zugreifen, da dieses als `public` definiert wurde. Das ist vertretbar, da ein Fehlerobjekt nur so lange existiert, wie ein Exception-Handler aktiv ist.

16

16.8 Klassenspezifische Exceptions

Eine Array-Fehlerklasse

```
// ---------------------------------------------------------
// Definition eines Klassen-Templates Array mit
// der Fehlerklasse OutOfRange.
// ---------------------------------------------------------

template< class T, int arr_size>
class Array
{
  private:
    T arr[arr_size];
  public:
    // Fehlerklasse für einen ungültigen Index:
    class OutOfRange
    { public:
        int index, maxIndex;             // Datenelemente
        OutOfRange( int i)               // Konstruktor
        :index(i), maxIndex(arr_size-1) {}
    };
    int size() { return arr_size; }
    T& operator[] (int i)                // Operator []
    { if( i < 0 || i >= arr_size)
         throw OutOfRange(i);            // Indexfehler
      return arr[i];
    }
};

#include <iostream>
using namespace std;

int main()
{
   Array<float,10> fArr;      // float-Array mit 10 Elementen
   int fehler = 0;
   try
   {      // Hier koennen Exceptions vom Typ
          // Array<float,10>::OutOfRange auftreten.
     //  . . .
   }
   catch( Array<float,10>::OutOfRange& err)
   {
     cerr << "\nARRAY: Fehlerhafter Index = " << err.index
          << "\n          Maximaler Index = " << err.maxIndex
          << endl;
     fehler = 1;
   }
   //  . . .
}
```

Fehlerklassen für Klassen

Wenn eine Fehlerklasse nur in Zusammenhang mit einer bestimmten Klasse verwendet wird, so sollte sie innerhalb dieser Klasse definiert werden. Dies ist möglich, da grundsätzlich Klassen auch innerhalb einer anderen Klasse definiert werden können.

Damit die Fehlerklasse von außen angesprochen werden kann, muss sie im `public`-Bereich der Klasse definiert sein. Der Zugriff erfolgt dann unter Verwendung des Bereichsoperators.

Zum nebenstehenden Beispiel

Die Fehlerklasse `OutOfRange` kann auch innerhalb einer Klasse `Xclass` definiert werden. Beim entsprechenden Exception-Handler ist dann der Bereichsoperator anzugeben:

Beispiel:
```
catch( XClass::OutOfRange& err)
{
    //  . . .
}
```

Im nebenstehenden Beispiel ist die Fehlerklasse `OutOfRange` innerhalb des Klassen-Templates `Array` definiert. Beim Zugriff auf `OutOfRange` muss daher der konkrete Typ der Klassen-Instanz angegeben werden, im Beispiel also `Array<float, 10>`.

Vorteile

Die Definition von klassenspezifischen Fehlerklassen hat folgende Vorteile:

- Es gibt keine Namenskonflikte: Bei der Wahl des Namens der Fehlerklasse wie z.B. `OutOfRange` muss nicht darauf geachtet werden, ob der Name schon benutzt wurde. Konflikte mit globalen Namen können auch immer bei Verwendung von Klassenbibliotheken auftreten.
- Die besonderen Eigenschaften der Klasse, für welche die Fehlerklasse definiert wird, können berücksichtigt werden. So ist in der nebenstehenden Klasse `OutOfRange` der maximal zulässige Index bekannt, ohne dass er dem Konstruktor übergeben werden muss.

16.9 Übungen

Beispielfunktion mit throw-Anweisungen

```
// ----------------------------------------------------------
// Datei: help.cpp
// ----------------------------------------------------------

#include <iostream>
using namespace std;

class Help                    // Eine Fehlerklasse
{

  /* Info über Fehlerursache. Hier leer. */

};

void func( char c)            // Funktion, die Exceptions vom Typ
{                             // Help und char* ausloesen kann.
   cout << "Funktion func() fuer das Zeichen " << c
        << " aufgerufen!\n";

   switch( c)
   {
     case 'q':
     case 'Q':
               throw "Ende!";    // break;  unnoetig
     case 'h':
     case 'H':
               Help helpObj;
               throw helpObj;
   }

   // . . .

   cout << "Funktion func() normal beendet\n";
}
```

1. Aufgabe

Es soll ein Testprogramm erstellt werden, mit dem die internen Abläufe beim Auslösen und beim Auffangen von Exceptions verfolgt werden können. Zu dem Zweck ist das Beispielprogramm aus den Abschnitten »Auslösen von Exceptions« und »Auffangen von Exceptions« in diesem Kapitel so zu ergänzen, dass nicht nur das Stack-Unwinding, sondern auch Konstruktor- und Destruktor-Aufrufe für Fehlerobjekte der Fehlerklasse `Help` nachvollzogen werden können.

- Ergänzen Sie die Fehlerklasse `Help` um einen Default-Konstruktor, der die Meldung »Es wurde der Default-Konstruktor aufgerufen« ausgibt. Erstellen Sie ferner einen Kopierkonstruktor und einen Destruktor, die sich ebenfalls mit einer entsprechenden Meldung zu erkennen geben.
  Übernehmen Sie die Funktion `func()` aus dem Beispielprogramm, die zwei verschiedene Exceptions auslöst. Ergänzen Sie die Funktion so, dass vor der Anweisung `throw helpobj;` eine Meldung ausgegeben wird.
- Erstellen Sie dann eine `main`-Funktion, die folgendes leistet: Im `try`-Block wird so lange ein Zeichen im Dialog eingelesen und der Funktion als Argument übergeben, bis das Zeichen »fehlerfrei« übernommen werden kann, d.h. bis keine Exception mehr ausgelöst wird.

Es werden die drei verschiedenen Exception-Handler aus dem Beispielprogramm übernommen. Hinter dem letzten `catch`-Block ist nochmals eine Meldung auszugeben.

- Nach einem ersten Testlauf ergänzen Sie das Programm so, dass auch der Handler `catch( ... )` »für alle übrigen Exceptions« aktiviert wird.

Wie verhält sich das Programm, wenn anschließend der Handler für alle übrigen Exceptions weggelassen (auskommentiert) wird?

2. Aufgabe

Ein Programm benötigt eine Routine zum Einlesen von `int`-Werten, die in folgenden drei Fällen eine Exception auslöst:

1. Die eingegebene Zahl ist zu groß oder zu klein für die Darstellung als `int`-Wert.
2. Die eingegebene Zahl enthält mindestens ein Zeichen, das keine Dezimal-Ziffer ist.
3. Es wird EOF gelesen, d.h., es wurde <Strg>+Z (DOS/WINDOWS) bzw. <Strg>+D (UNIX) eingegeben.
   - Definieren Sie zu diesem Zweck eine Fehlerklasse `InputError` mit einem Datenelement vom Typ `char`. Der Konstruktor erhält als Argument ein Zeichen, das er in das Datenelement kopiert. In diesem Datenelement wird die Fehlerursache gesichert: Dabei bedeutet der Wert `0`, dass eine Bereichsüberschreitung vorliegt, und der Wert `(char)-1`, dass EOF gelesen wurde. Andernfalls ist es das erste Zeichen, das bei der Eingabe keine Ziffer war.

16.10 Übungen

Die Funktion strtol

```
#include <cstdlib>
using namespace std;

long strtol( const char *s, char **endptr, int base);
```

Beschreibung: Die Funktion `strtol()` wandelt eine führende Zeichenfolge im String `s` in eine Zahl vom Typ `long` um. Die umzuwandelnde Zeichenfolge wird als Zahl zur Basis `base` (z.B. 10) interpretiert.
Führende Zwischenraumzeichen werden überlesen. Beim ersten Zeichen, das nicht als Teil einer Zahl zur Basis `base` interpretiert werden kann, wird die Umwandlung abgebrochen.
Als zweites Argument erwartet die Funktion die Adresse eines `char`-Zeigers. Falls dieses Argument nicht der `NULL`-Zeiger ist, wird der durch `endptr` adressierte `char`-Zeiger auf das erste Zeichen im String `s` gesetzt, das nicht mehr als Teil der Zahl zur Basis `base` interpretiert werden konnte.

Return-Wert: Die Funktion gibt den umgewandelten long-Wert zurück. Erfolgte keine Umwandlung, wird der Wert `0` zurückgegeben. Im Fall eines Überlaufs ist der Return-Wert `LONG_MAX` bzw. `LONG_MIN`, je nach Vorzeichen.

2. Aufgabe (Fortsetzung)

- Erstellen Sie dann eine Funktion `getInt()`, die folgendes leistet: Zunächst wird von der Standard-Eingabe eine Zahl als Zeichenfolge in einen `char`-Vektor eingelesen. Ist die Anzahl eingelesener Zeichen größer als 9, so liegt schon eine Bereichsüberschreitung vor, und es wird ein entsprechendes Fehlerobjekt ausgeworfen.
  Zur Umwandlung in eine Zahl vom Typ `long` wird die Funktion `strtol()` aufgerufen. Die Funktion `strtol()` liefert auch einen Zeiger auf das erste Zeichen, bei dem die Umwandlung beendet wurde. Dieses Zeichen sollte das String-Endezeichen sein! Andernfalls ist ein entsprechendes Fehlerobjekt auszuwerfen.

  Schließlich wird überprüft, ob der in der long-Variablen gespeicherte Wert als `int`-Wert darstellbar ist. Hierfür können die in der Header-Datei `climits` vordefinierten symbolischen Konstanten `INT_MIN` und `INT_MAX` verwendet werden. `INT_MIN` entspricht dem kleinsten und `INT_MAX` dem größten darstellbaren int-Wert. Falls eine Bereichsüberschreitung vorliegt, wird wieder ein Fehlerobjekt ausgeworfen.
- Schreiben Sie eine `main`-Funktion, die in einem `try`-Block mit der Funktion `getInt()` fünf Zahlen in einen `int`-Vektor einliest. Im anschließenden `catch`-Block wird für das Fehlerobjekt der Wert des Datenelements abgefragt und eine passende Fehlermeldung ausgegeben. Codieren Sie die Schleife und den Exception-Handler so, dass bei einer fehlerhaften Eingabe die Zahl erneut eingelesen wird. Wo muss der `try`-Block stehen? Nach dem erfolgreichen Einlesen aller int-Werte sind diese auf dem Bildschirm auszugeben.

3. Aufgabe

Das Klassen-Template `Stack<T,n>` soll ein Exception-Handling für den Fall eines Stack-Überlaufs vorsehen (vgl. 1. Aufgabe, 15. Kapitel).

- Ergänzen Sie in der Header-Datei `stack.h` die Definition des Klassen-Templates `Stack<T,n>` um eine Fehlerklasse `Overflow`, die ein Datenelement vom Typ `T` besitzt. Der Konstruktor erhält als Argument eine Referenz auf `T`, die er in das Datenelement kopiert. In diesem Datenelement wird ein Wert gesichert, der nicht mehr auf den Stack gepusht werden konnte, wenn der Stack voll ist.
  Ändern Sie außerdem die Methode `push()`, so dass im Fall eines Stack-Überlaufs ein Fehlerobjekt vom Typ `Overflow` mit dem zu pushenden Wert ausgeworfen wird. Der Return-Typ von `push()` ist jetzt nicht mehr `bool`, sondern `void`.
- Ändern Sie dann die `main`-Funktion, so dass nur der Aufruf der Funktion `einlesen()` von einem `try`-Block umschlossen wird.
  Im Exception-Handler wird eine Meldung zusammen mit dem Zeichen ausgegeben, das nicht mehr auf den Stack gepusht werden konnte.

  Vor dem Ende der `main`-Funktion wird wie gehabt die Funktion `ausgeben()` aufgerufen.

16.11 Lösungen

Zur 1. Aufgabe

```
// -------------------------------------------------------------------
//  Datei: except.cpp
//  Zweck: Ablauf einer Exception verfolgen.
// -------------------------------------------------------------------

#include <iostream>
using namespace std;

// Eine Fehlerklasse
class Help
{                /* Info ueber Fehlerursache. Hier leer. */
  public:
    Help()      { cout << "Help: Default-Konstruktor!\n"; }
    Help(Help&) { cout << "Help: Kopierkonstruktor!\n"; }
    ~Help()     { cout << "Help: Destruktor!\n"; }
};

// Funktion, die eine Exception vom Typ Help, char oder char*
// ausloesen kann.
void func( char c)
{
   cout << "Funktion func() fuer das Zeichen " << c
        << " aufgerufen!\n";
   switch( c)
   {
     case 'q':
     case 'Q':
               throw "Zeichen Q !";
                                 // break;  unnoetig
     case 'e':
     case 'E':
               throw 'E';        // Exception vom Typ const char.
                                 // break;  unnoetig
     case 'h':
     case 'H':
               Help helpObj;
               cout << "Vor throw helpObj; \n";
               throw helpObj;
  }
// . . .
   cout << "Funktion func() normal beendet\n";
}
```

```
// Eine Klasse zur Demonstration der "Stack-Abwicklung"
// (Stack-Unwinding)
class X
{
  public:
  X() { cout << "Konstruktor fuer Objekt vom Typ X aufgerufen.\n";
      }
  ~X(){ cout << "Destruktor fuer Objekt vom Typ X aufgerufen.\n";
      }
};
// Funktion func() aufrufen und eine
// Behandlungsroutine fuer die Ausnahme Help installieren:
int main()
{
   cout << "\n --- Ablaufverfolgung des Exception-Handlings --- "
        << endl;
   X x1;
   char c;
   int fehler = 0;

   do
   {
     try
     {
       X x2;
       cout << "\nEin Zeichen eingeben: ";
       cin >> c;
       func(c);
       cout << "Keine Exception aufgetreten!\n";
       fehler = 0;
     }
     catch( const char * str)
     {
       cout << "Handler fuer Exception const char * aufgerufen!\n"
            << str << endl;
       fehler = 1;
     }
     catch( Help&)
     {
       cout << "Handler fuer Exception Help aufgerufen!\n";
       fehler = 1;
     }
     catch( ... )
     {
       cout << "Handler fuer alle uebrigen Exceptions!\n";
     }
     cout << "1. Anweisung nach den Exception-Handlern\n";
   }
   while( fehler != 0);

   cout << "Ende von main()\n";
   return fehler;
}
```

16.12 Lösungen (Fortsetzung)

Zur 2. Aufgabe

```
// ----------------------------------------------------------
//  Datei: getInt.cpp
//  Zweck: Exception-Handling fuer fehlerhafte Eingabe
//         von int-Werten
// ----------------------------------------------------------

#include <iostream>
using namespace std;

// Eine Fehlerklasse
class InputError
{
  public:
    char eChar;          // Zeichen, das den Fehler verursachte
                         // oder 0 bei Bereichsueberlauf
    InputError(char c): eChar(c)  { }
};

int getInt(void);

int main()
{
   cout << "\n  ---  Exception-Handling fuer die Eingabe "
        << " ganzer Zahlen  --- \n";

   int zahl[5], i, anz = 0;

   cout << "\n 5 ganze Zahlen eingeben: \n" ;
   for( i = 0; i < 5; ++i)
   {
     cout << (i+1) << ". Zahl: ";
     try
     {
        zahl[i] = getInt();
     }
     catch( const InputError& e)
     {
       if( e.eChar == (char)-1 )     // EOF?
         break;                      // Eingabe beenden.

       cout << "\nFehlerhafte Eingabe!\n";
       if( e.eChar == 0)
         cout << "Eingabe zu gross!\n" ;
       else
         cout << "Das Zeichen '" << e.eChar
              << "' wurde nicht verarbeitet.\n";
       --i;                          // erneute Eingabe
     }
   }
   anz = i;
   cout << "\nDie korrekt eingegebenen Zahlen:\n";
   for( i = 0; i < anz; ++i)
   {
     cout.width(10);  cout << zahl[i];
   }
   cout << endl;

   return 0;
}
```

```
#include <climits>
#include <cstdlib>
#include <cstring>
using namespace std;

int getInt()
{
   char buf[20], c=0, *stop = NULL;
   long wert;

   cin.width(20);
   cin >> buf;

   // Fehlerbehandlung
   cin.get(c);                    // naechstes Zeichen
   if(!cin)                       // EOF oder anderer cin-Fehler
   {
      cin.clear();
      throw InputError((char)-1);
   }

   if( c != '\n')                 // naechstes Zeichen != '\n'  ?
   {
      while( cin.get() != '\n')     // Rest der Eingabe ignorieren
        ;
      throw InputError(c);
   }


   if( strlen(buf) > 9) throw InputError(0);


   wert = strtol( buf, &stop, 10);

   if( *stop != '\0')  throw InputError( *stop);

   if( wert < INT_MIN || wert > INT_MAX) throw InputError(0xFF);

   return (int)wert;
}
```

Zur 3. Aufgabe

```
// -----------------------------------------------------------------
//  Datei:  stack.h
//  Zweck:  Das Klassen-Template Stack<T,n>
//          mit Exception fuer Stackoverflow.
// -----------------------------------------------------------------
#ifndef _STACK_
#define _STACK_

template<class T, int n=256>
class Stack
{
  private:
    T vek[n];                     // Der Vektor.
    T *top;                       // Stapelspitze.

  public:
    class Overflow
    {
      public:                     // Wert, der nicht mehr im Stack
        T data;                   // gesichert werden konnte.
        Overflow(const T& a) : data(a) {}
    };
    // Der Konstruktor: Stack fuer n Elemente vom Typ T.
    Stack() : top(vek) {}

    void push(const T& a);      // a auf den Stack legen.
    bool pop(T& a);             // Element vom Stack holen
                                // und in a kopieren.
};
```

```
template<class T, int n>
inline void Stack<T,n>::push(const T& a)
{
   if( top < vek+(n) )
    *top++ = a;
   else
    throw Overflow(a);
}

template<class T, int n>
inline bool Stack<T,n>::pop(T& a)
{
   if( top > vek )
   {
    a = *--top;
    return true;
   }
   else
    return false;
}
#endif


// -------------------------------------------------------------
//  Datei: stack_t.cpp
//  Zweck: Das Klassen-Template Stack<T,n> mit Exceptions testen.
// -------------------------------------------------------------
#include "stack.h"
#include <iostream>
using namespace std;

void einlesen( Stack<char,10>& st);
void ausgeben( Stack<char,10>& st);


int main()
{
   cout << "\n       ---  Klassen-Template Stack testen.  ---\n";

   Stack<char,10> cStack;            // Stack fuer 10 Zeichen.
   try
   {
     einlesen( cStack);
   }
```

```
  catch( const Stack<char,10>::Overflow& e)
  {
    cerr << "\nStackueberlauf!"
            "\nDas Zeichen " << e.data <<
            " wurde nicht auf dem Stack gesichert.\n";
  }

  ausgeben( cStack);
  return 0;
}

void einlesen( Stack<char,10>& st)
{
  char c;

  cout << "\nDie eingegebenen Zeichen werden gepusht\n"
          "Ihre Eingabe:\n";

  while( cin.get(c) && c != '\n')
    st.push(c);
}

void ausgeben( Stack<char,10>& st)
{
  cout <<"\nZeichen wieder poppen und ausgeben:\n";
  char c;

  while( st.pop(c) )
    cout << c;

  cout << endl;
}
```

Kapitel 17: Mehr über Exceptions

Dieses Kapitel beschreibt weitergehende Techniken des Exception-Handlings. Dazu gehören:

- Fehlerklassen-Hierarchien
- das Fehlermodell der Standard-Bibliothek
- Exception-Spezifikation von Funktionen
- das Installieren von unexpected- und terminate-Handlern

17.1 Fehlerklassen-Hierarchien

Vererbungsdiagramm der Standard-Fehlerklassen

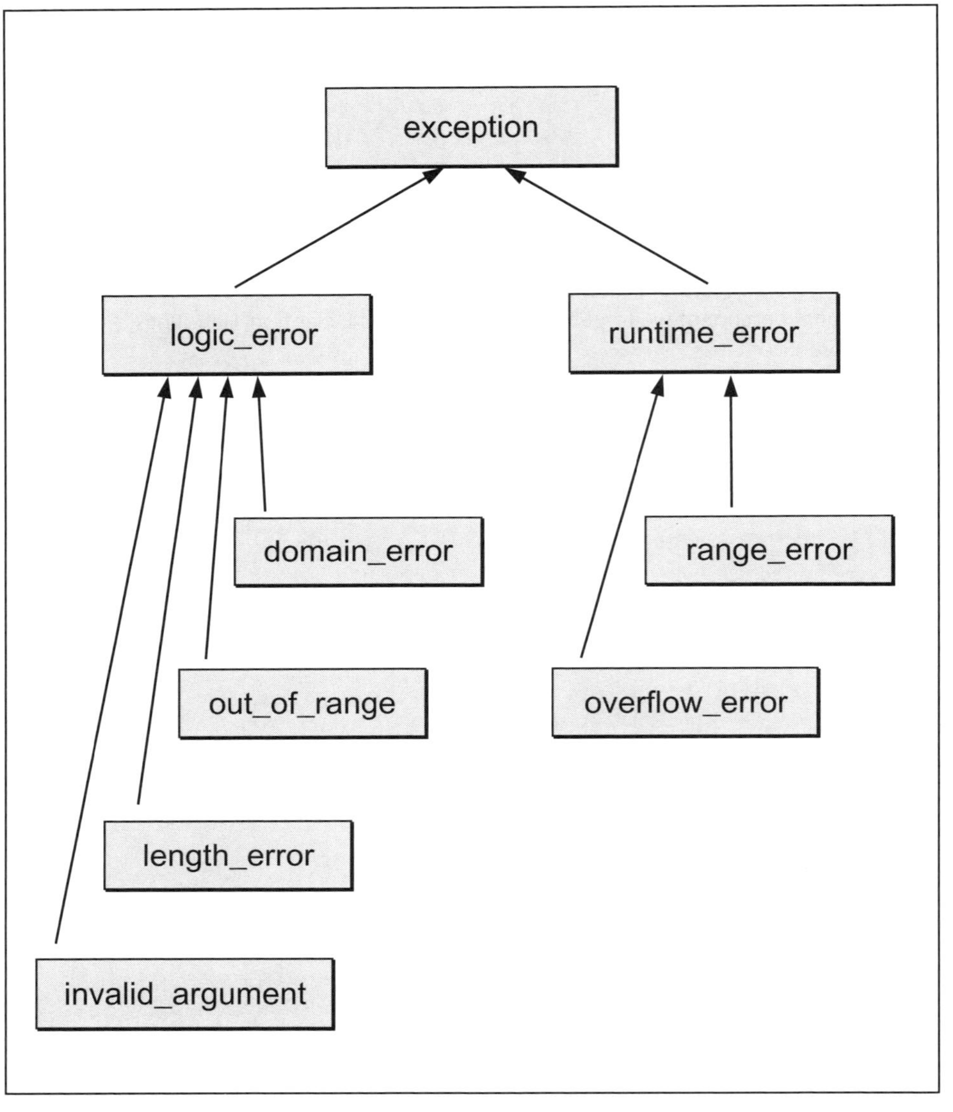

Entwurf von Fehlerbehandlungen

Schon beim Entwurf eines Programms ist es wichtig, mögliche Fehlersituationen zu berücksichtigen. Verschiedene Fehlerarten, die auftreten können, müssen erkannt und in ein Fehlerbehandlungskonzept eingebunden werden.

Es ist zweckmäßig, zahlreiche spezielle Fehler durch Gruppierung zu ordnen. So entstehen allgemeinere Fehlerarten, unter denen ähnliche Fehler subsumiert werden. Mehrere Fehlerarten können so auf einem höheren Abstraktionsniveau zu einem allgemeinen Fehlertyp zusammengefaßt werden.

Ableitung von Fehlerklassen

Die objektorientierte Programmierung unterstützt mit der Vererbung die hierarchische Organisation von Fehlerarten. Eine Fehlerklasse, die als Basisklasse definiert wird, beschreibt eine allgemeine Fehlerart, während mit einer abgeleiteten Fehlerklasse eine Spezialisierung des Fehlers dargestellt wird.

Dieses Vorgehen hat verschiedene Vorteile:

1. In den Programmteilen, wo die spezielle Art des Fehlers nicht von Interesse ist, kann *ein* `catch`-Block definiert werden, der Fehler vom Typ der Basisklasse und aller Ableitungen behandelt.

   ```
   catch( BasisFehlerklasse& err)
   { ... }
   ```

2. In anderen Teilen des Programms können spezielle Fehler gesondert behandelt werden.

   ```
   catch( AbgeleiteteFehlerklasse& err)
   { ... }
   ```

Standard-Fehlerklassen

Die nebenstehenden Fehlerklassen werden von der C++-Standard-Bibliothek zur Verfügung gestellt. Das Fehlermodell der Standard-Bibliothek unterscheidet zwei Arten von Fehlern:

- *Logische Fehler* (Klasse `logic_error`)
  Diese Fehler haben ihre Ursache in der internen Programmlogik. Sie sind prinzipiell vermeidbar.
- *Laufzeitfehler* (Klasse `runtime_error`)
  Das sind Fehler, deren Ursache außerhalb der Kontrolle des Programms liegen, beispielsweise Hardware-Fehler. Diese Art von Fehlern kann jederzeit auftreten, und sie sind vom Programmierer nicht zu verhindern.

Die Klasse `exception` stellt eine gemeinsame Basisklasse für alle Fehlerarten dar. Jede andere Fehlerklasse ist entweder von der Klasse `logic_error` oder von der Klasse `runtime_error` abgeleitet.

17.2 Verwendung von Standard-Exceptions

Beispielprogramm

```
// -------------------------------------------------------
// Definition und Aufruf einer Funktion,
// die eine Standard-Exception wirft.
// -------------------------------------------------------

#include <iostream>
#include <stdexcept>
using namespace std;

// Eine Funktion, die eine Standard-Exception wirft.
void func( int i)
{
   if( i < 0 || i > 1000)
     throw invalid_argument("func(): Ungültiges Argument!");
   // . . .
   cout << "\nFunktion regulaer beendet!" << endl;
}


int main()                    // Verschiedene Aufrufe von func()
{
   try
   {
     func(12);                // Keine Exception.
     try
     {
        func(-1);             // Exception ausloesen
     }
     catch( invalid_argument& err)
     {
       cerr << "\nException-Handler fuer invalid_argument!\n"
            << err.what() << endl;
     }
     // Und nochmal eine Exception ausloesen:
     func(-1);
   }
   catch(const exception& err)
   { cerr << "\nHandler fuer alle Standard-Exceptions\n"
          << err.what() << endl;
   }
   catch( ... ){ cerr << "Unbekannte Exception!" << endl; }
   cout << "\nEnde von main()\n";

   return 0;
}
```

Header-Datei

Die Fehlerklassen der C++-Standard-Bibliothek stehen in einer Quelldatei nach der `include`-Direktive

```
#include <stdexcept>      // ANSI-C++  Header-Datei
```

im Namensbereich `std` zur Verfügung. Anschließend können dann Exceptions der Standard-Bibliothek aufgefangen und behandelt werden.

Ein Exception-Handling ist beispielsweise notwendig, wenn in einem Programm die Standard-Klasse `string` zum Einsatz kommt. Die Methoden der Klasse `string` werfen nämlich folgende Exceptions:

- `out_of_range`, wenn ein Index verwendet wird, der nicht im zulässigen Bereich liegt
- `length_error`, wenn versucht wird, einen String über die maximale Länge hinaus mit Zeichen aufzufüllen

Die Standard-Klasse `string` ist in der Header-Datei `string` deklariert.

Die Methode what()

In der Basisklasse `exception` ist eine virtuelle Methode `what()` wie folgt deklariert:

```
virtual const char *what(void) const;
```

Diese Methode steht damit für alle Standard-Exceptions zur Verfügung. Sie gibt einen String zurück, der eine Meldung über die Fehlerursache enthält. Der String wird gewöhnlich vom Exception-Handler an die Fehlerausgabe geschickt.

```
catch( out_of_range& err)
{
   cerr  << "Exception out_of_range aufgetreten!\n"
         << err.what() << endl;
}
```

Auswerfen

Die Fehlerklassen der C++-Standard-Bibliothek dürfen wie selbstdefinierte Fehlerklassen eingesetzt werden. Beim Auslösen einer Exception wird ein Nachrichten-String angegeben, der dann dem Handler über die Methode `what()` zur Verfügung steht.

```
throw domain_error("Wert nicht im Definitionsbereich");
```

Hiervon ausgenommen ist die Basisklasse `exception`, die nur einen Default-Konstruktor besitzt. Sie muss deshalb ohne Nachricht ausgelöst werden. In diesem Fall liefert `what()` eine Standard-Nachricht.

Die Konstruktoren aller anderen Fehlerklassen erwarten als Argument ein Objekt vom Typ der Klasse `string`. Damit ist für die Initialisierung auch ein gewöhnlicher C-String zulässig.

17.3 Exception-Spezifikation

Beispielfunktion

```
// --------------------------------------------------------
// Eine Funktion, die hoechstens eine Exception
// vom Typ char in die Aufrufumgebung wirft:
// --------------------------------------------------------

#include <iostream>
using namespace std;

void func( char c) throw( char)
{
  cout << "Funktion func() fuer das Zeichen " << c
       << " aufgerufen!\n";

  switch(c)
  {
     case 'h':
     case 'H': throw 'H';

     case 'q':
     case 'Q': throw "Ende";     // Unzulaessige Exception
                                 //--> Aufruf von unexpected()
  }

  // . . .

  cout << "Funktion func() normal beendet.\n";
}
```

Spezifizierung von Exceptions

Beim Aufruf einer Funktion ist es wichtig zu wissen, welche Exceptions durch die Funktion direkt oder indirekt ausgelöst werden können. Da die Exceptions, die von einer Funktion ausgelöst und in die Aufrufumgebung geworfen werden können, zu den Eigenschaften der Funktion gehören, besteht in C++ die Möglichkeit, diese auch bei der Deklaration einer Funktion aufzulisten.

Dies geschieht in einer sogenannten *Exception-Spezifikation*, die an die Funktions-Deklaration angehängt wird.

Syntax: `throw( [exceptionTyp1 [, exceptionTyp2, ... ] ] )`

Mit der Liste `exceptionTyp1`, `exceptionTyp2`, ... werden die zulässigen Exceptions festgelegt, d.h. die Exceptions, die aus der Funktion heraus an die Aufrufumgebung weitergereicht werden.

Beispiel: `void func1(int) throw( logic_error, my_error);`

Von der Funkton `func1()` können Exceptions vom Typ `logic_error` und `my_error` in die Aufrufumgebung geworfen werden.

Die Exception-Spezifikation einer Funktion muss in allen Deklarationen, einschließlich der Definition, dieselben Exceptions auflisten.

Regeln

Beim Arbeiten mit Exception-Spezifikationen ist noch folgendes zu beachten:

- Ist als Exception-Typ eine Basisklasse angegeben, so werden auch die Exceptions abgeleiteter Klassen zugelassen.
- Ist die Exception-Liste leer, so wird keine Exception zugelassen.
- Ist keine Exception-Spezifikation angegeben, so sind alle Exceptions zulässig.

Im obigen Beispiel der Funktion `func1()` sind mit dem Typ `logic_error` auch die abgeleiteten Exceptions `domain_error` usw. zulässig. Andere Exceptions können während der Ausführung der Funktion nicht auftreten.

Es können alle Exceptions zugelassen oder gesperrt werden.

Beispiel: `void func2(int) throw();`

Aus der Funktion `func2()` heraus werden keine Exceptions geworfen, weil die Liste der zulässigen Exception leer ist. Fehlt dagegen die Exception-Spezifikation, so ist über die möglichen Exceptions keine Aussage getroffen.

Beispiel: `void func3(int);`

Hier ist deshalb jede Exception zulässig.

17.4 Unerwartete Exceptions

Beispielprogramm

```
// -------------------------------------------------------
//  Einen Handler fuer unerwartete Exceptions
//  definieren und installieren.
// -------------------------------------------------------

#include <cstdlib>
#include <iostream>
#include <stdexcept>
using namespace std;

// Die zuvor definierte Funktion func() deklarieren:
void func( char c) throw( char);

void myHandler()         // Handler für "unexpected Exception"
{
   cerr << "\nUnerwartete Exception aufgetreten!"
        << endl;
   throw '?';
}

// myHandler() installieren, Funktion func() aufrufen:
int main()
{
   char c;

   set_unexpected( myHandler);

   try
   {
     cout << "Ein Zeichen eingeben: ";
     cin >> c;                      // Bei Eingabe von q
     func(c);                       // --> Unerwartete Exception
   }
   catch( char c)
   { cout << "Handler fuer char-Exception!\n"
          << "Zeichen: " << c << endl;
     // . . .
   }
   // Andere Exceptions koennen nicht auftreten.
   catch( ... )
   { cerr << "Dieser Handler sollte nie aufgerufen"
          << "werden!\n";
   }
   cout << "Ende von main()\n";

   return 0;
}
```

Die Funktionen unexpected(), set_unexpected()

Was passiert nun, wenn eine Funktion eine Exception auswirft, deren Typ in der Exception-Spezifikation nicht aufgelistet ist?

In diesem Fall wird die Funktion `unexpected()` aufgerufen. Normalerweise beendet diese das Programm durch einen Aufruf der Funktion `terminate()`.

Es besteht aber die Möglichkeit, mit Hilfe der Funktion `set_unexpected()` einen neuen »unexpected-Handler« zu installieren, der dann von der Funktion `unexpected()` aufgerufen wird. Damit liegt es in der Hand des Programmierers, die Reaktion auf eine unerwartete Exception festzulegen.

Die Funktion `set_unexpected()` ist in der Header-Datei `exception` deklariert. Damit sieht die Installation eines selbstdefinierten Handlers wie folgt aus:

Beispiel:

```
#include <exception>
void myHandler(){ /* . . . */ }  // Eigener Handler,

set_unexpected( myHandler);      // diesen installieren.
```

Es ist auch möglich, die Header-Datei `stdexcept` zu inkludieren, da diese schon die Header-Datei `exception` inkludiert.

Mögliche Reaktionen

Der selbstdefinierte Handler muss eine Funktion sein, die das Programm beendet oder erneut eine Exception auswirft. Somit gibt es folgende Möglichkeiten:

Der Handler für unerwartete Exceptions

- beendet das Programm durch einen Aufruf von `terminate()` oder `exit()` oder `abort()`
- oder er wirft eine zulässige Exception, also eine Exception, die in der Exception-Spezifikation vorkommt.

Die Klasse bad_exception

Wirft der »unexpected-Handler« erneut eine Exception, die nicht in der Exception-Spezifikation vorkommt, so wird das Programm durch die Funktion `terminate()` beendet.

Die Beendigung des Programms kann jedoch durch den Einsatz der Standard-Klasse `bad_exception` verhindert werden:

Wird `bad_exception` in die Exception-Spezifikation aufgenommen, so wird eine Exception dieses Typs geworfen, wenn der unexpected-Handler selbst eine unzulässige Exception auslöst. Dieser Fall kann dann in einem selbstdefinierten Exception-Handler für den Typ `bad_exception` behandelt werden.

Die Klasse `bad_exception` ist eine direkte Ableitung der Standard-Klasse `exception`.

17.5 Die Funktion set_terminate()

Beispielprogramm

```
#include <cstdlib>
#include <iostream>
#include <exception>
using namespace std;

// Funktion func() aus dem vorhergehenden Beispiel:
void func( char c) throw( char);

void myTerminate( void)       // Eigener terminate-Handler
{
   cerr << "\nFehler im Exception-Handling!"
        << "\nProgramm wird beendet!" << endl;
   // . . . Aufraeumen
   exit(1);
}

int main()                    // Eigenen terminate-Handler
{                             // installieren.
   char c;
   terminate_handler oldHandler;

   try
   {                          // terminate-Handler installieren
                              // und Standard-Handler retten:
     oldHandler = set_terminate( myTerminate);
     cout << "Ein Zeichen eingeben: ";
     cin >> c;
     func(c);               // Evtl. wird hier das Pgm. durch
                            // Aufruf von myTerminate() beendet.
     set_terminate( oldHandler);    // Geretteten Handler
                                    // wieder einsetzen.
     cout << "Ein Zeichen eingeben: ";
     cin >> c;
     func(c);               // Evtl. wird hier das Pgm. durch
                            // Aufruf von terminate() beendet.
   }
   catch( char c)
   {
     cout << "Handler fuer char-Exception aufgerufen!\n"
          << "Zeichen: " << c << endl;
   }
   // Andere Exceptions koennen hier nicht auftreten.
   cout << "Ende von main()\n";

   return 0;
}
```

Aufrufe von terminate()

Die Funktion `terminate()` wurde bereits mehrfach erwähnt. Sie wird immer dann implizit aufgerufen, wenn das Exception-Handling nicht ordnungsgemäß abgeschlossen werden kann. Dafür gibt es folgende Gründe:

- Für die ausgelöste Exception existiert kein passender Handler.
- Während des »Stack-Unwindings« wird von einem Destruktor eine weitere Exception ausgelöst.
- Der Kopierkonstruktor der Fehlerklasse wirft eine Exception, z.B. beim Aufruf des Handlers.
- In der Implementierung des Exception-Handlings tritt ein interner Fehler auf.

Eigenen terminate-Handler installieren

Standardmäßig wird von der Funktion `terminate()` das Programm einfach abgebrochen, und zwar durch den Aufruf der Funktion `abort()`. Dies ist aber im allgemeinen nicht akzeptabel, da `abort()` z.B. keine geöffneten Dateien schließt.

Es ist möglich, einen eigenen »terminate-Handler« zu installieren, der besser an das jeweilige Programm angepaßt ist. Hierfür steht die Funktion `set_terminate()` zur Verfügung, der als Argument eine selbstdefinierte Funktion übergeben wird. Diese wird dann von `terminate()` als neuer »terminate-Handler« aufgerufen.

Der Aufruf von `set_terminate()` erfolgt analog dem Aufruf der Funktion `set_unexpected()`:

Beispiel:

```
#include <exception>          // Deklaration des
void myHandler(void);         // eigenen Handlers.
set_terminate(myHandler);     // Diesen installieren.
```

Ein »terminate-Handler« ist eine Funktion ohne Parameter, die das Programm in jedem Fall beendet und daher auch nichts zurückgibt.

Lokale Installation

Die Funktion `set_terminate()` liefert die Adresse des zuvor installierten Handlers zurück. Für diesen Typ ist in der Header-Datei `exception` der Name `terminate_handler` definiert.

Damit kann ein bestimmter Handler auch nur »lokal« installiert werden. In verschiedenen Teilen eines Programms können somit verschiedene Handler eingesetzt werden. Dies zeigt das nebenstehende Beispielprogramm.

Die Funktionen `set_terminate()` und `set_unexpected()` besitzen die gleichen Schnittstellen: Auch `set_unexpected()` liefert den zuvor installierten Handler zurück. Damit ist auch die lokale Installation eines »unexpected-Handlers« möglich.

17.6 Exception-Spezifikation virtueller Funktionen

```
// -----------------------------------------------------
//  Exception-Spezifikation virtueller Funktionen
// -----------------------------------------------------
#include <cstdlib>
#include <iostream>
using namespace std;

class Basis                         // Basisklasse
{ public:
    virtual void f1()               // Keine Exception-Spezifikation!
    { throw "Basis::f1"; }
    virtual void f2() throw( char *)
    { throw "Basis::f2"; }
    virtual ~Basis() {}
};

class Abgeleitet : public Basis
{ public:
    virtual void f1() throw( char *) // Hier ist jede Spezi-
    { throw "Abgeleitet::f1"; }      // fikation zulaessig.
    virtual void f2() throw()        // Oder  throw( char*)
    { cout << "\nFunktion Abgeleitet::f2 aufgerufen" << endl;}
};

int main()
{   Abgeleitet aObj;
    Basis *bPtr = &aObj;
   for( int i = 0; i < 4; ++i)
     try
     { switch(i)
       { case 0:   bPtr->f1();          // Abgeleitet::f1()
                   break;
         case 1:   bPtr->Basis::f1();
                   break;
         case 2:   bPtr->f2();          // Abgeleitet::f2()
                   break;               // also keine Exception
         case 3:   bPtr->Basis::f2();
                   break;
       }
     }
     catch( const char *str)
     {
        cout << "\nException aus " << str << endl;
     }
     catch( ... )                    // Sollte nicht auftreten.
     { cout << "\nUnbehandelte Exception!" << endl;  exit(1); }
     return 0;
}
```

Zulässige Exceptions

Virtuelle Funktionen müssen in allen Ebenen einer Klassenhierarchie dieselbe Schnittstelle haben. Dies gilt weitgehend auch für die Exception-Spezifikation virtueller Funktionen:

- Die neue Version einer virtuellen Funktion in einer abgeleiteten Klasse darf höchstens die Exceptions zulassen, die bereits in der Basisklasse spezifiziert wurden.

Für jede Version einer virtuellen Funktion muss also eine Exception-Spezifikation angegeben werden, wenn sie bereits in der Basisklasse eine Exception-Spezifikation besitzt.

Wurde etwa in einer Basisklasse die virtuelle Funktion `func()` mit folgender Exception-Spezifikation deklariert:

```
virtual void func( void) throw( int, Help);
```

so darf in einer abgeleiteten Klasse nicht die Deklaration

```
void func( void);        // Fehler!
```

stehen, da hier alle Exceptions zugelassen würden.

Deklaration in abgeleiteten Klassen

Gewöhnlich wird eine virtuelle Funktion in der abgeleiteten Klasse mit *derselben* Exception-Spezifikation versehen wie in der Basisklasse.

Wenn jedoch in einer neuen Version bestimmte Exceptions nicht mehr auftreten, so ist es sinnvoll und möglich, dies in der Deklaration auszudrücken.

Die oben angegebenene Funktion `func()` kann etwa in einer abgeleiteten Klasse wie folgt deklariert werden:

```
void func( void)  throw( int );// ok
```

Von der Funktion `func()` werden dann Exceptions vom Typ `int`, nicht aber Exceptions vom Typ `Help` in die Aufrufumgebung geworfen.

Fehlende Exception-Spezifikation

Ist eine virtuelle Funktion in einer Basisklasse *ohne* Exception-Spezifikation deklariert, so werden für die Basisklasse alle Exceptions zugelassen. Eine neue Version dieser Funktion in einer abgeleiteten Klasse darf dann eine beliebige Exception-Spezifikation besitzen.

Beispiel:
```
virtual void go(void);          // In der Basisklasse.

void go(void) throw( int );     // In abgeleiteter
                                // Klasse ok.
```

17

17.7 Übungen

Die Funktionen rechnen() und hilf()

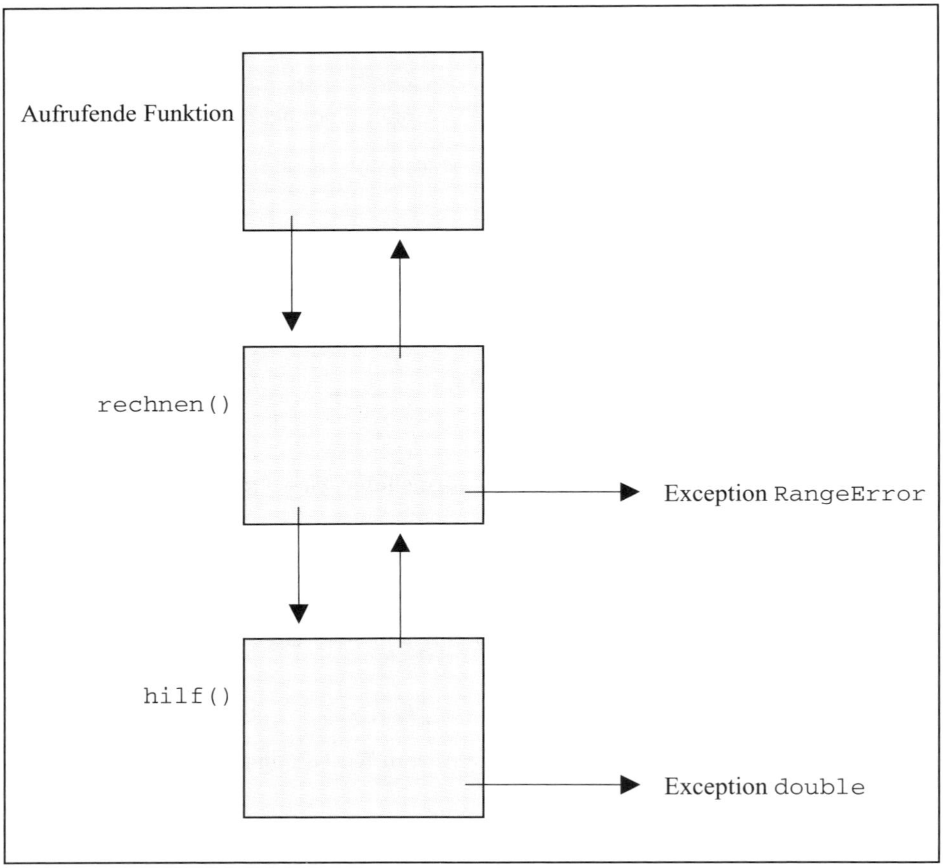

Aufgabe

Bei der Entwicklung größerer Programme kann es durch Erweiterungen und Änderungen vorkommen, dass zur Laufzeit unerwartete Exceptions auftreten. Diese Situation kann beispielsweise auftreten, wenn eine Funktion mit einer Exception-Spezifikation eine Funktion aufruft, die geändert wurde und zusätzliche Exceptions auswirft.

Um unerwartete Exceptions zu behandeln und um bestimmte Aktionen bei einer vorzeitigen Beendigung des Programms durchzuführen, können entsprechende Handler installiert werden.

Es soll hier ein Testprogramm entwickelt werden, in dem ein eigener `terminate`- und `unexpected`-Handler installiert wird.

- Definieren Sie eine Fehlerklasse `RangeError` mit einem Datenelement vom Typ `double` und einem Konstruktor, der dieses Datenelement initialisiert. Eine Exception dieses Typs wird ausgelöst, wenn in einer Berechnung ein unzulässiger Wert auftritt, wobei dieser Wert übergeben wird.
- Schreiben Sie dann eine Funktion `rechnen()` mit einer Exception-Spezifikation, die nur die Exception `RangeError` zuläßt. Die Funktion erhält als Argument einen `double`-Wert und liefert einen `double`-Wert zurück.
- Ist das Argument negativ, wird eine Exception `RangeError` ausgelöst. Andernfalls wird aus dem übergebenen Wert die Wurzel berechnet (Standard-Funktion `sqrt()`) und das Ergebnis an die Hilfsfunktion `hilf()` übergeben. Diese liefert einen `double`-Wert zurück, der dann von der Funktion `rechnen()` zurückgegeben wird.
- Schreiben Sie die Funktion `hilf()`, die den übergebenen `double`-Wert als Exception wirft (Exception-Typ: `double`), falls dieser größer als `10` ist. Andernfalls gibt sie den mit `2` multiplizierten Wert zurück.
- Entwickeln Sie die `main`-Funktion, die zunächst einen `double`-Wert im Dialog einliest, diesen der Funktion `rechnen()` übergibt und das Ergebnis auf dem Bildschirm anzeigt. Installieren Sie dann einen Exception-Handler für `RangeError`.
- Starten Sie einen Testlauf. Wie reagiert das Programm, wenn Sie eine Zahl kleiner als `0` oder größer `10` eingeben?
- Installieren Sie nun einen eigenen `unexpected`-Handler. Der Handler soll nur eine Meldung ausgeben und das Programm mit der `exit`-Funktion beenden. Wann wird dieser Handler aufgerufen?

Ersetzen Sie im `unexpected`-Handler den Aufruf der Funktion `exit()` durch einen Aufruf von `terminate()`, und installieren Sie einen eigenen `terminate`-Handler. Der `terminate`-Handler wird immer dann aufgerufen, wenn das Programm wegen eines Fehlers im Exception-Handling beendet werden muss. Da in diesem Beispiel keine »Aufräumarbeiten« zu erledigen sind, soll nur eine entsprechende Meldung ausgegeben und das Programm mit der `exit`-Funktion beendet werden.

17.8 Lösung

Zur Aufgabe

```
// ----------------------------------------------------------------
//  Datei: unexpect.cpp
//  Zweck: unexpected-Handler und terminate-Handler installieren.
// ----------------------------------------------------------------

#include <cstdlib>                // stdlib.h
#include <cmath>                  // math.h
#include <iostream>
#include <exception>
using namespace std

// Die Fehlerklasse RangeError
class RangeError
{
  public:
   double val;
   RangeError( double x) : val(x) {}
};

// Funktion, die eine Exception vom Typ RangeError ausloesen kann.
double rechnen( double x) throw( RangeError);

// Handler für "unexpected Exception" und terminate().
void unexpectedHandler(void);
void terminateHandler(void);

char header[] =
"\n  --- unexpected-Handler und terminate-Handler testen --- \n";


// Funktion rechnen() aufrufen und eine
// Behandlungsroutine fuer unexpected() installieren:

int main()
{
   double zahl, erg;

   set_terminate( terminateHandler);
   set_unexpected( unexpectedHandler);
   cout << header << endl;
   try
   {
     cout << "Ein Zahl >= 0 und <= 100 eingeben: ";
     cin >> zahl;
     erg = rechnen(zahl);
     cout << "\nErgebnis: " << erg << endl;
   }
```

```
    catch( RangeError& e)
    {
      cout << "\nHandler fuer RangeError aufgerufen!"
           << "\nZahl " << e.val << " unzulaessig!" << endl;
    }
    // Andere Exceptions koennen nicht auftreten.
    catch( ... )
    {
      cerr << "Dieser Handler sollte nie aufgerufen werden!"
           << endl;
    }
    cout << "Ende von main()\n";
    return 0;
}

void unexpectedHandler()        // Handler für unexpected()
{
    cerr << "\nUnerwartete Exception aufgetreten!"
         << "\nProgramm wird beendet!" << endl;
    terminate();
}

void terminateHandler()         // Handler für terminate()
{
    cerr << "\nFehler im Exception-Handling aufgetreten!"
         << "\nProgramm wird beendet!" << endl;

    // ... Aufraeumen.

    exit(1);
}

// Funktion, die eine Exception vom Typ RangeError ausloesen kann:
double rechnen( double x) throw( RangeError)
{
    double y, erg, hilf(double);

    cout << "Funktion rechnen() mit " << x << " aufgerufen!\n";

    if( x < 0.0) throw RangeError(x);

    y = sqrt(x);

    erg = hilf(y);

   // . . .
   cout << "Funktion rechnen() normal beendet.\n";

   return erg;
}
```

17

17.9 Lösung (Fortsetzung)

```
// Funktion hilf(), die eine Exception vom Typ double
// ausloesen kann:
double hilf( double y)
{
   double scale = 2.0;

   if( y < 0 || y > 10.0)  throw y;

   return scale * y;
}
```

Kapitel 18: Die Standard-Klasse string

Dieses Kapitel beschreibt die Klasse `string`, die in der String-Bibliothek von C++ als Instanz eines Klassen-Templates zur Darstellung und Manipulation von Strings definiert ist. Neben den zahlreichen String-Operationen, wie Einfügen, Anhängen, Suchen und Ersetzen in Strings, wird auch die Konvertierung von Strings und das Exception-Handling für Strings dargestellt.

18.1 Die String-Bibliothek

Instanzen des Klassen-Templates basic_string

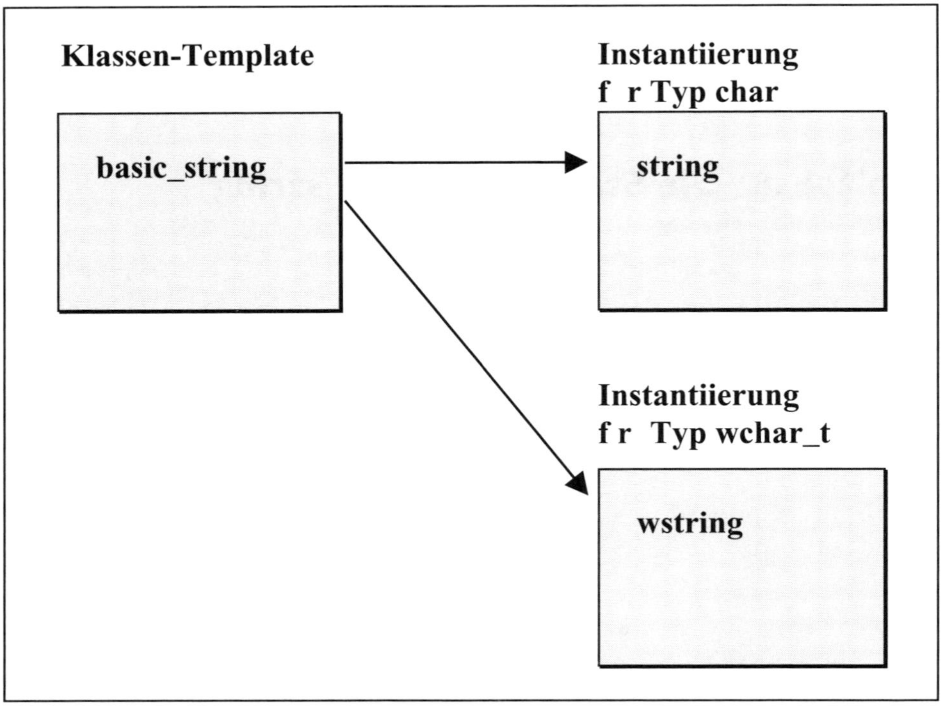

C-Strings

C kennt keinen eigenen Datentyp zur Darstellung von Strings. Zur Speicherung von Zeichenfolgen werden `char`-Vektoren verwendet. Ein C-String wird deshalb über einen `char`-Zeiger angesprochen. Das Ende eines Strings kennzeichnet stets das Zeichen `'\0'`.

Zur Verarbeitung von Strings stehen in der C-Standard-Bibliothek zahlreiche Funktionen zur Verfügung. Es werden jedoch keine Kontrollmechanismen für die String-Verarbeitung angeboten. Der Programmierer ist also selbst verantwortlich für die Speicherplatzreservierung, die Vermeidung von String-Überläufen und die rechtzeitige Freigabe von dynamisch reserviertem Speicher.

Die String-Bibliothek von C++

Die Sprachelemente von C++ bieten neue Möglichkeiten, um Strings auf der Basis von Klassen darzustellen. Die neu entwickelten String-Klassen stehen in einer eigenen Bibliothek, der sogenannten *String-Bibliothek* zur Verfügung. Die entsprechenden Deklarationen sind in der Header-Datei `string` enthalten.

Die String-Klassen erlauben eine komfortable Handhabung von Strings, die außerdem sicher ist: Speicherverwaltung und Kontrollmechanismen sind bereits in den Klassen implementiert.

Die String-Bibliothek definiert ein Klassen-Template `basic_string`, das mit einem Typ für Zeichen parametrisiert ist. Ein weiterer Parameter beschreibt Eigenschaften des Zeichentyps, wie beispielsweise die Festlegung des String-Endezeichens oder wie Zeichen verglichen werden. Auf diese Weise können String-Klassen für verschiedene Zeichentypen gebildet werden.

Standardmäßig existieren Instanzen für die Typen `char` und `wchar_t` (engl. *wide character type*), nämlich die Klassen `string` und `wstring`.

Operationen mit Strings

Das Klassen-Template `basic_string` besitzt die grundlegenden Fähigkeiten für das Anlegen und Kopieren von Strings. Darüber hinaus gibt es zahlreiche Methoden zur Manipulation von Strings, wie das Einfügen, Löschen, Suchen und Ersetzen. Die Methoden sind mehrfach überladen, so dass diese Operationen auch für Zeichenvektoren und für einzelne Zeichen in Kombination mit Strings durchgeführt werden können.

In der String-Bibliothek sind außerdem folgende Operatoren *global* überladen:

<<	>>	zur Ein- und Ausgabe von Strings
+		zur Verkettung von Strings
==	!=	zur Überprüfung der Gleichheit bzw. Verschiedenheit zweier Strings
<	<=	zur Überprüfung auf lexikographisches »Kleiner«, »Kleiner/Gleich«
>	>=	zur Überprüfung auf lexikographisches »Größer«, »Größer/Gleich«

Auch hier kann ein Argument ein Zeichenvektor oder ein einzelnes Zeichen sein, so dass Strings mit diesen Argumenten verkettet oder verglichen werden können.

18.2 Konstruktoren der Klasse string

Beispielaufrufe

```
#include <string>
using namespace std;

// Einen leeren String erzeugen:

   string leer;                     // Default-Konstruktor


// Einen String aus einem C-String erzeugen:

   string text("Ein Beispiel");


// Einen String aus einem char-Vektor erzeugen, wobei die
// Anzahl der zu kopierenden Zeichen anzugeben ist:

   char  stadt[32] = "20202 Hamburg";
   string plz(stadt,5);


// Einen String aus einem bereits existierenden String
// erzeugen:

   string quelle("Eine Geburtagstorte");
   string alles( quelle );          // Kopierkonstruktor
// Dabei kann auch nur ein Teil-String uebernommen werden:
// In diesem Fall ist eine Startposition und optional eine
// Anzahl anzugeben. Ohne Angabe der Anzahl wird bis zum
// String-Ende kopiert.

   string anfang( quelle, 0, 3);    // "Ein"
   string mitte( quelle, 5, 10);    // "Geburtstag"
   string end( quelle, 5);          // "Geburtstagstorte"


// Einen String vorgegebener Länge mit einem Fuellzeichen
// anlegen.

   string sterne( 10, '*');    // String mit 10 Zeichen '*'
```

Im folgenden wird der Einfachheit halber die Standard-Klasse `string` beschrieben. Alle weiteren Instanzen besitzen natürlich die gleichen Fähigkeiten. Eine systematische Beschreibung mit den Prototypen der Funktionen befindet sich im Anhang.

Erzeugen von Strings

Zur Darstellung eines Strings ist in der Klasse `string` ein dynamisches Element als `private` deklariert. Der Speicherplatz für die im String abgelegte Zeichenfolge wird damit dynamisch verwaltet.

Für die Erzeugung eines neuen Strings stehen insgesamt fünf Konstruktoren zur Verfügung: Neben dem Default-Konstruktor und dem Kopierkonstruktor gibt es Konstruktoren, die einen String aus einem C-String oder aus den ersten `n` Zeichen eines `char`-Vektors generieren. Außerdem kann ein String mit einem Füllzeichen initialisiert werden.

Jeder Konstruktor reserviert zunächst den benötigten Speicherplatz. Anschließend werden die als Argument übergebenen Zeichen in den aktuellen String kopiert.

Beispiele:
```
string s1("Hallo");       // Konvertierungskonstruktor
string s2(s1);            // Kopierkonstruktor
```

Hier wird zunächst der String `s1` aus dem übergebenen C-String `"Hallo"` erzeugt. Mit `s1` wird anschließend der String `s2` initialisiert. Weitere Beispiele sind nebenstehend angegeben.

Zuweisungen

Ein String kann mit Hilfe des Zuweisungsoperators einem anderen String zugewiesen werden. Falls der Speicherbereich des Ziel-Strings nicht groß genug ist, wird der benötigte Platz neu reserviert und der nicht mehr benötigte Platz automatisch freigegeben.

Beispiel:
```
string s1("grrr!"), s2("wau, wau!");
s1 = s2;
```

Der Zuweisungsoperator `operator=()` ist so überladen, dass auch ein C-String oder ein einzelnes Zeichen einem String zugewiesen werden kann. Die Länge des Strings nach dem Kopiervorgang ist stets die Anzahl der kopierten Zeichen.

Auch Mehrfachzuweisungen sind erlaubt, da der Zuweisungsoperator eine Referenz auf den aktuellen String zurückgibt:

Beispiel:
```
string s1, s2;
s1 = s2 = "So einfach ist das!";
```

Neben dem Zuweisungsoperator gibt es die Methode `assign()` mit weitergehenden Möglichkeiten. So kann z. B. auch ein Teil-String zugewiesen werden:

Beispiel:
```
string s1, s2("Blumentopferde");
s1.assign(s2, 6, 4);      // s1 = "topf"
                          // ab Index 6  4 Zeichen
```

18.3 Länge und Kapazität von Strings

Beispielprogramm

```
// ----------------------------------------------------
// Es werden zwei Worte eingelesen und das groessere
// an das kleinere Wort angehaengt.
// ----------------------------------------------------

#include <iostream>
#include <string>
using namespace std;

int main()
{
   string w1, w2, ergebnis,
          prompt("\nZwei Worte eingeben: ");

   cout << prompt << endl;
   cin >> w1 >> w2;        // Es wird wortweise gelesen, analog
                           // zum Einlesen in einen char-Vektor.

   cout << "\nDie Laenge der Worte:\n"
        << w1 << " : " << w1.size() << endl
        << w2 << " : " << w2.size() << endl;

   if( w1 <= w2 )                  // Vergleich.
     ergebnis = w1 + ' ' + w2;     // Operator + ist auch fuer
   else                            // string + char ueberladen.
     ergebnis = w2 + ' ' + w1;

   cout << "\nErgebnis: " << ergebnis << endl;

   return 0;
}
```

In der Klasse `string` sind neben dem dynamischen Element zwei weitere private Datenelemente deklariert, welche die String-Länge und die Kapazität eines Strings beinhalten. Während die *String-Länge* die aktuelle Anzahl der Zeichen im String angibt, ist die *Kapazität* die maximale Anzahl von Zeichen, die ohne Reallokierung gespeichert werden können. Für Längen und Positionen in einem String wird der Datentyp `size_type` verwendet. Dieser ist in der Klasse `string` als `size_t`, und damit als `unsigned int` definiert.

String-Länge

Die Länge eines Strings, d.h. die aktuelle Anzahl der im String gespeicherten Zeichen, kann mit den Methoden `size()` oder `length()` ermittelt werden:

Beispiel:
```
string s("Sterne");   string::size_type len;
len = s.size();             // len = 6;
```

Die Methoden `size()` und `length()` sind äquivalent.

Die maximale Anzahl von Zeichen, die überhaupt in einem String gespeichert werden kann, wird mit der Methode `max_size()` ermittelt. Dieser Wert darf z.B. nicht überschritten werden, wenn zwei sehr lange Strings aneinandergehängt werden.

Mit der Methode `resize()` kann ein String verlängert oder gekürzt werden.

Beispiel:
```
s.resize(n , '*');
```

Falls `n > s.length()` ist, wird `s` mit dem Zeichen `'*'` bis zur Länge `n` aufgefüllt. Natürlich darf auch hier `n` den Wert `max_size()` nicht überschreiten. Im Fall `n <= s.length()` wird der String `s` auf die Länge `n` gekürzt.

Mit der Methode `empty()` kann abgefragt werden, ob ein String leer ist, d.h. ob seine Länge `0` ist oder nicht.

Beispiel:
```
if( ! s.empty())   cout << s;
```

Kapazität

Die Kapazität, also die maximale Anzahl von Zeichen, die in einem String abgelegt werden kann, ohne dass Speicher neu allokiert werden muss, ist mit der Methode `capacity()` bestimmbar. Diese Zahl kann von der aktuell gespeicherten Anzahl Zeichen verschieden sein, z.B. wenn ein String bei einer Löschoperation verkürzt wurde.

Beispiel:
```
string::size_type   cap = s.capacity();
```

Die Kapazität eines Strings wird mit der Methode `reserve()` vergrößert:

Beispiel:
```
s.reserve(n);               // n <= s.max_size() !
```

Falls das Argument `n` größer als die aktuelle Kapazität ist, erfolgt eine neue Speicherallokierung, so dass die Kapazität des Strings mindestens die Größe `n` besitzt. Andernfalls geschieht nichts.

Nach einem Aufruf von `reserve(n)` ist keine neue Speicherzuteilung notwendig, so lange die String-Länge den Wert `n` nicht überschreitet. Solange bleiben auch Zeiger und Referenzen gültig, die sich auf den String beziehen.

18.4 Konvertierung, Exceptions

Beispielprogramm

```
// --------------------------------------------------------
// Exceptions beim Arbeiten mit Strings
// erzeugen und abfangen.
// --------------------------------------------------------

#include <iostream>
#include <stdexcept>
#include <string>
using namespace std;

int main()
{
  try
  {
    string test("Achtung! ");
    try
    {
      cout << test << test.substr(0,3) << endl;   // ok
      cout << "Ein Index-Fehler!" << endl;
      cout << test.substr(10,1);                  // Fehler
    }
    catch( out_of_range& err)
    {
      cerr << err.what();
    }

    try
    {
      cout << "\nJetzt wird ein zu langer String gebildet!"
           << endl;
      while( true)
        test += test;              // String verdoppeln.
    }
    catch( exception& err)         // length_error oder
    {                              // bad_alloc
      cerr << err.what();
    }
  }
  catch( ... ) { cerr << "\nUnerwartete Exception!" << endl;}

  return 0;
}
```

Konvertierung in einen C-String

Der in der Klasse `string` definierte Konvertierungskonstruktor ermöglicht stets die implizite Typumwandlung von einem C-String in ein Objekt der Klasse `string`. Zur Umwandlung in die umgekehrte Richtung sind jedoch keine Konvertierungsfunktionen definiert. Eine Konvertierung eines Strings in »Zeiger auf `char`« ist deshalb nicht durchführbar.

Beispiel:
```
string text("Mond und Sterne");
char* p = (char *)text;                 // Fehler!
```

Das Fehlen von Konvertierungsfunktionen ist sinnvoll, um Mehrdeutigkeiten auszuschließen, die sonst bei gemischten Ausdrücken auftreten würden.

Die Anfangsadresse der in einem String gespeicherten Zeichenfolge liefert die Methode `data()`. Diese Zeichenfolge ist nicht notwendig ein C-String, d.h., sie wird nicht mit `'\0'` abgeschlossen.

Beispiel:
```
const char* p = text.data() ;           // ok! Kein C-String!
```

Der Return-Wert von `data()` ist ein »Read-only«-Zeiger, so dass der Inhalt des Strings nur gelesen werden kann.

Für die Konvertierung eines Strings in einen C-String steht die Methode `c_str()` zur Verfügung. Sie liefert einen »Read-only«-Zeiger auf die Zeichenfolge, die mit dem String-Endezeichen `'\0'` abgeschlossen ist.

Beispiel:
```
const char* p = text.c_str();           //String --> C-String
```

Zu beachten ist, dass die von `data()` oder `c_str()` gelieferten Zeiger bei einer Änderung des Strings ungültig werden können.

Exceptions

Methoden der Klasse `string` können zwei verschiedene Arten von Exceptions auslösen:

- Eine unzulässige Positionsangabe in einem String löst eine Exception vom Typ `out_of_range` aus.
- Der Versuch, einen String über die maximal mögliche Länge hinaus zu vergrößern, löst eine Exception vom Typ `length_error` aus.

Beide Fehlerklassen besitzen die Fehlerklasse `logic_error` als `public`-Basisklasse.

Beispiel:
```
string s1("Aus Fehlern lernen...");
s2 = s1.substr(12,6);   // ok! "lernen"
s2 = s1.substr(22,6);   // Exception out_of_range
```

Die Methode `substr()` bildet aus einem Teil eines Strings einen neuen String. Dabei gibt das erste Argument die Startposition und das zweite Argument die Anzahl der Zeichen an. Wird keine Anzahl angegeben, wird bis zum String-Ende kopiert.

Das nebenstehende Programm erzeugt durch die Angabe einer Position größer als `size()` eine Exception vom Typ `out_of_range`. Anschließend wird ein String so lange vergrößert, bis eine Exception vom Typ `length_error` ausgelöst wird.

18.5 Zugriff auf einzelne Zeichen

Beispielprogramm

```
// --------------------------------------------------------
// Die Funktion reverse() erzeugt aus einem String s
// einen neuen String, der die Zeichen von s in
// umgekehrter Reihenfolge speichert.
// --------------------------------------------------------

#include <string>
using namespace std;

string reverse(const string& s)
{
   string temp;               // Temporaeren String anlegen.
   temp.resize(s.size());     // Länge auf s.size() setzen.

   string::size_type i,
                     maxInd = s.size()-1;   // Hoechster Index.

   for( i = 0; i <= maxInd; i++)
      temp[maxInd-i] = s[i];

   return temp;
}

// ---------------------------------------------------------------
// Beispielaufruf der Funktion reverse()

#include <iostream>
using namspace std;

int main()
{
   string test("LOOP");
   cout << "Orginal:  " << test << endl;
   // und "POOL" ausgeben
   cout << "Verdreht: " << reverse( test) << endl;

   return 0;
}
```

Lesen und Schreiben einzelner Zeichen

Der Zugriff auf ein einzelnes Zeichen in einem String erfolgt wie gewohnt mit Hilfe des Indexoperators `[]`. Die Operatorfunktion ist in zwei Versionen definiert:

```
char& operator[] (size_type pos);
char operator[] (size_type pos) const;
```

Die erste Version des Indexoperators ermöglicht es, ein Zeichen in einer vorgegebenen Position eines Strings zu lesen und zu überschreiben.

Beispiel:
```
string s = "Sonne";
char c  = s[0];            // Kopie des 1. Zeichens von s.
s[0] = 'W';                // Das 1. Zeichen ueberschreiben.

char& s0 = s[0];           // Referenz auf das 1. Zeichen.
s0 = 'T';                  // 1. Zeichen in s1 mit Hilfe der
                           // Referenz ueberschreiben.
```

Hierbei ist zu beachten, dass die Referenz, die der Operator `[]` bei einem nichtkonstanten String zurückgibt, nur gültig ist, solange keine Reallokierung notwendig wird.

Die zweite Version des Operators `[]` wird aufgerufen, wenn der String konstant ist. Damit ist auch in diesem Fall der direkte Zugriff auf die einzelnen Zeichen möglich, aber nur lesend.

Beispiel:
```
const string str("Test!");
cout << str[2];            // ok
str[2] = 'x';              // Fehler
```

Bereichsüberprüfung

Bei Verwendung des Indexoperators wird die Gültigkeit des angegebenen Index nicht geprüft. Mit dem String `str` aus dem vorhergehenden Beispiel ist also die Anweisung

```
cout << str[10];           // Falscher Index
```

unzulässig. Bei einem unzulässigen Index ist das Verhalten des Programms undefiniert.

Soll in einem Programm eine Bereichsüberprüfung stattfinden, so kann statt des Operators `[]` die Methode `at()` aufgerufen werden. Sie löst im Fehlerfall eine Exception vom Typ `out_of_range` aus.

Beispiel:
```
str.at(0) = 'R';           // ok
cout << str.at(10);        // Fehler --> Exception
```

Die Methode `at()` ist wie der Indexoperator in je einer Version für konstante und nichtkonstante Strings definiert.

18.6 Einfügen und Löschen in Strings

Beispielprogramm

```
// ---------------------------------------------------------
// Vorname und Nachname vertauschen:
// In einer Tabelle mit Anschriften besitzt jeder Eintrag
// die Form:   "Nachname, Vorname, ... "
// Jeder Eintrag wird wie folgt umgesetzt:
//         "Vorname Nachname, ... "
// ---------------------------------------------------------

#include <iostream>
#include <string>
using namespace std;

string adressTab[] = {  "Munter, Stephanie, ... ",
                        "Mihlrad,  Antonia, ... ",
                        "Becker,Anton, ... "          };

int tabLen = sizeof(adressTab) / sizeof(string);

int main()
{
   string vorname;     string::size_type anf, end;

   for( int i=0; i < tabLen; ++i)
   {
     string& adr = adressTab[i];
                                    // 1. Komma suchen:
     for(anf = 0; anf < adr.size() && adr[anf] != ','; ++anf)
       ;
                                    // 2. Komma suchen:
     for(end=anf+1; end < adr.size() && adr[end] != ',';++end)
       ;
     if( end == adr.size()) break;     // Falsches Format.
     do                          // 1. Komma und Blanks loeschen.
       adr.erase(anf,1),  --end;
     while( adr[anf] == ' ');
     vorname = adr.substr( anf, end - anf) + ' ';
     adr.erase( anf, end - anf);
     adr.insert( 0, vorname);
   }

   for( int i=0; i < tabLen; ++i)        // Tabelle anzeigen.
     cout << adressTab[i] << endl;

   return 0;
}
```

Die Klasse `string` besitzt zahlreiche Methoden zur Manipulation von Strings. Für jede Operation – wie das Einfügen, Anhängen, Ersetzen oder Löschen – ist eine eigene Methode definiert. Die Methoden sind mehrfach überladen, so dass sie flexibel anwendbar sind. Beispielsweise kann mit Teil-Strings operiert werden, und als Argumente sind auch C-Strings oder einzelne Zeichen möglich.

Wenn ein String bei einer Operation über die aktuelle Kapazität hinaus vergrößert werden muss, so wird der benötigte Speicherplatz neu reserviert und der ursprünglich belegte Speicher automatisch freigegeben.

Einfügen in Strings

Mit der Methode `insert()` kann eine Zeichenfolge an einer vorgegebenen Position in einen String eingefügt werden.

Beispiel:
```
string s1("Alles neu Mai"), s2("macht der ");
s1.insert(10,s2);
```

Hier wird der String `s2` an der Position `10` im String `s1` eingefügt. Damit enthält `s1` die Zeichenfolge `"Alles neu macht der Mai"`.

Mit der Methode `insert()` können auch nur Teile des zweiten Strings eingefügt werden. Dazu sind zusätzlich zwei weitere Argumente anzugeben, nämlich die Startposition und die Länge des Teil-Strings.

Die Methode `append()` hängt Zeichen an einen String.

Beispiel:
```
string s("Heute ist der ");
char v[20] = "9.9.2001";
s.append( v, 20 );        // s == "Heute ist der 9.9.2001"
```

Ist beim Einfügen oder Anhängen eines Strings die Anzahl der zu kopierenden Zeichen vorgegeben, so wird höchstens bis zum letzten Zeichen im Quell-String kopiert: Im obigen Beispiel werden deshalb nur 8 Zeichen aus dem C-String `v` kopiert.

Um einen kompletten String, C-String oder ein einzelnes Zeichen an einen String zu hängen, kann auch der Operator += verwendet werden.

Beispiel:
```
string s("Heute scheint ");
s += "die Sonne";         // s == "Heute scheint die Sonne"
```

Löschen von String-Elementen

Die Methode `erase()` löscht eine vorgegebene Anzahl von Zeichen in einem String.

Beispiel:
```
string s("Blumentopferde");
s.erase(6, 4);            // s == "Blumenerde"
```

Hier werden `4` Zeichen ab der Position `6` gelöscht. Dabei wird der durch den String belegte Speicher nicht verkleinert. Es wird lediglich die Länge des Strings aktualisiert.

Die Methode `erase()` kann auch nur mit einem Argument aufgerufen werden. In diesem Fall werden ab der angegebenen Position alle restlichen Zeichen gelöscht. Bei einem Aufruf ohne Argument werden alle Zeichen gelöscht. Der String hat dann die Länge `0`.

18.7 Suchen und Ersetzen in Strings

Beispielprogramm

```
// --------------------------------------------------------------
// replace.cpp --> Ein Filterprogramm, das in einer Text-Datei
//                 jedes Vorkommen eines Strings durch einen
//                 neuen String ersetzt.
// Beispiel-Aufruf:  replace Emil Anton < brief.txt > neu.txt
// --------------------------------------------------------------

#include <iostream>
#include <cstring>                       // Fuer strlen()
#include <string>                        // Klasse string
using namespace std;


int main( int argc, char **argv)
{
   string usage("replace  altString neuString "
                        "[ < text.dat] [ > neu.dat]");

   if( argc != 3)
   {
     cerr << usage << endl;   return 1;
   }

   string::size_type  pos, anz = strlen(argv[1]);

   string zeile;
   zeile.reserve(512);

   while( getline(cin,zeile) )    // Mit der globalen Funktion
   {                              // getline() eine Zeile in
                                  // den String zeile einlesen.
      pos = 0;

      while((pos = zeile.find( argv[1], pos+1))
                   != string::npos )
                                 // Falls gefunden, ersetzen:
         zeile.replace( pos, anz, argv[2]);

      cout << zeile << endl;
   }

   return 0;
}
```

Suche in Strings

Die Methoden find() und rfind() suchen in einem String nach einem Teil-String oder einem einzelnen Zeichen. Beide geben die gefundene Position bzw. bei erfolgloser Suche den Wert npos zurück.

Der Unterschied zwischen find() und rfind() liegt in der Suchrichtung:

- Die Methode find()sucht ab einer Startposition, das ist defaultmäßig der Anfang des Strings, bis zum String-Ende. Im Erfolgsfall liefert sie also die Position des ersten Vorkommens der gesuchten Zeichenfolge.
- Die Methode rfind()sucht von rechts her und bestimmt so die Position des letzten Vorkommens einer Zeichenfolge.

Beispiel:
```
string s("Donau so blau, so blau");
size_type first = s.find("blau");      // first = 9
size_type last = s.rfind("blau");      // last = 18
```

Für das Suchen eines Zeichens aus einer Menge von Zeichen gibt es die Methoden find_first_of() und find_last_of(). Dagegen suchen die Methoden find_first_not_of() und find_last_not_of() das erste bzw. letzte Vorkommen eines Zeichens, das nicht in einer vorgegebenen Menge enthalten ist.

Ersetzen in Strings

In einem String kann ein Teil durch einen anderen String bzw. Teil-String ersetzt werden. Für diese Operation steht die Methode replace() zur Verfügung.

Mit den ersten beiden Argumenten von replace() wird die Startposition und die Länge des zu ersetzenden Teils festgelegt. Das dritte Argument ist der Ersatz-String. Soll nur ein Teil des Ersatz-Strings eingefügt werden, so kann mit einem vierten Argument die Startposition und mit dem fünften Argument die Zeichenzahl festgelegt werden.

Beispiel:
```
string s1("Hier kommt Kurt!"),
       s2("Da kommen Karl und Klaus.");
s1.replace(9, 1, s2, 7, 11);
```

Hier wird das Zeichen 't' in der Position 9 des Strings s1 ersetzt durch 11 Zeichen aus dem String s2, beginnend mit der Position 7. Anschließend enthält s1 die Zeichenfolge "Hier kommen Karl und Kurt!".

Auch die Methode swap() ersetzt den Inhalt eines Strings, nämlich indem sie ihn mit dem Inhalt eines anderen Strings tauscht.

Beispiel:
```
string s1("******Ich bin ein langer String *******");
string s2("Ich bin kurz");
s1.swap( s2 );           //  aequivalent zu: s2.swap(s1);
```

Anschließend enthält s1 die Zeichenfolge, die zuvor in s2 stand, und umgekehrt. Diese Operation ist schnell, da im wesentlichen nur Zeiger »umgebogen« werden müssen.

18.8 Übungen

Begriffe für binäre Bäume

- Ein Knoten, der keinen direkten Nachfolger besitzt, heißt *Blatt*.
- Jeder Knoten, der kein Blatt ist, heißt *innerer Knoten*.
- Jeder Knoten ist mit seinem direkten Nachfolger durch eine *Kante* verbunden. Die maximale Anzahl von Kanten, die auf dem Weg von der Wurzel in ein Blatt durchlaufen werden kann, heißt *Höhe* des Baumes.
- Ein binärer Baum heißt *optimal*, wenn jeder innere Knoten mit höchstens einer Ausnahme genau zwei direkte Nachfolger hat.
- Ein binärer Baum heißt *linksorientiert*, wenn alle Knoten in einer bestimmten Ebene so weit wie möglich links liegen (vgl. Grafik).
- Ein binärer Baum erfüllt die *Heap-Bedingung*, wenn der Schlüssel in einem beliebigen Knoten kleiner ist als die Schlüssel in allen Nachfolgern.

Heap

- Ein optimaler, linksorientierter, binärer Baum, der die Heap-Bedingung erfüllt, heißt *Heap*.

Beispiel für einen Heap

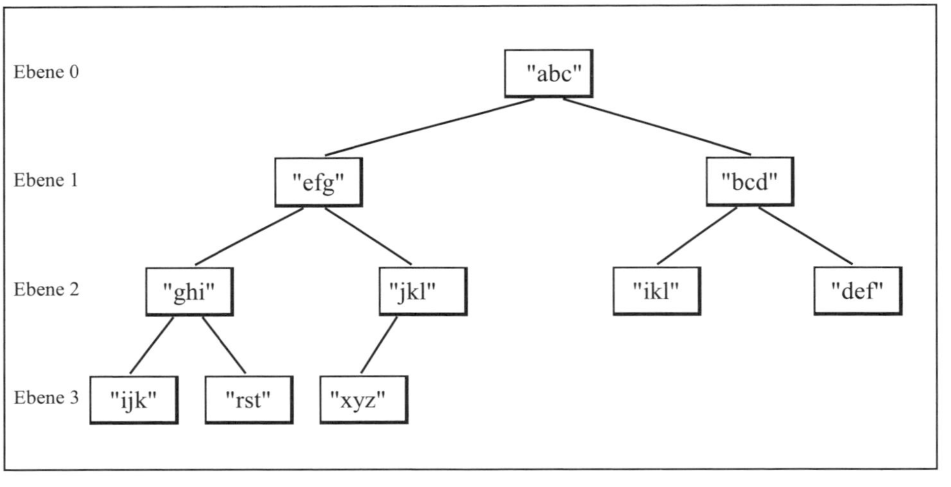

Wenn ein Programm mit umfangreichem Datenmaterial arbeitet, hat die Verwendung von verketteten Listen den Nachteil des langsamen Zugriffs. Soll eine bestimmte Information in einer verketteten Liste gefunden werden, so muss sequenziell gesucht werden. Im schlimmsten Fall ist dann jedes Element mit der gesuchten Information zu vergleichen.

Binäre Bäume

Einen wesentlich schnelleren Zugriff auf einzelne Informationen ermöglichen *binäre Bäume*, bei denen die Forderung nach einer linearen Ordnung zwischen den Elementen gelockert wird. In einem binären Baum sind die Elemente, die sogenannten *Knoten*, wie folgt angeordnet:

- Jeder Knoten besitzt höchstens zwei direkte Nachfolger.
- Es gibt genau einen Knoten, die sogenannte *Wurzel*, die keinen Vorgänger besitzt.

Die Implementierung binärer Bäume geschieht in C++ normalerweise mit Hilfe von Zeigern: Ein Knoten enthält die eigentlichen Daten bzw. einen Verweis auf die Daten und außerdem zwei Zeiger auf die Nachfolger. Der binäre Baum selbst kann mit Hilfe eines Zeigers auf die Wurzel dynamisch verwaltet werden.

Im folgenden wird davon ausgegangen, dass die Daten sortierbar sind. Zumindest soll es eine Komponente geben, den sogenannten *Schlüssel*, nach dem sortiert werden kann.

Heaps

Ein *Heap* ist ein spezieller binärer Baum mit besonders guten Eigenschaften, z. B. minimaler Höhe. Er wird häufig zur Darstellung von Warteschlangen mit Prioritäten verwendet und liefert einen schnellen Sortieralgorithmus. Dieser Heap-Sort-Algorithmus hat eine Laufzeit, die *immer* proportional zu `n*log2(n)` ist (`n` = Anzahl der zu sortierenden Elemente). Damit ist er stabiler als der Quick-Sort-Algorithmus, der zwar schneller sein kann, aber dessen Laufzeit möglicherweise ausartet.

Nebenstehend ist der Begriff »Heap« definiert. Eine Eigenschaft des Heaps ist, dass der kleinste Schlüssel stets in der Wurzel abgelegt ist. Der einzige innere Knoten, der nur einen direkten Nachfolger besitzen kann, ist der »letzte« Knoten in der untersten Ebene.

Einfügen und Löschen im Heap

Ein neuer Knoten wird in der untersten Ebene im ersten freien Platz eingefügt. Der Heap bleibt so linksorientiert und optimal. Anschließend muss die Heap-Bedingung überprüft werden: Ist der neue Knoten größer als der direkte Vorgänger, so ist man fertig. Andernfalls werden beide Elemente getauscht. Dieses »Bubble-up« wird so lange wiederholt, bis die Heap-Bedingung erfüllt ist.

Gelöscht wird stets das Element mit dem kleinsten Schlüssel, also das Wurzelelement. Dann werden die Daten des »letzten« Knotens in die Wurzel kopiert. Anschließend wird der letzte Knoten aus dem Heap entfernt. Jetzt muss wieder die Heap-Bedingung hergestellt werden: Ist das Wurzelelement kleiner als die beiden direkten Nachfolger, so ist man fertig. Andernfalls wird das Wurzelelement mit dem kleineren der beiden Nachfolger getauscht. Das »Bubble-down« des Schlüssels wird wiederholt, bis die Heap-Bedingung erfüllt ist.

18.9 Übungen

Einfügen eines neuen Knotens mit dem Schlüssel "fgh"

Die Ausgangsposition:

	"abc"	"efg"	"bcd"	"ghi"	"jkl"	"ikl"	"def"	"ijk"	"rst"	"xyz"	
Index	0	1	2	3	4	5	6	7	8	9	10

Neues Element einfügen:

	"abc"	"efg"	"bcd"	"ghi"	"jkl"	"ikl"	"def"	"ijk"	"rst"	"xyz"	**"fgh"**
Index	0	1	2	3	4	5	6	7	8	9	10

Element mit Vorgänger tauschen:

	"abc"	"efg"	"bcd"	"ghi"	**"fgh"**	"ikl"	"def"	"ijk"	"rst"	"xyz"	"jkl"
Index	0	1	2	3	4	5	6	7	8	9	10

Löschen eines Knotens

Das Element aus der Wurzel entnehmen und das Element aus dem letzten Knoten in die Wurzel kopieren:

	"jkl"	"efg"	"bcd"	"ghi"	"fgh"	"ikl"	"def"	"ijk"	"rst"	"xyz"	"abc"
Index	0	1	2	3	4	5	6	7	8	9	10

Bubble-down:

	"bcd"	"efg"	**"jkl"**	"ghi"	"fgh"	"ikl"	"def"	"ijk"	"rst"	"xyz"	"abc"
Index	0	1	2	3	4	5	6	7	8	9	10

Und nochmals tauschen:

	"bcd"	"efg"	"def"	"ghi"	"fgh"	"ikl"	**"jkl"**	"ijk"	"rst"	"xyz"	"abc"
Index	0	1	2	3	4	5	6	7	8	9	10

Hinweis Heaps sind auch geeignet, um *Warteschlangen mit Prioritäten* darzustellen. Als Schlüssel wird in diesem Fall eine Priorität verwendet.

Implementierung eines Heap

Ein Heap kann so implementiert werden, dass für seine Knoten keine zusätzlichen Informationen über die Nachfolger gespeichert werden müssen. Die Darstellung ist verblüffend einfach:

- Es wird ein Vektor angelegt, dessen Elemente die Knoten des Heaps sind. Jeder Knoten enthält nur die darzustellenden Informationen.
- Beim Index `0` wird die Wurzel abgelegt, beim Index `1` der linke Nachfolger und beim Index `2` der rechte Nachfolger der Wurzel.
- Für einen beim Index `i` gespeicherten Knoten gilt: Der linke Nachfolger wird beim Index `2*i+1` und der rechte Nachfolger beim Index `2*i+2` gespeichert.

Ist ein Knoten beim Index `i` abgelegt, so hat der direkte Vorgänger des Knotens den Index `(i-1)/2` . Ein Heap kann also mit Hilfe einfacher arithmetischer Operationen sowohl von oben nach unten als auch von unten nach oben durchlaufen werden.

Der Heap-Sort-Algorithmus

Mit Hilfe eines Heaps können die Elemente eines Vektors wie folgt sortiert werden:

1. Alle Elemente des Vektors werden in einen Heap eingefügt.
2. Danach werden die Elemente wieder aus dem Heap entnommen.

Die Elemente, die dem Heap entnommen werden, sind aufsteigend sortiert.

> **Hinweis** Der Heap kann im selben Vektor realisiert werden! Der erste Teil des Vektors ist der Heap, der zweite Teil besteht aus den noch nicht eingefügten bzw. wieder entnommenen Elementen: Das in den Heap neu einzufügende Vektorelement steht bereits auf der Einfügeposition; es muss nur noch »hoch gebubbelt« werden. Ein entnommenes Element wird einfach in den freiwerdenden letzten Knoten des Heaps kopiert. Nach dem Sortiervorgang enthält der Vektor dann die Elemente in absteigender Reihenfolge.

Aufgabe

Ein Vektor von Strings soll mit dem Heap-Sort-Algorithmus sortiert werden.

- Definieren Sie eine Klasse `StringArray`, die einen Vektor mit maximal `n` Elementen vom Typ `string` darstellt.
- Der Konstruktor erhält als Argument die maximale Anzahl `n` von Strings und erzeugt dynamisch einen entsprechend großen Vektor.
- Schreiben Sie die `inline`-Methode `length()`, welche die Anzahl der Vektorelemente zurückgibt, und überladen Sie den Indexoperator `[]`. Falls dieser Operator mit einem ungültigen Index aufgerufen wird, soll eine Standard-Exception vom Typ `out_of_range` ausgeworfen werden.
- Schreiben Sie die Methode `heapSort()`, welche den Vektor gemäß dem Heap-Sort-Algorithmus sortiert. Zum Tauschen ist die `string`-Methode `swap()` aufzurufen.
- Testen Sie die Klasse `StringArray`, indem Sie ein Objekt der Klasse bilden, Strings mit der globalen Funktion `getline()` einlesen und die Strings wieder sortiert ausgeben. Das Einlesen der Strings soll mit `EOF`, also `<Strg>+<Z>`, beendet werden.

18

18.10 Lösung

Zur Aufgabe

```
// ----------------------------------------------------------------
//  Datei: strArray.h
//  Zweck: Eine Array-Klasse mit Elementen vom Typ string
//         deklarieren.
//         Diese Klasse besitzt eine Methode heapSort(), die
//         den Vektor mit dem Heap-Sort-Algorithmus sortiert.
// ----------------------------------------------------------------

#include <string>                  // Standard-Klasse string
#include <stdexcept>               // Standard-Exceptions
using namespace std;

class StringArray
{
    string *arr;
    int arrLen;

    StringArray(StringArray&);          // Kein Kopierkonstruktor
    StringArray& operator=(StringArray&);      // Keine Zuweisung

  public:
    StringArray( int n)
    {
      arrLen = 0;
      if( n > 0 )
      {
         arr = new string[n];   arrLen = n;
      }
    }

    ~StringArray() {  delete[] arr;  }

    int length() { return arrLen; }
    string& operator[] (int index);     // Operator []

    void heapSort();                    // Sortiert diesen Array.
};

// ----------------------------------------------------------------
//  Datei: strArray.cpp
//  Zweck: Die Klasse StringArray implementieren.
// ----------------------------------------------------------------

#include "strArray.h"
#include <iostream>
#include <stdexcept>
using namespace std
```

```
string& StringArray::operator[] (int i)
{
    if( i < 0  ||  i >= arrLen)
    {
      throw out_of_range(
            "StringArray::operator[] : Ungültiger Index");
    }
    return arr[i];
}

void StringArray::heapSort()
{
    int i, j, vor, nach;

    // ---  Heap aufbauen  ---

    for( i=1; i < arrLen; ++i)          // i-tes Element
    {                                   // in den Heap einfuegen.
      // Heap-Bedingung herstellen:
      j = i, vor = (j-1)/2;
      while( j > 0  &&  arr[j] < arr[vor=(j-1)/2] )
      {                                 // Bubble-up.
         arr[j].swap( arr[vor]);        // Mit Vorgaenger tauschen.
         j = vor;
      }
    }

    // ---  Heap abbauen  ---

    for( i = arrLen-1;  i > 0;  )
    {
       // Wurzelelement entnehmen und letztes Element -> Wurzel.
       arr[0].swap( arr[i]);
       --i;

       // Heap-Bedingung herstellen:
       bool ok = false;
       j = 0;  nach = 1;
       while( !ok  &&  nach <= i)
       {            // Nachfolger mit kleinerem Element bestimmen:
         if( nach < i  &&  arr[nach] > arr[nach+1] )
           ++nach;

         if( arr[j] > arr[nach] )        // Bubble-down.
         {
           arr[j].swap( arr[nach]);
           j = nach; nach = j+j+1;
         }
         else
           ok = true;
       }
    }
}
```

18.11 Lösung (Fortsetzung)

```
// -------------------------------------------------------------
//  Datei: strArr_t.cpp
//  Zweck: Die Klasse StringArray mit der Methode heapSort()
//         testen.
// -------------------------------------------------------------

#include "strArray.h"
#include <iostream>
#include <stdexcept>
using namespace std;

int main()
{
   try
   {
     StringArray strTab(100);
     int i, anz;

     cout <<
     "\n--- Strings mit dem Heap-Sort-Algorithmus sortieren ---\n"
     "\nBitte Text eingeben und mit <Strg>+Z (DOS/WINDOWS) bzw. "
     "<Strg>+D (UNIX) abschliessen\n"  << endl;

     // Hier koennte auch eine Text-Datei eingelesen werden.
     for( i=0; i < strTab.length(); ++i)
       if( !getline( cin, strTab[i]) )
         break;

     anz = i;

     cout << "\nDie unsortierten Strings:\n";
     for( i = 0; i < anz; ++i)
        cout << strTab[i] << endl;

     strTab.heapSort();

     cout << "\nDie absteigend sortierten Strings:\n";
     for( i = 0; i < anz; ++i)
        cout << strTab[i] << endl;
   }
   catch( const exception& err)
   {
     cerr << "\nStandard-Exception:\n"
          << err.what()  << endl;
   }
   catch( ... )
   {
     cerr << "\nUnbekannte Exception!" << endl;
   }

   return 0;
}
```

Kapitel 19: Type-Casts und Typinformationen

Dieses Kapitel beschreibt die Cast-Operatoren `dynamic_cast`, `static_cast`, `const_cast` und `reinterpret_cast`. Der wichtigste hiervon ist der Operator `dynamic_cast`, der sichere Down-Casts innerhalb einer polymorphen Klassenhierarchie erlaubt.

Anschließend wird gezeigt, wie zur Laufzeit eines Programms Typinformationen abgefragt werden können. Die Kenntnis des aktuellen Typs eines Objekts ist in Programmen nützlich, die mit polymorphen Klassen arbeiten.

19.1 Typumwandlungen in Klassenhierarchien

Eine einfache Klassenhierarchie

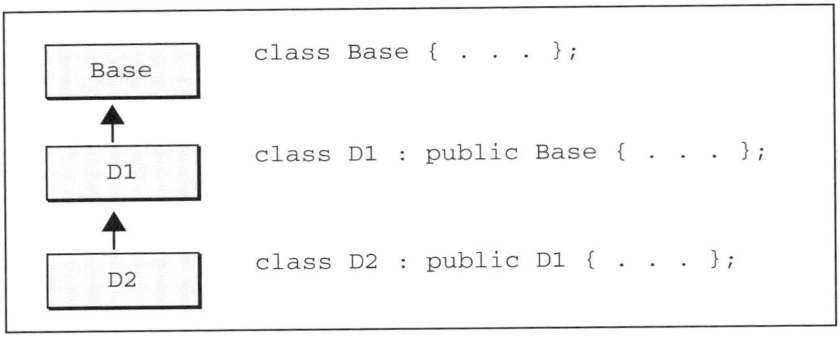

Vollständiges Objekt und Teilobjekte

```
D2 d2Obj;
Base* bPtr = &d2Obj;
```

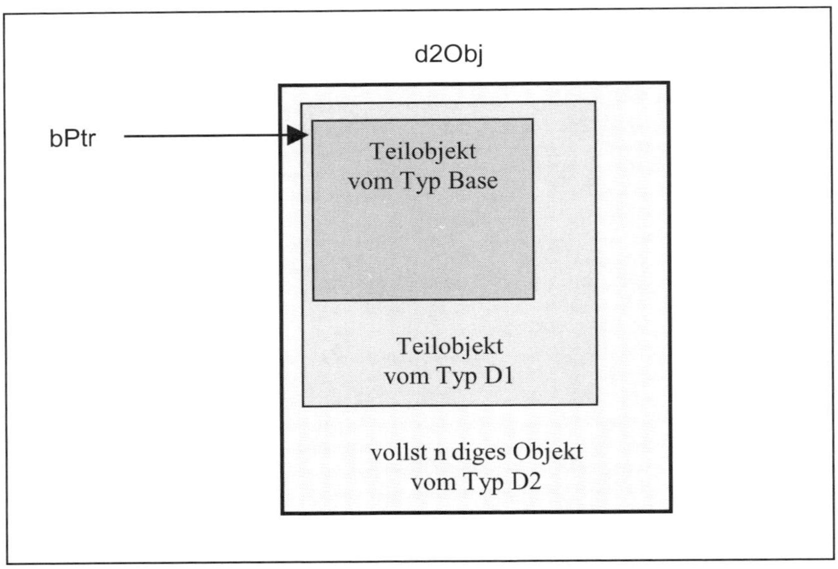

Hinweis Ein Objekt, das selbst nicht Teilobjekt eines anderen Objekts ist, heißt *vollständig* (engl. *complete*).

Innerhalb einer Klassenhierarchie enthält eine abgeleitete Klasse die Definitionen aller Basisklassen. Somit ist ein Objekt vom Typ einer abgeleiteten Klasse stets auch ein spezielles Objekt einer darüberliegenden Basisklasse. Dabei wird hier und im folgenden vorausgesetzt, dass alle Ableitungen `public` sind.

Up-Cast

Typumwandlungen, die in einer Klassenhierarchie »nach oben« gehen (engl. *Up-Cast*) sind deshalb immer möglich und sicher. Das Ergebnis ist das Teilobjekt, das den geforderten Typ besitzt, bzw. ein Zeiger oder eine Referenz darauf.

Beispiel:
```
// Base und D1 wie nebenstehend definiert.
Base* bPtr = new D1;
```

Hier wird der Zeiger auf die Klasse `D1`, nämlich der Return-Wert von `new`, implizit in einen Basisklassenzeiger konvertiert: `bPtr` verweist auf das Teilobjekt vom Typ `Base`.

Im Zusammenhang mit Mehrfachvererbung ist es allerdings möglich, dass eine Klasse mehrfach als Basisklasse vorkommt. Entsprechende Mehrdeutigkeiten können dann mit Zwischenschritten bei der Konvertierung aufgelöst werden.

Down-Cast

Umgekehrt kann es sinnvoll sein, einen Zeiger oder eine Referenz auf eine Basisklasse in einen Zeiger (bzw. Referenz) auf eine abgeleitete Klasse zu casten (engl. *Down-Cast*).

Ein Down-Cast muss allerdings explizit vorgenommen werden und ist nur dann sicher, wenn das durch den Basisklassenzeiger adressierte Objekt tatsächlich den Typ der abgeleiteten Klasse hat.

Beispiel:
```
// Bezeichnungen wie im obigen Beispiel
D1& d1Obj = (D1&) *bPtr;
```

Das vollständige Objekt, auf das `bPtr` verweist, besitzt den Typ `D1`. Dieses Objekt bekommt hier den Namen `d1Obj`.

Typische Anwendungen für den Einsatz des Down-Casts sind Container-Klassen, in denen Objekte verschiedenen Typs verwaltet werden. Alle Klassen besitzen eine gemeinsame Basisklasse, so dass die Objekte einheitlich über Zeiger oder Referenzen auf die Basisklasse angesprochen werden können. Soll auf das vollständige Objekt zugegriffen werden, muss ein Down-Cast mit dem tatsächlich vorliegenden Typ vorgenommen werden.

Polymorphe Klassen

Durch den Einsatz virtueller Funktionen kann das öffentliche Interface einer Basisklasse verwendet werden, um Versionen der Funktionen aufzurufen, die in abgeleiteten Klassen definiert sind. Eine Klasse, die virtuelle Funktionen enthält, heißt *polymorphe Klasse*.

Um auch den Down-Cast stets sicher durchführen zu können, gibt es in C++ den Operator `dynamic_cast`. Dieser ist für polymorphe Klassen einsetzbar und erlaubt Konvertierungen zur Laufzeit.

19.2 Dynamischer Cast (1)

Beispielfunktion

```
// ----------------------------------------------------
// Dynamische Casts testen.
// ----------------------------------------------------

#include "beispiel.h"  // Definition der polymorphen Basis-
                       // klasse base und der abgeleiteten
                       // Klassen D1 und D2.

void doD1( D1*), doD2( D2*);     // Objekte vom Typ D1 bzw. D2
                                 // bearbeiten.

bool func( Base *bPtr)
{
   D2* d2Ptr = dynamic_cast<D2*> ( bPtr);
   if( d2Ptr != NULL)
   {
     doD2( d2Ptr);               // bPtr zeigt auf ein Objekt,
     return true;                // das ein D2-Objekt enthaelt.
   }

   D1* d1Ptr = dynamic_cast<D1*> ( bPtr);
   if( d1Ptr != NULL)
   {
     doD1( d1Ptr);               // bPtr zeigt auf ein Objekt,
     return true;                // das ein D1-Objekt enthaelt.
   }

   return false;                 // Konvertierung in D1* oder
}                                // D2* nicht moeglich.
```

Hinweis Um den dynamischen Cast-Operator einsetzen zu können, müssen Typinformationen zur Laufzeit (engl. *Run Time Type Information*, kurz *RTTI*) verfügbar gemacht werden. In den integrierten Entwicklungsumgebungen können diese in einem Menü für Compiler-Optionen aktiviert werden.

Für die Kommandozeilenversion der Compiler werden z. B. die Optionen `-frtti` (GNU), `-RT` (Borland) oder `-GR` (Microsoft) angegeben.

Der Operator dynamic_cast

Der dynamische Cast ermöglicht Up- und Down-Casts von Zeigern und Referenzen innerhalb einer polymorphen Klassenhierarchie. Der Operator dynamic_cast prüft gegebenenfalls zur Laufzeit, ob die gewünschte Konvertierung zulässig ist oder nicht.

Syntax:
```
dynamic_cast<type>(expression)
```

Hierbei wird der Ausdruck expression in den Typ type konvertiert. Der Zieltyp type muss ein Zeiger oder eine Referenz auf eine Klasse sein oder ein Zeiger auf void. Natürlich dürfen Zeiger und Referenzen nicht gemischt werden:

- Falls type ein Zeigertyp ist, muss expression ebenfalls einen Zeigertyp haben.
- Falls type ein Referenztyp ist, muss expression ein L-Wert sein.

Ein fehlerhafter Up-Cast wird bereits vom Compiler festgestellt und gemeldet. Deshalb wird eine Überprüfung zur Laufzeit (engl. *Run Time Check*) nur für den Down-Cast durchgeführt.

Im Fehlerfall wird bei Zeigern der NULL-Zeiger zurückgegeben und bei Referenzen eine Exception vom Typ bad_cast ausgelöst. Diese Fehlerklasse ist in der Header-Datei typeinfo von der Klasse exception abgeleitet, von der sie die Methode what() erbt.

In den folgenden Beispielen werden wieder die Klassen Base, D1 und D2 verwendet.

Beispiele:
```
D1 d1Obj;    Base *bPtr = &d1Obj;
D1* d1Ptr = dynamic_cast<D1*>(bPtr);     // Down-Cast.
D1& d1Ref = dynamic_cast<D1&>(*bPtr);    // Ebenso
D2* d1Ptr = dynamic_cast<D2*>(bPtr);     // Down-Cast:
                                         // Fehler!
```

In allen drei Fällen wird zunächst mit einem Run-Time-Check überprüft, ob die Konvertierung möglich ist. Da das Objekt, auf das bPtr zeigt, den Typ D1 besitzt (es würde genügen, wenn es ein Teilobjekt vom Typ D1 enthält), wird in den ersten beiden Cast-Anweisungen die Konvertierung durchgeführt. Der dritte Cast liefert den Zeiger NULL, da tatsächlich kein D2-Objekt vorliegt.

Für einen Up-Cast müssen die Klassen nicht notwendig polymorph sein.

Beispiel:
```
Base& bRef = dynamic_cast<Base&>(d1Obj); // Up-Cast
```

Diese Anweisung ist äquivalent mit der impliziten Konvertierung:

```
Base& bRef = d1Obj;                      // Up-Cast
```

Hier wird bereits zur Kompilierzeit geprüft, ob d1Obj eindeutig ein Teilobjekt vom Typ Base enthält.

Beim Arbeiten mit Cast-Operatoren ist noch folgendes zu beachten:

- Mit dem Operator dynamic_cast kann nicht die Konstanz eines Objekts entfernt werden. Dafür gibt es den Operator const_cast.
- Ein zu konvertierender Zeiger darf den Wert 0 haben. Das Ergebnis ist dann ein NULL-Zeiger mit dem angegebenen Zieltyp.

19.3 Dynamischer Cast (2)

Vererbungsdiagramm mit virtueller Basisklasse Konto

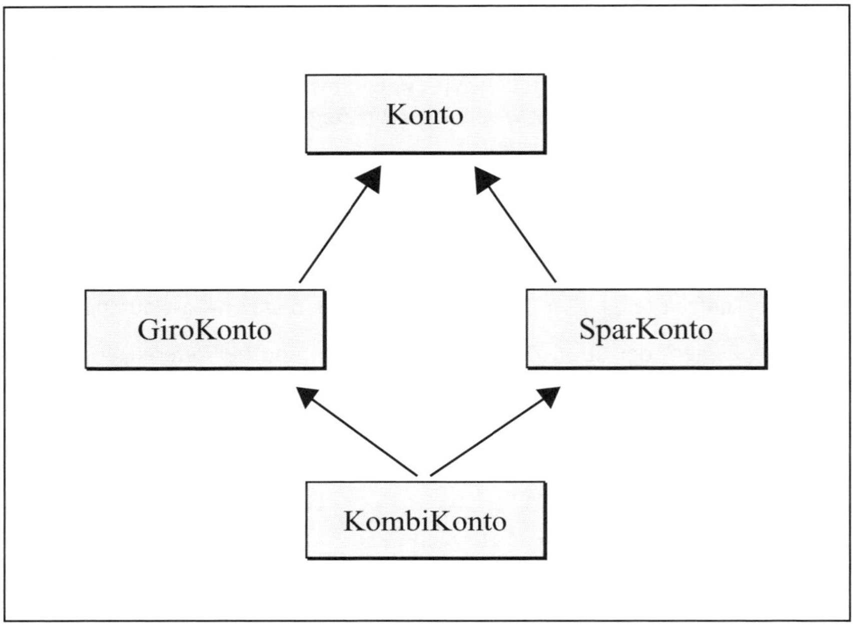

Dynamische Casts innerhalb der obigen Klassenhierarchie

```
KombiKonto kombi("Mayer, Hans", 10203040);
SparKonto  sparKonto("Sparsam, Edith", 315426);
Konto *kPtr = &kombi;
SparKonto& sparRef = kombi;        // Impliziter Up-Cast
```

- Das vollständige Objekt, welches das Teilobjekt `sparRef` enthält, enthält auch ein `GiroKonto`. Daher ist ein Cross-Cast von `SparKonto` nach `GiroKonto` möglich:
  ```
  GiroKonto& giroRef = dynamic_cast<GiroKonto&>(sparRef);
  ```
- Dagegen ist der folgende Cross-Cast von `SparKonto` nach `GiroKonto` unzulässig:
  ```
  GiroKonto& giroRef = dynamic_cast<GiroKonto&>(sparKonto);
  ```
  Es wird eine Exception vom Typ `bad_cast` ausgelöst, da `sparKonto` kein Teilobjekt vom Typ `giroKonto` enthält.
- Da `Konto` eine virtuelle Basisklasse ist, kann der folgende Down-Cast nur mit dem Operator `dynamic_cast` durchgeführt werden:
  ```
  GiroKonto *giroPtr = dynamic_cast<GiroKonto*>(kPtr); //ok
  ```

Cast in void *

Ist ein Zeiger auf ein Teilobjekt gegeben, so kann mit einem speziellen Down-Cast die Adresse des vollständigen Objekts ermittelt werden. Zu diesem Zweck wird beim Operator `dynamic_cast` als Zieltyp `void *` angegeben.

Beispiel: `void *objPtr = dynamic_cast<void*>( bPtr );`

Zur Laufzeit wird dann der aktuelle Typ des Objekts bestimmt, welches das Teilobjekt `*bPtr` enthält. Das Ergebnis ist ein Zeiger auf das vollständige Objekt. Benötigte Typinformationen erhält man mit dem Operator `type_id`, der später behandelt wird.

Cross-Cast

Eine Klasse, die durch Mehrfachvererbung entsteht, besitzt mehrere Basisklassen. So besitzt die nebenstehende Klasse `KombiKonto` die Basisklassen `GiroKonto` und `SparKonto`.

Innerhalb einer polymorphen Klassenhierarchie ist es dann möglich, einen Zeiger auf die eine Basisklasse des Objekts in einen Zeiger auf eine andere Basisklasse zu konvertieren. Dieser sogenannte *Cross-Cast*, d.h. die Konvertierung von einem Zweig der Hierarchie in einen anderen Zweig, ist immer möglich, sofern das zugrundeliegende Objekt beide Teilobjekte enthält. Der Cross-Cast ist natürlich auch für Referenzen möglich.

Ein Cross-Cast erfolgt stets in zwei Schritten:

- Zuerst wird ein Down-Cast in einen Zeiger (bzw. Referenz) auf das vollständige Objekt durchgeführt.
- Anschließend erfolgt ein Up-Cast in den Zieltyp.

Im nebenstehenden Beispiel wird ein Cross-Cast von `SparKonto&` in `GiroKonto&` durchgeführt. Implizit wird hier zunächst ein Down-Cast in `KombiKonto&` und anschließend ein Up-Cast in `GiroKonto&` ausgeführt.

Virtuelle Basisklassen

Ein Down-Cast kann auch statisch mit dem gewöhnlichen C-Cast oder mit dem `static_cast`-Operator durchgeführt werden. Es muss nur sichergestellt sein, dass der Cast auch wirklich möglich ist.

Eine Ausnahme bilden hier die virtuellen Klassen: Ein Zeiger oder eine Referenz auf eine virtuelle Basisklasse kann nur mit dem Operator `dynamic_cast` konvertiert werden. Das liegt in der (notwendigen) besonderen Behandlung von virtuellen Klassen.

Beispielsweise enthält ein Objekt vom Typ `KombiKonto` ein Teilobjekt vom Typ `SparKonto` und `GiroKonto`. Diese »teilen« sich ein gemeinsames Teilobjekt vom Typ `Konto`. Dieses ist zwar logisch ein Teilobjekt beider Objekte, aber nicht physikalisch.

Die Teilobjekte vom Typ `SparKonto` und `GiroKonto` enthalten nur Verweise auf `Konto`, so dass ohne Laufzeitinformationen ein Down-Cast nicht möglich ist.

19.4 Statischer Cast

```
// --------------------------------------------------
// Den Operator static_cast einsetzen.
// --------------------------------------------------

#include <iostream>
using namespace std;

struct A{ print(){ cout << "Ein A-Objekt.\n";} };
struct B : public A { print(){ cout << "Ein B-Objekt.\n";} };
struct C : public A { print(){ cout << "Ein C-Objekt.\n";} };

int main()
{
   double x = 1.9;
   cout << "Der ganzahlige Anteil von " << x << " ist "
        << static_cast<long>(x) << endl;

   C cObj;
   B bObj;
   A *ptrTab[2] = { &bObj, &cObj };
   // Down-Casts:
   for( int i=0; i < 2; ++i)
   {
    ptrTab[i]->print();                    // ok Teilobjekt A
    static_cast<B*>(ptrTab[i])->print();   // Fehler, falls i=1
    static_cast<C*>(ptrTab[i])->print();   // Fehler, falls i=0
   }

   struct BC : public B, public C
   {  print(){ cout << "Ein BC-Objekt.\n";} };
   BC bcObj;     bcObj.print();
   // Up-Casts:
   B &bRef = bcObj;                 // ok Teilobjekt B
                                    // (implizite Konvertierung)
   bRef.print();
   C &cRef = static_cast<C>(bcObj);        // ok Teilobjekt C
   cRef.print();
   static_cast<C>(bcObj).print();          // Ebenso.

//    A &aRef = bcObj;                // Fehler: nicht eindeutig!
   A &aRef = static_cast<A>(bRef);          // ok Teilobjekt A
                                            //     in B::bcObj
//    A &Ref = static_cast<B>(bcObj);       // Ebenso, ohne bRef

   aRef.print();
   return 0;
}
```

Der statische Cast ermöglicht explizite Typumwandlungen für nichtpolymorphe Klassen und für elementare Datentypen. Im Unterschied zum dynamischen Cast findet keine Typüberprüfung zur Laufzeit statt. Der Programmierer muss also selbst sicherstellen, dass die Konvertierung in den angegebenen Zieltyp möglich ist.

Der Operator static_cast

Ein statischer Cast wird mit Hilfe des Operators `static_cast` ausgeführt.

Syntax: `static_cast<type>(expression)`

Hierbei wird der Ausdruck `expression` wieder in den Zieltyp `type` konvertiert. Der Cast kann immer ausgeführt werden, wenn auch die Deklaration

```
type temp(expression);
```

korrekt ist. Das Ergebnis ist ein L-Wert (engl. *lvalue*), wenn `type` eine Referenz ist, andernfalls ein R-Wert (engl. *rvalue*).

Somit können alle Konvertierungen durchgeführt werden, für die eine Typumwandlung definiert ist. Insbesondere sind alle Standard-Konvertierungen möglich. Wird dabei ein »größerer« Typ in einen »kleineren« Typ gecastet, wie z. B. `double` in `int`, so muss der Programmierer selbst dafür Sorge tragen, dass der Wert des Ausdrucks mit dem »kleineren« Typ darstellbar ist.

Außerdem können Up- und Down-Casts für Zeiger und Referenzen auch innerhalb einer Hierarchie nichtpolymorpher Klassen vorgenommen werden. Bei einem Down-Cast muss natürlich das zugrundeliegende Objekt ein Teilobjekt vom Typ des Zieltyps enthalten. Außerdem darf die Basisklasse nicht virtuell sein.

Im folgenden Beispiel ist die Klasse `Derived` von der Klasse `Base` abgeleitet.

Beispiel:

```
Base* bptr = new Derived( . . .);
Derived* dptr = static_cast<Derived*>( bptr );
```

Das Ergebnis dieses Down-Casts ist ein Zeiger auf das ursprüngliche `Derived`-Objekt. Im Fehlerfall, d. h. wenn `bptr` kein Objekt vom Typ `Derived` adressieren würde, ist das Ergebnis jedoch undefiniert.

Weitere Konvertierungsmöglichkeiten

Daneben sind für den statischen Cast folgende Konvertierungen zulässig:

- Ein ganzzahliger Typ kann in einen Aufzählungstyp konvertiert werden.
- Ein beliebiger Ausdruck kann in `void` konvertiert werden.
- Ein Ausdruck vom Typ »Zeiger auf Datenelement einer abgeleiteten Klasse« kann in den Typ »Zeiger auf Datenelement einer Basisklasse« konvertiert werden, wenn die Basisklasse nicht virtuell ist und das entsprechende Datenelement auch in der Basisklasse enthalten ist.
- Ein NULL-Zeiger wird in einen NULL-Zeiger mit dem angegebenen Zieltyp konvertiert.

Wie beim dynamischen Cast ist es nicht zulässig, den Modifizierer `const` wegzucasten.

19.5 reinterpret-Cast, const-Cast

```
// -------------------------------------------------------
// Die Operatoren reinterpret_cast und
// const_cast einsetzen.
// -------------------------------------------------------

#include <iostream>
using namespace std;

class Demo { public: int x;
                     Demo(int i=0){ x=i; }
                void print() const {cout << dec << x << endl;}
           };

int main()
{
   // reinterpret_cast:
   float x =0.0;
   cout << "Einen float-Wert eingeben: ";
   cin >> x;
   cout << "Das Bitmuster des float-Wertes hexadezimal: "
        << hex << reinterpret_cast<long&>(x) << endl;

   char test[] = "AB";
   //  char-Zeiger -> short-Zeiger und als short lesen:
   short *shPtr = reinterpret_cast<short*>(test);
   cout << "\nDie ersten zwei Zeichen von " << test
        << " hexadezimal: " << hex << *shPtr << endl;

   const Demo dObj(10);
   Demo *dPtr;

   dObj.x = 15;                // Fehler! dObj ist konstant.
   dPtr = &dObj;                         // Ebenso.
   dPtr = const_cast<Demo *>(&dObj);     // ok!
   dPtr->x = 20;                         // ok!

   cout << "Wert im Demo-Objekt: ";  dObj.print();

   long adrVal = reinterpret_cast<long>(dPtr);  // Demo*->long
   // und wieder zurueck:

   Demo *dPtr2 = reinterpret_cast<Demo*>(adrVal);//long->Demo*
   if( dPtr != dPtr2)
     cerr << "Fehler! Die Zeiger muessen gleich sein." << endl;
   else
   {
     dPtr2->print();    cout << "Alles ok!" << endl;
   }
   return 0;
}
```

Der Operator reinterpret_cast

Der reinterpret-Cast dient dazu, den Inhalt einer Speicherstelle neu zu interpretieren. Er wird vor allem eingesetzt, um Zeigertypen in ganzzahlige Typen zu konvertieren und umgekehrt.

Diese Art von Cast ist damit nicht nur implementationsabhängig, sondern auch abhängig von der verwendeten Hardware. Es ist deshalb immer abzuwägen, ob der reinterpret-Cast nicht durch einen anderen Cast ersetzt werden kann.

Syntax: `reinterpret_cast<type>(expression)`

Wird ein Zeigertyp in einen hinreichend großen ganzzahligen Typ konvertiert, so ist sichergestellt, dass die entsprechende Rückumwandlung wieder den ursprünglichen Zeiger liefert.

Darüber hinaus kann ein Zeiger auf ein Objekt in einen Zeiger mit einem beliebigen Datentyp gecastet werden. Ebenso kann ein Zeiger auf eine Funktion in einen beliebigen anderen Funktionszeiger gecastet werden. Auch hier ist nur sichergestellt, dass die umgekehrte Konvertierung wieder den ursprünglichen Zeiger ergibt.

Der Operator const_cast

Der `const`-Cast wird eingesetzt, um das Attribut `const` eines Objekts zu entfernen. Konstante Objekte bzw. Zeiger und Referenzen auf konstante Objekte können in einen identischen Typ gecastet werden, dem der `const`-Qualifizierer fehlt. Neben dem lesenden Zugriff wird so auch der schreibende Zugriff auf diese Objekte möglich. Hiervon sollte natürlich nur in Ausnahmefällen Gebrauch gemacht werden.

Der Qualifizierer `volatile` wird in gleicher Weise wie `const` behandelt: Der `const`-Cast kann also auch das Attribut `volatile` eines Objekts entfernen.

Syntax: `const_cast<type>(expression)`

Hierbei wird der Ausdruck `expression` in den Zieltyp `type` konvertiert. Der Typ von `expression` stimmt mit dem Zieltyp `type` bis auf den `const`- bzw. `volatile`-Qualifizierer überein.

Beispiel:

```
const Demo dObj;                             // Konstant.
Demo dRef = const_cast<Demo&>(dObj);
dRef.x = 77;                                 // ok!
```

Auch auf konstante Datenelemente einer Klasse, bzw. Zeiger oder Referenzen darauf, kann der const-Cast angewendet werden.

Beispiel:

```
class Demo {  public:  const int x; . . . };
int Demo::*xPtr = const_cast<int Demo::*>(&Demo::x);
```

Der Elementzeiger `xPtr` wird hier auf das konstante Datenelement `x` der Klasse `Demo` gesetzt. Mit ihm ist auch der schreibende Zugriff auf `x` möglich:

```
Demo d;
d.*xPtr = 100;
```

19.6 Typinformationen

Die Klasse type_info

```
class type_info
{
   public:
      virtual ~type_info();

      bool operator==( const type_info& rhs ) const;
      bool operator!=( const type_info& rhs ) const;
      bool before( const type_info& rhs ) const;
      const char* name() const;

   private:
      // private Methoden:
      type_info((const type_info& rhs );
      type_info& operator=(const type_info& rhs );

      //   . . .     private Datenelemente
};
```

Der Operator typeid

```
#include <typeinfo>
#include <iostream>
using namespace std;

class Demo { ... };

Demo dObj, &dRef = dObj, *dPtr = &dObj;
const Demo cdObj;
// ...
   typeid(dObj)  == typeid(Demo);            // wahr
   typeid(dRef)  == typeid(Demo);            // wahr
   typeid(*dPtr) == typeid(Demo);            // wahr
   typeid(const Demo)  == typeid(Demo);      // wahr
   typeid(const Demo&) == typeid(Demo);      // wahr

   typeid(dPtr)  == typeid(Demo);            // falsch
   typeid(dPtr)  == typeid(Demo*);           // wahr

   cout << "Typ des Objektes: "<< typeid(dObj).name() << endl;
   cout << "Typ des Pointers: "<< typeid(dPtr).name() << endl;
```

Typinformationen zur Laufzeit und Polymorphie

Jedes Objekt einer polymorphen Klasse besitzt einen Zeiger auf die virtuelle Methodentabelle der Klasse (vgl. 11. Kapitel). Dies ermöglicht, dass eine zum Objekt gehörige virtuelle Methode auch dann zur Ausführung kommt, wenn diese über einen Basisklassenzeiger aufgerufen wird.

Ebenso werden auch Typinformationen für Objekte einer polymorphen Klasse bereitgestellt, die zur Laufzeit zur Verfügung stehen. Mit diesen Informationen ist dann z.B. ein sicherer Down-Cast durchführbar. Daher ist der Operator `dynamic_cast` nur für Casts innerhalb einer polymorphen Klassenhierarchie einsetzbar.

Die Klasse type_info

Für jede polymorphe Klasse werden vom Compiler Typinformationen angelegt, und zwar in einem Objekt vom Typ `type_info`. Diese Informationen können zur Laufzeit des Programms abgefragt werden, um den aktuellen Typ eines Objekts zu bestimmen. Daneben werden auch für statische Typen nach Bedarf `type_info`-Objekte erzeugt.

Die Klasse `type_info` ist in der Header-Datei `typeinfo` deklariert. Zu den `public`-Methoden der Klasse gehören die Operatoren == und `!=` , mit denen die Gleichheit bzw. Ungleichheit von zwei Typen überprüft werden kann. Die Elementfunktion `name()` liefert den Typnamen als String.

Der Operator typeid()

Typinformationen können auch im Programm selbst abgefragt werden. Hierfür steht der Operator `typeid()` zur Verfügung.

Syntax: `typeid(ausdruck) // konst. Objekt, Typ std::type_info`

Das an `typeid()` übergebene Argument ist entweder ein Typname oder ein beliebiger Ausdruck. Die Qualifizierer `const` und `volatile` werden ignoriert. Der Operator liefert eine konstante Referenz auf das entsprechende Objekt vom Typ `type_info`.

Beispiel: `if( typeid(x) == typeid(int) ) ...`

Dieser Vergleich ist wahr, wenn die Variable `x` den Typ `int`, `const int` oder `volatile int` besitzt.

Wird `typeid()` auf ein Objekt einer polymorphen Klasse angewendet, so liefert der Operator die Typinformationen zum vollständigen Objekt!

Beispiel:
```
Base* bptr = new Derived(...);   // polymorphe Klassen
const type_info& t = typeid( *bptr);
```

Hier findet zur Laufzeit eine Typüberprüfung statt, und es wird eine Referenz auf das zur Klasse `Derived` gehörige Objekt vom Typ `type_info` zurückgegeben.

Ist der `typeid`-Ausdruck von der Form `*ptr`, und ist `ptr` ein NULL-Zeiger, wird eine Exception vom Typ `bad_typeid` ausgelöst. Diese Fehlerklasse ist wie `bad_cast` von der Klasse `exception` abgeleitet und in der Header-Datei `typeinfo` definiert.

19.7 Übungen

Klassenhierarchie der Flugzeugtypen

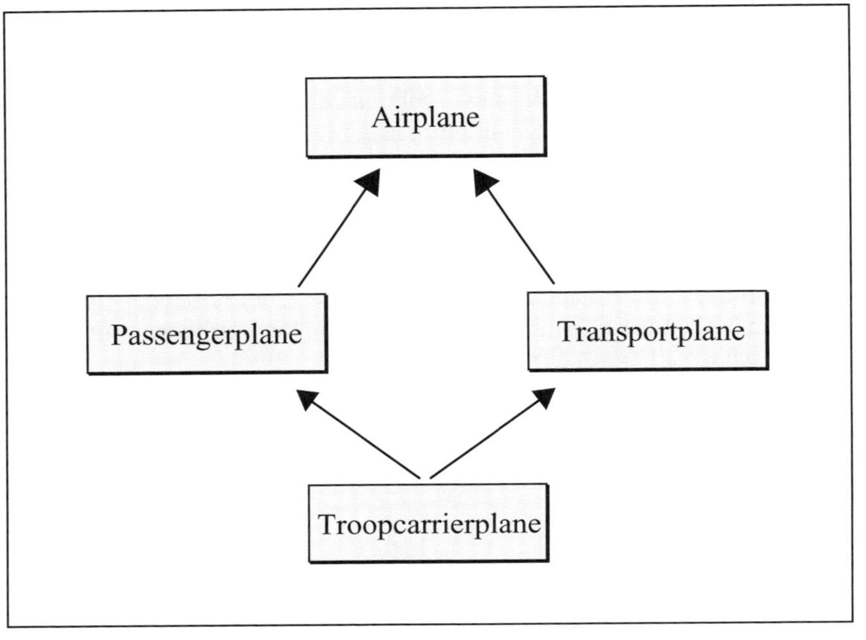

Aufgabe:

In dem Programm, welches verschiedene Zustände von Flugzeugen erfaßt, wurden die Klassen `Transportplane`, `Passengerplane` und `Troopcarrierplane` von der Klasse `Airplane` gemäß dem nebenstehenden Vererbungsdiagramm abgeleitet. Dabei ist `Airplane` eine virtuelle Basisklasse.

Die Definitionen stehen in den Dateien `airplane.h` und `airplane.cpp` zur Verfügung (siehe 12. Kapitel, 1. und 2. Aufgabe).

Für diese Klassen sollen verschiedene Cast-Möglichkeiten getestet werden:

- Definieren Sie zunächst eine Tabelle mit drei Zeigern auf `Airplane`, und lassen Sie die Zeiger jeweils auf ein dynamisch angelegtes Objekt vom Typ `Transportplane`, `Passengerplane` und `Troopcarrierplane` zeigen. Zur Kontrolle rufen Sie anschließend für jedes Objekt die Methoden `Iam()` und `Ido()` auf.
- Die Klasse `Troopcarrierplane` besitzt ebenso wie die Klasse `Transportplane` eine Methode `setCapacity()`, um die Transportkapazität neu zu setzen. Versuchen Sie, diese Methode für das zuvor angelegte Objekt vom Typ `Troopcarrierplane` über den Basisklassenzeiger aufzurufen. Welche Fehlermeldung erhalten Sie?
- Nehmen Sie dann einen entsprechenden dynamischen Down-Cast vor, und testen Sie das Ergebnis. Lassen Sie sich den Zeigerwert vor und nach dem Down-Cast anzeigen. Warum ist hier kein statischer Cast möglich?
- Der vorhergehende Down-Cast liefert einen Zeiger auf `Troopcarrierplane`. Casten Sie diesen explizit in einen Zeiger `passengerPtr` auf `Passengerplane`, und rufen Sie darüber Methoden der Klasse `Passengerplane` auf.
- Testen Sie nun den Cross-Cast für Referenzen. Fangen Sie eventuell ausgelöste Exceptions vom Typ `bad_cast` auf: Casten Sie das Objekt `*passengerPtr` in eine Referenz auf `Transportplane`. Das ist zulässig, da das vollständige Objekt den Typ `Troopcarrierplane`. besitzt.

Lösen Sie eine Exception aus, indem Sie einen unzulässigen Cross-Cast versuchen.

19.8 Lösung

Zur Aufgabe

```
// ----------------------------------------------------------------
//  Dateien: airplane.h und airplane.cpp (2. Version)
//  Zweck:   Die Klassen Airplane, Transportplane, Passengerplane
//           und Troopcarrierplane definieren.
// ----------------------------------------------------------------

//  Die Klassen koennen unveraendert aus dem 12. Kapitel,
//  2. Aufgabe uebernommen werden.


// ----------------------------------------------------------------
//  Datei:  casts.cpp
//  Zweck:  Die verschiedenen Casts in der Klassenhierachie fuer
//          Flugzeuge einsetzen.
//          Airplane ist eine virtuelle Basisklasse.
// ----------------------------------------------------------------

#include "airplane.h"
#include <iostream>
#include <typeinfo>
using namespace std;

int main()
{
   int i;
   Airplane *planeTab[3];
   Passengerplane *passengerPtr;
   Troopcarrierplane *troopcarrierPtr;

   // implizite Up-Casts:
   planeTab[0] = new Transportplane("Transall, Nr. 27389",
                                Airplane::parken, 50000L);
   planeTab[1] = new Passengerplane("Boeing 747, Nr. 747474",
                                Airplane::beladen, 320);
   planeTab[2] = new Troopcarrierplane("XY200, Nr. 007007",
                               Airplane::parken, 30000L,100);

   planeTab[2]->setState(Airplane::fliegen);

   cout << "\n         ---  Flugzeuge  ---\n";
   for( i = 0; i < 3 ; ++i)
   {
      planeTab[i]->Iam();
      planeTab[i]->Ido();
   }
```

```
   // Down-Casts:

   // Wegen virtueller Basisklasse so nicht moeglich:
   // troopcarrierPtr = (Troopcarrierplane *)( planeTab[2]);

   // ok:
   troopcarrierPtr =
               dynamic_cast<Troopcarrierplane *>(planeTab[2]);
   if( troopcarrierPtr == NULL)
   {
      cerr << "\nFehler beim Down-Cast!" << endl;
      return 1;
   }
   cout << "\nZeiger auf die Basisklasse: "
        << static_cast<void*>(planeTab[2])
        << "\n... Und nach dem Down-Cast: "
        << static_cast<void*>(troopcarrierPtr) << endl;

   troopcarrierPtr->setCapacity(35000L);

   // Expliziter Up-Cast:
   passengerPtr = static_cast<Passengerplane *>(troopcarrierPtr);
   cout << "\nFlugzeug: " << passengerPtr->getPlane()
        << "\n  Anzahl Sitzplaetze : "
        << passengerPtr->getSeats() << endl;

   // Cross-Cast mit Referenzen:
   try
   {
    cout << "\n  Transportkapazitaet: "
    << dynamic_cast<Transportplane&>(*passengerPtr).getCapacity()
    << endl;

    // Durch unzulaessigen Cross-Cast eine Exception ausloesen:
    Passengerplane& passengerRef =
                dynamic_cast<Passengerplane&>(*planeTab[0]);
    cout << "Diese Meldung sollte nicht ausgegeben werden!\n";
   }
   catch( bad_cast& err)
   {
      cerr << "Casts: " << err.what() << endl;
   }

   for( i = 0; i < 3 ; ++i)
     delete planeTab[i];

   return 0;
}
```

Kapitel 20: Streams für die Ein- und Ausgabe

Dieses Kapitel beschreibt, wie die Stream-Klassen von C++ organisiert sind und eingesetzt werden können. Insbesondere wird folgendes dargestellt:

- der Status von Streams
- die unformatierte Ein-/Ausgabe
- die Formatierungsmöglichkeiten mit Hilfe von Flags und Manipulatoren

Außerdem wird gezeigt, wie Manipulatoren selbst definiert werden können.

20.1 Die I/O-Klassenhierarchie

Die wichtigsten Stream-Klassen für die Ein-/Ausgabe

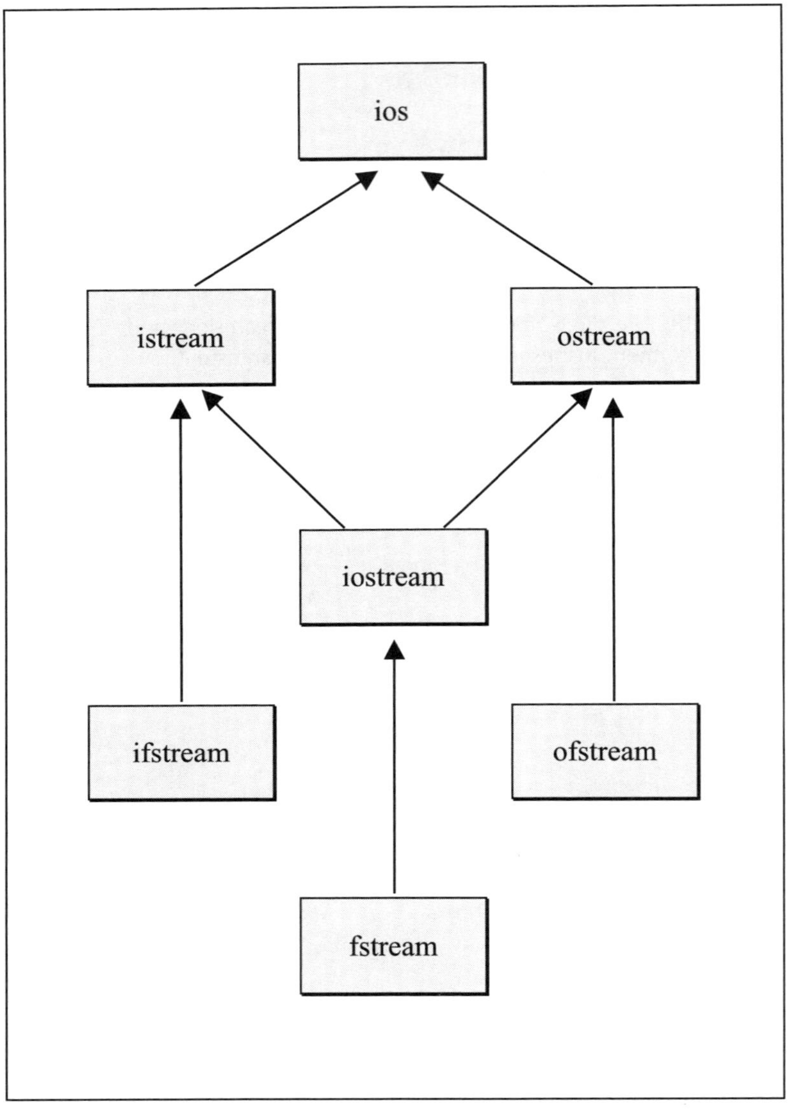

I/O-Streams

Mit der Entwicklung von C++ wurde das Ein-/Ausgabe-System auf der Basis von Klassen völlig neu überarbeitet. Es entstanden die I/O-Streams, die in einer separaten Bibliothek, der sogenannten *iostream-Bibliothek*, zur Verfügung stehen.

Die I/O-Streams implementieren formatierte und unformatierte Schreib- und Lese-Operationen für die

- Standard-Ein-/Ausgabe
- Dateiverarbeitung
- Bearbeitung von Strings im Hauptspeicher

Streams und C-Standard-Bibliothek

Die Vorteile gegenüber den Ein-/Ausgabe-Funktionen der C-Standard-Bibliothek sind:

- *Typsicherheit*: Der Compiler entscheidet anhand des Argumenttyps selbst, welche I/O-Routine aufzurufen ist.
- *Erweiterbarkeit*: Die I/O-Streams können auf einfache Weise erweitert werden, z. B. durch Überladen der Operatoren << und >> für selbstdefinierte Datentypen.

Aufbau der iostream-Bibliothek

Die `iostream`-Bibliothek definiert verschiedene Klassen-Templates mit jeweils eigenen Funktionalitäten, die hierarchisch organisiert sind. Die Templates sind mit einem Typ für Zeichen parametrisiert, so dass diese Klassen auch für erweiterte Zeichensätze eingesetzt werden können.

Aus den Templates wird die *ios-Klassenhierarchie* für den Datentyp `char` instantiiert. Die Klasse `ios` ist die Basisklasse der Stream-Familie. Sie stellt die Eigenschaften und Fähigkeiten dar, die allen Streams gemeinsam sind.

Die Klassen `istream` und `ostream` besitzen die Klasse `ios` als virtuelle Basisklasse. Die Klasse `istream` ist für das Einlesen und `ostream` für das Schreiben in Streams definiert. Hier werden beispielsweise die Operatoren >> bzw. << für elementare Datentypen und Strings überladen.

Die von der Klasse `istream` abgeleitete Klasse `ifstream` stellt ein Interface für das Lesen von Dateien bereit. Daneben ist `ofstream` eine von `ostream` abgeleitete Klasse zum Schreiben in Dateien.

Die Klasse `iostream` entsteht durch Mehrfachvererbung aus `istream` und `ostream`. Sie implementiert so Streams für die Ein- und Ausgabe. Die Klasse `fstream` erweitert die Klasse `iostream` um spezielle Funktionen für den Dateizugriff.

Die Klassen `istringstream`, `ostringstream` und `stringstream` zur Bearbeitung von Strings im Hauptspeicher seien hier nur erwähnt. Sie werden später genauer beschrieben.

20.2 Die Klasse ios

Klassen zur Pufferverwaltung

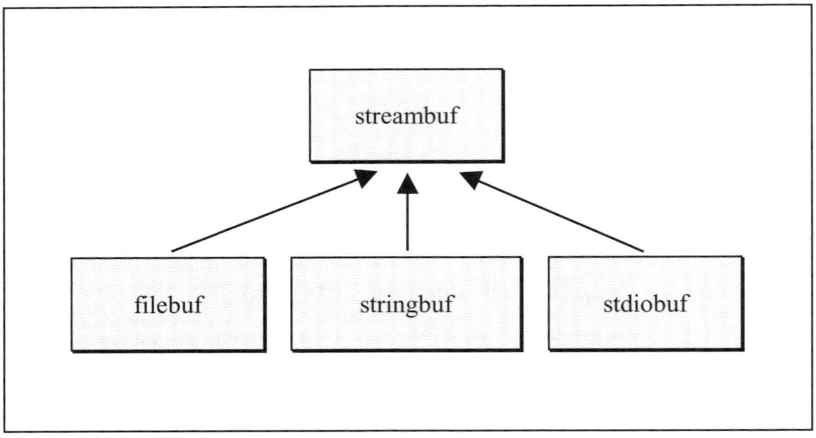

Die Fehlerklasse failure

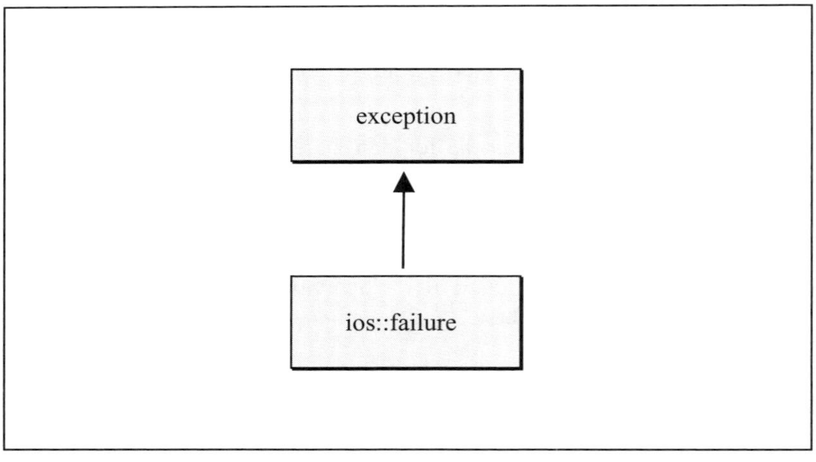

Die Klasse ios

Die Basisklasse `ios` bildet die Grundlage der `ios`-Klassenhierarchie. Sie repräsentiert die grundlegenden Eigenschaften eines Streams und erfüllt im wesentlichen zwei Aufgaben:

1. Die Klasse `ios` stellt Daten und Methoden zur Verfügung, um die formatierte Ein- und Ausgabe von Zeichen zu kontrollieren. Dazu sind eine Reihe von *Flags* definiert, die festlegen, wie Zeichenfolgen bei der Eingabe interpretiert werden bzw. wie Zeichenfolgen für die Ausgabe generiert werden.
2. Die Klasse `ios` kontrolliert die *Pufferverwaltung*. Zu diesem Zweck enthält sie einen Zeiger auf ein Objekt, das den eigentlichen Datenstrom repräsentiert. Das Objekt besitzt den Typ einer von `streambuf` abgeleiteten Klasse. Verschiedene Flags spiegeln den Zustand des stream-Puffers wider.

Die Klasse `ios` definiert auch einige Datentypen, unter anderem eine *Fehlerklasse* `failure` für das Exception-Handling.

Pufferverwaltung

Die abstrakte Klasse `streambuf` ist die gemeinsame Basisklasse für die folgenden »Pufferklassen«:

- `filebuf` Puffer für Datei-Ein- und -Ausgabe
- `stringbuf` Puffer für String-Operationen im Hauptspeicher
- `stdiobuf` Puffer auf der Basis der Standard-I/O-Bibliothek von C

Alle `ios`-Klassen, d.h. alle Klassen der `ios`-Klassenhierarchie, arbeiten mit einer von `streambuf` abgeleiteten Klasse für die eigentliche Datenübertragung. Dem Konstruktor einer `ios`-Klasse muss deshalb ein Zeiger auf ein Objekt vom Typ `streambuf` übergeben werden.

Die `ios`-Klassen stellen die Programmierschnittstelle für die Formatierung und die Pufferverwaltung dar. Für die Datenübertragung rufen sie die öffentlichen Methoden der `streambuf`-Klasse auf.

Fehlerklasse failure

Die Klasse `ios::failure` ist der Typ der Exceptions, die von Funktionen der `iostream`-Bibliothek ausgeworfen werden. Sie besitzt die Standard-Klasse `exception` als öffentliche Basisklasse. Von dieser erbt sie die `public`-Elementfunktion.

```
virtual const char* what() const;
```

Ein Handler für `failure`-Exceptions kann die Elementfunktion `what()` aufrufen, um einen String mit einer Fehlermeldung zu erhalten. Das ist der String, der beim Erzeugen eines Fehlerobjekts vom Typ `failure` angegeben wurde.

20.3 Die Klasse ostream

Die Operator-Funktionen: `ostream& operator<<(typ)`

`typ`	Wirkung
`char, unsigned char, signed char`	Das übergebene Zeichen wird ausgegeben.
`short, unsigned short, int, unsigned int, long, unsigned long`	Konvertiert die übergebene Ganzzahl für die Ausgabe als Zeichenfolge. Standardmäßig werden Zahlen dezimal ausgegeben.
`float, double, long double`	Konvertiert die übergebene Gleitpunktzahl in eine Zeichenfolge und gibt diese aus.
`const char*, const signed char*, const unsigned char*`	Gibt einen String ohne das String-Endezeichen `'\0'` aus.
`void*`	Gibt den Wert eines Zeigers, also eine Adresse, hexadezimal aus.
`bool`	Interpretiert einen übergebenen Wert als booleschen Wert und gibt standardmäßig `1` (»wahr«) bzw. `0` (»falsch«) aus.
`streambuf*`	Kopiert die Zeichen aus dem übergebenen Puffer in den Ausgabe-Puffer des Streams. Es werden so lange Zeichen übertragen, bis `EOF` erreicht ist oder ein Fehler auftritt.
`ios& (*pf)(ios&), ostream& (*pf) (ostream&)`	Ruft den durch `pf` adressierten Manipulator von `ios` bzw. `ostream` auf.

Die Klasse `ios` ist nicht für das Anlegen von Streams geeignet, da sie keine komfortablen Methoden für die formatierte Ein- und Ausgabe besitzt. Diese werden erst durch die abgeleiteten Klassen `istream` und `ostream` bereitgestellt.

Die Klasse ostream

Die Klasse `ostream` ist das »Programmers-Interface« für die Ausgabe in Streams. Sie besitzt die Klasse `ios` als virtuelle Basisklasse, die `public` vererbt wird. Damit stehen alle `public`-Elemente der Klasse `ios` auch in `ostream` zur Verfügung.

Die erweiterten Fähigkeiten von `ostream` bestehen darin, dass

- der Operator << für die formatierte Ausgabe überladen ist, und zwar für elementare Datentypen, C-Strings, Manipulatoren und bestimmte Zeiger.
- weitere Elementfunktionen zur Verfügung gestellt werden, beispielsweise für die unformatierte Ausgabe von Zeichen oder Zeichenfolgen und zum »Flushen« des Puffers.

Bei der Ausgabe werden intern gesetzte Status-Flags, die in der Klasse `ios` definiert sind, berücksichtigt und gegebenenfalls aktualisiert. Die formatierte Ausgabe arbeitet darüber hinaus mit den von `ios` bereitgestellten Formatierungs-Flags. Die verschiedenen Flags werden später im Einzelnen besprochen.

Der Stream `cout` ist ein Objekt der Klasse `ostream`. In der folgenden Anweisung wird daher die Methode `operator<<(const char *)` von `ostream` aufgerufen.

Beispiel:
```
cout << "Achtung!";        // cout.operator<<("Achtung!");
```

Soll nicht der String, sondern seine Adresse ausgegeben werden, so kann dies wie folgt geschehen:

```
cout << (void*)"Achtung!";
```

Manipulatoren

Der nebenstehenden Tabelle ist zu entnehmen, dass der Operator << für zwei verschiedene Typen von Funktionszeigern überladen ist. Mit diesen Zeigern können sogenannte *Manipulatoren* adressiert werden, die für die Klasse `ios` bzw. `ostream` deklariert sind.

Ein Manipulator ist nichts anderes als eine Funktion mit einer bestimmten Schnittstelle. Wird der Manipulator dem Ausgabeoperator << als Operand übergeben, so wird die Funktion aufgerufen. Als Argument erhält sie den Ausgabe-Stream.

Manipulatoren gibt es auch für andere Klassen in der `iostream`-Bibliothek. Es können darüber hinaus eigene Manipulatoren definiert werden.

Welche Standard-Manipulatoren es gibt, und wie eigene Manipulatoren zu schreiben sind, wird später noch im Detail dargestellt.

20.4 Die Klasse istream

Die Operator-Funktionen: `istream& operator>>(typ)`

typ	Wirkung
`char&, unsigned char&, signed char&`	Liest ein Zeichen ein.
`short&, unsigned short&, int&, unsigned int&, long&, unsigned long&`	Liest eine Ganzzahl ein. Standardmäßig wird bei führender `0` eine Oktalzahl, bei führendem `0x` eine Hexadezimalzahl, andernfalls eine Dezimalzahl eingelesen und gespeichert.
`float&, double&, long double&`	Liest eine Gleitpunktzahl ein. Standardmäßig wird die Eingabe sowohl in wissenschaftlicher Notation als auch in Festpunktdarstellung akzeptiert und konvertiert.
`char*, signed char*, unsigned char*`	Liest eine Zeichenfolge in einen `char`-Vektor ein und hängt das String-Endezeichen `'\0'` an. Das Einlesen wird mit dem ersten Zwischenraumzeichen beendet.
`void*&`	Liest eine Adresse ein und speichert sie im angegebenen Zeiger ab.
`streambuf*`	Kopiert die Zeichen aus dem Puffer des Streams in den übergebenen Puffer. Es werden so lange Zeichen übertragen, bis `EOF` erreicht ist oder ein Fehler auftritt.
`ios& (*pf)(ios&) ,` `istream& (*pf) (istream&)`	Ruft den durch `pf` adressierten Manipulator von `ios` bzw. `istream` auf.

Hinweis Standardmäßig werden führende Zwischenraumzeichen überlesen.

Die Klasse istream

Die Klasse `istream` ist für das Einlesen von Daten zuständig. Sie erbt die Funktionalitäten der Klasse `ios` in derselben Weise wie `ostream`.

Die erweiterten Fähigkeiten von `istream` entsprechen denen von `ostream`, wobei nur die Richtung des Datenflusses, also Eingabe statt Ausgabe, geändert ist. Zusätzlich sind weitere Elementfunktionen definiert, z. B. um ein einzelnes Zeichen in den Puffer zurückzustellen.

Der Operator >>

Die überladenen Eingabeoperatoren `operator >>()` arbeiten auch mit den Formatierungs-Flags der Basisklasse `ios`. Die Flags bestimmen hier die Konvertierung der eingelesenen Zeichenfolgen. Beispielsweise kann eine Ziffernfolge als Dezimal-, Oktal- oder Hexadezimalzahl interpretiert und abgespeichert werden.

In der folgenden Anweisung wird die Methode `operator>>(unsigned int&)` von `istream` aufgerufen.

Beispiel:

```
unsigned x;
cin >> x;              //   cin.operator>>(x);
```

Standard-Streams

Beim Programmstart werden automatisch vier verschiedene globale Objekte vom Typ `istream` bzw. `ostream` die sogenannten *Standard-Streams* eröffnet. Diese benutzen die `stdio`-Puffer der C-Bibliothek.

Stream	Typ	Verwendung
`cin`	`istream`	Standard-Eingabe (`stdin`)
`cout`	`ostream`	Standard-Ausgabe (`stdout`)
`cerr`	`ostream`	Standard-Fehlerausgabe (`stderr`)
`clog`	`ostream`	Standard-Fehlerausgabe (`stderr`)

Die Standard-Streams sind in der Header-Datei `iostream` deklariert. Die Streams `cerr` und `clog` sind für die Fehlerausgabe vorgesehen. Der Stream `clog` ist im Gegensatz zu `cerr` gepuffert.

20.5 Unformatierte Eingabe

public-Methoden von istream zur unformatierten Eingabe

Methode	Wirkung
`int get();`	Liest ein Zeichen und gibt es zurück.
`istream& get(char& c);`	Liest ein Zeichen und speichert es in `c`.
`istream& get( char *s, int len, char delim='\n');`	Liest maximal `len-1` Zeichen, jedoch höchstens bis zum Zeichen `delim`, in den Vektor `s` ein und hängt `'\0'` an. Das Zeichen `delim` bleibt im Puffer.
`istream& getline( char *s, int len, char delim='\n');`	Liest alle Zeichen bis zum Zeichen `delim`, jedoch maximal `len-1` Zeichen, in den durch `s` adressierten Vektor ein und hängt `'\0'` an. Das Zeichen `delim` wird aus dem Puffer entfernt, aber nicht in `s` gespeichert.
`istream& read( char *s, int n);`	Liest `n` Zeichen, höchstens bis `EOF`, in den durch `s` adressierten Vektor.
`int readsome( char *s, int n);`	Liest `n` Zeichen in den durch `s` adressierten Vektor. Es werden höchstens so viele Zeichen gelesen, wie im Puffer stehen. Return-Wert: Anzahl eingelesener Zeichen.
`istream& ignore(int n = 1, char delim = EOF);`	Überliest `n` Zeichen im Eingabepuffer, jedoch höchstens bis zum Zeichen `delim`. Das Zeichen `delim` wird auch aus dem Puffer entfernt.
`istream& putback(char c);`	Stellt das Zeichen `c` in den Puffer zurück, damit es nächstes Mal (wieder) gelesen wird.
`istream& unget();`	Stellt das zuletzt eingelesene Zeichen in den Puffer zurück.
`int gcount();`	Liefert die Anzahl Zeichen, die zuletzt unformatiert eingelesen wurden.

Allgemeines

Die Klasse `istream` stellt zahlreiche `public`-Elementfunktionen für das unformatierte Einlesen einzelner Zeichen und Zeichenfolgen zur Verfügung. Darüber hinaus können

- einzelne Zeichen in den Puffer zurückgestellt oder
- hervorgeholt, ohne dem Puffer entnommen zu werden, und
- ganze Zeichenfolgen im Puffer überlesen werden.

Bei der unformatierten Eingabe werden Zeichen ohne Konvertierung als `char`-Werte gespeichert. Gesetzte Format-Flags bleiben also unberücksichtigt.

Beispiel:
```
char s[81];
cin.getline(s, 81);
cout << "Es wurden" << cin.gcount()
     << "Zeichen eingelesen";
```

Hier wird zunächst eine Textzeile eingelesen. Das Einlesen wird abgebrochen, sobald

- das Dateiende erreicht wird (d.h. beim Einlesen von der Tastatur: `Ctrl-D` (UNIX) oder `Ctrl-Z` (DOS)) oder
- ein Newline-Zeichen `'\n'` eingegeben wurde oder
- `80` Zeichen eingelesen wurden.

Anschließend wird mit einem Aufruf von `cin.gcount()` die Anzahl tatsächlich eingelesener Zeichen ausgegeben.

Return-Wert

Viele der Elementfunktionen für die unformatierte Eingabe liefern eine Referenz auf `istream` zurück. Auf diese Weise ist es möglich, unformatierte Eingabeoperationen in Ausdrücken anzugeben, die ein Objekt vom Typ `istream` als Operand bzw. Argument erwarten. Beispielsweise kann mit

```
if( cin.get(c) ) ...
```

abgefragt werden, ob ein Zeichen eingelesen werden konnte.

Fehlersituationen

Im Fehlerfall, etwa wenn gar kein Zeichen eingelesen werden konnte oder wenn das Dateiende erreicht wurde, werden bestimmte Status-Flags der Klasse `ios` gesetzt. Die Abfrage dieser Flags kann direkt mit entsprechenden Methoden erfolgen oder indirekt, wie im letzten Beispiel. Hierzu mehr auf den folgenden Seiten.

Bei den Elementfunktionen, die einen `int`-Wert zurückgeben, ist eine Fehlersituation anhand des Return-Werts erkennbar. So liefern die Funktionen `get()`, `readsome()`, `peek()` und `sync()` den Wert `EOF` zurück, wenn das Dateiende erreicht ist oder ein Fehler auftrat.

20.6 Unformatierte Ausgabe

Beispielprogramm

```
// ----------------------------------------------------
// Filterprogramm, das den eingelesenen Text in
// Grossbuchstaben ausgibt.
// ----------------------------------------------------

#include <iostream>
#include <cctype>
using namespace std;

int main()
{
   char c;

   while( cin.get(c) )           // Solange ein Zeichen
   {                             // eingelesen werden kann
      c = toupper(c);
      if( ! cout.put(c))         // Schreibfehler?
        return 1;
   }

   if( !cin.eof())               // Lesefehler?
     return 2;

   return 0;
}
```

Hinweis Wenn das Programm den Namen `TOUPPER` hat, kann es wie folgt unter DOS/WINDOWS oder UNIX in einer Kommandozeile für eine Textdatei `TEXT.DAT` aufgerufen werden:

`TOUPPER < TEXT.DAT`

Hierbei muss sich das ausführbare Programm im aktuellen Verzeichnis befinden. Andernfalls ist eine entsprechende Pfadangabe notwendig.

public-Methoden

Die Klasse `ostream` stellt insgesamt drei `public`-Elementfunktionen für die unformatierte Ausgabe zur Verfügung:

- `put(c)` gibt das Zeichen `c` unformatiert aus
- `write()` gibt eine bestimmte Anzahl von Zeichen eines Vektors aus
- `flush()` leert den Ausgabepuffer

Bei den unformatierten Schreiboperationen werden Zeichen, ohne konvertiert zu werden, als `char`-Werte ausgegeben. Gesetzte Format-Flags bleiben dabei unberücksichtigt.

Return-Wert

Alle drei Elementfunktionen liefern eine Referenz auf `ostream` zurück. Sie sind damit auch in Ausdrücken, die einen Ausgabe-Stream als Operand oder als Argument erwarten, verwendbar. Im Fehlerfall, d.h. wenn Zeichen nicht ausgegeben werden können, wird ein entsprechendes Status-Flag der Klasse `ios` gesetzt.

Ein-/Ausgabe-Streams verbinden

Streams vom Typ `istream` und `ostream` arbeiten mit verschiedenen Puffern. Zur Synchronisierung von Ein- und Ausgabeoperationen, besteht die Möglichkeit, einen Eingabe-Stream mit einem Ausgabe-Stream zu verbinden.

Zu dem Zweck wird in der Klasse `ios` eine Elementfunktion `tie()` in zwei Versionen zur Verfügung gestellt:

```
ostream* tie() const;
ostream* tie( ostream* name);
```

Wird die Funktion `tie()` ohne Argument aufgerufen, so liefert sie die Adresse des angebundenen Streams. Das ist der NULL-Zeiger, falls es keinen solchen Stream gibt. In der zweiten Version wird der Stream mit dem als Argument übergebenen Stream verbunden.

Ist ein Eingabe-Stream mit einem Ausgabe-Stream verbunden, so wird vor jedem Einlesen zuerst der Puffer des Ausgabe-Streams geleert, d.h., die noch im Puffer befindlichen Daten werden ausgegeben. Dies entspricht dem Aufruf von `flush()`.

Der Stream `cin` ist durch die Anweisung

```
cin.tie(&cout);
```

standardmäßig mit dem Stream `cout` verbunden. Daher liefert der Aufruf

```
ostream *strmPtr = cin.tie();    // Zeiger auf cout
```

die Adresse von `cout`. Das hat zur Folge, dass eine Aufforderung zur Eingabe stets vor dem Einlesen angezeigt wird.

20.7 Status eines Streams

Status-Flags der Klasse ios

Flag	Bedeutung im Status-Wort
`ios::goodbit`	Keine Fehlerbits gesetzt.
`ios::eofbit`	Dateiende erreicht.
`ios::failbit`	Letzte Operation fehlerhaft.
`ios::badbit`	Stream defekt.

Hinweis Das »Flag« `goodbit` entspricht keinem Bit im Status-Wort, sondern stellt den Wert `0` dar. Das Status-Wort hat also den Wert `goodbit`, wenn kein Fehler-Flag gesetzt ist.

Elementfunktionen von ios zur Statusabfrage

Elementfunktion	Wirkung
`bool good() const;`	Liefert `true`, wenn der Stream o.k. ist, d.h., wenn alle Statusbits gelöscht sind.
`bool eof() const;`	Liefert `true`, wenn `eofbit` gesetzt ist.
`bool fail() const;`	Liefert `true`, falls `failbit` oder `badbit` gesetzt ist.
`bool bad() const;`	Liefert `true`, wenn `badbit` gesetzt ist.
`operator void*() const;`	Liefert einen Wert != NULL, wenn `failbit` und `badbit` gelöscht sind.
`bool operator!() const;`	Liefert `true`, wenn `failbit` oder `badbit` gesetzt ist.
`iostate rdstate() const;`	Liefert das Statuswort des Streams.
`void clear( iostate state = goodbit);`	Setzt das übergebene Argument als neues Statuswort ein.
`void setstate( iostate state);`	Ruft die Funktion `clear(rdstate() | state)` auf.

ios-Flags

Die Eigenschaften eines Streams werden mit Hilfe von Flags beschrieben:

- Status-Flags
- Formatierungs-Flags
- Flags für den *Eröffnungsmodus* der zugehörigen Datei

Für das Abfragen und Setzen dieser Flags gibt es in der Klasse `ios` öffentliche Methoden und vordefinierte Manipulatoren.

Die Flags und ihre Verwendung werden im folgenden beschrieben.

Status-Flags

Ein Stream kann sich in verschiedenen Zuständen befinden. Der aktuelle Status wird in einem Statuswort gespeichert, für das in der Klasse `ios` der Typ `iostate` definiert ist.

Der Status wird durch die nebenstehenden Flags beschrieben. Jedes Flag ist einem bestimmten Bit im Statuswort zugeordnet. Dabei ist das »Flag« `ios::goodbit` eine Ausnahme: Es repräsentiert kein bestimmtes Bit, sondern nur den Wert `0`. Das Statuswort hat also den Wert `goodbit`, wenn alles in Ordnung ist.

- Die Flags `failbit` und `badbit` unterscheiden sich wie folgt:
- Das Flag `failbit` wird bei einer nicht erfolgreichen Ein- oder Ausgabe gesetzt, beispielsweise wenn statt einer ganzen Zahl ein Buchstabe eingegeben wird.
- Dagegen zeigt `badbit` einen fatalen Fehler an. Dieses Flag ist gesetzt, wenn ein nicht behebbarer Fehler aufgetreten ist, beispielsweise beim Schreiben in eine Datei.

Zugriff auf die Status-Flags

Der Zustand eines Streams kann mit verschiedenen Methoden abgefragt und manipuliert werden. Die nebenstehende Tabelle gibt eine Übersicht über die zur Verfügung stehenden Methoden. Mögliche Anwendungen dieser Methoden werden auf der folgenden Doppelseite beschrieben.

20.8 Status abfragen und ändern

Ein Datum mit Überprüfung einlesen

```
#include <iostream>
using namespace std;

class Datum                              // Eine Klasse Datum
{
  private:
    int tag, monat, jahr;

  public:
    Datum() { tag = 1, monat = 1, jahr = 1; }
  // . . .
    friend istream& operator>>( istream& strm, Datum& d);
  // . . .
};

inline void setfailbit( istream& strm)
{
  strm.clear( strm.rdstate() | ios::failbit);
}
        // Datum im Format tag.monat.jahr einlesen:
istream& operator>>( istream& strm, Datum& d)
{
   static int tageImMonat[] = { 0, 31, 28, 31, 30, 31, 30,
                                31, 31, 30, 31, 30, 31 };
   int tag, monat, jahr;

   if( !(strm >> tag)) return strm;
   if( strm.get() != '.' || tag < 1 || tag > 31)
   {
      setfailbit(strm); return strm;
   }

   if( !(strm >> monat)) return strm;
   if( strm.get() != '.'
      || monat < 1 || monat > 12 || tag > tageImMonat[monat])
   {
     setfailbit(strm); return strm;
   }

   if( !(strm >> jahr)) return strm;
   if(jahr < 1) { setfailbit(strm); return strm; }

   d.tag = tag;    d.monat = monat;     d.jahr = jahr;
   return strm;
}
```

Status abfragen

Zu jedem Status-Flag gibt es eine Methode, um das Flag abzufragen. Jede der Methoden `good()`, `eof()`, `fail()` und `bad()` liefert `true`, wenn der entsprechende Status vorliegt.

Beispiel:
```
float euro;
cout << "Preis eingeben: ";    cin >> euro;
if( cin.fail() )
   cerr << "Fehlerhafte Eingabe\n";
```

Die Methode `fail()` liefert auch dann `true` zurück, wenn das Flag `badbit` gesetzt ist, d.h. wenn der Stream selbst nicht in Ordnung ist.

Ausdrücke wie `cin >> euro` können auch direkt abgefragt werden, ob ein Fehler aufgetreten ist. Die obige Eingabe lautet dann:

```
if( !(cin >> euro) )
   cerr << "Fehlerhafte Eingabe \n";
```

Da der Ausdruck `cin >> euro` wieder das Objekt `cin` darstellt, ist eine Konvertierung in den Typ `bool` bzw. `void*` notwendig. Zu diesem Zweck sind in `istream` die Operatorfunktionen `operator!()` und `operator void*()` definiert. Diese liefern das gleiche Ergebnis wie `fail()` bzw. `void*(!fail())` und ermöglichen dadurch Anweisungen wie im obigen Beispiel.

Status verändern

Für den Zugriff auf das gesamte Statuswort stehen die Methoden `rdstate()`, `clear()` und `setstate()` zur Verfügung. Die Methode `rdstate()` liefert das Statuswort, und mit Hilfe von `clear()` und `setstate()` kann das Statuswort verändert werden.

Im folgenden wird das Flag `failbit` nach einer fehlerhaften Eingabe zurückgesetzt.

Beispiel:
```
if( cin.rdstate() == ios::failbit) {
cerr << "Fehlerhafte Eingabe!\n";   cin.clear(); }
```

Wird `clear()` ohne ein Argument aufgerufen, werden alle Flags auf `0` gesetzt. Andernfalls wird das übergebene Argument zum neuen Statuswort.

Dagegen werden mit der Methode `setstate()` nur zusätzlich die übergebenen Flags gesetzt, aber keine Flags gelöscht. Die Methode `setstate()` steht nicht bei allen Compilern zur Verfügung und kann stets durch einen gleichwertigen Aufruf von `clear()` ersetzt werden.

In nebenstehendem Beispiel wird der Operator >> für die Klasse `Datum` überladen. Damit ist ein Aufruf wie folgt möglich:

Beispiel:
```
Datum gebTag;
cout << "Ihr Geburtstag im Format  tag.monat.jahr: ";
if( !( cin >> gebTag) )
   cerr << "Ungueltiges Datum!\n";
```

20.9 Format-Flags

Bitfelder

Bitfeld	Bedeutung
`ios::basefield`	Das Zahlensystem bei ganzzahligen Werten
`ios::floatfield`	Darstellung von Gleitkommawerten
`ios::adjustfield`	Ausrichtung im Ausgabe-Feld

Flags im Bitfeld ios::basefield

Flag	Wirkung, falls Flag gesetzt
`ios::oct`	Ein- und Ausgabe oktal
`ios::dec`	Ein- und Ausgabe dezimal (das ist die Standard-Einstellung)
`ios::hex`	Ein- und Ausgabe hexadezimal

Elementfunktionen für den Zugriff auf die Format-Flags

Elementfunktion	Wirkung
`fmtflags flags();`	Liefert alle Format-Flags, d.h. die gesamte Flag-Variable.
`fmtflags flags(fmtflags flgs);`	Das übergebene Argument wird zum Inhalt der Flag-Variablen.
`fmtflags setf(fmtflags flgs);`	Setzt in der Format-Variablen zusätzlich die im Argument gesetzten Flags.
`fmtflags setf(fmtflags flags,` `fmtflags bitfeld);`	Zunächst werden alle Flags des angegebenen Bitfelds gelöscht. Erst dann werden die Flags aus dem ersten Argument gesetzt.
`fmtflags unsetf(fmtflags flgs);`	Löscht die mit dem Argument übergebenen Flags.

Hinweis Jede dieser Elementfunktionen liefert als Return-Wert die ursprünglichen Flags, also die Flags vor dem Aufruf der Funktion.

Der Ausgabeoperator << der Klasse `ostream` und der Eingabeoperator >> der Klasse `istream` verwenden zur Formatierung die entsprechenden Flags und Methoden der Basisklasse `ios`. Diese Flags bestimmen z.B. die Feldbreite oder ob eine ganze Zahl dezimal oder hexadezimal dargestellt wird.

Format-Variable

Die Format-Flags sind in einer ganzzahligen Variablen gespeichert, für die in der Klasse `ios` der Typ `fmtflags` verwendet wird. Der Typ `ios::fmtflags` ist gewöhnlich als `long` definiert.

Jedem Format-Flag ist ein bestimmtes Bit in der Format-Variablen zugeordnet. Manche Format-Flags gehören zusammen, wie zum Beispiel die Flags für die Ausrichtung in einem Ausgabefeld. Solche Flags werden jeweils zu einem *Bitfeld* zusammengefaßt.

Bei der Manipulation von Flags muss darauf geachtet werden, dass höchstens ein Bit eines Bitfelds gesetzt sein darf.

Zugriff auf die Format-Flags

Für den Zugriff auf die Format-Flags stehen in allen `ios`-Klassen die nebenstehenden Methoden zur Verfügung:

- Die Methode `flags()` wird aufgerufen, wenn die gesamte Flag-Variable gelesen oder geschrieben werden soll. Beispielsweise können die Format-Flags eines Streams gerettet und später wiederhergestellt werden.
- Die Methoden `setf()` und `unsetf()` werden aufgerufen, wenn einzelne Flags gesetzt oder gelöscht werden sollen.

Daneben besteht die Möglichkeit, Flags mit Manipulatoren zu verändern. Hierauf wird später eingegangen.

Beispiel:

```
ios::fmtflags  savedFlags = cout.flags();  // Retten

// Format-Flags aendern und spezielle Ausgabe
// mit geaenderten Flags vornehmen.
// . . .

cout.flags( savedFlags);                // Wiederherstellen.
```

Das nächste Beispiel zeigt mögliche Aufrufe von `setf()` und `unsetf()`.

Beispiel:

```
int zahl = 12;
cout << "\nDezimal: " << zahl; //Standard-Einstellung

// Ausgabe auf hex umstellen:
unsetf( ios::dec);     setf( ios::hex);

// Besser: Im Bitfeld  basefield alle Flags loeschen
// und das Flag hex setzen:
cout.setf( ios::hex, ios::basefield);
cout << "\nHexadezimal: " << zahl  << endl;
```

20

20.10 Formatierung ganzer Zahlen

Weitere Flags für die Ausgabe von Zahlen

Flag	Wirkung, falls Flag gesetzt
`ios::showbase`	Bei der Ausgabe von Ganzzahlen wird die Basis gekennzeichnet: oktal: führende `0` hexadezimal: führendes `0x` oder `0X`
`ios::showpos`	Positive Werte werden mit dem Vorzeichen + ausgegeben
`ios::uppercase`	Bei der Ausgabe von Zahlen werden Großbuchstaben verwendet, z.B. für Hex-Ziffern.

Hinweis Standardmäßig sind diese Flags nicht gesetzt.

Manipulatoren zu den bisher genannten Flags

Manipulator	Wirkung

`oct`
`dec`
`hex`
	Das entsprechende Flag wird als einziges im Bitfeld `ios::basefield` gesetzt.
	Die nachfolgenden Ein- bzw. Ausgaben erfolgen dann oktal, dezimal oder hexadezimal.

`showbase`
`noshowbase`
`showpos`
`noshowpos`
`uppercase`
`nouppercase`
	Das entsprechende Flag wird gesetzt bzw. gelöscht.

Hinweis Diese Manipulatoren sind in der Klasse `ios` deklariert und stehen damit für Ein- und Ausgabe-Streams zur Verfügung.

Zahlensystem kennzeichnen

Bei der Ausgabe von ganzen Zahlen kann das jeweils eingestellte Zahlensystem als Präfix sichtbar gemacht werden. Dabei bedeutet

- kein Präfix — dezimale Zahl
- Präfix `0` — oktale Zahl
- Präfix `0x` oder `0X` — hexadezimale Zahl
- Für Hex-Zahlen wird `0X` statt `0x` verwendet, wenn auch das Flag `ios::uppercase` gesetzt ist.

Beispiel:

```
cout.setf( ios::hex, ios::basefield);  // Ausgabe hex
cout<< 27 << "    ";  //showbase und uppercase setzen:
cout.setf( ios::showbase | ios::uppercase);
cout << 27 << "    ";
cout.unsetf(ios::uppercase); // Flag uppercase loeschen
cout << 27 << endl;
```

Diese Anweisungen erzeugen folgende Ausgabe: `1b      0X1B      0x1b`

Aufruf von Manipulatoren

Das Setzen bzw. Löschen von Flags wird durch die Verwendung von Manipulatoren wesentlich einfacher und übersichtlicher. Das obige Beispiel kann wie folgt mit Manipulatoren codiert werden:

```
cout << hex << 27 << "    ";  // Ausgabe: hexadezimal
cout << showbase << uppercase << 27 << "    ";
cout << nouppercase << 27 << endl;
```

Manipulatoren sind Funktionen, die hier durch das Einfügen im »Ausgabestrom« aufgerufen werden. Das ist möglich, da der Ausgabeoperator `<<` für Zeiger auf Funktionen überladen ist.

Zum Beispiel wird durch den Ausdruck `cout << hex` die Funktion `hex()` mit dem Argument `cout` aufgerufen. Das wiederum führt zum Aufruf von

```
setf(ios::hex, ios::basefield);
```

Im folgenden wird die Wirkung des Flags `ios::showpos` gezeigt, das für positive Zahlen die Ausgabe des Vorzeichens erzwingt.

Beispiel:

```
cout << -10 << "    " << 10 << "    " << 1.2 << endl;
cout << showpos << -10 << "    "
     << 10 << "    " << 1.2 << endl;
```

Die Anweisungen erzeugen folgende Ausgabe:

```
-10    10    1.2
-10   +10   +1.2
```

20

20.11 Formatierung von Gleitpunktzahlen

Flags im Bitfeld ios::floatfield

Flag	Wirkung, falls Flag gesetzt
`ios::fixed`	Darstellung als Festpunktzahl
`ios::scientific`	Darstellung in exponentieller Schreibweise

Flag für den Dezimalpunkt

Flag	Wirkung, falls Flag gesetzt
`ios::showpoint`	Bei der Ausgabe einer Gleitpunktzahl wird stets der Dezimalpunkt angezeigt.

Hinweis Standardmäßig sind die obigen drei Flags nicht gesetzt.

Manipulatoren für die obigen Flags

Manipulator	Wirkung
`fixed` `scientific`	Das entsprechende Flag wird als einziges im Bitfeld `ios::floatfield` gesetzt.
`showpoint` `noshowpoint`	Das Flag `ios::showpoint` wird gesetzt bzw. gelöscht.

Elementfunktionen von ios für die Genauigkeit

Elementfunktion	Wirkung
`int precision() const;`	Liefert den aktuellen Wert für die Genauigkeit zurück (Standard-Wert: `6`).
`int precision(int prec);`	Setzt die Genauigkeit auf den Wert `prec`. Der ursprüngliche Wert wird zurückgegeben.

Standard-Einstellung

Standardmäßig ist keines der nebenstehenden Flags gesetzt, und der Wert für die Genauigkeit ist 6. Dieser Wert kann mit der Methode `precision()` verändert werden.

Ohne gesetzte Flags wird eine Gleitpunktzahl wie folgt ausgegeben:

- Höchstens `precision()` Stellen der Zahl
- Keine abschließenden Nullen nach dem Dezimalpunkt

Wenn keine Ziffer dem Dezimalpunkt folgt, so wird auch der Dezimalpunkt nicht angezeigt.

Beispiel:
```
cout << 12.0 << "     "
     << 1234.5 << "     " << 12.34567 << endl;
cout.precision(3);
cout << 12.0 << "     "
     << 1234.5 << "     " << 12.34567 << endl;
```

Diese Anweisungen erzeugen folgende Ausgabe:

```
12     1234.5     12.3457
12     1.23e+03     12.3
```

Wie man sieht, wird nicht einfach abgeschnitten, sondern gerundet. Außerdem wird die exponentielle Darstellung verwendet, wenn die Anzahl der Stellen vor dem Dezimalpunkt größer ist als die Genauigkeit.

Die Flags showpoint, fixed und scientific

Das Flag `ios::showpoint` bewirkt, dass der Dezimalpunkt und abschließende Nullen angezeigt werden, bis `precision()` Stellen erreicht sind.

Beispiel:
```
cout << showpoint << 12.0 << endl;
```

Bei einer Genauigkeit von 6 wird hier `12.0000` ausgegeben.

Die Formatierung von Gleitpunktzahlen wird übersichtlicher, wenn eines der Flags `ios::fixed` oder `ios::scientific` gesetzt ist:

- Das Flag `ios::fixed` bewirkt stets die Darstellung als Festpunktzahl.
- Das Flag `ios::scientific` erzeugt die exponentielle Darstellung.

In beiden Fällen bestimmt die Genauigkeit die Anzahl der Stellen nach dem Dezimalpunkt.

Beispiel:
```
float euro = 1.9,  x = 0.01355;
cout.precision(2);
cout << fixed << "Euro   " << euro << endl;
cout << scientific << uppercase <<"Wert "<< x << endl;
```

Diese Anweisungen erzeugen folgende Ausgabe:

```
Euro  1.90
Wert 1.36E-02
```

20.12 Ausgabe in Felder

Elementfunktionen von ios für die Feldbreite und das Füllzeichen

Elementfunktion	Wirkung
`int width() const;`	Liefert den aktuellen Wert für die Feldbreite (Standard-Wert: `0`).
`int width(int wide);`	Setzt die Feldbreite auf den Wert `wide`. Dieser Wert ist nur für die nächste Ausgabe gültig.
`int fill() const;`	Liefert das aktuell gesetzte Füllzeichen (Standard-Wert: Blank).
`int fill(int ch);`	Das übergebene Zeichen `ch` wird zum neuen Füllzeichen.

Flags im Bitfeld ios::adjustfield

Flag	Wirkung, falls Flag gesetzt
`ios::left`	Linksbündig im Feld
`ios::right`	Rechtsbündig im Feld (standardmäßig)
`ios::internal`	Vorzeichen linksbündig, Wert rechtsbündig im Feld

Manipulatoren für diese Flags

Manipulator	Wirkung

`left`
`right`
`internal`
	Das entsprechende Flag wird als einziges im Bitfeld `ios::adjustfield` gesetzt.

Hinweis Diese Manipulatoren stehen nur bei neueren Compilern zur Verfügung.

Feldbreite und Füllzeichen

Die Ausgabe des Operators << kann auch in Feldern mit einer bestimmten Mindestgröße erfolgen. Die Feldbreite wird mit der Methode `width()` gesetzt und bezieht sich stets nur auf die nachfolgende Ausgabe!

Ist das Feld größer als die auszugebende Zeichenfolge, so wird der Rest des Felds mit Blanks gefüllt. Mit der Methode `fill()` kann aber auch ein anderes Füllzeichen bestimmt werden. Dieses Zeichen ist permanent, d.h., es bleibt so lange gültig, bis mit `fill()` ein neues Zeichen gesetzt wird.

Beispiel:
```
cout.width(6);     cout.fill('#');
cout << 123 << endl << 123 << endl;
```

Die Ausgabe dieser Anweisungen:

```
###123
123
```

Bei der Ausgabe einzelner Zeichen wird die gesetzte Feldbreite nicht berücksichtigt.

Ausrichtung

Die Standard-Einstellung für die Ausrichtung im Feld ist »rechtsbündig«. Weitere Möglichkeiten sind »linksbündig« und »intern«. Dazu müssen die Flags `ios::left` oder `ios::internal` gesetzt werden, was am einfachsten wieder durch die entsprechenden Manipulatoren erfolgt.

Beispiel:
```
cout.fill('.');
cout.width(6);         cout << -123  << endl;
cout.width(6);         cout << left << -123  << endl;
cout.width(6);         cout << internal << -123  << endl;
```

Diese Anweisungen erzeugen folgende Ausgabe:

```
..-123
-123..
-..123
```

Feldbreite bei der Eingabe

Die Feldbreite kann auch beim Einlesen eines Strings mit dem Operator >> eingesetzt werden: Bei einer Feldbreite, die nicht `0` ist, werden maximal `width()-1` Zeichen abgespeichert und dann das String-Ende `'\0'` angehängt. Zur Sicherheit sollte stets eine Feldbreite vorgegeben werden.

Beispiel:
```
char vname[20];
cout << "Vorname:  ";
cin.width(20);  cin >> vname;   // maximal 19 Zeichen
```

20

20.13 Weitere Manipulatoren

Manipulatoren mit Parametern (für alle ios-Klassen)

Manipulator	Wirkung
`setiosflags(ios::fmtflags flgs);`	Setzt die angegebenen Flags. Mehrere Flags werden durch bitweises ODER | verknüpft.
`resetiosflags(ios::fmtflags flgs);`	Löscht die Flags `flgs`. Auch Bit-Felder können übergeben werden.
`setbase(int base);`	Setzt die Zahlenbasis. Das Argument muss den Wert `8`, `10` oder `16` haben.
`setprecision(int n);`	Setzt die Genauigkeit auf `n`.
`setw(int n);`	Setzt die Feldbreite für die nächste Ausgabe (ruft die Methode `width(n)` auf).
`setfill(int ch);`	Setzt das Füllzeichen `ch` (ruft die Methode `fill(ch)` auf).

Manipulatoren der Klasse ostream

Manipulator	Wirkung
`flush`	Leert den Ausgabepuffer.
`endl`	Gibt einen Zeilenvorschub aus und leert den Ausgabepuffer.
`Ends`	Gibt das String-Endezeichen aus und leert den Ausgabepuffer.

Manipulator der Klasse istream

Manipulator	Wirkung
`ws`	Entfernt Zwischenraumzeichen aus dem Eingabepuffer (bis zum ersten Zeichen, das kein Zwischenraumzeichen ist).

Standard-Manipulatoren

In der Header-Datei `iomanip` sind sogenannte *Standard-Manipulatoren* deklariert, die Parameter besitzen. Sie sind in der nebenstehenden Tabelle zusammengefaßt.

Anstelle der Elementfunktionen zum Setzen von Feldbreite, Füllzeichen und Genauigkeit können die Standard-Manipulatoren `setw()`, `setfill()` und `setprecision()` angegeben werden. Daneben setzt der Manipulator `setbase()` eine Zahlenbasis und ist damit wirkungsgleich mit den Manipulatoren `dec`, `oct` oder `hex`.

Beispiel:
```
cout << setfill('*') << setw(8) << -12.3  << endl;
cout << setw(8) << setprecision(2)
     << fixed << -12.3  << endl;
cout << setw(8) << setbase(8)
     << showbase << 123 << endl;
```

Diese Anweisungen bewirken folgende Ausgaben:

```
***-12.3
**-12.30
****0173
```

Manipulatoren von istream und ostream

Der Manipulator `endl` ist zur Ausgabe in Textdateien, insbesondere dem Bildschirm, vorgesehen. Dagegen ist der Manipulator `ends` für die Ausgabe in Strings verwendbar.

Für die Klasse `istream` ist nur der Manipulator `ws` definiert. Damit werden Zwischenraumzeichen, also Blanks, Tabs und Newline-Zeichen aus dem Eingabepuffer entfernt.

Beispiel:
```
char zeile[81];
cin >> ws;
cin. getline( zeile, 81);
```

Hier wird eine Textzeile ohne führende Zwischenraumzeichen eingelesen.

Spezielle Flags

Es gibt in der Klasse `ios` noch drei weitere Flags:

- `ios::boolalpha` — Wenn dieses Flag gesetzt ist, wird bei der Ausgabe von booleschen Werten der String `false` oder `true` statt `0` oder `1` ausgegeben.
- `ios::skipws` — Wenn dieses Flag gesetzt ist, werden bei der Eingabe mit dem Operator >> Zwischenraumzeichen überlesen.
- `ios::unitbuf` — Dieses Flag bewirkt, dass nach jeder Ausgabe der Puffer geleert, also `flush()` aufgerufen wird.

Das Flag `ios::skipws` ist standardmäßig für `cin` gesetzt. Die übrigen Flags sind für die Standard-Streams nicht gesetzt.

20.14 Selbstdefinierte Manipulatoren

Beispielprogramm

```
// -----------------------------------------------------
// Manipulator line, der eine Linie ausgibt
// ( 40 Zeichen _ )
// -----------------------------------------------------

#include <iostream>
using namespace std;

// Die Manipulator-Funktion:

ostream& line( ostream& os)
{
   for( int i=0; i < 40; ++i)
     os << '_';

   os << endl;

   return os;
}


int main()
{
   cout << line
        << "Ein Test fuer den Manipulator line\n"
        << line;

   return 0;
}
```

Schnittstellen

Der Operator >> für `istream` und der Operator << für `ostream` sind so überladen, dass sie als Argument auch eine Funktion akzeptieren. Damit eine Funktion `func()` in einen Ein- bzw. Ausgabe-Stream »eingefügt« werden kann, muss sie einen der folgenden Prototypen besitzen:

```
ios& func( ios& strm);       // Fuer istream und ostream

istream& func( istream& strm);// Nur fuer istream

ostream& func( ostream& strm);// Nur fuer ostream
```

Im folgenden ist zu beachten, dass der Name einer Funktion einen Zeiger auf diese Funktion darstellt.

Manipulatoren ohne Argumente

Die Standard-Manipulatoren ohne Argumente besitzen eine der oben genannten Schnittstellen. So ist der Manipulator `hex` eine globale Funktion, welche die Methode `setf()` der Klasse `ios` aufruft:

Beispiel:
```
ios& hex( ios& strm)
{
   strm.setf( ios::hex, ios::basefield);
   return strm;
}
```

Wird dann die Funktion `hex` als Argument des Ein- oder Ausgabeoperators >> bzw. << angegeben, so wird sie von der Operatorfunktion aufgerufen und damit das Flag `ios::hex` gesetzt.

```
cout << hex; // aequivalent zu cout.operator<<( hex);
```

Diese Anweisung bewirkt den Aufruf:

```
hex( cout);
```

Analog zum obigen Beispiel können auch eigene Manipulatoren definiert werden. Dies zeigt der nebenstehende Manipulator `line`, der eine Linie ausgibt.

Wichtig ist, dass die Manipulator-Funktion eine der obigen Schnittstellen besitzt. Besitzt die Funktion einen anderen Typ, so wird der Funktionsname bei der Übergabe an die Operatorfunktion in einen Zeiger vom Typ `void*` konvertiert und die Adresse hexadezimal angezeigt.

Im folgenden wird nur die Adresse ausgegeben:

Beispiel:
```
int test( ) {  /*..... */ }
cout << "\nAdresse der Funktion test(): " << test;
```

Das ist im allgemeinen nicht gewünscht!

20.15 Selbstdefinierte Manipulatoren mit Parametern

Beispielprogramm

```
// ---------------------------------------------------------
// Manipulator line mit Parameter fuer die Laenge.
// ---------------------------------------------------------

#include <iostream>
using namespace std;

// Die Manipulator-Funktion,
// die vom Manipulator aufgerufen wird:
ostream& putline( ostream& os, int n)
{
   for( int i=0; i < n; ++i)
     os << '_';
   os << endl;
   return os;
}

#include "myManip.h"         // Klasse oManip und Makro O_MANIP

// Der Manipulator line(), den der Anwender aufruft
oManip<int> line( int n)             // Funktion und Argument
{                                    // im Objekt hilf speichern
   oManip<int> hilf(putline,n);
   return hilf;
}

// ----- Alternative --------------------------------------
// Der Manipulator zu einer Manipulatorfunktion kann auch
// inline mit dem Makro O_MANIP definiert werden.
// Aufruf:   O_MANIP( manipulator, function, T)
// Definition des Manipulatos line():
// O_MANIP( line, putline, int)
// --------------------------------------------------------

int main()                   // Manipulator line() testen
{
   cout << line(40)
        << "Ein Test fuer den Manipulator line\n"
        << line(40);
   return 0;
}
```

Bei Manipulatoren mit Parametern genügt es nicht, nur die aufzurufende Funktion den Operatoren >> bzw. << zu übergeben. Es müssen auch die Argumente für diese Funktion angegeben werden können.

Der Mechanismus, der dies ermöglicht, ist komplizierter und erfolgt in mehreren Schritten. Es müssen dazu zwei Funktionen definiert werden: Der eigentliche Manipulator und eine Hilfsfunktion. Außerdem muss noch der Operator >> bzw. << zusätzlich überladen werden.

Ablauf

Der prinzipielle Ablauf soll zunächst am Beispiel des Standard-Manipulators `setprecision()` erläutert werden: Die Anweisung

```
cout << setprecision(2);
```

bewirkt folgendes:

- Es wird eine globale Funktion `setprecision()` mit dem Wert `2` aufgerufen. Die Aufgabe dieser Hilfsfunktion ist es, ein Objekt anzulegen, das den Zeiger auf die eigentliche Manipulatorfunktion und den Wert des Arguments speichert.
- Dieses Objekt wird von `setprecision()` als Return-Wert geliefert und dem Operator << übergeben. Der Operator << ist so überladen, dass dann die Manipulatorfunktion mit dem gespeicherten Argument aufgerufen wird.

Manipulatorfunktion

Die Manipulatorfunktion legt fest, was der Manipulator bewirkt. Sie besitzt einen der folgenden Prototypen, wenn ein `int`-Wert übergeben werden soll:

```
ios& func(ios& strm, int wert);      //Fuer istream, ostream
istream& func( istream& strm, int wert);  // Fuer istream
ostream& func( ostream& strm, int wert);  // Fuer ostream
```

Für das Objekt, das den Zeiger auf die Manipulatorfunktion und ihr Argument speichert, sind in der Header-Datei `myManip.h` (auf der CD zum Buch) die folgenden Klassen-Templates definiert:

```
sManip<typ>          // Fuer Manipulatoren der Klasse ios
iManip<typ>          // Fuer Manipulatoren von istream
oManip<typ>          // Fuer Manipulatoren von ostream
```

Dabei ist `typ` der Argumenttyp der Manipulatorfunktion. Für diese Klassen ist der Operator >> bzw. << so überladen, dass die Manipulatorfunktion aufgerufen wird.

Bei vielen Compilern sind bereits entsprechende Klassen-Templates in der Standard-Header-Datei `iomanip` definiert. Da diese aber nicht einheitlich bzw. nicht vorhanden sind, wurde in `myManip.h` eine eigene Definition zur Verfügung gestellt.

Mit dieser Unterstützung ist es nun leichter möglich, eigene Manipulatoren mit Parametern zu schreiben. Das nebenstehende Beispiel erweitert den Manipulator `line` so, dass beim Aufruf noch die Länge der Linie angegeben werden kann.

20.16 Übungen

Beispielaufruf

```
#include <iostream>
using namespace std;

#include "money.h"        // Deklaration des Manipulators money


  double euro = 9.9;

  // . . .

  cout << money(euro) << "Euro";

  // . . .
```

Ausgabe:

```
9.90 Euro
```

Aufgabe

Es ist ein Programm zu entwickeln, das eine Umrechnungstabelle von Euro in Dollar auf dem Bildschirm ausgibt. Zur formatierten Ausgabe von Geldbeträgen ist ein passender Manipulator selbst zu definieren.

- Erstellen Sie einen Manipulator `money` mit einem Parameter vom Typ `double` für den auszugebenden Geldbetrag. Dieser ist
  - als Festpunktzahl
  - mit zwei Ziffern hinter dem Dezimalpunkt
  - rechtsbündig in ein Feld mit der Feldbreite 10 und
  - einem Blank als Füllzeichen

  auszugeben. Da im allgemeinen nicht bekannt ist, wie die Werte bzw. Flags gerade eingestellt sind, müssen alle Einstellungen vorgenommen werden.

  Außerdem ist der Stream wieder in den Zustand zu versetzen, in dem er sich vor dem Aufruf des Manipulators befand, d.h., die Format-Flags, die Genauigkeit und das Füllzeichen müssen gerettet und wiederhergestellt werden.

  Damit der Manipulator universell einsetzbar ist, ist er in einer eigenen Quelldatei mit zugehöriger Header-Datei zu definieren. Verwenden Sie die Header-Datei `myManip.h` auf der CD zum Buch.
- Die `main`-Funktion gibt zunächst eine passende Überschrift aus, z.B.

  ```
  " -------- Umrechnung von Euro in US-Dollar ---------"
  ```

  Anschließend wird der aktuelle Dollar-Kurs (Preis für einen Euro in US-Dollar) im Dialog eingelesen.

  In einer Schleife werden in Zehnerschritten Beträge von 10,00 Euro bis 100,00 Euro und die entsprechenden Dollar-Beträge ausgegeben. Für die Ausgabe sind der Operator << und der Manipulator `money` zu verwenden (vgl. den nebenstehenden Beispielaufruf).

20.17 Lösung

Zur Aufgabe

```
// ----------------------------------------------------------------
// Datei:  money.cpp
// Zweck:  Manipulator money fuer die formatierte Ausgabe von
//         Geldbetraegen.
//         Parameter: Geldbetrag (double).
// ----------------------------------------------------------------

#include <iostream>
#include <iomanip>
using namespace std;

// Die eigentliche Manipulatorfunktion:

ostream& out_10_2( ostream& os, double wert)
{
    ios::fmtflags savedFlags = os.flags();    // Flags retten

    os.setf( ios::fixed, ios::floatfield);    // os << fixed;

    int savedPrec = os.precision(2);
    int savedFill = os.fill(' ');
    os.width(10);

    os << wert << flush;

    os.fill( savedFill);
    os.precision( savedPrec);
    os.flags( savedFlags);

    return os;
}

// Der Manipulator money(), den der Anwender aufruft,
// ist inline in der Header-Datei money.h definiert.


// ----------------------------------------------------------------
// Datei:  money.h
// Zweck:  Manipulator money inline definieren.
// ----------------------------------------------------------------

#ifndef _MONEY_H_
#define _MONEY_H_

#include "myManip.h"        // Klasse oManip und Makro O_MANIP

// Definition des Manipulatos money:

O_MANIP( money, out_10_2, double)


// Alternative:  Direkte Definition (ohne Makro)
/*
                         // Prototyp der Manipulator-Funktion:
ostream& out_10_2( ostream& os, double wert);

inline oManip<double> money( double betrag)
{           // Funktion und Argument im Objekt hilf speichern:
    oManip<double> hilf( out_10_2, betrag);     return hilf;
}
*/
#endif  // _MONEY_H_
```

```
// -----------------------------------------------------------------
// Datei: myManip.h
// Zweck: Definition von Klasse-Templates fuer Stream-
//        Manipulatoren mit einem Parameter vom Typ T:
//          sManip<T>    fuer Manipulatoren der Klasse ios
//          iManip<T>    fuer Manipulatoren von istream
//          oManip<T>    fuer Manipulatoren von ostream
//        Ein Manipulator gibt ein Objekt vom Typ einer dieser
//        Klassen zurueck. Das Objekt speichert einen Zeiger auf
//        die Manipulatorfunktion und ihr Argument.
//        Der Operatore >> bzw. der Operator << ist so ueberladen,
//        dass er bei der Uebergabe eines solchen Objekts, die
//        Manipulatorfunktion mit ihrem Argument aufruft.
//
//         Zu einer Manipulatorfunktion kann mit einem der Makros
//           S_MANIP, I_MANIP, O_MANIP
//         der zugehoerige Manipulator definiert werden.
// -----------------------------------------------------------------

#ifndef _MYMANIP_H_
#define _MYMANIP_H_

#include <iostream>
using namespace std;

//------------------------------------------------------------------
//     ios Manipulatoren
//------------------------------------------------------------------

template <class T>
class sManip
{
  private:
    ios& (*func)(ios&, T);
    T arg;
  public:
    sManip( ios& (*f)(ios&, T), T a) : func(f), arg(a) {}

    friend istream& operator>>(istream& is, const sManip<T>& m);

    friend ostream& operator<<(ostream& os, const sManip<T>& m);
};

template <class T>
inline istream& operator>>(istream& is, const sManip<T>& m)
{
    (*m.func)(is, m.arg);
    return is;
}

template <class T>
inline ostream& operator<<(ostream& os, const sManip<T>& m)
{
    (*m.func)(os, m.arg);
    return os;
}

//
// Makro zur Definition eines Manipulators mit der Klasse sManip
// Parameter  manipulator : Der zu definierende Manipulator
//            function    : Die global definierte Manipulator-
//                          funktion
//            T           : Typ des Arguments
// Dar Manipulator wird inline definiert. S_MANIP ist also i.a.
// in einer Header-Datei aufzurufen.

#define S_MANIP( manipulator, function, T)              \
        ios& (function)(ios&, T);       /* Prototyp */  \
        inline sManip<T> manipulator( T arg)            \
               { return sManip<T>(function, arg); }
```

```
//---------------------------------------------------------------
//     istream Manipulatoren
//---------------------------------------------------------------

template <class T>
class iManip
{
  private:
    istream& (*func)(istream&, T);
    T arg;
  public:
    iManip( istream& (*f)(istream&, T), T a) : func(f), arg(a) {}

    friend istream& operator>>(istream& is, const iManip<T>& m);
};


template <class T>
inline istream& operator>>(istream& is, const iManip<T>& m)
{
    return (*m.func)(is, m.arg);
}

//
// Makro zur Definition eines Manipulators mit der Klasse iManip
// Parameter wie oben.
//
#define I_MANIP( manipulator, function, T)                  \
        istream& (function)(istream&, T);   /* Prototyp */  \
        inline iManip<T> manipulator( T arg)                \
               { return iManip<T>(function, arg); }


//---------------------------------------------------------------
//     ostream Manipulatoren
//---------------------------------------------------------------

template <class T>
class oManip
{
  private:
    ostream& (*func)(ostream&, T);
    T arg;
  public:
    oManip( ostream& (*f)(ostream&, T), T a) : func(f), arg(a) {}

    friend ostream& operator<<(ostream& os, const oManip<T>& m);
};


template <class T>
inline ostream& operator<<(ostream& os, const oManip<T>& m)
{
    return (*m.func)(os, m.arg);
}

//
// Makro zur Definition eines Manipulators mit der Klasse oManip
// Parameter wie oben.
//
#define O_MANIP( manipulator, function, T)                   \
        ostream& (function)(ostream&, T);    /* Prototyp */  \
        inline oManip<T> manipulator( T arg)                 \
               { return oManip<T>(function, arg); }

#endif  // _MY_MANIP_H_
```

```
// -------------------------------------------------------------
// Datei:  money_t.cpp
// Zweck:  Den Manipulator money testen.
// -------------------------------------------------------------

#include "money.h"                              // Deklaration
#include <iostream>
using namespace std;

int main()
{
   cout << "\n ----  Umrechnung von Euro in US-Dollar  ----\n\n";

   cout << "Bitte aktuellen Kurs Euro - US-Dollar eingeben\n"
           "Preis fuer einen Euro in US-Dollar : ";

   double kurs;
   if( !(cin >> kurs) || kurs < 0.1  ||  kurs > 10.0)
   {
     cerr << "\nFehlerhafte Eingabe!\n";
     return 1;
   }

   cout <<  "\n      Euro             US-$\n"
            "--------------------------------\n";

   for( double euro = 10.0;  euro <= 100.1;  euro += 10.0 )

      cout << money(euro) << "        " <<  money( euro*kurs)
           << endl;

   return 0;
}
```

Kapitel 21: Datei- und String-Streams

Diese Kapitel beschreibt, wie

- Dateien mit Hilfe von Streams sequenziell und wahlfrei bearbeitet werden
- formatierte Ein- und Ausgaben in Strings mit Hilfe von String-Streams vorgenommen werden

21.1 Die File-Stream-Klassen

Die public-Methoden von fstream

Methode	Wirkung
`fstream();`	Erzeugt einen File-Stream und legt einen Dateipuffer vom Typ `filebuf` an, ohne eine Datei zu öffnen.
`explicit fstream(const char* s, openmode m = ios::in|ios::out);`	Dieser Konstruktor öffnet zusätzlich die Datei mit dem angegebenen Namen und Modus.
`void open(const char* s, openmode m = ios::in|ios::out);`	Öffnet eine Datei im angegebenen Modus `m`. Ohne Angabe des zweiten Arguments wird die Datei zum Lesen und Schreiben geöffnet.
`bool is_open()`	Liefert `true`, falls die Datei geöffnet ist.
`filebuf rdbuf();`	Liefert die Adresse des Stream-Puffers.
`void close();`	Schließt die momentan geöffnete Datei.

Öffnungsmodus-Flags der Klasse ios

Flag	Wirkung
`ios::in`	Datei zum Lesen öffnen.
`ios::out`	Datei zum Schreiben öffnen.
`ios::app`	Vor jeder Schreiboperation den `put`-Zeiger auf das Dateiende setzen.
`ios::trunc`	Beim Öffnen eine bereits existierende Datei auf Länge `0` kürzen.
`ios::ate`	Datei öffnen und Zeiger auf Dateiende setzen.
`ios::binary`	Schreib-/Lese-Operationen im Binärmodus ausführen.

Hinweis Diese Flags besitzen den Datentyp `ios::openmode`.

File-Streams

Die Klassen `ios`, `istream`, `ostream` und `iostream` bieten die Grundlage für die Stream-Klassen `ifstream`, `ofstream` und `fstream` zur Dateiverarbeitung. Sie sind in der Header-Datei `fstream` deklariert.

Die Klasse `ifstream` entsteht aus der Klasse `istream` durch `public`-Vererbung und ermöglicht das Lesen von Dateien. Die Klasse `ofstream` entsteht ebenfalls durch `public`-Vererbung aus der Klasse `ostream` und unterstützt das Schreiben in Dateien. Die Klasse `fstream` entsteht aus der Klasse `iostream` durch `public`-Vererbung. Sie ermöglicht das Lesen und Schreiben von Dateien.

Den Klassen stehen damit die in der entsprechenden Basisklasse definierten formatierten und unformatierten Lese- bzw. Schreiboperationen zur Verfügung. Darüber hinaus besitzen die Klassen je zwei Konstruktoren sowie Elementfunktionen zum Öffnen und Schließen einer Datei sowie zur Bestimmung der Adresse des Stream-Puffers. Nebenstehend sind diese Elementfunktionen für die Klasse `fstream` zusammengestellt.

Tritt bei einer Dateioperation ein Fehler auf, so wird das `fail`-Bit gesetzt.

Öffnen von Dateien

Bei der Deklaration eines File-Streams kann eine Datei automatisch geöffnet werden. Hierzu braucht in der Deklaration nur der Dateiname angegeben zu werden.

Beispiel: `ifstream mykat("katalog.dat");`

Der Dateiname wird dem Konstruktor von `istream` übergeben, der die Datei zum Lesen öffnet. Dagegen wird bei der Deklaration

```
ifstream  yourkat;
```

zwar ein Stream angelegt, für den aber noch keine Datei eröffnet wird. Dies kann mit der Methode `open()` später nachgeholt werden:

```
yourkat.open("katalog.dat");
```

Den Konstruktoren und der Methode `open()` kann neben einem Dateinamen auch ein *Eröffnungsmodus* als Argument übergeben werden. Die Klasse `ios` definiert verschiedene Eröffnungsmodus-Flags vom Typ `ios::openmode`, die der nebenstehenden Tabelle zu entnehmen sind. Sofern dies sinnvoll ist, können verschiedene Flags mit Hilfe des Bitoperators | kombiniert werden.

Schließen von Dateien

Eine Datei wird automatisch geschlossen, wenn der zugehörige Stream zerstört wird. Falls eine Datei schon vorher nicht mehr benutzt wird, so sollte sie explizit geschlossen werden, da die Anzahl von gleichzeitig geöffneten Dateien begrenzt ist.

Beispiel: `yourkat.close();        // Datei "katalog.dat" schließen.`

21.2 Sequenzieller Dateizugriff

Beispielprogramm

```
// -------------------------------------------------------
// Eine Textdatei seitenweise (jeweils 20 Zeilen) anzeigen.
// -------------------------------------------------------

#include <iostream>
#include <fstream>
using namespace std;

int main()
{
  char dateiname[81], zeile[512];
  ifstream datei;

  cout << "Eine Textdatei anzeigen.\n"
       << "Dateiname: ";
  cin.getline( dateiname, 81);

  datei.open( dateiname);
  if(!datei)                       // datei.fail()
  {
     cerr << "\nDatei " << dateiname
          << " kann nicht geoeffnet werden\n";
     return 1;
  }

  int zeilenNr = 0;
  while( datei.getline( zeile, sizeof(zeile)) )
  {
    cout.width(5);
    cout << ++zeilenNr << ": " << zeile << endl;
    if( zeilenNr % 20 == 0)
    {
      cout << "\n\n\t --- weiter mit der Eingabe-Taste --- ";
      cin.get();
    }
  }
  if( !datei.eof())
  {
    cerr << "\nLesefehler!\n";
    return 2;
  }

  return 0;
}
```

Allgemeines

Den Klassen `ifstream`, `ofstream` und `fstream` stehen alle `public`-Operationen für die Ein- bzw. Ausgabe zur Verfügung, die in den Basisklassen `istream`, `ostream` bzw. `iostream` definiert sind. Damit können Informationen zeichenweise oder blockweise, formatiert oder unformatiert in eine Datei geschrieben und aus einer Datei gelesen werden.

Werden Informationen in der Reihenfolge ihres Eintreffens nacheinander in eine Datei geschrieben bzw. beim Dateianfang beginnend nacheinander aus der Datei gelesen, so spricht man vom *sequenziellen Dateizugriff*.

Ein-/Ausgabe von Zeichen

Mit den Methoden `put()` und `get()` können einzelne Zeichen in eine Datei geschrieben bzw. aus der Datei gelesen werden. Jede Ein-/Ausgabeoperation bezieht sich auf die aktuelle Position des Schreib-/Lesezeigers, der auch `get`- bzw. `put`-Zeiger genannt wird. Mit jedem ausgegebenen Zeichen wird der `put`-Zeiger um 1 erhöht. Mit jedem Zeichen, das gelesen wird, erhöht sich die Position des `get`-Zeigers um 1. Wird das Dateiende erreicht, so wird das `eof`-Bit gesetzt.

Beispiel:
```
ifstream in_text("your.dat");
char c;
in_text.get(c);     // Ein Zeichen aus der Datei lesen.
```

Zum Einlesen von Zeichenfolgen können auch die Methode `getline()` oder eine der überladenen Versionen von `get()` verwendet werden.

Blockweise Ein-/Ausgabe

Die Methoden `read()` und `write()` lesen bzw. schreiben eine vorgegebene Anzahl von Bytes. Ist etwa `v` ein Vektor mit Elementen einer Struktur `Person`, so können `n` Vektorelemente wie folgt an die Datei `"personal.dat"` angehängt werden:

Beispiel:
```
ofstream personal("personal.dat",
                  ios::out | ios::app | ios::binary);
personal.write( v, n*sizeof(Person) );
```

Formatierte Ein-/Ausgabe

Die Operatoren `>>` und `<<` bieten eine sehr komfortable Möglichkeit, Daten formatiert in Textdateien zu übertragen. Ist z. B. `"mess.dat"` eine Textdatei, die Meßwerte als Strings hexadezimal mit der Feldbreite `8` speichert, so kann ein Meßwert, der im `long`-Format vorliegt, wie folgt in die Datei geschrieben werden:

Beispiel:
```
ofstream mess("mess.dat", ios::out | ios::app);
long x = 1234567;
mess << hex << setw(8) << x;
```

21.3 Wahlfreier Dateizugriff

Positionierungs-Flags der Klasse ios

Flag	Wirkung, falls gesetzt
`ios::beg`	Relativ zum Dateianfang positionieren.
`ios::cur`	Relativ zur aktuellen Position des `get`-/`put`-Zeigers positionieren.
`ios::end`	Relativ zum Dateiende positionieren.

Hinweis Diese Flags besitzen den Datentyp `ios::seekdir`.

Positionierungsfunktionen von istream und ostream

Methode	Wirkung
`istream& seekg(long pos);`	Setzt den `get`-Zeiger auf den Byte-Offset `pos` relativ zum Dateianfang.
`istream& seekg(long pos, ios::seekdir fl);`	Setzt den get-Zeiger auf den Byte-Offset relativ zu der im zweiten Argument festgelegten Position.
`long tellg();`	Liefert den aktuellen Byte-Offset des `get`-Zeigers relativ zum Dateianfang.
`ostream& seekp(long pos);`	Setzt den `put`-Zeiger auf den Byte-Offset `pos` relativ zum Dateianfang.
`istream& seekp(long pos, ios::seekdir fl);`	Setzt den `put`-Zeiger auf den Byte-Offset relativ zu der im zweiten Argument festgelegten Position.
`long tellp();`	Liefert den aktuellen Byte-Offset des `put`-Zeigers relativ zum Dateianfang.

Wahlfreier Zugriff

Der wahlfreie Dateizugriff bietet die Möglichkeit, gewünschte Informationen direkt an einer bestimmten Position in der Datei zu lesen bzw. zu überschreiben. Dazu ist es erforderlich, die aktuelle Lese- bzw. Schreibposition in der Datei zu verändern.

Wahlfreies Positionieren

Die Klassen `istream` und `ostream` definieren `seek`-Funktionen, mit denen die entsprechenden Zeiger neu positioniert werden können. Hierbei ist eine Positionierung wie folgt möglich:

- *absolut*, das ist der Byte-Offset relativ zum Dateianfang
- relativ zur aktuellen Position
- relativ zum Dateiende

Die Klasse `ios` definiert drei Positionierungs-Flags vom Typ `seekdir`, nämlich `beg`, `cur` und `end`, mit denen der Bezugspunkt in der Datei festgelegt wird. Dabei ist zu beachten, dass das erste Byte einer Datei die Position `0` besitzt.

Soll etwa der zehnte Datensatz in der Datei `"personal.dat"` überschrieben werden, so kann dies wie folgt geschehen:

Beispiel:
```
ofstream pdat("personal.dat", ios::out|ios::binary);
pdat.seekp( 9L * sizeof(Person) );
pdat.write( &rec, sizeof(Person) );
```

Hierbei ist `rec` eine Strukturvariable vom Typ `Person` mit den neuen Daten. Der erste Datensatz ist ab der Byte-Position `0` gespeichert, der zweite ab der Byte-Position `sizeof(Person)` usw. Der zehnte Datensatz findet sich also ab der Position `9 * sizeof(Person)`.

Soll der put-Zeiger einen Datensatz vor die aktuelle Position gesetzt werden, so geschieht dies wie folgt (vorausgesetzt, die aktuelle Position ist >= `sizeof(Person)`):

```
pdat.seekp( -1L * sizeof(Person), ios::cur );
```

Im Anschluß an eine Positionierung des `get`- oder `put`-Zeigers können entsprechende Ein-/Ausgabeoperationen erfolgen.

Position abfragen

Da die logische und physikalische Position in einer Datei differieren kann, ist es stets sinnvoll, die aktuelle Position des `get`- und `put`-Zeigers mit Hilfe von Elementfunktionen abzufragen. Hierfür gibt es die Methoden `tellg()` von `istream` bzw. `tellp()` von `ostream`:

Beispiel:
```
long pos = pdat.tellp();
pdat.seekp(pos + 10*sizeof(Person));     // 10 Sätze
. . .                                    // weiter
pdat.seekp(pos);                         // und wieder zurück.
```

21.4 Die String-Stream-Klassen

Die Klassenhierarchie

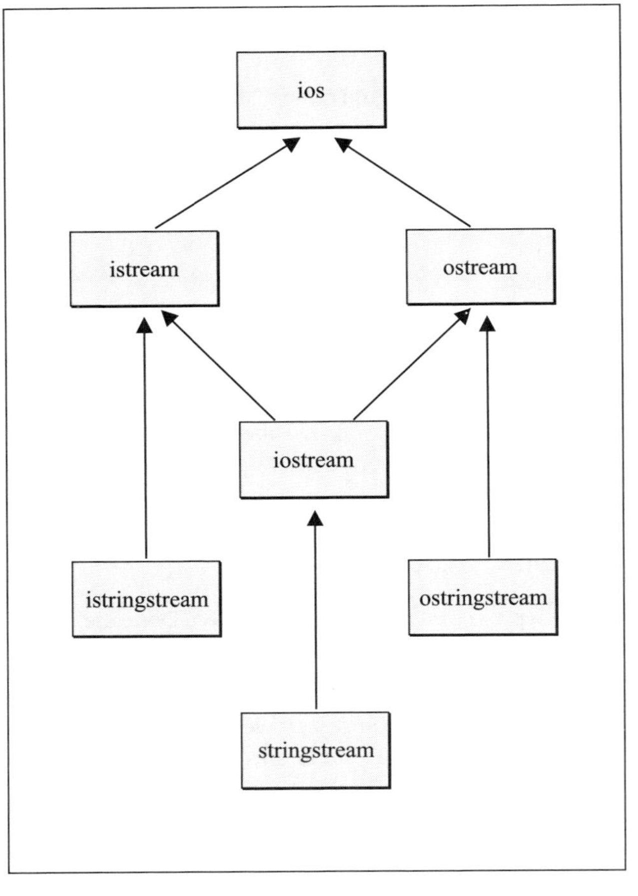

Konstruktoren der Klassen istringstream

`explicit istringstream( ios::openmode mode = ios:in);`	Erzeugt einen String-Stream im angegebenen Modus. Default-Modus: zum Einlesen.
`explicit istringstream(const string& s, ios::openmode mode = ios:in);`	Erzeugt ebenfalls einen String-Stream und initialisiert diesen mit dem String `s`.

Hinweis Die Klassen `ostringstream` und `stringstream` besitzen entsprechende Konstruktoren.

String-Streams

Die Möglichkeiten zur formatierten Ein- und Ausgabe, wie sie von den File-Streams her bekannt sind, können auch zum Lesen und Schreiben in Strings verwendet werden. Dafür werden die Klassen `istringstream`, `ostringstream` und `stringstream` zur Verfügung gestellt, die in der Header-Datei `sstream` deklariert sind. Ein Objekt vom Typ einer der Klassen ist ein sogenannter *String-Stream*.

Das Vererbungsdiagramm für diese Klassen ist nebenstehend angegeben. Jede abgeleitete Klasse entsteht durch `public`-Vererbung aus ihrer Basisklasse. Die String-Streams erlauben die Formatierung von Strings im Hauptspeicher bzw. die Interpretation und Konvertierung von Strings. Sinnvoll ist der Einsatz von String-Streams beispielsweise in den folgenden Fällen:

- Bei einem Programm, das mit einer grafischen Benutzeroberfläche arbeitet, stehen für die Bildschirmausgabe gewöhnlich nur Funktionen zur Verfügung, die Text ausgeben. Binäre Werte müssen also zuvor formatiert in einen String geschrieben werden.
- Beim Lesen von der Tastatur kann zunächst die gesamte Eingabe in einen String übernommen werden. Erst anschließend erfolgt die Interpretation und Konvertierung.
- Zur Umsetzung von Datenformaten und zur Bildung spezieller Strings. So müssen bei der Datenkommunikation z.B. Nachrichten vom Sender mit Zusatzinformationen versehen werden, die vom Empfänger wieder zu entfernen sind. Das Verpacken und Entpacken von Nachrichten wird komfortabel in einem String-Stream vorgenommen.

Konstruktoren der String-Stream-Klassen

Die Klassen `istringstream`, `ostringstream` und `stringstream` besitzen je zwei Konstruktoren, bei deren Aufruf ein Puffer vom Typ `stringbuf` angelegt wird. Die Klasse `stringbuf` ist eine direkte `public`-Ableitung von der Klasse `streambuf`. Die beiden Konstruktoren unterscheiden sich dadurch, dass einmal ein String zur Initialisierung des String-Streams angegeben werden kann.

Beispiel:
```
string s("7654.321");
istringstream istrm(s);
```

Hier wird ein String-Stream zum Lesen angelegt, wobei der Stream mit dem vorgegebenen String `s` initialisiert wird. Es kann auch ein Eröffnungsmodus angegeben werden:

Beispiel:
```
ostringstream ostrm( "Test", ios::out | ios::app);
```

Der String-Stream `ostrm` wird mit dem Inhalt `"Test"` zum Schreiben angelegt. Jede Schreiboperation erfolgt dann durch Anhängen.

char*-Streams

Ältere Compiler stellen die Klassen `istrstream` und `ostrstream` zum Lesen und Schreiben von `char*`-Streams zur Verfügung sowie eine Klasse `strstreambuf` für die Pufferverwaltung. Das hierbei zugrundeliegende Konzept von `char*`-Strings wurde inzwischen aufgegeben. Die Klassen werden in der ANSI-Spezifikation nur noch aus Kompatibilitätsgründen genannt.

21.5 Lesen und Schreiben von String-Streams

Beispielprogramm

```
// ----------------------------------------------------------
// Eine Datei als Hex-Dump anzeigen.
// ----------------------------------------------------------
#include <iostream>
#include <sstream>
#include <fstream>
using namespace std;
char datei[80];
ostringstream hexOs, textOs;       // Zur Formatierung einer Zeile.
int nBytes = 16;                   // Bytes pro Zeile.
long offset = 0;                   // Zur Anzeige des Offsets.
int main()
{
 cout << "\nAnzuzeigende Datei: " << flush;
 cin.getline( datei, 80);
 ifstream infile(datei, ios::binary);
 if( !infile)
 {
 cerr << "\nFehler beim Oeffnen der Datei " << endl;
 return 1;
 }
 hexOs << hex; hexOs.fill('0');    // HEX und Fuellzeichen 0
 unsigned char c;
 do // Jeweils 16 Bytes in
 { offset += nBytes;               // einer Zeile aufbereiten.
 hexOs.seekp(0, ios::beg);         // An den Anfang
 textOs.seekp(0, ios::beg);
 hexOs.width(4); hexOs << offset << " | " ;
 for( int i=0; i< nBytes; ++i)
 {
 if( infile.get((char&)c))
 {
 hexOs.width(2); hexOs << (int)c << ' ';
 textOs << ((c >= ' ') ? c : '.');
 }
 else hexOs << "  ";
 }
 hexOs << " | " << ends; textOs << ends;
 cout << hexOs.str() << textOs.str() << endl; // Ausgabe
 }
 while( !infile.eof());
 return 0;
}
```

String-Streams als spezielle iostreams

Den String-Stream-Klassen stehen alle `public`-Operationen für die Ein- bzw. Ausgabe zur Verfügung, die in den Basisklassen `istream` bzw. `ostream` definiert sind. Damit können Informationen zeichen- oder blockweise, formatiert oder unformatiert in einen String geschrieben und aus einem String gelesen werden.

Beispiel:
```
ostrm << "image.gif" << hex << 7598 << endl;
```

Hier wird zunächst ein String und anschließend eine Ganzzahl in hexadezimaler Notation in den String-Stream `ostrm` geschrieben.

Im folgenden Beispiel enthalte der Stream `istrm` die Zeichenfolge `"7654.321"`.

Beispiel:
```
long n;
double x;
istrm >> n >> x;
```

Mit dieser Anweisung wird zunächst die Ganzzahl `7654` in die Variable `n` und dann die Gleitpunktzahl `0.321` in die Variable `x` übertragen.

Zugriff auf den Inhalt von String-Streams

Mit der Methode `str()` kann auf den Datenpuffer eines String-Streams direkt zugegriffen werden. Die Methode ist zweifach überladen. In der ersten Version

```
string str() const;
```

wird der Inhalt des Datenpuffers in einen String kopiert. Der String wird als Return-Wert zurückgegeben.

Beispiel:
```
string s = ostrm.str();    // Eigene Kopie des Inhalts
```

Mit der zweiten Version

```
void str( const string& s);
```

wird der Strings `s` in den Stream kopiert. Der alte Inhalt des Streams geht verloren.

Beispiel:
```
istrm.str("1234.5678");    // Inhalt neu setzen.
```

Zugriff auf den Stream-Puffer

Die Methode `rdbuf()` liefert die Pufferadresse des Streams. Damit können die Methoden der Klasse `stringbuf` direkt aufgerufen werden, etwa um das zuletzt gelesene Zeichen in den Puffer zurückzustellen oder um das nächste Zeichen aus dem Puffer zu lesen, ohne den Lesezeiger zu versetzen.

Eine Beschreibung der `streambuf`-Methoden finden Sie im Anhang.

21.6 Übungen

Verschlüsselung von Daten mit einem »Secret Key«

Als Schlüssel wird eine ganze Zahl `n` verwendet, die durch die Modulodivision

```
x = n % 256
```

in eine Zahl `x` zwischen `0` und `255` transformiert wird.

Ist `b` ein Byte der Quelldatei, so liefert die Exklusiv-Oder-Verknüpfung:

```
b ^ x                    // Codiertes Byte
```

das codierte Byte, das zum Empfänger übertragen wird. Der Empfänger wendet dieselbe Operation auf jedes empfangene Byte an. Wegen

```
( b ^ x ) ^  x  == b     //Decodiertes Byte
```

erhält er das ursprüngliche Byte zurück.

Nach dem Verschlüsseln bzw. Entschlüsseln eines Byte wird die Zahl `x` wie folgt inkrementiert:

```
x = (x+1)%256;
```

Vererbungsdiagramm der FileError-Klassen

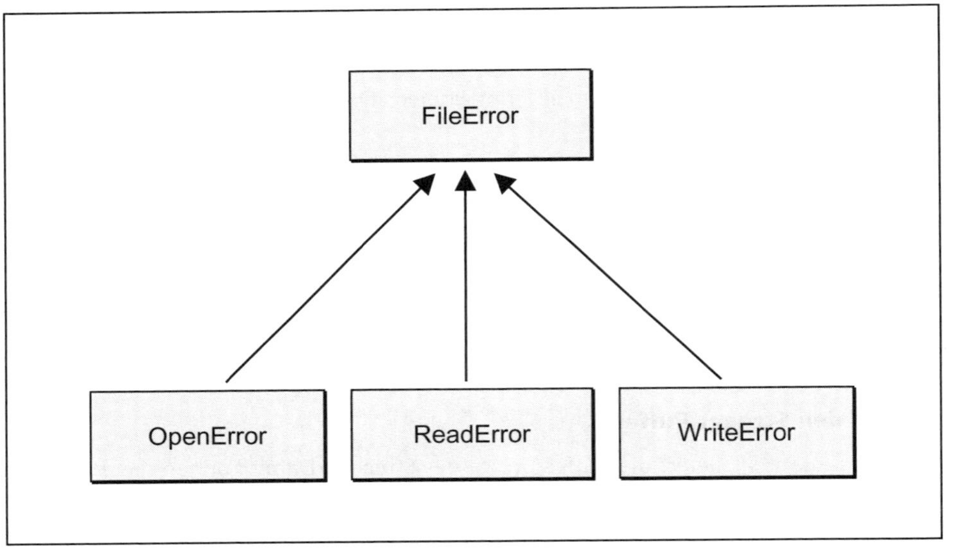

1. Aufgabe

Zur Sicherung der Datenkommunikation zwischen zwei Rechnern sollen Dateien verschlüsselt übertragen werden. Sender und Empfänger legen deshalb *einen* Schlüssel fest, mit dessen Hilfe die zu übertragenen Daten codiert und decodiert werden. Das Verfahren ist nebenstehend beschrieben.

Es soll ein Programm entwickelt werden, das eine Datei verschlüsselt bzw. eine verschlüsselte Datei entschlüsselt und das Ergebnis in eine zweite Datei schreibt. Für eine spezifizierte Fehlerbehandlung soll ein Exception-Handling implementiert werden, das Fehler beim Öffnen der Datei, Fehler beim Schreibzugriff und Fehler beim Lesezugriff behandelt.

- Definieren Sie eine Fehlerklasse `FileError` mit einem `char`-Vektor als Datenelement, in dem der Name der Datei gesichert werden kann, für die ein Fehler auftrat. Der Konstruktor erhält als Argument einen String, der in das Datenelement kopiert wird.
- Definieren Sie dann drei von `FileError` abgeleitete Klassen `OpenError`, `ReadError` und `WriteError`, die keine weiteren Datenelemente besitzen. Der Konstruktor erhält einen String als Argument, der dem Basisinitialisierer von `FileError` übergeben wird.
- Schreiben Sie eine Funktion `code()`, die zwei Dateinamen und den Schlüssel vom Typ `int` als Argumente erhält. Der erste Name ist der Name einer Quelldatei, der zweite der einer Zieldatei. Die Funktion öffnet die Quelldatei zum Lesen und die Zieldatei zum Schreiben im Binärmodus. Sie liest jedes Byte aus der Quelldatei, codiert es und schreibt das codierte Byte in die Zieldatei. Beim Auftreten eines Fehlers wird eine passende Exception ausgeworfen. Die Funktion gibt nichts zurück. Deklarieren (und definieren) Sie die Funktion `code()` mit einer Exception-Spezifikation.
  Ist die Quelldatei unverschlüsselt, so erzeugt die Funktion eine verschlüsselte Zieldatei. Ist die Quelldatei verschlüsselt, so entschlüsselt die Funktion die Datei, wenn derselbe Schlüssel benutzt wird.
- Erstellen Sie dann eine `main`-Funktion, die den Anwender zunächst fragt, welche Datei verschlüsselt bzw. entschlüsselt werden soll. Wenn der Anwender nur die Return-Taste betätigt, soll das Programm beendet werden. Anschließend gibt der Anwender den Namen der Zieldatei und den ganzzahligen Schlüssel im Dialog ein. Für diese Daten wird dann die Funktion `code()` aufgerufen. Geben Sie am Bildschirm aus, ob die Funktion `code()` erfolgreich war oder nicht.
  Bilden Sie einen `try`-Block und Exception-Handler zur Behandlung der verschiedenen Fehlerarten. In jedem Fall sind der Name der Datei, auf die fehlerhaft zugegriffen wurde, und die Fehlerursache als Meldung auszugeben.
- Testen Sie das Programm. Schauen Sie sich anschließend die Zieldatei[en] im Editor an.

21.7 Übungen

Persistenz von Objekten

Objekte werden zur Laufzeit eines Programms angelegt und vor der Beendigung des Programms wieder zerstört. Um die »Flüchtigkeit« von Objekten zu verhindern, können sie *persistent* gemacht, d.h. in einer Datei gespeichert werden. Hierbei muss sichergestellt sein, dass nicht nur die eigentlichen Daten der Objekte, sondern auch Typinformationen und Verweise auf andere Objekte erhalten bleiben. Nur so können die Objekte beim Einlesen wieder korrekt rekonstruiert werden. Es macht allerdings keinen Sinn, Zeigerwerte abzuspeichern, da Adressen sich zwischen zwei Programmläufen ändern können.

Erweiterte Klassen für die Mitarbeiter einer Firma

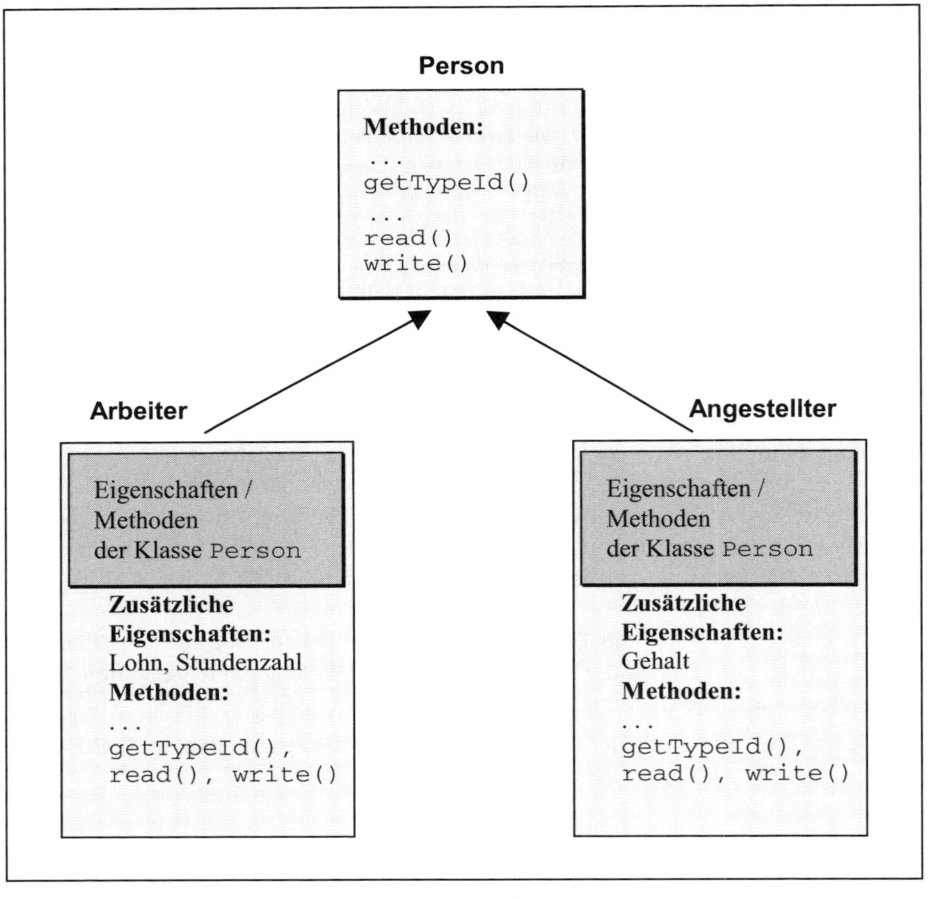

2. Aufgabe

Das Programm zur Verwaltung von Mitarbeitern einer Firma (siehe 11. Kapitel, 1. Aufgabe) soll so erweitert werden, dass die Daten aller Mitarbeiter in einer Datei gespeichert werden können.

- Ergänzen Sie zu dem Zweck die entsprechende Header-Datei um einen Aufzählungstyp `TypeId` mit den Elementen `PERSON`, `ARBEITER`, `ANGESTELLTER`. Definieren Sie ferner in den Klassen `Person`, `Angestellter` und `Arbeiter` je eine virtuelle `inline`-Methode `getTypeId()`, welche die der Klasse entsprechende `TypeId` zurückgibt.
- Deklarieren Sie dann in den Klassen `Person`, `Angestellter` und `Arbeiter` je eine virtuelle Methode `write()`, die als Argument eine Referenz auf einen Stream vom Typ `ofstream` erhält und einen booleschen Wert zurückgibt. Die Methode `write()` schreibt die Datenelemente der entsprechenden Klasse in die Datei, die mit dem übergebenen Stream verbunden ist.
  Deklarieren Sie ferner in den o.g. Klassen je eine Methode `read()`, die als Argument eine Referenz auf einen Stream vom Typ `ifstream` erhält und einen booleschen Wert zurückgibt. Die Methode `read()` liest die Datenelemente der Klasse aus der Datei ein, die mit dem übergebenen Stream verbunden ist.

  Beide Methoden liefern `false` zurück, wenn ein Fehler auftritt, andernfalls `true`.
- Ergänzen Sie die Klasse `Firma` um ein Datenelement `dateiname`, das einen Dateinamen mit Pfad speichern kann. Erweitern Sie die Schnittstelle des Konstruktors von `Firma` um einen Parameter, der einen Dateinamen als Argument übernehmen kann und jetzt zusätzlich den Dateinamen in das neue Datenelement `dateiname` kopiert. Als Default-Wert kann der Dateiname `"firma.dat"` angegeben werden.
- Deklarieren Sie dann zwei Methoden `readFile()` und `writeFile()` ohne Parameter, die beide einen booleschen Wert zurückgeben. Die Methode `writeFile()` schreibt die Daten der Mitarbeiter in eine Datei. Zunächst wird ein binärer File-Stream mit dem aktuellen Dateinamen zum Schreiben geöffnet. In einer Schleife wird dann jeweils die `TypeId` eines Objekts abgefragt und diese in die Datei geschrieben. Anschließend wird das Objekt selbst in die Datei geschrieben, und zwar durch den Aufruf der Methode `write()`.
  Die Methode `readFile()` versucht die Datei mit dem aktuellen Dateinamen zum Lesen zu öffnen. Wenn die Datei geöffnet werden kann, werden in einer Schleife die Daten aller Mitarbeiter eingelesen. Bei jedem Durchlauf wird zunächst das Typfeld eingelesen. Dann wird ein entsprechendes Objekt mit dem Default-Konstruktor dynamisch erzeugt und für dieses Objekt die Methode `read()` aufgerufen. Mit Hilfe der Methode `einstellen()` wird das Objekt in den Vektor der Klasse `Firma` eingehängt.

  Beide Methoden liefern `false` zurück, wenn ein Fehler auftritt, andernfalls `true`.
- Ergänzen Sie das Testprogramm so, dass nach dem Anlegen eines Objekts vom Typ `Firma` die Methode `readFile()` aufgerufen wird. Außerdem ist das Menü um den Punkt `"Daten in die Datei schreiben"` zu erweitern. Wird dieser Punkt ausgewählt, ist die Methode `writeFile()` aufzurufen.

21

21.8 Lösungen

Zur 1. Aufgabe

```
// -----------------------------------------------------------------
//  Datei: FileErr.h
//  Zweck: Definition von Fehlerklassen fuer den Dateizugriff.
// -----------------------------------------------------------------
#include <cstring>
using namespace std;

// Die Basisklasse FileError
class FileError
{
    char file[81];                 // Mindestens der Dateiname,
  public:                          // evtl. die Funktion etc.
    FileError(const char *str)
    {
      strncpy( file, str, 80); file[80] = '\0';
    }
    const char *datei() const { return file; }
};

// Die abgeleiteten Klassen
class OpenError : public FileError
{
 public:
    OpenError(const char *str) : FileError(str) {}
};

class ReadError : public FileError
{
 public:
    ReadError(const char *str) : FileError(str) {}
};

class WriteError: public FileError
{
 public:
    WriteError(const char *str) : FileError(str) {}
};

// -----------------------------------------------------------------
//  Datei: geheim.cpp
//  Zweck: Eine Datei verschluesseln und entschluesseln,
//         Exception-Hierarchie fuer den Dateizugriff.
// -----------------------------------------------------------------
#include "FileErr.h"
#include <iostream>
#include <fstream>
using namespace std;

void code( const char *quelle,                       // Prototyp
           const char *ziel, int key) throw( FileError);
```

```
int main()
{
   char quelldatei[81], zieldatei[81];
   int key, error=0;

   cout << "Welche Datei soll verschluesselt"
           " oder entschluesselt werden?\n"
        << "Dateiname: ";
   cin.getline( quelldatei, 81);
   if( quelldatei[0] == '\0')
      return 0;

   cout << "In welche Datei soll geschrieben werden?\n"
        << "Dateiname: ";
   cin.getline( zieldatei, 81);
   if( zieldatei[0] == '\0')
      return 0;

   cout << "Schluessel als dezimale Ganzzahl eingeben: ";
   cin >> key;

   try
   {
     code( quelldatei, zieldatei, key);
   }
   catch( const OpenError& e)
   {
     cerr << e.datei() << " : Fehler beim Oeffnen!\n";
     error = 1;
   }
   catch( const ReadError& e)
   {
     cerr << e.datei() << " : Fehler beim Lesen!\n";
     error = 2;
   }
   catch( const WriteError& e)
   {
     cerr << e.datei() << " : Fehler beim Schreiben!\n";
     error = 3;
   }
   if( error == 0)
     cout << "\nErgebnis steht in der Datei "
          << zieldatei << endl;
   return 0;
}

// Funktion code() codiert und decodiert die Datei quelle
void code( const char *quelle, const char *ziel, int key)
     throw(FileError)
{
   ifstream infile(quelle, ios::binary);

   if( !infile)
     throw OpenError( quelle);
```

21.9 Lösungen (Fortsetzung)

Zur 1. Aufgabe (Fortsetzung)

```
   ofstream outfile(ziel, ios::binary | ios::trunc);

   if( !outfile)
     throw OpenError( ziel);

   char c;

   while( infile.get(c) )
   {
     key = (key+1) % 256;
     c ^= key;
     if( !outfile.put(c) )
       throw WriteError( ziel);            // Schreibfehler
   }

   if( !infile.eof())
     throw ReadError( quelle);             // Lesefehler
}
```

Zur 2. Aufgabe

```
// --------------------------------------------------------------
//  Datei: mitarb.h
//  Zweck: Definition der Klassen fuer die Mitarbeiter einer
//         Firma: Person, Angestellter, Arbeiter.
//         Mit den Methoden read() und write() fuer's Abspeichern.
// --------------------------------------------------------------

#ifndef _MITARBEITER_
#define _MITARBEITER_

#include <fstream>
#include <string>
using namespace std;

//  Die Hilfsfunktiom strcpy() und die Klasse Adresse werden
//  unveraendert aus dem 11. Kapitel, 1. Aufgabe uebernommen.

// ---- Die Klasse Person ---------------------------------------

enum TypeId { PERSON, ARBEITER, ANGESTELLTER };

class Person
{
  private:
    char  nachname[32];
    char  vorname[20];
    Adresse adr;
```

```
  public:
    // Konstruktoren implizit inline
    Person(void)                        // Standard-Konstruktor
    {   nachname[0] = '\0';   vorname[0] = '\0';  }

    Person( const char *nn, const char *vn)
    {   setName(nn); setVorname(vn);   }

    Person( const char *nn, const char *vn, const char *stadt,
            const char *strasse, const char* tel)
    :adr( stadt, strasse, tel)
    {
        setName(nn); setVorname(vn);
    }
    virtual ~Person() { }               // Virtueller Destruktor!

    const char    *getName()    const { return nachname; }
    const char    *getVorname() const { return vorname; }
    const Adresse *getAdresse() const { return &adr; }

    void setName( const char *n)
    {  strcpy( nachname, n, sizeof(nachname)); }

    void setVorname( const char *v)
    {  strcpy( vorname, v, sizeof(vorname));
    }

    void setAdresse( const char *stadt,
                     const char *strasse, const char* tel)
    {  adr.setAdr( stadt, strasse, tel);  }

    virtual void print();            // Ausgabe auf den Bildschirm
    virtual bool scan();             // Im Dialog Daten einlesen

    virtual TypeId getTypeId() {  return PERSON; }
    virtual bool read( ifstream& );      // Daten aus Datei lesen.
    virtual bool write( ofstream& ) const;    // Daten in Datei
};                                            // schreiben.


// ---- Die Klasse Angestellter -------------------------------
class Angestellter : public Person
{
    double gehalt;
  public:
    // Die Konstruktoren und die Methoden
    // getGehalt(), setGehalt(), scan(), print()
    // wie gehabt. Außerdem:

    TypeId getTypeId() {  return ANGESTELLTER; }
    bool read( ifstream& );          // Daten aus Datei lesen.
    bool write( ofstream& ) const;   // Daten in Datei schreiben.
};
```

21

21.10 Lösungen (Fortsetzung)

Zur 2. Aufgabe (Fortsetzung)

```
// ---- Die Klasse Arbeiter ------------------------------------

class Arbeiter : public Person
{
    double lohn;                             // Stundenlohn
    double stunden;                          // Anzahl Stunden

  public:
    // Die Konstruktoren und die Methoden
    // getLohn(), getStunden(), setLohn(), setStunden(), scan(),
    // und print() wie gehabt. Außerdem:

    TypeId getTypeId() {  return ARBEITER; }
    bool read( ifstream& );            // Daten aus Datei lesen
    bool write( ofstream& ) const;     // Daten in Datei schreiben
};

#endif

// ---------------------------------------------------------------
//  Datei:  mitarb.cpp
//  Zweck:  Methoden der in mitarb.h definierten Klassen,
//          die nicht inline definiert sind
// ---------------------------------------------------------------

#include "mitarb.h"
#include "FileErr.h"
#include <iostream>
#include <cstdlib>        // Fuer atof()

// ---------------------------------------------------------------
// Methoden der Klasse Person
// ---------------------------------------------------------------

// Die Implementierung der Methoden print() und scan() wie gehabt.

// Die Methoden read() und write():

bool Person::read( ifstream& infile)
{
  if( ! infile.read( nachname, sizeof(nachname)) )
     return false;
  if( ! infile.read( vorname, sizeof(vorname)) )
     return false;
  if( ! infile.read( (char *)&adr, sizeof(adr)) )
     return false;

  return true;
}
bool Person::write( ofstream& outfile) const
{
```

```
  if( ! outfile.write( nachname, sizeof(nachname)) )
     return false;

  if( ! outfile.write( vorname, sizeof(vorname)) )
     return false;

  if( ! outfile.write( (char *)&adr, sizeof(adr)) )
     return false;

  return true;
}

// -----------------------------------------------------------------
// Methoden der Klasse Angestellter
// -----------------------------------------------------------------

// Die Implementierung der Methoden print() und scan() wie gehabt.

// Die Methoden read() und write():

bool Angestellter::read( ifstream& infile)
{
  if( !Person::read( infile))
    return false;
  if( ! infile.read( (char *)&gehalt, sizeof(gehalt)) )
     return false;
  return true;
}

bool Angestellter::write( ofstream& outfile) const
{
  if( !Person::write( outfile))
    return false;
  if( ! outfile.write( (char *)&gehalt, sizeof(gehalt)) )
     return false;
  return true;
}

// -----------------------------------------------------------------
// Methoden der Klasse Arbeiter
// -----------------------------------------------------------------

// Die Implementierung der Methoden print() und scan() wie gehabt.

// Die Methoden read() und write():
bool Arbeiter::read( ifstream& infile)
{
  if( !Person::read( infile))
    return false;
  if( ! infile.read( (char *)&lohn, sizeof(lohn)) )
     return false;
  if( ! infile.read( (char *)&stunden, sizeof(stunden)) )
    return false;
  return true;
}
```

21

21.11 Lösungen (Fortsetzung)

Zur 2. Aufgabe (Fortsetzung)

```
bool Arbeiter::write( ofstream& outfile)  const
{
  if( ! Person::write( outfile))
    return false;
  if( ! outfile.write( (char *)&lohn, sizeof(lohn)) )
    return false;
  if( ! outfile.write( (char *)&stunden, sizeof(stunden)) )
    return false;

  return true;
}


// ---------------------------------------------------------------
//  Datei: firma.h
//  Zweck: Klasse Firma zur Verwaltung von Mitarbeitern,
//         mit den Methoden readfile() und writefile().
// ---------------------------------------------------------------
#ifndef _FIRMA_
#define _FIRMA_
#include "mitarb.h"
void taste(void);            // Weiter mit der Return-Taste

// ---- Die Klasse Firma ---------------------------------------

class Firma
{
  private:
    Person **personTab;          // Tabelle der Mitarbeiter
    int    max, act;             // maximale, aktuelle Anzahl
    char   datei[32];            // Daten der Mitarbeiter
    bool   dirty;                // true, falls Daten veraendert

  public:
    Firma( int size = 100, const char *dat = "firma.dat")
    {
       personTab = new Person *[size];
       max = size;
       act = 0;
       strcpy( datei, dat, sizeof(datei));
       dirty = false;
    }
    ~Firma(void);

    int anzahlMitarbeiter() const { return act; }

    const char* dateiname() const { return datei; }
    bool isDirty() const { return dirty; }
```

```
    bool einstellen() const
    {
       return (act < max) ? true : false;
    }

    bool einstellen( Person * pPtr)
    {
       if( act < max)
       {
         personTab[act] = pPtr;   act++;
         dirty = true;
         return true;
       }
       else
         return false;
    }

    void auflisten(void);
    void sortieren(void);

    bool readFile();
    bool writeFile();
};
#endif
```

```
// ---------------------------------------------------------------
// Datei:  firma.cpp
// Zweck:  Methoden der in firma.h definierten Klassen,
//         die nicht inline sind
// ---------------------------------------------------------------
#include "firma.h"
#include <iostream>
using namespace std;

void taste()
{
   cout << "\n\n --- Weiter mit der Return-Taste --- " ;
   while( cin.get() != '\n')
     ;
}

// ---------------------------------------------------------------
// Methoden der Klasse Firma
// ---------------------------------------------------------------

// ---- Konstruktoren : inline

Firma::~Firma(void)                            // Destruktor
{
     for( int i = 0; i < act; ++i)
       delete personTab[i];
     delete [] personTab;
}
```

21

21.12 Lösungen (Fortsetzung)

Zur 2. Aufgabe (Fortsetzung)

```
// Die Methoden auflisten() und sortieren() wie gehabt.
// Außerdem die Methoden readFile() und writeFile():

bool Firma::readFile()
{
   ifstream infile( datei, ios::in | ios::binary );

   if( infile.fail() )                // oder if( !infile )
     return false;

   TypeId type;
   Person *persPtr;
   bool   ok = true;

   while( ok)
   {
      if( !infile.read( (char *)&type, sizeof(type)) )
        break;
      switch( type)
      {
        case PERSON:
             persPtr = new Person;
             break;
        case ANGESTELLTER:
             persPtr = new Angestellter;
             break;
        case ARBEITER:
             persPtr = new Arbeiter;
             break;
      }
      ok = persPtr->read(infile) && einstellen( persPtr);
   }

   dirty = false;

   if( !infile.eof())
     return false;           // Lesefehler oder zu viele Daten
   else
     return true;
}
```

```
bool Firma::writeFile() const
{
   ofstream outfile( datei, ios::out | ios::trunc |ios::binary );

   if( outfile.fail() )                  // oder if( !outfile )
      return false;

   TypeId type;

   for( int i = 0;  i < act;  ++i)
   {
     type = personTab[i]->getTypeId();
     if( !outfile.write( (char *)&type, sizeof(type)) )
        return false;                    // Schreibfehler

     if( !personTab[i]->write( outfile) )
        return false;                    // Schreibfehler
   }

   dirty = false;
   return true;                          // alles ok
}



// ---------------------------------------------------------
//  Datei:  firma_t.cpp
//  Zweck:  Ein Programm, das die Daten von Mitarbeitern einer
//          Firma verwaltet und in einer Datei speichert.
// ---------------------------------------------------------

#include "firma.h"
#include <iostream>
#include <cctype>
using namespace std;

int menue(void);
inline void header()
{
   cout << "\n       ---  Firma:  Mitarbeiter-Verwaltung  ---\n";
}

int main()
{
   Firma HiTec(10,"HiTec.dat");
   bool ende = false;
   int  wahl;

   if( !HiTec.readFile() )
   {
     cerr << "\nDaten konnten nicht eingelesen werden!\n";
     taste();
   }
```

Zur 2. Aufgabe (Fortsetzung)

```
do                              // main-Loop
{
  wahl = menue();
  switch( wahl )
  {
    case 'N':                   // Angestellter
      header();
      if( !HiTec.einstellen())
      {
        cout << "\nKeine neuen Einstellungen!\n";
        taste();
      }
      else                      // Neuer Angestellter
      {
        Angestellter *angPtr = new Angestellter;
        cout << "\nEinstellung eines Angestellten:\n";
        if( ! angPtr->scan())
        {
         cout << "\nUngueltige Eingabe!", taste();
         delete angPtr;
        }
        else
         HiTec.einstellen( angPtr);
      }
      break;

    case 'R':                   // Arbeiter
      header();
      if( !HiTec.einstellen())
      {
        cout << "\nKeine neuen Einstellungen!\n";
        taste();
      }
      else
      {
        Arbeiter *arbPtr = new Arbeiter;
        cout << "\nEinstellung eines Arbeiters:\n";
        if( ! arbPtr->scan())
        {
         cout << "\nUngueltige Eingabe!", taste();
         delete arbPtr;
        }
        else
         HiTec.einstellen( arbPtr);
      }
      break;
```

```
      case 'L':
        header();
        if( HiTec.anzahlMitarbeiter() > 0 )
        {
           cout << "\n--------------------------------------"
                << "\nListe der Mitarbeiter: \n";
           HiTec.auflisten();
        }
        else
        {
           cout << "\nListe der Mitarbeiter ist leer!\n";
           taste();
        }
        break;

      case 'S':
        HiTec.sortieren();
        break;

      case 'D':
        if( HiTec.isDirty() )
        {
           HiTec.writeFile();
           cout << "Daten in der Datei " << HiTec.dateiname()
                << " gespeichert!\n";
        }
        else
           cout << "Daten unveraendert!\n";

        taste();
        break;

      case 'B':
         if( HiTec.isDirty() )
         {
             cout << "Daten speichern? (j/n): ";
             int c = cin.get();
             if( c == 'j' || c == 'J')
               HiTec.writeFile();
         } ende = true;
        break;
    }
  }while( !ende);

  return 0;
}
```

21.14 Lösungen (Fortsetzung)

Zur 2. Aufgabe (Fortsetzung)

```
int menue()
{
   header();
   cout << "\n\n\n"
           "          Mitarbeiter einstellen:\n"
           "          <N> = Angestellter\n"
           "          <R> = Arbeiter\n"
           "         ------------------------------\n"
           "          <L> = Mitarbeiter auflisten\n"
           "          <S> = Nach Nachname sortieren\n"
           "         ------------------------------\n"
           "          <D> = Daten in Datei speichern\n"
           "         ------------------------------\n"
           "          <B> = Programm beenden\n"
           "Ihre Wahl: ";

   int wahl;
   do
   {
     wahl = cin.get();
     wahl = toupper(wahl);          // Nur Grossbuchstaben
   }
   while( wahl != 'N' && wahl != 'R' &&
          wahl != 'L' && wahl != 'S' &&
          wahl != 'D' && wahl != 'B');

   while( cin.get() != '\n')       // Rest der Zeile
     ;

   return wahl;
}
```

Anhang

Der Anhang enthält

- ein C-Tutorial

und die Beschreibung der C++ Standard Bibliothek

- String- und I/O-Bibliothek
- Container-Bibliothek
- Algorithmen-Bibliothek und
- Numerische Bibliothek

In tabellarischer Form finden Sie außerdem

- Operatorenübersicht
- Vorrangtabelle für Operatoren
- Schlüsselworte in C++

Schließlich wird eine Beschreibung der CD zum Buch mit Hinweisen zur Installation des GNU C++-Compilers und des C++-Compilers von Borland gegeben.

C-Tutorial

Die Beschreibung der Programmiersprache C++ in diesem Buch setzt Grundkenntnisse in C voraus. Mit diesem C-Tutorial soll es dem Leser ermöglicht werden, seine C-Kenntnisse aufzufrischen und beim Arbeiten mit C++ schnell das eine oder andere Detail der Sprache C nachzuschlagen. Das Tutorial umfasst im Einzelnen

- Datentypen, Konstanten und Variablen
- Ausdrücke und Operatoren
- Verzweigungen und Schleifen
- Vektoren und Zeiger
- Standardfunktionen und selbstdefinierte Funktionen
- Strukturen
- Dynamische Speicherverwaltung
- Grundlagen der Dateiverarbeitung

Einleitung

Die Programmiersprache C entstand in den 70-er Jahren in den Bell Labs (Murray Hill, USA), als Dennis Richie das Betriebssystem UNIX entwickelte. Sein Ziel war es, UNIX leicht auf verschiedene Plattformen portieren zu können. 1978 veröffentlichten Kernighan/Ritchie die erste allgemein zugängliche Sprachbeschreibung, den sog. K&R-Standard. 1990 verabschiedete die **I**nternational **S**tandards **O**rganization die ISO/IEC-Norm 9899. Dieser C-Standard wurde 1995 in einem Amendment ergänzt und 1999 erweitert.

C ist eine in hohem Maße portable Sprache, die sich an der Architektur der Rechner orientiert. Mit der C-Standardbibliothek werden dem Programmierer außerdem viele nützliche Funktionen zur Verfügung gestellt. Durch die Effizienz der Sprache und ihre große Verbreitung war es naheliegend, C zur Unterstützung objektorientierter Konzepte weiter zu entwickeln. So entstand die Programmiersprache C++.

Grundlagen

Ein C-Programm wird ebenso wie ein C++-Programm entwickelt (vgl. Kapitel 1.7). Die Namen von C-Quelldateien haben die Endung `.c`. Namen von Header-Dateien enden mit `.h`.

Struktur eines C-Programms

Ein C-Programm enthält verschiedene *Funktionen*, die sich gegenseitig aufrufen. Jede Funktion löst eine bestimmte Aufgabe. Sie ist entweder selbsterstellt oder eine fertige Funktion aus der Standardbibliothek. Die Funktion `main()` hat eine besondere Rolle. Sie bildet das Hauptprogramm und muss immer selbst geschrieben werden. Jede andere Funktion entspricht einem Unterprogramm.

Das folgende Programmbeispiel zeigt bereits die wichtigsten Elemente eines C-Programms:

```
/* Ein erstes C-Programm mit mehreren Funktionen              *
 * Gibt die Wurzel der Zahlen 2 und 10 aus.                   *
 * ---------------------------------------------------------- */
#include <stdio.h>               // Prototyp von printf()
#include <math.h>                //          von sqrt()
void printSquareRoot( double val); // Prototyp eigener Funktion
// --- Die Funktion main(): Hier startet das Program! ---
int main()
{
   printf("\n    * * *  Berechnung von Quadratwurzeln   * * *\n");
   printSquareRoot( 2.0);
   printSquareRoot( 10.0);
   return 0;
}
// --- Die Funktion printSquareRoot() ---
// Berechnet die Quadratwurzel und gibt sie aus.
void printSquareRoot( double val)
{
    printf("\n--------------------------------\n");
    printf("Die Wurzel von %.1f ist %f\n", val, sqrt(val));
}
```

Das Programm besteht aus den beiden Funktionen `main()` und `printSquareRoot()`. Die Funktion `main()` ruft die Funktion `printSquareRoot()` einmal mit dem Wert 2.0 und einmal mit dem Wert 10.0 auf. Das ergibt folgende Bildschirmausgabe:

```
     * * *  Berechnung von Quadratwurzeln   * * *
--------------------------------
Die Wurzel von 2.0 ist 1.414214
--------------------------------
Die Wurzel von 10.0 ist 3.162278
```

Funktionen dürfen in beliebiger Reihenfolge definiert werden und auf verschiedene Quelldateien verteilt werden. Dies ist möglich, da der Compiler mit dem *Prototyp* einer Funktion ihre Schnittstellenbeschreibung erhält und so die Funktion richtig aufrufen kann. Der Prototyp ist stets anzugeben, wenn die Funktion nicht in derselben Quelldatei definiert ist oder erst nach ihrem Aufruf definiert wird. Die Prototypen der Standardfunktionen sind in Header-Dateien enthalten. Beispielsweise stehen die Prototypen der mathematischen Funktionen in der Header-Datei `math.h`.

Präprozessor

Eine Zeile, die mit einem Doppelkreuz # beginnt, ist für den *Präprozessor* bestimmt. Der Präprozessor ist Teil der ersten Übersetzungsphase, bei der noch kein Objektcode erzeugt wird. Mit der `#include`-Direktive

```
#include <dateiname>      // z.B.  #include <stdio.h>
```

kopiert der Präprozessor die genannte Datei an diese Stelle in den Quellcode. Dadurch stehen dem Programm alle Informationen zur Verfügung, die in der Header-Datei enthalten sind. Eine Quelldatei zusammen mit den darin includierten Header-Dateien heißt auch *Übersetzungseinheit*.

Eine weitere häufig genutzte Präprozessor-Direktive ist die `#define`-Direktive. Mit ihr werden *Makros* definiert.

```
#define name  Ersatztext   // z.B.  #define MAX  1000
```

Dann ersetzt der Präprozessor überall im nachfolgenden Quelltext das Wort `name` durch den Ersatztext, also z.B. das Wort `MAX` durch 1000. `Ersatztext` ist gewöhnlich ein Ausdruck, dem ein »sprechender« Name gegeben wird. Ein Makro, bei dem der Ersatztext lediglich aus einer Konstanten besteht, wird auch *symbolische Konstante* genannt.

Kommentare

Kommentare sind Zeichenfolgen, die entweder durch `/*      */` eingeschlossen sind oder mit `//` beginnen und bis zum Zeilenende reichen. Kommentare werden vom Compiler ignoriert (genauer: vom Präprozessor durch ein Blank ersetzt). Das obige Beispiel enthält zu Beginn einen mehrzeiligen Kommentar (/* . . . */) und mehrere Einzeilen-Kommentare (// . . .).

Kommentare, die sich über mehrere Zeilen erstrecken, sind auch bei der Fehlersuche nützlich, um ganze Programmteile »auszublenden«. Solche Programmteile dürfen auch Einzeilen-Kommentare enthalten.

Die Anweisungen im Programmbeispiel

Die Anweisungen in einem Funktionsblock legen fest, was die Funktion macht. Die obige `main`-Funktion enthält vier Anweisungen. Mit der ersten Anweisung

```
printf("\n * * *  Berechnung von Quadratwurzeln  * * *\n");
```

wird die Standardfunktion `printf()` aufgerufen, die den angegebenen Text auf dem Bildschirm ausgibt. Neben druckbaren Zeichen wird auch das Steuerzeichen `\n` ausgegeben, das einen Zeilenvorschub auslöst. Die Anweisung

```
printSquareRoot( 2.0);
```

ruft die selbstdefinierte Funktion `printSquareRoot()` mit dem Wert 2.0 auf. Die zweite Anweisung

```
return 0;
```

beendet die Funktion `main()` und damit das Programm. Dabei wird der Wert `0` dem aufrufendem Programm als Exit-Code zurückgegeben. Es ist üblich, den Exit-Code `0` zu verwenden, wenn das Programm korrekt abgelaufen ist.

Die Funktion `printSquareRoot()` enthält zwei Anweisungen. In der zweiten Anweisung wird zur Berechnung der Quadratwurzel zunächst die Standardfunktion `sqrt()` aufgerufen und das Ergebnis mit `printf()` angezeigt. Die Formatelemente `%f` dienen zur Ausgabe von Gleitpunktzahlen und werden später noch besprochen.

Wie die Beispiele zeigen, endet jede Anweisung mit einem Semikolon. Die kürzeste Anweisung besteht nur aus einem Semikolon und bewirkt nichts.

Elementare Datentypen

Der *Typ* einer Variablen bestimmt, wieviel Speicher diese Variable belegt und wie das dort gespeicherte Bitmuster interpretiert wird. Die vordefinierten *elementaren* Datentypen in C (engl. *basic types*) bestehen aus den *ganzzahligen Typen* (engl. *integer types*) und den *Gleitpunkttypen* (engl. *floating-point types*).

Datentypen für ganze Zahlen

Die ganzzahligen Datentypen unterscheiden sich durch den benötigten Speicherplatz und ihren Wertebereich:

Typ	Speicherplatz	Wertebereich (dezimal)
`char`	1 Byte	–128 bis +127 bzw. 0 bis 255
`unsigned char`	1 Byte	0 bis 255
`signed char`	1 Byte	–128 bis 127
`int`	2 Byte bzw.	–32 768 bis 32 767 bzw.
	4 Byte	–2 147 483 648 bis 2 147 483 647
`unsigned int`	2 Byte bzw. 4 Byte	0 bis 65 535 bzw. 0 bis 4 294 967 295
`short`	2 Byte	–32 768 bis 32 767
`unsigned short`	2 Byte	0 bis 65 535
`long`	4 Byte	–2 147 483 648 bis 2 147 483 647
`unsigned long`	4 Byte	0 bis 4 294 967 295

Mit dem Typ `char` (engl. *character*) werden Zeichen bzw. ganze Zahlen in einem Byte (= 8 Bits) gespeichert. In C ist nicht festgelegt, ob der Compiler den Typ `char` mit oder ohne Vorzeichen interpretiert.

Der Typ `int` (»integer«) ist optimal an den Rechner angepasst: Auf 16-Bit-Maschinen ist `int` gleichwertig mit `short`, auf 32- und 64-Bit-Maschinen ist `int` gleichwertig mit `long`.

Die Datentypen `short`, `int` und `long` werden standardmäßig mit Vorzeichen interpretiert. Die Größe dieser Typen ist nicht festgelegt. Es gilt aber folgende Reihenfolge: `char <= short <= int <= long`. Die Angaben in der Tabelle sind Mindestwerte. Die aktuellen Wertebereiche können der Header-Datei `limits.h` entnommen werden.

Datentypen für Gleitpunktzahlen

Zum Speichern von Zahlen mit gebrochenem Anteil stehen die drei folgenden *reellen Gleitpunkt-Typen* zur Verfügung:

Typ	Speicherplatz	Wertebereich (dezimal, ohne Vorzeichen)	Genauigkeit (dezimal)
`float`	4 Byte	1.2E-38 bis 3.4E+38	6 Stellen
`double`	8 Byte	2.3E-308 bis 1.7E+308	15 Stellen
`long double`	10 Byte	3.4E-4932 bis 1.1E+4932	19 Stellen

Die *Genauigkeit* gibt an, wie viele Dezimalziffern einer Zahl gespeichert werden können. Zum Beispiel bedeutet »6 Stellen genau«, dass die 7. Dezimalstelle nicht mehr genau gespeichert werden kann. So sind die Zahlen 12.3456 und 12.34567 nicht notwendig unterscheidbar.

Die Größe des Speicherplatzes und die interne Darstellung sind in C nicht festgelegt. Üblicherweise wird jedoch der IEEE-Standard für binäre Gleitpunkt-Arithmetik verwendet (IEEE = **I**nstitute of **E**lectrical and **E**lectronics **E**ngineers). Von dieser Darstellung wird in der obigen Tabelle ausgegangen. In der Header-Datei `float.h` sind symbolische Konstanten definiert, die alle Aspekte der verwendeten Darstellung beschreiben.

Konstanten

In C unterscheidet man *ganzzahlige* Konstanten, *Gleitpunktkonstanten*, *Zeichenkonstanten* und *String-Konstanten*. Jede Konstante hat einen Datentyp, der sich aus ihrem Wert und der Schreibweise ergibt.

Ganzzahlige Konstanten

Ganzzahlige Konstanten können als gewöhnliche Dezimalzahlen, Oktalzahlen oder Hexadezimalzahlen dargestellt werden:

- Eine *dezimale Konstante* (Basis 10) beginnt mit einer von `0` verschiedenen Ziffer.
- Eine *oktale Konstante* (Basis 8) beginnt mit einer führenden `0`.
- Eine *hexadezimale Konstante* (Basis 16) beginnt mit den beiden Zeichen `0x` oder `0X`. Die hexadezimalen Ziffern `A` bis `F` können groß oder klein geschrieben werden.

Beispielsweise sind die folgenden drei Zuweisungen äquivalent:

Beispiele:

```
val = 15;          // dezimal
val = 017;         // oktal
val = 0xF;         // hexadezimal
```

Ganzzahlige Konstanten haben in der Regel den Typ `int`. Der Typ kann auch direkt durch die Suffixe `L` oder `l` (für `long`) bzw. `U` oder `u` (für `unsigned`) festgelegt werden.

Beispiele:

```
0x200L                         // hexadezimal, Typ: long
512UL                          // dezimal, Typ: unsigned long
```

Gleitpunktkonstanten

Eine Gleitpunktkonstante wird als eine Folge von Dezimalziffern mit einem Dezimalpunkt dargestellt. Auch die Exponenten-Schreibweise ist möglich.

Beispiele:

```
17.04
7.1E-5                         // Die Zahl 7.1*10-5 = 0.000071
```

Für `E` darf auch `e` geschrieben werden. Zur Unterscheidung von Gleitpunktkonstanten und ganzzahligen Konstanten ist stets der Dezimalpunkt oder die Angabe von `E` oder `e` notwendig.

Eine Gleitpunktkonstante besitzt den Typ `double`, wenn kein Suffix angegeben ist. So haben beide Konstanten im letzten Beispiel den Typ `double`. Durch das Suffix `F` oder `f` bekommt eine Konstante den Typ `float`, durch das Suffix `L` oder `l` den Typ `long double`. Beispielsweise hat die Konstante `1.23F` den Typ `float`.

Zeichenkonstanten und String-Literale

Eine *Zeichenkonstante* besteht aus einem Zeichen, das in einfachen Hochkommas eingeschlossen ist.

Beispiele: `'A'`   `'!'`   `'2'`

Zeichenkonstanten haben in C den Typ `int` (in C++ den Typ `char`). Der numerische Wert ist der Zeichencode, durch den das Zeichen repräsentiert wird. Im ASCII-Code besitzt beispielsweise die Konstante `'A'` den Wert `65`. Zeichenkonstanten können wie ganzzahlige Konstanten benutzt werden:

Beispiel:

```
'A' + 1                        // Code des Zeichens B
```

Ein *String-Literal*, auch *String-Konstante* genannt, besteht aus einer Folge von Zeichen, die in doppelten Hochkommas eingeschlossen sind.

Beispiel: `"hello, world"`

Ein String-Literal wird intern als `char`-Vektor zusammen mit dem String-Endezeichen `\0` gespeichert. `\0` ist ein Byte mit dem numerischen Wert `0` (alle Bits `0`). Ein String-Literal ist daher ein Byte länger als die angegebene Zeichenfolge. Der leere String `""` belegt genau ein Byte.

String-Literale, die nur durch Zwischenraumzeichen getrennt sind, werden zu *einem* String zusammengezogen. Da auch ein *Newline*-Zeichen ein Zwischenraumzeichen ist, hat man so eine einfache Möglichkeit, einen langen String in der nächsten Zeile fortzusetzen.

Beispiel:

```
"Ich bin ein sehr "
"langer String! ..."
```

Zeichenkonstanten und String-Literale können auch *Escape-Sequenzen* enthalten. Eine Escape-Sequenz beginnt mit \ (Backslash) und repräsentiert ein einzelnes Zeichen. Auf diese Weise können auch Steuerzeichen dargestellt werden, z.B. `\n` für das Newline-Zeichen.

Die folgende Tabelle enthält die standardisierten Escape-Sequenzen und ihre Bedeutung .

Einzelzeichen	Bedeutung	ASCII-Wert (dezimal)
`\a`	Alert (BELL)	7
`\b`	Backspace (BS)	8
`\t`	Horizontal Tab (HT)	9
`\n`	New Line (NL)	10
`\v`	Vertical Tab (VT)	11
`\f`	Form Feed (FF)	12
`\r`	Carriage Return (CR)	13
`\"`	"	34
`\'`	'	39
`\?`	?	63
`\\`	\	92
`\0`	Null-Zeichen	0
`\ooo` (bis zu 3 Okalziffern)	ein Bitmuster	ooo (oktal!)
`\xhh` (Folge von Hex-Ziffern)	ein Bitmuster	hh (hexadezimal!)

Beispiel: `printf("\a\nAchtung!\t\"OTTO\" kommt!\n");`

Diese Anweisung gibt zunächst einen Ton aus und dann die Zeichenfolge

```
Achtung!        "OTTO" kommt!
```

Variablen

Definition

Bevor eine Variable in einem Programm verwendet werden kann, muss sie definiert werden. Die Definition legt den *Namen*, den *Typ* und gegebenenfalls den *Anfangswert* der Variablen fest. Der Typ bestimmt, wieviel Speicher eine Variable belegt und wie der Inhalt der Variablen interpretiert wird.

Beispiel: `double temperature = 35.2;`

Die Variable `temperature` bezeichnet eine Speicherstelle, die 8 Byte groß ist. Der Inhalt wird als Gleitpunktzahl interpretiert und mit dem Wert 35.2 initialisiert.

Mehrere Variablen gleichen Typs können in einer Liste angegeben werden:

Beispiel: `long  i, j = 0, k = 10L;`

Hier werden drei Variablen vom Typ `long` definiert. Für `i` wird dabei kein Anfangswert angegeben, d.h., die Variable `i` ist nicht *inititialisiert*.

Lokale und globale Variablen

Variablen können außerhalb oder innerhalb von Funktionen definiert werden. Dabei gilt

- ▶ Eine außerhalb jeder Funktion definierte Variable ist *global*, d.h. in allen Funktionen des Programms verwendbar.
- ▶ Eine innerhalb einer Funktion definierte Variable ist *lokal*, d.h. nur in derselben Funktion verwendbar.

Lokale Variablen werden in C unmittelbar hinter einer sich öffnenden, geschweiften Klammer definiert (z.B. am Beginn einer Funktion).

Fehlt bei der Definition einer Variablen die Initialisierung, so haben lokale Variablen einen undefinierten Anfangswert! Dagegen werden nicht explizit initialisierte globale Variablen mit `0` vorbelegt.

Beispielprogramm

```
/* Dieses C-Programm zeigt die Verwendung von Variablen.       *
 * ------------------------------------------------------------ */
#include <stdio.h>                   // Prototyp von printf()
int average;                         // globale Variable,
                                     // Anfangswert 0
int main()
{
   char letter;                      // lokale Variablen
   int min = 0, max = 20;
   letter  = 'X';                     // Zuweisungen
   average = (min + max) / 2;
   printf("Der Wert der Variablen:\n");
   printf("  letter  = %c\n", letter);
   printf("  min     = %d\n", min);
   printf("  max     = %d\n", max);
   printf("  average = %d\n", average);
   return 0;
}
```

Die Bildschirmausgabe des Programms:

```
Der Wert der Variablen:
  letter  = X
  min     = 0
  max     = 20
  average = 10
Gültige Namen
```

In einem Programm werden Variablen, Funktionen, Datentypen usw. über *Namen* angesprochen. Für die Bildung von Namen, auch Bezeichner (engl. *identifier*) genannt, gelten folgende Regeln:

- Ein Name besteht aus einer Folge von Buchstaben (A bis Z, a bis z), Ziffern (0 bis 9) und Unterstrichen (_).
- Das erste Zeichen darf keine Ziffer sein.
- Groß- und Kleinbuchstaben werden unterschieden.
- Ein Bezeichner kann beliebig lang sein. Signifikant sind in der Regel nur die ersten 31 Zeichen.

Schlüsselworte sind reserviert und dürfen nicht als Namen verwendet werden. Die Schlüsselworte in C und C++ finden Sie weiter hinten in diesem Anhang.

Beispiele für Bezeichner:

gültig: `i, EURO, _B1, GoTo, topOfStack`
ungültig: `512block, fläche, short, US_$, eof-flag`

Formatierte Ein-/Ausgabe mit scanf() und printf()

Zur formatierten Ausgabe von Text und Zahlen steht in C die Standardfunktion `printf()` zur Verfügung. Sie ermöglicht es beispielsweise, Zahlenreihen tabellarisch darzustellen. Umgekehrt wird zur formatierten Eingabe die Funktion `scanf()` benutzt.

Das erste Argument beider Funktionen ist ein String, der sog. *Formatstring*. Er enthält *Formatelemente* zur Steuerung der Ein-/Ausgabe. Ein Formatelement beginnt mit dem Prozentzeichen `%` und endet stets mit einer Typangabe, d. i. ein Buchstabe, der den Typ der zu übertragenden Daten angibt.

Beispiele: `%d` `%f` `%c`

Ausgabe von Zeichen und ganzen Zahlen

Die folgende Tabelle enthält die Typangaben, die zur Ausgabe von Zeichen und ganzen Zahlen verwendet werden können.

typ	Argument-Typ	Ausgabe
`c`	`char / int`	einzelnes Zeichen
`d, i`	`int`	dezimal
`u`	`unsigned int`	dezimal
`o`	`unsigned int`	oktal
`x`	`unsigned int`	hexadezimal mit a,b,c,d,e,f
`X`	`unsigned int`	hexadezimal mit A,B,C,D.E,F
`%`	kein Argument	Das Zeichen % wird ausgegeben.

Hinweis Ist ein Argument vom Typ `long` oder `unsigned long`, so muss den obigen Typangaben der Buchstabe `l` vorangestellt werden, z. B. `ld` oder `lX`. Für Argumente vom Typ `short` oder `unsigned short` wird der Buchstabe `h` vorangestellt, also z. B. `hd`.

Bei der Ausgabe wird jedes Formatelement im Formatstring durch den Wert des nächsten Arguments ersetzt.

Beispiel:

```
long var = 200;
printf("dezimal:     %ld\n", var);
printf("hexadezimal: %lX\n", var);
```

Diese Anweisungen erzeugen die Ausgabe:

```
dezimal:     200
hexadezimal: C8
```

Mit dem Formatelement `%c` wird der Wert des nächsten Argumentes als Zeichencode interpretiert und das entsprechende Zeichen ausgeben.

Beispiel:

```
int c = '#';
printf("Das Zeichen %c hat den Code %d\n", c, c);
```

Die Ausgabe dieser Anweisung: `Das Zeichen # hat den Code 35`

Feldbreiten bei der Ausgabe

Sehr nützlich ist die Möglichkeit, die Ausgabe in ein Feld bestimmter Breite zu plazieren. Im Formatelement wird die Feldbreite als dezimale Ganzzahl hinter dem %-Zeichen angegeben.

Beispiel:

```
int var = 123;
printf("|%10d|", var);          // Feldbreite 10
```

Standardmäßig erfolgt die Ausgabe im Feld *rechtsbündig* und der verbleibende Platz im Feld wird mit Blanks aufgefüllt. Das vorhergehende Beispiel erzeugt daher die Ausgabe:

```
|       123|
```

Zur *linksbündigen* Ausgabe wird der Feldbreite ein Minuszeichen vorangestellt. Ist die auszugebende Zeichenfolge länger als die angegebene Feldbreite, wird die Zeichenfolge nicht abgeschnitten, sondern das Feld entsprechend vergrößert.

Ausgabe von Gleitpunktzahlen und Strings

Gleitpunktzahlen können mit den folgenden Typangaben ausgegeben werden.

typ	Argument-Typ	Ausgabe
`f`	`float/double`	Gleitpunktzahl, dezimal
`e, E`	`float/double`	Exponentialdarstellung, dezimal
`g, G`	`float/double`	Gleitpunktzahl/Exponentialdarstellung, was kürzer ist.
`s`	String	Ausgabe des Strings bis '\0' (höchstens wie mit *.Genauigkeit* angegeben)

Hinweis Zur Ausgabe einer Zahl vom Typ `long double` wird den Typangaben `f`, `e` oder `g` der Buchstabe `L` vorangestellt.

Standardmäßig werden sechs Stellen hinter dem Dezimalpunkt einer Gleitpunktzahl ausgegeben, wobei eventuell gerundet wird.

Beispiel:

```
float x = 12.345F;
printf("%f    %E ", x, x);
```

Ausgabe:

```
12.345000    1.234500E+001
```

Auch bei Gleitpunktzahlen ist die Verwendung von Feldbreiten möglich. Außerdem kann durch die Angabe einer *Genauigkeit* die Anzahl der Ziffern hinter dem Dezimalpunkt festgelegt werden.

Beispiel:

```
double var = 9.8765;
printf("|%10f|\n", var);// Feldbreite 10
printf("|%.2f|\n", var);// Genauigkeit .2
printf("|%10.2f|\n", var);// Feldbreite und
// Genauigkeit.
```

Ausgabe:

```
|  9.876500|
|9.88|
|      9.88|
```

Bei der Ausgabe von Strings mit `%s` können zur Formatierung ebenfalls eine Feldbreite und Genauigkeit verwendet werden. Bei einem String legt die Genauigkeit fest, wie viele Zeichen des Strings maximal ausgegeben werden.

Beispiel:

```
printf("Ein schoener %-10.6s!\n", "Sommertag");
```

Ausgabe:

```
Ein schoener Sommer    !
```

Formatierte Eingabe

Die Funktion `scanf()` verwendet für das Lesen von der Standardeingabe (Tastatur) die von `printf()` her bekannten Formatelemente. Für jedes Formatelement wird das nächste *Eingabefeld* eingelesen, konvertiert und in die entsprechende Variable abgelegt, deren *Adresse*(!) als Argument übergeben wird. Eingabefelder sind durch Zwischenraumzeichen (Leer-, Tabulator- und Newline-Zeichen) voneinander getrennt.

Beispiel:

```
int  n = 0;
float x = 0.0F;
scanf("%d %f ", &n, &x);
```

Bei der Eingabe der Zeile

```
77  49.11
```

wird die Zeichenfolge 77 als dezimale Ganzzahl interpretiert und der entsprechende `int`-Wert der Variable `n` zugewiesen. Das nächste Eingabefeld wird als Gleitpunktzahl gelesen und als `float`-Wert in der Variablen `x` gespeichert.

Ein Eingabefeld endet mit dem ersten Zwischenraumzeichen bzw. mit dem ersten Zeichen, das nicht mehr verarbeitet werden kann. Dieses Zeichen ist dann das erste Zeichen des nächsten Eingabefeldes. Wird beispielsweise im obigen Beispiel die Zeile

```
77X  49.11
```

eingegeben, so beginnt das zweite Eingabefeld mit dem Zeichen `X`. Da aber mit dem Formatelement `%f` eine Gleitpunktzahl eingelesen werden soll, bricht `scanf()` das Einlesen ab. Der Variablen x wird in diesem Fall kein Wert zugewiesen.

Das Programm kann anhand des Return-Wertes feststellen, ob das Einlesen erfolgreich war: `scanf()` liefert die Anzahl der eingelesenen Eingabefelder oder den Wert `EOF` (= end of file). `EOF` ist eine Konstante, die in `stdio.h` als `-1` definiert ist. Sie wird dann zurückgegeben, wenn beim Lesen das Dateiende erreicht wird oder wenn ein Fehler beim Lesen auftrat.

Beispiel:

```
if( scanf("%d %f ", &n, &x) != 2)
   printf("Fehlerhafte Eingabe!\n";
else  //... Eingabe verarbeiten
```

Führende Zwischenraumzeichen werden überlesen. Eine Ausnahme bildet hier das Formatelement `%c`. Mit `%c` wird stets das nächste Zeichen, insbesondere auch ein Zwischenraumzeichen, gelesen.

Die Funktion `scanf()` muss zwischen `float`-Variablen und `double`-Variablen unterscheiden können. Daher wird zum Einlesen in eine `double`-Variable das Formatelement `%lf` verwendet.

Beispiel:

```
double var = 0.0;
scanf("%lf", &var);      // double-Wert einlesen
```

Feldbreiten bei der Eingabe

Durch Angabe einer Feldbreite wird die Länge eines Eingabefeldes begrenzt. Dabei zählen führende Zwischenraumzeichen nicht mit.

Beispiel:
```
int  limit = 0;
scanf("%3d", &limit);        // Maximal drei Ziffern
```

Bei der Eingabe von `12345` wird der dezimale Wert `123` an `limit` zugewiesen. Die übrigen Zeichen `45` verbleiben im Eingabepufffer.

Beim Einlesen von Strings muss ein `char`-Vektor angegeben werden, in den die Zeichen des Strings gespeichert werden. Der Name eines Vektors bezeichnet schon die Adresse seines ersten Elements. Daher fehlt der Adressoperator.

Beispiel:
```
char stadt[32];          // Vektor mit 32 char-Elementen
scanf("%s", stadt);
```

Hier wird nur ein Wort in den Vektor `stadt` eingelesen und das String-Endezeichen `'\0'` angehängt. Das Eingabefeld endet nämlich mit dem ersten Zwischenraumzeichen (Blank, Tab oder Newline). Alle weiteren Zeichen bleiben im Eingabepuffer.

Um sicherzustellen, dass nicht mehr Zeichen eingelesen werden, als Platz im Vektor ist, sollte bei `%s` stets eine Feldbreite angegeben werden.

Beispiel:
```
scanf("%31s", stadt);      // Maximal 31 Zeichen
```

Eingabepuffer löschen

Das Lesen von der Tastatur mit Standardfunktionen ist *zeilenweise gepuffert*. Die Eingabe des Anwenders wird also erst dann verarbeitet, wenn die Return-Taste gedrückt wurde. Solange sich noch Zeichen im Puffer befinden, werden diese Zeichen verarbeitet. Um sicherzugehen, dass `scanf()` (oder eine andere Funktionen zum Lesen von der Tastatur) auf eine neue Eingabe wartet, kann der Eingabepuffer mit der Anweisung

```
fflush(stdin);
```

gelöscht werden. Dabei bezeichnet `stdin` den Standardeingabekanal, der von den Standardfunktionen für das Lesen von der Tastatur benutzt wird.

Unformatierte Ein-/Ausgabe

Für die effiziente Ein-/Ausgabe einzelner Zeichen sind in der Header-Datei `stdio.h` die Makros `getchar()` und `putchar()` definiert.

Das Makro `getchar()` liest das nächste Zeichen von der Standardeingabe `stdin` und gibt den Zeichen-Code als `int`-Wert zurück. Ist `c` eine Variable vom Typ `int`, so wird mit der Anweisung

Beispiel:
```
c = getchar();
```

das nächste Zeichen aus dem Puffer der Standardeingabe gelesen und in c gespeichert. Ist der Puffer leer, wartet das Programm auf eine neue Eingabe des Benutzers.

Tritt ein Fehler auf oder wird das Dateiende erreicht, liefert getchar() wie scanf() den Wert EOF. Beim Einlesen von der Tastatur wird das Dateiende durch Ctrl+Z (WINDOWS/DOS) bzw. Ctrl+D (UNIX) simuliert.

Das Makro putchar() gibt das übergebene Zeichen am Bildschirm aus. Das folgende Beispielprogramm liest solange Zeichen von der Tastatur, bis die Tastenkombination Ctrl-Z bzw. Ctrl-D gedrückt wird. Das Programm gibt alle Zeichen wieder aus, wobei Kleinbuchstaben in Großbuchstaben umgewandelt werden.

```
#include <stdio.h>
#include <ctype.h>                    // Fuer toupper()
int main()
{
   int c;
   while( (c = getchar()) != EOF)    // Zeichen lesen
   {
     c = toupper(c);          // In Grossbuchstaben umwandeln.
     putchar(c);              // Das Zeichen in c ausgeben.
   }
   return 0;
}
```

Auch die Ein-/Ausgabe *ganzer Zeilen* ist möglich. Eine ganze Zeile wird mit der Funktion gets() eingelesen. Als Argument wird ein char-Vektor angegeben, der in jedem Fall groß genug sein muss, um alle Zeichen der Zeile zu speichern.

Beispiel:
```
char zeile[512];    // Vektor mit 512 char-Elementen.
gets(zeile);        // Eine Zeile Text einlesen.
```

Die Funktion gets() ersetzt das abschließende Newline-Zeichen '\n' durch das String-Endezeichen '\0'. Es besteht jedoch nicht die Möglichkeit, die Anzahl der einzulesenden Zeichen zu begrenzen.

Die Gegenfunktion zu gets() ist die Funktion puts(). Diese gibt den übergebenen String und ein abschließendes Newline-Zeichen '\n' aus. Im Unterschied zu printf() steht damit der Cursor am Anfang der nächsten Zeile.

Beispiele:
```
puts("Ein Zeile Text");
puts(zeile);       // Text im Vektor zeile anzeigen.
```

Operatoren und Ausdrücke

Ein Operator (wie z. B. + oder *) bildet zusammen mit seinen Operanden einen Ausdruck und produziert einen Wert. Die Operanden können Konstanten, Variablen oder selbst wieder Ausdrücke sein.

Beispiel: `3 + 2 * x`

In Ausdrücken mit mehr als einem Operator bestimmt der *Vorrang* (Priorität), wie die Operanden den Operatoren zugeordnet werden. Im vorhergehenden Beispiel ist der Ausdruck gleichbedeutend mit `3 + (2 * x)`, da der Operator * einen höheren Vorrang als + hat. Alle Operatoren und eine Vorrangtabelle finden Sie ebenfalls im Anhang zu diesem Buch.

Man unterscheidet *unäre* und *binäre* Operatoren: Ein unärer Operator besitzt einen Operanden, ein binärer Operator zwei. Diese Unterscheidung ist wichtig, da es einige Operatoren gibt, die sowohl als unärer als auch als binärer Operator auftreten können. Außerdem haben in C alle unären Operatoren denselben hohen Vorrang.

Arithmetische Operatoren

Die binären arithmetischen Operatoren sind `*`, `/`, `%`, `+` und `-`. Bei der *Division* (/) mit ganzzahligen Operanden ist zu beachten, dass das Ergebnis wieder ganzzahlig ist! Außerdem ist die *Modulodivision* (%) nur auf ganzzahlige Operanden anwendbar. Sie liefert den *Rest* der ganzzahligen Division.

Beispiele:

```
5 / 2                    // Ergebnis: 2
5 % 2// Ergebnis: 1 (d.i. der Rest)
5.0 / 2.0// Ergebnis: 2.5
```

Es gelten die üblichen *Rechenregeln* (»Punktrechnung vor Strichrechnung«), da die Operatoren `*`, `/`, `%` einen höheren Vorrang haben als `+` und `-` .

Es gibt vier unäre arithmetische Operatoren, nämlich die *Vorzeichenoperatoren* `+` und `-`, den *Inkrement*-Operator `++` und den *Dekrement*-Operator `--`.

Der Operator ++ (und analog der Operator `--`) kann sowohl *vor* als auch *hinter* seinem Operanden stehen. Ist `x` eine Variable, so wird `x` sowohl durch `++x` (*Präfix-Notation*) als auch durch `x++` (*Postfix-Notation*) um 1 erhöht. Die Ausdrücke selbst haben aber einen unterschiedlichen Wert: `++x` hat den um 1 erhöhten Wert von `x`, hingegen hat `x++` den ursprünglichen Wert von `x`.

Beispiele:

```
int erg, var = 5;
erg = x++;               // erg = 5;  Danach gilt: x == 6
erg = ++x;               // erg = 7;
```

Die Operatoren `++` und `--` verändern ihren Operanden. Sie können also nicht auf Konstanten angewendet werden.

Zuweisungen

Es gibt die *einfache* Zuweisung (=) und die *zusammengesetzte* Zuweisung (z. B. +=). In einer Zuweisung `x = y` muss der linke Operand eine Speicherstelle bezeichnen, also z. B. eine Variable sein. Diese erhält mit der Zuweisung einen neuen Wert.

Eine Zuweisung ist ein Ausdruck, der den Typ und den Wert des linken Operanden nach der Zuweisung hat. Es sind daher auch *Mehrfachzuweisungen* möglich, die stets von rechts nach links ausgeführt werden.

Beispiel:

```
int a, b, c = 3;
a = b = 2*c;            // a = (b = 2*c);
```

Die Zuweisungsoperatoren haben einen sehr niedrigen Vorrang. Im letzten Beispiel wird deshalb zuerst die rechte Seite berechnet und dann das Ergebnis (= 6) der Variablen `a` zugewiesen.

Bei einer zusammengesetzten Zuweisung wird zunächst eine bestimmte Operation ausgeführt und das Ergebnis anschließend zugewiesen. Sie hat die Form `x op= y`, wobei `op` ein binärer arithmetischer Operator oder ein binärer Bit-Operator sein kann. An `x` wird der Wert von `x op (y)` zugewiesen.

Beispiel:

```
double x = 7.1;
x *= 2.5;// x = (x * 2.5);
```

In diesem Beispiel wird »`x` mit `2.5` multipliziert«.

Vergleiche und logische Operatoren

Die *Vergleichsoperatoren* sind `<` `<=` `>` `>=` `==` und `!=`. Ein Vergleich liefert in C den `int`-Wert `1` (d. h. »wahr«), wenn der Vergleich zutrifft, andernfalls `0` (d. h. »falsch«).

Vergleichsoperatoren haben einen niedrigeren Vorrang als arithmetische Operatoren, jedoch einen höheren Vorrang als Zuweisungsoperatoren. Deshalb wird im

Beispiel:

```
count < max + 1
```

der Wert der Variablen `count` mit der Summe `max + 1` verglichen.

Wie Vergleichsoperatoren liefern auch die *logischen* Operatoren && (UND), || (ODER), ! (NICHT) das Ergebnis »wahr« oder »falsch«, also den `int`-Wert 1 oder 0.

Beispiel:

```
int c = 0;
while( (c = getchar()) != EOF && c != '\n')
  . . .
```

In diesem Beispiel werden Zeichen von der Standardeingabe (Tastatur) eingelesen, solange `getchar()` nicht das Zeichen `EOF` (engl. *end of file*) und nicht das Newline-Zeichen liefert. Weitere Klammern sind nicht notwendig, da der Vorrang der logischen Operatoren `&&` und `||` niedriger ist als der Vorrang der Vergleichsoperatoren. Dabei ist der Vorrang des Operators `&&` höher als der des Operators `||`.

Die Operanden der logischen Operatoren dürfen einen beliebigen skalaren Typ haben. Jeder von 0 verschiedene Wert gilt dabei als »wahr«, 0 als »falsch«. Die Operatoren `&&` und `||` bewerten zuerst ihren linken Operanden. Steht dann das Ergebnis schon fest (d.h. der linke Operand von `&&` ist »falsch« bzw. der von `||` ist »wahr«), wird der rechte Operand nicht mehr bewertet!

Hinweis In C++ hat ein Vergleich oder ein logischer Ausdruck den Typ `bool` und den Wert `true` (= 1) oder `false` (= 0).

Bit-Operatoren

Um bitcodierte Daten verarbeiten zu können, ist es es notwendig, einzelne Bits zu lesen oder zu ändern. Hierfür stellt C sechs Bit-Operatoren zur Verfügung:

Logische Bit-Operatoren

```
&   (UND) |   (ODER)
^   (Exklusiv ODER)~   (NICHT)
```

Shift-Operatoren

```
<<   (Links-Shift) >>   (Rechts-Shift)
```

Die Operanden der Bit-Operatoren müssen einen ganzzahligen Typ haben. Ist ein Bit gesetzt, also 1, wird es als »wahr« interpretiert, anderfalls als »falsch«. Die Wirkung der Bit-Operatoren auf die einzelnen Bits zeigen folgende

Beispiele:

`unsigned int a=6, b=11;`		**Bitmuster:**
	a	0 0 . . . 0 0 0 1 1 0
	b	0 0 . . . 0 0 1 0 1 1
	a & b	0 0 . . . 0 0 0 0 1 0
	a | b	0 0 . . . 0 0 1 1 1 1
	a ^ b	0 0 . . . 0 0 1 1 0 1
	~a	0 0 . . . 0 0 1 0 1 1
	a << 2	0 0 . . . 0 1 1 0 0 0
	b >> 1	0 0 . . . 0 0 0 1 0 1

Die Shift-Operatoren `<<` und `>>` verschieben das Bitmuster ihres linken Operanden um so viele Bit-Positionen, wie der rechte Operand angibt. Die »herausgeschobenen« Bits gehen dabei verloren.

Beim Links-Shift << werden von rechts stets `0`-Bits nachgeschoben. Beim Rechts-Shift >> werden von links `0`-Bits nachgeschoben, sofern der linke Operand einen `unsigned`-Typ oder einen nicht-negativen Wert hat. Andernfalls hängt es vom Compiler ab, ob links mit `0`-Bits (*logischer Shift*) oder mit dem Vorzeichen-Bit (*arithmetischer Shift*) aufgefüllt wird.

Der Auswahloperator ?:

Mit diesem Operator kann einer von zwei Ausdrücken ausgewählt werden. Er ist der einzige Operator in C/C++ mit drei Operanden. In einem Ausdruck der Form `x?y:z` wird zunächst der erste Operand `x` bewertet. Ist dieser ungleich `0` (d.h. »wahr«), so ist das Ergebnis der Wert von `y`. Ist dagegen `x` gleich `0` (d.h. »falsch«), so ist das Ergebnis der Wert von `z`.

Beispiel:

```
// a und b sind zwei int-Variablen:
printf("Maximum: %d\n", a >= b ? a : b);
```

Hierbei haben der zweite und dritte Operand entweder den gleichen Typ, oder es wird eine Typanpassung vorgenommen. Der Vorrang des Auswahloperators ist niedriger als der Vorrang von Vergleichs- und logischen Operatoren. Daher müssen im obigen Vergleich `a >= b` keine Klammern gesetzt werden.

Weitere Operatoren

Mit dem *Cast-Operator* `(typ)ausdruck` wird eine explizite Typumwandlung vorgenommen: Der Wert des Ausdrucks wird in den angegebenen Typ konvertiert.

Beispiel:

```
int a = 5, b = 2;    double erg = 0.0;
erg = (double)a/b;
```

Hier wird zunächst der Wert von `a` in `double` konvertiert und daher die Gleitpunkt-Division durchgeführt. Anschließend wird das Ergebnis (`2.5`) der Variablen `erg` zugewiesen. Als unärer Operator hat der Cast-Operator einen höheren Vorrang als die arithmetischen Operatoren.

Der *sizeof-Operator* liefert die Anzahl Byte, die ein Objekt im Speicher benötigt. Sein Operand ist entweder ein Typname in Klammern oder ein beliebiger Ausdruck, der keinen Funktions-Typ hat. Das Ergebnis ist eine Konstante vom Typ `size_t`.

Beispiel:

```
int arr[10];
int len = sizeof(arr) / sizeof(int);
```

Die Variablen `len` enthält anschließend die Anzahl der Vektorelemente, also 10.

Der *Sequenzoperator*, (auch Kommaoperator genannt) besitzt zwei Operanden: In einem Ausdruck der Form `x,y` wird zuerst der linke Operand bewertet, dann der rechte. Das Ergebnis hat den Typ und den Wert des rechten Operanden.
Typischerweise wird der Sequenzoperator eingesetzt, um mehrere Ausdrücke dort anzugeben, wo syntaktisch nur ein Ausdruck stehen darf.

Beispiel:

```
int i, j;
for( i=0, j=10;  i < j;  ++i, --j)
  . . .
```

Der Sequenzoperator hat von allen Operatoren den niedrigsten Vorrang, also auch niedriger als der Vorrang der Zuweisungsoperatoren. Daher brauchen im vorhergehenden Beispiel keine Klammern gesetzt werden.

In C gibt es noch die folgenden fünf Opeatoren: `[]` `&` `*` `.` und `->`. Sie werden im Zusammenhang mit Vektoren, Zeigern und Strukturen benötigt und dort besprochen.

Schleifen und Verzweigungen

Zur Kontrolle des Programmflusses stehen dem Programmierer folgende Anweisungen zur Verfügung:

- Schleifen mit `while`, `do while` oder `for`
- Verzweigungen mit `if else` oder `switch`
- bedingungsfreie Sprünge mit `goto`, `continue`, `break` oder `return`.

Schleifen

Schleifen werden gebildet, um eine Gruppe von Anweisungen im sog. *Schleifenrumpf* mehrfach auszuführen. Die Anzahl der Schleifendurchläufe wird stets durch eine Laufbedingung festgelegt. Das ist ein Ausdruck, der als »wahr« interpretiert wird, wenn sein Wert ungleich `0` ist, andernfalls als »falsch«.

Syntaktisch besteht der Schleifenrumpf nur aus einer Anweisung. Mehrere Anweisungen werden in einem Block zu einer Anweisung zusammengefaßt.

while-Schleife

Die `while`-Anweisung hat folgende

Syntax:

```
while( Ausdruck)  Anweisung
```

Die `while`-Schleife ist »kopfgesteuert«: Zuerst wird der `while`-Ausdruck, also die Laufbedingung, bewertet. Ist diese »wahr«, wird der Schleifen-Rumpf ausgeführt und der `while`-Ausdruck erneut bewertet. Andernfalls wird die Schleife beendet.

Beispiel:

```
int i = 1;
while( i < 10)
{
   printf("Der %d. Schleifendurchlauf\n", i);
   ++i;
}
```

for-Schleife

Die `for`-Schleife fasst die Elemente zur Kontrolle der Schleife im Schleifenkopf zusammen.

Syntax:

```
for( [Ausdruck1]; [Ausdruck2]; [Ausdruck3])
   Anweisung
```

`Ausdruck1` ist die Initialisierung und wird einmal zu Beginn der Schleife ausgeführt. `Ausdruck2` ist die Laufbedingung. Ist sie »wahr«, wird der Schleifen-Rumpf ausgeführt. Anschließend wird die Reinitialisierung `Ausdruck3` vorgenommen und die Laufbedingung erneut geprüft.

Das obige `while`-Beispiel lautet mit einer `for`-Schleife:

Beispiel:

```
int i;
for( i = 1;  i < 10;  ++i)
   printf("Der %d. Schleifendurchlauf\n", i);
```

Jeder der drei Ausdrücke im Schleifenkopf kann fehlen. Es müssen jedoch stets zwei Semikolons angegeben werden. Der kürzeste Schleifenkopf ist `for( ; ; )` und bewirkt eine Endlosschleife. Ein weiteres Beispiel ist `for( ; Ausdruck; )`, was gleichbedeutend mit `while(Ausdruck)` ist.

do-while-Schleife

Die `do-while`-Anweisung ist eine »fußgesteuerte« Schleife: Zuerst wird der Schleifen-Rumpf ausgeführt und anschließend der `while`-Ausdruck bewertet. Deshalb wird der Schleifen-Rumpf mindestens einmal ausgeführt.

Syntax: `do  Anweisung  while( Ausdruck);`

Beispiel:

```
int c = 0;              // Zeichen j,J (fuer "ja") oder
do                      // n, N (fuer "nein") einlesen.
{  c = getchar();       // Andere Zeichen ignorieren.
   c = toupper(c);
} while( c != EOF && c != 'J' && c != 'N');
```

Verzweigungen

if-else-Anweisung

Die `if-else`-Anweisung ist eine *bedingte Verzweigung*. Sie stellt eine von zwei Anweisungen zur Auswahl:

Syntax: `if( Ausdruck) Anweisung1  [else Anweisung2]`

Der `else`-Zweig ist optional, d.h., er kann fehlen. Zuerst wird der `if`-Ausdruck bewertet. Ist das Ergebnis ungleich `0`, d.h. »wahr«, so wird `Anweisung1` ausgeführt. Andernfalls wird die `Anweisung2` ausgeführt, sofern der `else`-Zweig vorhanden ist.

```
#include <stdio.h>
int main()     // Liest zwei Zahlen ein und gibt das Maximum aus.
{
   float z1, z2, max;
   printf("Geben Sie zwei Zahlen ein:\n");
   if( scanf("%f %f", &z1, &z2) != 2)
   {                                     // Ungueltige Eingabe!
     printf("Ungueltige Eingabe!\n");  // Fehlermeldung und
     return 1;                           // Programm beenden.
   }
   if( z1 > z2)  max = z1;               // Maximum bestimmen
   else          max = z2;
   printf("Das Maximum der Zahlen ist: %f\n", max);
   return 0;
}
```

else-if-Ketten

Um die Auswahl einer von mehreren Alternativen zu programmieren, können `if-else`-Anweisungen geschachtelt und eine sogenannte `else-if`-Kette gebildet werden.

Beispiel:

```
double norm = 10.0, messung = 10.3,
       diff = messung - norm;
if( diff >= 0.0 && diff < 0.5 )
   printf("Abweichung nach oben: %.2f\n", diff);
else if( diff < 0.0 && diff > -0.5 )
   printf("Abweichung nach unten: %.2f\n", diff);
else
   printf("Zu grosse Abweichung!\n");
```

Die `if`-Ausdrücke werden der Reihe nach bewertet. Beim ersten Ausdruck, der »wahr« ist, wird die zugehörige Anweisung ausgeführt. Dann ist die gesamte `else-if`-Kette beendet.

Trifft keiner der `if`-Ausdrücke zu, wird der `else`-Zweig der letzten `if`-Anweisung ausgeführt, sofern dieser `else`-Zweig vorhanden ist.

switch-Anweisung

Die `switch`-Anweisung ist eine Alternative zu `else-if`-Ketten, wenn ein ganzzahliger Ausdruck mit einer Reihe von Konstanten verglichen werden soll.

Beispiel:

```
switch(antwort )  // Die int-Variable antwort auf
{                 // die Zeichen j,J (fuer "ja")
   case 'j':      // oder n, N (fuer "nein") testen.
   case 'J':  actionJ();     // Aktion fuer "ja"
              break;         // und switch beenden.
   case 'n':
   case 'N':  actionN();     // Aktion fuer "nein"
              break;         // und switch beenden.
```

```
        default:    putchar('\a'); // Andernfalls einen
    }                              // Ton ausgeben.
```

Zunächst wird der Wert des switch-Ausdrucks, d.i. im Beispiel die Variable antwort, mit den case-Konstanten verglichen. Stimmt der Wert des Ausdrucks mit einer case-Konstanten überein, so wird zu dieser case-Marke verzweigt. Danach wird das Programm sequenziell fortgesetzt, wobei die case-Marken keine Bedeutung mehr haben.

Mit der break-Anweisung kann ein switch jederzeit beendet werden. Ein break ist also notwendig, wenn die Anweisungen der nächsten case-Marke nicht ausgeführt werden sollen.

Stimmt der Wert des Ausdrucks mit keiner der case-Konstanten überein, so wird zur default-Marke verzweigt, sofern diese vorhanden ist. Ohne default-Marke findet in diesem Fall keine Aktion statt! Die default-Marke muss nicht die letzte Marke im switch sein, ihr können auch noch weitere case-Marken folgen.

Bedingungsfreie Sprünge

Die break-Anweisung bewirkt, dass ein switch oder eine Schleife unmittelbar verlassen wird. Mit break wird also zur ersten Anweisung hinter dem switch bzw. der Schleife verzweigt.

Beispiel:

```
double messwert = 0.0;
while(1)                    // "Endlos"-Schleife
{  . . .
   if( messwert > 1000.0)
      break;                // Schleife beenden.
   . . .
}
```

Die continue-Anweisung kann nur in Schleifen verwendet werden. Sie bewirkt, dass unmittelbar der nächste Schleifendurchlauf begonnen wird. In einer while- bzw. do-while-Schleife verzweigt die Programmausführung zur Laufbedingung. Dagegen wird in einer for-Schleife zur Reinitialisierung verzweigt.

Beispiel:

```
for( i = 0;  i < 100;  ++i)
{
   . . .          // Hier alle Zahlen bearbeiten.
   if( i % 2 == 0)      // Ab hier gerade Zahlen
      continue;         // ueberspringen.
   . . .
}
```

Die goto-Anweisung ermöglicht einen beliebigen Sprung innerhalb einer Funktion. Mit goto wird zu der Marke verzweigt, die als Sprungziel angegeben ist. Eine Marke ist ein Name, gefolgt von einem Doppelpunkt. Marken dürfen vor jeder Anweisung stehen.

Beispiel:

```
int myFunc()
{
   int bError = 0;     // Fehler-Flag
   . . .
   if( bError)         // Fehler aufgetreten?
      goto handle_error;          // ueberspringen.
   . . .
   return 0;
   handle_error:
   . . .
   return 1;
}
```

Die `goto`-Anweisung sollte nur sehr sparsam eingesetzt werden, da sie zu unstrukturierten Programmen führt.

Eine `return`-Anweisung beendet die aktuelle Funktion und gibt einen Wert an die aufrufende Funktion zurück. Die `return`-Anweisung wird im Abschnitt »Funktionen« genauer behandelt.

Funktionen

Jedes C-Programm enthält mindestens die Funktion `main()`, die das steuernde Hauptprogramm bildet. Jede andere Funktion entspricht einem Unterprogramm. Die Funktionen eines Programms können auf verschiedene Quelldateien verteilt und innerhalb einer Quelldatei in beliebiger Reihenfolge angeordnet werden.

Definition von Funktionen

Die Definition einer Funktion legt ihre Schnittstelle und die auszuführenden Anweisungen fest. Die allgemeine Form der Definition ist:

```
[typ] name([deklarationsliste])          // Funktionskopf
{
    /* Deklarationen, Anweisungen */     // Funktionsblock
}
```

Dabei gilt:

typ ist der Typ des zurückgegebenen Wertes. Dieser ist entweder `void` oder ein beliebiger Datentyp, aber kein Vektor-Typ.

name ist der Funktionsname.

deklarationsliste enthält die Namen der Parameter und deklariert ihren Typ. Die Liste ist leer, wenn die Funktion keinen Parameter besitzt.

Beispiel:

```
/* Funktion findChar()
 * Sucht in einem String ein bestimmtes Zeichen.
 * Return-Wert: Index des ersten Auftretens bzw.
 *              -1, falls das Zeichen nicht vorkommt
 */
int findChar( char str[], int c)
{
   int i = 0;                            // Index
   while( str[i] != c  &&  str[i] != '\0')
      ++i;
   if(str[i] == c)                       // gefunden?
      return i;                          // Ja!
   else
      return -1;                         // Nein
}
```

Die Parameter einer Funktion sind ganz gewöhnliche lokale Variablen. Sie erhalten beim Aufruf der Funktion die Werte der übergebenen Argumente.

Die Anweisungen im Funktionsblock legen fest, was die Funktion macht. Wird bei der Ausführung eine `return`-Anweisung oder das Ende des Funktionsblocks erreicht, so verzweigt das Programm in die aufrufende Funktion zurück. Dabei wird der Wert des Ausdrucks in der `return`-Anweisung als *Return-Wert* zurückgegeben.

Syntax: `return [Ausdruck];`

Stimmt der Typ des `return`-Ausdrucks nicht mit dem Typ der Funktion überein, so wird er in den Typ der Funktion umgewandelt.

Der Audruck in der `return`-Anweisung kann auch fehlen. Das ist jedoch nur in Funktionen vom Typ `void` sinnvoll. In diesem Fall darf die `return`-Anweisung selbst fehlen. Dann wird die Funktion am Ende des Funktionsblocks verlassen.

Eine Funktion heißt *rekursiv*, wenn sie sich direkt oder indirekt selbst aufruft. In C ist die Definition rekursiver Funktionen möglich, da die lokalen Variablen mit jedem Funktionsaufruf neu auf dem Stack erzeugt werden.

Beispiel:

```
// Berechnung der Fakultaet n! = 1*2* ... *n
unsigned long factorial( unsigned int n)
{
  if( n <= 1) return 1;              // 0! = 1! = 1
  else return (n * factorial(n-1)); // n! = n*(n-1)!
}
```

Aufruf von Funktionen

Eine Funktion muss vor ihrem Aufruf deklariert werden: Durch die Angabe des Prototyps erhält der Compiler alle notwendigen Informationen, um bei einem Aufruf der Funktion die Argumente zu überprüfen und den Return-Wert der Funktion richtig zu übernehmen.

Beispiel: `int findChar( char str[], int c);     // Prototyp`

Damit erhält der Compiler die Information, dass die Funktion `findChar()` zwei Argumente erwartet – eins vom Typ `char []`, eins vom Typ `int` – und einen Return-Wert vom Typ `int` liefert. Die Parameternamen im Prototyp haben nur die Bedeutung eines Kommentars und können auch fehlen.

Die Angabe des Prototyps kann nur dann entfallen, wenn die Funktion in derselben Quelldatei vor ihrem ersten Aufruf definiert ist. Alle Standardfunktionen sind in Standard-Header-Dateien deklariert. Beispielsweise enthält die Header-Datei `stdio.h` die Prototypen der Funktionen für die Ein- und Ausgabe.

Beim Aufruf einer Funktion ist es wichtig, dass die Anzahl und der Typ der Argumente mit denen der formalen Parameter übereinstimmen. Als Argument kann ein beliebiger Ausdruck angegeben werden, z.B. auch eine Konstante oder ein arithmetischer Ausdruck. In jedem Fall wird der *Wert* des Ausdrucks in den entsprechenden Parameter der Funktion *kopiert*!

Beispiel:

```
// Aufruf der Standardfunktion sin()
// Prototyp in math.h: double sin(double);
#include <math.h>                    // Deklaration
// z.B. in der Funktion main():
  double x = 0.5, y = 0.0;
  y = 5.0 * sin( 1.0 + x);           // Aufruf
```

Der Aufruf einer Funktion ist ein Ausdruck, der den Wert und den Typ ihres Return-Wertes besitzt. So ist `sin(1.0+x)` ein Ausdruck vom Typ `double`, der entsprechend in einer Berechnung verwendet werden kann.

Die Übergabe von Werten wird »*Call by Value*« genannt. Die aufgerufene Funktion kann dabei nicht den Wert der Argumente in der aufrufenden Funktion verändern, da sie mit Kopien der Argumente arbeitet.

Auch ein »*Call by Reference*« ist möglich. Dazu wird in C die *Adresse* der Variablen übergeben. Dann hat die Funktion Zugriff auf die Variable und kann ihren Wert ändern. Ein Beispiel dafür ist die Standardfunktion `scanf()`. Wie eine derartige Funktion zu schreiben ist, wird im Abschnitt »Zeiger« dargestellt.

Vektoren

Ein *Vektor* (engl. *array*) dient zur Speicherung größerer Datenmengen des gleichen Datentyps. Bei der Definition eines Vektors werden der *Vektorname*, der *Typ* und die *Anzahl* der Vektorelemente festgelegt. Die Anzahl muss eine Konstante bzw. ein konstanter Ausdruck sein.

Beispiel: `float fArr[100];`

Hier wird der Vektor `fArr` mit 100 Elementen vom Typ `float` definiert. Das Objekt `fArr` hat den abgeleiteten Typ »Vektor mit Elementen vom Typ `float`« oder kurz »`float`-Vektor«.

Ein Vektor belegt immer einen *zusammenhängenden* Speicherbereich. Die Größe kann mit dem `sizeof`-Operator ermittelt werden. Im Fall des Vektors `fArr` ist sie:

```
sizeof(fArr) = 100 * sizeof(float) = 400 Byte.
```

Die einzelnen Vektorelemente werden mit einem Index angesprochen, der in C stets bei 0 beginnt. Die 100 Elemente des Vektors `fArr` sind also

```
fArr[0], fArr[1], ... , fArr[98], fArr[99]
```

Der Index des letzten Vektorelements ist stets um `1` niedriger als die Anzahl der Vektorelemente. Als Index kann jeder `int`-Ausdruck verwendet werden. Es gibt für den Index keine Bereichsüberprüfung. Der Programmierer muss selbst darauf achten, dass zur Laufzeit des Programms der Index den zulässigen Wertebereich nicht verläßt.

Beispiel:

```
int i = 0;
for( i = 0; i < 100; ++i)
  fArr[i] = 0.1 * i;          // 0.0, 0.1, ..., 9.9
```

Initialisierung

Zur *Initialisierung* eines Vektors kann eine Initialisierungsliste angegeben werden. Die Liste enthält für die einzelnen Vektorelemente konstante Anfangswerte:

Beispiel: `double point[3] = { 1.5, 2.0, 0.8 };`

Anschließend hat `point[0]` den Wert 1.5, `point[1]` den Wert 2.0 und `point[2]` den Wert 0.8. Ist die Länge des Vektors größer als die Anzahl der Werte in der Liste, so werden die restlichen Vektorelemente mit `0` initialisiert. Im umgekehrten Fall werden die überzähligen Werte ignoriert.

Wird ein Vektor bei der Definition initialisiert, braucht die Länge des Vektors nicht angegeben zu werden. Dann ist die Länge des Vektors gleich der Anzahl der Werte in der Initialisierungsliste.

Beispiel: `double point[] = { 1.5, 2.0, 0.8 };`

Ein *String*, auch Zeichenkette genannt, ist eine Folge von Zeichen, die mit dem Null-Zeichen `'\0'` abschließt. Ein String wird in einem `char`-Vektor gespeichert, der mindestens ein Byte länger sein muss als die Anzahl Zeichen im String.

Die Initialisierung eines `char`-Vektors kann durch eine String-Konstante erfolgen:

Beispiel: `char msg[] = "Servus";`

Diese Definition reserviert und initialisiert 7 Bytes. Sie ist äquivalent mit

```
char msg[] = {'S','e','r','v','u','s','\0'};
```

Mehrdimensionale Vektoren

Auch die Definition *mehrdimensionaler Vektoren* ist möglich. Am häufigsten sind zweidimensionale Vektoren, die auch *Matrizen* genannt werden.

Beispiel: `int matrix[3][5];`

Der Vektor `matrix` besteht aus 3 Zeilen und 5 Spalten, also insgesamt aus 3 * 5 = 15 Elementen vom Typ `int`.

In C ist ein n-dimensionaler Vektor nicht anderes als ein eindimensionaler Vektor, dessen Elemente (n-1)-dimensionale Vektoren sind. So ist jede Zeile des Vektors `matrix` ein eindimensionaler Vektor mit 5 `int`-Elementen. Z.B ist `matrix[2]` die letzte Zeile des Vektors und `matrix[2][0]` das erste Element der Zeile.

Bei der Initialisierung eines mehrdimensionalen Vektors müssen alle Dimensionen angegeben werden, mit Ausnahme der ersten.

Beispiel:

```
char slogan[][40] =
{ "Es kommt immer anders als ...",
  "Zuviel Arbeit verdirbt ... "    };
```

Der Vektor `slogan` besteht also aus zwei Zeilen, die jeweils einen Spruch enthalten.

Beispiel:

```
for( int i = 0;  i < 2;  ++i)
   puts( slogan[i]);
```

Diese Schleife gibt die Sprüche des Vektors auf dem Bildschirm aus.

Zeiger

Ein Zeiger (engl. *pointer*) repräsentiert die *Adresse* und den *Typ* einer Variablen oder einer Funktion. Beispielsweise liefert der Adressoperator `&` einen konstanten Zeiger auf die angegebene Variable. Um Zeiger zu speichern, können Zeigervariablen definiert werden.

Beispiel: `int a, b, *ptr;`

Hier werden zwei gewöhnliche `int`-Variablen `a`, `b` und die Zeigervariable `ptr` definiert. Der Typ der Variablen `ptr` ist `int*` (in Worten: »Zeiger auf `int`«), d.h. `ptr` kann die Adresse einer `int`-Variablen speichern. In einer Deklaration bedeutet das Zeichen `'*'` immer »Zeiger auf«.

Nach der Definition einer Zeigervariablen ist es notwendig, den Zeiger auf eine bestimmte Stelle im Speicher »zeigen« zu lassen.

Beispiel:

```
ptr = &a;            // ptr auf a zeigen lassen.
```

Verweisoperator

Ein Zeiger verweist auf eine Speicherstelle und gibt mit dem Typ gleichzeitig an, wie diese Speicherstelle zu lesen oder zu beschreiben ist. Für den Zugriff auf die adressierte Speicherstelle gibt es den *Verweisoperator* *. Ist `ptr` ein Zeiger, so ist `*ptr` das Objekt, auf das `ptr` zeigt.

Beispiel:

```
// Variable a, b, ptr wie oben. ptr zeigt auf a.
*ptr = 17;            // a = 17;
b = *ptr;             // b = a;
```

Da `ptr` auf `a` zeigt, ist der Ausdruck `*ptr` wie die Variable `a` selbst zu verwenden. Der Verweisoperator `*` darf natürlich nur auf Zeiger angewendet werden, die eine gültige Adresse repräsentieren. Hier ist die besondere Sorgfalt des Programmierers gefordert!

Der Verweisoperator ist ein unärer Operator, d.h., er hat nur einen Operanden. Dies unterscheidet ihn vom Operator `*` für die Multiplikation, der stets zwei Operanden hat.

Null-Zeiger

Ein Zeiger mit dem Wert 0 heißt *Null-Zeiger* und hat in C eine besondere Bedeutung: Alle Objekte und Funktionen haben eine von 0 verschiedene Adresse. Ein Null-Zeiger stellt also stets eine ungültige Adresse dar. Funktionen, die einen Zeiger liefern, verwenden daher den Null-Zeiger, um eine erfolglose Aktion anzuzeigen. In `stdio.h`, `stddef.h` und anderen Header-Dateien ist `NULL` als konstanter Null-Zeiger definiert.

Zeiger und Vektoren

In C besteht ein sehr enger Zusammenhang zwischen Zeigern und Vektoren. Der Name eines Vektors ist nämlich ein konstanter Zeiger auf das erste Vektorelement.

Beispiel:

```
int arr[4] = { 0, 10, 20, 30 };
*arr = 7;             // oder  arr[0] = 7;
```

Da der Vektorname `arr` ein Zeiger ist, kann er einer Zeigervariablen zugewiesen werden.

Beispiel:

```
int *iPtr = arr;      // oder  iPtr = &arr[0];
*iPtr += 5;           // oder  arr[0] += 5;
```

Nach der Zuweisung `iPtr = arr` zeigt `iPtr` wie `arr` auf das Vektorelement `arr[0]`. Im Unterschied zu `arr` ist `iPtr` aber eine Variable und kann verändert werden.

Zeiger-Arithmetik

Es ist möglich, Zeiger und ganzzahlige Werte zu addieren bzw. zu subtrahieren. Dabei wird die Größe des Objekts, auf das ein Zeiger zeigt, automatisch berücksichtigt!

Der `int`-Zeiger `iPtr` aus dem obigen Beispiel zeigt auf `arr[0]`. Daher zeigt `iPtr+1` auf das nächste Vektorelement `arr[1]`, also `sizeof(int)` Byte weiter. Als Vektorname ist `arr` ebenfalls ein Zeiger auf `arr[0]`, d.h. auch `arr+1` zeigt auf `arr[1]`. Allgemein sind für eine beliebige ganze Zahl `i` die Ausdrücke

```
&arr[i],  arr+i,  iPtr+i
```

äquivalent und zeigen auf das `i`-te Vektorelement. Deshalb sind auch die Ausdrücke

```
arr[i],  *(arr+i),  *(iPtr+i),  iPtr[i]
```

äquivalent. Sie bezeichnen das `i`-te Vektorelement selbst. Wie das Beispiel zeigt, kann auch ein Zeiger mit dem Indexoperator `[]` benutzt werden. Insbesondere ist `iPtr[0]` äquivalent mit `*iPtr`.

Als Variable kann der Zeiger `iPtr` versetzt werden.

Beispiele:

```
iPtr = arr + 2;         // iPtr auf arr[2] zeigen lassen
++iPtr;                 // iPtr zeigt jetzt auf arr[3]
```

Die Subtraktion zweier Zeiger ist erlaubt und liefert die Anzahl der Vektorelemente zwischen den Zeigern. Beispielsweise liefert der Ausdruck `iPtr-arr` den `int`-Wert `3`, da zuvor `iPtr` auf `arr[3]` gesetzt wurde.

Schließlich sind auch Vergleiche von Zeigern möglich, sofern sie auf Elemente im selben Vektor zeigen. Dies wird in der folgenden Schleife ausgenutzt, die einen Vektor mit einem Zeiger statt mit einem Index durchläuft.

Beispiel:

```
// Inhalt des Vektors arr anzeigen:
for( iPtr = arr;  iPtr < arr+4;  ++iPtr)
   printf("%10d", *iPtr);
```

Zeiger und Funktionen

Zeiger als Parameter

Wird bei einem Funktionsaufruf eine Variable als Argument angegeben, so arbeitet die aufgerufene Funktion nur mit einer Kopie der Variablen (»Call by Value«). Die Variable selbst kann durch die Funktion nicht geändert werden.

Soll aber der Wert in der Variablen verändert werden, muss als Argument ein Zeiger auf die Variable übergeben werden (»Call by Reference»). Der entsprechende Parameter der Funktion ist dann eine Zeigervariable. Ein bekanntes Beispiel ist eine Funktion, die den Inhalt von zwei Variablen vertauscht. Sie muss also den Wert ihrer Argumente ändern können.

Beispiel:

```
void iSwap( int *p1, int *p2)  // Inhalt von *p1
{                              // und *p2 tauschen.
   int temp = *p1;
   *p1 = *p2;
   *p2 = temp;
}
```

Sind dann `a` und `b` zwei `int`-Variablen, so werden ihre Werte durch den folgenden Aufruf von `iSwap()` getauscht.

Beispiel:

```
iSwap( &a, &b);      // Inhalt von a und b tauschen.
```

Die Funktion `iSwap()` hat den Typ `void`, da sie per Return-Wert nichts zurückgibt. Als Return-Wert kann eine Funktion immer nur einen Wert zurückgeben. Die Übergabe von Zeigern ist daher notwendig, wenn ohne Verwendung globaler Variablen *mehrere* Werte an die aufrufende Funktion zurückgegeben werden sollen.

Auch ein Funktionsaufruf, bei dem als Argument ein Vektorname übergeben wird, ist ein »Call by Reference«. Die Funktion erhält nämlich nur die Adresse des ersten Vektorelements und muss als Parameter einen entsprechenden Zeiger bereitstellen.

Erwartet beispielsweise eine Funktion als Argument einen String (d.h. einen `char`-Vektor), so wird der Parameter mit `char *str` als Zeiger auf `char` deklariert. Um zu verdeutlichen, dass ein Vektor übergeben wird, kann der Parameter auch mit `char str[]` deklariert werden. Beide Schreibweisen sind in Parameterdeklarationen äquivalent. In jedem Fall ist der Parameter ein Zeiger!

Das folgende Beispiel zeigt eine mögliche Definition der Standardfunktion `strlen()`, welche die Länge eines Strings zurückgibt.

Beispiel:

```
int strlen( const char *str)      // Liefert die
{                                 // Länge von str.
   int i = 0;
   for( ; str[i] != '\0'; ++i)
      ;
   return i;                     // Länge des Strings.
}
```

Das Schlüsselwort `const` in der Parameterdeklaration bedeutet, dass der Zeiger `str` nur zum Lesen verwendet wird. Deshalb kann an `strlen()` auch ein konstanter String übergeben werden.

Da der Parameter `str` ein Zeiger ist, kann er versetzt werden. Dies demonstriert die folgende »Zeigerversion« der Funktion, in der Zeiger-Arithmetik eingesetzt wird.

Beispiel:

```
int strlen( const char *str)      // Liefert die
{                                 // Länge von str.
   const char *start = str;  // Den Anfang merken.
   for( ; *str != '\0'; ++str)
      ;
   return str - start;         // Länge des Strings.
}
```

Zeiger als Return-Wert

Funktionen können Zeiger auch als Return-Wert liefern. Viele Standardfunktionen machen von dieser Möglichkeit Gebrauch, wie z.B. die String-Funktionen `strcpy()`, `strcat()`, `strstr()` oder die Funktionen `malloc()`, `calloc()` und `realloc()` zur dynamischen Speicherreservierung.

Funktionen, die einen Zeiger liefern, können den `NULL`-Zeiger zurückgeben, um eine erfolglose Aktion anzuzeigen. Dies demonstriert auch die folgende Beispielfunktion, die in einem Zahlenvektor einen bestimmten Wert sucht.

Beispiel:

```
long* findFirst( long val, long arr[], int len)
// Sucht den Wert val im Vektor arr der Länge len.
// Return-Wert: Zeiger auf das erste Vorkommen,
//              bzw. NULL, falls nicht vorhanden.
{
   long *p = arr;
   while( p < arr + len  &&  *p != val)
      ++p;
   if( *p == val) return p;
   else           return NULL;
}
```

Strukturen

Definition und Initialisierung

Ein Datensatz (*engl. record*) faßt Daten, die logisch zusammengehören, zu einer Einheit zusammen. Der Aufbau eines Datensatzes wird in C durch die Definition einer *Struktur* festgelegt, die mit dem Schlüsselwort `struct` beginnt.

Beispiel:

```
struct City                   // Die Daten einer Stadt
{
   char name[32];             // Name der Stadt
   char country[32];          // Land
   long population;           // Anzahl Einwohner
};
```

Die Struktur `City` besitzt drei Datenfelder, die auch *Elemente* oder *Komponenten* der Struktur genannt werden. Eine Komponente kann einen beliebigen Datentyp haben.

Durch die Definition einer Struktur wird ein neuer Datentyp gebildet, aber noch kein Speicherplatz reserviert. Dies geschieht erst bei der Definition von *Strukturvariablen*.

Beispiel:

```
struct City  city1, city2, arrCity[10];
```

Dann sind `city1` und `city2` zwei Variablen vom Typ `struct City` und der Vektor `arrCity` besteht aus 10 Elementen vom Typ `struct City`.

Eine Strukturvariable kann bei der Definition initialisiert werden. Dies geschieht durch eine *Initialisierungsliste*, die für jede Komponente einen Anfangswert enthält.

Beispiel:

```
struct City  city3 = { "New York", 12345678L, "USA"};
```

Es ist auch möglich, eine Strukturvariable als Ganzes einer anderen Strukturvariablen desselben Typs zuzuweisen.

Beispiel:

```
city1 = city3;
```

Anschließend haben die Komponenten von `city1` den gleichen Inhalt wie die von `city3`.

Jede Strukturvariable enthält die Komponenten in der Reihenfolge, wie sie in der Definition der Struktur angegeben sind. Die Adresse der ersten Komponente ist daher identisch mit der Adresse der gesamten Strukturvariablen. Die Größe des insgesamt belegten Speicherplatzes sollte stets mit dem *sizeof*-Operator ermittelt werden, da der Compiler aus Optimierungsgründen Lücken zwischen den einzelnen Komponenten lassen kann.

Beispiel:
```
sizeof(struct City)      // Groesse in Anzahl Bytes
```

Eine Strukturvariable vom Typ `struct City` belegt mindesten 32 + 32 + 4 = 68 Byte.

Die Operatoren . und ->

Der Zugriff auf die Komponenten einer Struktur erfolgt mit dem Punktoperator. Der linke Operand ist eine Strukturvariable, der rechte eine Komponente dieser Struktur.

Beispiel:
```
city1.name      // Komponente name der Variablen city1
```

Die Komponente `name` ist ein `char`-Vektor der Länge 32, dem mithilfe der Funktion `strcpy()` ein neuer Wert »zugewiesen« werden kann.

Beispiel:
```
strcpy( city1.name, "Munich");
```

Beim Arbeiten mit Strukturen werden häufig *Zeiger auf Strukturen* eingesetzt. Um mit Hilfe eines Zeigers bequem auf eine Komponente zuzugreifen, gibt es den Pfeiloperator `->`. Sein linker Operand ist ein Zeiger auf eine Strukturvariable.

Beispiel:
```
struct City *pCity = &city2;  // Zeiger pCity auf
                              // city2 zeigen lassen.
pCity->population = 1000000L; // Zuweisung an die
                             // Komponente population.
```

Der Pfeiloperator ist eine »Abkürzung« für die Kombination der Operatoren `*` und `.` . So ist der Ausdruck `pCity->population` äquivalent mit `(*pCity).population`.

Strukturen als Argumente von Funktionen

Strukturvariablen können als Argumente an eine Funktion übergeben werden. In diesem Fall erhält die Funktion eine Kopie der Struktur auf dem Stack (»Call by Value»).

Im Allgemeinen ist es aber effizienter, einen Zeiger auf die Strukturvariable zu übergeben (»Call by Reference»). Dann entfällt das Kopieren der Struktur, und die Funktion kann den Inhalt der Komponenten ändern. Sollen Änderungen nicht zulässig sein, kann der Parameter mit dem Schlüsselwort `const` als »Read-Only-Zeiger« deklariert werden.

Beispiel:
```
// Daten einer Stadt anzeigen
void printCity( const struct City *pCity)
{
  printf("Die Stadt: %s liegt im Land %s\n",
                   pCity->name, pCity->country);
  printf("Einwohnerzahl: %ld\n", pCity->population);
}
```

Dynamisch Speicher reservieren und freigeben

Während der Entwicklung eines Programms ist oft noch nicht bekannt, wie große Datenmengen zur Laufzeit des Programms zu verarbeiten sind. In solchen Fällen ist es notwendig, den benötigten Speicherplatz dynamisch zu reservieren und gegebenenfalls auch wieder freizugeben. Zu dem Zweck stellt die C-Standardbibliothek die folgenden vier Funktionen bereit, die in der Header-Datei `stdlib.h` deklariert sind.

Die Funktion `malloc()`, »memory allocation«, reserviert einen zusammenhängenden Speicherbereich und liefert als Return-Wert einen Zeiger auf dessen Anfang. Als Argument wird die gewünschte Größe in Anzahl Bytes übergeben.

Beispiel:

```
#include <stdlib.h>
 . . .    // Speicher für 500 float-Werte reservieren:
float *fPtr = (float*)malloc( 500 * sizeof(float));
if( fPtr == NULL)
   // Fehler: Nicht genügend Speicher vorhanden!
else
{  // Hier zeigt fPtr auf den reservierten Speicher.
   // Dieser kann beliebig benutzt werden.
}
```

Die Funktion `malloc()` liefert einen Zeiger vom Typ `void*`. Ein solcher *typenloser Zeiger* verweist auf eine Speicherstelle, ohne den Typ festzulegen. Daher wird der Return-Wert von `malloc()` in den gewünschten Zeigertyp gecastet.

Wie im letzten Beispiel sollte der Return-Wert von `malloc()` auch immer auf NULL getestet werden. Die Funktion liefert nämlich den NULL-Zeiger, wenn nicht mehr genügend Speicherplatz zur Verfügung steht.

Die Funktion `calloc()`, »core allocation«, bietet eine weitere Möglichkeit, dynamisch Speicherbereich zu reservieren. Auch `calloc()` liefert einen typenlosen Zeiger auf den reservierten Speicher bzw. den `NULL`-Zeiger, falls der angeforderte Speicherplatz nicht verfügbar ist. Im Unterschied zu `malloc()` initialisert aber die Funktion `calloc()` den zugeteilten Speicher und zwar Byte für Byte mit dem Wert `0`.

Die Funktion `calloc()` erwartet als Argumente die Anzahl und Größe der Datenobjekte.

Beispiel:

```
// Speicherplatz für 500 float-Werte:
float *fPtr = (float*)calloc( 500, sizeof(float));

// Speicherplatz für 100 Strukturen vom Typ City:
struct City *cityPtr =
      (struct City*)calloc( 100, sizeof(struct City));
```

Die Funktion `realloc()` ermöglicht, die Größe eines mit `malloc()` oder `calloc()` reservierten Speicherbereiches zu verändern. Als Argumente erhält die Funktion einen Zeiger auf den zuvor reservierten Speicher und die neue Größe in Anzahl Byte.

Beispiel:

```
// Speicherplatz für float-Werte vergroessern:
float *fPtr2 =
    (float*)realloc( fPtr, 1000*sizeof(float));
```

Der Return-Wert zeigt auf den zugeteilten Speicherbereich, der sich vom übergebenen Zeiger unterscheiden kann. Bei einer Vergrößerung kann es nämlich nötig sein, den zugeteilten Speicher zu verlagern. In diesem Fall wird der alte Inhalt in den neuen Speicherbereich kopiert.

Für den effizienten Umgang mit Speicher ist es wichtig, nicht mehr benötigten Speicher wieder freizugeben. Dies geschieht mit einem Aufruf der Funktion `free()`, die als Argument einen Zeiger auf den freizugebenden Speicher erwartet.

Beispiel:

```
// Speicher für 100 City-Strukturen freigeben:
free( cityPtr);
```

Ohne den Aufruf von `free()` wird dynamisch reservierter Speicher automatisch bei Beendigung des Programms freigegeben.

Grundlagen der Dateiverarbeitung

Die Funktionen der C-Standardbibliothek bieten eine einfache und portable Schnittstelle für den Umgang mit Dateien. Die Ein-/Ausgabe wird einheitlich als Datenstrom (*engl.* stream) behandelt und die entsprechenden Pufferungen durchgeführt.

Datei öffnen und schließen

Eine Datei wird mit der Funktion `fopen()` erzeugt bzw. zum Schreiben und/oder Lesen geöffnet. Sie hat folgenden Prototyp:

```
FILE* fopen(const char* name, const char* modus);
```

Das erste Argument von `fopen()` ist der Dateiname, der eine Pfadangabe enthalten kann. Das zweite Argument ist eine der folgenden Zugriffsarten:

Modus	Bedeutung
"r"	Eine bereits existierende Datei zum Lesen öffnen.
"w"	Eine neue Datei zum Schreiben öffnen. Existiert die Datei bereits, so geht ihr Inhalt verloren.
"a"	Eine bestehende Datei zum Schreiben ab Dateiende öffnen. Existiert die Datei noch nicht, wird sie neu erzeugt.
"r+"	Eine bestehende Datei zum Schreiben und Lesen öffnen.
"w+"	Eine neue Datei zum Schreiben und Lesen öffnen. Existiert die Datei bereits, geht ihr Inhalt verloren.
"a+"	Eine bestehende Datei zum Lesen und Schreiben ab Dateiende öffnen. Existiert die Datei noch nicht, wird sie neu erzeugt.

Die Funktion `fopen()` erzeugt einen neuen Stream und liefert als Return-Wert einen *FILE-Pointer*, d.i. ein Zeiger auf eine Struktur vom Typ `FILE`. Diese enthält Informationen über den Stream, z.B. die Adresse des Puffers und Infos über die Datei selbst. Nachfolgende Operationen benutzen den FILE-Pointer, um auf die Datei Bezug zu nehmen.

Kann die Datei nicht geöffnet werden, z.B. weil der Dateiname ungültig ist oder die notwendigen Zugriffsrechte nicht gegeben sind, liefert `fopen()` den NULL-Zeiger.

Beispiel:

```
// Datei Memo.txt anzeigen:
#include <stdio.h>    // Prototyp von fopen() und
                      // Definition der Struktur FILE
char filename[] = "Memo.txt";
int main()
{
   FILE *fp;       // Definition eines FILE-Pointers
   int c;
   // Datei zum Lesen oeffnen:
   if( (fp = fopen( filename, "r")) == NULL)
   {
     fprintf( stderr, "Datei %s konnte nicht "
              "geoeffnet werden!\n", filename);
     return 1;
   }
   // Datei lesen und Inhalt anzeigen:
   while( (c = getc(fp)) != EOF)
      putchar(c);

   fclose(fp);       // Datei schließen.
   return 0;
}
```

Die Funktion `fclose()` schließt die mit dem FILE-Pointer `fp` verbundene Datei. Hierbei werden noch im Dateipuffer stehende Daten in die Datei kopiert und der Speicherbereich des Dateipuffers freigegeben.

Ein regulär ablaufendes Programm schließt am Ende alle Dateien automatisch. Dennoch sollte eine Datei, die nicht mehr benötigt wird, geschlossen werden. Dann gehen keine Daten verloren, wenn das Programm nicht regulär endet. Außerdem ist die Anzahl der Dateien, die gleichzeitig geöffnet sein dürfen, begrenzt.

Geräte, z.B. der Bildschirm, werden wie gewöhnliche Dateien angesprochen. Beim Start eines Programms sind bereits standardmäßig drei »Dateien« mit den folgenden FILE-Pointern geöffnet:

`stdin`	Standardeingabe
`stdout`	Standardausgabe
`stderr`	Standardfehlerausgabe

`stdin` ist mit der Tastatur, `stdout` und `stderr` sind mit dem Bildschirm verbunden, sofern keine Umlenkung der Ein-/Ausgabe erfolgte.

Text- und Binärmodus

Dateien werden standardmäßig im Textmodus geöffnet. Das hat zur Folge, dass Zeilenumbrüche und das Dateiende besonders behandelt werden. Beispielsweise wird unter Windows das Zeilenende durch die zwei Zeichen `'\r'` (CR) und `'\n'` (LF) markiert. Daher wird beim Schreiben in eine Textdatei ein einzelnes LF-Zeichen in eine `CR+LF`-Kombination umgewandelt. Umgekehrt wird beim Lesen eine `CR+LF`-Kombination in ein `LF` übersetzt.

Die gesonderte Behandlung bestimmter Steuerzeichen stört, wenn Daten, z.B. Zahlen, in einer Datei *binär* gespeicher sind. Auch beim wahlfreien Dateizugriff kann sich der Textmodus störend auswirken. Sollen die Daten unverändert (»roh«) übertragen werden, muss die Datei im *Binärmodus* geöffnet werden. Unter Windows findet dann z.B. die CR+LF-Übersetzung nicht statt.

Um eine Datei mit der Funktion `fopen()` im Binärmodus zu öffnen, wird dem String mit dem Zugriffsmodus der Buchstabe `b` angehängt. Beispielsweise wird mit dem Modus `"rb"` eine Datei zum Lesen im Binärmodus geöffnet.

Dateien lesen und schreiben

Jede Schreib-/Leseoperation bezieht sich auf die *aktuelle Dateiposition*, d.i. die Position des Zeichens, das als nächstes gelesen oder geschrieben wird. Nach dem Öffnen einer Datei ist die aktuelle Dateiposition 0. Mit jedem Zeichen, das gelesen oder geschrieben wird, erhöht sich die aktuelle Dateiposition um 1.

Zum Schreiben bzw. Lesen *einzelner Zeichen* gibt es die Funktionen

```
int fputc(int c, File *fp);// Zeichen c schreiben.
int fgetc(FILE *fp); // Nächstes Zeichen lesen.
```

Anstelle dieser Funktionen können auch die Makros `putc()` bzw. `getc()` verwendet werden, die dieselben Parameter und den gleichen Return-Wert besitzen. Im vorhergehenden Beispiel wurde die Datei mit `getc()` gelesen.

Beide Funktionen bzw. Makros geben das übertragene Zeichen als Return-Wert zurück. Im Fehlerfall oder bei Erreichen des Dateiendes ist der Return-Wert `EOF`. Zur Unterscheidung kann mit dem Makro `feof()` festgestellt werden, ob wirklich das Dateiende erreicht wurde.

Beispiel:

```
while((c = getc(fp)) != EOF)
    putchar(c);
if( !feof(fp))
    fputs("Fehler beim Lesen der Datei\n", stderr);
```

Strings können mit der Funktion

```
int fputs(char *str, FILE *fp);
```

in eine Datei geschrieben werden. Dabei wird das String-Endezeichen `'\0'` nicht in die Datei kopiert. Ein Fehler wird wieder durch den Return-Wert `EOF` angezeigt.

Mit der Funktion `fgets()` werden Textdateien zeilenweise in einen String eingelesen.

```
char *fgets(char *str, int n, FILE *fp);
```

Beim Erreichen des Zeilenendes `'\n'` wird dieses auch im String `str` gespeichert und das Lesen beendet. In jedem Fall werden aber maximal `n-1` Zeichen in den String `str` eingelesen und das String-Endezeichen `'\0'` angehängt.

Die Funktion `fgets()` liefert als Return-Wert den Zeiger `str`. Im Fehlerfall oder beim Versuch, ab Dateiende zu lesen, gibt sie der `NULL`-Zeiger zurück.

Zum *formatierten* Schreiben und Lesen stehen die Funktionen `fprintf()` und `fscanf()` zur Verfügung. Sie sind wie die Funktionen `printf()` bzw. `scanf()` zu verwenden mit dem Unterschied, dass zusätzlich als erstes Argument der File-Pointer der Datei angegeben werden muss.

```
int fprintf(FILE *fp, const char *formatstring ,...);
int fscanf(FILE *fp, const char *formatstring ,...);
```

Wie im obigen Beispiel wird die Funktion `fprintf()` auch gerne dazu benutzt, um im Fehlerfall eine Meldung zur Standardfehlerausgabe (File-Pointer `stderr`) zu schicken.

Ganze *Datenblöcke*, wie z. B. ganze Datensätze, werden mit der Funktion

```
int fwrite(const void *buf, int size, int n, FILE *fp);
```

in eine Datei übertragen. Die Funktion schreibt `n` Datenobjekte der Größe `size` aus dem Puffer `buf` in die mit `fp` verbundene Datei. Der Return-Wert ist die Anzahl der übertragenen Datenobjekte. Ist diese kleiner als die übergebene Anzahl `n`, trat ein Schreibfehler auf.

Im folgenden Beispiel wird der Inhalt der Struktur `aCity` vom Typ `struct City` an das Ende der Datei `City.dat` gehängt.

Beispiel:

```
// Datei im Binärmodus zum Schreiben am Ende oeffnen:
         File *fpOut = fopen("City.dat", "ab");
         if( fpOut == NULL)
         { /* Fehlermeldung und Programm beenden */ }

// Den Datensatz aCity in die Datei schreiben:
         if( fwrite(&aCity, sizeof(struct City), 1, fpOut) != 1)
            fputs("Fehler beim Schreiben in die Datei\n", stderr);

fclose( fpOut);
```

Die Gegenfunktion zu `fwrite()` ist

```
int fread(void *buf, int size, int n, File *fp);
```

Diese Funktion liest bis zu `n` Datenobjekte der Größe `size` aus der Datei in den Puffer `buf`. Der Return-Wert ist wieder die Anzahl der tatsächlich gelesenen Datenobjekte. Diese Anzahl kann kleiner als die angeforderte Anzahl `n` sein, etwa wenn das Dateiende erreicht wurde.

Beispiel:

```
// Datei im Binärmodus zum Lesen öffnen:
File *fpIn = fopen("City.dat", "rb");
if( fpIn == NULL)
{ /* Fehlermeldung und Programm beenden */ }

// Alle Datensätze lesen und anzeigen:
while( fread(&aCity, sizeof(struct City), 1, fpIn) == 1)
   printCity( &aCity);

if( !feof(fpIn))
   fputs("Fehler beim Lesen der Datei\n", stderr);
fclose( fpIn);
```

Wahlfreie Dateizugriff

Der wahlfreie Dateizugriff erlaubt es, gewünschte Informationen direkt an einer bestimmten Position in der Datei zu lesen bzw. zu verändern. Dazu ist es nötig, die aktuelle Position in der Datei, auch *Seek-Zeiger* genannt, explizit zu verändern. Der Seek-Zeiger ist kein Zeiger im Sinne von C, sondern eine Byte-Position in der Datei. Die eigentlichen Schreib-/Lese-Operationen erfolgen mit den zuvor beschriebenen Funktionen.

Mit der Funktion `fseek()` kann eine beliebige Position in der Datei eingenommen werden.

```
int fseek(FILE *fp, long offset, int basis);
```

Diese Funktion verschiebt den Seek-Zeiger der Datei um `offset` Bytes vom Dateianfang (`basis` = 0), von der aktuellen Position (`basis` = 1) oder vom Dateiende (`basis` = 2). Für die

Basis-Werte 0, 1, 2 sind in der Header-Datei `stdio.h` die Konstanten `SEEK_SET`, `SEEK_CUR` und `SEEK_END` definiert.

Der Wert von `offset` kann auch negativ sein. Es ist aber nicht zulässig, den Seek-Zeiger vor den Dateianfang zu positionieren. Wenn kein Fehler auftritt, gibt die Funktion `fseek()` den Wert `0` zurück, andernfalls den Wert `-1`.

Häufig benutzte Anweisungen sind

Beispiele:
```
fseek( fp, 0L, 0);     // An den Anfang der Datei.
fseek( fp, 0L, 2);     // An das Ende der Datei.
```

Auch die Anweisung `rewind(fp);` positioniert den Seek-Zeiger auf den Dateianfang. Zusätzlich löscht `rewind()` noch gesetzte Fehler-Flags und das Dateiende-Flag.

Die aktuelle Position in einer geöffneten Datei liefert die Funktion

```
long ftell(FILE *fp);
```

Ist der FILE-Pointer ungültig, gibt die Funktion den Wert `-1` zurück.

Beispiel:
```
long pos = ftell(fp);       // Position merken.
// ... Später zu dieser Position zurückkehren:
fseek( fp, pos, 0);
```

Die String-Bibliothek

Die String-Bibliothek definiert ein Klassen-Template `basic_string` zur Darstellung von Zeichenketten variabler Länge. Die Methoden des Klassen-Templates erlauben String-Manipulationen und -Operationen, wie z. B. das Einfügen, Löschen, Ersetzen und Suchen in Strings.

Außerdem sind in der String-Bibliothek verschiedene Funktionen und Operatoren global definiert, mit denen Strings verglichen, verkettet und vertauscht werden können. Diese sind so überladen, dass die entsprechenden Operationen auch mit einzelnen Zeichen und C-Strings durchgeführt werden können.

Die Funktionalitäten der String-Bibliothek werden hier der Einfachheit halber anhand der wichtigsten Klasse `string` dargestellt. Die Klasse `string` ist eine Instantiierung von `basic_string` für den Typ `char`.

Header-Dateien

Die Deklarationen der String-Bibliothek sind in der Header-Datei

```
<string>
```

enthalten. Die Utilities für C-Strings (Null-terminierte Zeichenfolgen) sind in folgenden Header-Dateien deklariert:

```
<cctype>, <cwtype>, <cstring>, <cwchar>, <cstdlib>
```

Das Klassen-Template basic_string

Das Klassen-Template basic_string besitzt drei Template-Parameter:

- Der erste Parameter charT ist ein Zeichentyp.
- Der zweite Parameter ist ein Klassen-Template traits, das ebenfalls mit dem Typ charT parametrisiert ist. Das Klassen-Template beschreibt Eigenschaften des Zeichentyps charT, wie beispielsweise die Festlegung des String-Endezeichens oder wie Zeichen verglichen werden. Der Template-Parameter besitzt als Default-Wert eine für den Typ char bzw. wchar_t vordefinierte Klasse.
- Der dritte Parameter Allocator ist eine Allokator-Klasse, die ebenfalls mit einem Defaultwert versehen ist. Die Klasse Allocator definiert Datentypen und Methoden zur Speicherreservierung und -freigabe. Mit der Allokator-Klasse kann also eine eigene Speicherverwaltung für Strings vorgegeben werden. Der Default-Wert des Template-Parameters ist die Standard-Klasse allocator<charT>, die mit den Operatoren new und delete Speicher verwaltet.

Die Standard-Klassen string und wstring

Die String-Bibliothek definiert zwei Instanzen des Klassen-Templates basic_string:

```
typedef basic_string<char> string;
typedef basic_string<wchar_t> wstring;
```

Exception-Handling

Methoden des Klassen-Templates basic_string können zwei verschiedene Arten von Exceptions auslösen:

- Eine unzulässige Positionsangabe in einem String löst eine Exception vom Typ out_of_range aus.
- Falls ein String wegen zu großer Länge nicht darstellbar ist, z. B. beim Zusammenfügen zweier Strings, wird eine Exception vom Typ length_error geworfen.

Namensbereich

Sämtliche Typdefinitionen, Instantiierungen von Templates, globalen Funktionen und Operatoren der String-Bibliothek sind im Standard-Namensbereich std enthalten.

Die Klasse string

public Datenelement

```
static const size_type npos = -1;     // Unzulaessige Position oder
                                      // Default-Wert für alle Zeichen
```

Hinweis Die Parameter zur Darstellung von Positions- bzw. Längenangaben haben den Datentyp `size_type`. Dieser Datentyp ist in der Header-Datei `string` als ganzzahliger Typ definiert, der ohne Vorzeichen interpretiert wird. Der Wert `-1` ist deshalb der High-Value einer Variablen vom Typ `size_type`.

Der Default-Wert `npos` bewirkt, dass stets bis zum letzten Zeichen des Argument-Strings kopiert wird.

Konstruktoren und Destruktor

`string();`	Erzeugt einen String der Länge `0`.
`string( const string& str, size_type pos = 0, size_type n = npos);`	Erzeugt einen String, der mit `n` Zeichen aus dem String `str` ab der Position `pos` initialisiert wird. Hierbei wird höchstens bis zum letzten Zeichen von `str` kopiert.
`string( const char *s);`	Erzeugt einen String, welcher mit dem C-String `s` initialisiert wird.
`string( const char* s, size_type n);`	Erzeugt einen String, der mit den ersten `n` Zeichen des char-Vektors `s` initialisiert wird.
`string( size_type n, char c);`	Erzeugt einen String der Länge `n`, welcher mit dem Zeichen `c` aufgefüllt wird.
`~string()`	Zerstört den String.

Methoden für den Elementzugriff

Methode	Wirkung
`const char operator[] (size_type pos) const;`	Liest das Element des Strings `*this` in der Position `pos`, falls `pos < size()`, und gibt es zurück. Gibt das String-Endezeichen zurück, falls `pos == size()`. Falls `pos > size()` ist das Verhalten undefiniert.

Die Klasse string (Fortsetzung)

Methoden für den Elementzugriff (Fortsetzung)

`char& operator[] ( size_type pos);`	Liefert eine Referenz auf das Element des Strings `*this` in der Position `pos`, falls `pos < size()`. Gibt das String-Endezeichen zurück, falls `pos == size()`. Falls `pos > size()`, ist das Verhalten undefiniert. Nach einem anschließenden Schreibzugriff auf den String oder einem Aufruf von `c_str()` bzw. `data()` ist die Referenz undefiniert.
`const char& at( size_type pos) const;`	Liefert eine konstante Referenz auf das Element von `*this` in der Position `pos`, falls `pos < size()`. Löst eine Exception vom Typ `out_of_range` aus, falls `pos >= size()`.
`char& at( size_type pos );`	Liefert eine Referenz auf das Element des Strings `*this` in der Position `pos`, falls `pos < size()`. Löst eine Exception vom Typ `out_of_range` aus, falls `pos >= size()`.

Methoden zur Bestimmung der Länge und Kapazität

Methode	Wirkung
`size_type size() const;`	Liefert die aktuelle Anzahl der im String `*this` gespeicherten Zeichen.
`size_type length() const;`	Äquivalent zu `size()`.
`bool empty() const;`	Liefert `true`, falls der String leer ist.
`size_type max_size() const;`	Liefert die maximale Länge des Strings, also `npos - 1`.
`size_type capacity() const;`	Liefert die maximale Anzahl der Zeichen, die im String `*this` gespeichert werden können, ohne dass Speicher erneut zugewiesen werden muss.

Methoden zur Änderung von Länge und Kapazität

Methode	Wirkung
`void resize( size_type n, char c);`	Ändert die Länge des Strings `*this`, wenn `n <= max_size()` ist, wie folgt: Falls `n <= size()` gilt, wird `*this` auf die Länge `n` gekürzt. Falls `n > size()` gilt, wird `*this` ab der Position `size()` bis zur Position `n-1` mit dem Zeichen `c` aufgefüllt. Wenn `n > max_size()` ist, wird eine Exception vom Typ `length_error` ausgelöst.
`void resize(size_type n);`	Äquivalent zur Version von `resize()` mit zwei Parametern. Das Auffüllen mit Zeichen entfällt jedoch.
`void clear();`	Löscht alle Zeichen im String. Die Länge des Strings ist anschließend `0`.
`void reserve(size_type n);`	Bereitet eine Änderung der Kapazität von `*this` vor. Falls `n <= capacity()` ist, geschieht nichts. Nach dem Aufruf von `reserve()` liefert `capacity()` mindestens den Wert `n`.

Zuweisungsoperatoren

```
string& operator=( parameter );
```

Parameter	Wirkung
`const string& str`	Weist den String `str` dem String `*this` zu. Falls `*this != str` gilt, wird der ursprünglich durch `*this` kontrollierte String durch einen String ersetzt, in den die Zeichen von `str` kopiert werden. Falls `*this == str` gilt, geschieht nichts.
`const char* s`	Weist den C-String `s` dem String `*this` zu. Hierbei wird der ursprünglich durch `*this` kontrollierte String durch einen String ersetzt, in den die Zeichen von `s` kopiert werden.
`char c`	Weist das Zeichen `c` dem String `*this` zu. Hierbei wird der durch `*this` kontrollierte String durch einen String der Länge `1` ersetzt, in den das Zeichen `c` kopiert wird.

Die Klasse string (Fortsetzung)

Zuweisungsmethoden

Methode	Wirkung
`string& assign(const string& str);`	Ersetzt den String `*this` durch einen String, in den die Zeichen von `str` kopiert werden.
`string& assign(const string& str, size_type pos, size_type n);`	Ersetzt den String `*this` durch einen String der Länge `n`, dessen Elemente aus `str` ab der Position `pos` kopiert werden. Es wird höchstens bis zum letzten Zeichen von `str` kopiert.
`string& assign( const char* s, size_type n);`	Ersetzt den String `*this` durch einen String, dessen Elemente die ersten `n` Zeichen des C-Strings `s` sind. Es wird höchstens bis zum letzten Zeichen von `s` kopiert.
`string& assign( const char* s);`	Ersetzt den String `*this` durch einen String, in den die Zeichen des C-Strings `s` kopiert werden.
`string& assign( size_type n, char c);`	Ersetzt den String `*this` durch einen String der Länge `n`, der mit dem Zeichen `c` aufgefüllt wird.

Return-Wert: Alle Methoden haben den Return-Wert: `*this`

Methoden zur Konvertierung von Strings

Methode	Wirkung
`size_type copy( char* s, size_type n, size_type pos = 0) const;`	Kopiert `n` Zeichen des Strings `*this`, beginnend ab der Position `pos` in den durch `s` adressierten `char`-Vektor. Es wird höchstens bis zum letzten Zeichen von `*this` kopiert. Das String-Endezeichen wird nicht angehängt. Return-Wert: Anzahl der kopierten Zeichen.
`const char* c_str() const;`	Liefert die Zeichen des Strings als C-String der Länge `size()+1`, also mit String-Endezeichen. Return-Wert: Der C-String (Read-only).
`const char* data() const;`	Liefert die Anfangsadresse der gespeicherten Zeichenfolge. Diese ist nicht notwendig mit dem String-Endezeichen abgeschlossen. Return-Wert: Read-only-Zeiger auf den Puffer.

Methoden zur Manipulation von Strings

Methode	Wirkung
`string& insert( size_type pos, const string& str);`	Fügt den String `str` bei der Position `pos` in den String `*this` ein. Hierbei wird der String `*this` durch einen String ersetzt, dessen erste Zeichen eine Kopie der ersten `pos` Zeichen des ursprünglichen Strings sind. Die nächsten `str.size()` Zeichen werden aus `str` kopiert und die restlichen Zeichen sind eine Kopie der verbleibenden Zeichen des ursprünglichen Strings.
`string& insert( size_type pos, const char* s);`	Fügt den C-String `s` bei der Position `pos` in den String `*this` ein.
`string& insert( size_type pos1, const string& str, size_type pos2, size_type n);`	Fügt bei der Position `pos1` von `*this` `n` Zeichen aus dem String `str`, beginnend bei Position `pos2`, in den String `*this` ein. Es wird höchstens bis zum letzten Zeichen von `str` kopiert.
`string& insert( size_type pos, const char* s, size_type n);`	Fügt bei der Position `pos` von `*this` die ersten `n` Zeichen aus dem C-String `s`, höchstens aber `strlen(s)` Zeichen, in den String `*this` ein.
`string& insert( size_type pos, size_type n, char c);`	Fügt `n`-mal das Zeichen `c` bei der Position `pos` in den durch `*this` kontrollierten String ein.
`string& append( const string& str);`	Hängt den String `str` an den String `*this` an.
`string& append(const char* s);`	Hängt den C-String `s` an den durch `*this` kontrollierten String.
`string& append( const string& str, size_type pos, size_type n);`	Hängt `n` Zeichen aus dem String `str`, beginnend in Position `pos`, an den durch `*this` kontrollierten String. Es wird höchstens bis zum letzten Zeichen von `str` kopiert.
`string& append( const char* s, size_type n);`	Hängt die ersten `n` Zeichen aus dem C-String `s`, höchstens aber `strlen(s)` Zeichen, an den durch `*this` kontrollierten String.
`string& append( size_type n, char c);`	Hängt `n`-mal das Zeichen `c` an den String `*this`.

Return-Wert: Diese Methoden liefern den veränderten String `*this`.

Die Klasse string (Fortsetzung)

Methoden zur Manipulation von Strings (Fortsetzung)

`string& erase( size_type pos =0, size_type n = npos);`	Löscht ab der Position `pos` im String `*this` `n` Zeichen. Es wird höchstens bis zum letzten Zeichen von `*this` gelöscht. Fehlt die Angabe des zweiten Arguments, so werden ab der Position `pos` alle restlichen Zeichen von `*this` gelöscht. Wird kein Argument angegeben, so wird der String `*this` auf Länge `0` gekürzt.
`string& replace( size_type pos, size_type n, const string& str);`	Ersetzt im String `*this` `n` Zeichen ab der Position `pos` durch den String `str`. Es wird höchstens bis zum Ende von `*this` ersetzt.
`string& replace( size_type pos1, size_type n1, const string& str, size_type pos2, size_type n2);`	Ersetzt `n1` Elemente ab der Position `pos1` im String `*this` durch `n2` Elemente ab der Position `pos2` aus dem String `str`. Es wird höchstens bis zum Ende von `*this` bzw. `str` ersetzt.
`string& replace( size_type pos, size_type n, const char* s);`	Ersetzt ab der Position `pos` im String `*this` `n` Elemente, höchstens aber bis zum letzten Zeichen von `*this`, durch den C-String `s`.
`string& replace( size_type pos, size_type n1, const char* s, size_type n2);`	Ersetzt `n1` Elemente ab der Position `pos` im String `*this` durch die ersten `n2` Zeichen aus dem C-String `s`. Es wird höchstens bis zum Ende von `*this` bzw. `s` ersetzt.
`void swap(string& str);`	Vertauscht den Inhalt von `*this` mit dem Inhalt von `str`. Da keine Zeichenfolgen kopiert werden, besitzt diese Methode ein sehr gutes Zeitverhalten.
`string substr( size_type pos = 0, size_type n = npos);`	Bildet aus dem durch `*this` kontrollierten String, beginnend bei der Position `pos`, einen Teil-String der Länge `n`. Es wird höchstens bis zum letzten Zeichen von `*this` kopiert. Return-Wert: Der neue String.

Return-Wert: Die Methoden `erase` und `replace` liefern den veränderten String `*this`.

Suchmethoden

Suche von Zeichenfolgen

Methode	Wirkung
`size_type find( const string& str, size_type pos = 0) const;`	Sucht im String `*this`, beginnend bei der Position `pos`, nach dem ersten Vorkommen des Strings `str`.
`size_type find( const char* s, size_type pos = 0) const;`	Sucht im String `*this`, beginnend bei der Position `pos` nach dem ersten Vorkommen des durch `s` adressierten C-Strings.
`size_type find( const char* s, size_type pos, size_type n) const;`	Sucht im String `*this`, beginnend bei der Position `pos`, nach dem ersten Vorkommen des Teilstrings, der aus den ersten `n` Zeichen des `char`-Vektors `s` besteht.
`size_type find( char c, size_type pos = 0) const;`	Sucht im String `*this`, beginnend bei der Position `pos`, nach dem ersten Vorkommen des Zeichens `c`.
`size_type rfind( const string& str, size_type pos = 0) const;`	Sucht im String `*this`, beginnend bei der Position `pos`, nach dem letzten Vorkommen des Strings `str`.
`size_type rfind( const char* s, size_type pos = 0) const;`	Sucht im String `*this`, beginnend bei der Position `pos`, nach dem letzten Vorkommen des durch `s` adressierten C-Strings.
`size_type rfind( const char* s, size_type pos, size_type n) const;`	Sucht im String `*this`, beginnend bei der Position `pos`, nach dem letzten Vorkommen des Teilstrings, der aus den ersten `n` Zeichen des `char`-Vektors `s` besteht.
`size_type rfind( char c, size_type pos = 0) const;`	Sucht im String `*this`, beginnend bei der Position `pos`, nach dem letzten Vorkommen des Zeichens `c`.

Return-Wert: Diese Methoden liefern die gefundene Position oder `npos` bei erfolgloser Suche.

Die Klasse string (Fortsetzung)

Suche nach Zeichen aus einer Menge von Zeichen

Methode	Wirkung
`size_type find_ first_of ( const string& str, size_type pos = 0) const;`	Sucht im String `*this`, beginnend bei der Position `pos`, nach dem ersten Vorkommen eines der im String `str` enthaltenen Zeichen.
`size_type find_first_of ( const char* s, size_type pos = 0) const;`	Sucht im String `*this`, beginnend bei der Position `pos`, nach dem ersten Vorkommen eines der im C-String `s` enthaltenen Zeichen.
`size_type find_first_of ( const char* s, size_type pos, size_type n) const;`	Sucht im String `*this`, beginnend bei der Position `pos`, nach dem ersten Vorkommen eines der ersten `n` Zeichen des `char`-Vektors `s`.
`size_type find_first_of ( char c, size_type pos = 0) const;`	Sucht im String `*this`, beginnend bei der Position `pos`, nach dem ersten Vorkommen des Zeichens `c`.
`size_type find_last_of ( const string& str, size_type pos = 0) const;`	Sucht im String `*this`, beginnend bei der Position `pos`, nach dem letzten Vorkommen eines der im String `str` enthaltenen Zeichen.
`size_type find_last_of ( const char* s, size_type pos = 0) const;`	Sucht im String `*this`, beginnend bei der Position `pos`, nach dem letzten Vorkommen eines der im C-String `s` enthaltenen Zeichen.
`size_type find_last_of ( const char* s, size_type pos, size_type n) const;`	Sucht im String `*this`, beginnend bei der Position `pos`, nach dem letzten Vorkommen der ersten `n` Zeichen des `char`-Vektors `s`.
`size_type find_last_of (char c, size_type pos = 0) const;`	Sucht im String `*this`, beginnend bei der Position `pos`, nach dem letzten Vorkommen des Zeichens `c`.

Return-Wert: Diese Methoden liefern die gefundene Position oder `npos` bei erfolgloser Suche.

Suche nach Zeichen, die in einer vorgegebenen Menge nicht enthalten sind

Methode	Wirkung
`size_type find_first_not_of ( const string& str, size_type pos = 0) const;`	Sucht im String `*this`, beginnend bei der Position `pos`, nach dem ersten Vorkommen eines Zeichens, das im String `str` nicht enthalten ist.
`size_type find_first_not_of( const char* s, size_type pos = 0) const;`	Sucht im String `*this`, beginnend bei der Position `pos`, nach dem ersten Vorkommen eines Zeichens, das im C-String `s` nicht enthalten ist.
`size_type find_first_not_of( const char* s, size_type pos, size_type n) const;`	Sucht im String `*this`, beginnend bei der Position `pos`, nach dem ersten Vorkommen eines Zeichens, das in den ersten `n` Zeichen des `char`-Vektors `s` nicht enthalten ist.
`size_type find_first_not_of( char c, size_type pos = 0) const;`	Sucht im String `*this`, beginnend bei der Position `pos`, nach dem ersten Vorkommen eines Zeichens, das verschieden von `c` ist.
`size_type find_last_not_of( const string& str, size_type pos = 0) const;`	Sucht im String `*this`, beginnend bei der Position `pos`, nach dem letzten Vorkommen eines Zeichens, das im String `str` nicht enthalten ist.
`size_type find_last_not_of( const char* s, size_type pos = 0) const;`	Sucht im String `*this`, beginnend bei der Position `pos`, nach dem letzten Vorkommen eines Zeichens, das im C-String `s` nicht enthalten ist.
`size_type find_last_not _of ( const char* s, size_type pos, size_type n) const;`	Sucht im String `*this`, beginnend bei der Position `pos`, nach dem letzten Vorkommen eines Zeichens, das in den ersten `n` Zeichen des `char`-Vektors `s` nicht enthalten ist.
`size_type find_last_not _of ( char c, size_type pos = 0) const;`	Sucht im String `*this`, beginnend bei der Position `pos`, nach dem letzten Vorkommen eines Zeichens, das verschieden von `c` ist.

Return-Wert: Diese Methoden liefern die gefundene Position oder `npos` bei erfolgloser Suche.

Die Klasse string (Fortsetzung)

Vergleichsmethoden

Methode	Wirkung
`int compare( const string& str) const;`	Vergleicht den String `*this` mit dem String `str` lexikographisch. Return-Wert: `< 0`, wenn das erste unterschiedliche Zeichen von `*this` kleiner als das von `str` ist oder wenn alle verglichenen Zeichen identisch sind und `*this.size < str.size()` gilt. `= 0`, falls alle verglichenen Zeichen identisch und beide String-Längen gleich sind. `> 0`, wenn das erste unterschiedliche Zeichen von `*this` größer als das von `str` ist oder wenn alle verglichenen Zeichen identisch sind und `*this.size > str.size()` gilt. Enthalten `*this` und `str` verschiedene Zeichen, so entsteht der Return-Wert bei Rechnern, die mit dem ASCII-Zeichensatz arbeiten, als Differenz der ASCII-Codes der ersten beiden ungleichen Zeichen.
`int compare( size_type pos, size_type n, const string& str) const;`	Vergleicht `n` Zeichen des Strings `*this`, beginnend bei der Position `pos`, mit dem String `str`. Return-Wert: `string(*this, pos, n).compare(str);`
`int compare( size_type pos1, size_type n1, const string& str, size_type pos2, size_type n2) const;`	Vergleicht `n1` Zeichen des Strings `*this`, beginnend bei der Position `pos1`, mit `n2` Zeichen des Strings `str`, beginnend bei der Position `pos2`. Return-Wert: `string(*this,pos1,n1).compare(string(str,pos2,n2));`
`int compare( const char* s) const;`	Vergleicht den String `*this` mit dem C-String `s`. Return-Wert: `*this.compare( string( s ) );`

Der Operator `string& operator+=( parameter );`

Parameter	Wirkung
`const string& str`	Hängt den String `str` an den ursprünglichen String `*this`. Wirkungsgleich mit `append(str );`
`const char* s`	Hängt den C-String `s` an den String `*this`. Wirkungsgleich mit `append(string(s ));`
`const char c`	Hängt das Zeichen `c` an den String `*this`. Wirkungsgleich mit `append(string(1,c) );`

Global definierte String-Funktionen

Verkettungsoperator: `string operator+( parameter );`

Parameter	Wirkung

`string operator+(`
`        const string& s1,`
`        const string& s2);`
	Erzeugt eine Kopie von `s1` und hängt den String `s2` an. Die Operatorfunktion ist wirkungsgleich mit `string(s1).append( s2 );`

`string operator+(`
`        const char* s1,`
`        const string& s2);`
	Erzeugt einen neuen String, in dem der String `s2`, an den String `s1` angehängt wird.
	Wirkungsgleich mit `string(s1) + s2 ;`

`string operator+(`
`        const string s1,`
`        const char* s2);`
	Erzeugt einen neuen String, in dem der C-String `s2` an den String `s1` angehängt wird.
	Wirkungsgleich mit `s1 + string(s2) ;`

`string operator+(`
`        const string str,`
`        char c);`
	Erzeugt einen neuen String mit dem Inhalt von `str2`, an den das Zeichen `c` angehängt wird. Wirkungsgleich mit `str + string(1,c) ;`

`string operator+(`
`        char c,`
`        const string& str);`
	Erzeugt aus dem Zeichen `c` einen neuen String und hängt den String `str2` an.
	Wirkungsgleich mit `string(1,c) + str;`

Return-Wert: Der neue String.

Shift-Operatoren zur Ein-/Ausgabe

Operator	Wirkung

`istream& operator>>(`
`        istream& is,`
`        string& str);`
	Liest Zeichen von der Standard-Eingabe und hängt diese an den String `str`.
	Falls eine Feldbreite gesetzt wurde, werden höchstens `is.width()` Zeichen, andernfalls `str.max_size()` Zeichen eingelesen. Das Einlesen wird abgebrochen, wenn ein Zwischenraum- oder das Dateiendezeichen eingegeben wird. Return-Wert: `is`.

`ostream& operator<<(`
`        ostream& os,`
`        string& str);`
	Schickt den String `str` zur Standard-Ausgabe.
	Return-Wert: `os`.

Vergleichsoperatoren

```
bool operator op( const string& s1, const string& s2);
bool operator op( const char*  s1,  const string& s2);
bool operator op( const string& s1, const char* s2);
```

op	Wirkung
== != < <= > >=	Prüft, ob die in den Strings `s1` und `s2` enthaltenen Zeichenfolgen gleich, ungleich, kleiner, kleiner oder gleich, größer, größer oder gleich sind. Return-Wert: `true`, falls dies zutrifft, `false`, andernfalls.

Hinweis

1. Einer von beiden Strings kann auch ein C-String sein. Beim Vergleich mit einem C-String wird zunächst ein temporärer String erzeugt.
2. Für zwei Strings `s1` und `s2` sind folgende Ausdrücke äquivalent:

`s1 == s2`	und	`s1.compare(s2) == 0`
`s1 != s2`	und	`!( s1 == s2 )`
`s1 < s2`	und	`s1.compare( s2 ) < 0`
`s1 > s2`	und	`s1.compare( s2 ) > 0`
`s1 <= s2`	und	`s1.compare( s2 ) <= 0`
`s1 >= s2`	und	`s1.compare( s2 ) >= 0`

Strings vertauschen

Funktion	Wirkung
`void swap(string& s1, string& s2);`	Vertauscht den String `s1` mit dem String `s2`. Wirkungsgleich mit `s1.swap(s2);`

Global definierte String-Funktionen (Fortsetzung)

Einlesen von Textzeilen

Funktion	Wirkung
`istream& getline( istream& is, string& str, char delim);`	Liest eine Textzeile, die durch das Zeichen `delim` abgeschlossen wird, vom Stream `istream` und speichert diese in den String `str`. Das Zeichen `delim` wird gelesen, aber nicht mitgespeichert. Vor dem Abspeichern eingelesener Zeichen wird der String `str` auf die Länge `0` gekürzt. Das Einlesen wird abgebrochen, wenn – das Zeichen `delim` eingelesen, – `str.max_size()` Zeichen bereits abgespeichert – oder das Dateiende-Zeichen eingelesen wird. Return-Wert: `is`.
`istream& getline( istream& is, string& str);`	Liest vom Stream `is` eine Textzeile, die durch das Zeichen `'\n'` abgeschlossen wird, in den String `str`. Der Aufruf dieser Funktion ist wirkungsgleich mit `getline(is, str, '\n');` Return-Wert: `is`.

I/O-Stream-Bibliothek

Die I/O-Stream-Bibliothek definiert ein hierarchisch organisiertes System von Stream-Klassen, die das neue Ein-/Ausgabesystem von C++ bilden. Die Stream-Klassen ermöglichen

- das unformatierte und formatierte Lesen und Schreiben als gemeinsame Grundlage für alle Stream-Operationen
- die Definition von Streams für die Konsolenein- und -ausgabe
- die Dateiverarbeitung auf der Basis von File-Streams
- die String-Verarbeitung auf der Basis von String-Streams

Allgemeines

Die Hierarchie der I/O-Stream-Klassen-Templates

Die I/O-Stream-Bibliothek definiert eine Hierarchie von Klassen-Templates zur Darstellung des Ein-/Ausgabe-Systems.

Die Klasse `ios_base` ist die Basisklasse in dieser Hierarchie. Sie definiert Datentypen und Flags zur Formatierung, Positionierung und Statusabfrage. Neben der Fehlerklasse `failure` enthält sie Methoden zur Abfrage und Änderung der Flags, der lokalen Umgebung und zur Speicherverwaltung.

Alle von der Klasse `ios_base` abgeleiteten Klassen sind Klassen-Templates, die mit einem Zeichentyp `charT` und einem Typ `ios_traits` parametrisiert sind. Letzterer enthält die Beschreibung der charakteristischen Eigenschaften des Zeichentyps `charT` sowie Test- und Konvertierungsfunktionen für diesen Typ.

- Das Klassen-Template `basic_ios` entsteht aus der Klasse `ios_base` durch `public`-Vererbung. Es stellt die Pufferverwaltung für Streams zur Verfügung. Hierfür gibt es eine als `protected` deklarierte Methode, die einen Puffer vom Typ `basic_streambuf` initialisiert. Daneben gibt es verschiedene `public`-Methoden für den Zugriff auf den Puffer.
- Die Klassen-Templates `basic_istream` und `basic_ostream` besitzen `basic_ios` als virtuelle Basisklasse. Sie sind das »Programmers-Interface« für die formatierte und unformatierte Ein- bzw. Ausgabe.
- Das Klassen-Template `basic_iostream` entsteht aus `basic_istream` und `basic_ostream` durch Mehrfachvererbung. Es implementiert so Streams für die Ein- und Ausgabe.
- Die Klassen-Templates `basic_ifstream` und `basic_ofstream` besitzen `basic_istream` bzw. `basic_ostream` als `public`-Basisklassen. Sie ermöglichen das formatierte und unformatierte Lesen bzw. Schreiben von Dateien.
- Das Klassen-Template `basic_fstream` entsteht aus `basic_iostream` durch `public`-Vererbung. Das abgeleitete Template erweitert die Basisklasse um spezielle Funktionen für den schreibenden und lesenden Dateizugriff.
- Die Klassen-Templates `basic_istringstream` und `basic_ostringstream` enthalten ebenfalls die Klassen `basic_istream` bzw. `basic_ostream` als `public`-Basisklassen. Sie ermöglichen das formatierte und unformatierte Schreiben und Lesen von Strings.
- Das Klassen-Template `basic_stringstream` entsteht aus `basic_iostream` durch `public`-Vererbung. Streams diesen Typs erlauben gleichzeitiges Lesen und Schreiben von Strings.

Instantiierung von Stream-Klassen

Die I/O-Stream-Bibliothek deklariert Instantiierungen der Klassen-Templates für den Typ char und den Typ wchar_t (engl. *wide character type*):

Klassen-Template	Instantiierung für den Typ char	Instantiierung für den Typ wchar_t
basic_ios	ios	wios
basic_istream	istream	wistream
basic_ostream	ostream	wostream
basic_iostream	iostream	wiostream
basic_ifstream	ifstream	wifstream
basic_ofstream	ofstream	wofstream
basic_fstream	fstream	wfstream
basic_istringstream	istringstream	wistringstream
basic_ostringstream	ostringstream	wostringstream
basic_stringstream	stringstream	wstringstream

Pufferverwaltung

Die I/O-Stream-Bibliothek definiert eine Hierarchie von Klassen-Templates zur Pufferverwaltung. Die Klassen-Templates sind auch mit einem Zeichentyp charT und dem Typ ios_traits parametrisiert.

- basic_streambuf stellt allgemeine Fähigkeiten zum Anlegen eines Puffers, zum Positionieren von Schreib-/Lesezeigern sowie zum Lesen, Schreiben und Zurückstellen von Zeichen zur Verfügung. Sie besitzt einen als protected deklarierten Konstruktor. Jede Instantiierung des Templates basic_streambuf ist damit eine abstrakte Klasse.
- basic_filebuf entsteht aus basic_streambuf durch public-Vererbung. Die zusätzlichen Fähigkeiten dieses Klassen-Templates bestehen im Öffnen und Schließen von Dateien.
- basic_stringbuf entsteht aus basic_streambuf ebenfalls durch public-Vererbung. Die zusätzlichen Fähigkeiten dieses Klassen-Templates bestehen darin, dass Pufferinhalte in Strings sowie Strings in Puffer kopiert werden können.

Die Templates basic_istream und basic_ostream legen einen Puffer vom Typ basic_streambuf an. Die Templates für Datei- bzw. String-Streams besitzen einen Puffer vom Typ basic_filebuf bzw. basic_stringbuf.

Allgemeines (Fortsetzung)

Instantiierung von Pufferklassen

Klassen-Template	Instantiierung für den Typ `char`	Instantiierung für den Typ `wchar_t`
`basic_streambuf`	`streambuf`	`wstreambuf`
`basic_filebuf`	`filebuf`	`wfilebuf`
`basic_stringbuf`	`stringbuf`	`wstringbuf`

Namensbereich

Sämtliche Typdefinitionen, Instantiierungen von Templates und Deklarationen der I/O-Stream-Bibliothek gehören zum Standard-Namensbereich `std`.

Header-Dateien

Die Funktionalitäten der verschiedenen I/O-Stream-Klassen sind in folgenden Header-Dateien deklariert:

Header-Datei	Deklarationen für
`<iostream>`	Standard-Streams
`<ios>`	Funktionalitäten der Basisklassen
`<streambuf>`	Pufferverwaltung
`<istream>`	Streams für die Eingabe
`<ostream>`	Streams für die Ausgabe
`<iomanip>`	Manipulatoren
`<sstream>`	String-Streams
`<fstream>`	File-Streams

Standard-Streams

In der Header-Datei `<iostream>` sind Standard-Streams deklariert, die sogenannten *narrow-Streams* und *wide-Streams*:

Stream	Typ	Verwendung
`cin`	`istream`	Standardeingabe
`cout`	`ostream`	Standardausgabe
`cerr`	`ostream`	Standardfehlerausgabe
`clog`	`ostream`	Standardfehlerausgabe
`wcin`	`wistream`	Standardeingabe
`wcout`	`wostream`	Standardausgabe
`wcerr`	`wostream`	Standardfehlerausgabe
`wclog`	`wostream`	Standardfehlerausgabe

Die Streams `clog` und `wclog` sind im Gegensatz zu `cerr` bzw. `wcerr` gepuffert. Beim Programmstart werden die `narrow`-Streams automatisch geöffnet.

Exception-Handling

Methoden der I/O-Stream-Bibliothek können Exceptions vom Typ `failure` auswerfen. Die Fehlerklasse `failure` ist als `public`-Element der Klasse `ios_base` definiert. Sie besitzt die Fehlerklasse `exception` als öffentliche Basisklasse. Von dieser erbt sie die `public`-Methode

```
virtual const char* what() const;
```

Wird beim Zugriff auf einen Stream eine Fehlersituation entdeckt, so löst die aufgerufene Methode der Pufferklasse eine Exception vom Typ `failure` aus. Die aufrufende Methode der Stream-Klasse setzt dann ein Fehler-Flag im Statuswort des Streams. Ist das entsprechende Bit auch in der Exception-Maske des Streams gesetzt, so wirft die Methode der Stream-Klasse die Exception wieder aus und bricht ihre Operation ab.

Standardmäßig hat die Exception-Maske den Wert `0`, d.h., es werden keine Exceptions geworfen. Mit der Methode `exceptions()` kann die Maske gelesen und verändert werden.

Darstellung für den Standard-Zeichensatz

Da im deutschen und englischen Sprachraum der Typ `char` als Zeichensatz verwendet wird, sind hier nicht die allgemeinen Klassen- und Funktions-Templates beschrieben, sondern deren Instantiierungen für den Typ `char`.

Dies vereinfacht die Darstellung, speziell die Beschreibung der Signaturen von Funktionen.

Die Klasse ios

Status-Flags vom Typ iostate

Flag	Bedeutung im Statuswort
`ios::goodbit`	Keine Fehlerbits gesetzt
`ios::eofbit`	Dateiende erreicht
`ios::failbit`	Letzte Operation fehlerhaft
`ios::badbit`	Stream defekt

Hinweis Das »Flag« `goodbit` entspricht keinem Bit im Statuswort, sondern stellt den Wert `0` dar. Das Statuswort hat also den Wert `goodbit`, wenn kein Fehler-Flag gesetzt ist.

Format-Flags vom Typ fmtflags

Bitfelder

Bitfeld	Bedeutung
`ios::basefield`	Das Zahlensystem bei ganzzahligen Werten
`ios::floatfield`	Darstellung von Gleitkommawerten
`ios::adjustfield`	Ausrichtung im Ausgabefeld

Flags im Bitfeld ios::basefield

Flag	Wirkung, falls Flag gesetzt
`ios::oct`	Ein- und Ausgabe oktal
`ios::dec`	Ein- und Ausgabe dezimal (das ist die Standard-Einstellung)
`ios::hex`	Ein- und Ausgabe hexadezimal

Flags im Bitfeld ios::floatfield

Flag	Wirkung, falls Flag gesetzt
`ios::fixed`	Darstellung als Festpunktzahl
`ios::scientific`	Darstellung in exponentieller Schreibweise

Flags im Bitfeld ios::adjustfield

Flag	Wirkung, falls Flag gesetzt
`ios::left`	Linksbündig im Feld
`ios::right`	Rechtsbündig im Feld (standardmäßig)
`ios::internal`	Vorzeichen linksbündig, Wert rechtsbündig im Feld

Format-Flag für den Typ bool

Flag	Wirkung, falls Flag gesetzt
`ios::boolalpha`	Ein boolescher Wert wird alphanumerisch eingelesen und ausgegeben

Format-Flag nur für die Eingabe

Flag	Wirkung, falls Flag gesetzt
`ios:skipws`	Bei der Eingabe werden führende Zwischen-raumzeichen überlesen (standardmäßig)

Die Klasse ios (Fortsetzung)

Format-Flags nur für die Ausgabe

Flag	Wirkung, falls Flag gesetzt
`ios::showbase`	Bei der Ausgabe von Ganzzahlen wird die Basis gekennzeichnet: oktal: führende `0` hexadezimal: führendes `0x` oder `0X`
`ios::showpos`	Positive Werte werden mit dem Vorzeichen + ausgegeben.
`ios::uppercase`	Bei der Ausgabe von Zahlen werden Großbuchstaben verwendet, z. B. für Hex-Ziffern.
`ios::showpoint`	Bei der Ausgabe einer Gleitpunktzahl wird stets der Dezimalpunkt angezeigt.
`ios:unitbuf`	Leert den Puffer nach jeder Ausgabe.

Hinweis Standardmäßig sind diese Flags nicht gesetzt.

Öffnungsmodus-Flags vom Typ openmode

Flag	Wirkung
`ios::in`	Datei zum Lesen öffnen.
`ios::out`	Datei zum Schreiben öffnen.
`ios::app`	Vor jeder Schreiboperation den `put`-Zeiger auf das Dateiende setzen.
`ios::trunc`	Beim Öffnen eine bereits existierende Datei auf Länge `0` kürzen.
`ios::ate`	Datei öffnen und Zeiger auf Dateiende setzen.
`ios::binary`	Schreib-/Leseoperationen im Binärmodus ausführen.

Positionierungs-Flags vom Typ seekdir

Flag	Wirkung, falls gesetzt
`ios::beg`	Relativ zum Dateianfang positionieren.
`ios::cur`	Relativ zur aktuellen Position des `get-`/`put-`Zeigers positionieren.
`ios::end`	Relativ zum Dateiende positionieren.

public-Methoden von ios

Konstruktor und Destruktor

`explicit ios( streambuf* sb);`	Legt ein Objekt vom Typ `ios` mit dem durch `sb` adressierten Puffer an.
`ios();`	Legt ein Objekt vom Typ `ios` an, ohne einen Puffer zu initialisieren.
`virtual ~ios();`	Zerstört ein Objekt vom Typ `ios`.

Statusabfrage

Methode	Wirkung
`operator void*() const;`	Liefert einen vom NULL-Zeiger verschiedenen Wert, wenn `failbit` und `badbit` gelöscht sind. Andernfalls wird der NULL-Zeiger zurückgegeben.
`bool operator !() const;`	Liefert `true`, wenn `failbit` gesetzt ist.
`bool eof() const;`	Liefert `true`, wenn `eofbit` gesetzt ist.
`bool fail() const;`	Liefert `true`, falls `failbit` oder `badbit` gesetzt sind.
`bool bad() const;`	Liefert `true`, wenn `badbit` gesetzt ist.
`iostate rdstate() const;`	Liefert das gesamte Statuswort des Streams.
`void clear(iostate state = goodbit);`	Setzt das übergebene Argument als neues Statuswort ein.
`void setstate(iostatestate);`	Ruft die Funktion `clear( rdstate() | state)` auf.

Die Klasse ios (Fortsetzung)

Status-Flags festlegen, die Exceptions auslösen

Methode	Wirkung
`iostate exceptions() const;`	Fragt ab, welche Flags im Statuswort des Streams Exceptions auslösen. Ein gesetztes Bit bedeutet, dass eine entsprechende Exception geworfen wird.
`void exceptions(iostate except);`	Legt mit dem übergebenen Argument fest, welche Flags im Statuswort des Streams Exceptions auslösen.

Zugriff auf die Format-Flags

Methode	Wirkung
`fmtflags flags();`	Liefert alle Format-Flags, d.h. die gesamte Flag-Variable.
`fmtflags flags( fmtflags flgs );`	Das übergebene Argument wird zum neuen Inhalt der Flag-Variablen.
`fmtflags setf( fmtflags flgs );`	Setzt in der Formatvariablen zusätzlich die im Argument gesetzten Flags.
`fmtflags setf( fmtflags flgs, fmtflags bitfeld);`	Zunächst werden alle Flags des angegebenen Bitfelds gelöscht. Erst dann werden die Flags aus dem ersten Argument gesetzt.
`fmtflags unsetf( fmtflags flgs);`	Löscht die mit dem Argument übergebenen Flags.

Hinweis Jede dieser Elementfunktionen liefert als Return-Wert die ursprünglichen Flags, also den Wert der Flag-Variablen vor dem Aufruf der Funktion.

Genauigkeit abfragen und setzen

Methode	Wirkung
`int precision() const;`	Liefert den aktuellen Wert für die Genauigkeit zurück (Standardwert: `6`).
`int precision(int prec);`	Setzt die Genauigkeit auf den Wert `prec`. Der ursprüngliche Wert wird zurückgegeben.

Feldbreite abfragen und setzen

Methode	Wirkung
`int width() const;`	Liefert den aktuellen Wert für die Feldbreite. (Standardwert: `0`)
`int width(int wide);`	Setzt die Feldbreite auf den Wert `wide`. Dieser Wert ist nur für die nächste Ausgabe gültig.

Füllzeichen abfragen und setzen

Methode	Wirkung
`int fill() const;`	Liefert das aktuell gesetzte Füllzeichen (Standardwert: Blank).
`int fill(int ch);`	Das übergebene Zeichen `ch` wird zum neuen Füllzeichen.

Lokale Umgebung

Methode	Wirkung
`locale imbue(const locale& loc);`	Setzt die mit dem Argument übergebenen Werte für die lokale Umgebung. Return-Wert: Der Wert der vorher gesetzten lokalen Umgebung.
`locale getloc() const;`	Fragt die aktuell gesetzte lokale Umgebung ab.
`char narrow(charT c, char default) const;`	Wandelt ein Zeichen des Stream-Zeichensatzes `charT` in ein Zeichen vom Typ `char` um, also z. B. das Zeichen für den Zeilenvorschub in `'\n'`. Return-Wert: Das Zeichen vom Typ `char` bzw. der Wert `default`, wenn die Umwandlung nicht durchgeführt werden kann.
`charT widen(char c) const;`	Wandelt das Zeichen `c` in ein Zeichen des Stream-Zeichensatzes `charT` um.

Hinweis Die Klasse `locale` stellt Informationen dar zur Formatierung numerischer Werte, wie z. B. die Darstellung des Trennzeichens (Punkt oder Komma) von Gleitpunktzahlen oder die Darstellung von Geldbeträgen und Uhrzeit. Standardmäßig wird ein globales Objekt vom Typ `locale` angelegt, das die aktuellen nationalen Gegebenheiten beschreibt. Jeder Stream berücksichtigt die aktuelle Einstellung der lokalen Umgebung, die individuell angepaßt werden kann.

Die Klasse ios (Fortsetzung)

Ein- und Ausgabe-Streams verbinden

Methode	Wirkung
`ostream* tie() const;`	Liefert die Adresse des mit `*this` verbundenen Streams.
`ostream* tie(ostream* strm);`	Verbindet den Stream `*this` mit dem Ausgabe-Stream `*strm`. Return-Wert: Die Adresse des ursprünglichen Streams.

Standard-Streams und C-Standard-Ein-/Ausgabe synchronisieren

Methode	Wirkung
`bool sync_with_stdio(` `bool sync = true);`	Wird die Methode mit dem Argument `true` aufgerufen, so werden die Standard-Streams mit der C-Standard-Ein-/Ausgabe synchronisiert. Andernfalls arbeiten die Standard-Streams unabhängig von der C-Standard-Ein-/Ausgabe. Return-Wert: Beim ersten Aufruf `true`. Bei späteren Aufrufen wird `true` geliefert, wenn synchronisiert wird, andernfalls `false`.

Operationen für Stream-Puffer

Methode	Wirkung
`streambuf* rdbuf() const;`	Liefert die Adresse des Stream-Puffers.
`streambuf* rdbuf(` `streambuf* sb);`	Macht den durch `sb` adressierten Puffer zum Stream-Puffer. Return-Wert: Die Adresse des ursprünglichen Stream-Puffers.
`ios& copyfmt(` `const ios& strm);`	Kopiert alle Elemente des übergebenen Stream `strm` in den Stream `*this`. Ausnahmen: Es wird der Inhalt des Puffers von `strm` in den Puffer von `*this` kopiert, nicht der Zeiger. Die Pufferadresse `this->rdbuf()` bleibt unverändert. Außerdem bleibt das Statuswort `this->rdstate()` unverändert.

Manipulatoren von ios

Manipulator	Wirkung

`oct`
`dec`
`hex`
	Das entsprechende Flag wird als einziges im Bitfeld `ios::basefield` gesetzt. Die nachfolgenden Ein- bzw. Ausgaben erfolgen dann oktal, dezimal oder hexadezimal.

`showbase, noshowbase`
`showpos, noshowpos`
`uppercase, nouppercase`
`boolalpha, noboolalpha`
`skipws, noskipws`
`showpoint, noshowpoint`
	Das entsprechende Flag wird gesetzt bzw. gelöscht.

`fixed` `scientific`	Das entsprechende Flag wird als einziges im Bitfeld `ios::floatfield` gesetzt.
`left, right, internal`	Das entsprechende Flag wird als einziges im Bitfeld `ios::adjustfield` gesetzt.

Die folgenden *Standard-Manipulatoren* erwarten ein Argument und sind in der Header-Datei `iomanip` deklariert:

Manipulator	Wirkung
`setiosflags(ios::fmtflags flgs);`	Setzt die angegebenen Flags (mehrere Flags werden durch bitweises ODER | verknüpft).
`resetiosflags(ios::fmtflags flgs);`	Löscht die angegebenen Flags. Es können auch Bitfelder übergeben werden.
`setbase(int base);`	Setzt die Zahlenbasis. Das Argument muss den Wert `8`, `10` oder `16` haben.
`setprecision(int n);`	Setzt die Genauigkeit auf den Wert `n`.
`setw(int n);`	Setzt die Feldbreite für die nächste Ausgabe (ruft die Methode `width(n)` auf).
`setfill(int ch);`	Setzt das Füllzeichen `ch` (ruft die Methode `fill(ch)` auf).

Die Klasse streambuf

Die Klasse `streambuf` ist eine abstrakte Basisklasse, die grundlegende Eigenschaften und Fähigkeiten von Stream-Puffern bereitstellt. Jeder Stream arbeitet mit einem Stream-Puffer, also mit einem Objekt vom Typ einer von `streambuf` abgeleiteten Klasse. Dieses übernimmt die eigentliche Datenübertragung in bzw. aus Dateien, I/O-Geräten und Strings (vgl. Kapitel 20).

Zur Verwaltung eines Stream-Puffers werden drei verschiedene, als `private` deklarierte Zeiger verwendet:

- ein Zeiger auf den Anfang des Puffers (engl. *begin pointer*)
- ein Zeiger auf die nächste zu beschreibende oder zu lesende Position im Puffer (engl. *next pointer*)
- ein Zeiger auf das Ende des Puffers (engl. *end pointer*)

Die *aktuelle Schreib- bzw. Leseposition* eines Streams ist die Position des Zeichens, das durch den `next`-Zeiger adressiert wird.

Puffer anlegen und Positionieren

Methode	Wirkung
`streambuf* pubsetbuf(char* s, int n);`	Ruft die virtuelle Methode `setbuf(char* s, int n)` auf. Die konkrete Implementierung ist nicht festgelegt. Für die die Klasse `filebuf`: Der char-Vektor `s` der Länge `n` wird als Puffer verwendet. Der Aufruf `pubsetbuf(0, 0)` bewirkt eine ungepufferte Datenübertragung. Return-Wert: `this` oder `0`.
`long pubseekoff( long off, ios::seekdir w, ios::openmode which = ios::in | ios::out);`	Setzt den Schreib- bzw. Lesezeiger auf die Position `off` relativ zu der Position `w` vom Typ `seekdir`. Return-Wert: Die neue Schreib-/Leseposition bzw. im Fehlerfall `-1`.
`int pubseekpos( long sp, ios::openmode which = ios::in | ios::out);`	Setzt den Schreib- bzw. Lesezeiger auf die absolute Position `off`. Return-Wert: Die neue Schreib-/Leseposition bzw. im Fehlerfall `-1`.
`int pubsync();`	Überträgt die aktuell im Puffer befindlichen Zeichen und leert so den Puffer. Return-Wert: `0`, falls alles o.k., `-1` im Fehlerfall.

Zeichen lesen

Methode	Wirkung
`int in_avail();`	Liefert die Anzahl der noch nicht gelesenen Zeichen im Puffer bzw. `-1`, falls kein Zeichen verfügbar ist.
`int sbumpc();`	Liefert das nächste Zeichen im Puffer und inkrementiert den `next`-Zeiger. Falls kein Zeichen verfügbar ist, wird `traits::eof()` zurückgegeben.
`int snextc();`	Ruft `sbumpc()` auf. Gibt `traits::eof()` zurück, wenn dieser Wert von `sbumpc()` geliefert wird. Andernfalls wird `sgetc()` aufgerufen.
`int sgetc();`	Liefert das nächste Zeichen im Puffer, ohne den `next`-Zeiger zu inkrementieren. Falls kein Zeichen verfügbar ist, wird `traits:eof()` zurückgegeben.
`int sgetn( char* s, int n);`	Liest bis zu `n` Zeichen aus dem Puffer in den durch `s` adressierten Vektor. Das Einlesen wird abgebrochen, wenn kein Zeichen mehr im Puffer ist. Return-Wert: Die Anzahl der tatsächlich eingelesenen Zeichen.

Hinweis Die Methode `traits::eof()` liefert das Dateiendekennzeichen als `int`-Wert.

Zeichen zurückstellen

Methode	Wirkung
`int sputbackc(char c);`	Stellt das zuletzt gelesene Zeichen `c` in den Puffer zurück und dekrementiert den next-Zeiger. Return-Wert: `c`, falls alles o.k., `traits::eof()` andernfalls.
`int sungetc();`	Dekrementiert den `next`-Zeiger und liefert das zuletzt eingelesene Zeichen bzw. `traits::eof()` im Fehlerfall zurück.

Die Klasse streambuf (Fortsetzung)

Zeichen schreiben

Methode	Wirkung
`int sputc(char c);`	Schreibt das Zeichen `c` in die aktuelle Schreibposition des Puffers und inkrementiert den `put`-Zeiger. Return-Wert: `c`, falls alles o.k., `traits::eof()` bei Pufferüberlauf
`int sputn(const char* s, int n);`	Schreibt bis zu `n` Zeichen aus dem durch `s` adressierten Vektor in den Puffer. Das Schreiben wird abgebrochen, wenn der Puffer voll ist. Return-Wert: Die Anzahl tatsächlich geschriebener Zeichen.

Lokale Umgebung

Methode	Wirkung
`locale pubimbue(const locale& lc);`	Setzt die lokale Umgebung auf den Wert `lc` und liefert den alten Wert zurück.
`locale getloc() const;`	Fragt die aktuell gesetzte lokale Umgebung ab.

Hinweis Die Klasse `locale` stellt Informationen dar zur Formatierung numerischer Werte, wie z.B. die Darstellung des Trennzeichens (Punkt oder Komma) von Zahlen mit gebrochenem Anteil oder die Darstellung von Geldbeträgen und der Uhrzeit. Standardmäßig wird ein globales Objekt vom Typ `locale` angelegt, das die aktuellen länderspezifischen Gegebenheiten beschreibt. Jeder Stream berücksichtigt die aktuelle Einstellung der lokalen Umgebung, die individuell angepaßt werden kann.

Die Klasse ostream

Konstruktor und Destruktor

`explicit ostream(streambuf* sb);`	Legt einen Stream für die Ausgabe mit dem durch `sb` adressierten Puffer an.
`virtual ~ostream();`	Zerstört den Stream.

Die Klasse sentry

```
class ostream::sentry{
        . . . bool ok_;
        public:
           explicit sentry(ostream& os);
           ~sentry();
           operator bool() { return ok_; }
        };
```

Hinweis Beim Aufruf einer Ausgabefunktion wird zunächst ein Objekt vom Typ `sentry` erzeugt, womit der Stream für die Ausgabe vorbereitet wird. Das Objekt vom Typ `sentry` wird anschließend in den Typ `bool` konvertiert. Ist der Wert `true`, der Stream also o.k., so wird die Ausgabe durchgeführt.

Der Konstruktor von `sentry` prüft zunächst, ob der Stream o.k. ist. Ist dies der Fall, und liefert der Aufruf von `os.tie()` einen von NULL verschiedenen Zeiger, so wird der angebundene Ausgabepuffer geleert. Ist der Stream nicht o.k., wird `ios::failbit` gesetzt.

Methoden zur unformatierten Ausgabe und Positionierung

Methode	Wirkung
`ostream& put(char c);`	Gibt das Zeichen `c` aus.
`ostream& write(const char* s, int n);`	Gibt die ersten `n` Zeichen des durch `s` adressierten Vektors aus.
`ostream& flush();`	Leert den Ausgabepuffer.
`ostream& seekp(long pos);`	Setzt den `put`-Zeiger auf den Byte-Offset `pos` relativ zum Datei- bzw. String-Anfang.
`istream& seekp(long pos, ios::seekdir way);`	Setzt den `put`-Zeiger auf den Byte-Offset `pos` relativ zu der mit dem zweiten Argument übergebenen Position `way` in der Datei bzw. im String.
`long tellp();`	Liefert den aktuellen Byte-Offset des put-Zeigers relativ zum Datei- bzw. String-Anfang.

Die Klasse ostream (Fortsetzung)

Shift-Operator zur Ausgabe: `ostream& operator<<( parameter );`

Parameter	Wirkung
`char c, unsigned char c, signed char c`	Das übergebene Zeichen `c` wird ausgegeben.
`short x , unsigned short x , int x , unsigned int x, long x , unsigned long x`	Konvertiert die übergebene Ganzzahl `x` für die Ausgabe als Zeichenfolge. Standardmäßig werden Zahlen dezimal ausgegeben.
`float x , double x , long double x`	Konvertiert die übergebene Gleitpunktzahl `x` in eine Zeichenfolge und gibt diese aus.
`const char* s , const unsigned char* s , const signed char* s`	Gibt den C-String `s` aus.
`void* p`	Gibt den Wert des Zeigers `p` hexadezimal aus.
`bool x`	Interpretiert den übergebenen Wert `x` als booleschen Wert und gibt standardmäßig `1` (»wahr«) bzw. `0` (»falsch«) aus.
`streambuf * sb`	Kopiert die Zeichen aus dem übergebenen Puffer `sb` in den Stream-Puffer. Es werden so lange Zeichen übertragen, bis der Stream-Puffer voll ist oder ein Fehler auftritt.
`ios& (*pf)(ios&)`	Ruft den durch `pf` adressierten Manipulator von `ios` auf.
`ostream& (*pf)(ostream&)`	Ruft den durch `pf` adressierten Manipulator von `ostream` auf.

Manipulatoren der Klasse ostream

Manipulator	Wirkung
`flush`	Leert den Ausgabepuffer.
`endl`	Gibt einen Zeilenvorschub aus und leert den Ausgabepuffer.
`ends`	Gibt das String-Endezeichen aus und leert den Ausgabepuffer.

Die Klasse istream

Konstruktor und Destruktor

`explicit istream( streambuf* sb);`	Legt einen Stream für die Eingabe mit dem durch `sb` adressierten Puffer an.
`virtual ~istream();`	Zerstört den Stream.

Die Klasse sentry

```
class istream::sentry{
        . . . bool ok_;
        public:
           explicit sentry(istream& is, bool noskipws = false);
           ~sentry();
           operator bool() { return ok_; }
        };
```

Hinweis Beim Aufruf einer Eingabefunktion wird zunächst ein Objekt vom Typ `sentry` erzeugt, womit der Stream für die Eingabe vorbereitet wird. Das Objekt vom Typ `sentry` wird anschließend in den Typ `bool` konvertiert. Ist der Wert `true`, der Stream also o.k., so wird die Eingabe erwartet.

Der Konstruktor von `sentry` prüft zunächst, ob der Stream o.k. ist. Ist dies der Fall, und ist der Stream durch den Aufruf von `tie()` mit einem Ausgabe-Stream verbunden, so wird der Ausgabepuffer des angebundenen Streams geleert. Enthält `noskipws` den Wert `false` und ist das Flag `ios::skipws` gesetzt, werden alle führenden Zwischenraumzeichen ignoriert. Ist der Stream nicht o.k., wird `ios::failbit` gesetzt.

Bei unformatierten Eingaben wird dem Konstruktor mit dem zweiten Argument `noskipws` der Wert `true`, bei formatierten Eingaben `false` übergeben.

Methoden zur Positionierung

Methode	Wirkung
`istream& seekg(long pos);`	Setzt den get-Zeiger auf den Byte-Offset `pos` relativ zum Datei- bzw. String-Anfang.
`istream& seekg( long pos, ios::seekdir way);`	Setzt den get-Zeiger auf den Byte-Offset `pos` relativ zu der mit dem zweiten Argument übergebenen Position `way` in der Datei bzw. im String.
`long tellg();`	Liefert den aktuellen Byte-Offset des get-Zeigers relativ zum Dateianfang.

Die Klasse istream (Fortsetzung)

Methoden zur unformatierten Eingabe

Methode	Wirkung
`int get();`	Liest ein Zeichen und gibt es zurück.
`istream& get(char& c);`	Liest ein Zeichen und speichert es in `c`.
`istream& get(char *s, int len);`	Liest maximal `len-1` Zeichen, jedoch höchstens bis zum Newline-Zeichen, in den durch `s` adressierten Vektor ein und hängt `'\0'` an.
`istream& get( char *s, int len, char delim );`	Liest maximal `len-1` Zeichen, jedoch höchstens bis zum Zeichen `delim`, in den durch `s` adressierten Vektor ein und hängt `'\0'` an. Das Zeichen `delim` bleibt im Puffer.
`istream& get( streambuf& sb);`	Liest alle Zeichen bis zum Newline-Zeichen in den Puffer `sb`.
`istream& get( streambuf& sb, char delim );`	Liest alle Zeichen bis zum Zeichen `delim` in den Puffer `sb`. Das Zeichen `delim` bleibt im Eingabepuffer.
`istream& getline( char *s, int len );`	Liest alle Zeichen bis zum Newline-Zeichen, jedoch maximal `len-1` Zeichen, in den durch `s` adressierten Vektor ein und hängt `'\0'` an.
`istream& getline(char *s, int len, char delim );`	Liest alle Zeichen bis zum Zeichen `delim`, jedoch maximal `len-1` Zeichen, in den durch `s` adressierten Vektor ein und hängt `'\0'` an. Das Zeichen `delim` wird aus dem Puffer entfernt, aber nicht im String gespeichert.
`istream& read(char *s, int n);`	Liest `n` Zeichen in den durch `s` adressierten Vektor. Das Einlesen wird abgebrochen, wenn der Puffer leer ist.
`int readsome( char* s, int n);`	Liest `n` Zeichen in den durch `s` adressierten Vektor. Es werden höchstens so viele Zeichen gelesen, wie im Puffer stehen. Return-Wert: Anzahl eingelesener Zeichen.

Weitere Methoden zur unformatierten Eingabe

Methode	Wirkung
`istream& ignore(int n = 1, char delim = traits::eof());`	Überliest `n` Zeichen im Eingabepuffer, jedoch höchstens bis zum Zeichen `delim`. Das Zeichen `delim` wird auch aus dem Puffer entfernt.
`istream& putback(char c);`	Stellt das Zeichen `c` in den Puffer zurück, so dass es nächstes Mal (wieder) gelesen wird.
`istream& unget() ;`	Stellt das letzte Zeichen in den Puffer zurück.
`int peek();`	Liefert das nächste Zeichen, ohne es aus dem Puffer zu entnehmen.
`int sync();`	Leert den Eingabepuffer und führt eine Synchronisierung mit der Quelle durch. Falls dies mißlingt, wird `ios::failbit` gesetzt. Return-Wert: `0`, falls alles o.k., `traits::eof()` im Fehlerfall.
`int gcount() const;`	Liefert die Anzahl der zuletzt mit einer unformatierten Eingabeoperation gelesenen Zeichen.

Manipulatoren der Klasse istream

Manipulator	Wirkung
`ws`	Entfernt Zwischenraumzeichen aus dem Eingabepuffer (bis zum ersten Zeichen, das kein Zwischenraumzeichen ist).

Shift-Operator für die Eingabe: `istream& operator>>( parameter );`

`parameter`	Wirkung
`char& c, unsigned char& c, signed char& c`	Liest ein Zeichen in die Variable `c` ein.
`short& x, unsigned short& x int& x , unsigned int& x , long& x , unsigned long& x`	Liest eine Ganzzahl in die Variable `x` ein. Standardmäßig wird bei führender `0` eine Oktalzahl, bei führendem `0x` eine Hexadezimalzahl, andernfalls eine Dezimalzahl eingelesen und gespeichert.

Shift-Operator für die Eingabe (Fortsetzung)

`parameter`	Wirkung
`float& x , double& x , long double& x`	Liest eine Gleitpunktzahl in `x` ein. Standardmäßig wird die Eingabe sowohl in wissenschaftlicher Notation als auch in Festpunktdarstellung akzeptiert und konvertiert.
`char* s , signed char* s , unsigned char* s`	Liest eine Zeichenfolge in den `char`-Vektor `s` ein und hängt das String-Endezeichen `'\0'` an. Das Einlesen wird mit dem ersten Zwischenraumzeichen beendet.
`void*& p`	Liest eine Adresse ein und speichert sie im Zeiger `p` ab.
`streambuf * sb`	Kopiert die Zeichen aus dem Puffer des Streams in den übergebenen Puffer `sb`. Es werden so lange Zeichen übertragen, bis der Eingabepuffer leer ist oder ein Fehler auftritt.
`ios& (*pf)(ios&)`	Ruft den durch `pf` adressierten Manipulator von `ios` auf.
`istream& (*pf) (istream&)`	Ruft den durch `pf` adressierten Manipulator von `istream` auf.

Hinweis Standardmäßig werden führende Zwischenraumzeichen überlesen.

Die Klasse iostream

Die Klasse `iostream` entsteht aus den Klassen `istream` und `ostream` durch `public`-Mehrfachvererbung. Damit stehen die Funktionalitäten für die unformatierte und formatierte Stream-Ein- und Ausgabe in der Klasse `iostream` zur Verfügung. Im `public`-Deklarationsteil von `iostream` gibt es lediglich einen Konstruktor und Destruktor.

Konstruktor und Destruktor

`explicit iostream (streambuf *sb);`	Legt einen Stream für die Ein- und Ausgabe an, indem die Konstruktoren von `istream` und `ostream` mit dem Argument `sb` aufgerufen werden.
`virtual ~iostream()`	Zerstört den Stream.

Die Klasse filebuf

Die Klasse `filebuf` entsteht aus der Klasse `streambuf` durch `public`-Vererbung. Sie redefiniert virtuelle Methoden der Basisklasse zum Anlegen eines Dateipuffers, zum Positionieren des `next`-Zeigers, zur Verwaltung von Pufferunterläufen und -überläufen, sowie zur Einstellung der lokalen Umgebung. Über das `public`-Interface von `streambuf` stehen diese Möglichkeiten damit auch in der Klasse `filebuf` zur Verfügung.

Im `public`-Deklarationsteil enthält die Klasse `filebuf` neben einem Default-Konstruktor, der einen Stream-Puffer anlegt, ohne eine Datei zu öffnen, und einem virtuellen Destruktor die folgenden zusätzlichen Methoden:

Konstruktor und Destruktor

`filebuf();`	Legt einen Stream-Puffer an.
`virtual ~filebuf();`	Zerstört den Stream-Puffer.

Methoden zum Öffnen und Schließen von Dateien

Methode	Wirkung
`bool is_open() const;`	Liefert `true`, falls die entsprechende Datei existiert und geöffnet ist.
`filebuf * open(const char s*, ios::openmode which);`	Öffnet die Datei mit dem Namen `s` im angegebenen Modus `which`, legt einen Stream-Puffer an und positioniert den `next`-Zeiger gemäß dem angegebenen Eröffnungsmodus. Falls das Positionieren des next-Zeigers mißlingt, wird die Datei geschlossen und der `NULL`-Zeiger zurückgegeben. Falls die angegebene Datei bereits geöffnet ist, wird auch der `NULL`-Zeiger zurückgegeben; sonst passiert in diesem Fall nichts. Return-Wert: `this`, falls alles o.k., `NULL` im Fehlerfall.
`filebuf* close();`	Falls die Datei geöffnet ist, wird sie geschlossen. Return-Wert: `this` falls die Datei geschlossen werden konnte, `NULL` falls die Datei nicht offen war.

Die Klassen ifstream und ofstream

Konstruktoren von ofstream

`ofstream();`	Der Standard-Konstruktor erzeugt einen File-Stream zum Schreiben, initialisiert die Basis-klasse `ostream` und legt einen Stream-Puffer vom Typ `filebuf` an, ohne die Datei zu öffnen.
`explicit ofstream(const char* s, ios::openmode mode = ios::out | ios::trunc);`	Dieser Konstruktor öffnet zusätzlich die Datei mit dem Namen `s` im angegebenen Modus.

Weitere Methoden von ofstream

`void open(const char* s, ios::openmode mode = ios::out | ios::trunc);`	Eröffnet die Datei mit dem Namen `s` im angegebenen Modus `mode`.
`void close();`	Schließt die momentan geöffnete Datei.
`filebuf* rdbuf() const;`	Liefert die Adresse des Stream-Puffers.
`bool is_open();`	Liefert `true`, falls die Datei geöffnet ist.

Konstruktoren von ifstream

`ifstream();`	Der Standard-Konstruktor erzeugt einen File-Stream zum Lesen, initialisiert die Basisklasse `istream` und erzeugt einen Stream-Puffer vom Typ `filebuf`, ohne die Datei zu öffnen.
`explicit ifstream(const char* s, ios::openmode mode = ios::in);`	Zusätzlich öffnet dieser Konstruktor die Datei mit dem vorgegebenen Namen `s` im angegebenen Modus `mode`.

Weitere Methoden von ifstream

`void open(const char* s, openmode mode = ios::in);`	Öffnet die Datei mit dem Namen `s` im angegebenen Modus `mode`.
`void close();`	Schließt die momentan geöffnete Datei.
`filebuf* rdbuf() const;`	Liefert die Adresse des Stream-Puffers.
`bool is_open();`	Liefert `true`, falls die Datei geöffnet ist.

Die Klasse fstream

Die Klasse `fstream` entsteht aus der Klasse `iostream` durch `public`-Vererbung. Sämtliche Funktionalitäten der formatierten Stream-Ein- und Ausgabe stehen damit in `fstream` zur Verfügung. In der Klasse `fstream` werden diese Fähigkeiten um den schreibenden und lesenden Dateizugriff erweitert.

Konstruktoren von fstream

`fstream();`	Der Standard-Konstruktor initialisiert die Basis-klasse `iostream` und legt einen Stream-Puffer vom Typ `filebuf` an, ohne eine Datei zu öffnen.
`explicit fstream(const char* s, ios::openmode mode = ios::in | ios::out);`	Dieser Konstruktor öffnet zusätzlich die Datei mit dem Namen `s` im angegebenen Modus.

Weitere Methoden von ofstream

Methode	Wirkung
`void open(const char* s, ios::openmode mode = ios::in | ios::out);`	Eröffnet die Datei mit dem Namen `s` im angegebenen Modus `mode`.
`void close();`	Schließt die momentan geöffnete Datei.
`filebuf* rdbuf() const;`	Liefert die Adresse des Stream-Puffers.
`bool is_open();`	Liefert `true`, falls die Datei geöffnet ist.

Die Klasse stringbuf

Die Klasse `stringbuf` entsteht aus der Klasse `streambuf` durch `public`-Vererbung. Sie redefiniert die virtuellen Methoden der Basisklasse zum Anlegen eines Puffers für String-Streams, zum Positionieren des `next`-Zeigers und zur Verwaltung von Pufferunterläufen. Über das `public`-Interface von `streambuf` stehen diese Möglichkeiten damit auch in der Klasse `stringbuf` zur Verfügung.

Im `public`-Deklarationsteil enthält die Klasse `stringbuf` die im folgenden beschriebenen, zusätzlichen Methoden.

Konstruktoren

`explicit stringbuf(ios::openmode which = ios::in | ios::out);`	Legt einen Stream-Puffer im angegebenen Modus `which` an.
`explicit stringbuf( const string& str, ios::openmode which = ios::in | ios::out);`	Legt einen Stream-Puffer im Modus `which` an und kopiert den String `str` in den Puffer.

Zugriffsmethoden

Methode	Wirkung
`string str() const;`	Kopiert die im Stream-Puffer enthaltene Zeichenfolge in einen String und gibt diesen zurück. Falls der Stream-Puffer leer ist, wird ein leerer String zurückgegeben.
`void str( const string& str);`	Sofern der Stream-Puffer nicht leer ist, wird er geleert. Dann wird der String `str` in den Stream-Puffer kopiert, und die Zeiger des Puffers werden initialisiert.

Die Klassen istringstream, ostringstream und stringstream

Die Klassen `istringstream`, `ostringstream` und `stringstream` entstehen aus der Klasse `istream` bzw. `ostream` bzw.`iostream` durch `public`-Vererbung. Sie erweitern ihre Basisklasse um Fähigkeiten zum Lesen und/oder Schreiben von Strings.

Konstruktoren

`explicit istringstream(ios::openmode which = ios::in );`
`explicit ostringstream(ios::openmode which = ios::out );`
`explicit stringstream(ios::openmode which = ios::in | ios::out);`
	Erzeugt einen String-Stream mit einem Stream-Puffer vom Typ `stringbuf` im angegebenen Modus `which`.

`explicit istringstream(const string& str, ios::openmode which=ios::in);`
`explicit ostringstream(const string& str, ios::openmode which=ios::out);`
`explicit stringstream(const string& str, ios::openmode which= ios::in | ios::out);`
	Diese Konstruktoren initialisieren zusätzlich den String-Stream mit dem Inhalt des Strings `str`.

Methoden

Methode	Wirkung
`string str() const;`	Kopiert die Zeichenfolge aus dem Stream-Puffer in einen String und gibt diesen zurück. Falls der Stream-Puffer kein Zeichen enthält, wird ein leerer String zurückgegeben.
`void str( const string& str);`	Kopiert den String `str` in den Stream-Puffer. Der alte Inhalt geht verloren.
`stringbuf* rdbuf() const;`	Liefert die Adresse des Stream-Puffers.

Die Container-Bibliothek

Die Container-Bibliothek definiert Klassen-Templates zur Darstellung von Objektsammlungen variabler Länge. Dazu gehören sequentielle Container, z. B. Vektoren, Listen, Stacks und Queues, sowie assoziative Container, z. B. Mengen mit sortierbaren Schlüsseln und Paarmengen.

Die in den Klassen-Templates definierten Methoden ermöglichen Operationen wie das Einfügen, Löschen und Vertauschen von Objekten mit optimaler Laufzeit.

Zum Durchlaufen und Positionieren stehen sogenannte Iteratoren zur Verfügung. Auf der Basis von Iteratoren sind außerdem klassenunabhängige Algorithmen definiert, die z. B. das Suchen in Containern oder das Sortieren und Kopieren von Teilen eines Containerns erlauben.

Allgemeines

Zentraler Bestandteil der Standard-Template-Library (STL) ist die Container-Bibliothek. Zusammen mit der Iterator- und Algorithmen-Bibliothek steht dem Programmierer ein mächtiges Werkzeug zur Verarbeitung von Mengen zur Verfügung.

Die verschiedenen Klassen-Templates für Container spiegeln die unterschiedlichen Möglichkeiten wider, dynamische Datenstrukturen für Mengen zu realisieren. Vektoren, Listen oder Baumstrukturen haben jeweils ihre spezifischen Vor- und Nachteile.

Die Iteratoren bieten eine einheitliche Schnittstelle, um die Container zu durchlaufen bzw. einzelne Elemente oder Teilbereiche von Containern anzusprechen. Jeder Container stellt Iteratoren zur Verfügung, womit die spezielle Struktur des Containers berücksichtigt wird.

Viele der grundlegenden Algorithmen, z. B. das Suchen in Containern oder das Sortieren und Kopieren von Teilen eines Containers, können mit Hilfe der Iteratoren unabhängig vom speziellen Container-Typ implementiert werden. Diese Algorithmen sind daher nicht als Methoden der einzelnen Container-Klassen implementiert, sondern in einer eigenen Algorithmen-Bibliothek enthalten.

Laufzeitverhalten von Algorithmen

Ein Kriterium, welche Art von Container eingesetzt werden soll, ist das Laufzeitverhalten bestimmter Operationen. So ist beispielsweise das Einfügen eines Elements in einen Vektor »langsam«, da Vektorelemente verschoben werden müssen. Dieselbe Operation in einer Liste ist dagegen »schnell«, da nur Zeiger »verbogen« werden müssen. Damit ist die Operation unabhängig von der Anzahl der Listenelemente. Bei häufigem Einfügen und Löschen ist also die Liste einem Vektor vorzuziehen, sofern nicht andere Anforderungen dagegen sprechen.

Die C++-Standard-Bibliothek spezifiziert, wie die Laufzeit eines Algorithmus von der Anzahl der Elemente im Container abhängen darf. Damit sind prinzipielle Aussagen über das Zeitverhalten möglich. Man unterscheidet die folgenden Kategorien:

Laufzeit	Bedeutung (n = Anzahl der Elemente)
konstant	unabhängig von n
logarithmisch	proportional zu log(n)
linear	proportional zu n
n*log(n)	proportional zu n*log(n)
quadratisch	proportional zu n^2

Sequentielle und assoziative Container

Container speichern Objekte eines bestimmten Typs und verwalten diese zur Laufzeit dynamisch. Man unterscheidet zwei Arten von Containern:

- *Sequentielle Container*, bei denen die Objekte linear angeordnet sind und über ihre Position im Container angesprochen werden.
- *Assoziative Container*, bei denen die Objekte in einer optimierten Baumstruktur unterhalten werden. Der Zugriff auf Objekte erfolgt im allgemeinen mit Hilfe von Schlüsseln.

Zu den sequentiellen Containern gehören:

- *Listen*, die in beide Richtungen sequentiell durchlaufen werden können. Einfüge- und Löschoperationen sind in jeder Position mit konstanter Laufzeit möglich.
- *Vektoren*, die den direkten Zugriff auf Objekte mit dem Indexoperator unterstützen. Das Einfügen und Löschen eines Objekts am Ende des Vektors wird mit konstanter Laufzeit durchgeführt. Für beliebige andere Positionen ist die Laufzeit linear.
- *Deques* (sprich: Decks = *double ended queues*), die vektoriell verwaltet werden. Das Einfügen bzw. Löschen am Anfang *und* am Ende wird mit konstanter Laufzeit durchgeführt. Für beliebige andere Positionen ist die Laufzeit linear.
- *Stacks* (dt. Kellerstapel), die nach dem LIFO-Prinzip (engl. *last in, first out*) verwaltet werden. Das Einfügen und Löschen von Objekten hat stets konstante Laufzeit.
- *Queues* (dt. Warteschlangen), die nach dem FIFO-Prinzip (engl. *first in, first out*) verwaltet werden. Das Einfügen und Löschen von Objekten wird mit konstanter Laufzeit durchgeführt.
- *Priority-Queues* (dt. Warteschlangen mit Prioritäten), die mit Prioritäten versehene Objekte verwalten. Der Zugriff erfolgt stets auf das Objekt mit der höchsten Priorität, und zwar mit konstanter Laufzeit. Das Einfügen hat eine lineare Laufzeit.

Die assoziativen Container sind:

- *Sets*, die Objekte sortiert verwalten und schnelle Suchoperationen ermöglichen.
- *Maps*, die aus Paaren von Schlüsseln und Objekten bestehen. Hierbei wird jedes Objekt über seinen Schlüssel identifiziert.
- *Bitsets* zur Darstellung von Bitmengen vorgegebener Länge. Es werden die üblichen Operationen zur Manipulation von Bits bereitgestellt.

Einfüge- und Löschoperationen einzelner Objekte erfolgen bei assoziativen Containern mit logarithmischer Laufzeit.

Allgemeines (Fortsetzung)

Container-Klassen

Zur Darstellung der verschiedenen Container enthält die Containers Library von C++ sogenannte *Container-Klassen*, die als Klassen-Templates mit bis zu vier Template-Parametern definiert sind.

Die Bedeutung der Template-Parameter ist folgende:

- T ist der Datentyp der zu verwaltenden Objekte. Für den Datentyp T müssen ein *Kopierkonstruktor* und ein *Zuweisungsoperator* definiert sein.
- Außerdem werden der *Default-Konstruktor* für sequentielle Container, der *Vergleichsoperator* == zum Suchen von Elementen und der *Operator* < für assoziative Container benötigt.
- Allocator ist eine sogenannte *Allokator-Klasse*, die Typdefinitionen und Methoden zur dynamischen Speicherverwaltung bereitstellt. Der Default-Wert ist die Standard-Allokator-Klasse allocator<T>, die mit den Operatoren new und delete Speicher reserviert bzw. freigibt.
- Compare ist eine sogenannte *Comparator-Klasse*, die eine Vergleichsfunktion für Objekte vom Typ T definiert. Der Default-Wert ist die vordefinierte Comparator-Klasse less<T>, die den Operator < des Typs T verwendet.

Sequentielle Container

Zur Darstellung sequentieller Container sind die folgenden Klassen-Templates definiert:

Container-Klasse	Darstellung von
vector<T, Allocator = allocator<T> >	Vektoren
deque<T, Allocator = allocator<T> >	Deques (double-ended Queue)
list<T, Allocator = allocator<T> >	Listen

Adapter-Klassen

Jede Adapter-Klasse paßt einen sequentiellen Container speziellen Anforderungen an. Deshalb erhält jede Adapter-Klasse einen sequentiellen Container als Template-Argument. Die Adapter-Klasse erzeugt dann ein protected-Element vom Typ der übergebenen Container-Klasse.

Container dieses Typs können nicht mit Iteratoren durchlaufen werden.

Es gibt folgende Adapter-Klassen:

Container-Klasse	Darstellung von
`queue<T, Container = deque<T> >`	Queues
`stack<T, Container = deque<T> >`	Stacks
`priority_queue<T, Container = vector<T>, Compare = less<T> >`	Priority-Queues

Hinweis Bei Priority-Queues wird die Priorität durch das Ergebnis der Vergleichsfunktion bestimmt.

Assoziative Container

Die assoziativen Container können für sortierbare Objekte verwendet werden. Da die Objekte in Bäumen mit minimaler Höhe unterhalten werden, bieten sie schnelle Suchoperationen.

Container-Klasse	Darstellung von
`set<T, Compare = less<T>, Allocator = allocator<T> >`	sortierbaren Objekten, die nur einfach vorkommen dürfen.
`multiset<T, Compare = less<T>, Allocator = allocator<T> >`	sortierbaren Objekten, die auch mehrfach vorkommen können.
`map<Key, T, Compare = less<Key>, Allocator = allocator< pair<const Key,T>>>`	Schlüssel/Objekt-Paaren, die nur einfach vorkommen dürfen. Die Schlüssel müssen sortierbar sein.
`multimap<Key, T, Compare = less<Key>, Allocator = allocator< pair<const Key,T>>>`	Schlüssel/Objekt-Paaren, die auch mehrfach vorkommen können. Die Schlüssel müssen sortierbar sein.
`bitset<N>`	Bitmengen der Länge N

Hinweis

1. `Key` ist der Datentyp der Schlüssel.
2. `N` ist eine positive Ganzzahl vom Typ `size_t`.

Allgemeines (Fortsetzung)

Iteratoren

Iteratoren sind eine Abstraktion von Zeigern und bieten eine einheitliche Basis zum Lokalisieren und zum "Navigieren" in Containern. Ein Iterator `pos` wird mit `++pos` auf den Nachfolger gesetzt und mit `--pos` auf den Vorgänger. Der Ausdruck `*pos` liefert das Objekt an der Position `pos`.

Man unterscheidet:

- *Input-Iteratoren*, die nur lesend auf Objekte zugreifen und nur in Vorwärtsrichtung bewegt werden können
- *Output-Iteratoren*, die nur schreibend auf Objekte zugreifen und in Vorwärtrichtung bewegt werden können
- *Forward-Iteratoren*, die lesend und schreibend auf Objekte zugreifen und in Vorwärtrichtung bewegt werden können
- *bidirektionale Iteratoren*, die lesend und schreibend auf Objekte zugreifen und sowohl in Vorwärts- als auch in Rückwärtsrichtung bewegt werden können
- *Random-Access-Iteratoren*, die außer den Fähigkeiten von bidirektionalen Iteratoren auch den wahlfreien Zugriff auf Objekte unterstützen

Die Container-Klassen `vector` und `list` besitzen Random-Access-Iteratoren. Die Container-Klasse `list` und die assoziativen Container-Klassen besitzen bidirektionale Iteratoren. Für die Adapter-Klassen ist nur ein eingeschränkter Zugriff definiert, und deshalb ist der Zugriff auf Objekte mit Hilfe von Iteratoren nicht möglich.

In allen Container-Klassen, mit Ausnahme der Adapter-Klassen, ist der Datentyp `iterator` zur Darstellung von Iteratoren definiert. Mit der Deklaration

```
vector<int>::iterator pos;
```

wird dann ein Iterator `pos` angelegt, der durch einen `int`-Vektor iterieren und auf die einzelnen Elemente im Vektor zugreifen kann.

Daneben ist der Typ `const_iterator` für Iteratoren definiert, die auf konstante Objekte verweisen. Außerdem gibt es die Typen `reverse_iterator` und `const_reverse_iterator`, bei denen insbesonders die Bedeutung der Operatoren ++ und – vertauscht ist. Damit können auf einfache Weise Bereiche angegeben werden, die von Algorithmen rückwärts durchlaufen werden.

Die Operationen, die mit Iteratoren durchgeführt werden können, entsprechen denen bei Zeigern. Sie sind im folgenden für einen Iterator `pos` vom Typ `iterator` bzw. `const_iterator` zusammengestellt:

Operation	Wirkung	Definiert für
`++pos` `pos++`	nächste Position vorwärts (Präfix-/Postfix-Notation)	alle Iteratoren
`==` `!=`	Gleichheit, Ungleichheit	alle Iteratoren
`=`	Zuweisung	alle Iteratoren
`*pos`	Objektzugriff	alle Iteratoren
`pos->`	Elementzugriff	alle Iteratoren
`pos1 - pos2`	Anzahl Objekte im Bereich `[pos1, pos2)`	alle Iteratoren
`--pos` `pos--`	nächste Position rückwärts (Präfix-/Postfix-Notation)	bidirektionale und Random- Access-Iteratoren
`(pos + n)`	`n`. Position hinter `pos`	Random-Access-Iteratoren
`(pos - n)`	`n`. Position vor `pos`	Random-Access-Iteratoren
`pos[n]`	`*(pos + n)`	Random-Access-Iteratoren
`+=` `-=`	zusammengesetzte Zuweisungen	Random-Access-Iteratoren
`<` `<=` `>` `>=`	Kleiner-/Größer-Relationen	Random-Access-Iteratoren

Hinweis

1. `n` ist eine Ganzzahl vom Typ `size_type`. Der Datentyp `size_type` ist in jeder Container-Klasse als ganzzahliger Typ ohne Vorzeichen definiert.
2. Für einen Iterator `rpos` vom Typ `reverse_iterator` und `const_reverse_iterator` ist die Bedeutung von + und - vertauscht. Außerdem ist wichtig, dass der Operator * stets das Objekt in der vorangehenden Position liefert. Das heißt, nach der Deklaration `Klasse::iterator pos(rpos);` liefern `*rpos` und `*(pos-1)` dasselbe Objekt.

Allgemeines (Fortsetzung)

Funktionsobjekte

Zahlreiche Funktionen der Algorithmen-Bibliothek und einige Methoden der Container-Klassen erwarten als Argument ein Funktionsobjekt, z.B. das anzuwendende Vergleichskriterium. Ein *Funktionsobjekt* ist entweder eine »gewöhnliche« Funktion oder ein Objekt einer Klasse, für die der Operator `()` überladen wurde. Für ein solches Objekt `fobj` ist dann der Ausdruck `fobj()` definiert, d.h., es kann wie eine gewöhnliche Funktion »aufgerufen« werden.

Header-Dateien

Die Deklarationen der Container-Klassen sind in folgenden Header-Dateien enthalten:

Container-Klasse	Header-Datei	Container-Klasse	Header-Datei
vector	<vector>	map	<map>
list	<list>	multimap	<map>
deque	<deque>	set	<set>
queue	<queue>	multiset	<set>
priority_queue	<deque>	bitset	<bitset>
stack	<stack>		

Exception-Handling

Die Methode `at()` der Container-Klasse `vector` wirft eine Exception vom Typ `out_of_range` aus, wenn ein Iterator den zulässigen Bereich verläßt.

Methoden der Container-Klasse `bitset` können Exceptions vom Typ `invalid_argument`, `out_of_range` und `overflow_error` auswerfen.

Die anderen Methoden von Container-Klassen werfen keine Exceptions aus.

Namensbereich

Sämtliche Bezeichner der Container-Bibliothek sind im Standard-Namensbereich `std` enthalten.

Beispiele

```
#include <vector>
// ...
typedef vector<int, allocator<int> > INT_VECTOR;

INT_VECTOR v;                       // Vektor anlegen
INT_VECTOR::iterator  pos;          // Random-Access-Iterator

for(int i = 1; i <= 5; i++)         // Einfuegen
   v.push_back(i*10);

for( pos = v.begin(); pos < v.end(); pos++)
    cout << *pos << ' ';
// Ausgabe: 10 20 30 40 50
```

```
#include <stack>
// ...
stack<int>  st;                     // Stack  anlegen

for( i = 1; i <= 5; i++ )
   st.push( i*10 );                 // Einfuegen

while( !st.empty() )
  {
    cout << st.top() << "  ";       // Anschauen
    st.pop();                       // Loeschen
  }
// Ausgabe: 50  40  30  20  10
```

```
#include <set>
// ...
typedef set<string> STRING_SET;
typedef STRING_SET::iterator ITERATOR;

STRING_SET  m;                      // Set anlegen

m.insert("Edith");                  // Einfuegen
m.insert("Uwe");
m.insert("Dina");

ITERATOR pos;                       // Iterator bidirektional

for(pos = m.begin(); pos!= m.end(); pos++)
   cout << *pos << "  ";
cout << endl;

// Ausgabe: Dina  Edith  Uwe
```

Die Container-Klasse vector

```
template <class T, class Allocator = allocator< T>>  class vector;
```

Konstruktoren und Destruktor

`explicit vector( const Allocator& =Allocator());`	Erzeugt einen Vektor der Länge `0`.
`explicit vector( size_type n, const T& value = T(), const Allocator& =Allocator() );`	Erzeugt einen Vektor, der mit `n` Kopien des Objekts `x` initialisiert wird. Fehlt die Angabe von x, so wird der Default-Konstruktor von `T` `n` mal aufgerufen.
`template class<InputIterator> vector( InputIterator fist, InputIterator last, const Allocator& =Allocator() );`	Erzeugt einen Vektor, der mit den Elementen in den Positionen `[first, last)` eines anderen Vektors initialisiert wird.
`vector( const vector<T, Allocator>& x);`	Erzeugt einen Vektor als Kopie des Vektors `x`.
`~vector();`	Zerstört den Vektor.

Methoden für den Elementzugriff

`T& operator[] (size_type n);`	Gibt eine Referenz auf das n. Element des Vektors `*this` zurück, falls `n < size()` ist. Falls `n >= size()` ist das Verhalten undefiniert.
`T& at(size_type n);`	Gibt das `n`. Element des Vektors `*this` zurück, falls `n < size()` ist. Falls `n >= size()` wird eine Exception vom Typ `out_of_range` ausgeworfen.
`T& front();`	Liefert eine Referenz auf das erste Element im Vektor.
`T& back();`	Liefert eine Referenz auf das letzte Element im Vektor.

Hinweis Jede Methode ist auch in einer `const`-Version definiert, die eine Read-only-Referenz als Return-Wert liefert.

Zugriff auf Positionen

`iterator begin();`	Liefert die Position des ersten Elements im Vektor.
`iterator end();`	Liefert die Position hinter dem letzten Element im Vektor.
`reverse_iterator rbegin();`	Liefert die Position `end()`.
`reverse_iterator rend();`	Liefert die Position `begin()`.

Hinweis Jede Methode ist auch in einer `const`-Version definiert, die einen Read-only-Iterator als Return-Wert liefert.

Methoden zur Bestimmung von Länge und Kapazität

`size_type size()const;`	Liefert die Länge, d.h. die aktuelle Anzahl der im Vektor `*this` gespeicherten Elemente.
`size_type max_size()const;`	Liefert die maximale Anzahl Elemente, die im Vektor `*this` gespeichert werden können.
`size_type capacity() const;`	Liefert die Maximalzahl der Elemente, die im Vektor `*this` gespeichert werden können, ohne dass Speicher erneut zugewiesen werden muss.
`bool empty() const;`	Liefert `true`, falls der Vektor leer ist.

Allokatorzugriff

`allocator_type get_allocator() const;`	Liefert ein Objekt vom Typ der verwendeten Allokator-Klasse.

Die Container-Klasse vector (Fortsetzung)

Methoden zur Änderung von Länge und Kapazität

`void resize(size_type n, T c = T() );`	Falls `n > size()` gilt, werden `n-size()` Kopien von `c` an den Vektor gehängt. Falls `n < size()` gilt, werden die letzten `size() - n` Elemente im Vektor gelöscht. Falls `n == size()` gilt, passiert nichts.
`void reserve(size_type n);`	Bereitet den Vektor für eine Änderung der Länge vor. Falls der Aufruf von `capacity()` einen Wert < `n` liefert, wird Speicherplatz für `n - size()` zusätzliche Elemente reserviert. Nach dem Aufruf von `reserve()` liefert `capacity()` mindestens den Wert `n`.
`void clear();`	Löscht alle Elemente im Vektor. Die Länge des Vektors ist anschließend `0`.

Zuweisungen

`vector<T, Allocator>&`
`operator=(const`
`vector<T,Allocator>& v);`
	Weist dem Vektor `*this` den Vektor `v` zu, d,h., es wird der Inhalt des Vektors `*this` durch den Inhalt von `v` ersetzt.
	Return-Wert: `*this`

`template <class InputIterator>`
`void assign( InputIterator first,`
`InputIterator last);`
	Ersetzt den Inhalt des Vektors `*this` durch Kopien der Elemente aus dem Bereich `(first, last]`.

`void assign(size_type n,const T& x);`	Ersetzt den Inhalt des Vektors `*this` durch `n` Kopien des Objekts `x`.

Methoden zum Einfügen

`void push_back( const T& x);`	Fügt das Objekt `x` hinter dem letzten Element im Vektor `*this` ein.
`iterator insert( iterator pos, const T& x );`	Fügt das Objekt `x` in der Position `pos` in den Vektor `*this` ein. Return-Wert: Die Einfügeposition.
`void insert(iterator pos, size_type n, const T& x);`	Fügt `n` Kopien des Objekts `x` bei der Position `pos` in den Vektor `*this` ein.
`template <class InputIterator> void insert( iterator pos, InputIterator first, InputIterator last);`	Fügt bei der Position `pos` von `*this` Kopien der Elemente aus dem Bereich `[first, last)` ein. Dabei ist `[first, last)` ein Bereich eines anderen Containers.

Methoden zum Löschen

`void pop_back();`	Löscht das letzte Element im Vektor.
`iterator erase(iterator pos);`	Löscht das Vektorelement in der Position `pos`. Return-Wert: Die neue Position des ursprünglichen Nachfolgers von `*pos`, bzw. `end()`, falls das letzte Element gelöscht wurde.
`iterator erase( iterator first, iterator last);`	Löscht die Vektorelemente in den Positionen `[first, last)`. Return-Wert: Die neue Position des ursprünglichen Elements `*last` bzw. `end()`, falls bis zum Ende des Vektors gelöscht wurde.
`void clear();`	Löscht alle Vektorelemente. Der Vektor hat dann die Länge 0.

Methode zum Tauschen

`void swap(vector<T, Allocator>& x);`	Vertauscht den Vektor `*this` mit dem Vektor `x`.

Global definierte Operationen für Vektoren

Vergleichsoperatoren

```
template<class T, class Allocator>
bool operator op( const vector<T, Allocator>&  x,
        const vector<T, Allocator>&  y);
```

Zwei Vektoren `x` und `y` werden »lexikographisch« verglichen.
(s. Vergleichsoperatoren für Deques)

op	Wirkung

`==`
`<` `<=`
`>` `>=`
	Prüft für die Vektoren `x` und `y`, ob der Vergleich für alle Paare von Objekten mit gleicher Position zutrifft.
	Return-Wert: `true`, falls dies zutrifft,
	`false`, andernfalls.

`!=`	Return-Wert: `!(x == y)`

Vektoren vertauschen

`template<class T, class Allocator>`
`void swap(vector<T, Allocator>& x ,`
`vector<T, Allocator>& y);`
	Vertauscht den Inhalt der Vektoren `x` und `y`.

Spezialisierung für den Datentyp bool

Zur Optimierung von Speicherplatz ist in der Container-Bibliothek eine Spezialisierung des Klassen-Templates `vector<T, Allocator>` für den Datentyp `bool` definiert.

Für ein Objekt vom Typ der Container-Klasse `vector<bool, Allocator>` werden boolesche Werte bitweise gespeichert. In jedem Byte kann also eine Gruppe von 8 booleschen Werten des Containers abgelegt werden.

Die Container-Klasse `vector<bool, Allocator>` besitzt außer den in `vector<T,Allocator>` definierten Methoden eine zusätzliche `public`-Methode

```
void flip();
```

die alle booleschen Werte im Container `*this` invertiert. Das heißt, aus `false` wird `true`, und aus `true` wird `false`.

Die Container-Klasse deque

```
template <class T, class Allocator = allocator< T>>  class deque;
```

Konstruktoren und Destruktor

`explicit deque(const Allocator& = Allocator() );`	Erzeugt eine double-ended Queue der Länge `0`.
`explicit deque( size_type n, const T& value = T(), const Allocator& =Allocator() );`	Erzeugt eine double-ended Queue, die mit `n` Kopien des Objekts `x` initialisiert wird. Fehlt die Angabe von `x`, so wird der Default-Konstruktor von `T` `n`-mal aufgerufen.
`template class<InputIterator> deque( InputIterator fist, InputIterator last, const Allocator& =Allocator() );`	Erzeugt eine double-ended Queue, die mit Kopien der Objekte im Bereich `[first, last)` initialisiert wird.
`deque( const deque<T, Allocator>& x);`	Erzeugt eine double-ended Queue als Kopie von `x`.
`~deque();`	Zerstört die double-ended Queue.

Methoden für den Elementzugriff

`T& operator[] (size_type n);`	Gibt eine Referenz auf das `n`. Element der double-ended Queue `*this` zurück, falls `n < size()` ist. Falls `n >= size()`, ist das Verhalten undefiniert.
`T& at(size_type n);`	Gibt das n. Element der double-ended Queue `*this` zurück, falls `n < size()` ist. Falls `n >= size()`, wird eine Exception vom Typ `out_of_range` ausgeworfen.
`T& front();`	Liefert eine Referenz auf das erste Element in der double-ended Queue.
`T& back();`	Liefert eine Referenz auf das letzte Element in der double-ended Queue.

Hinweis Jede Methode ist auch in einer `const`-Version definiert, die eine Read-only-Referenz als Return-Wert liefert.

Die Container-Klasse deque (Fortsetzung)

Zugriff auf Positionen

`iterator begin();`	Liefert die Position des ersten Elements in der double-ended Queue.
`iterator end();`	Liefert die Position hinter dem letzten Element in der double-ended Queue.
`reverse_iterator rbegin();`	Liefert die Position `end()`.
`reverse_iterator rend();`	Liefert die Position `begin()`.

Hinweis Jede Methode ist auch in einer `const`-Version definiert, die einen Read-only-Iterator als Return-Wert liefert.

Methoden zur Bestimmung von Länge und Kapazität

`size_type size() const;`	Liefert die Länge, d.h. die aktuelle Anzahl der in `*this` gespeicherten Elemente.
`size_type max_size()const;`	Liefert die maximale Anzahl Elemente, die in der double-ended Queue `*this` gespeichert werden können.
`bool empty() const;`	Liefert `true`, falls der Vektor leer ist.

Methoden zur Änderung von Länge und Kapazität

`void resize(size_type n, T c = T());`	Falls `n > size()` gilt, werden `n - size()` Kopien von `c` an `*this` gehängt. Falls `n < size()` gilt, werden die letzten `size() - n` Elemente gelöscht. Falls `n == size()` gilt, passiert nichts.
`void clear();`	Löscht alle Elemente in der double-ended Queue. Die Länge von `*this` ist anschließend `0`.

Allokatorzugriff

allocator_type get_allocator() const;	Liefert ein Objekt vom Typ der verwendeten Allokator-Klasse.

Zuweisungen

deque<T, Allocator>& operator=(const deque<T,Allocator>& v);	Weist *this die double-ended Queue v zu. Es wird also der Inhalt von *this durch eine Kopie von v ersetzt. Return-Wert: *this
template <class InputIterator> void assign(InputIterator first, InputIterator last);	Ersetzt den Inhalt von *this durch eine double-ended Queue, die Kopien der Elemente aus dem Bereich (first, last] enthält.
void assign(size_type n,const T& x);	Ersetzt den Inhalt der double-ended Queue *this durch n Kopien des Objekts x.

Methoden zum Einfügen

void push_front(const T& x);	Fügt das Objekt x vor dem ersten Element in *this ein.
void push_back(const T& x);	Fügt das Objekt x hinter dem letzten Element in *this ein.
iterator insert(iterator pos, const T& x);	Fügt das Objekt x in der Position pos in *this ein. Return-Wert: Die Einfügeposition.
void insert(iterator pos, size_type n, const T& x);	Fügt n Kopien des Objekts x bei der Position pos in *this ein.

Die Container-Klasse deque (Fortsetzung)

Methoden zum Einfügen (Fortsetzung)

`template <class InputIterator>`
`void insert( iterator pos,`
`InputIterator first,`
`InputIterator last);`
	Fügt bei der Position `pos` von `*this` Kopien der Elemente aus dem Bereich `[first, last)` ein. Dabei ist `[first, last)` ein Bereich eines anderen Containers.

Methoden zum Löschen

`void pop_front();`	Löscht das erste Element in der double-ended Queue.
`void pop_back();`	Löscht das letzte Element in der double-ended Queue.
`iterator erase(iterator pos);`	Löscht das Element in der Position `pos`. Return-Wert: Die neue Position des ursprünglichen Nachfolgers von `*pos` bzw. `end()`, falls das letzte Element gelöscht wurde.
`iterator erase( iterator first,` `iterator last);`	Löscht die Elemente in den Positionen `[first, last)`. Return-Wert: Die neue Position des ursprünglichen Elements `*last` bzw. `end()`, falls bis zum Ende der double-ended Queue gelöscht wurde.
`void clear();`	Löscht alle Elemente in der double-ended Queue. Die Queue hat dann die Länge 0.

Hinweis Durch Einfügen oder Löschen von Elementen können Verweise auf Elemente ungültig werden.

Methode zum Tauschen

`void` `swap(deque<T, Allocator>& x);`	Vertauscht `*this` mit der double-ended Queue `x`.

Global definierte Operationen für Deques

Vergleichsoperatoren

```
template<class T, class Allocator>
bool operator op( const deque<T, Allocator>&  x,
        const deque<T, Allocator>&  y);
```

Zwei Deques x und y werden »lexikographisch« verglichen:

op	Wirkung
`x == y`	Die Deques x und y sind gleich, wenn beide die gleiche Länge haben und entsprechende Elemente gleich sind. Das heißt, `x.size() == y.size()` und `x[i] == y [i]` für `0 <= i < x.size()` Return-Wert: `true`, falls dies zutrifft, `false`, andernfalls.
`x != y`	Return-Wert: `!(x == y)`
`x < y`	Die Deque x ist kleiner als die Deque y, falls `x.size() <= y.size()` und `x[i] < y [i]` für `0 <= i < x.size()` Return-Wert: `true`, falls dies zutrifft, `false`, andernfalls.
`x > y`	Return-Wert: `(y < x)`
`<=` `>=`	Analog zu `x < y` bzw. `x > y`. Die Elemente werden jedoch mit <= bzw. >= verglichen.

Double-ended Queues vertauschen

`template<class T, class Allocator>` `void swap( deque<T, Allocator>& x ,` `deque<T, Allocator>& y);`	Vertauscht den Inhalt der double-ended Queues x mit y.

Die Container-Klasse list

```
template <class T, class Allocator = allocator< T>>  class list;
```

Konstruktoren und Destruktor

`explicit list(const Allocator& = Allocator() );`	Erzeugt eine Liste der Länge `0`.
`explicit list( size_type n, const T& value = T(), const Allocator& =Allocator() );`	Erzeugt eine Liste, die mit `n` Kopien des Objekts `x` initialisiert wird. Fehlt die Angabe von `x`, so wird der Default-Konstruktor von `T` n-mal aufgerufen.
`template class<InputIterator> list( InputIterator fist, InputIterator last, const Allocator& =Allocator() );`	Erzeugt eine Liste, die mit Kopien der Objekte im Bereich `[first, last)` initialisiert wird.
`list( const list<T, Allocator>& x);`	Erzeugt eine Liste als Kopie der Liste `x`.
`~list();`	Zerstört die Liste.

Methoden für den Elementzugriff

`T& front();`	Liefert eine Referenz auf das erste Element in der Liste.
`T& back();`	Liefert eine Referenz auf das letzte Element in der Liste.

Hinweis Jede Methode ist auch in einer `const`-Version definiert, die eine Read-only-Referenz als Return-Wert liefert.

Allokatorzugriff

`allocator_type get_allocator() const;`	Liefert ein Objekt vom Typ der verwendeten Allokator-Klasse.

Methode zum Tauschen

`void swap(list<T, Allocator>& x);`	Vertauscht den Inhalt der Liste `*this` mit dem Inhalt der Liste `x`.

Zugriff auf Positionen

`iterator begin();`	Liefert die Position des ersten Elements in der Liste.
`iterator end();`	Liefert die Position hinter dem letzten Element in der Liste.
`reverse_iterator rbegin();`	Liefert die Position `end()`.
`reverse_iterator rend();`	Liefert die Position `begin()`.

Hinweis Jede Methode ist auch in einer `const`-Version definiert, die einen Read-only-Iterator als Return-Wert liefert.

Methoden zur Bestimmung von Länge und Kapazität

`size_type size()const;`	Liefert die Länge, d.h. die aktuelle Anzahl der in `*this` gespeicherten Elemente.
`size_type max_size()const;`	Liefert die maximale Anzahl Elemente, die in `*this` gespeichert werden können.
`bool empty() const;`	Liefert `true`, falls die Liste leer ist.

Methoden zur Änderung von Länge und Kapazität

`void resize(size_type n, T c = T() );`	Falls `n > size()` gilt, werden `n-size()` Kopien von `c` an die Liste gehängt. Falls `n < size()` gilt, werden die letzten `size() - n` Elemente in der Liste gelöscht. Falls `n == size()` gilt, passiert nichts.
`void clear();`	Löscht alle Elemente in der Liste. Die Länge der Liste ist anschließend `0`.

Die Container-Klasse list (Fortsetzung)

Zuweisungen

`list<T, Allocator>& operator=( const list<T,Allocator>& v);`	Weist der Liste `*this` die Liste `v` zu. Es wird also der Inhalt der Liste `*this` durch eine Kopie der Liste `v` ersetzt. Return-Wert: `*this`
`template <class InputIterator> void assign(InputIterator first, InputIterator last);`	Ersetzt den Inhalt der Liste `*this` durch eine Liste mit Kopien der Elemente aus dem Bereich `(first, last]`.
`void assign(size_type n,const T& x);`	Ersetzt den Inhalt der Liste `*this` durch eine Liste mit `n` Kopien des Objekts `x`.

Methoden zum Einfügen

`void push_front( const T& x);`	Fügt das Objekt `x` vor dem ersten Element in die Liste `*this` ein.
`void push_back( const T& x);`	Fügt das Objekt `x` hinter dem letzten Element in die Liste `*this` ein.
`iterator insert( iterator pos, const T& x );`	Fügt das Objekt `x` in der Position `pos` in die Liste `*this` ein. Return-Wert: Die Position des neuen Elements.
`void insert( iterator pos, size_type n, const T& x );`	Fügt `n` Kopien des Objekts `x` bei der Position `pos` in die Liste `*this` ein.
`template <class InputIterator> void insert( iterator pos, InputIterator first, InputIterator last);`	Fügt bei der Position `pos` von `*this` Kopien der Elemente aus dem Bereich `[first, last)` ein. Dabei ist `[first, last)` ein Bereich eines anderen Containers.

Methoden zum Löschen

void pop_front();	Löscht das erste Element in der Liste.
void pop_back();	Löscht das letzte Element in der Liste.
iterator erase(iterator pos);	Löscht das Listenelement in der Position pos. Return-Wert: Die Position des ursprünglichen Nachfolgers von *pos bzw. end(), falls das letzte Element gelöscht wurde.
iterator erase(iterator first, iterator last);	Löscht die Listenelemente in den Positionen [first, last). Return-Wert: Die neue Position des ursprünglichen Elements *last bzw. end(), falls bis zum Ende der Liste gelöscht wurde.
void clear();	Löscht alle Listenelemente. Die Liste hat dann die Länge 0.

Listenoperationen

void splice(iterator pos, list<T,Allocator>& x);	Verschiebt den Inhalt der Liste x vor die Position pos. Anschließend ist die Liste x leer. Bei der Liste x muss es sich um eine andere Liste handeln, d.h., es muss this != &x sein.
void splice(iterator pos, list<T,Allocator>& x, iterator i);	Fügt das Element aus der Position i von x vor die Position pos in *this ein und entfernt das Element aus x. Die Listen x und *this dürfen gleich sein.
void splice(iterator pos, list<T,Allocator>& x, iterator first, iterator last);	Verschiebt die Elemente aus dem Bereich [first, last) von x vor die Position pos von *this und entfernt die Elemente aus x. Falls die Listen x und *this gleich sind, darf pos nicht im Bereich [first, last) liegen.
void merge(list<T,Allocator>& x);	Mischt zwei sortierte Listen. Die Elemente von x werden in die Liste *this so verschoben, dass *this sortiert bleibt. Anschließend ist die Liste x leer.

Die Container-Klasse list (Fortsetzung)

Listenoperationen (Fortsetzung)

template <class Compare> void merge(list<T,Allocator>& x, Compare comp);	Mischt zwei Listen, deren Elemente nach dem Vergleichskriterium com sortiert sind. Die Elemente von x werden in die Liste *this so verschoben, dass *this sortiert bleibt. Anschließend ist die Liste x leer.
void remove(const T& value);	Entfernt alle Listenelemente mit dem Wert value.
template <class Predicate> void remove_if(Predicate pred);	Entfernt alle Listenelemente, für die das übergebene Funktionsobjekt pred den Wert true liefert.
void unique();	Entfernt aus der Liste die direkten Nachfolger eines Elements, wenn sie gleich dem Element sind.
template< class BinaryPredicate> void unique(BinaryPredicate bipr);	Entfernt aus der Liste die direkten Nachfolger eines Elements, für die das übergebene Funktionsobjekt den Wert true liefert.
void sort();	Sortiert die Liste unter Verwendung des Operators <, der für den Typ T definiert sein muss.
template <class Compare> void sort(Compare comp);	Sortiert die Liste unter Verwendung des Funktionsobjekts comp. Zum Vergleich zweier Elemente e1 und e2 wird jeweils comp(e1,e2) aufgerufen.
void reverse();	Invertiert die Reihenfolge der Elemente in der Liste.

Hinweis Objekte vom Typ Predicate und BinaryPredicate sind Funktionsobjekte mit einem bzw. zwei Parametern für Objekte vom Typ T, die den Wert true oder false liefern.

Global definierte Operationen für Listen

Vergleichsoperatoren

```
template<class T, class Allocator>
bool operator op( const list<T, Allocator>&  x,
                  const list<T, Allocator>&  y);
```

Zwei Listen `x` und `y` werden »lexikographisch« verglichen.
(s. Vergleichsoperatoren für Deques)

`op`	Wirkung

`==`
`<` `<=`
`>` `>=`
	Prüft für die Listen `x` und `y`, ob der Vergleich für alle Paare von Objekten mit gleicher Position zutrifft.
	Return-Wert: `true`, falls dies zutrifft,
	`false`, andernfalls.

`!=`	Return-Wert: `!(x == y)`

Listen vertauschen

`template<class T, class Allocator>`
`void  swap( list<T, Allocator>& x ,`
`            list<T, Allocator>& y);`
	Vertauscht die Inhalte der Listen `x` und `y`.

Die Container-Klasse queue

`template <class T, class Container = deque<T> > class queue;`

Die Container-Klasse `queue<T, Container>` stellt Warteschlangen (engl. queues) dar. Sie ist eine sogenannte Adapter-Klasse, die mit dem Typ `T` der zu verwaltenden Objekte und einer Container-Klasse parametrisiert ist. Bei der Instantiierung wird ein `protected`-Element vom Typ der übergebenen Container-Klasse angelegt.

Damit die Adapter-Klasse aus dem zweiten Template-Argument konstruiert werden kann, muss die übergebene Container-Klasse die Methoden `push_back()`, `pop_front()`, `front()` und `back()` besitzen. Das Default-Argument für den Container ist die Klasse `deque<T>`. Aber auch die Container-Klasse `list` ist geeignet.

Konstruktor

`explicit queue(const Container& = Container() );`	Erzeugt eine Queue mit dem Inhalt des angegebenen Containers bzw. eine Queue der Länge `0`.

Methoden für den Elementzugriff

`T& front();`	Liefert eine Referenz auf das erste Element in der Queue.
`T& back();`	Liefert eine Referenz auf das letzte Element in der Queue.

Hinweis Jede Methode ist auch in einer `const`-Version definiert, die eine Read-only-Referenz als Return-Wert liefert.

Methoden zur Bestimmung der Länge

`size_type size()const;`	Liefert die Länge, d.h. die aktuelle Anzahl der in `*this` gespeicherten Elemente.
`bool empty() const;`	Liefert `true`, falls die Queue leer ist.

Methode zum Einfügen

`void push( const T& x);`	Fügt das Objekt `x` hinter dem letzten Element in die Queue ein.

Methode zum Löschen

`void pop();`	Löscht das erste Element in der Queue.

Global definierte Operatoren für Queues

`void pop_back();`	Löscht das letzte Element in der Queue.

Vergleichsoperatoren

```
template <class T, class Container>
bool operator op(const queue<T, Container>&  x,
                 const queue<T, Container>&  y);
```

Zwei Queues `x` und `y` werden »lexikographisch« verglichen.
(s. Vergleichsoperatoren für Deques)

op	Wirkung
`==` `<` `<=` `>` `>=`	Prüft für die Queues `x` und `y`, ob der Vergleich für alle Paare von Objekten mit gleicher Position zutrifft. Return-Wert: `true`, falls dies zutrifft, `false`, andernfalls.
`!=`	Return-Wert: `!(x == y)`

Die Container-Klasse stack

```
template <class T, class Container = deque<T> > class stack;
```

Die Container-Klasse `stack<T, Container>` stellt Stacks (dt. Kellerstapel) dar. Sie ist eine Adapter-Klasse, die mit dem Typ `T` der zu verwaltenden Objekte und einer Container-Klasse parametrisiert ist. Bei der Instantiierung wird ein `protected`-Element vom Typ der übergebenen Container-Klasse angelegt.

Damit die Adapter-Klasse aus dem zweiten Template-Argument konstruiert werden kann, muss die übergebene Container-Klasse die Methoden `push_back()`, `pop_back()` und `back()` besitzen. Das Default-Argument für den Container ist die Klasse `deque<T>`. Aber auch die Container-Klasse `vector` oder `list` ist geeignet.

Konstruktor

`explicit stack( const Container& = Container() );`	Erzeugt einen Stack mit dem Inhalt des angegebenen Containers bzw. einen Stack der Länge `0`.

Methode für den Elementzugriff

`T& top();`	Liefert eine Referenz auf die Stack-Spitze, d.h. auf das letzte Element im Container.

Hinweis Die Methode ist auch in einer `const`-Version definiert, die eine Read-only-Referenz als Return-Wert liefert.

Methoden zur Bestimmung der Länge

`size_type size() const;`	Liefert die Länge, d.h. die aktuelle Anzahl der in `*this` gespeicherten Elemente.
`bool empty() const;`	Liefert `true`, falls der Stack leer ist.

Methode zum Einfügen

`void push( const T& x);`	Fügt das Objekt `x` hinter dem letzten Element in den Stack ein.

Methode zum Löschen

`void pop();`	Löscht das letzte Element im Stack.

Global definierte Operatoren für Stacks

Vergleichsoperatoren

```
template <class T, class Container >
bool operator op( const stack<T, Container>& x,
                  const stack<T, Container>& y);
```

Zwei Stacks `x` und `y` werden »lexikographisch« verglichen.
(s. Vergleichsoperatoren für Deques)

op	Wirkung
`==` `<` `<=` `>` `>=`	Prüft für die Stacks `x` und `y`, ob der Vergleich für alle Paare von Objekten mit gleicher Position zutrifft. Return-Wert: `true`, falls dies zutrifft, `false`, andernfalls.
`!=`	Return-Wert: `!(x == y)`

Die Container-Klasse priority_queue

```
template <class T, class Container=vector<T>, class Compare = less<T> >
         class priority_queue;
```

Diese Container-Klasse stellt Warteschlangen mit Prioritäten (engl. Priority-Queues) dar. Sie ist eine Adapter-Klasse, die den Typ T der zu verwaltenden Objekte, eine Container-Klasse und eine Comparator-Klasse als Template-Parameter besitzt.

Bei der Instantiierung wird je ein protected-Element vom Typ der übergebenen Container- und Comparator-Klasse angelegt.

Damit die Adapter-Klasse aus dem zweiten Template-Argument konstruiert werden kann, muss der übergebene Container die Methoden push_back(), pop_back() und front() sowie Random-Access-Iteratoren besitzen. Das Default-Argument für den Container ist die Klasse vector<T>. Aber auch die Container-Klasse queue<T> ist geeignet.

Für Priority-Queues sind keine Funktionen und Operatoren global definiert.

Konstruktor

explicit priority_queue(const Compare& = Compare(), const Container& = Container());	Erzeugt eine Priority-Queue mit dem Inhalt des angegebenen Containers bzw. eine Priority-Queue der Länge 0.
template class<InputIterator> priority_queue(InputIterator fist, InputIterator last const Compare& = Compare(), const Container& = Container());	Initialisiert das eigene Container-Element mit dem übergebenen Container und hängt die Elemente aus den Positionen [first, last) an. Anschließend wird mit dem Inhalt des Containers eine Priority-Queue erzeugt.

Methoden zur Bestimmung der Länge

size_type size()const;	Liefert die aktuelle Anzahl der Elemente.
bool empty() const;	Liefert true, falls die Priority-Queue leer ist.

Elementzugriff , Einfügen und Löschen

void push(const T& x);	Fügt das Objekt x in die Priority-Queue ein.
const T& top() const;	Liest das Element mit der höchsten Priorität.
void pop();	Löscht das Element mit der höchsten Priorität.

Die Container-Klasse set

```
template <class T,class Compare=less<T>,class Allocator=allocator<T>>
class set;
```

Konstruktoren und Destruktor

`explicit set( const Compare& comp = Compare(), const Allocator& = Allocator() );`	Erzeugt ein Set der Länge `0`.
`template class<InputIterator> set( InputIterator fist, InputIterator last, const Compare& comp = Compare(), const Allocator& = Allocator() );`	Erzeugt ein leeres Set und fügt dann die Objekte aus den Positionen `[first, last)` ein.
`set( const set<T, Compare, Allocator>& x);`	Erzeugt ein Set als Kopie von `x`.
`~set();`	Zerstört das Set.

Zugriff auf Positionen

`iterator begin();`	Liefert die Position des ersten Elements im Set.
`iterator end();`	Liefert die Position hinter dem letzten Element im Set.
`reverse_iterator rbegin();`	Liefert die Position `end()`.
`reverse_iterator rend();`	Liefert die Position `begin()`.

Hinweis Jede Methode ist auch in einer `const`-Version definiert, die einen Read-only-Iterator als Return-Wert liefert.

Allokatorzugriff

`allocator_type get_allocator() const;`	Liefert ein Objekt vom Typ der verwendeten Allokator-Klasse.

Die Container-Klasse set (Fortsetzung)

Methoden zur Bestimmung von Länge und Kapazität

`size_type size()const;`	Liefert die Länge, d.h. die aktuelle Anzahl der im Set `*this` gespeicherten Elemente.
`size_type max_size()const;`	Liefert die maximale Anzahl Elemente, die in `*this` gespeichert werden können.
`bool empty() const;`	Liefert `true`, falls das Set leer ist.

Zuweisung

`set<T, Compare, Allocator>&`
`operator=( const set<T, Compare,`
`Allocator>& v );`
	Weist der Map `*this` die Map `v` zu, ersetzt also den Inhalt des Sets `*this` durch den Inhalt des Sets `v`.
	Return-Wert: `*this`

Methode zum Tauschen

`void swap(` `set<T, Compare, Allocator>& x);`	Vertauscht den Inhalt des Sets `*this` mit dem Inhalt des Sets `x`.

Methoden zum Löschen

`void erase(iterator pos);`	Löscht das Objekt in der Position `pos`.
`void erase(iterator first,` `iterator last);`	Löscht die Objekte in den Positionen `[first, last)`.
`size_type erase(const T& x);`	Löscht das Objekt `x`, falls vorhanden. Return-Wert: `1`, falls gelöscht wurde, `0`, andernfalls.
`void clear();`	Löscht alle Elemente im Set.

Methoden zum Einfügen

pair<iterator, bool> insert(const T& x);	Fügt das Objekt x ein, falls dieses im Set *this noch nicht vorhanden ist. Return-Wert: Liefert die Position von x und einen booleschen Wert als Paar. Der boolesche Wert ist true, falls eingefügt werden konnte, andernfalls false.
iterator insert(iterator pos, const T& x);	Fügt das Objekt x in *this ein, falls x im Set noch nicht vorhanden ist. Die Position pos ist lediglich ein Hinweis, ab wo im Set eingefügt werden soll. Return-Wert: Die Position, in der sich x befindet.
template <class InputIterator> void insert(InputIterator first, InputIterator last);	Fügt die Elemente aus dem Bereich [first, last) eines anderen Containers in *this ein. Ein Element wird nur dann eingefügt, wenn es noch nicht vorhanden ist.

Hinweis Das Klassen-Template pair<class T1, class T2> stellt Paare von Objekten dar. Neben den zwei public-Datenelementen first und second besitzt die Klasse einen Default- und Kopierkonstruktor.

Suchoperationen

iterator find(const T& x) const;	Sucht das Objekt x im Set *this. Return-Wert:Die Position von x bzw. end(), falls x im Set nicht vorhanden ist.
iterator lower_bound(const T& x) const;	Liefert die Position des ersten Objekts im Set, das größer oder gleich x ist.
iterator upper_bound(const T& x) const;	Liefert die Position des ersten Objekts im Set, das größer als x ist.
pair<iterator, iterator> equal_range(const T& x) const;	Liefert die Werte lower_bound(x) und upper_bound(x) als Paar.
size_type count(const T& x) const;	Liefert 1 zurück, falls x im Set vorkommt, andernfalls 0.

Hinweis Da Elemente im Set nur einmal vorkommen, sind lower_bound(x) und upper_bound(x) nur dann verschieden, wenn x schon im Set enthalten ist.

Global definierte Operationen für Sets

Vergleichsoperatoren

```
template<class T, class Compare, class Allocator>
bool operator op(const set<T, Compare, Allocator>&  x,
                 const set<T, Compare, Allocator>&  y);
```

Zwei Sets x und y werden »lexikographisch« verglichen.
(s. Vergleichsoperatoren für Deques)

op	Wirkung

`==`
`<` `<=`
`>` `>=`
	Prüft für die Sets x und y, ob der Vergleich für alle Paare von Objekten mit gleicher Position zutrifft.
	Return-Wert: `true`, falls dies zutrifft,
	`false`, andernfalls.

`!=`	Return-Wert: `!(x == y)`

Sets vertauschen

`template`
`<class T, class Compare, class Allocator>`
`void swap(`
`set<T, Compare, Allocator>& x ,`
`set<T, Compare, Allocator>& y );`
	Vertauscht den Inhalt des Sets x mit dem Inhalt des Sets y.

Die Container-Klasse multiset

Diese Container-Klasse besitzt die Methoden, die auch in der Klasse `set` definiert sind. Da Multisets mehrfach vorkommende Objekte zulassen, sind die im folgenden angegebenen Unterschiede zu beachten. Die Methode

`count(x)`	liefert die Anzahl, wie oft das Objekt x im Multiset vorkommt.
`insert(x)` `insert(pos,x)`	fügt das Objekt x auch dann ein, wenn es im Multiset schon vorhanden ist. Die zurückgegebene Position ist in diesem Fall die Einfügeposition.
`insert(anf,end)`	fügt stets alle Objekte aus dem Bereich `anf` bis `end` im Multiset ein.
`erase(x)`	löscht alle Objekte x im Multiset.

Auch die obigen, global definierten Operationen sind für Multisets verfügbar.

Die Container-Klasse map

```
template <class Key, class T, class Compare = less<Key>,
         class Allocator = allocator<pair<const Key,T> > >
class map;
```

Eine Map verwaltet Schlüssel/Objekt-Paare vom Typ `pair< const Key,T>`. Dabei ist `Key` der Typ der sortierbaren Schlüssel und `T` der Typ der Objekte.

In der Map-Klasse ist für `pair<const Key,T>` der Typ `value_type` definiert.

> **Hinweis** Das Klassen-Template `pair<class T1, class T2>` stellt Paare von Objekten dar. Neben den zwei `public`-Datenelementen `first` und `second` besitzt die Klasse einen Default- und Kopierkonstruktor.

Konstruktoren und Destruktor

`explicit`
`map( const Compare& comp = Compare(),`
`     const Allocator& = Allocator() );`
	Erzeugt eine Map der Länge `0`.

`template class<InputIterator>`
`map( InputIterator fist, InputIterator last,`
`     const Compare& comp = Compare(),`
`     const Allocator& =Allocator() );`
	Erzeugt eine leere Map und fügt dann die Objekte aus den Positionen `[first, last)` ein. Die Objekte müssen den Typ `pair<const Key,T>` haben.

`map( const` `     map<Key, T, Compare, Allocator>& x );`	Erzeugt eine Map als Kopie von `x`.
`~map();`	Zerstört die Map.

Zugriff auf Positionen

`iterator begin();`	Liefert die Position des ersten Elements in der Map.
`iterator end();`	Liefert die Position hinter dem letzten Element in der Map.
`reverse_iterator rbegin();`	Liefert die Position `end()`.
`reverse_iterator rend();`	Liefert die Position `begin()`.

> **Hinweis** Jede Methode ist auch in einer `const`-Version definiert, die einen Read-only-Iterator als Return-Wert liefert.

Die Container-Klasse map (Fortsetzung)

Zuweisung

`map<Key, T, Compare, Allocator>& operator=( const map<Key,T, Compare, Allocator>& v);`	Weist der Map `*this` die Map `v` zu, ersetzt also den Inhalt der Map `*this` durch den Inhalt der Map `v`. Return-Wert: `*this`

Methoden zur Bestimmung von Länge und Kapazität

`size_type size()const;`	Liefert die Länge, d.h. die aktuelle Anzahl der in `*this` gespeicherten Elemente.
`size_type max_size()const;`	Liefert die maximale Anzahl Elemente, die in `*this` gespeichert werden können.
`bool empty() const;`	Liefert `true`, falls die Map leer ist.

Methoden zum Einfügen

`pair<iterator,bool> insert(const value_type& x);`	Fügt das Schlüssel/Objekt-Paar `x` in die Map `*this` ein, sofern es noch nicht vorhanden ist. Return-Wert: Liefert die Position von `x` und einen booleschen Wert als Paar. Der boolesche Wert ist `true`, falls eingefügt werden konnte, andernfalls `false`.
`iterator insert(iterator pos, const value_type& x);`	Fügt das Schlüssel/Objekt-Paar `x` in `*this` ein, sofern es noch nicht vorhanden ist. Die Position `pos` ist lediglich ein Hinweis, ab wo in der Map eingefügt werden soll. Return-Wert: Die Position von `x`.
`template <class InputIterator> void insert( iterator pos, InputIterator first, InputIterator last);`	Fügt die Elemente aus dem Bereich `[first, last)` eines anderen Containers in `*this` ein. Ein Element wird nur dann eingefügt, wenn es noch nicht vorhanden ist. `[first, last)` ist gewöhnlich ein Bereich aus einer anderen Map.

Methoden zum Löschen

`void erase(iterator pos);`	Löscht das Schlüssel/Objekt-Paar in der Position `pos`.
`void erase(iterator first, iterator last);`	Löscht die Schlüssel/Objekt-Paare in den Positionen `[first, last)` der Map `*this`.
`size_type erase(const key_type& k);`	Löscht das zum Schlüssel `k` gehörende Schlüssel/Objekt-Paar, falls vorhanden. Return-Wert: Anzahl gelöschter Elemente.
`void clear();`	Löscht alle Elemente in der Map.

Hinweis Der Typ `key_type` ist der Datentyp `Key` des Schlüssels.

Suchoperationen

`iterator find(const key_type& k);`	Sucht zum Schlüssel `k` das passende Schlüssel/Objekt-Paar in der Map `*this`. Return-Wert: Die Position des Paars bzw. `end()`, falls `k` in der Map nicht vorkommt.
`iterator lower_bound(const key_type& k);`	Liefert die Position des ersten Schlüssel/Objekt-Paars in der Map, dessen Schlüssel größer oder gleich `k` ist.
`iterator upper_bound(const key_type& k);`	Liefert die Position des ersten Schlüssel/Objekt-Paars in der Map, dessen Schlüssel größer als `k` ist.
`pair<iterator, iterator> equal_range(const key_type& k);`	Liefert die Werte `lower_bound(k)` und `upper_bound(k)` als Paar.
`size_type count(const key_type& k) const;`	Liefert `1` zurück, falls `k` in der Map vorkommt, andernfalls `0`.

Hinweis Die Methoden `find()`, `lower_bound()`, `upper_bound()` und `equal_range()` sind auch in einer `const`-Version definiert. Sie liefern einen Return-Wert vom Typ `const_iterator`.

Methode zum Tauschen

`void swap(map<Key, T, Compare, Allocator>& x);`	Vertauscht den Inhalt der Map `*this` mit dem Inhalt der Map `x`.

Global definierte Operationen für Maps

Vergleichsoperatoren

```
template<class Key, class T, class Compare, class Allocator>
bool operator op( const map<Key, T, Compare, Allocator>&  x,
                  const map<Key, T, Compare, Allocator>&  y);
```

Zwei Maps x und y werden »lexikographisch« verglichen.

op	Wirkung

`==`
`<   <=`
`>   >=`
	Prüft für die Maps x und y, ob der Vergleich für alle Paare von Objekten mit gleicher Position zutrifft.
	Return-Wert: `true`, falls dies zutrifft,
	`false`, andernfalls.

`!=`	Return-Wert: `!(x == y)`

Maps vertauschen

`template<class Key, class T, class Compare, class Allocator>` `void swap( map<Key, T, Compare,Allocator>& x, map<Key, T, Compare,Allocator>& y);`	Vertauscht den Inhalt der Map x mit dem Inhalt der Map y.

Die Container-Klasse multimap

Diese Container-Klasse besitzt die Methoden, die auch in der Klasse `map` definiert sind. Da Multimaps mehrfach vorkommende Schlüssel zulassen, sind die im folgenden angegebenen Unterschiede zu beachten. Die Methode

`count(x)` ermittelt die Anzahl, wie oft das Schlüssel/Objekt-Paar x in der Multimap vorkommt.

`insert(x)` fügt das Schlüssel/Objekt-Paar x auch dann ein, wenn es in der

`insert(pos,x)` Multimap schon vorhanden ist.

`insert(anf,end)` fügt stets alle Objekte aus dem Bereich `anf` bis `end` in der Multimap ein.

`erase(k)` löscht alle Schlüssel/Objekt-Paare mit dem gleichen Schlüssel `k`.

Auch die obigen, global definierten Operationen sind für Multimaps verfügbar.

Die Container-Klasse bitset

```
template <size_t N>  class bitset;
```

Eine Bitset stellt eine Menge von N Bits mit entsprechenden Bitoperationen dar. Die Bitpositionen sind 0,1, ..., N-1. Bei einem Zugriff mit einer unzulässigen Bitposition wird eine Exception vom Typ `out_of_range` ausgeworfen.

Konstruktoren und Destruktor

`bitset();`	**Erzeugt ein Bitset der Länge `0`.**
`bitset( unsigned long val);`	Erzeugt ein Bitset der Länge `N`, das mit dem Bitmuster von `val` initialisiert wird. Das letzte Bit im Bitmuster von `val` steht dann in Bit-position `0`, das vorletzte Bit in Bitposition `1` usw. Ist `N > 8*sizeof(unsigned long)`, so werden restliche Bits mit `0` aufgefüllt.
`explicit bitset( const string& s, size_t pos = 0, size_t n = npos);`	Erzeugt ein Bitset der Länge `N`, das mit den Werten der Zeichen aus dem Bereich `[pos, n)` des Strings `s` initialisiert wird. Die Zeichen von `s` müssen entweder `'0'` oder `'1'` sein. Der Wert des letzten Zeichens von `s` steht dann in Bitposition `0`, der Wert des vorletzten Zeichens in Bitposition `1` usw. Restliche Bits werden bis zur Länge `N` mit `0` aufgefüllt. Falls `pos > s.size()`, wird eine Exception vom Typ `out_of_range` ausgeworfen. Von `'0'` oder `'1'` verschiedene Zeichen erzeugen eine Exception vom Typ `invalid_argument`.

Elementzugriff

`bitset::reference operator[](size_t pos);`	Liefert eine Referenz auf das Bit in der Bitposition `pos`.

Hinweis Für die Klasse `bitset::reference` sind Zuweisungen und Konvertierungen von und in den Typ `bool` definiert. Damit sind beispielsweise für eine Bitset `b` folgende Operationen möglich:

```
bitset<100> b;   bool flag = true;   int i = 10, j = 20;
b[i] = flag;
flag = b[j];
b[j] = b[i];
```

Die Container-Klasse bitset (Fortsetzung)

Methode zur Bestimmung der Länge

`size_t size()const;`	Liefert N.

Bits setzen und löschen

`bitset<N>& set();`	Setzt alle Bits in *this auf 1.
`bitset<N>& set( size_t pos, int val=1);`	Setzt das Bit in der Bitposition pos auf 1, wenn Wert val von 0 verschieden ist. Andernfalls wird das Bit auf 0 gesetzt.
`bitset<N>& reset();`	Setzt alle Bits in *this auf 0.
`bitset<N>& reset(size_t pos);`	Setzt das Bit in der Position pos auf 0.
`bitset<N>& flip();`	Invertiert alle Bits im Bitset, d.h., der Bitwert 0 wird 1 und 1 wird 0.
`bitset<N>& flip(size_t pos);`	Invertiert das Bit in der Bitposition pos.

Hinweis Der Return-Wert ist *this.

Testmethoden

`bool test( size_t pos ) const;`	Prüft, ob das Bit in der Bitposition pos gesetzt ist. Return-Wert: true, falls ja, false, andernfalls.
`bool any() const;`	Prüft, ob mindestens ein Bit gesetzt ist. Return-Wert: true, falls ja, false, andernfalls.
`bool none() const;`	Prüft, ob kein Bit gesetzt ist. Return-Wert: true, falls ja, false, andernfalls.
`size_t count()const;`	Liefert die Anzahl der gesetzten Bits.

Zusammengesetzte Zuweisungen

bitset<N>& operator &=(const bitset<N>& x);	Löscht jedes Bit in *this, bei dem das entsprechende Bit in x den Wert 0 hat. Alle anderen Bits bleiben unverändert.
bitset<N>& operator |=(const bitset<N>& x);	Setzt jedes Bit in *this, bei dem das entsprechende Bit in x den Wert 1 hat. Alle anderen Bits bleiben unverändert.
bitset<N>& operator ^=(const bitset<N>& x);	Invertiert jedes Bit in *this, bei dem das entsprechende Bit in x den Wert 1 hat. Alle anderen Bits bleiben unverändert.
bitset<N>& operator<<=(size_t n);	Schiebt die Bits um n Stellen nach links, d.h. in Richtung höherer Positionen. Dabei wird von links der Bitwert 0 nachgeschoben.
bitset<N>& operator>>=(size_t n);	Schiebt die Bits um n Stellen nach rechts, d.h. in Richtung niedriger Positionen. Dabei wird von links der Bitwert 0 nachgeschoben.

Hinweis Der Return-Wert ist *this.

Vergleichsoperatoren

bool operator==(const bitset<N>& x) const;	Prüft, ob die Werte entsprechender Bits in *this und x iidentisch sind. Return-Wert: true, falls ja, false, andernfalls.
bool operator!= (const bitset<N>& x) const;	Prüft, ob mindestens ein Bit in *this verschieden vom entsprechenden Bit in x ist. Return-Wert: !(*this == x)

NICHT-Operator

bitset<N> operator~();	Legt eine Kopie von *this an, in der alle Bits invertiert werden, und gibt diese zurück.

Die Container-Klasse bitset (Fortsetzung)

Shift-Operatoren

`bitset<N> operator<<(size_t pos);`	Legt eine Kopie `x` von `*this` an und gibt das Bitset `(x <<= pos)` zurück.
`bitset<N> operator>>(size_t pos);`	Legt eine Kopie `x` von `*this` an und gibt das Bitset `(x >>= pos)` zurück.

Konvertierungsfunktionen

`unsigned long to_ulong() const;`	Return-Wert: Liefert den ganzzahligen Wert des Bitmusters in `*this`. Die Methode `to_ulong()` wirft eine Exception vom Typ `out_of_range` aus, wenn dieser Wert zu groß für den Typ `unsigned long` ist.
`string to_string() const;`	Erzeugt einen String der Länge `N`, welcher mit den in `*this` enthaltenen Bitwerten initialisiert wird. Dabei enthält das ersten Zeichen im String das höchstwertige Bit. Allgemein entspricht dem `i`-ten Zeichen im String (i=1,2,..) das Bit in die Bitposition `N-i`. Return-Wert: Der String.

Global definierte Operationen für bitsets

Bitset-Operatoren

```
template< size_t N >
bitset<N> operator op( const bitset<N>& x,  const bitset<N>& y);
```

op	Wirkung

`&`
`|`
`^`
	Legt eine Kopie `tmp` von `x` an und gibt das Bitset `(tmp op= y)` zurück, d.h.
	Return-Wert: `bitset<N>(x) op= y;`

Operatoren für die Ein-/Ausgabe

`istream& operator>> (istream& is, bitset<N>& x);`	Liest bis zu `N` Zeichen (`'0'` oder `'1'`) in einen temporären String und erzeugt daraus ein Bitset, das `x` zugewiesen wird. Das Einlesen wird mit dem ersten Zeichen, das von `'0'` oder `'1'` verschieden ist, bzw. bei Erreichen des Dateiendes abgebrochen. Falls kein Zeichen im String abgelegt werden kann, wird in `is` das Statusbit `ios::failure` gesetzt.
`ostream& operator<< (ostream& os, bitset<N>& x);`	Konvertiert das Bitset `x` in einen String und gibt diesen auf `os` aus.

Die Algorithmen-Bibliothek

Die zahlreichen Algorithmen der Bibliothek sind als Funktions-Templates implementiert, die mit Iteratoren parametrisiert sind. Dadurch sind die Algorithmen auf alle Objektmengen anwendbar, bei denen die einzelnen Objekte über Iteratoren angesprochen werden können. Die Implementierung der Algorithmen ist damit unabhängig von der konkreten Implementierung einer Objektmenge, wie z.B. eines Containers, eines Strings oder eines numerischen Vektors.

Die Algorithmen gliedern sich in zwei unterschiedliche Gruppen:

- *Nichtmodifizierende Algorithmen* führen nur Lesezugriffe in einer Objektmenge aus. Hierzu gehören u.a. zahlreiche Suchverfahren, wie etwa das Suchen von einzelnen Objekten oder von Teilmengen.
- *Modifizierende Algorithmen* nehmen auch Schreibzugriffe vor und können so eine Objektmenge ändern. Dazu gehören beispielsweise das Tauschen, Kopieren oder Sortieren von Objekten, aber auch Operationen für sortierte Mengen (Vereinigung, Durchschnitt, ...) und Heap-Operationen.

Allgemeines

Der besseren Lesbarkeit wegen und zum leichteren Verständnis werden im folgenden nicht die Prototypen der Funktions-Templates, sondern die Syntax von Funktionsaufrufen dargestellt. Anhand der übergebenen Argumente wird die Wirkung jeder einzelnen Funktion und ihres Return-Werts beschrieben.

Die Argumente werden wie folgt bezeichnet:

- `first, last, first1, last1` usw. sind Input-Iteratoren; `result, res_first, res_last` sind Output-Iteratoren.
- `val, old_val, new_val` sind Variablen vom Typ `T`, das ist der Typ der Objekte.
- `count` ist eine Ganzzahl vom Typ `size`, der ohne Vorzeichen interpretiert wird.
- `func` ist ein Read-only-Funktionsobjekt mit einem Parameter für ein Objekt vom Typ `T` und einem beliebigen Return-Wert.
- `comp` ist ein Funktionsobjekt zum Vergleich zweier Objekte.
- `pred` ist ein Funktionsobjekt mit einem Parameter für ein Objekt vom Typ `T`, das den Wert `true` oder `false` liefert.
- `bipred` ist ein Funktionsobjekt mit zwei Parametern für Objekte vom Typ `T`, das den Wert `true` oder `false` liefert.
- `unop` ist ein Funktionsobjekt mit einem Parameter für ein Objekt vom Typ `T`, das eine Referenz auf `T` liefert.
- `binop` ist ein Funktionsobjekt mit Parametern für Objekte vom Typ `T`, das eine Referenz auf `T` liefert.
- `gen` ist ein sogenannter Generator, das ist ein Funktionsobjekt ohne Parameter mit einem Return-Wert vom Typ `T`.

Header-Dateien

Die Header-Datei `<algorithm>` enthält die Funktions-Templates der Algorithmen. Die Klassen für Funktionsobjekte sind in der Header-Datei `<functional>` deklariert.

Exception-Handling

Die Algorithmen lösen keine Exceptions aus.

Namensbereich

Sämtliche Bezeichner der Algorithmen-Bibliothek sind im Standard-Namensbereich `std` enthalten.

Nichtmodifizierende Algorithmen

Suche nach einem Element

`for_each( first, last, func);`	Ruft das Read-only-Funktionsobjekt `func` für jedes Element im Bereich `[first, last)` auf und gibt `func` zurück. Ein evtl. Rückgabewert von `func` wird ignoriert.
`find( first, last, val);`	Sucht die erste Position mit dem Wert `val` im Bereich `[first, last)`. Return-Wert: Die gefundene Position bzw. `last` bei erfolgloser Suche.
`find_if( first, last, pred);`	Sucht das erste Element im Bereich `[first, last)`, für das die Bedingung `pred` zutrifft. Return-Wert: Die gefundene Position bzw. `last` bei erfolgloser Suche.

Suche nach Elementen aus einer Menge

`find_first_of( first1, last1, first2, last2);`	Sucht im Bereich `[first1, last1)` nach dem ersten Vorkommen eines Elements aus der durch `[first2, last2)` bestimmten Teilfolge. Return-Wert: Die Position des gefundenen Elements bzw. `last1` bei erfolgloser Suche.
`find_first_of( first1, last1, first2, last2, bipred);`	Sucht im Bereich `[first1, last1)` nach dem ersten Vorkommen eines Elements, zu dem es ein Element aus dem Bereich `[first2, last2)` gibt, so dass für die beiden Elemente die Bedingung `bipred` zutrifft. Return-Wert: Die Position des ersten Elements der gefundenen Teilfolge bzw. `last1` bei erfolgloser Suche.

Hinweis Mit Hilfe von Reverse-Iteratoren kann auch das letzte Vorkommen eines Elements gefunden werden.

Suche nach gleichen aufeinanderfolgenden Elementen

`adjacent_find( first, last);`	Sucht im Bereich `[first, last)` nach zwei benachbarten gleichen Elementen. Return-Wert: Die Position des ersten gefundenen Elements bzw. `last` bei erfolgloser Suche.
`adjacent_find( first, last, bipred);`	Sucht im Bereich `[first, last)` nach zwei benachbarten Elementen, für welche die Bedingung `bipred` zutrifft. Return-Wert: Die Position des ersten gefundenen Elements bzw. `last` bei erfolgloser Suche.
`search_n( first, last, count, val);`	Sucht im Bereich `[first, last)` nach `count` aufeinanderfolgenden gleichen Elementen mit dem Wert `val`. Return-Wert: Die Position des ersten Elements der gefundenen Teilfolge bzw. `last` bei erfolgloser Suche.
`search_n( first, last, count, val, bipred);`	Sucht im Bereich `[first, last)` nach `count` aufeinanderfolgenden Elementen, wobei für jedes Element der Vergleich `bipred` mit dem Wert `val` zutrifft. Return-Wert: Die Position des ersten Elements der gefundenen Teilfolge bzw. `last` bei erfolgloser Suche.

Suche nach unterschiedlichen Elementen

`mismatch(first1, last1, first2);`	Sucht in den Bereichen `[first1, last1)` und `[first2, first2+(last1 -first1))` nach den ersten beiden Elementen, die voneinander verschieden sind. Return-Wert: Die Positionen der ersten beiden gefundenen Elemente im jeweiligen Bereich als Paar bzw. das Paar `last1` und `first2+(last1 - first1)` bei erfolgloser Suche.

Hinweis Auch die Funktion `mismatch()` ist in einer Version überladen, die als vierten Parameter ein Funktionsobjekt `bipred` besitzt.

Suche nach Teilfolgen

`search( first1, last1, first2, last2);`	Sucht im Bereich `[first1, last1)` nach dem ersten Vorkommen der durch `[first2, last2)` bestimmten Teilfolge. Return-Wert: Die Position des ersten Elements der gefundenen Teilfolge bzw. `last1` bei erfolgloser Suche.
`find_end( first1, last1, first2, last2);`	Sucht im Bereich `[first1, last1)` nach dem letzten Vorkommen der durch `[first2, last2)` bestimmten Teilfolge. Return-Wert: Die Position des ersten Elements der gefundenen Teilfolge bzw. `last1` bei erfolgloser Suche.
`equal(first1, last1, first2);`	Prüft, ob alle Elemente in den Bereichen `[first1, last1)` und `[first2, first2+(last1-first1))` gleich sind. Return-Wert: `true`, falls ja, `false`, andernfalls.

Hinweis Jede dieser Funktion ist in einer Version überladen, die als letzten Parameter ein Funktionsobjekt `bipred` besitzt. Der Vergleich von zwei Elementen wird dann mit dem Funktionsobjekt durchgeführt.

Bestimmen der Anzahl von Elementen

`count( first, last, val);`	Liefert die Anzahl, wie oft `val` im Bereich `[first, last)` vorkommt.
`count_if( first, last, pred);`	Bestimmt die Anzahl der Elemente, für welche die Bedingung `pred` zutrifft.

Modifizierende Algorithmen

Kopieren

`copy( first, last, result);`	Kopiert die Elemente aus dem Bereich `[first, last)` in den Bereich `[result, result + (last - first))`, beginnend bei der Position `first` bis zur Position `last - 1`. Der Iterator `result` darf nicht im Bereich `[first, last)` liegen. Return-Wert: `result + last - first`
`copy_backward( first, last, result);`	Kopiert die Elemente aus dem Bereich `[first, last)` in den Bereich `[result - (last - first), result)`, beginnend bei der Position `last - 1` bis zur Position `first`. Der Iterator `result` darf nicht im Bereich `[first, last)` liegen. Return-Wert: `result - (last - first)`
`reverse_copy( first, last, result);`	Kopiert die Elemente aus dem Bereich `[first, last)` in den Bereich `[result, result - (last - first))` in umgekehrter Reihenfolge. Das Element in Position `first` wird hierbei in die Position `result + (last - first - 1)` kopiert. Die Bereiche `[first, last)` und `[result, result - (last - first))` dürfen nicht überlappen. Return-Wert: `result + (last - first)`

Bedingtes Kopieren

`remove_copy(first, last, result, val);`	Kopiert alle von `val` verschiedenen Elemente aus dem Bereich `[first, last)` in den Bereich ab der Position `result`. Return-Wert: Die Position hinter dem letzten Element im Zielbereich.
`unique_copy( first, last, result);`	Kopiert jeweils das erste Element einer Folge gleicher Elemente aus dem Bereich `[first, last)` in den Bereich ab der Position `result`. Return-Wert: Die Position hinter dem letzten Element im Zielbereich.
`replace_copy( first, last, result, old_val, new_val);`	Kopiert die Elemente aus dem Bereich `[first, last)` in den Zielbereich, der bei `result` beginnt. Tritt dabei der Wert `old_val` auf, wird statt `old_val` der Wert `new_val` kopiert. Return-Wert: `result + (last - first)`

Hinweis

1. Die beiden Bereiche `[first, last)` und `[result, result+(last-first))` dürfen sich bei allen drei Funktionen nicht überlappen.
2. Die Funktion `remove_copy()` ist in einer Version überladen, die als dritten Parameter ein Funktionsobjekt `pred` besitzt. Es werden dann nur die Elemente kopiert, für welche die Bedingung `pred` nicht zutrifft.
3. Die Funktion `unique_copy()` ist in einer Version überladen, die als vierten Parameter ein Funktionsobjekt `bipred` besitzt. Es wird dann das erste Element einer Folge von Elementen kopiert, für welches die Bedingung `bipred` zutrifft.
4. Die Funktion `replace_copy()` ist in einer Version überladen, die als dritten Parameter ein Funktionsobjekt `pred` besitzt. Es wird dann der Wert `new_val` kopiert, falls für ein Element die Bedingung `pred` zutrifft.

Tauschen von Elementen bzw. Teilbereichen

`swap( T&x, T&y);`	Vertauscht die Objekte `x` und `y`.
`iter_swap( pos1, pos2);`	Vertauscht die beiden Elemente in den Positionen `pos1` und `pos2`. Return-Wert: Keiner.
`swap_ranges( first1, last1, first2);`	Vertauscht die Elemente in den beiden Bereichen `[first1, last1)` und `[first2, first2 + (last1 - first1))`, beginnend bei den Elementen `*first1` und `*first2`. Die beiden Bereiche dürfen sich nicht überlappen. Return-Wert: `first2 + (last1 - first1)`
`reverse( first, last);`	Vertauscht das erste Element `*first` mit dem letzten `*(last - 1)`, das zweite mit dem vorletzten usw. bis zum mittleren Element. Return-Wert: Keiner.

Transformation von Elementen

`transform( first, last, result, unop);`	Für jede Position `pos` aus dem Bereich `[first1, last1)` wird das Element `unop(*pos)` in den Zielbereich kopiert, der bei der Position `result` beginnt. Die Position `result` darf mit `first` identisch sein. Return-Wert: `result + (last - first)`
`transform(first1, last1, first2,` `result, biop);`	Jedes Element ab `first1` wird mit dem entsprechenden Element ab `first2` verknüpft und das Ergebnis kopiert. Genauer: Für jede Position `pos` aus dem Bereich `[first1, last1)` wird das Element `biop( *pos, *(first2+(pos-first1))` in den Zielbereich kopiert, der bei der Position `result` beginnt. Die Positionen `result`, `first1` und `first2` dürfen identisch sein. Return-Wert: `result + (last1 - first1)`

Ersetzen von Elementen

`replace( first, last, old_val, new_val);`	Ersetzt die Elemente mit dem Wert `old_val` im Bereich `[first, last)` durch den Wert `new_val`. Return-Wert: Keiner.
`replace_if( first, last, pred, new_val);`	Ersetzt jedes Element im Bereich `[first, last)`, für das die Bedingung `pred` zutrifft, durch den Wert `new_val`. Return-Wert: Keiner.

Füllen von Bereichen

`fill( first, last, val);`	Weist jedem Element im Bereich `[first, last)` den Wert `val` zu. Return-Wert: Keiner.
`fill_n( first, count, val);`	Weist jedem Element im Bereich `[first, first + count)` den Wert `val` zu. Return-Wert: Keiner.
`generate( first, last, gen);`	Ruft das Funktionsobjekt `gen` auf und weist jedem Element aus dem Bereich `[first, last)` den Return-Wert von `gen` zu. Return-Wert: Keiner.
`generate_n( first, count, gen);`	Ruft das Funktionsobjekt `gen` auf und weist jedem Element aus dem Bereich `[first, first + count)` den Return-Wert von `gen` zu. Return-Wert: Keiner.

Löschen von Elementen

`remove(first, last, val);`	Löscht alle Elemente mit dem Wert `val` im Bereich `[first, last)`. Return-Wert: Die Position hinter dem letzten Element im neuen Bereich.
`remove_if(first, last, pred);`	Löscht alle Elemente im Bereich `[first, last)`, für welche die Bedingung `pred` zutrifft. Return-Wert: Die Position hinter dem letzten Element im neuen Bereich.

Mehrfach vorkommende Elemente entfernen

`unique(first, last);`	Entfernt die identischen direkten Nachfolger von Elementen im Bereich `[first, last)`. Return-Wert: Die Position hinter dem letzten Element im neuen Bereich.
`unique(first, last, bipred);`	Entfernt die direkten Nachfolger jedes Elements im Bereich `[first, last)`, falls für das Element und den Nachfolger die Bedingung `bipred` zutrifft. Return-Wert: Die Position hinter dem letzten Element im neuen Bereich.

Verteilung von Elementen

`random_shuffle(first, last);`	Verteilt die Elemente im Bereich `[first, last)` gleichmäßig. Return-Wert: Keiner.
`random_shuffle(first, last, rand);`	Verteilt die Elemente im Bereich `[first, last)` zufällig mit Hilfe des Zufalszahlengenerators `rand`. Return-Wert: Keiner.

Ring-Shift

`rotate( first, middle, last);`	Rotiert die Elemente aus dem Bereich `[first, last)` um `(middle-first)` Positionen nach links. Insbesondere wird dem Element `*first` das Element `*middle` zugewiesen. `middle` muss im Bereich `[first, last)` liegen. Return-Wert: Keiner.
`rotate_copy( first, middle, last, result);`	Kopiert die Elemente aus dem Bereich `[first, last)` in den Zielbereich, der bei `result` beginnt, und rotiert dabei die Elemente um `(middle-first)` Positionen nach links. Insbesonders wird dem Element `*result` das Element `*middle` zugewiesen. Quell- und Zielbereich dürfen sich nicht überlappen. Return-Wert: `result + (last - first)`

Hinweis Elemente, die am linken Ende »herausgeschoben« werden, werden am rechten Ende wieder »hereingeschoben«.

Minimum und Maximum

`min(x, y);`	Liefert eine Read-only-Referenz auf das kleinere Objekt. Wenn beide Objekte äquivalent sind, wird eine Referenz auf das erste Argument zurückgegeben.
`max(x, y);`	Liefert eine Read-only-Referenz auf das größere Objekt. Wenn beide Objekte äquivalent sind, wird eine Referenz auf das erste Argument zurückgegeben.
`min_element(first, last);`	Liefert die erste Position des kleinsten Elements im Bereich `[first, last)`.
`max_element(first, last);`	Liefert die erste Position des größten Elements im Bereich `[first, last)`.

Hinweis Jede Funktion ist in einer Version überladen, die als letzten Parameter ein Objekt vom Typ einer Comparator-Klasse besitzt. Die Vergleiche finden dann mit diesem Objekt statt.

Sortieren von Bereichen

`sort(first, last);`	Sortiert die Elemente im Bereich `[first, last)` mit einer Laufzeit, die im "average case" proportional zu `n*log(n)` ist (`n=first-last`). Return-Wert: Keiner.
`stable_ sort(first, last);`	Sortiert die Elemente im Bereich `[first, last)` mit einer Laufzeit, die im "worst case" proportional zu `n*(log(n))2` ist (`n=last-first`). Die relative Anordnung äquivalenter Elemente bleibt erhalten. Return-Wert: Keiner.

Hinweis Beide Funktionen sind in einer Version überladen, die mit dem dritten Argument ein Objekt vom Typ einer Comparator-Klasse erhält. Die Elemente werden dann mit dem entsprechenden Vergleichskriterium sortiert.

Sortieren von Teilbereichen

`partial_ sort(first, middle, last);`	Sortiert die ersten `(middle-first)` Elemente im Bereich `[first, last)`. Der Rest bleibt unsortiert. Return-Wert: Keiner.
`partial_ sort_copy( first, last,` `res_first, res_last);`	Sortiert die Elemente aus dem Bereich `[first, last)` und schreibt das Ergebnis in den Bereich `[res_first, res_last)`. Es werden höchstens so viele Elemente kopiert, wie die kleinere der beiden Zahlen `(last - first)` und `(res_last - res_first)` festlegt. Return-Wert: Der kleinere der beiden Iteratoren `res_last` und `res_first + (last-first)`.

Hinweis Jede Funktion ist in einer Version überladen, die mit einem zusätzlichen, letzten Argument ein Objekt vom Typ einer Comparator-Klasse erhält. Die Elemente werden dann nach dem entsprechenden Vergleichskriterium sortiert.

Zerlegung in Teilbereiche

`nth_element( first, nth, last);`	Zerlegt die Elemente im Bereich `[first, last)` anhand des Elements in der Position `nth` in einen linken und einen rechten Teil: Links werden die Elemente hinkopiert, die kleiner oder gleich dem Vergleichselement sind, rechts werden die Elemente hinkopiert, die größer als das Vergleichselement sind. Return-Wert: Keiner.
`partition( first, last, pred);`	Positioniert alle Elemente im Bereich `[first, last)`, welche die Bedingung `pred` erfüllen, vor alle Elemente, welche die Bedingung `pred` nicht erfüllen.
`stable_partition(first, last, pred);`	Wirkungsgleich mit der Funktion `partition()`, jedoch bleibt die relative Anordnung der Elemente in beiden Teilbereichen erhalten.

Hinweis

1. Die Funktion `nth_element()` ist in einer Version überladen, die mit einem vierten Argument ein Objekt vom Typ einer Comparator-Klasse erhält. Die Elemente werden dann anhand des entsprechenden Vergleichskriteriums zerlegt.
2. Die Funktionen `partition()` und `stable_partition()` liefern den ersten Iterator, bei dem die Bedingung `pred` nicht erfüllt ist.

Lexikographischer Vergleich

`lexicographical_compare( first1, last1, first2, last2);`	Liefert `true`, wenn die Elemente im Bereich `[first1, last1)` lexikographisch kleiner als die Elemente im Bereich `[first2, last2)` sind. Andernfalls wird `false` zurückgegeben.

Hinweis Die Funktion ist in einer Version überladen, die als letzten Parameter ein Objekt vom Typ einer Comparator-Klasse besitzt. Die Vergleiche finden dann mit diesem Objekt statt.

Permutationen

Die Menge der Permutationen von Elementen eines Bereichs `[first, last)` ist intern linear angeordnet. Mit den Funktionen `next_permutation()` und `prev_permutation()` wird die jeweils nächste bzw. vorige Permutation ausgeführt.

Ist die Menge der Elemente aufsteigend sortiert, so werden beim wiederholten Aufruf von `next_permutation()` alle Permutationen durchlaufen. Anschließend sind die Elemente wieder aufsteigend sortiert. Analog werden mit `prev_permutation()` alle Permutationen durchlaufen, wenn man mit einer absteigend sortierten Menge beginnt.

`next_permutation(first, last);`	Führt die nächste Permutation der Elemente im Bereich `[first, last)` aus. Return-Wert: `true` falls die nächste Permutation existiert, `false` falls die letzte Permutation erreicht ist. Anschließend sind die Elemente aufsteigend sortiert.
`prev_permutation(first, last);`	Führt die vorige Permutation der Elemente im Bereich `[first, last)` aus. Return-Wert: `true` falls die vorige Permutation existiert. `false` falls die erste Permutation erreicht ist. Anschließend sind die Elemente absteigend sortiert.

Hinweis Jede Funktion ist in einer Version überladen, die als letzten Parameter ein Objekt `comp` vom Typ einer Comparator-Klasse besitzt. In dem Fall wird die nächste bzw. vorige Permutation anhand des übergebenen Comparator-Objekts ermittelt.

Algorithmen für sortierte Mengen

Bei den folgenden Algorithmen wird vorausgesetzt, dass die Elemente in sortierter Reihenfolge unterhalten sind und der Zugriff mit Random-Access-Iteratoren erfolgt.

Jede Funktion ist in einer Version überladen, die mit einem zusätzlichen, letzten Argument ein Objekt vom Typ einer Comparator-Klasse erhält. Die Elemente werden dann mit dem Comparator-Objekt verglichen.

Untere und obere Schranke

`lower_bound(first, last, val);`	Liefert die Position des ersten Elements, das größer oder gleich dem Wert `val` ist.
`upper_bound(first, last, val);`	Liefert die Position des ersten Elements, das größer als der Wert `val` ist.
`equal_range(first, last, val);`	Liefert die Iteratoren `lower_bound(first, last, val)` und `upper_bound(first, last, val)` als Paar.

Binäre Suche

`binary_search(first, last, val);`	Sucht den Wert `val` im Bereich `[first, last)` mit dem binären Suchverfahren. Die Laufzeit ist im »worst case« proportional zu `log(n)`, wobei `n = last - first` gilt. Return-Wert: `true`, falls `val` gefunden, `false`, andernfalls.

Mischen

`merge(first1, last1, first2, last2, result);`	Mischt die sortiert unterhaltenen Elemente aus den beiden Bereichen `[first1, last1)` und `[first2, last2)` in aufsteigender Reihenfolge in den Bereich `[result, result + (last1-first1) + (last2-first2))`. Quell- und Zielbereich dürfen sich nicht überlappen. Return-Wert: Die Position hinter dem letzten Element im Zielbereich.

Mischen (Fortsetzung)

`inplace_merge(first, middle, last);`	Mischt die beiden bereits sortierten Teilbereiche `[first, middle)` und `[middle, last)` in aufsteigender Reihenfolge in den Bereich `[first, last)`. Return-Wert: Keiner.

Hinweis Die relative Positionierung äquivalenter Elemente bleibt bei beiden Funktionen erhalten.

Mengenoperationen

`includes(first1, last1, first2, last2);`	Liefert `true`, falls alle Elemente von `[first2, last2)` im Bereich `[first1, last1)` enthalten sind. Andernfalls ist der Return-Wert `false` ("Teilmenge").
`set_union(first1, last1, first2, last2, result);`	Konstruiert eine sortierte Menge aus den Elementen, die in einem der Bereiche `[first1, last1)` und `[first2, last2)` oder in beiden Bereichen enthalten sind, und kopiert die Elemente in den Bereich, der bei `result` beginnt ("Vereinigungsmenge").
`set_intersection(first1, last1, first2, last2, result);`	Konstruiert eine sortierte Menge aus den Elementen, die sowohl in `[first1, last1)` als auch in `[first2, last2)` enthalten sind, und kopiert die Elemente in den Bereich, der bei `result` beginnt ("Schnittmenge").
`set_difference(first1, last1, first2, last2, result);`	Konstruiert eine sortierte Menge aus den Elementen, die in `[first1, last1)`, aber nicht in `[first2, last2)` enthalten sind, und kopiert die Elemente in den Bereich, der bei `result` beginnt ("Differenzmenge").
`set_symmetric_difference(first1, last1, first2, last2, result);`	Kopiert die Elemente aus dem Bereich `[first1, last1)`, die nicht in `[first2, last2)` enthalten sind, und die Elemente aus dem Bereich `[first2, last2)`, die nicht in `[first1, last1)` enthalten sind, in den Bereich, der beim Iterator `result` beginnt.

Return-Wert: Die Position hinter dem letzten Element der konstruierten Menge.

Heaps

Ein Heap ist ein spezieller binärer Baum mit minimaler Höhe, bei dem das größte (bzw. kleinste) Element stets in der Wurzel gespeichert ist. Die interne Darstellung eines Heaps ist auf einfache Weise vektoriell möglich, ohne dass zusätzliche Informationen über die Positionen von Eltern- und Kindknoten gespeichert werden müssen. In den Übungen zum 18. Kapitel sind Heaps definiert und vektoriell implementiert worden.

Mit Hilfe von Heaps

- können Priority-Queues effizient implementiert werden
- kann ein schnelles und stabiles Sortierverfahren, der sogenannte Heap-Sort-Algorithmus, implementiert werden, dessen Laufzeit im "worst case" proportional zu n*log(n) ist. Der Quick-Sort-Algorithmus hat normalerweise diese Laufzeit, kann aber in ungünstigen Situationen zu `n*log(n)`^{2} degenerieren.

Die Algorithmen-Bibliothek bietet Funktionen, um einen Heap aus einem vorgegebenen Bereich von Random-Access-Iteratoren `[a,b)` zu erzeugen. Anschließend ist `a` die Wurzel des Baumes, die das größte Element enthält.

Das Einfügen eines neuen Elements geschieht stets am Ende des Heaps. Dann wird das Element in die passende Position im Baum verschoben. Beim Löschen wird das größte Element in der Wurzel entfernt, anschließend wandert sein Nachfolger, also das zweit- größte Element in die Wurzel. Das Einfügen und Löschen eines Elements kann mit logarithmischer Laufzeit durchgeführt werden.

Heap-Operationen

`push_heap(first, last);`	Fügt das Element in Position `last-1` in den Heap ein. Setzt voraus, dass die Elemente im Bereich `[first, last-2]` bereits einen Heap bilden.
`pop_heap(first, last);`	Löscht das Element `*first` im Heap.
`make_heap(first, last);`	Erzeugt aus dem Bereich `[first, last)` einen Heap.
`sort_heap(first, last);`	Sortiert die Elemente im Heap `[first, last)`. Anschließend ist der Bereich `[first, last)` kein Heap mehr.

Hinweis

1. Alle Funktionen haben den Typ `void`.
2. Jede Funktion ist in einer Version überladen, die als letzten Parameter ein Objekt vom Typ einer Comparator-Klasse besitzt. Die Elemente werden dann anhand des Comparator-Objekts verglichen. ie numerische Bibliothek

Die numerische Bibliothek

Die numerische Bibliothek definiert Klassen- und Funktions-Templates zur Darstellung und Manipulation von

- komplexen Zahlen und
- numerischen Vektoren, die im Unterschied zu Containern statisch verwaltet werden.

Darüber hinaus werden zahlreiche Operatoren und mathematische Funktionen für komplexe Zahlen bzw. Vektoren, global definiert.

Header-Dateien

Die Templates zur Darstellung und Manipulation

- von komplexen Zahlen sind in der Header-Datei `<complex>`
- von Vektoren sind in der Header-Datei `<valarray>`
  definiert.

Einschränkungen für Template-Parameter

Die in der numerischen Bibliothek definierten Templates zur Darstellung von komplexen Zahlen und Vektoren sind über den Typ `T` der darzustellenden Elemente parametrisiert. Das heißt, `T` ist der Typ des Real- und Imaginärteils einer komplexen Zahl (wie z. B. `float` oder `double`) bzw. der Typ der Vektorelemente.

Bei der Instantiierung einzelner Template-Klassen und -Funktionen ist folgendes zu beachten:

- Falls `T` eine Klasse ist, so muss diese je einen öffentlichen Default-Konstruktor, einen Kopierkonstruktor mit der Signatur: `T::T(const T&)`, einen Destruktor und eine Operatorfunktion für die Zuweisung mit der Signatur
  `T& T::operator=(const T&)`oder`T& T::operator=(T)` besitzen.
  Die Konstruktoren müssen so definiert sein, dass der Aufruf des Default-Konstruktors mit anschließender Zuweisung dasselbe Ergebnis liefert wie die Ausführung des Kopierkonstruktors. Ferner darf der unäre Operator `&` nicht überladen sein.
- `T` darf weder ein Referenztyp noch eine abstrakte Klasse sein.

Exception-Handling

Wenn das Ergebnis einer mathematischen Funktion nicht eindeutig definiert bzw. nicht innerhalb der darstellbaren Wertemenge liegt, so ist das Verhalten undefiniert.

Eine Funktion kann eine Exception vom Typ `bad_alloc` auswerfen, wenn nicht genug Speicherplatz verfügbar ist, um eine Operation auszuführem. Diese Situation kann bei Berechnungen mit Vektoren vom Typ `valarray<T>` auftreten.

Namensbereich

Sämtliche Typdefinitionen, Instantiierungen von Templates und globalen Funktionen der numerischen Bibliothek sind im Standard-Namensbereich

```
std
```

enthalten.

Komplexe Zahlen

Die numerische Bibliothek definiert ein Klassen-Template `complex<T>` zur Darstellung von komplexen Zahlen in kartesischen Koordinaten. Neben verschiedenen Konstruktoren sind Zugriffsmethoden für den Real- und Imaginärteil einer komplexen Zahl und Zuweisungsoperatoren definiert.

Arithmetische Operatoren und Vergleichsoperatoren sind global deklariert. Darüber hinaus sind Shift-Operatoren für die Ein-/Ausgabe sowie verschiedene elementare und transzendente Funktionen als Funktions-Templates global definiert.

Schließlich werden drei Instantiierungen des Klassen-Templates `complex<T>` für die Datentypen `float`, `double` und `long double` als Real- und Imaginärteil gebildet. Dabei sind für die Konstruktoren und Zuweisungsoperatoren Spezialisierungen deklariert.

Das Klassen-Template complex<T>

Konstruktoren

`complex(const T& re= T(), const T& im = T());`	Erzeugt ein Objekt vom Typ `complex<T>`, dessen Realteil mit `re` und dessen Imaginärteil mit `im` initialisiert wird.
`complex(const complex& z);`	Erzeugt ein Objekt vom Typ `complex<T>`, dessen Realteil mit dem Realteil von `z` und dessen Imaginärteil mit dem Imaginärteil von `z` initialisiert wird.
`template<class X> complex(const complex<X>& z);`	Erzeugt ein Objekt vom Typ `complex<T>`, dessen Realteil mit dem Realteil von `z` und dessen Imaginärteil mit dem Imaginärteil von `z` initialisiert wird.

Zugriffsmethoden

`T real() const;`	Liefert den Realteil der komplexen Zahl.
`T imag() const;`	Gibt den Imaginärteil von `*this` zurück.

Hinweis Ist `z = x + i*y` die Darstellung einer komplexen Zahl in kartesischen Koordinaten mit reellen Zahlen `x`, `y` und der imaginären Einheit `i`, so heißt `x` der *Realteil* von `z` und `y` der *Imaginärteil* von `z`.

Zuweisung von Skalaren

```
complex<T>& operator op(const T& x);
```

op	Wirkung
`=`	Weist das Skalar `x` an `*this` zu.
`+=`	Addiert das Skalar `x` zu `*this` und speichert die Summe in `*this`.
`-=`	Zieht das Skalar `x` von `*this` ab und speichert die Differenz in `*this`.
`*=`	Multipliziert das Skalar `x` mit `*this` und speichert das Produkt in `*this`.
`/=`	Dividiert `*this` durch das Skalar `x` und speichert die Summe in `*this`.

Zuweisung von komplexen Zahlen

```
template<class X>  complex<T>& operator op(const complex<X>& z);
```

op	Wirkung
`=`	Weist die komplexe Zahl `z` `*this` zu.
`+=`	Addiert die komplexe Zahl `z` zu `*this` und speichert die Summe in `*this`.
`-=`	Zieht die komplexe Zahl `z` von `*this` ab und speichert die Differenz in `*this`.
`*=`	Multipliziert die komplexe Zahl `z` mit `*this` und speichert das Produkt in `*this`.
`/=`	Dividiert `*this` durch die komplexe Zahl `z` und speichert die Differenz in `*this`.

Hinweis Die Typen T und X können verschieden sein, z.B. float und double, d.h. eine Zuweisung kann komplexe Zahlen verschiedener Typen enthalten.

Globale Operationen mit komplexen Zahlen

Zugriff auf komplexe Zahlen

template class<T> T real(const complex<T>& z);	Liefert den Realteil von z.
template class<T> T imag(const complex<T>& z);	Liefert den Imaginärteil von z.
template class<T> T abs(const complex<T>& z);	Gibt den Absolutbetrag von z zurück.
template class<T> T arg(const complex<T>& z);	Gibt das Argument von z (im Bogenmaß) zurück.
template class<T> T norm(const complex<T>& z);	Gibt die Norm, d.h. den quadrierten Absolutbetrag von z zurück.
template class<T> complex<T> conj(const complex<T>& z);	Gibt die konjugiert komplexe Zahl von z zurück.
template class<T> complex<T> T polar(const T& rho, const T& theta = 0);	Gibt die komplexe Zahl mit den Polarkoordinaten (rho, theta) zurück.

Hinweis Jede komplexe Zahl kann in *Polarkoordinaten* wie folgt dargestellt werden:

```
z = rho * ( cos(theta) + i * sin(theta) ).
```

Der Winkel theta heißt das *Argument* von z, die reelle Zahl rho ist der *Absolutbetrag* von z. Das Argument ist im Bogenmaß anzugeben.

Operatoren für die Ein-/Ausgabe

istream& operator>>(istream&, complex<T>& z);	Liest eine komplexe Zahl z von der Standard-Eingabe ein. Die Eingabe erfolgt in der Form x, (x) oder (x, y), wobei x der Realteil und y der Imaginärteil von z ist.
ostream& operator>>(ostream&, complex<T>& z);	Gibt eine komplexe Zahl z an die Standard-Ausgabe aus. Die Ausgabe erfolgt in der Form (x, y) , wobei x der Realteil, y der Imaginärteil von z ist.

Vergleichsoperatoren

```
template class<T> bool  operator op(const complex<T>& z1,
const complex<T>& z2);
```

```
template class<T> bool  operator op(const complex<T>& z1, const T z2);
```

```
template class<T> bool operator op(const T z1, const complex<T>& z2);
```

op	Wirkung
`==`	Prüft, ob der Wert von `z1` gleich dem Wert von `z2` ist. Liefert `true` zurück, falls ja, andernfalls `false`.
`!=`	Prüft, ob die Zahl `z1` verschieden von `z2` ist. Liefert `true` zurück, falls ja, andernfalls `false`.

Hinweis Für komplexe Zahlen sind keine Operatoren < , <= , > und >= definiert, da die komplexen Zahlen nicht linear angeordnet werden können.

Binäre arithmetische Operatoren

```
template class<T>
complex<T> operator  op(const complex<T>& z1, const complex<T>& z2);
```

```
template class<T>
complex<T> operator  op(const complex<T>& z1,const T z2);
```

```
template class<T>
complex<T> operator  op(const T z1, const complex<T>& z2);
```

op	Wirkung
+	Gibt die Summe von `z1` und `z2` zurück.
-	Gibt die Differenz von `z1` und `z2` zurück.
*	Gibt das Produkt von `z1` und `z2` zurück.
/	Gibt den Quotienten von `z1` und `z2` zurück.

Globale Operationen mit komplexen Zahlen

Unäre arithmetische Operatoren

```
template class<T> complex<T> operator op(const complex<T>& z);
```

`op`	Wirkung
`+`	Gibt `z` zurück.
`-`	Gibt `-z` zurück.

Elementare Funktionen

`template class<T>`
`complex<T> pow(const complex<T>& x,`
`const complex<T>& y);`
`template class<T>`
`complex<T> pow(const complex<T>& x,`
`const T& y);`
`template class<T>`
`complex<T> pow( const T x,`
`const complex<T>& y);`
`template class<T>`
`complex<T> pow(const complex<T>& x,int y);`
	Berechnet den Wert `x` hoch `y`. Der Wert ist durch `exp(y*log(x)` definiert. Der Wert `pow(0,0)` ist implementationsabhängig.

`template class<T>` `complex<T> sqrt(const complex<T>& z);`	Berechnet die Quadratwurzel von `z` im Bereich der rechten Halbebene der komplexen Zahlenebene.

Trigonometrische Funktionen

`template class<T>` `complex<T> sin(const complex<T>& z);`	Gibt den Sinus von `z` zurück: `sin(z) := z - z3/3! + z5/5! - ....`
`template class<T>` `complex<T> cos(const complex<T>& z);`	Gibt den Cosinus von `z` zurück: `cos(z) := 1 - z2/2! + z4/4! - ...`
`template class<T>` `complex<T> tan(const complex<T>& z);`	Gibt den Tangens von `z` zurück: `tan(z) := sin(z) / cos(z)`

Hinweis

1. Die unendlichen Reihen konvergieren in der ganzen komplexen Ebene.
2. Die übrigen trigonometrischen Funktionen *Cosekans* `csc()`, *Sekans* `sc()` und *Cotangens* `ctg()` können durch Quotientenbildung berechnet werden:

```
csc(z)  = 1 / sin(z)sc(z) = 1/cos(z)ctg(z) = 1/tan(z)
```

Die Hyperbelfunktionen

`template class<T>` `complex<T> sinh(const complex<T>& z);`	Gibt den Sinus Hyperbolicus von `z` zurück.
`template class<T>` `complex<T> cosh(const complex<T>& z);`	Gibt den Cosinus Hyperbolicus von `z` zurück.
`template class<T>` `complex<T> tanh(const complex<T>& z);`	Gibt den Tangens Hyperbolicus von `z` zurück.

Hinweis Die Hyperbelfunktionen sind wie folgt definiert:

```
sinh(z) = (exp(z) - exp(-z)) / 2
cosh(z) = (exp(z) + exp(-z)) / 2
tanh(z) = (exp(z) - exp(-z) / (exp(z) + exp(-z) )
```

Weitere transzendente Funktionen

`template class<T>` `complex<T> exp(const complex<T>& z);`	Gibt den Wert der natürlichen Exponentialfunktion an der Stelle `z` zurück.
`template class<T>` `complex<T> log(const complex<T>& z);`	Gibt den natürlichen Logarithmus von `z` für den Bereich `[ -i*p, +i*p]` zurück.
`template class<T>` `complex<T> log10(const complex<T>& z);`	Gibt den Logarithmus von `z` zur Basis `10` zurück.

Hinweis

1. Die natürliche Exponentialfunktion ist definiert durch:

   ```
   exp(z) = 1 + z/1! + z2/2! + z3/3! + ....
   ```

   Die Reihe konvergiert in der ganzen komplexen Ebene.
2. Der *natürliche Logarithmus* ist die Umkehrfunktion der natürlichen Exponentialfunktion. Er ist für alle von Null verschiedenen komplexen Zahlen definiert und unendlich vieldeutig. Der Return-Wert wird für den Bereich `[-i*p,+i*p]` berechnet.
3. Der *Logarithmus zur Basis* `10` ist die Umkehrfunktion der allgemeinen Exponentialfunktion:

   ```
   exp( z * log(10)),
   ```

   wobei `log()` der natürliche Logarithmus ist.

Spezialisierungen von complex<T>

Die numerische Bibliothek sieht Instantiierungen des Klassen-Templates `complex<T>` für die Datentypen `float`, `double` und `long double` vor. Hierbei werden Spezialisierungen für Zuweisungsoperatoren und Konstruktoren definiert.

Mit den Spezialisierungen der Konstruktoren wird festgelegt, dass implizite Typanpassungen

- von `complex<float>` in `complex<double>` und
- von `complex<double>` in `complex<long double>`

vorgenommen werden.

Implizite Typanpassungen von einem »größeren« in einen »kleineren« Datentyp, wie z.B. von `complex<double>` in `complex< float>` sind nicht möglich. Die Konstruktoren sind deshalb als `explicit` deklariert.

Die Template-Klasse complex<float>

```
class complex<float>
{
  public:
    complex( float re = 0.0f , float im = 0.0f);
    explicit complex( const complex<double>& );
    explicit complex( const complex<long double>& );

    float real() const;
    float imag() const;

    complex<float>& operator= (float);
    complex<float>& operator+= (float);
    complex<float>& operator-= (float);
    complex<float>& operator*= (float);
    complex<float>& operator/= (float);
    complex<float>& operator= (const complex<float>& );
  template<class X>  complex<float>& operator=  ( const complex<X>& );
  template<class X>  complex<float>& operator+= ( const complex<X>& );
  template<class<X>  complex<float>& operator-= ( const complex<X>& );
  template<class<X>  complex<float>& operator*= ( const complex<X>& );
  template<class<X>  complex<float>& operator/= ( const complex<X>& );
};
```

Die Template-Klasse complex<double>

```
class complex<double>
{
  public:
    complex( double re = 0.0, double im = 0.0);
    complex( const complex<float>& );
    explicit complex( const complex<long double>& );

    double real() const;
    double imag() const;

    complex<double>& operator= (double);
    complex<double>& operator+= (double);
    complex<double>& operator-= (double);
    complex<double>& operator*= (double);
    complex<double>& operator/= (double);
    complex<double>& operator= (const complex<double>& );

    template<class X>
    complex<double>& operator= ( const complex<X>& );

    template<class X>
    complex<double>& operator+= (const complex<X>&);

    template<class<X>
    complex<double>& operator-= (const complex<X>&);

    template<class<X>
    complex<double>& operator*=(const complex<X>&);

    template<class<X>
    complex<double>& operator/=(const complex<X>&);
};
```

Spezialisierungen von complex<T>

Die Template-Klasse complex<long double>

```
class complex<long double>
{ public:
    complex( long double re = 0.0L, long double im = 0.0L);
    complex( const complex<float>& );
    complex( const complex<double>& );

    long double real() const;
    long double imag() const;

    complex<long double>& operator= (long double);
    complex<long double>& operator+= (long double);
    complex<long double>& operator-= (long double);
    complex<long double>& operator*= (long double);
    complex<long double>& operator/= (long double);
    complex<long double>& operator= (const complex<long double>& );

    template<class X>
    complex<long double>& operator=(const complex<X>&);

    template<class X>
    complex<long double>& operator+=(const complex<X>& );

    template<class<X>
    complex<long double>& operator-=(const complex<X>& );

    template<class<X>
    complex<long double>& operator*=(const complex<X>&);

    template<class<X>
    complex<long double>& operator/=(const complex<X>& );
};
```

Vektoren

Die numerische Bibliothek definiert ein Klassen-Template `valarray<T>` und globale Funktions-Templates zur Darstellung und Manipulation von eindimensionalen numerischen Vektoren. Die Templates sind mit dem Typ der Vektorelemente parametrisiert.

Daneben werden verschiedene Klassen-Templates definiert, mit deren Hilfe Vektoren vom Typ `valarray<T>` selektiv, maskiert bzw. indirekt indiziert werden können. Die selektive Indizierung ermöglicht insbesondere die Darstellung mehrdimensionaler Vektoren auf der Basis eindimensionaler Vektoren vom Typ `valarray<T>`.

Das Klassen-Template valarray<T>

Konstruktoren und Destruktor

`valarray();`	Erzeugt einen Vektor der Länge `0`.
`explicit valarray( size_t n);`	Erzeugt einen Vektor der Länge `n`. Die Vektorelemente werden nicht initialisiert.
`valarray( const T& x, size_t n);`	Erzeugt einen Vektor der Länge `n`, dessen Elemente mit dem Wert `x` initialisiert werden.
`valarray( const T*pv, size_t n);`	Erzeugt einen Vektor der Länge `n`, dessen Elemente mit den ersten `n` Elementen des durch `pv` adressierten C-Vektors initialisiert werden. Ist die Länge von `pv` kleiner als `n`, so ist das Verhalten undefiniert.
`valarray(const valarray& v);`	Erzeugt einen Vektor vom Typ `valarray<T>` als Kopie des Vektors `v`.
`valarray(const slice_array<T>& v);`	Erzeugt einen Vektor vom Typ `valarray<T>` aus dem Vektor `v` vom Typ `slice_array<T>`.
`valarray(const gslice_array<T>& v);`	Erzeugt einen Vektor vom Typ `valarray<T>` aus dem Vektor `v` vom Typ `gslice_array<T>`.
`valarray(const mask_array<T>& v);`	Erzeugt einen Vektor vom Typ `valarray<T>` aus dem Vektor `v` vom Typ `mask_array<T>`.
`valarray(const indirect_array<T>& v);`	Erzeugt einen Vektor vom Typ `valarray<T>` aus dem Vektor `v` vom Typ `indirect_array<T>`.
`~valarray();`	Zerstört einen Vektor vom Typ `valarray<T>`.

Hinweis

1. Der Datentyp `size_t` ist als `unsigned int` definiert.
2. Die Hilfs-Templates `slice_array`, `gslice_array`, `mask_array`, `indirect_array` werden im Abschnitt »Operationen mit Teilvektoren« beschrieben.

Indexoperator

`T operator[ ] (size_t i) const;`	Liefert den Wert des Vektorelements beim Index `i`.
`T& operator[ ] (size_t i);`	Liefert eine Referenz auf das Vektorelement beim Index `i`.

Hinweis

1. Für zwei beliebige Indizes `i` und `j`, deren Summe kleiner als die Länge des nicht konstanten Vektors `a` vom Typ `valarray<T>` ist, sind folgende Ausdrücke äquivalent:

   `&a[i + j]` und `&a[i] + j`.

2. Die Referenz, welche die nichtkonstante Version des Indexoperators zurückgibt, bleibt gültig, bis der Vektor verändert wird.

Verallgemeinerter Indexoperator

`valarray<T>` `operator[ ] ( slice sc ) const;`	Liefert einen Teilvektor vom Typ `valarray<T>`, der die Werte der durch `sc` indizierten Elemente von `*this` enthält.
`slice_array<T>` `operator[ ] ( slice sc);`	Liefert ein Hilfsobjekt vom Typ `slice_array<T>`, das die durch `sc` indizierten Elemente von `*this` referenziert.
`valarray<T>` `operator[ ] ( const gslice& gs) const;`	Liefert einen Teilvektor vom Typ `valarray<T>`, der die Werte der durch `gs` indizierten Elemente von `*this` enthält.
`gslice_array<T>` `operator[ ] (const gslice& gs );`	Liefert ein Hilfsobjekt vom Typ `gslice_array<T>`, das die durch `gs` indizierten Elemente von `*this` referenziert. Ist `gs` degeneriert, so ist das Ergebnis undefiniert.
`valarray<T>` `operator[ ](const valarray<bool>& v) const;`	Liefert einen Teilvektor vom Typ `valarray<T>`, der die Elemente von `*this` enthält, für die das Element mit demselben Index in `v` `true` ist.
`mask_array<T>` `operator[ ]( const valarray<bool>& v );`	Liefert ein Hilfsobjekt vom Typ `mask_array<T>`, das die Elemente von `*this` referenziert, für welche das Element mit demselben Index in `v` den Wert `true` enthält.

Das Klassen-Template valarray<T>

Verallgemeinerter Indexoperator (Fortsetzung)

`valarray<T> operator[ ](const valarray<size_t>& v) const;`	Liefert einen Vektor vom Typ `valarray<T>`, der aus dem Vektor `*this` durch indirekte Indizierung vermöge `v` entsteht.
`indirect_array<T> operator[ ] (const valarray<size_t>& v);`	Liefert ein Hilfsobjekt vom Typ `indirect_array<T>`, das die durch `v` indirekt indizierten Elemente von `*this` referenziert.

Hinweis

1. Die Datentypen `slice`, `gslice`, `slice_array<T>` usw. sind im Abschnitt »Operationen mit Teilvektoren« beschrieben.
2. Die als `const` deklarierten Operatorfunktionen ermöglichen den lesenden Zugriff auf Teilvektoren. Hierbei wird ein neuer Teilvektor vom Typ `valarray<T>` erzeugt und zurückgeliefert.
3. Mit der nichtkonstanten Version wird schreibend auf einen Teilvektor zugegriffen. Hierbei wird kein neuer Vektor erzeugt, sondern der ursprüngliche Vektor referenziert.

Unäre Operatoren: `valarray<T> operator op( ) const;`

op	Wirkung

`+`
`-`
`~`
`!`
	Jedes Vektorelement von `*this` wird mit dem angegebenen Operator verknüpft. Das jeweilige Ergebnis wird in das entsprechende Element des Ergebnisvektors kopiert. (Die Operation kann nur ausgeführt werden, wenn sie für den Typ `T` definiert ist.)
	Return-Wert: Der Ergebnisvektor.

Zuweisung eines Skalars

`valarray<T> operator= (const T& x);`	Jedem Vektorelement von `*this` wird der Wert `x` zugewiesen.

Zusammengesetzte Zuweisung für Skalare

```
valarray<T>& operator op=( const T& x );
```

op=	Wirkung
`*=`, `/=`, `%=`, `+=`, `-=`, `^=`, `&=`, `|=`, `<<=`, `>>=`	Jedes Vektorelement von `*this` wird mit `x` vermöge des angegebenen Operators verknüpft. Das jeweilige Ergebnis wird in das ursprüngliche Vektorelement von `*this` zurückgeschrieben. Die Operation kann nur ausgeführt werden, wenn sie für den Typ `T` definiert ist. Return-Wert: `*this`

Zuweisung von Vektoren

```
valarray<T>& operator=( parameter );
```

parameter	Wirkung

`const valarray<T>& v`
`const slice_array<T>& v`
`const gslice_array<T>& v`
`const mask_array<T>& v`
`const indirect_array<T>& v`
	Weist dem Vektor `*this` den Vektor `v` zu. Die Länge von `*this` ist nach dem Kopiervorgang gleich der Länge von `v`.
	Return-Wert: `*this`

Hinweis

1. Durch eine Zuweisung kann die Länge eines Vektors nach seiner Initialisierung verändert werden.
2. Die Zuweisung von Vektoren vom Typ `slice_array`, `gslice_array`, `mask_array`, `indirect_array` erlaubt die Konvertierung in den Typ `valarray<T>` nach einem Zugriff mit dem verallgemeinerten Indexoperator. Die Hilfs-Templates werden im Abschnitt »Operationen mit Teilvektoren« beschrieben.

Zusammengesetzte Zuweisung für Vektoren

```
valarray<T>& operator op=( const valarray<T>& v );
```

op=	Wirkung
`*=`, `/=`, `%=`, `+=`, `-=`, `^=`, `|=`, `&=`, `<<=`, `>>=`	Jedes Vektorelement von `*this` wird mit dem entsprechenden Element von `v` vermöge des angegebenen Operators verknüpft. Das jeweilige Ergebnis wird in das ursprüngliche Vektorelement von `*this` zurückgeschrieben. Return-Wert: `*this`.

Das Klassen-Template valarray<T>

Weitere Methoden

`size_t size() const;`	Liefert die Anzahl Elemente im Vektor.
`size_t resize(size_t sz, T c = T());`	Ändert die Länge des Vektors auf den Wert `sz` und weist jedem Vektorelement den Wert `c` zu. Eine Änderung der Vektorlänge macht alle Zeiger und Referenzen auf Vektorelemente ungültig.
`T sum() const;`	Berechnet die Summe aller Vektorelemente und gibt sie zurück. *)
`T min() const;`	Liefert das kleinste Vektorelement. *)
`T max() const;`	Liefert das größte Vektorelement. *)
`valarray<T> shift(int n) const;`	Verschiebt jedes Vektorelement um `n` Indizes vor, falls `n` positiv ist, bzw. zurück, falls `n` negativ ist. Hierbei wird das Element beim Index `i` aus dem ursprünglichen Vektor in das Element des Ergebnisvektors beim Index `i+n` kopiert, wenn `0 <= i+n < size()` gilt. Die restlichen Elemente im Ergebnisvektor werden mit dem Standard-Konstruktor erzeugt. **) Return-Wert: Der Ergebnisvektor.
`valarray<T> cshift(int n) const;`	Führt einen Ring-Shift für jedes Vektorelement aus. Falls `n` positiv bzw. negativ ist, wird vor- bzw. zurückgeschoben. Hierbei wird das Element beim Index `i` aus dem ursprünglichen Vektor in das Element des Ergebnisvektors beim Index `(i+n)%size()` kopiert. **) Return-Wert: Der Ergebnisvektor.
`valarray<T> apply( T func( T ) ) const;` `valarray<T> apply(T func(const T& )) const;`	Die Funktion `func()` wird mit jedem Vektorelement als Argument aufgerufen. Die `length()` Return-Werte werden in den Ergebnisvektor kopiert. Return-Wert: Der Ergebnisvektor.

*) Hat der Vektor die Länge 0, so ist das Ergebnis undefiniert.

**) Falls `n==0` gilt, so passiert nichts.

Global definierte Operatoren

Alle nachfolgend beschriebenen Operationen können nur dann ausgeführt werden, wenn der entsprechende Operator für den Typ `T` definiert ist und ein Ergebnis vom Typ `T` zurückliefert bzw. ein Ergebnis liefert, das in den Typ `T` konvertiert werden kann.

Verknüpfung von zwei Vektoren

```
template <class T>
valarray<T> operator op(const valarray<T>& v, const valarray<T>& w);
```

<table>
<tr><th>op</th><th>Wirkung</th></tr>
<tr><td>* / %
+ -
^ & |
<< >></td><td>Verknüpft jedes Element von v und jedes Element von w mit dem entsprechenden Operator. Das Ergebnis wird in das entsprechende Element des Ergebnisvektors kopiert.
Beide Vektoren müssen die gleiche Länge haben. Bei verschiedenen Längen ist das Ergebnis undefiniert.
Return-Wert: Der Ergebnisvektor.</td></tr>
</table>

Verknüpfung eines Vektors und eines Skalars

```
template <class T>
valarray<T> operator op(const valarray<T>& v, const T& x);
```

```
template <class T>
valarray<T> operator op(const T& x, const valarray<T>& v);
```

<table>
<tr><th>op</th><th>Wirkung</th></tr>
<tr><td>* / %
+ -
^ & |
<< >></td><td>Verknüpft x und jedes Element des Vektors v mit dem entsprechenden Operator. Das Ergebnis wird in das entsprechende Element des Ergebnisvektors kopiert. Die Anzahl der Elemente im Ergebnisvektor ist dann gleich der Anzahl der Vektorelemente von v.
Return-Wert: Der Ergebnisvektor.</td></tr>
</table>

Global definierte Operatoren

Alle nachfolgend beschriebenen Operationen können nur dann ausgeführt werden, wenn der entsprechende Operator für den Typ `T` definiert ist und ein Ergebnis vom Typ `T` (bzw. `bool`) zurückliefert oder ein Ergebnis liefert, das in den Typ `T` (bzw. `bool`) konvertiert werden kann.

Vergleichsoperatoren für zwei Vektoren

```
template <class T>
valarray<bool> operator op(const valarray<T>& v, const valarray<T>& w);
```

op	Wirkung

`==` `!=`
`<` `<=`
`>` `>=`
`&&` `||`
	Verknüpft jedes Element von `v` und jedes Element von `w` mit dem entsprechenden Vergleichsoperator. Das Ergebnis wird in das entsprechende Element des booleschen Ergebnisvektors kopiert.
	Beide Vektoren müssen die gleiche Länge haben. Bei verschiedenen Längen ist das Ergebnis undefiniert.
	Return-Wert: Der Ergebnisvektor.

Vergleichsoperatoren für einen Vektor und ein Skalar

```
template <class T>
valarray<bool> operator op( const valarray<T>& v , const T& x );

template <class T>
valarray<bool> operator op( const T& x, const valarray<T>& v );
```

op	Wirkung

`==` `!=`
`<` `<=`
`>` `>=`
`&&` `||`
	Verknüpft jedes Element von `v` mit dem Element `x` vermöge des entsprechenden Vergleichsoperators. Das Ergebnis wird in das entsprechende Element des booleschen Ergebnisvektors kopiert.
	Die Länge des Ergebnisvektors ist gleich der Länge von `v`.
	Return-Wert: Der Ergebnisvektor.

Global definierte Funktionen

Minimum- und Maximumfunktionen

Funktion	Wirkung
template <class T> T min(const valarray<T>& v); template <class T> T max(const valarray<T>& v);	Liefert das kleinste bzw. größte Element im Vektor v. Die Funktionen dürfen nur aufgerufen werden, wenn für den Datentyp T der Vergleichsoperator < bzw. > definiert ist. Return-Wert: v.min() bzw. v.max() Hat der Vektor v die Länge 0, so ist der Return-Wert undefiniert.

Transzendente Funktionen

Alle nachfolgend beschriebenen Funktionen können nur dann ausgeführt werden, wenn sie bereits für den Typ T definiert sind und ein Ergebnis vom Typ T zurückliefern, oder wenn sie ein Ergebnis liefern, das in den Typ T konvertiert werden kann.

Elementare Funktionen

Funktion	Wirkung
template <class T> valarray<T> abs(const valarray<T>& v);	Berechnet für jedes Element von v den Absolutbetrag und schreibt diesen in das entsprechende Element des Ergebnisvektors. Return-Wert: Der Ergebnisvektor.
template <class T> valarray<T> sqrt(const valarray<T>& v);	Berechnet für jedes Element von v die Wurzel und schreibt diese in das entsprechende Element des Ergebnisvektors. Return-Wert: Der Ergebnisvektor.

Global definierte Funktionen

Elementare Funktionen (Fortsetzung)

Funktion	Wirkung
template <class T> valarray<T> pow(const valarray<T>& v. const valarray<T>& w);	Potenziert jedes Element von v mit dem entsprechenden Element von w und schreibt das Ergebnis in das entsprechende Element des Ergebnisvektors. Return-Wert: Der Ergebnisvektor.
template <class T> valarray<T> pow(const valarray<T>& v, const T& x);	Potenziert jedes Element von v mit x und schreibt das Ergebnis in das entsprechende Element des Ergebnisvektors. Return-Wert: Der Ergebnisvektor.
template <class T> valarray<T> pow(const T& x, const valarray<T>& v);	Potenziert x mit jedem Element von v und schreibt das Ergebnis in das entsprechende Element des Ergebnisvektors. Return-Wert: Der Ergebnisvektor.

Trigonometrische Funktionen

Funktion	Wirkung

template <class T>
valarray<T> sin(const valarray<T>& v);
template <class T>
valarray<T> cos(const valarray<T>& v);
template <class T>
valarray<T> tan(const valarray<T>& v);
	Berechnet für jedes Element von v den entsprechenden Funktionswert und schreibt diesen in das entsprechende Element des Ergebnisvektors.
	Return-Wert: Der Ergebnisvektor.

Inverse trigonometrische Funktionen

Funktion	Wirkung

`template <class T>`
`valarray<T> asin( const valarray<T>& v );`
`template <class T>`
`valarray<T> acos( const valarray<T>& v );`
`template <class T>`
`valarray<T> atan( const valarray<T>& v );`
	Berechnet für jedes Element von `v` den entsprechenden Funktionswert und schreibt diesen in das entsprechende Element des Ergebnisvektors.
	Return-Wert: Der Ergebnisvektor.

`template <class T>`
`valarray<T> atan2(const valarray<T>& v,`
`const valarray<T>& w);`
	Berechnet für jedes Element `v[i]` von `v` und `w[i]` von `w` den Arcus Tangens von `v[i] / w[i]` und schreibt den Funktionswert in das entsprechende Element des Ergebnisvektors.
	Return-Wert: Der Ergebnisvektor

`template <class T>`
`valarray<T> atan2( const valarray<T>& v,`
`const T& x );`
	Berechnet für jedes Element `v[i]` von `v` den Arcus Tangens von `v[i] / x` und schreibt den Funktionswert in das entsprechende Element des Ergebnisvektors.
	Return-Wert: Der Ergebnisvektor.

`template <class T>`
`valarray<T> atan2( const T& x ,`
`const valarray<T>& v );`
	Berechnet für den Wert `x` und jedes Element `v[i]` von `v` den Arcus Tangens von `x / v[i]` und schreibt den Funktionswert in das entsprechende Element des Ergebnisvektors.
	Return-Wert: Der Ergebnisvektor.

Funktion	Wirkung

`template <class T>`
`valarray<T> sinh( const valarray<T>& v );`
`template <class T>`
`valarray<T> cosh( const valarray<T>& v );`
`template <class T>`
`valarray<T> tanh( const valarray<T>& v );`
	Berechnet für jedes Element von `v` den entsprechenden Funktionswert und schreibt diesen in das entsprechende Element des Ergebnisvektors.
	Return-Wert: Der Ergebnisvektor.

Global definierte Funktionen

Weitere transzendente Funktionen

Funktion	Wirkung

`template <class T>`
`valarray<T> exp( const valarray<T>& v );`
`template <class T>`
`valarray<T> log( const valarray<T>& v );`
`template <class T>`
`valarray<T> log10( const valarray<T>& v );`
	Berechnet für jedes Element von v den entsprechenden Funktionswert und schreibt diesen in das entsprechende Element des Ergebnisvektors.
	Return-Wert: Der Ergebnisvektor.

Operationen mit Teilvektoren

Der Zugriffsoperator des Templates `valarray<T>` ist so überladen, dass nicht nur auf einzelne Elemente eines Vektors über deren Index zugegriffen werden kann, sondern dass auch Teilvektoren ansprechbar sind. Ein Teilvektor wird mit Hilfe einer Teilmenge der Indexmenge des Vektors ausgewählt.

Die Auswahl einer Teilmenge der Indexwerte kann auf verschiedene Arten erfolgen:

- durch *selektive* Indizierung mit Hilfe eines Objekts vom Typ der Klasse `slice`
- durch die *verallgemeinerte selektive* Indizierung mit Hilfe eines Objekts vom Typ der Klasse `gslice`
- durch die *maskierte* Indizierung mit Hilfe eines booleschen Vektors
- durch die *indirekte* Indizierung mit Hilfe eines ganzzahligen Vektors

Die verallgemeinerte selektive Indizierung ermöglicht auch die Bildung von mehrdimensionalen Vektoren auf der Basis von eindimensionalen Vektoren.

Die Klasse slice

Die Klasse `slice` (dt. Teil, Schnitte) ermöglicht die selektive Indizierung von Vektorelementen, wobei ein Teil der Indexmenge eines Vektors ausgewählt wird. Ein Objekt vom Typ `slice` ist durch einen Startindex, eine Schrittweite und die Anzahl von Elementen bestimmt.

```
class slice
{
   public:
           slice();
           slice(size_t st, size_t len, size_t dist );

        // Zugriffsmethoden:
           size_t start() const;  // Liefert den Startindex
           size_t length() const; // Liefert die Anzahl Elemente
           size_t stride() const; // Liefert die Schrittweite
}
```

Beispiel: Die Vereinbarung

```
slice sc(2, 3, 5);
```

definiert ein Objekt sc vom Typ slice, das beginnend beim Index 2 insgesamt 3 Indizes bei einer Schrittweite von 5 auswählt. Das sind dann die Indizes:

```
2 , 7 , 12
```

Hinweis Der Zugriffsoperator [ ] von valarry<T> ist für die Klasse slice überladen, um Operationen mit Teilvektoren zu ermöglichen. Beispielsweise werden im Ausdruck

```
v[slice( 0, 4, 3)]
```

die Elemente mit den Indizes 0, 3, 6 und 9 des Vektors v ausgewählt.

Die Klasse gslice

Die Klasse gslice (= *generalized slice*) ist eine Verallgemeinerung der Klasse slice. Ein Objekt vom Typ gslice ist durch einen Startindex und zwei gleich lange Vektoren, einen für die Schrittweiten und einen für die Anzahl von Elementen bestimmt.

```
class gslice
{
  public:
     gslice();
     gslice(size_t s, const valarray<size_t>& len,
        const valarray<size_t>& dist);
       // Zugriffsmethoden:
     size_t start() const;              // Liefert den Startindex
     valarray<size_t> size() const;     // Liefert die Elementanzahl
     valarray<size_t> stride() const; // Liefert die Schrittweiten
}
```

Hinweis

1. Ein Objekt vom Typ gslice bestimmt eine Abbildung von einer Menge von Index-Tupeln $(i_0, i_1, ..., i_n)$ auf eine eindimensionale Indexmenge.
   Ist start der Startwert und sind dist [0], .. , dist [n] bzw. len[0], ... , len[n] die Elemente des Vektors für die Schrittweiten bzw. für die Anzahl von Elementen, so ist die Abbildung wie folgt definiert:

   $start + i_0 * dist[0] + i_1 * dist[1] + \quad + i_n * dist[n] (*)$

   wobei gilt: $i_j = 0, ..., len[j]$ für alle $j = 0, ..., n$.
   Ist die Abbildung (*) injektiv, d.h., werden je zwei verschiedene Index-Tupel stets auf zwei verschiedene Werte abgebildet, so heißt das gslice-Objekt *nichtdegeneriert*.

2. Mit Hilfe eines nichtdegenerierten Objekts vom Typ `gslice` können aus eindimensionalen Vektoren mehrdimensionale Vektoren konstruiert werden. Hierbei wird den Index-Tupeln

   $(i_0 , i_1, ... , i_n)$ mit $i_j = 0, ..., len[j]$ $(j = 0, ... , n)$

   eines (n+1)-dimensionalen Vektors vermöge der Abbildung `(*)` der Index eines eindimensionalen Vektors eineindeutig zugeordnet.

Beispiele:

1. Mit den Vereinbarungen

```
size_t vlen[] = { 2, 3},  vdist[ ] = {3, 1};
valarray<size_t> len( vlen, 2), dist( vdist, 2);
gslice gs(0, len, dist);
```

   wird ein Objekt `gs` vom Typ `gslice` definiert, das die Indizes `io` und `i1`

   $0 <= i_0 < 2$ und $0 <= i_1 < 3$

   also folgende Index-Tupel `(i0 , i1)`:

```
(0 , 0)    (0 , 1)    (0 , 2)
(1 , 0)    (1 , 1)    (1 , 2)
```

   bestimmt. Die Abbildung:

   $k = start + i_0 * dist[0] + i_1 * dist[1] = 0 + i_0 * 3 + i_1 * 1$

   liefert folgende Zuordnungen zu eindimensionalen Indexwerten:

```
(0 , 0) → 0   (0 , 1) → 1   (0 , 2) → 2
(1 , 0) → 3   (1 , 1) → 4   (1 , 2) → 5
```

   Da die Abbildung je zwei verschiedenen Index-Tupeln stets zwei verschiedene k-Werte zuordnet, ist das Objekt `gs` nicht degeneriert. Insbesondere wird eine eineindeutige Beziehung zwischen den Index-Tupeln einer Matrix mit zwei Zeilen und drei Spalten und den Indexwerten eines eindimensionalen Vektors der Länge 6 hergestellt.

2. Mit den Vereinbarungen:

```
size_t  vlen[ ] = {2, 3, 2},  vdist[ ] = {3, 1, 6};
valarray<size_t> len( vlen, 3), dist(vdist, 3);
gslice gs(1, len, dist);
```

   wird ein Objekt `gs` vom Typ `gslice` definiert, das die Indexwerte

   $0 <= i_0 < 2$ und $0 <= i_1 < 3$ und $0 <= i_2 < 2$

   also die Index-Tupel (i_0 , i_1 , i_2):

```
(0 , 0 , 0)    (0 , 1 , 0)    (0 , 2 , 0)
(1 , 0 , 0)    (1 , 1 , 0)    (1 , 2 , 0)
(0 , 0 , 1)    (0 , 1 , 1)    (0 , 2 , 1)
(1 , 0 , 1)    (1 , 1 , 1)    (1 , 2 , 1)
```

festlegt. Die Abbildung:

$$k = \text{start} + i_0 * \text{dist}[0] + i_1 * \text{dist}[1] + i_2 * \text{dist}[2] = 0 + i_0 * 3 + i_1 * 1 + i_2 * 6$$

liefert folgende Zuordnungen zu eindimensionalen Indexwerten:

```
(0 , 0 , 0) → 0    (0 , 1 , 0) → 1     (0 , 2 , 0) → 2
(1 , 0 , 0) → 3    (1 , 1 , 0) → 4     (1 , 2 , 0) → 5
(0 , 0 , 1) → 6    (0 , 1 , 1) → 7     (0 , 2 , 1) → 8
(1 , 0 , 1) → 9    (1 , 1 , 1) → 10    (1 , 2 , 1) → 11
```

Hierdurch wird eine eineindeutige Beziehung zwischen den Index-Tupeln eines dreidimensionalen Vektors und den Indexwerten eines eindimensionalen Vektors der Länge 12 hergestellt. Insbesondere ist das Objekt gs nicht degeneriert.

Hinweis Der Zugriffsoperator [ ] von valarray<T> ist für die Klasse gslice überladen, um eine verallgemeinerte selektive Indizierung von Vektoren zu ermöglichen. Hierbei darf das Objekt vom Typ gslice nicht degeneriert sein. Beispielsweise werden nach der Vereinbarung

```
size_t vlen[ ] = {2, 4},  vdist[ ] = {7, 2};
valarray<size_t> len(vlen, 2), dist(vdist, 2};
gslice gs(1, len, dist);
```

mit dem Ausdruck

```
v[gslice( 1 , len , dist)]
```

die Elemente von v mit den Indizes:

```
1, 3, 5, 7
8, 10, 12, 14
```

ausgewählt.

Hilfs-Templates für Operationen mit Teilvektoren

Die Klassen-Templates slice_array<T>, gslice_array<T>, mask_array<T> und indirect_array<T> sind Hilfs-Templates, die von folgenden Zugriffsoperatoren des Templates vallarray<T> benutzt werden:

```
slice_array<T>     valarray<T>::operator[ ]( slice sc);
gslice_array<T>    valarray<T>::operator[ ](const gslice& gc );
mask_array<T>      valarray<T>::operator[ ](const valarray<bool>& v);
indirect_array<T>  valarray<T>::operator[ ](const valarray<size_t>& v);
```

Jedes Hilfs-Template besitzt einen Default-Konstruktor, einen Kopierkonstruktor und eine Standard-Zuweisung, die als `private` deklariert sind.

Darüber hinaus besitzt jedes Hilfs-Template im `public`-Deklarationsteil folgende Zuweisungsoperatoren

void operator=	(const valarray<T>&) const;
void operator*=	(const valarray<T>&) const;
void operator/=	(const valarray<T>&) const;
void operator%=	(const valarray<T>&) const;
void operator+=	(const valarray<T>&) const;
void operator-=	(const valarray<T>&) const;
void operator^=	(const valarray<T>&) const;
void operator&=	(const valarray<T>&) const;
void operator|=	(const valarray<T>&) const;
void operator<<=	(const valarray<T>&) const;
void operator>>=	(const valarray<T>&) const;

Hierbei wird die entsprechende Operation für die ausgewählten Elemente des Argumentvektors durchgeführt.

Hinweis

1. Das Template `slice_array` wird vom Zugriffsoperator

```
slice_array<T> valarray<T>::operator[] (slice sc);
```

verwendet, um Operationen für Teilvektoren mit Hilfe einer selektiven Indizierung zu ermöglichen. Beispielsweise bewirken folgende Anweisungen:

```
double av[ ] = {0.1, 1.1, 2.1, 3.1, 4.1, 5.1};
double bv[ ] = {0.5, 1.5, 2.5, 3.5, 4.5, 5.5};
valarray<double> a(av, 6), b(bv, 6);
a[slice( 1 , 3 , 2 )] += b;
```

dass die Elemente von `a` mit den Indizes `1`, `3`, `5` und die ersten drei Elemente von `b` addiert werden und das Ergebnis in die selektierten Elemente von `a` zurückgeschrieben wird. Dann gilt:

```
a[0] == 0.1,  a[1] == 1.6,  a[2] == 2.1,
a[3] == 4.6,  a[4] == 4.1,  a[5] == 7.6.
```

2. Das Template `gslice_array` wird vom Zugriffsoperator

   ```
   gslice_array<T> valarray<T>::operator[ ] (const gslice& gs );
   ```

   verwendet, um Operationen für Vektoren mit Hilfe der verallgemeinerten selektiven Indizierung zu ermöglichen. Hierbei darf das Argument `gs` kein degeneriertes Objekt sein. Beispielsweise bewirken folgende Anweisungen:

   ```
   int va[ ] = { 0, 1, 2, 3, 4, 5, 6, 7, 8, 9, 10, 11, 12, 13, 14};
   int vb[ ] = { 10, 20, 30, 40, 50, 60 };
   valarray<int>  a(va, 15, b(vb, 6);
   size_t vlen[ ] = { 2, 3 }, vdist[ ] = { 8, 2 };
   vlarray<size_t> len(vlen, 2), dist(vdist, 2);
   a[ gslice(1, len, dist) ] = b;
   ```

   dass den Elementen von `a` mit den Indizes 1, 3, 5, 9, 11, 13 die Elemente von `b` zugewiesen werden. Damit gilt:

   ```
   a[0] == 0,  a[1] == 10,  a[2] == 2,  a[3] == 20,  a[4] == 4,  a[5] == 30,
   a[6] == 6,  a[7] ==  7,  a[8] == 8,  a[9] == 40,  a[10]== 10,
   a[11]== 50, a[12]== 12,  a[13]== 60, a[14]== 14
   ```

3. Das Template `mask_array` wird vom Zugriffsoperator

   ```
   mask_array<T> valarray<T>::operator[ ](const valarray<bool>& v);
   ```

   verwendet, um Operationen für Teilvektoren mit Hilfe von booleschen Masken zu ermöglichen. Beispielsweise bewirken die Anweisungen:

   ```
   bool v[] = { true, false, true, false };
   valarray<bool> mask( v, 4);
   int  av[ ] = { 100, 200, 300 , 400};
   valarray<int> a(av, 4);
   a[mask] = 1;
   ```

   dass der Vektor `a` folgende Werte enthält:

   ```
   a[0] == 1, a[1] == 200, a[2] == 1, a[3] == 400
   ```

4. Das Template `indirect_array` wird vom Zugriffsoperator

   ```
   indirect_array<T> valarray<T>::operator[](const valarray<size_t>&
                                                                      v);
   ```

   verwendet, um Vektorelemente indirekt indizieren zu können. Beispielsweise bewirken die Anweisungen:

   ```
   size_t ind[ ] = {4, 3, 2, 1, 0};
   valarray<size_t> indirect(ind, 5);
   float vb[] = {0.5, 1.5, 2.5, 3.5, 4.5};
   vallaray<float> a(5) , b(vb, 5);
   a[indirect] = b;
   ```

   dass der Vektor `a` folgende Werte zugewiesen bekommt:

   ```
   a[4] = 0.5 , a[3] = 1.5 , a[2] = 2.5 , a[1] = 3.5 , a[0] = 4.5
   ```

Numerische Grenzwerte

Die Bibliothek zur Sprachunterstützung (engl. *Language Support Library*) definiert ein Klassen-Template `numeric_limits`, das verschiedene implementationsabhängige Eigenschaften für einen Datentyp darstellt. Das Klassen-Template ist über diesen Datentyp parametrisiert. Spezialisierungen sind für alle elementaren Datentypen definiert.

Header-Dateien

Das Klassen-Template `numeric_limits` und alle Spezialisierungen sind in der Header-Datei

`<limits>`

deklariert. Symbolische Konstanten zur Darstellung des Wertebereichs von ganzzahligen Datentypen bzw. von Gleitpunkttypen und deren Genauigkeit sind auch in den Header-Dateien `<climits>` bzw. `<cfloat>` enthalten.

Das Klassen-Template numeric_limits

Das Klassen-Template `numeric_limits` ist über den Datentyp `T` parametrisiert, dessen implementationsabhängige Eigenschaften darzustellen sind. Die `public`-Elemente des Klassen-Template sind alle als `static` deklariert.

Verschiedene Elemente des Klassen-Template sind für alle Datentypen wichtig, wie z.B. der größte oder kleinste darstellbare Wert des Datentyps. Andere Elemente, wie z.B. der kleinste Abstand zwischen zwei Gleitpunktzahlen, sind für bestimmte Datentypen, etwa Ganzzahltypen, ohne Belang. In dem Fall wird das entsprechende Element in einer Spezialisierung auf `0` bzw. `false` gesetzt.

Spezialisierungen

Die Spezialisierung von Template-Klassen ist für alle

- ganzzahligen Typen: `char`, `unsigned char`, `signed char`, `wchar_t`, `short`, `unsigned short`, `int`, `unsigned int`, `long` und `unsigned long` sowie
- Gleitpunkttypen: `float`, `double` und `long double` und schließlich für den
- Typ `bool`

vorgesehen. Für nichtfundamentale Typen, z.B. `complex<T>`, darf keine Spezialisierung vorgenommen werden.

Exception-Handling

Jede Methode von `numeric_limits` ist mit einer Exception-Spezifikation versehen, wobei die Liste der zulässigen Exceptions leer ist. Das heißt, keine Methode löst eine Exception aus.

Namensbereich

Das Klassen-Template `numeric_limits` und alle Spezialisierungen sind im Standard-Namensbereich `std` enthalten.

Das Klassen-Template numeric_limits

public-Datenelemente

Datenelement	Bedeutung
`static const bool is_specialized = false;`	Ist `true`, wenn es eine Spezialisierung für den Datentyp gibt.
`static const int digits = 0;`	Enthält für ganzzahlige Typen die Anzahl Bits, die für die interne Darstellung (ohne Vorzeichen) verwendet wird. Für Gleitpunkttypen ist dies die Anzahl Bits, die zur Darstellung der Mantisse verwendet wird.
`static const int digits10 = 0;`	Genauigkeit in Anzahl Dezimalziffern (z.B. 6 für `float`).
`static const bool is_signed = false;`	Ist `true`, wenn der Datentyp mit Vorzeichen interpretiert wird.
`static const bool is_integer = false;`	Ist `true`, wenn der Datentyp ganzzahlig ist.
`static const bool is_exact = false;`	Ist `true`, wenn der Datentyp eine exakte Darstellung erlaubt (z.B. ganze und rationale Zahlen).
`static const int radix = 0;`	Enthält für ganzzahlige Typen die Basis der internen Darstellung. Für Gleitpunkttypen ist dies die Basis der internen exponentiellen Darstellung (gewöhnlich 2).
`static const int min_exponent = 0;`	Enthält den kleinsten negativen ganzzahligen Exponent `ex` zur Basis `radix`, so dass die Gleitpunktzahl $\texttt{radix}^{ex}$ noch darstellbar ist.
`static const int min_exponent10 = 0;`	Enthält den kleinsten negativen ganzzahligen Exponent `ex` zur Basis `10`, so dass die Gleitpunktzahl 10^{ex} noch darstellbar ist.

public-Datenelemente (Fortsetzung)

`static const int max_exponent = 0;`	Enthält den größten positiven ganzzahligen Exponenten `ex`, so dass die Gleitpunktzahl $\texttt{radix}^{\texttt{ex}}$ noch darstellbar ist.
`static const int max_exponent10 = 0;`	Enthält den größten ganzen ganzzahligen Exponenten `ex`, so dass die Gleitpunktzahl $\texttt{10}^{\texttt{ex}}$ noch darstellbar ist.
`static const bool has_infinity = false;`	Ist `true`, falls der Datentyp eine Darstellung für einen unendlich großen Wert zuläßt. *)
`static const bool has_quiet_NaN = false;`	Ist `true`, wenn der Datentyp den Wert »Keine Zahl« (engl. *Not a Number*) ohne Signalisierung darstellen kann. *)
`static const bool has_signaling_NaN = false;`	Ist `true`, wenn der Datentyp den Wert »Keine Zahl« (engl. *Not a Number*) signalisieren kann. *)
`static const bool has_denorm = false;`	Ist `true`, wenn der Datentyp eine variable Anzahl Bits zur Darstellung des Exponenten erlaubt.
`static const bool has_denorm_loss = false;`	Ist `true`, wenn ein Verlust der exakten Darstellung durch die Denormalisierung und nicht durch ein ungenaues Rechenergebnis entsteht. **)
`static const bool is_iec559 = false;`	Ist `true`, wenn der Datentyp der IEC (International Electrotechnical Commission)-559-Norm entspricht.

*) Dies ist für alle Spezialisierungen der Fall, für die `is_iec559 != false` gilt.

**) Intern wird eine Gleitpunktzahl stets in normalisierter Form dargestellt:
$x = v * m * b^{exp}$ mit $1/b <= m < 1$,
`v` = Vorzeichen, `m` = Mantisse, `b` = Basis, `exp` = Exponent

public-Datenelemente (Fortsetzung)

`static const bool is_bounded = false;`	Ist `true`, wenn die Menge der darstellbaren Werte des Datentyps endlich ist (also alle eingebauten Datentypen). Die Variable ist `false`, wenn es sich um einen Datentyp mit beliebiger Genauigkeit handelt.
`static const bool is_modulo = false;`	Ist `true`, wenn es sich um einen Modulotyp handelt, d.h. wenn die Summe von zwei positiven Zahlen zu einem kleineren Ergebnis führen kann. Ganzzahlige Typen ohne Vorzeichen sind Modulotypen. Bei ganzzahligen Typen mit Vorzeichen hängt dies vom Rechner ab. Gleitpunkttypen sind keine Modulotypen.
`static const bool traps = false;`	Ist `true`, wenn für den Datentyp ein Trapping implementiert ist.
`static const bool tinyness_before = false;`	Ist `true`, wenn ein winzig kleines Ergebnis vor dem Runden erkannt wird (nur für Gleitpunkttypen sinnvoll).
`static const float_round_style round_style = round_toward_zero;`	Die für den Datentyp verwendete Rundungsart. Sinnvoll für Gleitpunkttypen. Spezialisierungen für ganzzahlige Typen verwenden den Default-Wert.

Hinweis Der Datentyp `float_round_style` ist wie folgt definiert:

```
enum float_round_style{
                      round_indeterminate          = -1,
                      round_toward_zero            =  0,
                      round_to_nearest             =  1,
                      round_to_infinity            =  2,
                      round_toward_neg_infinity    =  3
                      };
```

Das Klassen-Template numeric_limits

public-Methoden von numeric_limits

`static T min() throw();`	Liefert den kleinsten darstellbaren Wert. Für Gleitpunkttypen wird der kleinste positive normalisierte Wert zurückgegeben.
`static T max() throw();`	Liefert den größten darstellbaren Wert.
`static T epsilon() throw();`	Liefert die kleinste positive Gleitpunktzahl `x`, für die gilt: `1 + x  !=  1`
`static T round_error();`	Liefert ein Maß für den größten Rundungsfehler nach ISO/IEC 10967-1, Part 1, Section 5.2.8.
`static T quiet_NaN() throw();`	Darstellung des Werts »Keine Zahl« ohne Signal.
`static T signaling_NaN() throw();`	Darstellung der Signalisierung von »Keine Zahl«.
`static T denorm_min() throw();`	Liefert den kleinsten positiven denormalisierten Wert.

Datenelemente von numeric_limits und symbolische Konstanten in C

Header-Datei <cfloat>

Element von numeric_limits	float	double	long double
min()	FLT_MIN	DBL_MIN	LDBL_MIN
max()	FLT_MAX	DBL_MAX	LDBL_MAX
digits	FLT_MANT_DIG	DBL_MANT_DIG	LDBL_MANT_DIG
digits10	FLT_DIG	DBL_DIG	LDBL_DIG
epsilon()	FLT_EPSILON	DBL_EPSILON	LDBL_EPSILON
min_exponent	FLT_MIN_EXP	DBL_MIN_EXP	LDBL_MIN_EXP
max_exponent	FLT_MAX_EXP	DBL_MAX_EXP	LDBL_MAX_EXP
min_exponent10	FLT_MIN_10_EXP	DBL_MIN_10_EXP	LDBL_MIN_10_EXP
max_exponent10	FLT_MAX_10_EXP	DBL_MAX_10_EXP	LDBL_MAX_10_EXP
radix	FLT_RADIX		

Header-Datei <climits>

Datentyp	min()	max()
char	CHAR_MIN	CHAR_MAX
unsigned char		UCHAR_MAX
short	SHRT_MIN	SHRT_MAX
unsigned short		USHRT_MAX
int	INT_MIN	INT_MAX
unsigned int		UINT_MAX
long	LONG_MIN	LONG_MAX
unsigned long		ULONG_MAX

Operatorenübersicht und Vorrangtabelle

Operatorenübersicht

Operator	Bezeichnung
Arithmetische Operatoren:	
+ -	Addition, Subtraktion
*	Multiplikation
/ %	Division, Modulodivision
+ -	Vorzeichenoperator (unär)
++ --	Inkrement-, Dekrementoperator
Vergleichsoperatoren:	
== !=	»gleich«, »ungleich«
< <=	»kleiner«, »kleiner gleich«
> >=	»größer«, »größer gleich«
Logische Operatoren:	
&& || !	UND, ODER, NICHT
Zuweisungsoperatoren:	
=	Einfache Zuweisung
op=	Zusammengesetzte Zuweisung (op ist ein binärer arithmetischer Operator oder ein binärer Bitoperator).
Bitoperatoren:	
& ~	UND, NICHT
| ^	ODER, Exklusiv-ODER
>> <<	Shift-Operatoren
Cast-Operatoren:	
(typ)	C-Cast
dynamic_cast<> static_cast<>	dynamischer Cast, statischer Cast
const_cast<> reinterpret_cast<>	const-Cast, reinterpret-Cast

Operator	Bezeichnung
Zugriffsoperatoren:	
`::`	Bereichsoperator
`[ ]`	Indexoperator
`*`	Verweisoperator
`.`	Punktoperator
`->`	Pfeiloperator
`.* ->*`	Dereferenzierung von Elementzeigern
Operatoren zur Speicherverwaltung:	
`new`	Objekt dynamisch anlegen
`delete`	Dynamisch angelegtes Objekt zerstören
`new []`	Klassen-Array dynamisch anlegen
`delete[]`	Dynamisch angelegtes Klassen-Array zerstören.
Weitere Operatoren:	
`?:`	Auswahloperator (bedingte Bewertung)
`,`	Kommaoperator
`name( )`	Aufruf der Funktion `name`
`typ( )`	Temporäres Objekt vom Typ `typ` erzeugen
`sizeof( )`	sizeof-Operator (Größe eines Datentyps)
`typeid( )`	typeid-Operator (Typinformationen)

Vorrangtabelle für Operatoren

<table>
<tr><th>Priorität</th><th>Operator</th><th>Zusammenfassung</th></tr>
<tr><td>1.</td><td>::</td><td>von links</td></tr>
<tr><td>2.</td><td>. -> [ ] ++
(»Postfix«) -- (»Postfix«)
name()typ()
typeid( )
dynamic_cast< > static_cast< >
reinterpret_cast< > const_cast< ></td><td>von links</td></tr>
<tr><td>3.</td><td>! ~
+ (»unär«) - (»unär«)
++ (»Präfix«) -- (»Präfix«)
& * (»Verweis«)
new new [ ]
delete delete [ ]
(typ) sizeof( )</td><td>von rechts</td></tr>
<tr><td>4.</td><td>.* ->*</td><td>von links</td></tr>
<tr><td>5.</td><td>* / %</td><td>von links</td></tr>
<tr><td>6.</td><td>+ (»binär«) - (»binär«)</td><td>von links</td></tr>
<tr><td>7.</td><td><< >></td><td>von links</td></tr>
<tr><td>8.</td><td>< <= > >=</td><td>von links</td></tr>
<tr><td>9.</td><td>== !=</td><td>von links</td></tr>
<tr><td>10.</td><td>&</td><td>von links</td></tr>
<tr><td>11.</td><td>^</td><td>von links</td></tr>
<tr><td>12.</td><td>|</td><td>von links</td></tr>
<tr><td>13.</td><td>&&</td><td>von links</td></tr>
<tr><td>14.</td><td>||</td><td>von links</td></tr>
<tr><td>15.</td><td>? :</td><td>von rechts</td></tr>
<tr><td>16.</td><td>= += -=
*= /= %=
&= ^= |=
<<= >>=</td><td>von rechts</td></tr>
<tr><td>17.</td><td>,</td><td>von links</td></tr>
</table>

Schlüsselwörter in C++

asm	**else**	operator	throw
auto	**enum**	private	true
bool	explicit	protected	try
break	**extern**	public	**typedef**
case	false	**register**	typeid
catch	**float**	reinterpret_cast	typename
char	**for**	**return**	**union**
class	friend	**short**	**unsigned**
const	**goto**	**signed**	using
const_cast	**if**	**sizeof**	virtual
continue	**inline**	**static**	**void**
default	**int**	static_cast	**volatile**
delete	**long**	**struct**	wchar_t
do	mutable	**switch**	**while**
double	namespace	template	
dynamic_cast	new	this	

Hinweis

1. Die fett gedruckten Worte sind auch Schlüsselwörter in C.
2. In C wurden mit der Erweiterung des ANSI-Standards von 1999 vier weitere Schlüsselwörter eingeführt. Diese sind:

   `restrict, _Bool, _Complex, _Imaginary`

Literatur

International Standard ISO/IEC 14882
Programming Languages - C++
American National Standards Institute, 11 West 42nd Street, New York 10336, 1998

International Standard ISO/IEC 9899:1999(E)
Programming Languages - C,
ISO Copyright Office, Case postale 56, CH-1211, Geneva 20, 1999

Bjarne Stroustrup
Die C++ Programmiersprache
Addison-Wesley, 1999

Bjarne Stroustrup
The Design and Evolution of C++
Addison-Wesley, 1994

Nicolai Josuttis
The C++-Standard Library
Addison-Wesley Longman, 1999

Ulla Kirch-Prinz, Peter Prinz
C für PCs
MITP-Verlag, 2001

Peter Prinz, Ulla Kirch-Prinz
C++ Lernen und professionell anwenden
MITP-Verlag, 2001

Die CD zum Buch

Im folgenden erhalten Sie eine kurze Übersicht über den Inhalt der CD. Weitere Hinweise finden Sie in der Datei LiesMich.txt oder LiesMich.htm im Hauptverzeichnis der CD. Details zur Installation eines Compilers stehen in einer LiesMich-Datei im entsprechenden Unterverzeichnis. Die beiliegende CD enthält folgende Unterverzeichnisse:

Buch.src

Hier befinden sich die Lösungen zu den Aufgaben im Buch nach Kapiteln geordnet. So enthält z.B. das Verzeichnis Kap05 die Lösungen zu den Aufgaben aus dem 5. Kapitel.

Borland\BorlandCommandLineTools

In diesem Verzeichnis befindet sich der Borland C++ Compiler 5.5 (BCC32). Dieser frei verfügbare Compiler wird aus der Kommandozeile aufgerufen. Er ist der Kern von Borland's C++ Compiler Technologie und wird z.B. auch vom Borland C++ Builder 5 Enterprise verwendet. Zur Installation rufen Sie in diesem Verzeichnis das Programm FreeCommandLineTools.exe auf.

cygwin

Hier befindet sich der GNU C++ Compiler für Windows von der Firma Cygwin. Dieser Compiler ist besonders für Freunde von UNIX zu empfehlen, da er auch UNIX-Systemaufrufe, z.B. fork(), unterstützt. Außerdem wird neben dem Compiler eine UNIX Umgebung bereitgestellt. So ist beispielsweise die Ausführung von Shell-Skripten möglich. Zur Installation rufen Sie in diesem Verzeichnis das Programm full.exe auf.

CREdit

Sofern Sie nicht schon einen eigenen Editor zur Erstellung von C++ Programmen verwenden, können Sie diesen modernen, frei verfügbaren Programm-Editor einsetzen. Er unterstützt Syntax-Highlighting und ermöglicht den direkten Aufruf eines Kommandozeilen Compilers. Zur Installation rufen Sie in diesem Verzeichnis das Programm setup.exe auf.

Borland\CBuilder5

In diesem Verzeichnis befindet sich eine Trial Version des Borland C++Builder 5 Enterprise, d.i. eine integrierte Entwicklungsumgebung für C++ mit zahlreichen Tools. Die Trial Version erfordert eine Registrierung bei Borland und kann dann 60 Tage benutzt werden.

Zur Installation rufen Sie in diesem Verzeichnis das Programm install.exe auf. Sie werden dann zur Registrierung aufgefordert und erhalten anschliessend per email von Borland ein Passwort. Mit diesem Passwort kann die Installation abgeschlossen werden.

Index

B

C

D

E

G

H

I

K

L

M

N

O

P

S

U

V

W

Z